中国近代钢铁工业发展研究（1861—1927）

The Study on the Developmental History of Iron and Steel Industry in Modern China（1861-1927）

李海涛 著

安徽大学出版社

图书在版编目(CIP)数据

中国近代钢铁工业发展研究:1861—1927/李海涛著.—合肥:安徽大学出版社,2022.1
ISBN 978-7-5664-2398-6

Ⅰ.①中… Ⅱ.①李… Ⅲ.①钢铁工业－工业发展－研究－中国－1861—1927 Ⅳ.①F426.31

中国版本图书馆 CIP 数据核字(2022)第 009260 号

中国近代钢铁工业发展研究(1861—1927)

Zhongguo Jindai Gangtie Gongye Fazhan Yanjiu 1861—1927

李海涛 著

出版发行:	安 徽 大 学 出 版 社
	(安徽省合肥市肥西路3号 邮编230039)
	www.ahupress.com.cn
印　　刷:	合肥远东印务有限责任公司
经　　销:	全国新华书店
开　　本:	165 mm×238 mm
印　　张:	37.25
字　　数:	680 千字
版　　次:	2022 年 1 月第 1 版
印　　次:	2022 年 1 月第 1 次印刷
定　　价:	128.00 元
ISBN 978-7-5664-2398-6	

策划编辑:吴泽宇		装帧设计:李　军	
责任编辑:吴泽宇		美术编辑:李　军	
责任校对:蒋　松		责任印制:陈　如　孟献辉	

版权所有　侵权必究

反盗版、侵权举报电话:0551-65106311
外埠邮购电话:0551-65107716
本书如有印装质量问题,请与印制管理部联系调换。
印制管理部电话:0551-65106311

国家社科基金后期资助项目
出版说明

　　后期资助项目是国家社科基金设立的一类重要项目,旨在鼓励广大社科研究者潜心治学,支持基础研究多出优秀成果。它是经过严格评审,从接近完成的科研成果中遴选立项的。为扩大后期资助项目的影响,更好地推动学术发展,促进成果转化,全国哲学社会科学工作办公室按照"统一设计、统一标识、统一版式、形成系列"的总体要求,组织出版国家社科基金后期资助项目成果。

全国哲学社会科学工作办公室

序

李海涛博士的专著《中国近代钢铁工业发展研究(1861—1927)》即将出版,海涛邀我作序。作为曾经的指导老师,我由衷喜悦,欣然命笔。

钢铁工业是国家的支柱产业。对于一个大国而言,钢铁工业的强弱直接关系到国家的盛衰,在本书考察的时间段内,更是如此。李海涛博士来自湖北大冶,是著名的矿冶文化之乡。汉冶萍公司就是其家乡近代历史上的著名钢铁企业。2004年,海涛来到苏州大学攻读硕士学位。入学后不久,我就建议他围绕汉冶萍公司与东吴大学校董、也曾担任汉冶萍公司协理的李维格展开研究。从那时起,他就针对中国近代钢铁工业史展开了研究,查阅了大量资料。2007年后,他又在苏州大学攻读博士学位,在我的鼓励与支持下,继续深入从事该领域的研究。古人说:十年磨一剑。这本书正是他在这一领域十多年学术研究的集中呈现。

本书是海涛在其博士学位论文的基础上继续深入研究的结果。全书在结构上重新进行了调整,内容篇幅增加了一倍,对一些问题提出了新的认识。作者将中国近代钢铁工业发展史置于思想史、制度史、技术史和产业史等角度进行分析,具有显著的研究特色和重要的学术价值。总体而言,本书具有以下特点:一是研究视角有新意。作者采用整体视角考察中国近代钢铁工业发展史,不同于多数学者从产业史角度研究钢铁工业史的习惯路径。二是结构比较合理。作者结合中国近代钢铁工业发展的实际情况,从思想、制度、技术、产业等维度分门别类考察,并反思不足,总结教训,逻辑结构清晰。三是资料丰富翔实。作者查阅了大量档案、报刊资料,论从史出,史论结合,言必有据,行文规范。

四是学术创新,对学界较少关注的问题进行了深入的考察与阐释,形成较为系统科学的认识。作者并以书稿为基础,成功申报国家社科基金后期资助项目。目前,该项目已通过国家社科基金结项鉴定。

学术研究需要长期持续的时间和精力的投入,过去十多年,李海涛博士在中国近代钢铁工业史研究领域深耕挖掘,厚积薄发,取得丰硕的研究成果,产生了一定的学术影响。相信他能够再接再厉,取得更多的研究成果!

王国平

目 录

前 言 ………………………………………………………………… 1

第一章 "钢铁时代"来临 ……………………………………… 1
第一节 世界近代钢铁技术体系建立与钢铁工业发展 ……… 1
第二节 中国传统冶铁业的时代落差 ……………………… 43

第二章 钢铁经济观念的开启 …………………………………… 54
第一节 中国钢铁经济发展面临的传统思想阻力 ………… 54
第二节 中国近代钢铁经济的价值认知 …………………… 59
第三节 中国近代钢铁经济的发展思想 …………………… 80

第三章 钢铁工业制度的构建 ………………………………… 122
第一节 传统社会冶铁业管理制度演变 …………………… 122
第二节 晚清钢铁经济的制度变革 ………………………… 133
第三节 民国初钢铁工业的制度变革 ……………………… 160

第四章 钢铁生产技术的转移 ………………………………… 213
第一节 中国传统钢铁生产技术鸟瞰 ……………………… 213
第二节 中国近代钢铁生产技术转移的途径 ……………… 227
第三节 中国近代钢铁生产技术转移的成效与不足 ……… 305

第五章 钢铁产业发展的兴衰 ………………………………… 337
第一节 洋务运动时期的酝酿探索 ………………………… 337
第二节 清末的"汉冶萍时代" ……………………………… 384
第三节 民国初产业发展的失控与变异 …………………… 415

第六章　历史的反思与启示 ………………………………… 481

第一节　意识形态的刚性束缚 ………………………………… 481

第二节　制度供给与产业变迁 ………………………………… 494

第三节　技术转移的路径选择 ………………………………… 505

第四节　环境约束与产业发展 ………………………………… 520

第五节　历史价值与社会影响 ………………………………… 530

参考文献 ……………………………………………………… 540

附　　表 ……………………………………………………… 555

附表一　18、19世纪世界钢铁冶金技术大事记 ……………… 555

附表二　1870—1929年世界钢铁产量简表 …………………… 557

附表三　中华矿业同志会会员目录 …………………………… 559

附表四　中国近代早期著名矿冶工程技术人员简介表 ……… 564

后　　记 ……………………………………………………… 583

前　言

人类社会发展史其实就是一部认识、改造和利用自然的历史。作为改造自然的物质手段，生产工具的使用实现了从猿到人的历史性跨越，标志着有意识的人类活动的出现。生产工具是衡量人类社会生产力发展水平的主要标志。人类最初使用的工具是大量存于自然界的石块、木棒和枝条等原始物质材料，经过简单的加工处理后成为人类获取食物的物质凭借。随着生产工具的不断改进，人类改造自然的能力日益增强。其中，金属材料的利用是具有划时代意义的创举。

在众多金属材料中，铁具有无可比拟的优越性。通过与其他元素组合，可以显示出铁有诸多性能。一般而言，含碳低于0.02%的铁称为"纯铁"，生铁一般含碳2.0%以上，含碳低于2.0%的称"钢"。纯铁的延展性能好，可塑性强，加入碳就可以成为钢和生铁，具有极高的强度和硬度。根据生铁所含硅、碳量的不同，其硬度及耐磨的性能又不相同。而钢本质上是指含碳量在2%以下并含有某些其他元素的可变型的铁碳合金。钢能更好地满足多样化的需求。它坚硬、有弹性，可塑性强，能经受各种改变物理形状的过程。根据内部各种物质含量的不同生产出来的合金钢（或称"特种钢"），可具备高强度、高韧性、耐磨、耐腐蚀、耐低温、耐高温、无磁性等特殊性能，在人类生产生活中被广泛运用。

不同于金、银、铜等金属能在自然界中天然存在，铁元素的化学性质比较活泼，容易与空气中的氧发生反应，所以地表中的铁大多以氧化物的形式存留于矿石中。人类开发利用铁的历史悠久。据考古发掘资料，人类最早使用的铁是来自于星际中的陨铁。在古埃及文明的前王朝时期（约公元前3500年），人们就用含镍7.5%的陨铁制成铁珠。[1] 由于陨铁富含镍，不容易氧化，故而能保存至今。但陨铁数量极少，发现获取过程极具偶然性，

---

[1]　杨宽：《中国古代冶铁技术发展史》，上海：上海人民出版社，2004年版，第2页。

不足以作为推动人类社会发展的物质凭借。在古代社会里，人类生产生活中使用的铁基本上是通过一定的技术从自然界的铁矿石中提炼而来。块炼法是人类最早使用的炼铁方法。① 由于操作简单，块炼法的生产效率虽十分低下，但被西方世界长期采用，是其早期获得钢铁的主要方法。

  铁是人类迄今为止发现的最为重要的金属物质材料之一。关于世界上最早发明炼铁技术的时间和地区，目前学术界尚存争议。比较可靠的说法是冶铁术源于小亚细亚，由赫梯人在公元前 2000 年发明。② 铁一经人类发现并使用，很快便在人类改造自然的活动中发挥无可替代的作用。摩尔根在《古代社会》(1877 年)中写道："铁一旦成为生产中最重要的原料，这意味着人类进化史上发生了最重大的事件。"恩格斯在《家庭、私有制和国家的起源》中也指出："铁已在为人类服务，它是在历史上起过革命作用的各种原料中最后的和最重要的一种原料。所谓最后的，是指直到马铃薯的出现为止。铁使更大面积的农田耕作，开垦广阔的森林地区成为可能；它给手工业工人提供了一种其坚固和锐利非石头或当时所知道的其他金属所能抵挡的工具。"铁的冶炼和使用，使人类第一次通过人力获得了一种比青铜更为坚固强韧的物质材料，为人类社会的革命性变革创造了物质前提。

  铁器的大规模使用导致文明迭代的出现。美国历史学家 L. S. 斯塔夫里阿诺斯称，冶铁术的发明大大促进了公元前 2 千纪末的第二次蛮族入侵，摧毁了人类最初孕育出的古代文明。在公元前 1000 年至公元 500 年间，古典文明使欧亚大陆趋于整体化，"技术进步是新的欧亚大陆整体化的基础"，"这时的技术进步主要表现为铁的发明及其日益广泛的使用"。"农人们能利用坚固、锋利的铁斧和铁犁，将农业由中东向东，经伊朗高原，推广到中欧；向西经地中海地区，推广到北欧。同样，新来印度的雅利安人也向东推进，砍伐恒河流域的森林；而中国的农人则将他们的活动范围从黄河流域向南，扩展到伟大的长江流域"。③ 这种文明迭代现象并非只发生

---

  ① 在温度达到约 1000℃时，矿石中的氧化铁还原成金属铁，而矿石成为渣子。经过反复锤击敲打，将杂质挤出，得到块炼铁。这种通过固态还原铁矿石获得铁的方法，称为"块炼法"。块炼铁在锻打前由于疏松多孔，也被称为"海绵铁"。块炼铁含炭极低，质地柔软，适于锻造成型。在反复锻打的过程中，铁同炭火接触，有可能渗炭变硬，成为块炼钢。
  ② 韩汝玢、柯俊主编：《中国科学技术史·矿冶卷》，北京：科学出版社，2007 年版，第 360 页。
  ③ [美]斯塔夫里阿诺斯著，吴象婴等译：《全球通史：从史前史到 21 世纪》，北京：北京大学出版社，2006 年第 7 版，第 76、83~84 页。

在远古时期,近代工业文明的兴起及其形成的对他文明的优势,同样与钢铁的大量生产使用息息相关。

工业革命之前,钢铁生产加工的动力源主要以手工劳动为主,间或借助畜力、水力或风力,生产过程的控制调节主要凭借劳动者长期积累的实践经验。钢铁产量尚十分有限,煤在钢铁生产中还未大规模采用。18世纪,工业革命在欧洲风生水起。当时,欧洲焦煤技术的发明实现了煤和铁的大规模聚合。蒸汽机的发明使人类社会第一次彻底掌控了一种机械力,结束了人类对畜力、水力和风力的长久依赖,拉开了人类历史新一轮的革命巨变——工业化的帷幕。钢铁生产过程开始实现机械化、规模化、标准化、精细化。

钢铁工业在近代工业经济中占据十分重要的位置,其每一项变革都具备影响工业生产和社会生活的潜力:"它竖起了极其巨大的建筑物的骨架,它在最宽的江河上架了桥梁,它建造的一些像城市般住着人的船只漂流在海上,它把铁路网一直伸展到各大陆的尽头。它的历史不单单是一种工业的历史,从某种意义上说,它是整个大工业的历史。"① 钢铁业是受工业化影响最大的经济部门,也对工业化的推进发挥关键性作用。钢铁材料造就的机器设备、铁路机车、远洋巨轮、内燃汽车、管道桥梁、摩天大楼以及武器装备等,极大地改变了人们的生产生活方式,将工业化成果一个个物化。可以说,没有钢铁工业的发展,就没有人类的工业化。当工业化在全球范围内迅猛发展之时,衡量一个国家是否已成为发达的国家,往往采用两个基本指标:其一,该国是否建立起完整的钢铁工业体系;其二,该国人民每年人均钢铁耗用量。钢铁工业因此被视为一国经济发展水平的"晴雨表"。

经济学家认为,通过冶金工业这一优先部门可以摸出经济生活的全部脉搏;冶金工业体现着过去和将来的一切。② 中国经济不能脱离世界经济发展的一般规律,中国工业化过程中也会产生强烈的钢铁需求冲动。1861年,洋务运动拉开了中国工业化的帷幕,受近代产业经济发展一般规律影响,近代化的钢铁生产加工产能开始在中国出现。中国钢铁工业在国人不自觉的经济思想活动中蹒跚起步。

---

① [法]保尔·芒图著,杨人楩、陈希秦、吴绪译:《十八世纪产业革命》,北京:商务印书馆,2011年版,第241~242页。
② [法]费尔南·布罗代尔著,顾良、施康强译:《十五至十八世纪的物质文明、经济和资本主义》第一卷,北京:生活·读书·新知三联书店,1992年版,第440页。

美国经济学家罗斯托称:产业革命并不仅仅是一场技术上的革命,它也是一场政治革命和制度上的变革。① 1927年前,中国钢铁工业发展所牵涉的问题包括思想认识、制度构建、技术转移、产业发展等诸多方面。本书尝试从多个维度考察1861—1927年间中国钢铁工业发展史,试图回答以下问题:第一,在思想层面,中国国家和社会如何改变传统的思想认识,以确立适应近代钢铁工业经济需要的价值观念和发展理论? 这一思想观念的转变存在哪些不足? 第二,伴随思想观念的转变,为推动钢铁工业发展,中国政府在制度方面作了哪些调整,如何评价制度变革的绩效,存在哪些问题? 第三,中国几乎以科学技术零起点状态步入近代社会的,中国国家和社会通过何种方式推动钢铁技术移植,效果如何,面临何种缺陷? 第四,中国钢铁产业经历哪些发展阶段,有什么阶段性特征,制约中国钢铁工业发展的不利条件主要有哪些? 第五,总结反思中国钢铁工业发展的思想和实践活动,对今人认清历史、把握现在、迈向未来能提供什么启示?

人类社会的"钢铁时代"经历一段漫长的酝酿过程。近代钢铁生产技术是十分复杂的综合技术体系,技术体系的建构是一个来自不同国家(主要是欧美国家)、众多科技工作者共同参与的持续演进过程。从18世纪初的西方焦煤生产技术发明开始,经过几代科技工作者的不懈努力,到19世纪下半叶,焦煤炼铁技术、高炉热风技术、转炉和平炉炼钢技术、钢铁加工技术和合金钢生产技术日趋成熟,它们共同构成较为完整的近代钢铁技术体系。钢铁工业支撑了工业革命启动的人类社会的工业化进程,成为最典型的产业经济部门。人类社会进入"钢铁时代"。凭借技术领先优势,加上资源禀赋优越,英国在19世纪中叶率先建立起发达的钢铁工业。19世纪中后期,继英国之后,比利时、德国、法国、美国、俄国等国钢铁工业快速发展。钢铁工业极大地支撑和推动了世界工业文明进程。

中国传统社会冶铁业的发展水平在相当长时期内曾令西方国家望尘莫及。但到19世纪,随着西方钢铁技术的不断进步,钢铁工业飞速发展,与西方国家相比,已瞠乎其后,难以望其项背。随着价格低廉的机制洋铁的输入,中国传统冶铁业的生产中心迅速衰败,其生产方式已难以满足时代发展要求。两次鸦片战争后,列强的坚船利炮叩开中国大门,清政府决定"师夷长技"。近代产业经济的生产规律让钢铁资源开发成为一道绕不

---

① W.W.罗斯托著,郭熙保、王松茂译:《经济增长的阶段》,北京:中国社会科学出版社,2001年版,第37页。

过去的坎。钢铁工业在近代中国的起步、发展，首先面临的不是技术落后的难题，而是思想观念的保守所带来的阻力。在中国传统经济思想中，重本轻末的产业观、舍利取义的财富观、国家本位的经济思想，以及风水观、安全观等，都或多或少地制约着钢铁资源开发活动的效果。中国钢铁经济要实现近代化转型，必须首先转变思想观念。在外力的推动和工业文明的示范作用下，洋务运动时期，钢铁工业的军事价值和经济价值受到思想开明人士的重视。清末，中国政府经济思想观念转型速度加快，钢铁经济的价值受到社会各界越来越多的关注和重视。中华民国建立后，钢铁工业作为国家基础产业的价值属性被政府所确认。在此过程中，以李鸿章、张之洞、盛宣怀、张謇、孙中山等人为代表，他们围绕钢铁工业的价值作用、发展方式、制度保障、技术移植等问题，思想认识不断深化，中国近代钢铁经济发展思想逐渐丰富完善。

制度是推动社会经济发展的重要变量。后发现代化国家，钢铁工业对国家政策有很强的依赖性。中国传统社会里，冶铁业的政府管理主要集中在冶厂的审批、监督、征税以及产品的流通控制等。鸦片战争前后，清政府的矿业政策已开始出现一些新变化。1861年后，清政府的钢铁经济制度出现较大变化，但多是在外力推动下被动实施的结果，而非自觉的政策行为。其变化主要集中在放开铁制品的流通限制、专职矿务机构的设置、矿业法律规章的制定，以及对利用机器开矿炼铁的许可等方面。对钢铁工业建设发挥关键作用的发展政策并未完善出台。民国北京政府建立后，确立"棉铁主义"国家经济政策，主张用国家力量发展钢铁工业，并在铁矿资源管理方面出台一系列政策，包括成立矿务监督署以加强对地方矿务兼管，确立铁矿国有的政策，支持利用外资开发钢铁资源，制定国营钢铁厂建设计划。但腐朽的制度和纷乱的政局使北京政府缺乏足够的能力消除政策执行偏差。民国初钢铁工业的建设实践证明，欲在国家领导下独立开展有计划之钢铁工业建设，必须先完成政治重建之任务，以确保政府能持续不断提供有效的制度供给。

近代钢铁冶金工业的产生和发展离不开技术的创新。技术为钢铁工业的发展插上腾飞的翅膀。在人类文明史上，古代中国冶铁术是一道令世人惊叹的文明景观。在一千多年的时间里，中国钢铁生产技术在世界居于领先地位。但中国传统钢铁生产技术属于经验技术，技术的传承与创新主要依靠实践经验。此外，技术体系是封闭的，很难形成技术发展的合力。

与之相比,西方近代钢铁技术属于科学技术。17世纪以来,在西方社会,科学理论、实验和技术逐渐形成互相促进的循环加速机制,资本主义张力则为技术创新和运用提供了强大驱动力。明清时期,西学东渐,西方矿冶技术与基督教一道开始传入中国。18世纪以来,西方近代钢铁技术取得长足进展,逐渐发展成为较成熟的科学技术体系,日渐引起中国有识之士的重视。特别是洋务运动兴起之后,学习西学、西艺成为中国政府公开倡导的活动,钢铁生产技术也受到高度关注。西方对中国的钢铁技术转移可分为非市场途径和市场途径。前者包括科技书刊、域外游记、海外留学、学校教育等方式;后者包括技术洋员的聘用、成套设备进口和外资企业的技术扩散。1927年前,中国近代钢铁技术转移取得一定成果,在探矿、采选、焦化、炼铁、炼钢、轧钢等领域均有体现,矿冶工程师群体开始出现。但是,这一时期的技术转移存在诸多问题,尚处于低层次的起步阶段,譬如,技术适应能力不足,技术创新能力欠缺,政府角色不能满足要求,技术支撑体系尚处于无意识的自发演进状态,另外,技术转移缺乏足够的经济动力。

钢铁产业的发展主要表现为产能规模扩张、产品质量提升和产品种类增加。1927年前,中国钢铁产业的发展比较多地表现为规模扩张。洋务运动初期,中国钢铁生产加工设备在部分军工企业零星出现,从最初使用少数钢铁生产加工设备,到设立具备轧钢、炼钢能力的军工分厂,再到创建独立的钢铁联合企业,中国钢铁产业历经30多年的探索阶段。汉阳铁厂建成投产标志着中国钢铁产业全面起步。甲午战争的失败引发严重的财政危机,清官方丧失钢铁产业主导者的能力,民间资本开始介入汉冶萍厂矿建设。只不过有清一代,依靠盛宣怀"亦官亦商"的身份,官商合力,共谋发展。清末以盛宣怀为代表的钢铁企业管理者克服重重困难,推动汉冶萍厂矿进行大规模改良、扩张,开创了一个充满生机活力的"汉冶萍时代"。民国成立后,在有利的市场环境和外部势力的诱使下,中国钢铁产业较快发展,呈现出一派兴旺气象,特别是铁矿石原料和生铁产能大幅提升。但其背后是日本对华钢铁资源的大肆攫夺,中国政府对钢铁产业基本失去控制能力。再加上地方割据势力的兴起,战乱不休,到20世纪20年代末,中华民族钢铁产业陷入全面衰败状态。

1927年前,中国钢铁工业的发展历程给后世留下许多历史思考:

第一,后发现代化国家通过支付较低的成本,在技术层面本可以在较短时间内扭转劣势。但意识形态的刚性束缚往往成为这些国家在现代化初期面临的最大挑战。在晚清民初中国钢铁工业发展过程中,意识形态的刚性力量表现形式多种多样,影响最大的主要包括传统价值观念,以及在近代孕育而生的民族主义思潮,它们往往可以在社会层面形成一股强大的舆论力量,影响甚至决定经济发展走向。传统价值观念在近代早期成功抗拒现代化,对钢铁工业发展形成巨大阻力。民族主义观念也有很强的影响力,它一方面成为国家动员的有力武器,另一方面也将本可利用的外部资源挡在门外。这在钢铁工业建设中都得到鲜明体现。

第二,政府的制度供给很大程度上决定钢铁工业的发展成效。日本政府在近代钢铁工业的制度供给方面,有成功经验可资借鉴:一是政府动用国家力量积极探索,承担风险损失;二是技术转移与产业发展相结合;三是政府统筹协调,整合各种资源;四是正视失败经历,善于总结经验教训。日本政府在钢铁工业建设中切实担当了领导者的角色。相比之下,中国近代钢铁工业建设缺乏有效的制度供给。其主要原因在不同历史时期不完全一致。洋务运动时期,政府内部并未出现具有现代化改革取向,缺乏足够的执行力精英群体。清末民初,政府权力核心地带逐渐聚集这样一批政治精英,但威权政治下的中国,常出现人亡政息的现象,政策制度具有很大的不确定性。再加上地方主义盛行,中央政府虚弱,社会整合与政治整合迟迟不能实现,有效制度供给难以形成。

第三,钢铁技术转移不是一个简单地从技术先进国家向落后国家输出的过程,它需要充分考量技术与环境的适应性。在技术体系发展起步的初始阶段,旧有技术与新兴技术往往形成一个技术共同体,新技术的发明和运用往往随着生产实践经验的积累和社会环境的改善而渐进发展。近代早期日本钢铁技术转移经历了传统与近代融合发展、渐进变革的过程。其突出经验是,技术转移要与特定时期的经济技术发展状况相适应。在近代中国,土铁业虽一度遭到严重冲击,但其衰而不亡,一段时期甚至出现较大发展。历史实践证明,土铁业具有顽强的生命力,也说明中国传统冶铁技术在近代社会仍具有极强适应力。中国近代钢铁技术转移从一开始就走上一条"全盘西化"的道路,曾一度轻视传统技术的价值,忽视对传统技术进行适应性改造,存在不顾实际、盲目引进技术,并将近代钢铁技术与传统冶铁技术对立起来的问题,不仅造成大量资金浪费,还影响技术转移的实效。

第四,外部环境是产业发展的重要基础。恶劣的外部环境是近代中国钢铁产业发展缓慢的重要原因。中国钢铁工业所依赖的自然资源条件较差：煤炭资源虽储量丰富，但分布却极不均匀，炼焦用煤很少；与丰富的煤炭资源相比，铁矿石储量显得较少，特别是富矿很有限；而且煤、铁自然聚合的地区不多，资源位移成本较高。混乱的社会秩序也对近代中国钢铁产业造成严重冲击，对规模较大的钢铁企业的影响尤大。另外，因工业化整体发展水平滞后，近代中国钢铁市场空间狭窄，在民国初年，其容量已不足以容纳日益增加的钢铁产能。而且，近代中国钢铁市场存在空间市场和可控市场的分野，在国外钢铁产品的倾销竞争下，中华民族钢铁企业所持的可控市场极为有限。

中国钢铁工业在1927年前的建设活动对后世产生较大影响。其遗留的机器设备是日后钢铁工业建设活动的重要物质基础，造就的专业技术人才则是宝贵的技术资源。几十年钢铁工业建设活动深刻影响中国钢铁产业的空间格局，在许多地区植入近代工业文明因子，推动当地经济社会转型发展。其发展过程中的经验教训也是推动后人继续开展钢铁工业建设活动的宝贵财富。

每一块钢铁里，都隐藏着一个国家兴衰的秘密。回顾历史，中国钢铁工业160多年发展史几乎就是中国工业化历程的缩影。展望未来，中国钢铁工业还将深刻影响中国工业化进程。认清历史能够给未来前行提供更多智慧。约瑟夫·熊彼特称："如果一个人不掌握历史事实，不具备适当的历史感或所谓历史经验，他就不可能指望理解任何时代（包括当前）的经济现象。"[1]毫无疑问，从洋务运动启动至今的160多年间，中国钢铁工业走过了一段非凡的发展历程，对经济社会发展产生巨大而深远的影响。1996年，中国粗钢产量首次突破1亿吨大关，产量居世界第一位；2021年，中国粗钢产量达10.3亿吨，占比超过全球粗钢产量的一半。这幅壮阔的历史画卷是如何绘就的？中国钢铁人经历了怎样的艰辛与磨难？中国钢铁工业发展史有哪些成功经验与失败教训？其中还有许多问题需要去总结反思。本书所关注的对象，仅仅是中国钢铁工业起步探索阶段，但笔者真切希望通过本书的叙述，能引发读者对上述问题的兴趣，启发读者的思考。

---

[1] ［美］J.A.熊彼特：《经济分析史》第1卷，北京：商务印书馆，1991年版，第29页。

第一章 "钢铁时代"来临

考古学者习惯用人类利用自然物质资源的程度作为划分社会发展阶段的标志,并以之标示人类文明发展进程,如石器时代、青铜时代、铁器时代等称谓,反映出这些物质工具材料在人类文明发展进程中扮演的重要角色。其中,"铁器时代"以人类大量制造和广泛使用铁器作为显著特征。它标志着原始社会进入最后阶段,以及人类进入阶级社会最初阶段生产力所能达到的水平,其下限一般可以划到公元前1000年左右。之后,世界多国已进入有文字记载的文明时期,考古学者不再用生产工具的性质来概括文明时代,而改以社会形态及各国的朝代来厘定名称。① 从18世纪上半叶至20世纪初的200年时间里,在推动人类经济社会发展的进程中,恐怕没有哪一种物质材料能比钢铁更具标识性。经济史学者重新用一种物质资料标识时代发展特征,即"钢铁时代"。② 期间,人类社会经历两次技术革命,实现了劳动手段由简单工具向机器生产的革命性变革,进入机械化和电气化技术发展阶段。钢铁工业为此提供了重要的物质支撑。不同于"铁器时代","钢铁时代"奠立于科学技术大发展之上,以社会化的机器生产和钢铁材料的大规模使用作为显著标志。在"钢铁时代",钢铁材料极大地改变了人类生产生活方式,钢铁工业在国民经济中发挥了基础性作用。

第一节 世界近代钢铁技术体系建立与钢铁工业发展

人民大众的实践活动是技术发展的根本动力。世界近代钢铁技术的发展是由人数众多的工匠和科学技术人员共同完成的。马克思强调技术进步的累积性和渐进性,技术发明和技术创新建立在许多微小改进的基础之上,他在《资本论》中分析工艺史时指出:"如果有一部批判的工艺史,就

---

① 吴贵芳:《铁器时代》,《历史教学问题》,1981年第4期,第61~63页。
② "钢铁时代"这一提法在学界早已出现,如20世纪50年代,英国学者辛格主编的《技术史》第五卷上半部就以"钢铁时代"作副标题,反映1850—1900年间技术变迁的主要表现。

会证明,十八世纪的任何发明,很少是属于某一个人的。"世界近代钢铁技术发展深刻体现这一规律。近代钢铁技术是十分复杂的综合技术体系,其发展是一个来自不同国家、众多科技工作者共同参与的持续演进过程。一般而言,从18世纪初的西方焦煤生产技术发明开始,至19世纪末20世纪初,世界钢铁技术体系基本成熟,钢铁工业基本确立了世界性规模。

一、近代钢铁技术体系的建立

世界近代钢铁生产技术虽发源于欧洲,但与中国古代冶铁术相比,西方国家使用"块炼法",无法获得熔融状态的生铁,长期处于落后状态。16世纪后,西方国家逐步确立了由构造性自然观、受控实验和开放性技术体系组成的近代科学技术结构。在这种科技结构中,科学理论、实验和技术三者之间形成互相推动的循环加速机制,促进了科学技术革命。[①] 西方的钢铁冶金术由经验技术逐步发展为科学技术。

据杨宽的研究成果,中国最迟在公元前6世纪的春秋晚期就得到熔融状态的生铁技术。而西方国家经过确证的第一座炼铁高炉建于15世纪中期的意大利。17世纪初,J.纽斯鲍姆(J. Nussbaum)在巴伐利亚首次尝试坩埚制钢的工艺。他将熟铁条放入坩埚,其上覆盖炭,然后放入反射炉中加热数天。但由于没有达到使钢熔化的高温,这样生产出的钢仍是渗碳钢,而不是坩埚钢。相比之下中国早在汉代就发明了炒钢法,即通过炒炼液态生铁使之脱碳而成为钢。在燃料技术探索方面,1614年,英国人艾略特(W. Euyot)最早尝试用煤代替木炭炼铁,但生产出的铁含硫高,不适于锻造,此技术未能得到大面积推广。

18世纪中叶,工业革命在英国爆发,机器制造催生了越来越多的钢铁需求。当时,西方社会出现了一批致力于冶金工艺的技术发明家,他们在生产实践中不断摸索,总结经验教训,同时,利用日益进步的自然科学技术,为钢铁工业开辟出一片广阔的天地。

探索首先从燃料技术开始。焦炭是炼铁高炉的发热剂、还原剂和料柱支撑骨架。其质量对高炉炼铁的能力、效率、经济性具有决定性作用。18世纪以前,西方钢铁生产多采用木材作为燃料,但木材生长周期长,难以满

---

① 金观涛、樊洪业、刘青峰:《文化背景与科学技术结构的演变》,载中国科学院《自然辩证法通讯》杂志社编:《科学传统与文化——中国近代科学落后的原因》,西安:陕西科学技术出版社,1983年版,第1~81页。

足大规模炼铁业的长期需求。比如,法国钢铁冶炼过程中,木材耗费相当严重。一座冶炼炉烧掉的木材等于马恩河畔沙隆整座城市的消费总量。愤慨的村民抱怨冶炼炉吞噬森林,甚至剥夺了面包炉的燃料。有专家计算,18世纪以前,一个中等规模的铁厂消耗的木材等于2000公顷树木的产量。① 19世纪初,若以木炭作燃料,一座高炉每年需要2000～5000英亩的林地木材,而六英尺厚的煤层覆盖半英亩才可替代。② 在煤被大规模使用之前,欧洲冶铁业中心大都不同程度出现燃料供应紧缺局面,森林在短时期内被砍伐无遗。一些炼铁厂曾尝试使用煤炭,但其中的硫、磷等元素严重影响铁的质量,去除杂质的技术长期得不到解决。1709年,英国人亚伯拉罕·达比一世(Abraham Darby Ⅰ)在希普罗郡科尔布鲁克代尔开炉炼铁。他利用希普罗地区煤炭含硫低、结焦性好的特点,通过加热、烘烤煤炭,制成适合炼铁用的焦炭。③ 利用焦炭作炼铁燃料,既去除了煤炭中的杂质,又提高了炉温。这是一项引人注目的技术创新,它使英国冶铁业在相当长一段时期走在欧洲各国前列。18世纪末,欧洲大陆国家纷纷派人参观英国采用煤炭炼铁的技艺,该技术得到推广。1785年,法国勒克勒左炼铁高炉开始使用焦煤,后来比利时、美国、捷克等国陆续使用焦煤燃料炼铁。"煤和铁的结合构成开创工业化道路的支柱之一,它是新时代的曙光"。④ 焦煤炼铁技术的发明为大量生产合格的生铁奠定了基础。

技术应用远比技术发明要难。较诸木炭,使用焦炭虽能扩大燃料来源途径,但焦炭的料柱透气性弱于木炭,需要更大的风量、风力来弥补这一缺陷。早先人们炼铁一般利用皮囊作鼓风器,依靠人力、畜力或水力作为动力源。1742年,亚伯拉罕·达比二世(Abraham Darby Ⅱ)尝试采用气压式(即Newcomen—纽克门)发动机鼓风,并逐步发展出功率更大的鼓风机以代替笨重的皮革鼓风器。这项技术使炼铁获得更大的鼓风动力,从而使建造体积更大的炼铁炉成为可能。此后,炼铁炉的最大高度一直在增加,

---

① [法]费尔南·布罗代尔著,顾良译:《十五至十八世纪的物质文明、经济和资本主义》第一卷,北京:生活·读书·新知三联书店,1992年版,第431、433页。
② Kenneth Warren. The American steel industry, 1850—1970: a geographical interpretation. Oxford, Clarendon Press, 1973, p. 11.
③ [英]泰利柯特,华觉明等编译:《世界冶金发展史》,北京:科学技术文献出版社,1985年版,第269页。
④ [德]鲁道夫·吕贝尔特著,戴鸣钟等译:《工业化史》,上海:上海译文出版社,1983年版,第26页。

从1650年的7米发展到1800年的13.5米,单位炉座的产量也随之有大幅度增加。1807年,英国建成日产100吨炼铁炉。1828年,英国人尼尔森(J. B. Neilson)发明热风技术。这项技术通过向高炉吹入热风,极大地减少了炼铁过程中的燃料消耗,提高了铁产量,降低了生产成本。以英国克莱德厂为例,1829年,该厂炼铁使用冷风,焦比①为8.05,1830年吹入150℃热风,焦比为5.15,1833年吹入315℃热风,焦比降至2.88。② 1857年,考铂(E. A. Cowper)使用空气预热装置,将热风温度提高到600℃,使生铁冶炼提高到一个新高度。

长期以来,高炉炉渣往往采用周期性流排的方法,每次打开炉缸进行出铁和出渣时,都要流失大量热量。1867年,德国工程师F. W. 吕尔曼(F. W. Lürmann)建造了第一座关闭式炉缸的高炉。这种高炉装有四个风口。吕尔曼发明了用装在风口下方的水冷渣口分离炉渣的方法,能使炉温变得更高。1860年前,高炉平均高度一般不超过五六十英尺,此后,英国的高炉高度有所增加,但炉缸依然很小。19世纪80年代,美国的炼铁厂率先采用了宽型炉缸,大大提高了产出率。1889年,美国炼铁厂出现混铁炉装置,在炼钢前混匀铁水,并去除杂质。20世纪初,该装置已变得相当普遍。③ 此外,19世纪末20世纪初,高炉的技术改进还包括降低炉腹的位置,进一步增大炉缸的直径和风口的数量;安装具有蛇形管的水冷板,用以冷却炉缸和炉腹的四壁;提高操作要求,加快冶炼速度,等等。

在动力能源的开发利用方面,15世纪初,西方一些国家开始将水力用于炼铁鼓风。17世纪末到18世纪初,托马斯·塞维利、托马斯·纽克门等一批英国发明家致力于研制蒸汽机,并在英国采矿业中使用。17世纪60年代,詹姆斯·瓦特(James Watt)改进蒸汽机,大大提高蒸汽机热效率。1769年,瓦特获得蒸汽机发明专利权。马克思说:"用机器制造机器的最重要的生产条件,是要有能供给各种强度的力量,同时又完全受人控制的发动机。蒸汽机已经是这样的机器。"④瓦特蒸汽机使人类获得了可自由操控的机械力,使机械化生产冲破自然条件的限制,向着更为广阔的领域发展,标志着人类进入机器大生产的时代。"当时,无论是英国还是全

---

① 高炉每冶炼1吨生铁耗用的焦煤吨数。
② [英]泰利柯特,华觉明等编译:《世界冶金发展史》,第302页。
③ [英]辛格主编,陈凡等译:《技术史》第5卷(上),沈阳:东北工学院出版社,1993年版,第83~84页。
④ 马克思:《资本论》第一卷,北京:人民出版社,1975年版,第422页。

世界都知道,在英伦诸岛发动的工业革命,正在改变着世界,工业革命将所向披靡,过去的神仙皇帝在今天的商人和蒸汽机面前,都将显得软弱无力"。① 蒸汽机很快被应用于钢铁生产中。1776年,英国著名钢铁厂商约翰·威尔金森(John Wilkinson)将瓦特蒸汽机用于什罗普郡的工厂,制造了一个重120磅的汽锤,每分钟可敲打150下。这有效地解决了生铁生产加工过程中动力不足和不稳定的问题。1782年,英国高炉炼铁采用蒸汽机鼓风,使之可以建立体型更大的鼓风炉。此后,在很短时间内,在钢铁冶炼、钢材轧制的诸多生产环节中,蒸汽动力逐步取代人力、畜力和水力,成为主要动力源,既推动钢铁生产加工的规模化发展,又降低了生产成本。到18世纪末,"煤和蒸汽机已使不列颠的炼铁业彻底改革",英国生铁产量从1720年的20500吨/年(几乎全是木炭燃料)增至1806年的250000吨/年(全部为焦炭铁)。②

尽管高炉和动力技术在18世纪不断进步,但冶铁厂生产出来的生铁在很多场合是不实用的易碎原料,无法进行韧性加工。较之于生铁,熟铁具有可塑性,钢具有更高的韧性与强度、硬度。1781年,瑞典化学家伯格曼(T. Bergman)出版关于铁的化学分析论著,首次阐明铁与钢的区别,指出"钢是铁与碳交互作用的产物",为阐明钢铁热处理工艺和炼钢工艺的原理奠定了基础。

最早的钢主要通过熟铁渗碳工艺制作,但其质地分布往往很不均匀,而且价格昂贵。1740年,英国钟表匠本杰明·亨茨曼(Benjamin Huntsman)开始利用石墨黏土制作的坩埚熔化金属铁料,历经十年左右的时间,最终发明坩埚炼钢技术,这是人类第一次生产出液态钢液。这种方法得到的钢料虽然质量优良,但产量也有限(每个坩埚一般仅能容纳数十公斤铁汁),价格十分昂贵,主要用于精细金属部件和武器生产。19世纪中期以前,熟铁(也称"锻铁")是韧性加工的主要原料。生铁通过反复加热和锻打虽能转化为熟铁,但费时费力,价格不菲。1784年,英国人亨利·

---

① [英]艾瑞克·霍布斯鲍姆著,王章辉等译:《革命的年代:1789—1848》,南京:江苏人民出版社,1999年版,第69页。
② [英]泰利柯特,华觉明等编译:《世界冶金发展史》,第273页。

柯尔特(H. Cort)设立了一种烧煤的反射炉,又名"搅拌炉"(普德林炉,Puddling),①生铁在搅拌炉内熔化后,加以搅拌,以去除杂质。在此基础上,1790年,霍姆弗雷加以改进,设立了一种精炼炉,生铁在进入搅拌炉前先在精炼炉内除去多余的矽,降低了生铁原料耗费。柯尔特原来制造一吨锻铁条需两吨生铁,使用精炼炉后,只需要1.5~1.75吨。柯尔特和霍姆弗雷开创了锻铁时代。平炉和转炉炼钢技术发明前,需用韧性加工的钢铁材料主要采用这种方法生产而来。它使英国锻铁供应量迅速增加,1788—1815年间增长了5倍,同时,价格大幅下跌,每吨锻铁的价格从1801年的22英镑降至1815年的13英镑。②

近代自然科学技术诞生以前,人类的工程技术主要为经验技术,它是从对实践经验的观察总结而来。19世纪是人类科技发展的重要时期,各学科形成独立的体系,理论在科学实验基础上发育得更加完善,研究方法更趋理性成熟,科学技术与生产的关系更加密切。这一时期的科学技术以前所未有的深度和广度推进人类文明进程。因此,19世纪也有"科学世纪"的美誉。近代自然科学技术在西方发展以后,人类工程技术日渐发展成为近现代的科学技术,工程技术的进步完全以自然科学的发展作为支撑。纵观19世纪以来人类的重大技术发明创造,几乎都属于科学的应用,都是在自然科学理论的指导下完成的。这在19世纪中叶以后第二次工业革命的发展进程中表现得尤为明显。

由于热工学的发展,转炉与平炉炼钢技术出现,引发冶金工业革命。1863年,H. C. 索比(H. C. Sorby)首先用显微镜对金属进行系统检验,为金属学的建立奠定了基础,使金属生产技艺逐步变成冶金科学。再加上光谱分析用于金属成分测定,热电偶用于冶金过程温度的测定,金属的物理和化学性能的各种测试方法的发明,奠定了现代金属和冶金的理论基础。③ 在冶金科学理论的指导下,钢铁生产技术飞速发展。

---

① 原意指"搅拌泥浆",是炒炼熟铁的一种方法。普德林炉的炉底用铁矿石制成,炉顶用耐火材料砌成,可将炉内的热量反射下来,作为燃料的煤不与铁接触,煤炭中的硫、磷等杂质也就无法进入铁水中。在炉内的铁水熔化后,靠多人协力,用铁条搅拌,使空气中的氧与生铁中的碳接触,并使其氧化。

② [英]克里斯·弗里曼、[葡]弗朗西斯科·卢桑著:《光阴似箭:从工业革命到信息革命》,北京:中国人民大学出版社,2007年版,第164页。

③ 邱亮辉、朱寿康:《冶金技术史概论》,载中国科学技术史学会技术史委员会编:《技术史研究》,北京:冶金工业出版社,1987年版,第228页。

19世纪中叶以来,新生的机器制造业和铁路、轮船交通建设催生出巨大的钢铁市场空间,急需大量质优价廉的钢材。但长期以来,钢的生产成本高昂,产量十分有限,还不足以在生产生活中大量使用。1850年,英国生铁产量超过200万吨,但钢的产量不过数万吨。在转炉和平炉炼钢发明以前,欧洲和北美许多铁路都采用普德林铁轨筑成。通过搅拌法虽也能够生产出钢材,但是其质量难以达到高强度冲压的标准。而且该法极端耗费劳力和燃料,产品价格依然不菲。如1860年,英国有3400多座搅拌炉,每12小时一班,搅炼6~7炉,每炉250公斤,日产仅1.6吨。① 在此背景下,作为第二次工业革命时期最重大的技术发明之一,转炉和平炉炼钢技术应运而生。

英国人亨利·贝塞麦(H. Bessemer)在工艺试验中注意到,当其在增加反射炉的温度和加大鼓风时,一些固态的铸铁块因暴露在气流中而成功脱碳。1856年,他通过向熔融状态的生铁水中吹入空气,使铁水中的碳和其他杂质发生强烈的氧化反应,其释放出来的热量可使铁保持液态,使铁在短时间内迅速脱碳,得到低碳可锻的钢,此即贝塞麦转炉炼钢法(Bessemer converter furnace)。8月11日,他公布了这一革命性的发现,将其命名为"无需燃料的冶铁法"。贝塞麦使钢的价格首次与熟铁相接近,并成功地将这种炼钢方法与其名字联系在一起。值得一提的是,正当贝塞麦准备在美国申请专利时,美国人W.凯利(William Kelly)采用与贝塞麦炼钢法相似的工艺原理,已在美国匹兹堡的炼铁厂内独立试验数年。为抢得制先权,他在工艺尚未完善的情况下申请了专利权。此后,贝塞麦和凯利为争夺专利权进行了长期诉讼。1857年6月,W.凯利说服美国专利局的官员确认其具有优先权,获得美国专利。但在美国所制的钢铁,其专利权的使用费由二人平分。② 然而,不幸的是,成功来得太迟,W.凯利当时已经成了一名破产者。

转炉炼钢技术的发明使得大批量生产廉价的钢材成为可能。贝色麻转炉在19世纪60年代把10~15吨生铁炼成钢只需10分钟,而用以前的搅拌法则需要几天。③ 但亨利·贝塞麦并非一位具有渊博学识的冶金学者。在最初的试验中,他幸运地使用了英国不含磷的生铁,取得良好效果。

---

① [英]泰利柯特,华觉明等编译:《世界冶金发展史》,第364页。
② 卡拉萝·裘生著,许逸云译:《卡内基传》,台北:中华日报出版社,1986年版,第105页。
③ 杨沛霆:《科学技术史》,杭州:浙江教育出版社,1986年版,第213页。

然而,当使用含磷的生铁时,炼出的钢因磷超标而往往发脆。不幸的是,英国境内大部分地区的铁矿都含磷,面对一次次失败,许多炼铁商指责贝塞麦是诈欺骗子。当时的西方世界,"钢铁工业被一种奇特的新方法相当强烈地吸引住了,该方法已经出现了六七年之久,没有人相信它能成功,科学家和实业家甚至投以轻视的目光:这就是贝西默的发明"。①

几乎在同一时期,冶金技术发明者还尝试将蓄热原理用于钢的冶炼。1856 年,德国人弗里德里希·西门子(Frederich Siemens)利用热再生原理发明了交流换热炉。他将固态燃料放置于反射炉两端的蓄热室,其内通空气和煤气。从燃烧炉中出来的炽热废气提高加热蓄热炉,产生可燃空气,进入反射炉,从而提高炉温。每隔一段时间,交换空气和废气的流向,使两边的蓄热室交替使用。这种蓄热炉最大的缺陷之一便是砖格易被炉灰堵塞。1861 年,威廉·西门子(William Siemens)发明煤气发生炉,可在单独的装置内用普通煤制造出气体燃料,成功解决这一问题。该装置最初多用于玻璃生产。1864 年,法国冶金学家马丁(P. E. Martin)改造了反射炉炉体,并在威廉·西门子的帮助下,采用蓄热炉提高炉温的办法,成功地用废钢、生铁炼出了优质钢。此即平炉炼钢技术(Siemens-Martin open hearth furnace)。

从技术方面讲,转炉和平炉炼钢各有优点。平炉炼钢能从炼钢炉中取出式样检查钢的成分,利于掌握、控制钢的品质。此外,平炉炼钢可用废铁、废钢作为原料,易于获取。而转炉炼钢法生产过程比平炉炼钢法短,消耗的燃料相对较少,成本也较低。但这两种炼钢技术发明之初,都无法解决伴生的磷质含量过高的问题,导致炼出来的钢质地太脆。② 这意味着它们只适用于低磷矿石或低磷生铁。由于世界上绝大多数铁矿石都含磷质,这极大地限制了两种炼钢法的适用范围。

经过技术人员十余年的不懈努力,英国人 S. G. 托马斯(Sidney Gilchrist Thomas)成功解决了脱磷问题。之前,化学家们已经知道使用石灰去中和磷质,但利用石灰石作炉衬的尝试均以失败告终。从 1877 年到 1879 年,托马斯经过长期试验,用白云石和沥青作炉衬,冶炼时投入石灰,

---

① [意]卡洛·M·奇波拉主编,王铁生等译:《欧洲经济史》第四卷(上册),北京:商务印书馆,1989年版,第 49 页。

② 在以往的搅拌法在炼钢过程中,炉渣(主要成分是硅酸铁)能将磷吸收。而且,磷在 1300℃时可变为气体自由挥发,搅拌法所需的温度相对较低,磷的氧化物较稳定,不会进入钢铁产品中。但在使用转炉或平炉炼钢技术时,温度将达到 1600℃,磷质又重新被铁水所吸收。

证明使用碱性炉衬和碱性溶剂可以从转炉中去除磷质,此即碱性转炉炼钢法。同样道理,通过改变炉壁材料,西门马丁炼钢炉也有酸性和碱性之分。这项技术发现使得转炉、平炉炼钢技术获得普遍的实践利用价值,一举解决了困扰西方冶金界多年的技术难题。钢的冶炼工艺日臻纯熟,为优质钢材的生产提供了技术保障。

为降低生产成本,技术发明者不断改进工艺。炼钢炉渣因富含磷质,经粉碎加工,可变为很好的农业肥料。1895年,美国利兹的B.塔尔伯特(Benjamin Talbot)发明连续吹风方法,即每次只倒出一部分钢水,保持炉内的高温,节省燃料。四年后,这种方法在费城投入实际应用。

19世纪下半叶,随着电能的开发利用,人类积极探索利用电能冶炼钢铁。1879年,威廉·史蒂文斯(W. Stevens)设计了第一座试验性的电弧炉炼钢厂。两年后,在英国查尔顿工厂,他演示了这种电炉的有效性,用20分钟熔炼了5磅铁。1883年,美国人C.A 福勒(C. A. Faure)获得"电阻炉"专利、1887年,S·弗伦蒂(S. Z. de Ferranti)发明感应加热的电炉。但这在19世纪末未获得商业应用价值。1898年,意大利人斯达塞诺(E. Stassano)取得在电弧炉内直接用铁矿石炼钢的专利。1900年,法国人P·赫劳尔特(P. Heroult)建成第一座商用电弧炉,炼出第一炉热熔钢水。1908年,德国电炉钢产量接近2万吨。"一战"期间,美国电炉钢产量大增,在1918年首次突破50万吨大关。1927年,美国桥梁公司安装了当时世界上最大的电炉,容量超过100吨。从经济成本考虑,电炉主要用于炼制高质量的合金钢。在缺少燃煤但电能资源丰富的国家,这是最低廉、便捷而又环保的炼钢法。[①]

钢实现大规模生产后,迅速取代生铁、熟铁,成为最主要的基础物质材料。以美国为例,1870年时,钢铁产品结构当中,钢所占比重还十分微小,而到1895年时,钢产品与铁产品比重基本持平,而到1910年时,钢产品比例已达80%。[②]

钢铁加工是钢铁生产流程的最后一个环节。人类很早就掌握和使用钢铁的铸造和锻造技术。但轧制技术却发展缓慢,它需要更强大的动力和

---

① [英]C.辛格等主编,王平等译:《技术史》第6卷(下),成都:成都科技大学出版社,1995年版,第150~152页。

② [英]克利斯·弗里曼,[英]罗克·苏特著;华宏勋,华宏慈等译:《工业创新经济学》,北京:北京大学出版社,2004年版,第68页。

工具设备（轧辊、轴承、机架、齿轮等）。关于钢铁的轧制，有西方学者认为，在16世纪德国的铁工厂中采用轧辊。比利时和英国大约在同时开始使用轧辊。但这并无史料证明。1682年，英格兰纽卡斯尔附近的文赖通（Winlaton）和斯瓦维尔（Swalwell）有用于热轧铁料的大型轧机投产，这是世界第一台有据可查的大型生产用轧钢机，可生产棒材和板材。1759年，英国人托马斯·伯勒克里（Thomas Blockley）取得孔型轧制的专利，开始了型钢生产历史。1766年，英国人拍内尔（John Purnel）利用成对的齿轮箱使轧辊协调一致地转动，发明轧辊刻槽的专利。1783年，该专利授予英国法勒汉（Fareham）附近的丰特来（Fontley）铁厂的亨利·科特（Henry Cort）。他是第一个把当时所知的各种轧钢与成型方法的最优特点结合起来的人，被称为"近代轧钢之父"。

蒸汽动力在18世纪末被尝试用于驱动轧机。19世纪初，蒸汽机经过改良，动力越来越大，越来越多地用于钢铁轧制。动力技术的发展推动轧钢技术的革新，工业革命催生的钢铁需求进一步促进轧钢技术的发展。1820年，伯肯肖（John Birkenshaw）使用第一台铁轨轧机，可生产长4572～5486mm的鱼腹式熟铁轨，1831年，美国首次轧制T型轨，1849年，佐雷在法国轧出第一根工字钢梁。

大约在19世纪中叶，三辊式轧机得到应用和发展。它一般由三个位于同一垂直平面内的水平轧辊上下排列组成，上、中、下三辊由传动装置驱动，轧件由升降台控制在上、中辊和下、中辊往返。该轧机的试验经历一段探索过程。在1855年左右，一个比利时轧钢工将正在轧制中的轧件头部快速送入下一个道次进行"活套轧制"，该方法可以同时在横列式轧机的多个孔型中进行轧制棒材、线材。这种轧机被称为"比利时轧机"或"活套轧机"，其后沿用了一百多年。大约在同一时期，用于轧制中、厚板材的三辊劳特轧机也由英国人劳特（Bernard Lauth）发明。他利用异径不对称轧制原理，可显著降低轧制压力，配合飞轮而采用较小的传动功率生产较宽的钢板，在人类钢铁工业发展史中发挥过重要作用。生产实践中，第一台经检验运作良好的三辊轧机一般认为是1857年弗里茨（John Fritz）在美国布里亚（Cambria）铁工厂建立的直径457mm轧辊轧制铁轨的三辊轧机。1859年，美国人购买了三辊式劳特轧机的全部专利权，并在美国建成投产。1862年，英国人贝德森（G. Benson）发明连续轧机列，由16台双辊式轧机组成，可生产线材。1866年，第一台可逆式轧机在英国诞生，加热后的工件可来回在三轧辊间往返轧制。19世纪90年代,美国使用连续轧机。1914年,英国安装了号称当时世界最大的扁钢轧机,可将30吨的钢锭轧制成厚板。四年后,美国路肯斯公司安装了第一台四辊可逆式轧机。①

铁管、钢管在生产生活中应用广泛。在无缝钢管生产技术产生前,人类社会的钢铁管材主要通过焊接法、挤压法、冲压法、铸钢空心坯热轧法等方法生产。但这些方法往往存在效率低、产品强度差、生产成本高、质量不合要求等缺点。管坯穿孔是无缝钢管生产中最重要的变形工序。它源于以下理论分析:当一个圆柱形物体或圆棒从两个相反方向承受相等的压力时,这些压力在圆棒的中心相遇,互相抵消。若承压的圆棒围绕其轴线旋转,在其中心必然要产生孔腔。1885年1月,德国人曼内斯曼(Mannesmann)兄弟提交斜轧穿孔机的专利申请:彼此倾斜的轧辊使工件产生向外张开的力,热的圆杆从工件的中央裂缝进入,使之从中间劈开,形成无缝钢管。此法被称为"曼尼斯曼穿孔法"。借助该技术,实心圆钢可在短时间内变成无缝钢管。该技术填补了钢材加工技术的一项空白,极大地扩大了钢的用途。1893年,美国发明家爱迪生在第一届世博会见到无缝钢管的展品时,称赞无缝钢管生产技术"是人类的杰作(Masterpiece)"。正是这一杰作推动了能源工业的发展。1886年8月,曼内斯曼兄弟成功地穿轧第一根无缝钢管后,在德国Remscheid建立了第一个独立的钢管厂。② 19世纪末,曾在曼内斯曼钢管公司工作过的瑞士人斯蒂弗尔(R.C.Stiefel)将精湛的无缝制管技术带往美国,并在美国申请盘式穿孔机的专利,引起无缝钢管技术的新一轮发展。1899年,斯蒂弗尔和Nicholson合作组建Standard无缝钢管公司,1902年,它在宾州Ellwood建立工厂,制造无缝轧管设备,完善自动轧管机,使之成为现代的轧管机,与周期轧管机、顶管机一起构成了经典的轧管工艺。③

钢被广泛应用,除了钢的共性优点外,还因为人类发现,在钢中加入一定量的其他元素,就能够改善或者获取某种性能,生产出具备高强度、高韧性、耐磨、耐腐蚀、耐低温、耐高温、无磁性等特殊性能的钢材。这类钢被称为"合金钢",这是钢能在现代工业经济中大显身手的重要原因。18至19

---

① 王廷溥:《现代轧钢学》,北京:冶金工业出版社,2014年版,第10～11页。
② 金如崧编著:《无缝钢管百年史话》,北京:冶金工业出版社,2008年版,第11～25页。
③ 金如崧编著:《无缝钢管百年史话》,第36～47页。

世纪，伴随科学家的研究活动，人类获知的金属数目大量增加。其中，锰、镍、钴、铬等金属的批量生产对人们探索具有更高物理性能的合金钢而言，意义重大。通过添加这些金属元素，各种具有耐热、抗酸、抗蚀、高强度、高延展性等性能的合金钢被相继开发出来。M. 法拉第(Michael Faraday)于 1819 年就开始研制铬钢，但直到 1865 年美国人 J. 鲍尔(Julius Banr)获得铬钢的专利后才实现大规模生产。18 世纪 70 年代，英国人马谢特(Rohest. F. Mushet)发明了自硬钢（其中含有一定量的钨、锰），可用作切削用钢。这使机械工业发生一场革命，其使用寿命为以前高碳钢的数倍。此外，早期炼钢炉生产的钢锭不是质地疏松就是氧化过度。马谢特在其家族长期从事钢铁生产的经验中理解锰作为脱氧剂的使用价值，通过在贝塞麦转炉中加入镜铁（含锰量为 15%～30%，含碳量为 4.0%～5.0%），得到光滑而严实的钢锭。1882 年，英国人 R. 哈德菲尔德(R. A. Hadfield)发现在钢中添加超过 10%的锰，所得合金钢不仅具有足够的硬度，还具有很好抗拉强度和延展度。此即日常生产生活中大量使用的锰钢。这一发明可视为合金钢发展史上的里程碑事件。另外，哈德菲尔德还发明高导磁率、低电阻、低磁滞的硅钢。1907 年后，硅钢已成为电力工业中不可或缺的基本材料。1889 年，英国人 J. 赖利(James Riley)发现当镍加至 4.7%时，钢的强度可从 460 千牛顿/米^2 增加到 1400 千牛顿/米^2。镍钢的出现引起工程界的极大关注。20 世纪初，美国人 F. 泰勒(F. Taylor)和 M. 怀特(Maunsel White)发明高速钢，这种钢的最佳成分为：含 0.67%的碳、18.91%的钨、5.47%的铬、0.11%的锰、0.29%的钒，能在高温时不软化。用这种钢作切割刀具，速度可由高碳钢的 30 英尺/分提至 500 英尺/分。随着高速钢的出现，引起金属切削实践的革命性变革，大大提高了机械加工车间的生产率。[1]

裸露在自然界中的钢铁会发生氧化作用，日渐锈蚀，损失巨大。如何让钢铁具有抗腐蚀性功能，一直是摆在科技发明人面前的重大课题。20世纪初，抗腐蚀性的铁铬合金的科学研究受到重视。在 1904 年后的几年间，法国人吉耶(L. B. Guillet)和波特万(A. M. Portevin)虽研制出奥氏体

---

[1] ［英］特伦特(E. M. Trent)著；仇启源，徐弘山译：《金属切削》，北京：机械工业出版社，1980 年版，第 88 页。

不锈钢，①但对其抗腐蚀性却不甚了解，更未能预料其将对人类生产生活带来的巨大影响。1911年，德国人P.蒙纳茨(P. Monnartz)首先认识到不锈钢的抗腐蚀性能，获得不锈钢的德国生产专利。1913年，英国人H.布里尔利(Harry Brearley)在钢中添加13%左右的铬，发明马氏体不锈钢。这种钢淬火后硬度较高，不同回火温度具有不同的强韧性组合。H.布里尔利是发现不锈钢商业用途的第一人。1911—1914年，美国人丹齐(C. Dantsizen)发明铁素体不锈钢。这种材料可进行冷、热加工，适用于建筑、汽车制造。后来，德国人B.施特劳斯(B. Strauss)等人又通过加入镍，发明奥氏体不锈钢，改善了不锈钢的抗腐蚀性能和机械性能。不锈钢的发明是人类冶金发展史中的重大事件，它扩大了钢铁材料的使用范围和应用价值，引发了一连串的生产技术变革，给人类生产生活带来巨大变化。"一战"结束以后，许多国家致力于合金钢的研究，并通过商业途径得以生产。

总之，19世纪中叶以来，焦煤炼铁技术、高炉热风技术、转炉和平炉炼钢技术、钢铁加工技术和合金钢生产工艺，构成较为完整的近代钢铁生产技术体系。液态炼钢工艺取代搅钢炉工艺，炼铁、炼钢、铸锭、轧钢等生产工序实现配套衔接和机械化，为大规模的钢铁生产奠定了坚实基础。合金钢种类的日益增多进一步拓宽了钢铁的应用空间。当然，围绕矿石筛选烧结、炉料装卸、焦煤炼制、高炉和炼钢炉设计改进、合金钢生产、配套装备研制等诸多环节，技术革新的步伐一刻也未曾停歇。在上述钢铁生产加工技术出现后，只要生产有需要，市场有需求，就会有源源不断的技术创新出现。钢铁工业支撑了工业革命启动的人类社会的工业化进程，成为最典型的产业经济部门。人类社会进入"**钢铁时代**"。

二、近代主要西方国家钢铁工业发展情形

钢铁工业的发展壮大是世界近代工业经济结构中最引人注目的变化。

---

① 不锈钢，是指在自然环境或一定工业介质中具有耐腐蚀性的钢，能抵抗空气、蒸汽、酸、碱、盐等腐蚀介质的腐蚀。铬是提高不锈钢耐腐蚀性的主要元素，其含量超过12%时，钢的耐蚀性会明显提高。不锈钢的分类方法分两种：一是根据主要合金元素，分为铬不锈钢和铬镍不锈钢；二是按正火态的组织，分为马氏体不锈钢、铁素体不锈钢和奥氏体不锈钢。马氏体不锈钢的w(Cr)在12%～14%之间，只在氧化介质中耐腐蚀，在非氧化性介质中耐腐蚀性很低，且随着含碳量的增多，其强度、硬度及耐磨度提高，耐蚀性下降。铁素体不锈钢的w(Cr)在12%～32%之间，耐腐蚀性(包括对硝酸、氨水)、塑性和焊接性均优于马氏体不锈钢，但强度低。奥氏体不锈钢是应用最广泛的不锈钢，其化学特点是低碳，铬、镍含量较高，有时加入钛或铌。其耐腐蚀性和耐热性强，具有很好的塑性、韧性和焊接性，强度、硬度低，无磁性。

由于钢铁材料用途广泛,钢铁产业的关联度极强,钢铁工业往往被视为"母体工业",钢铁产量被作为衡量一个国家经济发展水平的重要标志。在世界近代史上,主要工业化国家在发展的不同历史阶段都曾花费大量人力、物力和财力,用于钢铁工业建设。强大的钢铁工业成为各国发展经济的重要基石。由于近代钢铁技术的重大革新主要诞生于西方国家,钢铁工业生产体系在西方国家率先发展起来。

(一)英国钢铁工业

在工业革命的发源地英国,一代又一代发明人、企业家、科学家在改进钢铁生产加工技术方面进行过艰辛的探索活动,对钢铁工业发展发挥了巨大推动作用。1850年前,世界钢铁生产的诸多重大技术发明大部分都来自英国,故英国也有"近代钢铁工业之母"的美誉。① 此外,英国在发展钢铁工业方面享有显著的资源优势:"英国人在煤矿和铁矿方面得天独厚,他们在同一矿坑找到了两种矿,他们把煤炼成焦炭,利用蒸汽机和滚动机,把巨大的动力传递给汽缸,其马力足够把铁块拉长成为铁条。许多运河有利于把铁条运到海港。所有这些优势都是他们巨大的节约源泉。"②技术革新和资源优势使英国钢铁工业较之其他国家率先发展起来,钢铁产量急速增长。

工业革命前夕,英国的钢铁生产规模十分有限。在1720年左右,整个英国大约有60个高炉,每年产铁1.7万吨。③ 一些历史上曾经十分繁荣的冶铁中心因为森林资源被消耗殆尽、炼铁燃料缺乏而衰落。18世纪下半叶,焦炭炼铁、蒸汽动力、搅拌炼铁等技术在英国迅速推广,使其在很短的时间内就发展成为欧洲公认的钢铁生产中心。英国出现以专营钢铁业而闻名于世的巨商,约翰·威尔金森就是杰出代表。1779年,在塞文河上,威尔金森用50吨铁建造了一座宽7米、长91米的铁桥,引起轰动。他为当时英国设计了一个钢铁世界:铁桥、铁船、铁车、铁房子、铁床等,甚至还为自己设计了一口铁制棺材。英国钢铁企业展现的生产场景令当时众多见多识广的人感到惊叹不已。1784年,法国矿物学家福雅·德·圣丰在参观英国卡伦炼铁厂后写道:"有那么一大串的车间,以致远处空气都被蒸热;在夜间,一切都被火焰和光辉照得雪亮,因此当地人们在相当距离处

---

① 高达声等编著:《近现代技术史简编》,北京:中国科学技术出版社,1994年版,第132页。
② [意]卡洛·M·奇波拉主编,王铁生等译:《欧洲经济史》第四卷(上册),北京:商务印书馆,1989年版,第45页。
③ [法]保尔·芒图著,杨人楩、陈希秦、吴绪译:《十八世纪产业革命》,北京:商务印书馆,2011年版,第242页。

发现那么多堆得发亮的煤，又看到那些高炉上面喷出的火簇时，当人们听到那些打在铁砧上的沉重的锤声夹杂着气泵的尖锐嘘声时，人们怀疑自己是否在一个爆发的火山脚下，或者被魔力送到火神及其独眼神在忙于行施霹雳的那个岩穴口上。"①

1788年，英国生铁产量为6.8万吨。1806年，这一数字接近26万吨。1830年，接近70万吨。而到1840年，则剧增至139.6万吨（见表1）。这一时期，钢铁生产不再依赖水力和木材，生产力逐渐集中于煤铁资源丰富和交通便利的区域。南威尔士和斯塔福德郡成为英国钢铁生产中心，孤立、分散的制铁过程逐渐集中成大型生产单位。1845年，威尔士的道莱斯炼铁厂15座高炉的年生铁产量达到8万吨，当时欧洲大陆没有一家企业能达到这一水平。作为法国最大的钢铁厂商，洛林的文德尔公司在1850年的产量仅2.2万吨，比利时著名钢铁生产商科克里尔厂在19世纪50年代末6座高炉的年产量也仅约1.2万吨。19世纪40年代，威尔士最大的高炉一周能产铁120吨，平均有90吨，而欧洲大陆钢铁业最发达的比利时，总体水平仅60吨左右。②

表1　1720—1870年间英国生铁产量

单位：吨

年份	产量	年份	产量	年份	产量
1720	17350	1827	689500	1860	3826752
1737	15000	1830	698900	1861	3712390
1750	10000	1839	1248781	1862	3943469
1757	18000	1840	1396400	1863	4510040
1788	68300	1847	1999600	1864	4767951
1796	125077	1852	2701000	1865	4819254
1802	170850	1855	3218154	1866	4523897
1806	258206	1856	3586377	1867	4761023
1820	400000	1857	3659447	1868	4970206
1823	458150	1858	3456064	1869	5445757
1825	581367	1859	3712904	1870	5963510

资料来源：Howard G. Roepke. Movements of the British Iron and Steel Industry—1720 to 1951. Urbana：The University of Illinois Press，1956，p. 24.

---

① ［法］保尔·芒图著，杨人楩、陈希秦、吴绪译：《十八世纪产业革命》，第273页。
② ［英］大卫·兰德斯著，谢怀筑译：《解除束缚的普罗米修斯：1750年迄今西欧的技术变革和工业发展》，北京：华夏出版社，2007年第2版，第180～181页。

1830年前后,热风处理技术使英国冶炼一吨生铁从19世纪20年代消耗8吨多煤骤减至50年代的2吨多,此外,它还使得无烟煤能被用于冶炼,极大降低了钢铁生产成本。受惠于该技术,苏格兰地区的钢铁工业发展迅速,19世纪50年代,已发展成为英国新的钢铁工业中心。

　　促进资源要素集聚,这是工业化必须解决的首要问题。其中的关键环节是如何提供成本低廉、通畅便捷、运能强大的运输方式,为资源集聚创造良好条件。铁路无疑是人类最伟大的交通技术发明创造。列宁指出:"铁路是资本主义工业最主要的部分即煤炭工业和钢铁工业的结果,是世界贸易和资产阶级民主文明发展的结果和最显著的标志。"[1]1825年,英国第一条被蒸汽机牵引的铁道线开始运营。该路从斯托克顿至达灵顿,全长27英里。这标志着人类铁路时代的开端。到1843年,英国已有近2000英里的铁路用蒸汽机车作为牵引力。1848年,英国总计完成5000英里的铁路建设,其中包括现代英国铁路系统的所有主要干线。1870年,英国基本完成遍布英伦三岛的铁路网建设。铁路运输业是国民经济与社会发展的重要基础设施和基础产业。在工业化初期及中期阶段,在以加工、制造业为核心的经济总量急剧扩张与经济结构不断转换的过程中,各种工业原料及产品都将通过铁路运输实现空间转移,从而得以优化资源配置和利用;同时,伴随着工业化与城市化发展,农村剩余劳动力,与各种人力资源也将借助铁路运输在城市与乡村,以及城市与城市之间迁移。[2]

　　铁路实现了人类交通运输方式的革命性变革,然其影响绝不仅仅局限于交通领域。在19世纪,铁路是耗用钢铁最多的部门。[3] 铁路建设为钢铁工业创造广阔市场空间,这对拉动工业革命时期英国钢铁工业的发展起到重要作用。艾瑞克·霍布斯鲍姆对此曾评论:"在1848年以前,铁路在经济上还不太重要,因为在英国以外,几乎没有什么铁路,而在英国国内,由于地理上的原因,处理交通运输问题远没有像幅员广大的内陆国家那么棘手。但是,从经济发展研究者的角度来看,在这一阶段,铁路对于钢铁、

---

[1] 中共中央马克思恩格斯列宁斯大林著作编译局编:《列宁选集》第2卷,北京:人民出版社,1995年版,第578页。

[2] 李京文主编:《铁道与发展》,北京:社会科学文献出版社,2000年版,第21页。

[3] 由于技术标准不一,各铁路线路建造时实际消耗的钢铁材料数量不尽一致。清末民初,中国铁路每公里平均消耗钢轨有32～34吨(参见《申报》,1912年11月12日,第3版)。20世纪末,中国每公里铁路需消耗钢铁有120～150吨(参见常金年、孙经蕙主编:《中国经济地理教程》,北京:中共中央党校出版社,1997年版,第222页)

煤炭、重型机械、劳动力以及资本投资的巨大胃口,具有更为重要的意义。因为,如果资本产业也将经历如棉纺织业已经经历过的那种深刻转变,那么,铁路所提供的恰恰就是这种转变所需要的巨大需求。在铁路时代的前20年(1830—1850年),英国的铁产量从68万吨上升到225万吨,换言之,铁产量是原来的三倍。从1830—1850年,煤产量也增至原来的三倍,从1500万吨增加到4900万吨。产量急遽增加的主要原因在于铁路。因为,每建一英里铁路,仅铺设轨道所需的铁,平均就需要300吨。工业发展第一次使钢的大规模生产成为可能,在未来的几十年里,随着铁路的大量修建,工业也自然蓬勃发展。"①以铁路为代表,"到十九世纪中叶,一旦现代化交通系统的主要部分建成之后","英国经济就没有任何技术性的障碍阻止其自发的工业化进程。从那时起,产品和生产力将长期地持续增长已是确定无疑的"。② 1872年前,英国是世界上最主要的铁轨供应国。1850年后,英国开始建造铁壳蒸汽轮船,也消耗了大量钢铁材料。

1830年后的半个世纪,英国钢铁工业在技术革新以及铁路建设、机器生产、轮船制造引发的市场需求的推动下,钢铁产量达到其他国家难以企及的高度。其生铁产量从1830年的70万吨增加到1859—1861年的年均产量380万吨,而在1870年,这一数字接近600万吨。此时,英国生铁产量超过欧洲各国总和,占全球产量的一半左右。

表2 1870—1898年间英、美、德三国生铁产量简表

单位:千吨

时间	英国	美国	德国
1870	5963	1665	1391
1875	6365	2024	2029
1880	7749	3835	2729
1885	7415	4044	3687
1890	7904	9203	4658
1895	7703	9446	5464
1896	8563	8623	6375
1897	8817	9653	6864
1898	8681	11774	7216

资料来源:F. W. Taussig. The Iron Industry in the United States. The Quarterly Journal of Economics(Published by Oxford University Press), Vol. 14, No. 2 (Feb. ,1900), p. 145.
注:德国的数字包含卢森堡的生铁产量。

---

① [英]艾瑞克·霍布斯鲍姆著,王章辉等译:《革命的年代:1789～1848》,第57～58页。
② [意]卡洛·M·奇波拉主编,王铁生等译:《欧洲经济史》第四卷(上册),第177页。

钢铁工业的快速发展使英国从钢铁材料的进口大国转变为出口大国。1778—1798年间，英国平均每年从瑞典和俄国进口铁条约7万吨，1801—1805年间，这一数字降至3.8万吨，相比之下，英国这一时期平均每年对外出口铁条9.2万吨、生铁4万吨。1867年，英国钢铁出口总量达到1882650吨。[1]

19世纪下半叶，钢铁技术在多国科技发明人员的努力下快速发展，特别是炼钢技术实现重大突破，本已占据先机的英国在钢铁生产的国际竞争中逐步丧失领先位置。1740年，本杰明·亨茨曼发明坩埚炼钢技术时，英国就在同一时期进行大规模的韧钢生产。拿破仑战争结束时，谢菲尔德已发展为英国钢业中心，并向欧洲大陆出口钢材。19世纪五六十年代，转炉、平炉炼钢技术发明后，英国对此项新技术的采用缺乏足够的敏锐性和应对力，炼钢新技术在英国的推广相对缓慢。这源于钢铁生产商对转炉、平炉炼钢技术的一些疑虑，因为该技术无法解决去除钢液中的磷质问题，同时，还因为英国钢铁商已将大量资金投向搅拌炉的建造中，早期的成就成为技术革新的负担。因此，19世纪60年代，英国钢的产量很低，但通过搅拌法生产的锻铁产量却持续增长，到普法战争时，英国锻铁业迎来发展的顶点。

"自从钢问世以来，炼钢工业所需要的组织和锻铁时代所认为的适合的组织已迥然不同了。锻铁冶炼业的生产过程主要是一个手工业的过程，决定于熟练工人的操作技术，而钢的生产的成就同生产规模和受过训练的冶金家的能力有密切的关联"。在钢的时代，"把炼焦炉、高炉和轧钢厂靠近在一起是合乎经济原则的，因为铁在溶液的状态下可以从高炉运送到炼钢炉，同时从高炉和炼焦炉出来的瓦斯可以用来发动内燃机，发出电来供轧钢厂之用。刚开始建立炼钢业的那些国家可以把这项工业根据这样的设计来组织，但是英国却受到旧的设备的阻碍，它的工厂，不论在地点上或建造上都比较适合于铁的时代，而不是钢的时代"。[2] 1874年，"大萧条"到来，英国锻铁业持续衰退，炼钢业较快发展。相比于欧洲大陆一些国家，英国的兰开夏和克姆伯兰有大量不含磷的铁矿石。而且，英国发达的航运业

---

[1] Howard G. Roepke. Movements of the British Iron and Steel Industry—1720 to 1951. Urbana: The University of Illinois Press, 1956, p. 24.

[2] [英]艾伦(G. C. Allen)著，韦星译：《英国工业及其组织》，第113～114页。

可以从瑞典和西班牙输入价格低廉的不含磷的铁矿石。1879年,碱性炼钢法发明。在英国,钢代替锻铁的进程进一步加快。到"一战"前夕,40年前作为金属工业主要原料的锻铁已仅仅成为一种特制品而为钢所完全取代。

19世纪末,虽然英国钢铁总产量在增加,但随着美国、德国等新兴钢铁大国的崛起,其产量增长速度相对降低了。19世纪70年代,英国钢产量约占世界的一半,1913年降至11%,"二战"结束后,下降至8%。20世纪40年代末,英国钢铁厂约180个,年均产量仅7万吨,最大的也仅70万吨。英国钢铁厂大多历史悠久,"一战"后的半个世纪里,全国仅建立一个兰韦恩钢铁厂。这造成英国钢铁工业设备陈旧、工艺落后、结构布局不合理等问题,使得英国钢铁工业效率低、成本高、盈利少,在国际市场上竞争乏力。① 相比之下,美国、德国等新兴工业国家凭借后发优势,在19世纪下半叶急起直追,迅速确立领先地位。1900年,英国高炉的炼铁焦比大约为1.27,而同期美国、德国的炼铁焦比仅为1.09。② 美国在1890年代的钢铁产量追上英国。1913年,美国生铁产量是英国的3倍。1905年,德国钢铁产量超过英国,居世界第二位。

英国钢铁工业在19世纪末的相对衰败显示了技术在改变国力对比中所能发挥的巨大作用:"表面上无可匹敌的优势地位可以在一个短时期内被技术改进所推翻,这些改进能够破坏某些生产地区的相对优势而把领导权移到别的地区。""当影响深远的技术方法的改进来到的时候,对一个已经有基础的老的生产地区或国家说来,常常是一个危险的时刻。这个地区或国家能够保持它的经验和技术,并且通常能够保持它原先享有的种种在生产外部节省上的方便,但是,它过去的优势的基础可能遭到破坏;并且除了偶然的情况之外,不太可能对新的技术再保持对老的技术同样的相对的天然便利条件一样。此外,它的人员可能受到保守思想的阻碍,这种思想的产生是由于老方法得心应手,形成了多年的经验所致。同时已经不能使用的工厂设备的贬值会造成了严重的资产损失"。③

---

① 中国科学院地理研究所主编:《世界钢铁工业地理》,北京:冶金工业出版社,1989年版,第247页。

② [英]C.辛格(Charles Joseph Singer)等主编;王平等译:《技术史》第6卷(下),成都:成都科技大学出版社,1995年版,第126页。

③ [英]艾伦(G. C. Allen)著,韦星译:《英国工业及其组织》,第115~116页。

(二) 欧洲大陆主要国家的钢铁工业

1. 比利时

经过长期抗争,1831年,比利时从荷兰独立出来。1839年《伦敦条约》承认其独立地位。比利时是欧洲最早发展资本主义的地区之一,机器制造业较为发达,冶金业的基础较好。早在中世纪时期,比利时的马斯河流域和松布尔河流域就布满了金属工匠,当地金属制品闻名欧洲。欧洲大陆第一台纽可门发动机于1720年在列日(Liège)地区装配成功。此后,周围的铁制品工厂即开始复制同样的发动机。截至1790年,蒙斯(Mons)盆地共计安装39台纽可门空气发动机。①

19世纪以来,比利时和卢森堡一直是世界上比较重要的钢铁生产国,特别是沙勒罗瓦(Charleroi)和列日地区逐渐发展成为欧洲著名的钢铁工业中心。工业革命时期,钢铁工业在比利时中部煤田区和卢森堡南部铁矿区相继兴起。比利时冶金工业发展受惠于其发达的采煤业和机器制造业。比利时有当时欧洲最好的煤矿,自西而东,连接德、法两国,其工业化就是在煤田地区实现的。1800年前后,比利时地区的采煤业在欧洲大陆最为先进。1807年,法国产煤约500万吨,差不多全部在比利时境内。比利时独立时,全国煤炭产量约600万吨,远超同期法国产量。沙勒罗瓦原非制铁工业中心,仅铁钉业较为发达。18世纪时,比利时许多铁匠、铸工厂和钢板厂广泛采用煤炭,使得这些工厂逐渐迁移到沙勒罗瓦蕴藏煤床的地方。与英国相比,比利时国内铁矿蕴藏量很小,大部分铁矿砂得从其他国家进口,但比利时较高的技术水平,以及多方面的供应保证了其钢铁机器和材料在国际商业往来中占有相当高的份额。这对该国的工业建设起了决定性的作用。②

拿破仑战争时期,法国占据比利时。列日地区制造的兵器在欧洲享受盛名。这里是法军军火工业的大本营之一。因英国封锁欧洲大陆,拿破仑在法国控制区境内建造可以替代英国商品的工厂,比利时受惠最大。1798年,英国机械工匠威廉·科克里尔(William Cockerill)在比利时的佛尔维耶(Vervier,后在列日)制造纺织机器,1813年又输入一部瓦特蒸汽机模型;1817年,约翰·科克里尔在列日附近的塞兰(Seraing)建立了以其名字

---

① [英]大卫·兰德斯著;谢怀筑译:《解除束缚的普罗米修斯:1750年迄今西欧的技术变革和工业发展》,第141页。

② [德]鲁道夫·吕贝尔特著:《工业化史》,第53~54页。

命名的巨大的炼铁厂和机器制造厂,这里出现了欧洲大陆第一座搅炼炉。1823年,他又建成比利时的第一座燃焦高炉。1835年,他的企业建造了比利时第一台机车。① 比利时的第一条铁路,抑或说欧洲大陆的第一条铁路,就是1804年在列日的一个大炮铸造厂中铺设的。

比利时的钢铁冶金业经历一段摸索和失败时期。早期出现的大部分焦炭炉(1830年大约有10个)规模都很小。1830年代初期,冶金业快速发展,1836年焦炭炉达到23个,但随后出现严重倒退,1839年下降到17个。1840年代,繁荣又重新出现。到1847年,焦炭炉达到46个。而木炭炉的数量从1837年的91个下降至1847年的25个。②

比利时钢铁业的发展,除坐拥资源优势,还有诸多有利因素。由于英国机器不能在欧洲自由输出,客观上有利于比利时钢铁产业的发展。以兴业银行和比利时投资银行为代表的股份制投资银行,为比利时重工业的发展募集了大量外部资金。1844年,比利时建成纵贯东西、南北的铁路干线。外部市场为比利时钢铁业提供更大的发展空间。德国铁路建设拉动钢铁需求,1842－1843年间,比利时提供德国钢铁进口总量的1/6,1850年超过2/3,比利时出口关税同盟国家的生铁从9500吨激增至76000吨。1840年代,比利时的钢铁和机械工业成为欧洲大陆唯一能在某种程度上与英国竞争的国家。③ 当时,比利时的铁产量比整个德国的产量还要多。依靠发达的钢铁工业,到1870年时,比利时铁路里程已超过3000公里。比利时的机器产量巨大,大量输往荷兰、俄国以及德意志关税同盟地区。尽管国土面积很小,但19世纪中叶,比利时已然成为一个充分发展的工业化国家。"在十九世纪上半期,实业上能与英国并驾齐驱者,欧洲只有比利时一国而已"。④

19世纪下半叶,法、德等国钢铁工业的快速发展,比利时钢铁业虽然也取得一定的发展,但在欧洲大陆的影响力不复往日。其钢铁产量与德

---

① [英]赖利(R.C. Riley),[英]阿什沃恩(G.J. Aahworth)著,刘礼生译:《比荷卢经济联盟》,天津:天津人民出版社,1980年版,第83页。
② [英]大卫·兰德斯著;谢怀筑译:《解除束缚的普罗米修斯:1750年迄今西欧的技术变革和工业发展》,第178页。
③ [英]大卫·兰德斯著;谢怀筑译:《解除束缚的普罗米修斯:1750年迄今西欧的技术变革和工业发展》,第156、178页。
④ [美]纳德(Melvin Moses Knight)等著,区克宜、章植译:《近代欧洲经济史》,上海:黎明书局,1935年版,第441页。

国、法国相比,自19世纪50年代开始,已经瞠乎其后(见表3)。但相对于其狭小的国土面积而言,比利时钢铁业拥有大批熟练技术工人,工厂生产经验丰富,产品成本低,在世界范围可与任何国家媲美。20世纪20年代,在比利时约700万人口中,从事钢铁业者有10余万人。钢铁企业有150余家,其中包括科克里尔制造厂(Societe Anonyme John Cockerill)、乌格莱马里海公司(Societe Anonyme Ougree-Marihaxe)等著名钢铁企业,出品大如火车头、钢轨、机器、轮船、军械、电气发动机,小如钢条、铁丝、铁钉等,无所不包。

表3 19世纪中叶比、法、德、英四国生铁产量和铁路里程

年份	比利时		法国		德国		英国	
	生铁产量（千吨）	铁路里程（英里）	生铁产量（千吨）	铁路里程（英里）	生铁产量（千吨）	铁路里程（英里）	生铁产量（千吨）	铁路里程（英里）
1850	145	531	406	1869	212	3639	2249	6621
1860	320	—	898	—	529	—	3888	—
1869	535	1800	1381	10518	1413	10834	5446	15145
1873	607	2335	1382	11500	2241	14842	6566	16082

资料来源:[英]大卫·兰德斯著;谢怀筑译:《解除束缚的普罗米修斯:1750年迄今西欧的技术变革和工业发展》,北京:华夏出版社,2007年第2版,第196页。1860年数据参见[英]克拉潘著,傅梦弼译:《1815—1914年法国和德国的经济发展》,北京:商务印书馆,1965年版,第320页。

2. 法国

与英国、比利时相比,法国早期钢铁工业发展面临煤炭燃料不足的问题,特别是缺乏能够炼制良好焦炭的煤。这一方面是由于1850年前法国煤炭资源勘探工作未能有效展开,另一方面,也与煤炭开采能力不足有关。1814—1815年的维也纳会议后,法国煤炭产量在80万~90万吨,1828年达177.4万吨,1847年虽增至515.3万吨,但同年的消费量在750万吨以上。① 从19世纪前期到20世纪初,法国所需的煤约三分之一由国外输入。1850—1870年间,这一比例有40%左右,1870年,法国进口煤炭高达830万吨。② 此外,由于开采和运输成本较高,法国煤焦价格显著高于英国、比利时和德国等近邻国家。一个法国钢铁厂,要比英国或德国钢铁厂在焦炭上多支出50%~60%。法国钢铁厂需要高价进口焦炭,燃料的高

---

① [英]克拉潘著,傅梦弼译:《1815—1914年法国和德国的经济发展》,北京:商务印书馆,1965年版,第73页。

② [意]卡洛·M·奇波拉主编,王铁生等译:《欧洲经济史》第四卷(上册),第41页。

价阻碍了技术推广,这是法国冶金工业在19世纪落后于欧洲大陆国家的重要原因。

法国第一家规模较大的冶炼厂于1779年在勒克勒佐(Le Creusot)创建,英国铁器制造商威廉·威尔金森受聘担任技术顾问一职。该厂首次试用焦炭高炉炼铁,但结果并不理想。1785年,按照威廉·威尔金森的方案,勒克勒佐厂在欧洲大陆首次用焦炭鼓风法炼铁,获得成功。但此后并未出现模仿者。由于大部分炼铁厂掌握在大森林主手中,因此,法国的焦炭高炉推广缓慢。尽管钢铁冶炼业规模出现扩张,但技术变化不大。1818年,率先采用焦炭鼓风技术的勒克勒佐炼铁厂倒闭。

但19世纪20年代,法国冶金技术革新在短时期内遍及全国。焦炭熔炼、搅炼和辊轧的一体化实现了最大程度的节约。1826年初,约有150多座搅炼炉投产(其中1/3与轧钢厂联合操作),而到1845年,约有437座搅炼炉(其中382座与轧钢厂搭配操作),生产约226788吨熟铁和铁轨。单个炉体每年的生铁平均产量从1825年的1325吨上升到1846年的3400吨。① 焦炭在钢铁冶炼中的燃料比重逐渐提高:1819年法国生铁产量为112500吨(其中使用焦炭者2000吨,下同);1825年198166吨(4000吨),1830年266557吨(27300吨),1835年289798吨(48314吨),1840年340773吨(70063吨),1845年383400吨(137000吨),1850年405400吨(176000吨),1860年898000吨(582000吨),1870年1178000吨。② 但相对于英国而言,19世纪中叶以前,法国钢铁业的集中度和技术水平较为有限。1847年,法国的623座高炉中,绝大部分都是小炉子,其中,只有106座使用焦炭。③ 据估计,当时法国所产生铁约3/5仍产自数百个大小不等的木炭熔矿炉。④

以1842年《铁路法》的制定为标志,法国大规模铁路建设高潮来临。法国钢铁工业不能满足轨道材料需求,外来原材料高关税带来的高成本令法国感受到冶金工业发展的滞后。在市场需求刺激下,法国钢铁企业联合集中的速度加快,企业扩大了生产规模,增加了产品种类,对新技术的敏锐性更强。1846年,法国55座在用高炉中有43座配备了尼尔森热鼓风技术

---

① [英]大卫·兰德斯著;谢怀筑译:《解除束缚的普罗米修斯:1750年迄今西欧的技术变革和工业发展》,第177页。
② [意]卡洛·M·奇波拉主编,王铁生等译:《欧洲经济史》第四卷(上册),第46页。
③ [德]鲁道夫·吕贝尔特著:《工业化史》,第63页。
④ [英]克拉潘著,傅梦弼译:《1815—1914年法国和德国的经济发展》,第78页。

装置。19世纪50—70年代,伴随转炉、平炉以及钢铁去磷技术等工艺技术的出现,法国炼钢业迎来较快发展时期。1858年,杰克逊兄弟在圣瑟兰(Saint-Seurin)安装了第一台转炉。1870年,法国约有20个贝色麦转炉和稍多于此数的西门—马丁转炉。① 法国的钢产量1851年仅1.4万吨,主要用于制造剪刀和武器,1860年也只有3万吨。期间,法国铁路轨料主要依靠熟铁,1847年,这一产量超过45万吨。1860年代,贝色麦炼钢法开始推广。1869年,法国年产贝色麦钢11万吨。钢的价格急剧下降,从1860年代初的每吨600法郎降至1867年的315法郎。该年,法国钢和熟铁总产量首次达到100万吨,超过除英国以外的所有国家。②

19世纪最后数十年,法国在其北部和东部逐渐形成钢铁工业中心。法国开始依赖国外煤炭和铁矿石,而"冶炼厂的产品可毫不费力找到市场"。③ 法国冶金业经历了一场彻底的改变,这一改变使冶金业具备一个大型现代工业所具有的一切特点:金融的集中,生产的积聚,以及大批劳动力被雇佣。虽然法国仍存在大量小企业,但其影响日益降低,更具典型意义的是一些规模庞大的钢铁企业。1869年法国最大的十家钢铁公司的钢铁产量占全国的54%。④ 1870年,克吕索铸造工厂雇佣工人12500名,超过克吕索当地居民的一半,其15座高炉生产铸铁13000吨,另外,120000吨铁提供给130座搅炼炉、41台轧机和30台动力锤,机械车间每年生产100台机车。同一时期,法国还有7家公司铸铁产量达到5万吨,5家公司铁和钢的产量超过此数。其中,汪德尔公司出产134000吨铸铁,以及112500吨的铁和钢。1864年,法国最大的几家冶金公司组建冶金委员会,采用共同行动,这成为冶金工业部门形成的重要标志。⑤

普法战争以后的20年间,法国割让铁矿资源丰富的洛林地区。与德国相比,法国钢铁工业处于缓慢发展状态。期间,法国年产钢和生铁100万吨的状态没有多少变化。但进入1890年代后,法国钢铁产量有了较快发展。1890年后,法国出现了全国性和地方性的钢铁业联合会,如法国铁厂委员会和隆维冶金业账房。19世纪90年代,法国铸铁产量渐渐达到

---

① [意]卡洛·M·奇波拉主编,王铁生等译:《欧洲经济史》第四卷(上册),第49页。
② [英]克拉潘著,傅梦弼译:《1815—1914年法国和德国的经济发展》,第269~270页。
③ [德]鲁道夫·吕贝尔特著:《工业化史》,第67页。
④ [英]大卫·兰德斯著;谢怀筑译:《解除束缚的普罗米修斯:1750年迄今西欧的技术变革和工业发展》,第227页。
⑤ [意]卡洛·M·奇波拉主编,王铁生等译:《欧洲经济史》第四卷(上册),第49~50页。

200万吨,1905年约为300万吨,1913年超过500万吨。熟铁和钢的产量在1899年接近200万吨,1908年为240万吨,1912年达到377.5万吨,其中超过300万吨为钢。

3. 德国

19世纪以前,德国的钢铁生产在某些地区有悠久历史,且有较好的发展,但整体技术水平较为落后,几乎完全采用木炭燃料和手工操作,规模一般极小。为应用新技术,一些钢铁企业进行长期不懈的探索。1791年,西里西亚马拉潘的王室工厂第一次在木炭炉中以焦炭为燃料,成功炼铁。1794年,一位苏格兰工程师和两位德国技师在格莱维茨成功建造以焦炭为燃料的熔炉。① 1812年,弗里德里希·克虏伯(Friedrich Krupp)在鲁尔区的埃森建立克虏伯铸钢厂。5年后,该厂第一次用坩埚炉成功炼制出钢。10年后,年幼的阿尔弗雷德·克虏伯(Alfied Krupp)接手其父亲留下的企业,凭借掌握的坩埚炼钢技术,同时搭乘德国经济迅速发展的顺风车,企业逐步走出发展困境。

1834年,德意志关税同盟建立。同盟取消关税壁垒,制定统一税制,加速了工业发展和商品流通。1847年,德意志关税同盟矿业区建立。在此前后,德国铁路交通建设取得举世瞩目的成绩。它以惊人的急剧方式把德国从经济停滞中拖拽出来,也对钢铁工业发展发挥了决定性作用。1835年,德国第一条从尼恩贝格至富尔特的铁路建成。1839年,全长115公里莱比锡—德累斯顿的铁路全线通车。此后半个多世纪,德国铁路里程急剧增加。1850年,德意志的东部、西部、北部和南部都通过铁路连接起来,铁路网全长约6000公里。1875年,德国共敷设27795公里铁路线。第一次世界大战前,德国铁路网总长63000公里,另有支线11700公里。这为德国钢铁工业创造了巨大的市场需求,也极大地便利了煤铁资源和钢铁产品的转运。

与英国、比利时、法国等国相比,德国钢铁工业全面起步较晚。19世纪40年代初期,整个德意志关税同盟所产生铁尚不及比利时一国产量。莱茵地区直到19世纪40年代才使用焦炭高炉炼铁,而鲁尔地区蕴藏的煤炭资源尚不为人知。1847年,受燃料供应限制,德国焦炭高炉的周产铁量仅14吨。1852年,德国官员在参观水晶宫博览会后感叹:"从德国极为有

---

① [英]大卫·兰德斯著;谢怀筑译:《解除束缚的普罗米修斯:1750年迄今西欧的技术变革和工业发展》,第140页。

限的资源禀赋来看,显然无法期望我们在煤铁生产方面达到当前英国的水平。"①面对英国、比利时价格低廉的钢铁,德国钢铁厂商无法与之竞争。1844年,在用于加工各种钢铁制品的35000吨生铁中,只有不到5%来自威斯特伐利亚的炼铁炉。1850年,德国共产铁矿83.8万吨,同年法国为182.1万吨,英国则超过500万吨。1860年,德国生铁产量为52.9万吨,与英、法等国相比,差距十分明显(见表3)。德国钢铁生产能力根本不能满足需求。1837—1844年间,关税同盟进口的钢铁产品增加了10倍。

尽管如此,德国钢铁工业蕴藏巨大发展潜能。德国钢铁企业多以与煤矿、炼焦厂和轧钢厂联营的形式出现,采用股份公司形式进行巨额投资,生产潜力巨大。铁路交通系统的建立推动德国交通运输方式实现革命性变革,使得煤和铁能以极低的运输成本实现聚合。再加上德意志地区经过长期的科学研究积累,技术水平并不显得十分落后。1839年前后,德国开始制造第一台铁路机车,表明其已掌握复杂的机械制造技术。1851年水晶宫博览会期间,克虏伯公司生产的一块两吨重的巨大铸钢块引起轰动,它由数十座坩埚同时浇铸而成,显示出德国钢铁厂商高超的铸造技术。

鲁尔地区的钢铁业可谓19世纪德国钢铁工业的缩影。著名的钢铁生产基地鲁尔地区直到1849年才出现焦炭高炉,但很快因技术困难而不得不熄火。1851年,爱因特拉希特冶金厂引进焦炭冶炼技术。在此前后,鲁尔地区的矿藏资源勘探工作使德国企业家们意识到该地区蕴涵巨大发展潜力。鲁尔的深层矿床不仅蕴藏非常适合炼焦的煤炭,而且铁矿得以某种空间尺度散布在煤层中。1850—1869年间,鲁尔地区的煤产量从164万吨增至1181万吨,铁矿开采从1852年的5000吨增至1860年的22.7万吨。矿物燃料迅速取代木炭燃料,1848年,鲁尔地区木炭铁的比例为100%,1850年为63%,1856年为4.2%,1863年降至1.3%。1850—1869年,德国铁业年均增长率达到惊人的10.2%,远高于法国的6.7%。②1862年,阿尔弗雷德·克虏伯(Alfied Krupp)在埃森建成德国第一座贝塞麦转炉。

19世纪的最后40年,特别是普法战争和托马斯碱性炼钢技术发明后,

---

① [英]大卫·兰德斯著;谢怀筑译:《解除束缚的普罗米修斯:1750年迄今西欧的技术变革和工业发展》,第179、181页。

② [英]大卫·兰德斯著;谢怀筑译:《解除束缚的普罗米修斯:1750年迄今西欧的技术变革和工业发展》,第220、221页。

德国钢铁工业急速跃进。铁血宰相奥托·冯·俾斯麦(Otto Von Bismarck)使他的容克地主们相信,德意志帝国要依靠"铁和血"实现统一。在极短时间里,德国迅速建立起采煤、炼焦、钢铁、机械、电力、铁路和化学等基础工业体系,其钢铁产量以及产品性能达到欧洲国家难以企及的高度。恰如英国经济学家J·M·凯恩斯所言:"德意志帝国与其说是建立在血与铁上,不如说是建立在煤与铁上要更真实些。"① 普法战争前,德国钢铁产量已超过法国。普法战争后,德国获得洛林的铁矿资源后,其钢铁冶金工业获得充足的矿石原料。1875年,德国生铁产量超过200万吨,而法国仅144.8万吨。碱性炼钢法发明后,铁矿石普遍磷质较高的德国钢铁业突破最后一道技术屏障。洛林地区高品位的磷铁矿满足了德国需求量的四分之三。1880年后的30年间,英国、法国和比利时的钢铁产量持续增长,钢产量提高了1~2倍。但与之相比,德国钢和铁的产量几乎每隔10年就翻一番,速度惊人(见表4)。

表4 1880—1910年间欧洲主要国家钢铁产量对比表

(单位:千吨)

国度	产品	1880	1890	1900	1910
英国	生铁	7873	8031	9103	10172
	钢	3730	5301	5981	7613
德国(含卢森堡)	生铁	2729	4658.5	8521	14794
	钢	1548	3164	7372	13149
法国	生铁	1725	1962	2714	4038
	钢	1354	1407	1935	2850
比利时	生铁	608	788	1019	1852
	钢	596	716	927	1857

资料来源:[英]克拉潘著,傅梦弼译:《1815—1914年法国和德国的经济发展》,北京:商务印书馆,1965年版,第322页。注:据原书作者解释,该统计标准不尽一致,部分国家的个别年份或许有遗漏。

德国钢铁工业的发展除了表现为生产规模扩大,还表现为技术上的优势。德国对燃料的高效利用,通常代表了冶金工业成就的最佳标准。19世纪末,英国人在参观德国钢铁厂时惊讶地发现,从润滑箱中渗出的机油被容器一滴滴地收集起来,泄放的蒸汽被聚敛、压缩以重复利用,炼焦产生

---

① [英]克拉潘著,傅梦弼译:《1815—1914年法国和德国的经济发展》,第320页。

的热量被用作蒸汽机的能源,起副产品焦油和氨成为化工原料。鼓风炉喷出的热气驱动内燃机,产生的能量在满足企业内需之余,还转变为电能输送外部用户。轧钢过程中的垂直化集成生产线使金属在一次加热后即可完成全部工序,而英国的工厂需要在几个阶段对金属锭重复加热。1913年,德国炼钢轧钢钢铁联合企业人均年产量为77吨,英国在1920年仅有48吨。①

1893年和1903年,德国钢和铁的产量分别赶超英国。1910年,德国钢铁出口量超过英国。1910—1914年,德国铁的平均产量接近英国的两倍,钢产量则超过两倍。在钢铁产量急剧增加的过程中,德国的工程师、化学家、物理学家设计出试验钢铁材料性能的精密仪器,不断完善钢铁生产流程,金属制品的生产效率和精度越来越高,使用范围越来越广。1912年,德国铁、钢及其制品以及机器等输出总值高达8600万英镑,次年超过1亿英镑。1900年前后的情况表明,德国已经在钢铁生产领域全面赶超英国,也造就了凯恩斯所说的一个现象:"欧洲的经济体系是以德国为中心支柱建立前来的,德国以外的欧洲的繁荣主要依赖于德国的繁荣和德国的企业。"②19世纪末20世纪初,德国已成为世界第一流的工业化国家。

4. 俄国③

俄国近代钢铁工业发端较早。1637年,图拉地区出现俄国第一座炼铁高炉,之后,在沃罗格达和中央区其他地方出现一些炼铁厂。这些工厂利用当地的铁矿石和木材资源炼铁,产品主要供当地使用。随着冶金工业的发展,到18世纪初,因铁矿石和森林资源枯竭,上述地区钢铁工业发展面临巨大阻力。

18世纪初,沙皇彼得一世为加强国家军事实力,在乌拉尔地区大力发展炼铁工业。1701年后,乌拉尔相继建立起卡缅斯基、阿拉帕耶夫斯克、下塔吉尔、上伊谢特等钢铁厂。在焦煤生产技术发明前,俄国钢铁工业发展条件较优。它拥有巨大数量的廉价劳动力,丰富的高质量的铁矿石,以及大片森林资源。故在18世纪上半叶,俄国生铁产量在欧洲居于前列。1725年,俄国约生产1.9万吨生铁,超过同期英国的1.5万吨。

在农奴制下,俄国劳动力十分廉价,这导致俄国面对新技术,缺乏技

---

① [英]大卫·兰德斯著;谢怀筑译:《解除束缚的普罗米修斯:1750年迄今西欧的技术变革和工业发展》,第268页。
② [英]约翰·梅纳德·凯恩斯著,张军、贾晓屹译:《和约的经济后果》,北京:华夏出版社,2008年版,第13页。
③ 陈汉欣:《苏联钢铁工业地理》,北京:冶金工业出版社,1981年版,第7~10页。

改进的动力。18—19世纪,俄国钢铁工业的诸多技术指标远远落后于西欧国家。如用焦炭取代木炭比英国落后100多年,高炉热风技术落后近半个世纪。19世纪的前25年,俄国乌拉尔地区虽仍然是世界上最大的冶金中心,但已技术落后,产量停滞不前,处于持续衰落过程中。

1861年,俄国农奴制改革为资本主义工业发展创造了条件。1870年代后,沙皇政府鼓励外国资本家投资,学习引进国外先进技术,俄国钢铁工业得到较快发展。尤其是俄国南部乌克兰顿巴斯丰富的炼焦煤和克里沃罗格的铁矿资源得到大力开发,加上大规模修建铁路,极大推动钢铁工业的发展。1872年,顿涅茨克钢铁厂诞生后,顿巴斯、第聂伯河沿岸和亚速海沿岸出现一批大型钢铁厂。20世纪初,乌克兰拥有17座大型钢铁厂,成为俄国的新钢铁生产基地。相比之下,俄国的老钢铁工业基地——中央区和乌拉尔地区因资源劣势、农奴制残余和交通阻隔等原因,在此期间只出现几个规模不大的钢铁厂。俄国钢铁工业中心由乌拉尔转移至乌克兰。乌克兰钢铁工业在全俄钢铁总产量的比重不断上升。其生铁产量的比重由1877年的6.5%上升到1897年的40.4%,到1909年已占到69.5%;而乌拉尔的比重从1877年的65.3%降至1909年的19.7%。

表5　1871—1927年间俄国(苏联)钢铁产量

(单位:万吨)

年份	生铁	钢	年份	生铁	钢
1871	55.9	0.7	1913	421.3	479.0
1880	44.9	30.8	1917	302.2	309.8
1890	92.7	37.8	1918	51.5	40.2
1895	145.3	88.0	1919	11.4	19.9
1900	293.2	221.1	1923	31.7	59.6
1905	271.1	254.4	1924	68.0	100.0
1910	304.0	344.4	1927	303.6	358.8

资料来源:陈汉欣:《苏联钢铁工业地理》,冶金工业出版社,1981年版,第169～170页。

在钢铁工业中心转移的过程中,俄国钢铁生产集中化的程度也有所提高。1895年,俄国只有1个年生铁产量达到17万吨的钢铁厂。到1900年,数量增至2个,年产量约50万吨,占全国生铁总产量的17.8%。1908年有5个工厂共计生产120万吨生铁,占全国总产量的41.5%,1913年,有9个工厂共计生产250万吨生铁,占全国总产量的53.1%。

"一战"前夕,俄国钢铁产量创下历史最高值,钢产量达到479万吨

(见表5），但远低于美国、德国和英国。1917年，俄国钢产量下降到309万吨，此后一直到1923年，钢产量都在60万吨以下。苏联实行新经济政策后，钢铁工业得到初步恢复，1927年钢产量为358万吨，仍未达到十月革命前的最高年产量。此后，苏联实施三个五年建设计划，国家建设取得巨大成就，钢铁工业也获得长足发展。苏联卫国战争爆发前，钢产量达到1831万吨，位列美国和德国之后，居世界第三位。

（三）美国钢铁工业

美国钢铁工业的崛起是19世纪美国经济腾飞的缩影。美国钢铁工业拥有得天独厚的发展条件，资源禀赋极为优越：煤炭和铁矿资源均十分丰富，且相距不远，有大河大湖连接，实现煤铁聚集的运输成本十分低廉。密歇根州、威斯康星州和明尼苏达州的苏必利尔湖周围分布着美国最大的铁矿区。最著名的富铁矿就位于明尼苏达州的梅萨比山脉。这里巨大的露天铁矿由水路运往宾夕法尼亚州和芝加哥的冶炼厂。美国煤矿开采几乎不用坑井，完全露天作业，开采成本很低。

美国有较为悠久的钢铁生产史。早在1728年，英属美利坚殖民地就炼制出钢，用以制作工具和武器。但总体而言，美国近代钢铁工业发展起步较慢。直至19世纪中叶以前，美国钢铁工业整体呈现出经济体量相对较小、技术落后、增长缓慢等特点。其原因是多方面的。

早期英国长期对美国进行技术封锁和钢铁产品的倾销竞争。18世纪中叶，英国政府曾禁止北美殖民地建立任何工业。1785年，英国内阁又宣布，禁止钢铁工业的机械工和专业人员移居国外，禁止机器、机器零件和设计图纸出口。直到南北战争以前，美国铁路建设的用铁仍大半从英国运来。从美国自身角度反思，这与美国本土高昂的劳动力成本，以及经济分散带来的运输困难不无关系。19世纪初，生铁从瑞典到费城的运费为8美元/吨，而从费城到匹兹堡全陆路的货运成本高达125美元/吨。[①]

1810年，美国生铁产量不过5万吨，1850年也仅62万吨，且大量依靠小型木炭高炉熔炼而来。而当年英国生铁产量已达275万吨，绝大部分依靠矿物燃料。搅拌炉直到1817年和1835年才分别在宾夕法尼亚州和新英格兰地区出现。

但美国钢铁工业拥有巨大的发展潜力，除优越的资源外，近代民主政

---

① Kenneth Warren. The American steel industry, 1850－1970: a geographical interpretation. Oxford, Clarendon Press, 1973, p.14.

治制度的确立以及崇尚冒险、追求创新、重视技术的民族文化都为钢铁工业的发展开辟了广阔道路。独立战争后,美国工业发展摆脱了外界束缚,技术进步的政治经济条件大为改善。1790年,美国国会通过专利法,奖励科学发明和技术创新。法国大革命时期,欧洲的军事战争和技术移民为美国提供了发展经济和技术的良好时机,为19世纪初美国工业革命奠定了基础。

  钢铁工业的发展受制于昂贵的运输成本。美国钢铁工业的发展首先从交通建设开始。美国虽拥有大江大河的自然便利,但在航道未经修缮和水运能力未经提升之前,其优势无法显现。美国大力发展轮船航运事业,提升水运能力。1811年,富尔顿制造了第一艘实用的蒸汽轮船。铁路方面,1830年,美国开始敷设巴尔的摩——俄亥俄铁路。次年,其中的查尔斯顿——奥格斯堡段通车。该路段采用英国制造的机车。费城的机器制造厂当即开始仿造,到1838年,美国即实现机车出口。

  1840年前后,美国伊利湖、俄亥俄河以及东部地区的经济联系通过运河和铁路实现联通。这片地区是钢铁市场最集中、矿物燃料和富铁矿最邻近的区域。同时,英国钢铁生产中的先进技术陆续传入美国。在消化吸收的基础上,美国的发明家和企业家不断进行技术创新,使美国钢铁工业的技术水平迅速提升,并发展到非常高的水平。1857年,美国人W.凯利(William Kelly)经过独立试验,发明转炉炼钢技术,就是很好的例证。

  南北战争以前,美国的钢铁业的生产方式最主要是作坊生产(以规模狭小的乡村工业和并非全靠工资度日的乡村劳动者为骨干)。南北战争的军事订货刺激了美国的钢铁工业,使匹兹堡迅速发展称为著名的钢铁生产中心。正如罕特(L. C. Hunter)所言:"就美国及匹兹堡铁业发展史而论(1859年这一年),可说是两种不同形态的分水岭。在此以前,铁的生产由拓荒农民的需要所决定,且受这种需要的支配,拓荒农民的需要大小仰给于锻铁厂和辗铁厂,并不经过铁器制造厂的阶段。当时炼铁者的主要任务,是把块铁供应给乡间的职业铁工或非职业铁工,再由这些铁工把块铁作原料,去满足农民、车夫及作坊主人的需求……但自1859年后,炼铁者的任务就逐渐改变,不复把农民作直接对象。质言之,需要铁的人不复是职业或非职业的铁工,而是生产铁器及工业机器的制造厂……农业时代已经过去,工业时代跟着到来。"[①]

---

  ① 中山文化教育馆编辑,陈瘦石译:《美国资本主义之胜利》,上海:商务印书馆,1946年版,第206页。

不断扩大的市场需求、日新月异的科学技术,以及一批才识卓越的企业家,成为美国钢铁工业最有力的助推器。

早在1850年,美国钢铁市场即已形成规模。尽管海关关税的税率一度达到百分之百,美国仍经常从海外进口钢铁。铁路对美国钢铁工业的拉动作用发展发挥关键作用。1853年,纽约—芝加哥铁路修通,东部各州与中西部开始建立铁路联系。1869年,沟通大西洋和太平洋的太平洋铁路竣工,这是第一条横贯美国东西部的铁路大动脉。1881—1883年,美国又铺设4条贯穿全境的铁路干线。到第一次世界大战时,美国铁路里程超过40万公里,成为全球铁路线最长的国家。除铁路建设外,其他造船业、建筑业、机械制造业、能源工业、食品工业、汽车业等传统和新兴工业部门对钢铁材料的品种、质量和总量的需求也逐年增加。

第二次工业革命时期,美国的工程师和发明家加入冶金技术的移植和创新队伍中,表现不俗。1860年,美国钢铁中心匹兹堡的第一座焦炭高炉建成。南北战争结束后,气煤炼焦方法获得成功。1864年,美国在密歇根州的怀恩多特(Wyandotte)根据W.凯利的专利开始生产贝塞麦钢。为实现尽可能提高钢铁产量的目标,美国的钢铁制造商率先抛弃不愿采用宽型炉缸的传统观念,经过进一步改进,增大炉缸的直径,创造了现代化的高炉。1880年,匹兹堡的埃德加·汤姆森(Edgar Thomson)钢铁厂建造第一座宽型炉缸,使单个高炉产较改造前量提高约50%。1889年,混铁炉这一新式设备还是在这个钢铁厂首先出现,20世纪初,该设备在炼铁厂已变得十分普遍。1862年,英国人G.M.贝德森获得连续式轧机的专利,7年后,美国人就将这一类型的轧机安装在马萨诸塞州的伍斯特厂。后来,美国工程师将连续轧机和三辊立式轧机技术发展到世界先进水平。造船技术的进步使钢铁工业原料运输方法发生深刻变化。美国大湖地区的运矿钢船从1886年的6艘迅速增至1899年的296艘。运矿船的最大载重能力从1890年的2500吨增至1904年的10000～11000吨。1884年,宾夕法尼亚炼钢公司就通过海运方式从古巴获取铁矿石。[1]

企业家精神对美国钢铁工业的加速发展起到重要作用。其代表人物是有着"钢铁大王"之称的安德鲁·卡内基(Andrew Carnegie)。卡内基富于冒险精神和远见卓识,精于成本核算和管理运营。19世纪60年代初,

---

[1] Kenneth Warren. The American steel industry, 1850—1970: a geographical interpretation. Oxford, Clarendon Press, 1973, p.116、149.

他目睹生意往来过程中受制于铁的诸多不便,以及由此带来的损失,清醒地认识到钢铁工业蕴藏广阔发展空间,主动介入钢铁生产活动中。他将在铁路、电报、卧铺车厢、桥梁等公司赚取的利润投资钢铁行业,先后入股自由制铁公司、独眼巨人钢铁工厂。1865年,两公司合并为联合制铁工厂,卡内基为主要股东。19世纪70年代,当人类炼钢技术日渐成熟之时,卡内基目睹了欧洲最新的炼钢技术,敏锐地意识到,"钢铁时代"即将来临。在美国经济陷入大恐慌的1873年,卡内基果断决定将全部心力和财产投入钢铁业。他积极动员生意伙伴投资入股,宣称:"钢铁业在未来必定会成为产业中心。"[1]19世纪80年代,卡内基入股的多家钢铁企业走上合并重组、资产兼并的扩张之路。1892年,卡内基将控股的钢铁产业合并,组建以自己名字命名的钢铁帝国——卡内基钢铁公司。这是当时世界最大的钢铁公司,员工超过3万人。公司包括艾德加·汤姆森炼钢厂、霍姆斯特德钢铁厂、杜奎森钢铁厂和哈特曼钢铁厂,此外还包括上下联合工厂、露西高炉厂、拱心石桥梁公司及其他若干煤矿和铁矿等,资产高达2500万美金,其中,卡内基占55.33%。在经营钢铁业的过程中,卡内基注重采用世界最先进的冶金技术,不断扩大生产规模;同时,他改变美国众多钢铁企业的分散经营模式,实行垂直一体化经营管理模式,稳定原料供应,修建铁路,组建船队,建立采矿、冶炼、锻造、成型"一条龙"的钢铁生产工序。公司经营取得巨大成功。1900年,卡内基钢铁公司的钢铁产量超过400万吨,几乎占美国钢铁总产量的一半。公司盈利状况更是惊人:1898年总利润为1150万美元,次年上升到2100万美金,1900年高达4000万美金。1901年,卡内基将卡内基钢铁公司卖给新成立的美国钢铁公司。该公司由金融家J.P.摩根控制,垄断全美约65%的钢铁产量。公司资产高达13.7亿美元,是美国第一家资产超过十亿的垄断企业。[2]毋庸置疑,"时势"造英雄,卡内基这一平民英雄以其远见卓识和天才智慧极大地推动了美国钢铁工业的快速发展。

1860年后,美国钢铁工业经历了一场爆炸式增长过程,发展进步最引人注目。波士顿—克利夫兰—华盛顿三角地区的钢铁企业如雨后春笋,纷纷涌现。1870—1885年间,美国生铁产量从166.5万吨迅速增至404.4万吨,但仍远远落后于英国。此后,5年间,美国钢铁产能大幅度提升,1890

---

[1] 卡拉萝·裘生著,许逸云译:《卡内基传》,台北:中华日报出版社,1986年版,第109页。
[2] 陆月娟:《安德鲁·卡内基研究》,华东师范大学2003年度博士学位论文,第40~46页。

年生铁产量达到 920.3 万吨,而当年英国不足 800 万吨(参见表 2)。钢在 19 世纪末被大量生产。1867 年,美国钢产量只有 2.2 万吨,1873 年,仍不足 20 万吨(同期英国为 65.4 万吨)。1890 年,美国钢产量超过英国的 363.6 万吨,居世界第一位。此后,直到 1971 年被苏联超越,美国作为世界第一钢铁生产大国的地位维持了 81 年。1913 年,美国钢和生铁产量分别达 3130 万吨和 3100 万吨,远超英国的 770 万吨和 1030 万吨,以及德国的 1890 万吨和 1930 万吨。① 1920 年,美国粗钢和生铁产量为 4280 万吨和 3630 万吨,分别占全球总产量的 59% 和 58%(参见附表二),远远领先于世界其他国家。1953 年,美国成为第一个钢产量超过 1 亿吨的国家。

钢铁工业的快速发展导致钢铁生产成本急剧下降。据估计,从 19 世纪 60 年代到 19 世纪 90 年代中期,美国粗钢成本下降 80%~90%。② 卡内基等人投资兴建的艾德加·汤姆森炼钢厂每吨钢铁售价从 1875 年的 160 美元下降到 1898 年的 17 美元。③ 美国钢铁工业的腾飞为其成为世界工业领导国家奠定坚实物质基础。

三、钢铁工业是国家工业化的重要物质基础

当前,随着新技术革命的推进,人类发明的新型材料不断涌现,但在可以预见的时期内,人类社会还没有哪一种材料能够完全替代钢铁。正因如此,钢铁工业在国民经济中仍将占据极为重要的地位,是经济社会发展的支柱产业。

(一)钢铁工业是最基础性的物质材料部门

钢铁是工业革命以来世界各大国最重要的核心投入。在相当长的一段历史时期,钢铁产量以及消费量往往被视为一个国家经济实力强弱的重要标志。自工业革命以来,世界上工业发达国家无一例外都拥有发达、先进、健全的钢铁工业体系。无论是对于传统工业部门,如造船工业、矿山设备、机械制造等,还是在 21 世纪新兴的工业领域,如在汽车制造、石油化工、家用电器、建筑材料、航天军工等领域,钢铁都是不可或缺的基础材料。没有强大的钢铁工业,国家工业化是无法实现的。历史实践证明,自工业

---

① [英]克利斯·弗里曼,[英]罗克·苏特著;华宏勋,华宏慈等译:《工业创新经济学》,北京:北京大学出版社,2004 年版,第 69 页。
② [英]克利斯·弗里曼,[英]罗克·苏特著;华宏勋,华宏慈等译:《工业创新经济学》,第 70 页。
③ 陆月娟:《安德鲁·卡内基研究》,华东师范大学 2003 年度博士学位论文,第 46 页。

革命以来，世界各主要工业化大国都将钢铁工业置于国民经济发展的优先战略地位，都将钢铁工业视为实现国家工业化的重要物质基础，离开这个基础，国家工业化建设就缺乏必要的发展条件。

总的来说，钢铁在国家工业化中的重要性主要体现在以下几个方面。

1. 钢铁与机器。机器生产实现了人类生产方式的革命性变革和社会生产力的巨大提升。钢铁工业是机器制造业的核心部分，是所有生产资料工业之"父"。现代工业经济就从这里孕育、诞生和成长。机器的技术革新很大方面体现在钢铁工业的技术进步上。没有钢铁工业先行的技术革新，任何其他机器制造业绝不可能实现彻底的技术变革。

2. 钢铁与交通。交通是现代社会的命脉。世界近代以来，海、陆、空交通工具的发展与钢铁材料利用密切相关。铁路交通在19世纪中叶就成为钢铁消费大户，曾对各国钢铁工业发展产生巨大拉动作用。没有雄厚的钢铁工业作后盾，轨道材料、铁路机车的生产制造就无从谈起。19世纪末出现的汽车实现人类出行方式的又一革命性变化。虽然汽车制造包含多种原材料，但钢铁依然是主要材料。航空设备依赖大量轻合金，但发动机、起落架、大梁等关键部件仍需要高温合金钢、超高强度钢等。作为海上钢铁移动平台，轮船对钢铁材料的要求同样非常之高，必须具有良好的强度、韧度、可焊性和耐腐蚀性。有人估算：生产一辆载重汽车，需要钢材3吨左右，制造一个火车头需要100多吨钢铁，敷设1千米铁路，需要100多吨钢铁轨道材料，制造一艘万吨级轮船，需钢材6000吨。① 另外，工业生产所需的输油管、输气管，不仅钢铁需求量大，而且必须确保低温韧性好、耐硫化氢腐蚀等性能。

3. 钢铁与能源。现代经济的能源结构主要有煤炭、电能和石油天然气。能源生产所需材料，钢铁有举足轻重的地位。煤炭生产中，大型矿山机械设备、矿井支架以及煤炭运输等诸多环节都离不开钢铁。石油开采需要大量钢铁，且钢材质量必须优良，能长期在地下经受高压和油气腐蚀而不损坏，能经受海水的腐蚀和风浪冲击。发电设备的钢铁需求也很多，如锅炉需用高温强度大的耐热钢，高速旋转的汽轮机和发电机，钢的疲劳强度必须足够大。可见，离开钢铁，任何能源都不可能开发出来。

4. 钢铁与建筑。19世纪末20世纪初，钢筋混凝土建筑和钢架结构建

---

① 楼辉映：《钢铁经济学》，乌鲁木齐：新疆大学出版社，1999年版，第17页。

筑出现以后,建筑用钢逐渐成为钢铁工业最大消费者。相较于传统建筑,钢筋混凝土建筑更为坚固,实现空间的最大利用。钢架结构建筑的优点更多,它可以加长跨距,增加使用面积,并减少占地面积,有利于抵御地震、火灾、风灾等自然灾害,便于建筑材料的回收利用,容易维修,在美学和可选择性上有更大余地。正因为有这么多优点,现代建筑中,钢铁成为不可或缺的材料。

5.钢铁与国防。按常规战争的军事观点,战争其实就是一国综合实力的比拼,某种意义上讲,就是钢铁材料性能的竞赛。"一战"时期,钢铁工业的军事价值展露无遗。有统计指出,战争期间,直接消耗于枪炮子弹之钢铁,陆军士兵每人每年平均约三吨,故世人称第一次世界战为铁及煤油之战争。① 正如一些人所指出的,现代战争,是打钢铁的战争。常规兵器如装甲车、火炮、枪械、军舰等所用材料,都必须具备耐高温、高压、高变形率等性能。高强度钢、超高强度钢是广泛应用的兵器材料。如造一门炮和一支冲锋枪,就需要100多种钢和1000多个形状不同、尺寸不等的钢材。② 坦克的装甲需用超高硬度装甲钢和陶瓷组成复合材料。一艘巡洋舰一般需要3500多吨钢。③

此外,在老百姓日常生活用品中,随处可见钢铁材料的身影,如缝纫机、铁锅、菜刀、席梦思床、自行车、冰箱、洗衣机等,都离不开大量优质的特殊钢材。没有各种高质量、多品种的钢铁材料供应,现代经济就缺乏稳固的发展基础,一切美好的经济蓝图也只能如海市蜃楼般虚无缥缈,遥不可及。因此,经济学家指出:钢铁工业的发展,带来汽车、建筑乃至整个国民经济的繁荣;一个国家没有钢铁工业而使经济繁荣和工业得到持久增长,迄今尚无先例。正因如此,世界各国在各自的工业化进程中,把钢铁工业列为主导产业,通过政府的经济计划、经济立法和经济措施加以扶植,使之与国民经济的增长同步发展,有的甚至超前发展。④

(二)钢铁工业极大地推动了人类工业文明进程

工业社会的技术发明存在广泛的连锁效应,"发明是对一定需要的回答,同时,每一项重要的新发明又创造了新的社会需要"。⑤ 这种连锁效应

---

① 东北物资调节委员会研究组编:《钢铁》,东北物资调节委员会1948年印行,第2页。
② 楼辉映:《钢铁经济学》,乌鲁木齐:新疆大学出版社,1999年版,第17页。
③ 曲英等:《国民经济的支柱材料——钢铁》,济南:山东科学技术出版社,2001年版,第10页。
④ 李泊溪、钱志深主编:《产业政策与各国经济》,北京:知识出版社,1990年版,第403页。
⑤ 宋子良、王平、吉小安著:《通向工业化之路》,北京:中国经济出版社,1993年版,第158页。

在钢铁工业得到集中体现。18世纪以来,层出不穷的新技术发明一方面直接推动钢铁冶金业的发展,使钢铁生产能力得到极大提升;另一方面,这些新技术发明的物化成果又对钢铁产品质量与产量的要求越来越高,成为钢铁工业发展的助推器。譬如,作为工业革命时期最具影响力的技术发明,蒸汽机使钢铁工业获得源源不竭的机械动力,也为轮船、蒸汽机车以及各种机械设备提供技术革新和发明的基础。这些新生的技术产品在拓宽钢铁工业市场空间的同时,又对钢铁工业发展提出新的更高要求。这种连锁效应将人类社会推进到一个"钢铁时代"——钢铁产量急剧增加,钢铁用途不断扩大,钢铁工业地位日益凸显的时代。

首先进入"钢铁时代"的国家是英国。工业革命推动了英国钢铁工业的发展,一批英国钢铁厂商也预料到钢铁工业将深刻影响人类未来,有意识地拓展钢铁销路,推广钢铁的用途。炼铁厂厂主 J. 威尔金森(J. wilkinson)是这个时代的重要引路人。如 1775—1779 年,他与 A. 达比第三(Abraharm Darby Ⅲ)合作在塞文河(Severn River)建成世界第一座拱形铁桥,跨度 100 英尺、高度 45 英尺,全部采用生铁原料。1793—1796 年,森德兰的韦尔河上又出现一座长得多的铁桥。这座森德兰桥(Sunderland Bridge)桥身由生铁制成,全长 72 米,带着桅杆的海船都能从桥底通过。① 1801 年,英国议会在讨论修复伦敦旧桥时,采纳冶金学家的意见:重新建造一座独孔铁桥,桥孔跨度约 700 英尺。除了建桥,钢铁材料也被大量用于建造船只。1787 年,J. 威尔金森在世人的质疑声中建成世界上第一艘铁船:适合内河航运,载重 20 吨。次年,他为巴黎供水处定做了 40 英里长的生铁管子。在晚年,他喜欢重复这一观点:铁已注定要代替那时所用的大多数的建筑材料;有一天人们会看见到处都是铁做的房子、铁做的大路、铁做的船。J. 威尔金森 1805 年去世,遵其遗嘱,人们将他安放在铁做的棺材里。② 进入 19 世纪,机器制造业和铁路运输业在拉动英国钢铁工业发挥了关键作用,反过来,钢铁工业的大发展也为英国机器制造业和铁路运输业奠定最基本的物质基础。经济学家方显廷说:"在英国,钢铁时代的到来是以纺织机械和蒸汽机车的发明为其特点的。"③

---

① 赵海涛、陈华钢主编:《中外建筑史》,上海:同济大学出版社,2010 年版,第 147 页。
② [法]保尔·芒图著,杨人楩、陈希秦、吴绪译:《十八世纪产业革命》,第 274～275 页。
③ 方显廷:《西方物质文明带来了道德的堕落》,《方显廷回忆录——一位中国经济学家的七十自述》,北京:商务印书馆,2006 年版,第 275 页。

机器制造业的建立需要满足两大条件:一是要有供给充分动力的原动机,二是要有各种切削机床,以便加工制造各种精细的机器零部件。18世纪下半叶,伴随蒸汽机的推广应用,机械设备的标准化、批量化、精密化生产问题随之出现,用机器制造机器的机器制造业开始建立。1774年,威尔金森发明精细镗床,利用这种设备,他成功地为瓦特加工出精度为1mm的气缸体。1797年,英国机械师亨利·莫兹利(H. Maudsley)发明第一台螺纹切削车床,它采用刀架和导轨系统,改变过去用手操作刀具加工零件的落后做法。莫兹利因此被称为"现代机床之父"。1817年,英国人理查德·罗伯茨(R. Roberts)制成第一台手动刨床。此后,锉床、磨床、冲孔机、切板机等机器设备相继出现。利用这些车床,各种钢铁部件的精密度不断提高,机器制造所要求的各种几何形态的机件,如直线、平面、圆、圆筒、圆锥、球等形态,逐渐由机器操作完成,这是任何熟练的技术工人都不能达到的精确度,特别是对大批量生产的机器设备而言,更是如此。19世纪中叶,英国机器制造业作为一个独立工业门类的技术条件已基本具备。机器制造业的建立扩大了钢铁材料的市场需求,使钢铁机器设备得到更为广泛的运用,进一步加强了钢铁材料的社会经济地位。在欧洲,最初的纺织机器采用木材制造,加以金属装配,金属使用量较少。而到1825—1840年间,完全用金属制造的纺织机在英国开始普遍采用。

除了机器制造业进行技术革命外,18世纪与19世纪之交,铁路和蒸汽机车的出现也引发交通技术革命。1767年,英国铁商李乐裕(Reynolds)为拓展生铁销路,请人用铸铁试制成凹字形轨条,并利用铁材料改进轨道铺设方法,结果获得成功,受到各采矿公司的欢迎,生铁销路亦因之大开,"铁路"这一名词从此诞生。1814年,英国工人乔治·史蒂芬森(George Stephenson)发明了蒸汽机车。初期的蒸汽机车行驶速度缓慢。经过史蒂芬森不断改进,1829年,新制成的"火箭"号机车以29公里/小时的速度完成利物浦—曼彻斯特112.6公里的全程,铁路的优越性始得到验证。铁路导轨和蒸汽机车的发明第一次将机械动力引入陆地交通。从19世纪30年代开始,英国铁路建设逐渐提速,到1870年,其铁路里程达到2.4万公里,基本完成今天仍在使用的铁路网建设。

钢铁工业在这场交通革命中发挥了关键性的作用,为铁路建设提供了关键性的支撑,钢铁材料供应的总量和质量决定铁路交通的发展水平。同时,钢铁工业又极大地受制于铁路交通的发展水平。铁路是19世纪钢铁工业最重要的消费者，也为钢铁工业解决了最重要的原燃料和产品运输问题，使得煤和铁的结合成本大大降低，为钢铁产品销售提供有效、便捷的运输手段。纵观世界各国，在发展钢铁工业时，无一例外都会引入铁路交通。而铁路的大规模延伸，又会刺激钢铁工业的发展。

19世纪中叶后，随着生产成本的降低，钢铁的应用范围日渐扩大。恩格斯1845年在《英国工人阶级状况》一书中指出："发展得最快的是铁的生产……铁的生产成本大大降低，以致过去用木头或石头制造的大批东西现在都可以用铁制造了。"钢铁在建筑业中的作用日渐突出，除原有的桥梁建筑外，房屋建筑也越来越多地使用钢铁材料。1851年，第一届世界博览会举办场地伦敦水晶宫大量采用钢铁、玻璃材料，建筑物总面积74000平方米，长555米，宽124.4米，共计5跨，结构约以2.44米为基本单位。水晶宫的出现轰动一时，曾被誉为建筑工程奇迹，充分体现了钢铁材料在建筑中的崭新地位。

19世纪下半叶，第二次工业革命如火如荼展开，人类工业化狂飙突进。在科学技术革命的推动下，机械、电气、化学、石油、汽车、铁路、造船、电讯和建筑等行业或部门飞速发展，创造了无数改变社会物质生活面貌的新产品。用西方学者的话讲："我们现在进入一个新的技术时代，不再受限于第一次工业革命的发明和方法：一个新能源的时代（电力、石油、涡轮机、内燃机等），一个奠基于新材料之上的新机械时代（钢铁、合金、有色金属等），一个植根于科学之上的新工业时代，例如正在扩大的有机化学工业。"[①]当此之时，转炉和平炉炼钢技术发明，钢的大量生产和广泛运用为人类生产生活的革命性变化提供更为强韧坚硬的物质保障。

传统工业部门如机械、军工、铁路、造船等领域广泛采用钢铁新材料。新出现的工业行业，如电力、汽车制造、石油、化工，无不依赖于钢铁工业的发展如作为钢铁强国的后起之秀，1871年，德国的商船队约为100万吨，其中，蒸汽轮船不足10万吨。1880年，蒸汽轮船吨位增至21.6万吨，大部分不是本国制造，所用材料也不是铁或钢。但到1890年，德国轮船吨位达72.4万吨，1900年为134.8万吨，全为钢造，1910年，该数字增加到239.7万吨。[②]

---

① ［英］艾瑞克·霍布斯鲍姆著，张晓华等译：《资本的年代：1848—1875》，南京：江苏人民出版社，1999年版，第417页。

② ［英］克拉潘著，傅梦弼译：《1815—1914年法国和德国的经济发展》，第323页。

钢铁工业和机器制造业的发展,为武器装备革新创造了必要条件,开辟了"武器机械化"和"工业化武器技术"的新时代。19世纪60年代,世界海军强国相继实现风帆动力舰队向蒸汽动力舰队的发展过渡,并积极致力于舰炮攻击力和装甲防护力这对矛与盾的探索。作为19世纪海军舰船的杰作,具有强大攻击能力和优越防护能力的铁甲舰于1859年横空问世后,舰船的综合性能不断提升。19世纪70年代,大型铁甲舰的排水量已有8000～9000吨,推进功率有6000～8000匹马力。英国皇家海军装配的火炮从1865年的口径7英寸、自重6.5吨、可发射115磅炮弹的"小不点",发展到1882年的口径16.25英寸、自重110吨、能够装载1800磅炸弹的庞然大物。①

19世纪中前期电磁学理论的建立,大大促进了电力技术和电力工业的发展。1866年,德国工程师西门子制成发电机,1870年,比利时人格拉姆发明电动机,1882年,法国人德普勒发明远距离高压输电方法。至此,发电、变电、输电、配电的电力技术系统臻于完善,电力作为一种新能源得到广泛应用。电力技术的完善又带动一系列用电技术的发展。留声机(1877年)、白炽灯(1879年)、电车(1882年)等相继进入生活领域,逐渐形成庞大的电力工业技术体系。无论是电力技术设备,还是商用、家用电器,钢铁都是不可或缺的材料。

内燃机的制造技术在1870年代实现重大突破。1860年,法国工人雷诺发明第一台实用的煤气内燃机。1876年,德国人奥托制成高效率的四冲程内燃机,1883年,德国发明家戴姆勒制成第一台汽油发动机,两年后,他将汽油发动机安装在自行车上,制成第一辆摩托车。1885年,德国发明家本茨制成第一辆三轮汽车,第二年获得专利权,标志着汽车的诞生。②汽车的诞生,彻底改变了人类几千年的陆路交通面貌。19世纪80年代,德国、日本生产的小轿车,按所用材料的重量计算,70%～90%为钢铁材料。

1889年,法国巴黎埃菲尔铁塔建成,塔高328米。该建筑集中展示了当时资本主义世界钢铁工业的发展水平,钢铁作为建筑新材料的价值得到

---

① [美]罗伯特·L·奥康奈尔著:《兵器史:由兵器科技促成的西方历史》,海口:海南出版社,2009年版,第267页。

② 沈汉:《资本主义史——从世界体系形成到经济全球化》,上海:学林出版社,2008年版,第325～329页。

淋漓尽致的演绎。与此同时,钢筋混凝土建筑开始普遍出现,为钢铁材料又开辟一广阔运用空间。1889年,世界第一座钢筋混凝土桥建成,第一座真正的钢筋混凝土高层建筑于1902—1904年在美国辛辛那提建造。钢筋混凝土成为最重要的建筑材料,使人类几千年来依靠砖石、木材作为建筑材料的局面为之一变。① 从19世纪末到20世纪,建筑业成为新的重要的钢铁消费行业。

总而言之,到19世纪末20世纪初,伴随科学的发展,技术的进步,市场的需要,钢铁工业推动人类的生产生活和军事武器发生革命性变革,为工业化提供了坚强的物质支撑。世界钢铁产量在19世纪末20世纪初迎来爆炸式增长过程,生铁产量从1870年的1340万吨激增至1929年的9860万吨,1890—1929年,全球粗钢产量从1260万吨增至12040万吨(参见附表二)。

(三)钢铁工业的经济特点与发展条件

钢铁工业属于典型的资源密集型产业。消耗大量原材料、能源、水、电、气,原料及产品运输量大,协作面广,是钢铁工业的显著特点。19世纪80年代,冶炼1吨钢铁,一般情况下,需消耗铁矿石1.6～3吨,焦煤1～2吨,石灰石熔剂0.5吨,水30～40吨,电400～500kw·h,厂外运量为5～7吨。需要说明的是,不同历史时期,由于技术水平不尽一致,钢铁工业的发展条件也不完全相同。譬如,在焦炭技术发明以前,钢铁厂一般必须靠近拥有大片森林的地区,以确保燃料供应。矿物燃料被用于钢铁冶炼之初,1吨炼铁往往需要消耗数吨以上的煤,因此,炼铁厂往往靠近燃料产区,以节省燃料运输成本。随着近代海运技术成熟以后,原燃料的长距离运输能实现低成本,滨海近江的港口又往往会成为钢铁厂的理想场地。

对内,钢铁工业属于典型的流程制造业。钢铁厂建设是一个极为复杂的系统工程,主要包括采矿、选矿、炼铁、炼钢、钢材压延等生产部门,以及焦化、耐火材料、炭素、机修、动力、运输等辅助生产部门。在钢铁生产过程中,上工序的输出(产出)是下工序的输入(原料)。从原料到最终成品,所有工序是串联式的。任何一道工序出现问题,都会反映到最终产品上。对外,钢铁工业具有较高的产业关联度。要保证钢铁生产正常运转,往往需要建设电站、铁路、港口、码头、城市基础设施等,要充分考虑钢铁下游产业

---

① 杨晓龙:《现代主义建筑的起源》,北京:中国建筑工业出版社,2012年版,第41页。

的市场需求。因此,钢铁企业就是一个有机联系的生产综合体,牵一发而动全身,各组成部分必须协调配合,方能保证企业有序运转。

钢铁产业是典型的资本密集型产业,存在大量的沉没成本,进入或退出的壁垒很高。发展钢铁工业,往往需要投入大量资金以及配套产业的支撑,其发展也会直接拉动地区和国家综合经济水平的提高。据有关资料,20世纪80年代,中国国内建设一个大型钢铁工业基地,若冶金部门投资50亿元,相关产业投资可能要50亿~150亿元。

钢铁工业具有典型的规模经济特征。在相同的产品结构条件下,钢铁企业要降低生产成本,一靠技术进步,二靠实现规模经济。规模经济(Economics of Scale)又称"规模利益"(Scale merit),是指由于生产专业化水平的提高等原因,使企业的单位成本下降,从而形成企业的长期平均成本随着产量的增加而递减的经济。[①] 规模经济的实质在于充分发挥各种生产要素的作用。工业社会中巨额的钢铁需求量决定了钢铁工业大型化和规模化的发展方向。但是,规模经济不同于规模扩张,不是说规模越大,企业经济效益就越好。钢铁企业在大型化的过程中,会出现适应性差的缺点。某一特定钢铁企业的装备配置,有其相应的合理规模,生产规模过大,产品平均成本会因管理和合作效率下降而上升,出现规模不经济或规模报酬递减。

钢铁工业往往面临较高的技术壁垒。这种技术壁垒,一方面缘于钢铁工业自身就是一个十分复杂的技术综合体,涉及众多应用技术;另一方面,技术在钢铁企业竞争中扮演重要角色,市场对钢铁产品技术的要求越来越高,产品技术标准也随之逐步提高。钢铁工业面临的这种技术壁垒,在后发现代化国家,若缺乏政府的大力支持和扶植,单纯依靠企业力量,往往是无法突破的。

钢铁工业发展直接推动一系列的社会、经济、技术因素的变化,以及随之而来的城市化发展。具体来说,钢铁工业通过带动机械、电力、化工、建材、交通、通讯、商业、文教、卫生、房地产、农副产品等部门和行业的发展,实现人口聚集,加速城市化进程。近代中外历史中,冠以"钢城""铁都"的城市数不胜数,反映出钢铁工业对经济社会发展的巨大推动力。

钢铁工业的上述经济特点,决定其发展必须具备诸多条件。概括起来

---

① 黄飞鸣编著:《国际经济学教程》,上海:复旦大学出版社,2014年版,第77页。

讲,主要有以下几个方面。

第一,原料、燃料条件。钢铁工业生产要消耗大量原料和辅助材料,其中,最主要的是铁矿和煤炭资源。铁矿石资源的储量、品位、开采条件和地理位置对钢铁工业布局会产生重要影响。如果既接近铁矿产地,又接近燃料基地,这是很理想的配置方案。但多数情况下,原料、燃料往往不能实现空间上的自然结合。近代早期,因冶炼技术相对落后,钢铁冶炼往往需要消耗大量燃料,1吨生铁往往需要消耗几吨乃至十几吨煤炭,此种技术条件下,钢铁厂宜靠近燃料产地。但因不同历史阶段技术水平的差异,燃料因素总体呈现出影响力不断减弱的特征。到19世纪末,技术进步使冶炼每吨生铁仅需1吨左右焦炭,而需数吨铁矿石时,钢铁厂则宜设在铁矿产区。"二战"以后,能耗大幅度下降,至20世纪80年代,冶炼一吨生铁仅需约0.5吨焦炭,燃料因素对钢铁工业布局的影响力大为减弱。

第二,交通运输条件。钢铁工业的原燃料以及产品运输量非常之大。1吨钢铁产品的厂外运量为5~7吨,运费占钢铁产品成本的1/4左右。天然的水运交通往往是钢铁工业建设可资利用的理想资源。

第三,市场消费因素。钢铁消费市场是影响钢铁工业布局的重要因素。钢铁产品的大规模运输较之铁矿石、煤炭的运费要高得多。钢铁企业靠近消费市场有利于降低成本。随着经济技术条件的变化,钢铁企业的布点出现从"靠煤就铁"向靠近消费市场发展的趋势。

第四,技术条件。技术条件对钢铁工业生产布局的影响主要通过采矿、选矿、冶炼和运输技术体现出来,这些领域的技术进步会导致钢铁企业受资源条件和运输条件制约的局限性逐步减少,相对应地,设厂自由度大大增加。①

第二节　中国传统冶铁业的时代落差

中国传统社会冶铁业的发展水平在相当长时期内曾令西方国家望尘莫及,先后出现一批铁冶中心以及具有地方特色的钢铁制品。自18世纪中叶以来,洋铁开始输入中国,到19世纪中叶,随着西方钢铁技术的不断进步,钢铁工业飞速发展,中国传统冶铁业已瞠乎其后,难以望其项背。伴

---

① 中国科学院地理研究所主编:《世界钢铁工业地理》,北京:冶金工业出版社,1989年版,第3~5页。

随洋铁的倾销,中国传统冶铁中心相继衰落。

一、洋铁输入与传统冶铁中心的衰落

早在18世纪中叶,被清政府禁止出洋交易的铁器就被外国商人堂而皇之地输往中国。1750年,法国商船向广州输出30吨生铁。此后数十年,法国、荷兰、瑞典等国商船不时向中国输入钢铁,由于当时欧洲钢铁生产成本相对较高,铁商通常以亏损价格出售。1801—1805年,英国东印度公司也开始向中国出售生铁。1807年,英国在广州以比预期更好的价格销售了铁条试验品。自1811年起,生铁似乎是英国东印度公司对华输出的日常商品之一。1834年东印度公司对华贸易垄断权被废止后,外国生铁在广州市场上已经成为非常重要的商品。①

19世纪下半叶,西方钢铁工业飞速发展,钢铁产品供大于求、产品过剩的现象严重。据估算,1875—1890年,英国和美国的钢产量增加了5倍和10倍。激烈的市场竞争使国际钢铁产品价格急剧下跌。以美国钢轨价格为例,1870年为每吨107美元,1890年降至32美元/吨,1898年更降至18美元/吨。而30年间,日用品价格指数仅从38下降至25。② 德国在普法战争结束后,钢铁生产领域的投机活动和狂热生产泛滥成灾。1880年,恩格斯在《俾斯麦先生的社会主义》一文中评论道:"拿铁来说。投机和狂热生产的时期赏给了德国两个企业(多特蒙特联合公司和劳拉冶金工厂),每个企业都能单独生产足够全国中等水平的需要的产品。此外在埃森还有克虏伯的规模巨大的企业,在波洪也有规模差不多的企业和无数较小的企业。因此铁的产量超过全国消费量至少两倍或三倍。"为实现钢铁产品的价值转换,西方国家迫切需要不断开拓更为广阔的市场。人口众多、地域辽阔的中国成为列强竞相追逐的重要目标。

通过战争和不平等条约,列强打开中国国门。仅需缴纳极低的海关关税,外国钢铁制品就可进入中国市场。1840—1927年,中国海关税则共经过五次调整,时间分别为1843年、1858年、1902年、1918年和1922年。1902年之前,大部分进出口货物基本按照值百抽五征税,部分特产值百抽

---

① Donald B. Wagner. The traditional Chinese iron industry and its modern fate. Chinese Science,12(1995):139.
② [英]克利斯·弗里曼,[英]罗克·苏特著;华宏勋,华宏慈等译:《工业创新经济学》,第70页。

十。历次税则调整中，进出口货税税目总数不断增加。总体而言，中国对外国钢铁制品征收的税率极低。1843年，按中外议定通商进口税则规定，中国进口外国钢铁材料按值百抽十征税，每担生铁税银0.1海关两，熟铁0.15海关两，钢0.4海关两。1858年，改订税则后，税率降低，每担生铁税银0.075海关两，熟铁0.125海关两，铁丝和钢为0.25海关两。1902年新订税则，对铁的种类进行细化，大部分为每担税银0.1～0.2海关两，其中铁轨为0.125海关两，钢制品一般为0.25海关两。1918年，钢铁制品的关税税率有所增加，但幅度有限，生铁每担0.1海关两，铁轨的每担0.16海关两，钢0.27—0.32海关两。1922年的税则以协商谈判时最近六个月平均市价为标准，按值百抽五原则重新改订，其中，钢铁制品的关税税率变化不大，生铁每担0.11海关两，铁轨为0.18海关两。① 据调查，19世纪40年代，英国铁条在其国内的价格约为7英镑/吨，输入中国广州，可以获得高达50％的利润回报。②

洋商向中国大量倾销钢铁，中国传统冶铁业受到巨大冲击，原有的冶铁中心纷纷走向衰落。早在19世纪70年代，比利时、德国、英国以及瑞典的钢铁厂商就在中国市场展开激烈角逐。③ 它们委托在华洋行招揽生意，兜售产品。以《申报》为例，在1872年创刊后不久，很多在华洋行受外国钢铁厂委托，在《申报》刊登广告，招徕生意。兹摘录一条如下：

> 布国克乐博告白启者：克乐博在爱生镇开设铁厂，专铸纯钢、生熟铁、军械、器具一切等物，不惜工料，精巧铸造，各国闻名。今专交小行一家，至中国、日本兼管卖买事务，别无另设兜揽，特此布闻。
>
> 派利洋行启

"布国"即指普鲁士，"克乐博"，指近代德国著名的钢铁军工企业克虏伯厂。该广告刊登于1872年下半年，存在了相当长的时期。"克乐博"厂委托派利洋行专营其在华钢铁产品销售业务。类似的广告在当时屡见不

---

① 根据中央银行总管理处调查部编《最近中国对外贸易统计图解(1912—1930)》(1931年刊)附录部分整理。

② Donald B. Wagner. The traditional Chinese iron industry and its modern fate. Chinese Science, 12(1995):140.

③ 李必樟译编：《上海近代贸易经济发展概况：1854—1898年英国驻上海领事贸易报告汇编》，上海：上海社会科学院出版社，1993年版，第334～335页。

鲜,如丰裕洋行、倍亨洋行、美查洋行等也长期刊登类似广告,从日常器具到挖煤开矿、铺路造械等所需的大小钢铁物件均竞相招徕购买者。

一些洋行也在华寻求代理人,成立商号,销售外国钢铁器材。如无锡著名商人周廷弼因业务关系结识英商大明洋行,1878年,由英商出资银5000两,在上海成立升昌五金煤铁号,代销大明洋行钢铁器材,周由此走上了发迹之路。随着业务扩大,周廷弼资力日益雄厚,先后在牛庄、汉口、镇江、常州、无锡、苏州及日本长崎等地开辟分号,主要业务也是替洋商销售钢铁器材。①

随着洋务运动的推进,中国钢铁进口总体呈现日趋增长态势。通过表6,可以看出,1870年代中期以前,中国年均进口铁不足2万吨,此后,进口量有了较大幅度增加,维持在年均5万吨的水平。中法战争后,洋铁输入量增长明显,年均约7万吨,价值接近200万海关两。

表6 1867—1894年间中国进口铁量、值统计表

年代	重量(吨)	价值(海关两)	年代	重量(吨)	价值(海关两)
1867	6858	263553	1881	45253	1292965
1868	16496	665915	1882	45136	1284071
1869	25354	951100	1883	49422	1484393
1870	22285	741030	1884	50997	1483329
1871	13290	433511	1885	72718	1993167
1872	15501	700897	1886	66549	1793355
1873	12436	591421	1887	61847	1680033
1874	14917	696716	1888	78493	2185286
1875	26732	983588	1889	69444	2075778
1876	19650	749269	1890	67970	2127363
1877	27971	906235	1891	104345	3182613
1878	32715	958629	1892	82176	2559210
1879	49008	1380569	1893	65496	2226141
1880	52233	1546065	1894	71662	2467590

资料来源:彭泽益编:《中国近代手工业史资料》第二卷,北京:中华书局,1962年版,第164页。注:原表计量单位为"担",笔者按1担=60.453千克(据吴承洛《中国度量衡史》,上海书店1984年版,第282~284页),将原资料数据转化为"吨"。

---

① 冯炬、刘曼殊:《周廷弼》,《无锡文史资料》第一辑,1980年发行,第75~80页。

外洋钢铁产品凭借成本低廉、质量优良的优势，迅速占领沿海沿江交通相对便利地区的市场。譬如，在19世纪60年代末，宁波的土铁即全部为洋铁所取代。向来使用山西土铁的山东省，这时也已基本为洋铁占据市场，因为洋铁成本较土铁低一半。①

清代中国冶铁业最发达的地区主要为广东佛山、湖南湘潭、安徽芜湖，以及山西泽州、潞州等地。其产品销售涵盖大半个中国。然而，上述地区的冶铁业无一例外受到洋铁输入的影响，生产凋敝，营业停顿。

清乾隆时期，佛山冶铁业十分发达，整个佛山地区从业工匠不下二三万人，产品主要为铁锅，其他包括铁线、铁犁、铁钉、铁锁等。乾隆《佛山忠义乡志》形容："锅贩于吴越荆楚而已，铁线则无处不需。"②洋铁输入后，佛山冶铁业迅速衰败，到民国初年，其铁砖行、铁线行、铁钉行、土针行无不偃旗息鼓，归于失败。据民国《佛山忠义乡志》记载："铁砖行，用生铁炼成熟铁，作为砖形，售诸铸铁器者，亦乡之特产品。谚称：蠕冈银，佛山铁。言其多也。前有十余家，今则洋铁输入，遂无业此者矣。""铁线行，亦佛山特产，法以生铁、废铁炼成熟铁，再加工细拔成线，小者如丝，大者如箸，有大缆、二缆、上绣、中绣、花丝等名，以别精粗，式式俱备，销行内地各处及西北江，前有十余家，多在城门头、圣堂乡等处，道、咸时为最盛，工人多至千余，后以洋铁线输入，仅存数家"。"铁钉行，以熟铁枝制成，大小不一。道、咸时为最盛，工人多至数千，每日午后，附近乡民多挑钉到佛，挑炭、铁回乡，即俗称替钉者，不绝于道。后以洋铁输入，除装船用揽核钉一种外，余多用洋钉。故制造日少"。"土针行，亦本乡特产。用熟铁制成，价值不一，行销本省各属，咸、同以前最盛，家数约二三十，多在鹤园社、花衫街、莺岗等处，后以洋针输入，销路渐减，今仅存数家"。③

湖南湘潭的制钢业，名曰苏钢，质地优良，起自乾隆年间。至咸丰时，湘潭之苏钢坊，计有40余家。所产之钢，畅销于湖北、湖南、河南、陕西、山西、山东、天津、汉口、奉天、吉林等地，为湘潭制钢业之黄金时代。迨至光绪年间，受洋钢进口影响，贸易渐渐缩小，钢坊相继停闭。至宣统初年，只余六家，且所出之货，销路滞迟，营业奄奄不振。④

---

① 彭泽益编：《中国近代手工业史资料》第二卷，北京：中华书局，1962年版，第172、175页。
② 罗一星：《明清时期佛山冶铁业研究》，载广东史学会编：《明清广东社会经济形态研究》，广州：广东人民出版社，1985年版，第75～116页。
③ 汪宗准修，冼宝幹纂：《佛山忠义乡志》，1926年刻本，卷六，页十五。
④ 彭泽益编：《中国近代手工业史资料》第二卷，第136页。

安徽芜湖制钢业在清中叶乾嘉年间为全盛时期,大小钢坊多达几十家,在咸丰年间还有炼坊14家,均极富厚,"自洋钢入口,渐就消灭"。① 光绪初年,芜湖炼钢坊虽改用湖南宝庆煤炭作燃料,亦无济于事,炼坊家数逐渐减少。1876年,芜湖开辟为通商口岸后,外国钢铁材料大量输入,芜湖钢坊无力支持,大部分歇业。1884年前后,所剩两三家钢坊合并为一家,店名"同春福"。因芜湖剪刀业习惯使用芜钢打制,同春福在坚持十余年,股东几经改组后,终在1899年前后歇业。传统芜湖炼钢业彻底退出历史舞台。②

山西冶铁业也受到不小的冲击。19世纪70年代,李希霍芬记载:"由于外国制成的铁器输入以后,山西铁器的销售额和总产量便已大大地减少,同时为要尽量供应原有的市场,曾经求助于降低原有的价格,因而也降低了制造者的利润。""从前山西铁曾经供应中国大部分地区销用,如今欧洲五金货物的竞争限制了这种贸易,以致销路局限于中国北部"。③《中国实业志·山西省》对晋城县土铁业有此记述:"前清道光年间,其业甚为发达,全县炉数,计千余座之多。光绪初年,民遭大侵,地方凋敝,炉数顿减大半。"④

就全国范围而言,19世纪下半叶,中国传统冶铁业呈现急速萎缩的局面。根据清代官方档案、各省方志及私人记载,经彭泽益统计,1838年,全国在采铁矿厂数为112家,1851年为90家,1862年为28家,到1875年时仅存1家。⑤ 但必须指出的是,中国传统冶铁业具有旺盛的生命力。在近代中国,土铁和洋铁市场平行并存的现象长期存在。面对洋铁冲击,土铁并未退出历史舞台。由于交通不便,洋铁难以输入,进口钢铁对中国内陆地区冶铁业的影响不像沿海沿江那样明显。传统冶铁业原有的生产—销售格局被打破后,在广大内陆地区重新找到生存空间。部分地区冶铁业供应生产工具及日常用具的铁制品,形成受限制的市场,长期延续下来。如四川产盐甚多,需锅甚广,当地生铁有一大用途,即铸为煮盐所用之铁锅。外国钢亦有输入四川者,但价值昂贵,每吨高达700元,较之当地所产95—

---

① 鲍寔:《芜湖县志》卷35,实业志,商业,页6,民国八年石印本。
② 张九皋:《芜湖手工炼钢业的片段史料》,《安徽史学》,1958年第1期,第82~88页。
③ 彭泽益编:《中国近代手工业史资料》第二卷,第175页。
④ 实业部国际贸易局:《中国实业志·山西省》,著者刊,1937年版,第478页。
⑤ 彭泽益编:《中国近代手工业史资料》第一卷,北京:中华书局,1962年版,第616页。

190元每吨的价格,高出不少。① 据记载,1920年前后,"全国各处用土法开采铁矿者,犹盛行不替,此种现象,尤以山西、湖南、四川等省最为显著",土铁年产量约15万吨。②

除交通隔绝的原因外,中国传统冶铁业之所以能长期存在,还因其生产工艺较简便,有相对固定的销售对象,产品基本上能满足乡村社会需要。加上其小投入——低产出的生产组织特征,适合作为农业生产活动的补充。这些因素综合在一起,形成了土铁的生存发展空间。近年,国内有学者关注清末浙江西南处州府土铁业"衰而未亡"之现象,称当地土铁业并未随洋铁冲击而迅速消亡,反而在光绪时期依旧活跃,这与当地土铁业的两个转向有关:转向服务农村区域市场;注重铁锅、农具加工业。他们所揭示的其实就是这样一个典型个案。③

二、落后于时代发展要求的传统冶铁业

中国传统冶铁业在近代顽强生存,在许多年份甚至比中国机制钢铁的产量还要高,但其落后、低效的生产作业方式决定其无法肩负起为工业化进程中的中国提供最基本物质材料的使命,中国传统冶铁业无法满足经济社会发展的要求。

中国传统社会为典型的农业社会,由于农业生产周期较长,因此,许多传统手工业部门均为副业,为农民农闲时所从事的生产劳动。冶铁业也一样。中国传统社会从事冶铁业的人员大部分不是专门的技术工匠,他们中许多人是在农闲时为补贴家用而临时从事冶炼工作。如道光《辰溪县志》载:辰邑"无田可耕之贫民所在多有,当农忙时,为人雇佣,犹可自食其力,及至秋后,无他艺业,往往于产有铁矿处所竭力开采,以此获值自赡。计阖县挖矿营生之人,动以数千……是矿厂一开,而辰之无产贫民借以生活,岁不下万余人"。④ 这种经济活动,实质上属于家庭手工业一部分。与家庭棉纺织业稍显不同的是,由于规模生产与分工协作对于降低冶炼成本有重要意义,使之区别于其他的以一家一户为单位的手工生产。

---

① [瑞典]丁格兰著,谢家荣译:《中国铁矿志》(下),北京:农商部地质调查所,1923年版,第238~239页.
② 吴承洛:《今世中国实业通志》(上),上海:商务印书馆,1929年版,第73~75页.
③ 蒋勤:《清末浙南的区域市场与"衰而未亡"的土铁业》,《清史研究》,2015年第3期,第96~108页.
④ 中国人民大学清史研究所编:《清代的矿业》(下),北京:中华书局,1983年版,第501页.

相比于近代工业化生产，中国传统冶铁业以人力的大量付出与资源的极大浪费为代价。由于工力极为廉价，这种冶场能够大量存在。但其在生产、运输的各个环节均显得十分落后。

第一，生产效率低下，单个矿场产量低微。在中国农业社会，用铁需求总量较少。有学者估计，中国古代人口若按5000万计算，全国每年约仅需要钢铁3万吨，加上兵器、工具，每年亦不过5万吨钢铁。① 相对于这一需求量，中国传统冶铁业的生产能力完全可以满足。但在工业化社会，单从总量上讲，依靠传统的手工生产方式远远不能满足需要。

中国传统冶铁厂产出效率十分低微。以四川为例，乾隆十七年(1752)，商民在四川威远大山岭铁炉沟设高炉6座，每座用夫9人，每日每人挖矿10斤，炼得生铁3斤。"因该二处形势低洼，一遇夏秋水涨，侵入硐内，不能采取，惟春冬二季，方可开挖，计每年六个月，共一百八十日"。六座高炉，通共用人54名，全年共挖矿砂97200斤，可炼生铁29160斤。乾隆二十八年(1763年)，四川屏山县属共设冶铁炉八座，每炉采矿砂丁9名，炉夫1名，厢煽夫2名。每名砂丁每日约获砂10斤，统计总共可获矿砂720斤。砂10斤可煎获生铁3斤，每日共煎炼生铁216斤。夏秋时期水淹矿洞不能采砂，春冬二季共180日，可炼生铁38880斤。② 清代四川洪雅、奉节县开采铁矿，"各设炉二座，每炉一座用夫九名，每日获矿砂十斤，煎获生铁三斤"。③ 规模相对较大的冶铁厂也基本如此，如乾隆朝四川屏山六乡冶厂，"共设炉八座，每炉采矿砂丁九名，炉夫一名，厢煽夫二名，共计夫丁九十六名，除承值炉厢夫二十四名不能采矿外，实得砂丁七十二名。每丁约获矿砂十斤，每日可获矿砂七百二十斤，每砂十斤煎获生铁三斤，每日共煎生铁二百一十六斤。除夏秋二季水淹嶒峒不能采外，所有春冬二季共一百八十日，所获矿砂十二万九千六百斤，实煎生铁三万八千八百八十斤。"④民国时期，采用传统作业方式的冶铁厂并不鲜见，然生产效率也没有多大进步。根据1915年北洋政府农商部第四区矿务监督署对湖北的矿业调查报告，湖北省松滋县峻极乡皮儒春开办铁矿厂，自光绪初年

---

① 丘亮辉：《中国近代冶金技术落后原因的探讨》，载中国科学院《自然辩证法通讯》杂志社编：《科学传统与文化——中国近代科学落后的原因》，西安：陕西科学技术出版社，1983年版，第329~330页。
② 彭泽益编：《中国近代手工业史资料》第一卷，第314~315页。
③ 席裕福、沈师徐：《皇朝政典类纂》卷132，上海：上海图书集成局1903版，第8页。
④ 中国人民大学清史研究所编：《清代的矿业》(下)，第505页。

即用土法开采。民国初年，有资本金500元，每年产铁矿110吨，可选出精矿33吨，可炼出生铁10吨。生产工人5人，每人每天工价140文。① 这种低微的产出效率和低廉的劳动付出在近代工业社会是难以想象的。

第二，就生产成本分析，中国传统钢铁生产主要依靠人力畜力，较之国外钢铁企业的规模经营与机器生产，其成本要高出许多。1847年，C. F. 里耶瓦尔克(C. F. Liljevalch, 1796—1870)受瑞典皇家商会委托，撰写一份有关中国钢铁业的调查报告，结果显示，在广州市场上，中国本土铁条的实际价格远高于外国铁条价格，一等品、二等品每吨价格相差(15～11)英镑。② 1860年代，基于中国土铁的生产成本高昂和制作工艺笨拙的情况，外商对中国钢铁市场前景持乐观态度："（洋铁）在持续不变的价格上容易销售，平均每担二两五钱，而中国土铁是不能在这价格下生产的。土铁难以大量买到，而且都是小片。有些土铁的品质很好，一些自天津和温州运来的铁在任何方面都不次于最好的瑞典铁……汉口铁较次。取得任何形式的片断，都需要加热、打击和捶平，这些加工必然要增加它已经高昂的成本。汉口的铁来自云南——唯一拥有许多铁矿的省份。考虑到这些铁矿距离遥远，又没有合适的运输道路，可知中国必然是要长期地继续从外国获得铁的供应的。"③ 虽然个别地区因人力价格低廉，所产钢铁产品价值有较洋铁更便宜的事情出现，但如若大批量生产，这种成本优势是无法实现的。

第三，从产品的质量控制看，针对单件产品，中国土铁的制作工艺可以达到很高的水平，但它以手工劳动为基础，凭借生产实践经验控制生产过程，相对于大批量的钢铁产品而言，很难保证质量的整齐划一，更无法实现钢铁产品的标准化生产。在农业社会里，对钢铁产品的标准化要求不是很高。相比之下，近代工业生产使用的钢铁材料需要具备耐热、耐磨、抗蚀、高强度、高延展性等性能，规格、形制有精细要求，它们的性能和生产工艺，中国土铁制品无法望其项背。所以，质量问题对于民间土铁是道难以逾越的门槛。丁格兰曾明确指出山西土铁之质量问题："山西之所谓生铁，与近代冶金学中所称之生铁实不甚同，成分极杂，多含土质，及少量焦炭，一也。铁质易展，含炭较少，二也。有数处所产者，例如平定生铁含磷极多，高达

---

① 《第四区矿务监督调查矿务报告》，《中华工程师学会会报》，1915年第2卷第12期。

② Donald B. Wagner. The traditional Chinese iron industry and its modern fate. Chinese Science, 12(1995):140.

③ 彭泽益编：《中国近代手工业史资料》第二卷，第171页。

2.35％,此其三。""山西生铁含硫极多,较新法生铁多至二至十倍,此其四。故山西生铁自近代冶金学视之,实并非上品"。①

李鸿章早年比较中外钢铁物料时就曾讲到:"洋铁方图大小板条恰如人意,不独质地纯净也。"②1889 年,张之洞在广东筹设炼铁厂时也讲到:"洋铁畅销之故,因其向用机器、锻炼精良,工省价廉。察华民习用之物,按其长短、大小、厚薄,预制各种料件,如铁板、铁条、铁片、铁针等类,凡有所需,各适其用。"军工企业的钢铁用料要求更高,土铁更不足为凭。张之洞曾说:"湖南产铁甚多,惟土法所炼生熟铁,质粗而材小,仅可制造民间平常器具,若制械造轨以及船料、厂屋各种要件,断不能用。至土铁价尚不贵,所患在不合用,而不在价值也。"③

第四,在交通运输方面,钢铁产品从产出到投入市场要充分考虑运输成本。这无法回避,却又至关重要。近代中国土铁分散于全国各个乡村角落,总产量虽然惊人,但要这些钢铁要实现长距离运输,依靠传统肩挑骡驮的方式,其运输成本相当惊人,实际上很难做到按时足额供应。如冶铁业发达的山西潞州,在光绪初年,据李希霍芬记载:在一条非常热闹的大路上,有一次 20 分钟内迎面遇到 102 头驮了东西的骡子和 108 个挑夫。平均一头骡子要驮 200 斤,一个挑夫要挑 75 斤,核算总共有 17.25 吨。"成千成万的人和牲畜年复一年地在这条路上走动着,把凤台这个重要煤铁区的产品运送到青化[镇]"。据他估计,山西年产土铁总量 16 万余吨,价值约为 1800 万马克,但每 100 里的运输费用就达 300 万马克。④ 显然,这种高昂的运输成本是市场所无法消纳的。

民国时期,传统冶铁业在许多地区仍顽强生存。地质学家丁文江对20 世纪 30 年代山西平定冶铁业的生产情形有十分形象的描述:"土法开采铁矿是极简单的;三四人用几把锤子、钻子,凿一个几丈到十几丈的洞子;再有一个木头的手绞车,几根绳子,几个筐子,就可以开起矿来。矿质不好,可以用手来选择。在农闲的时候,人工本来是不值钱的;一个人只要能混一百几十个制钱,一天就可以过去。洞子里的矿挖完了,或是有了水了,不妨另找一个地方,把一套简单的家伙移了过去,重新打一个洞子。开

---

① [瑞典]丁格兰著,谢家荣译:《中国铁矿志》(下),第 228 页。
② 顾廷龙、戴逸主编:《李鸿章全集》信函五,安徽教育出版社,2008 年版,第 351 页。注:本文所用《李鸿章全集》除另注版本信息外,均为此版本。
③ 王树枬编:《张文襄公全集》卷 39,奏议 39,北平楚学精庐丁丑刻本,第 5 页。
④ 彭泽益编:《中国近代手工业史资料》第二卷,第 142～143 页。

炉房炼铁的是资本家了。不过他的固定资本,多则一千,少不过几百元。铁矿买了来,用人工打碎了,和上煤末子,装在一公尺长,零点一公尺口径的泥罐子里面,把二百到三百个泥罐子堆在无烟煤上,再用已经用过的废罐子四面砌起来,就成功了一座炉子。开炉房的设备不过是几间房子,一个风箱,几把大铁棍子、钳子。一炉子所用的铁矿,需一千五六百斤。再有二三千斤煤,几百个泥罐子,就可以开起炉来。铁矿价钱便宜,来源不断,则多开几炉。不然就少炼几炉,于他的事业不发生根本的影响。"①

近代学者胡秋原称:"工业革命产生了钢铁文明和资本主义。在经济史上,工业革命、钢铁文明和资本主义是三位一体的。中国现代的一切外患内忧,不能不说由于工业革命之迟滞。只要想到,一方面是两个铁匠对面打铁的铁匠铺,一方面是用爱森蒸汽锤的钢铁工厂,优劣之势,真正显然。"②中国钢铁经济要在"钢铁时代"要支撑起国家工业化的重任,必须紧跟世界经济发展潮流,发展现代钢铁工业,实现钢铁生产的现代化转型。

---

① 丁文江:《漫游散记》(八),《独立评论》,1932 年 9 月第 16 号。
② 胡秋原:《论中国工业发展之途径》,《钢铁界季刊》,1942 年第 1 卷第 1 期,第 27~33 页。

第二章 钢铁经济观念的开启

经济思想观念是主观世界对客观经济现象的反映和认识。它是政府制定经济政策的先导,是指导经济实践的指针。经济思想观念对传统的突破是技术创新、产业发展的前提与基础所在。受传统思想观念的束缚,晚清民初中国政府和社会的经济观念经历艰难的转型过程,并对经济实践产生重大影响。期间,中国政府和社会围绕钢铁经济活动的思想转型主要包含两层意思:一为顺应工业化发展需要,认清钢铁经济生产活动之价值与作用。二为适应近代大型工业企业的建设规律,找寻适合中国国情的钢铁工业发展路径。作为一个传统惰性力极强的国家,中国在钢铁经济思想方面的转型遭遇巨大阻力。到南京国民政府建立前夕,在思想层面,中国政府和社会对钢铁经济的作用、价值以及发展路径形成较为科学的认识,为钢铁工业建设初步奠立思想基础。

第一节 中国钢铁经济发展面临的传统思想阻力

美国学者保罗·肯尼迪指出:1736年,当亚伯拉罕.达比炼铁厂开始迅速发展的时候,中国河南和河北的鼓风炉和炼焦炉却全部被废弃了。"这就是说,中国的鼓风炉和炼焦炉早在征服者——英国威廉一世于黑斯廷斯登陆之前就已经非常出色了。然而此刻它们竟要等到20世纪到来才能恢复生产"。① 该局面的出现,显然非技术方面的原因。其深层次原因是中国传统社会固有的保守思想文化。

冶铁业在中国古代社会的作用可以概括为"上资军仗,下备民用"。在冷兵器时代,铁为铸造兵器的主要原料,其军用价值无可替代。此外,铁是百姓日常生产生活的必需品,如铁锄、铁犁、镰刀、铁锅等,均离不开铁。正因如此,中国历史上许多王朝通过控制钢铁制品的生产、流通,官抽其税,以增加国家收入。然而,冶铁业的发展在传统社会往往面临巨大的社会阻

---

① [英]保罗.肯尼迪著(Kennedy,P.),蒋葆英等译:《大国的兴衰》,北京:中国经济出版社,1989年版,第10页。

力,并一度被视为秕政,受到轻视与打压。明清以来,更是如此。

认清传统冶铁业面临发展的阻力,首先必须弄清其所处的社会经济思想环境。中国历经数千年农业社会,农为邦本的观念深入人心。自秦汉以来,汉民族自诩为文明之代表,周边四邻皆为经济文化落后之民族。这种经济结构和外部环境造就出独特的立国方针。严复称之为:以长治久安为要图,以富国强兵为大忌,"尚率由而重改作,贵述古而薄谋新。其言理财也,则崇本而抑末,务节流而不急开源,戒进取,敦止足,要在使民无冻饿,而有以剂丰歉,供租税而已"。① 概括起来讲,中国传统经济思想的以下特征对冶铁业产生不利影响:

第一,重本轻末的产业观念。重本轻末思想演变贯穿于中国传统经济思想发展全过程。本业即农业,末业一般泛指工商业。因为农业为传统社会的百姓提供最基本的生活资料,在社会生产中起主要的、决定性的作用,故"重本"是传统社会普遍的趋势。我国传统社会的经济思想家对农业以外的其他求富途径,态度有所不同,但视农业为本业,是首要的最基本的经济部门,这在认识上是没有异议的。我国春秋以前文献中很少有轻视工商的观点。战国秦汉之间,出现大量轻视工商业、抑制工商业发展的思想和政策。从西汉时期儒家思想学说取得政治上的学术垄断地位时起,重本轻末作为一条教谕在思想意识领域广为散布,终于形成一个传统的经济教条。当然,中国历史上也出现许多反对轻末观点的学者,但仅指个别先进思想家而言,绝不意味着轻末思想在社会意识形态领域已取得绝对优势。事实上,轻末轻商的教条在传统社会仍有极为众多的人去背诵、践行。②

以农为本在古代社会无可非议。但随着社会经济的发展,过分突出农业经济的重要性,并借以压制工商业的发展则是违背历史发展潮流的。"重本轻末"的思想在中国近代前期的统治阶级中有浓厚的思想氛围,影响极大。

第二,舍利取义的财富观念。财富与伦理的关系是传统财富观中的重要内容。春秋时代,二者已是不易分割的概念,常并列提出。初期儒家特别强调财富的获取必须服从于伦理的要求。在春秋战国之际以至汉朝,财富与伦理观念逐渐脱离,西汉时期的桑弘羊几乎已经摆脱伦理的局限而考察财富问题。但此后,随着儒家思想学说影响的不断加深,已渐独立起来

---

① 严复:《上今上皇帝万言书》,《严氏丛刻》,光绪二十七年南昌读有用书之斋校印本,页9。
② 胡寄窗:《中国经济思想史》(下册),上海:上海财经大学出版社,1998年版,第705~708页。

的财富观念重新罩上一件厚厚的伦理外衣,财富概念在封建社会的中后期始终未能摆脱伦理的束缚而取得独立发展。两宋以后出现的义利之争,就是财富与伦理的关系之争,这种争论一直延续到清代。从历史上看,争辩者中少有主张完全抛弃伦理束缚而考察财富的思想家。①

财富和义礼本质上是不同范畴的概念,二者可以彼此相融,并不绝对对立。传统中国将之纳入同一理论视野,并通过道德层面的批判,将义礼凌驾于财富之上,所谓"君子喻于义,小人喻于利""尚利则乱,尚义则治"等。这些观念显然不利于工商业经济的发展。同样,这一思想主张在清代也备受社会各界的广泛认同。

第三,国家本位的经济思想。中国传统经济思想把求富的主体分为四种:整个国家、国家政权、民(百姓)以及私家。为整个国家求富,称为"富国";增加国库的收入和储备,可称为"足君";为百姓求富称为"富民";为个人或私家求富,称作"富家"。在传统经济思想中,求富必须将富国置于首位。只有国富了,整个国家的财富增多了,才有更充裕的基础解决足君和富民的问题。对于富家,传统经济思想中占主流的看法是不提倡、不鼓励富家,有的甚至主张对富家施加多方面的限制,总是担心富家会妨碍富国、富民,加剧社会贫富分化,影响社会安定。②

冶铁业在传统社会属于"末业",历史上,一些王朝虽十分重视和支持冶铁业的发展,并制定实施有国家政策,但总体而言,这种支持是有限度的,从根本上讲,以服务国家税收和军事战争为目的。钢铁产量在农业社会并非衡量国家强弱的指标。而且,愈近近世,冶炼业在国家收入结构中的比重越低,支持冶铁业发展的经济动力愈发衰弱。特别是清朝建立后,国家对冶铁业的控制越发严厉,通过垄断冶铁业实现国家盈利的主张亦被抛弃。

具体而言,封建王朝和民间社会针对冶铁业的防范和抵触心理主要源于以下方面:

第一,破坏风水。传统社会的风水观念深入人心。风水的好坏决定着个人、家族乃至整个地区的祸福荣辱。开矿炼铁往往需要挖山凿洞,毁林造地,造成渣水横流,环境污染。在地方人士看来,这会对当地风水造成严

---

① 胡寄窗:《中国经济思想史》(下册),第704～705页。
② 赵靖主编:《中国经济思想通史》(第四卷),北京:北京大学出版社,1998年版,第558～564页。

重破坏,应严厉禁止。因此,风水观念成为许多开矿者无法破除的一道魔咒。嘉庆十二年(1807)初,宛平人杜茂封请求开采直隶顺德府银、铅矿。嘉庆降旨申禁,称:山场开采,不独有妨地脉,且雇夫刨挖,均不过游手好闲之徒,将来日聚日多,互相争竞,所获之利有限,而流弊无穷。杜茂封无知牟利,冒昧渎请,着治以应得之罪。① 在近代中国,这种观念的影响力仍不容小觑。有人曾为之慨叹:"今中国地利不兴,矿藏不启,每于开矿兴利之举,莫不惑于风水祸福,阻挠百般,坐待困穷,民智之愚塞可叹也夫!"②

第二,危及社会稳定。铁在古代是一种十分特殊的物质材料,既可用作农具,也可作为军器。在统治者看来,铁器的任意流通会对社会治安造成严重威胁,危及社会稳定。特别是冶铁业往往需厚集资本,纠集大量精壮劳动力。作业地点又往往位于荒郊僻野,不便于政府稽查控制。这在统治者看来,均是极端危险的安全隐患。历史上,由矿工揭橥发起的起义不在少数,也被统治阶层视为殷鉴。如雍正皇帝认为矿工"聚易散难",反对开矿。雍正五年(1727)闰三月初二,针对湖南巡抚布兰泰奏请开矿事,雍正批驳曰:"开采一事,目前不无小利。人聚众多,为害甚巨。从来矿徒,率皆五方匪类,乌合于深山穷谷之中,逐此末利。今聚之甚易,将来散之甚难也。"③

这种隐忧在近代中国亦为矿业发展之巨大阻力。1867年,志刚随蒲安臣出使英国期间,谢绝洋人在山东平度开矿之请,其思想主张具有代表性。其对洋商称:"中国现非不需钱财之时,必欲禁而不开者,岂中国之愚于计而不屑其利乎? 诚以无业游民易聚难散,中国人烟稠密,始见为利者,不旋踵而大乱随之。如口外奉天等处,矿匪层千累万,聚而为乱,必致大动干戈,兵联祸结,而无所底止。目前之害,已有明征,孰敢复开祸乱之端?""中国断不能希小利而开大乱之端"。④

第三,冲击既有经济秩序。大量矿工聚集在一处,除了安全隐患,还会对地方原有的经济生活带来冲击,破坏经济秩序。同时,冶铁业的发展可能纵容百姓趋利逐末的行为,不利于百姓安心从事农业生产,破坏生产秩

---

① 戴逸、李文海主编:《清通鉴》(12),太原:山西人民出版社,1999年版,第5075页。
② 张枬、王忍之编:《辛亥革命前十年间时论选集》第1卷(下册),北京:三联书店,1960年版,第949~953页。
③ 中国第一历史档案馆:《清实录》(第七册),北京:中华书局,1985年影印本,第830页。
④ 林针、斌椿、志刚等:《西海纪游草·乘槎笔记·诗二种初使泰西记·航海述奇·欧美环游记》,长沙:岳麓社,1985年版,第296页。

序。这也是一些统治者排斥开矿炼铁的重要因素。如明朝山西巡抚魏允贞请停开矿，就因担心开矿易冲击旧有经济生活秩序："地方之产有限，民之欲无穷，计开矿近不过终年止耳，远不过二三年止耳，彼时差官已去，矿徒犹在，散之何所，给之何食，此辈岂能归故里事农业者，臣愚不知所终矣。"①

对包括冶铁业在内的矿业开发行为，统治者视为"秕政"。明万历二十五年(1597)，河南巡抚姚思仁的"八虑"之说很有代表性：一曰矿盗啸聚召乱之可虑；二曰矿头累极土崩之可虑；三曰矿夫残害逃亡之可虑；四曰催民粮缺噪呼之可虑；五曰矿洞遍开浪费之可虑；六曰矿砂银少逼置之可虑；七曰民皆开矿失业之可虑；八曰奏官强横激变之可虑。②

清朝建立后，矿业思想更趋保守。清王朝借鉴明亡教训，不轻言矿利，同时，秉持财政的原额主义，声称"取民有制，从无加赋之事"，朝廷开支乃根据国家正赋收入，"量入为出"。③ 这种不以营利为目的财税思想使得包括铁课在内的矿课收入在清政府的财政收入中所占份额很小。从经济角度分析，不难理解清政府对冶铁业之限制态度。光绪《湖南通志》有文章对湖南郴州、桂阳、宜章、永兴四地银、铁、铜、锡矿的弊端进行系统评论，指出"天下利之所在，害必随之"。文章列举开发矿产资源的十大危害，一定程度上代表了清朝地方社会对矿业活动的抵触情绪："郴界在岭表，山多田少。一岁之收，不足供一岁之食，今增万千之夫役，则增万千人之口粮。米价腾贵，穷民奚堪，害一；煎淘恶水，一入田畴，竟成废坏，不但衣食无资，并国赋何办，害二；穿求砂苗，深入无底，举数十里之屋庐、坟墓，皆有斩龙绝脉之虞，害三；炉炭无出，即伐人禁山，而不惜斫人家树，而不顾居民风水悉遭败坏，害四；且本地居民从无辨炉火、识砂色者，率皆临、蓝、嘉、桂、常、新各处奸徒，及四方亡命，昼则横肆抢夺，夜则公行剽劫，令鸡犬不宁，妇女远窜，害五；凶党纠聚，千百成群，少有忿争，便肆戕杀，讼狱繁兴，索连拖累，害六；恶水一出，数十里沟涧溪河皆成秽浊，民间饮之，辄生疾病，害七；河道半被泥沙壅滞，时为迁改，乡民恐坏田苗，拼命力争，屡致争斗，害八；万山环聚，疠气本深，更加掘发，瘴雨岚烟，染者多疫，害九；窝逃薮盗，例禁素严，今夫役俱属远方，即有逃人巨盗藏匿其间，孰从稽查，害十。凡此皆害

---

① （明）王圻：《续文献通考》卷27，明万历刊本，页23。
② （明）王圻：《续文献通考》卷27，明万历刊本，页25。
③ 戴逸、李文海主编：《清通鉴》(12)，太原：山西人民出版社，1999年版，第5091页。

在官民共见共知者也。""开采坑冶十害之外,更有一莫大隐忧。"文章以明末农民起义为鉴,认为砂夫酿乱,结连啸聚,猖獗为祸,历历可数。"由是以观,则坑冶之宜封宜闭,不待智者能辩之矣"。①

在这种思想环境下,中国传统冶铁业不可能获得自由发展的空间,难以实现稳定、持续发展,技术革命也无从谈起。传统冶铁业向近代钢铁工业的迭代升级无法实现。中国钢铁经济要实现现代化转型,除了技术的变革,思想观念的转变是首先需要解决的问题。

第二节　中国近代钢铁经济的价值认知

诺贝尔经济学奖得主阿瑟·刘易斯（W. Arthur Lewis）指出,人们有限的眼界是限制人类想望财富的最大因素之一。② 思想的启蒙开化乃是一切变革的前提和基础。钢铁材料在农业社会和工业社会虽然都是不可或缺的基本物质材料,但由于两种社会经济运行规律的差异,钢铁材料发挥的实际作用并不相同。中国近代社会对钢铁工业的价值认知有其自身的发展逻辑,经历一个不断深化和日趋理性的认识过程。它一方面受制于中国的经济建设实践,另一方面,又与世界钢铁工业不断发展、钢铁工业日渐重要的实际密切相关。1840－1861年,大清帝国遭遇到一连串未曾料想到的打击:外夷两次大规模入侵令天朝上国的威仪扫地殆尽,波及全国的农民战争几乎成为王朝的终结者。期间,无论是外敌入侵,还是内部的农民战争,武器装备已开始告别冷兵器时代的刀枪剑戟,新式火器大显神威。军事战争暴露出当时中外的巨大差距,促使清政府反思生存之道。第二次鸦片战争结束后,清政府内部一批开明政府官员主张向西洋各国学习先进技术,挽救王朝统治。随着洋务运动的推进和中外经济文化交流的展开,西方工业文明的示范效应对国人思想产生巨大影响。钢铁工业的军事价值和经济价值受到开明思想人士的重视。甲午战争后,民族生存危机空前加深,"变法""维新"成为时代最强音,清政府的经济思想观念转型速度大大加快。受经济发展的一般规律影响,钢铁工业建设受到社会高度关注。民国成立后,资本主义经济发展目标拥有较广泛的社会思想基础,钢铁工业作为国家基础产业的属性被民国政府所确认。中国社会关于钢铁

---

① （清）李瀚章等纂修:《湖南通志》卷末之14,光绪十一年石印本,第22～23页。
② ［英］阿瑟·刘易斯:《经济增长理论》,北京:商务印书馆,2002年版,第28～32页。

经济的价值认知至此初步完成思想转型。

一、"国家武备第一要义"

传统社会中,钢铁即为重要的军资材料。近代军事工业的发展进一步强化钢铁的这一价值属性。18世纪末19世纪初,尤其是拿破仑战争期间,军需无疑是促进西方钢铁行业发展的重要动因之一。转炉炼钢技术的发明者贝塞麦就是在寻找适合做炮身的钢铁材料中,产生寻找新的炼钢法的热情。按照常规战争的军事观点,战争就是钢铁材料的竞赛和比拼。如果说工业革命以来各国军事实力表现为科学技术的比拼,钢铁材料则是体现军事科学技术的主要物质载体。钢铁工业的发展为武器革新创造了必要条件。特别是随着转炉、平炉炼钢技术的推广,大量质优价廉的钢材被大量生产和广泛运用。钢因其优越的物理性能而逐渐成为兵工生产的主要材料,武器性能也因之突飞猛进。

军舰和火炮是19世纪下半叶到20世纪初最具代表性的大型武器装备。军舰制造极大地受惠于钢铁工业的发展。19世纪中叶,铁胁船的生产制造尚十分普遍。① 随着钢材生产成本的下降,钢逐渐受到造船厂的青睐,被更多地使用到造船业中。1877年,彩虹女神号在法国彭布罗克造船厂下水,通常被视为钢船时代开始的标志。② 火炮的技术性能也因钢铁工业的发展而不断改进。特别转炉、平炉炼钢技术出现后,钢在军工生产过程中的使用量日渐增多,对武器性能起到至为重要的作用。1886年初,许景澄出使欧洲期间,向清廷条陈西洋武器制造技术:"西国从前铸造大炮,皆用熟铁,后乃以钢为内管,熟铁为外箍,英国阿姆斯脱郎厂最为著名。但钢铁殊性,冷热涨缩不能融洽,演用岁久,或致箍管松离之病。德国克虏伯厂,始创钢管钢箍之法;近阿姆斯脱郎亦改用钢箍,并称利器。""后膛大炮炼钢套箍,洋厂各有秘法,勉强为之,不适于用,其弊又在于无术。窃计目前办法,宜在外购料而自我举工,宜就小者试为而后及于大者。福建船厂造巡海快船,均系铁胁木船。现在外国新制,多用钢铁以取轻利,船之下舱,另覆钢板以护汽机,近时又有穹面之式,宜令嗣后改造新式"。"上海机

---

① 早期铁船一般使用铁质龙骨、肋骨,船体以较薄的铁皮包裹,采用铆钉联结技术将各小铁板拼合而成。

② [英]C.辛格:《技术史》第五卷(上)(陈凡译),沈阳:东北工学院出版社,1993年版,第467页。

器局曾仿阿姆斯脱郎式,造铁箍钢管前膛大炮;金陵局曾用熟铁,仿造克虏伯式后膛小炮。此类炮式,外洋均已停造。是各局造炮,亦须仿制纯钢后膛,方能得力"。① 这揭示了钢铁冶金技术在改进武器生产中的重要作用。

外部世界在军事工业方面发生的巨变,不能不对清政府的军事工业思想产生重要影响。对英德建造的最新式快舰,1883年,李鸿章曾描述道:"皆用二三寸厚铁甲,名曰穹面钢甲快船","其机舱等钢面约厚三寸半,炮台周围则有厚十寸之钢甲面,足可与铁舰相辅而行,实为海上战巡利器"。② 1885年,左宗棠惊叹英国制造的火炮:"英国新造巨炮,可受药弹一千余磅之重,能洞穿五尺余厚之铁甲,闻者莫不咋舌,而自泰西各国视之亦寻常工作耳。"③

在军事工业化实践中,洋务派官员切身感受到钢铁工业的极端重要性,许多开明政府官员就对钢铁工业在国防武备中的重要价值形成清醒认识。简而言之,其考虑问题的要点有三:

一是钢铁材料的性能深刻影响甚至决定武器优劣。早期启蒙思想家薛福成言:"机器之足以制敌者,莫如钢船钢炮","制炮之术,全在炼钢"。④ 因钢铁冶炼技术落后,近代中国武器生产希图步武西方国家后尘,已属难得,遑论推陈出新。1876年秋,李鸿章致函船政大臣吴赞诚,谈及仿造外国舰船时表示:"中国若不开采铁矿,讲求炼铁、炼钢之法,则无论何等新式俱描绘不出,深为焦急。"⑤ 从1878年开始,李鸿章就督饬江南制造局相继生产出口径为6英寸、7英寸和8英寸的重炮,但对于仿制克虏伯钢炮一直缺乏信心,其中一个关键因素就是炼钢技术跟不上:"欲仿制克鹿卜小炮,必需极精纯之罐钢。钢用罐炼乃克鹿卜独创秘诀,欧洲他国名厂皆不及知,中国试办伊始岂能仿造。"⑥

二是钢铁材料依赖进口,会消耗大量资金。晚清军工生产中,原料费用在企业整个资金支出结构中占相当大比重。如天津机器局在1874—1875年间,共支库平银575494两,其中,采买外洋铜、铁、钢、铅、锡,储备

---

① 薛福成:《出使英法义比四国日记》,第108、109页。
② 顾廷龙、戴逸主编:《李鸿章全集》奏议十,第158页。
③ 左宗棠:《左宗棠全集》(11),上海:上海书店1986年版,第9830～9832页。
④ 薛福成:《出使英法义比四国日记》,长沙:岳麓书社,1985年版,第697页。
⑤ 顾廷龙、戴逸主编:《李鸿章全集》信函三,第507页。
⑥ 顾廷龙、戴逸主编:《李鸿章全集》信函七,第7页。

大批紫口生铁,及运输费用共计172176两,约占支出的1/3。① 1867—1895年间,江南制造局的各项费用支出,包括建筑及官仆工资费、技工工资费、机器购置费、弹药购置费、翻译绘图费和原料购置费,总计16986596海关两,而原料购置费用一直成为该局最大一笔支出,达8297796两,占总支出费用的48.8%。② 这些原料绝大部分都从国外购买,洋务军工企业除负担原料价格费用外,还必须承担水运费、保险费,以及中间代理商的利润,代办商行获利常在百分之十以上。由于原料无法自给,清政府军工企业的许多产品成本高昂,甚至不如进口划算。1877年,李鸿章就此曾批评天津机器局:"仅可仿制实心弹,核其工料,比定购尤贵。中国不自开铁矿,用机器炼生熟铁,制大炮弹及造铁路、铁桥皆不合算。"③

三是钢铁材料不能自主,将置军工生产于极端危险之境地。1874年的台湾事件暴露出清政府海防建设的薄弱环节。事件引发如何加强海防建设的大讨论,钢铁工业对于军事安全的重要性受到许多官员的重视。船政大臣丁日昌旗帜鲜明地呼吁自开煤铁矿,称此举为军工建设之根本:"尤须在中国距水相近之处,自开煤铁,先学炼铁、炼钢之法,方能取不尽而用不竭。自用有余,即以发卖,每年总可盈余二三百万金。否则彼一闭关绝市,无煤则轮船寸步难移,虽有多船,将安用之?无铁则有炮无子,何以击敌?虽有多炮,将安用之?是制造之于煤铁,犹水母之目虾,不可须臾离者。今不急图开炼煤铁,而但图制造,是灯无膏而求其明,木无根而求其茂也。日昌所谓慎发徐图者,则派员赴外国驻工及开炼煤铁二事其首务矣。"④应该讲,这不是丁日昌的个人认识,在清政府内部具有许多支持者。如御史曹秉哲称:"各局每年需用煤铁约银二百万两,大半取办于外洋。此一时权宜则可,若为长久之计,殊非善策。且恐一旦有事,洋人煤铁停止不来,各局立受其困。是各大臣平日苦心经营,至临事时反多掣肘,此尤事之不可不虑者也。"⑤江西巡抚刘坤一认为:"中国之人,已能制造,日渐精良,惟中国之钢铁木植,顽钝柔脆,不适于用,尺寸均须取诸外洋。一旦与外洋为难,彼必不肯以铁植资我,纵有善于制造之人,亦形束手。因思中国物产

---

① 顾廷龙、戴逸主编:《李鸿章全集》奏议七,第177页。
② 魏允恭:《江南制造局记》卷4,1905年石印本,第2~8页。
③ 顾廷龙、戴逸主编:《李鸿章全集》信函四,第78页。
④ 台北"中央研究院"近代史研究所编:《海防档》乙,福州船厂(下),1957年版,第626~627页。
⑤ 顾廷龙、戴逸主编:《李鸿章全集》奏议十,第70页。

丰盈,铁植等项何遽不如外国? 是宜广为采办,极力讲求,毋使外国奇货可居,而我为所窘"。①1877年初,丁日昌再次重申开发煤铁矿资源,认为:"外国一切制造皆从铁务生根,工匠不能炼钢,军事断无起色。""兵事与矿事相为表里,矿不兴则无财,无财则饷何由而足? 矿不兴则无煤铁,无煤铁则器何自而精"。②

中法战争中,清廷海防力量之不堪一击令国人瞠目结舌,迫使清政府重新思考王朝防务问题。战争结束后,清廷要求有关官员就海防问题再次进行深入讨论。此时,西方炼钢技术已臻于成熟,钢铁工业飞速发展,钢铁产量爆炸式增长。在此背景下,钢铁工业为"国家武备第一要义"的思想认识基本被各方接受。

针对中法战争中的海战失败,1885年3月11日,左宗棠从中外舰船、大炮的技术差距出发,认定中国要"谋自强而息外患",必须从根本着眼,开采铁矿,大炼钢铁,拓增船炮厂,"惟制炮之铁与常用铁器炼法不同,必须另开大矿,添机炼冶,始免向外洋购铁。查福州穆源矿苗极佳,闽中官民屡议开采,以销路不旺而止。若用以制炮,取之甚便。如能筹得二三百万金,矿炮并举,不惟炮可自制,推之铁甲兵船与夫火车铁路,一切大政皆可次第举办,较向外洋购买,终岁以银易铁,得失显然。泰西各强国于此等工程断不贪购买之便,而自省烦劳,良有以也……臣又闻江南徐州铁矿矿苗之旺甲五大洲,若能筹款开办,即于吴楚交界之处择要设立船政炮厂,专造铁甲兵船、后膛巨炮,实国家武备第一要义"。③

张之洞在中法战争期间曾亲身经历军火供应依赖外人的痛楚,认为"仰人鼻息,实非长策","痛定思痛,尤宜作卧薪尝胆之思,及今不图,更将何待"。④ 中法战争后,作为洋务运动的后起之秀,张之洞加入洋务队列,并迅速成为领军人物。在张之洞的洋务活动中,煤铁业成为其自强计划的三鼎足之一。他认为,为求自强,首在储人才,次要制器械,三要开地利。就"开地利"一节,他指出"山泽之利,王者所重。外洋富强,全资煤铁","斯三者相济为用,有人才而后器械精,有煤铁而后器械足,有煤铁、器械而后

---

① 中国史学会主编:《洋务运动》(一),上海:上海人民出版社、上海书店,2000年版,第89页。
② 中国史学会主编:《洋务运动》(二),上海:上海人民出版社、上海书店,2000年版,第346~353页。
③ 左宗棠:《左宗棠全集》(11),上海:上海书店1986年版,第9830~9832页。
④ 王树枏编:《张文襄公全集》卷11,奏议11,第16页。

人才得以尽其用"。①"若再不自炼内地钢铁,此等关系海防、边防之利器,事事仰给于人,远虑深思,尤为非计"。②

左宗棠、张之洞的主张得到许多官员的附和与支持。曾国荃认为:"左宗棠疏内所称终岁以银易铁,得失显然,必须开采煤铁,矿炮并举等语,洵属久远之谟。南洋机器局需用钢铜甚夥,若再长此购买,取携既多不便,利权终属他人。"③李元度称:"中国既设船炮局、机器局,需铁甚多,皆购之于英,是以利畀外人也。今自开铁矿,则铸炮、造机器、造铁船、造轮车铁路皆取诸宫中,且可售之于西人,以夺其利。"④穆图善比较中国与欧美各国之优点与短处,认为应"相观而善,急起择善以变贫弱,必自开煤铁,创铁路,兴机器,举商政","制造不购外洋煤铁,且将有煤铁运销外国,节流开源,无逾此巨"。⑤而清廷在决策当中也基本采纳该意见。值得一提的是,此次海防筹议后,推动建立中国第一家钢铁联营企业——青溪铁厂的署贵州巡抚潘霨也是在此思想主张的影响下开展相关实践活动的。他在1886年初向朝廷阐述"煤铁等项宜扩充开采"的问题时,认为"各省机器局及大小轮船,每岁所用煤铁以亿万计,现又创立海军,制造铁船、铁路,在在需用,更属不赀,自应广为筹备"。⑥张之洞创办汉阳铁厂,其思想动力很大程度上也源于此:"中国向未解炼钢之法,今日炼钢尤为自强要务,必宜速为讲求,则船炮及各机器所需钢料皆不外求,庶免受制于人。"⑦

晚清工业化是典型的防御型工业化,军事工业首先受到清政府的高度重视。钢铁工业为"国家武备第一要义"的思想观念的确立,使得近代中国钢铁工业全面起步的思想基础已经初步具备。在战乱频仍的近代中国,这种思想认识往往是推动政府发展钢铁工业的最重要和直接的动力。

二、"振兴工艺商务之始基"

钢铁是现代物质文明的重要载体,除军事价值外,还包含着巨大的经

---

① 王树枏编:《张文襄公全集》卷11,奏议11,第22页。
② 湖北省档案馆编:《汉冶萍公司档案资料选编》(上),第98页。
③ 中国第一历史档案馆:《光绪朝朱批奏折》第64辑,北京:中华书局,1995年版,第839页。
④ 台湾史料集成编辑委员会:《明清台湾档案汇编》第5辑,第91册,国立台湾历史博物馆、远流出版事业股份有限公司、国立台湾大学图书馆,2009年版,第293~318页。
⑤ 台湾史料集成编辑委员会:《明清台湾档案汇编》第5辑,第91册,第419~425页。
⑥ 刘显世、谷正伦修,任可澄、杨恩元纂:《(民国)贵州通志》前事志40,贵阳书局1948铅印本,第44页。
⑦ 王树枏编:《张文襄公全集》卷137,电牍16,第9~10页。

济价值,在民用经济中扮演着重要角色。钢铁工业为国民经济各部门提供最基础的物质材料,无论是传统工业部门,还是新兴的经济领域,钢铁都是不可或缺的基础材料。恰如张之洞所言,钢铁工业乃是"振兴工艺商务之始基"。[1] 历史上,这种思想在中国近代社会的发育、形成和深化是多方面因素共同推动的结果。

第一,钢铁经济具有富国、养民的基本属性。在这方面,不存在传统和近代的分野。中国自古以来,许多王朝和巨商通过经营冶铁业赢得巨额财富,许多地方的乡民借冶铁业以谋食。在封建社会,一些统治者不轻言利,但近代中国"求富"之论竞腾,钢铁工业的富国、养民属性自然易为朝野所关注。

鸦片战争结束后,道光皇帝从解决财政拮据的问题出发,就曾经倡言矿利。如1848年12月10日,道光谕旨:"开矿之举,以天地自然之利,还之天下,仍是藏富于民。如果地方官办理得宜,何至借口于人众易聚难散,因噎而废食。着四川、云贵、两广、江西各督抚于所属境内,确切查勘,广为晓谕。其余各省督抚,亦著留心访查,如有苗旺之区,酌量开采,断不准畏难苟安,托词观望。"[2]但是,道光皇帝并非主张学习西方利用机器开矿,他认为开矿行为也非满足近代经济运行的需要,其主张与近代社会发展钢铁工业的思想存在本质区别。

洋务运动期间,面对汹涌澎湃的工业化浪潮,许多开明官员强调钢铁工业对于富国裕民的重要性。早在1872年,李鸿章就在奏章中公开谈论这一主张:"外洋铁价较贱,中土铁价较昂,又粗硬不适于用,以致内地铁商十散其九。""此等日用必须之物,采炼得法,销路必畅,利源自开,榷其余利且可养船练兵,于富国强兵之计,殊有关系"。[3] 19世纪80年代初,在支持开平矿务局的发展过程中,李鸿章陈述煤铁之经济利益:"天地自然之利,乃民生日用之资。泰西各国以矿学为本图,遂能争雄竞胜。英吉利国在海中三岛,物产非甚丰盈,而岁出煤铁甚旺,富强遂甲天下。中国金银煤铁各矿胜于西洋诸国,只以风气未开,菁华闷而不发,利源之涸,日甚一日。复岁出巨款购用他国煤铁,实为漏卮之一大宗。"[4]王之春在《清朝柔远记》一

---

[1] 王树枬编:《张文襄公全集》卷39,奏议39,第8页。
[2] 中国第一历史档案馆:《清实录》(第39册),北京:中华书局,1986年影印本,第823页。
[3] 顾廷龙、戴逸主编:《李鸿章全集》奏议五,第109页。
[4] 顾廷龙、戴逸主编:《李鸿章全集》奏议九,第339页。

书里也集中阐述了中国应亟兴煤铁之利。他认为:"今之宜开者,煤铁矿也,意在便民,且当务为急,事之所以必成也。方今海防孔急,不得不用轮船,用轮船不得不需煤铁,倘必取给于洋人,是洋人添一利薮,中国又多一漏卮。"尤为难得的是,他细数开矿之利,计包括:"开矿有矿税,利于国帑也;铁可以造船,煤可以行船,利于海防也;开矿用营兵,借其力兼习其劳,利于兵也;兵之口粮出于矿税,利于饷也;开矿之处多在丛岩,既有营兵,客匪不敢占据,利于防盗也;冶铁需匠,运煤需夫,养活不知多人,利于穷民也;火化之宜,人人赖之,煤价既廉,贫民受惠,利于日用也。""又况铜铁煤磺之类,中国之所出者多,则外洋之所入者少,日计不足,月计有余,富强之基,舍此无他术也"。①《清朝柔远记》大约在1891年问世,王之春在当时的时代环境中能公开发此宏论,堪称见识超群。

新式报刊媒体也很早就刊文鼓吹钢铁经济有裨国计民生。如《申报》1873年有篇名为《盐铁论》的文章,指出:"盐铁为物虽微,其用至广,其利至厚,苟善理而用之,其国何至患贫贫?"对于铁之利益,作者认为:"至于铁之为物,至贱且多,似无益于国计,然取之有道,用之合宜,实裨益于国者不小。方今泰西各国之兴隆,细考其原,未有不由于铁与煤者,此三物者,皆中国所常有,并非难得之物也。理之而善,即可富强,理之不善,仍同无有。当局者曷不留心筹划,乃以有用之物置之无用之地,岂不惜哉!"②在当时而言,这一议论虽显笼统,但还是有一定前瞻性。篇名《论制造》的文章认为:"中国既已仿照泰西,制造各物,其大木、各铁、诸煤均为紧要之物,现皆购自外洋,亦非长远之计……若购泰西造铁机器,运赴产铁诸山自行鼓铸,以后铁板、铁条诸件又何须再往泰西购办乎?是既无一人以为之前,亦无一人以为之后,岂不可惜?今中国既设轮船、机器等局,木、煤、铁三物需用必多,何必以有用之物仍置之无用之地,日向外洋购买三物,使金银又日流入外洋也。"③《制造局六号轮船告竣》一文就江南制造总局第六号轮船竣

---

① (清)王之春:《清朝柔远记》,北京:中华书局,1989年版,第379~380页。注:王之春(1842—?),湖南衡阳人,王夫之的后裔。19世纪60、70年代曾作为曾国藩、李鸿章、彭玉麟的部属而受到湘淮大吏的赏识。王之春留心时势,面对严重民族危机,寻求自强御侮之道,1879年完成《清朝柔远记》一书的初稿。同年冬,王之春赴日考察,中法战争前后历任雷琼兵备道、高廉兵备道、广东按察使、署广东布政使等,1894年以湖北布政使身份出使俄国,恭贺沙皇尼古拉二世继位。后任四川布政使、山西巡抚、安徽巡抚、广西巡抚等职。《清朝柔远记》刻本于1891年问世,其间经过反复修改。

② 《盐铁论》,《申报》1873年10月2日,第1版。

③ 《论制造》,《申报》1873年11月28日,第1版。

工下水发表评论,认为国人聪明才智不落人后,"惜于中国者,金谓轮船虽已造成,而煤铁尚少合用。煤铁之矿虽多,而开采之事难行,若再能多开煤矿以备选用,多开铁矿以事鼓铸,造铁路以运煤,购机器以铸铁,从此无须买办于泰西,则数十年之后不更富强于泰西乎"。①

早期维新思想家也对矿业经济、钢铁经济的富国养民功能进行了广泛宣传。早在1850年代,冯桂芬就意识到开发矿藏对于"裕国"的必要性:"然则居今日而言裕国,宜何从?曰:仍无逾于农桑之常说,而佐以树茶开矿而已。""开矿非利其税,即经费之外,全以与民,不失为藏富之道"。② 王韬发展了冯氏的主张,对"迂拘之士动谓朝廷宜闭言利之门"的做法提出批评,明确倡议"掘铁之利"。他认为近世中国亟宜"兴利","利之最先者曰开矿,而其大者有三。一曰掘铁之利。中国产铁之处不可胜计,盖矿中有煤则必有铁。今中国业经设立船厂、炮局、机器所,无不需铁以资熔铸,必取之于英,是以利畀外人也。今我自开铁矿,则一可省各处厂局无穷使费,二可铸造枪炮,建制铁甲、战舰、火轮、兵船,三可创造各种机器,四可兴筑轮车铁路,而亦可售之西人,以夺其利……英人本国虽仅屹然三岛,而以煤铁之利雄于欧洲,其煤铁多贩运于各国。中国既有煤铁,则彼贸易亦必稍减。且我有煤铁,而出口之价稍昂,彼亦无如我何,而我得以独收其利矣"。③该议论大约发表于1882年前后,王韬直陈"掘铁之利",这与其曾经游历欧洲,切身感受近代工业文明成果不无关系。

薛福成也十分重视兴矿利,认为中国日趋于贫,原因有二,一为商务不盛,利输于外;二为矿政未修,货弃于地。"民于五金之用,一日不可缺,一人不可无。今以天下之大,而所用铜铁,皆仰给外洋。……通商以来,仅三十年,而外国日强,中国日贫;复数十年,则益不可支矣。是可不筹所以振之哉"。④ 其在《书周官卝人后》一文中称:"夫开一矿,仰食者不下数万人,或数千人。果能养数万人,是不啻得十万亩良田也;能养数千人,是不啻得一万亩良田也。当此人多田少、民穷财尽之时,安得广开诸矿,为天下多扩良田乎?必能如此,然后穷民有衣食之源,而祸乱于乎不生,境内之财,不流溢于外,而国家于是乎不贫。"这反映出薛福成对矿业经济能创造就业岗

---

① 《制造局六号轮船告竣》,《申报》1873年12月27日,第1版。
② 冯桂芬:《校邠庐抗议》上卷筹国用议,光绪丁酉聚丰坊刻本,第39~40页。
③ 王韬:《弢园文录外编》,上海:上海书店出版社,2002年版,第36~38页。
④ 丁凤麟、王欣之编:《薛福成选集》,上海:上海人民出版社,1987年版,第109页。

位、维护国家稳定的社会价值已有较深刻的认识。

郑观应的富强策最重开矿之利,特别是强调开采煤铁矿之重要性:"煤、铁之矿,虽获利较他矿稍差,而不得不开者,实以非煤火不能化汽而动机,非精铁不能制器而利用。故泰西自煤、铁矿开而后,以之制造枪炮则日益新奇,以之制造舟车则日益利便,以之制造耕织等器则日益精工,各邦遂渐臻富强。"①马建忠在成文于1890年的《富民说》中论述开矿于"致富"之道的重要性:"欲财常聚而不虞其或散者,则在开矿山自有之财也。矿产不一,而为用则首推煤铁。然煤铁所以致富,而非所以为富;所以为富者,莫金银矿若。"②

早期维新思想家多有出洋游历的经历,对外部世界正在发生的巨变有切身体会。如马建忠所言:"纵览欧、美各邦,铁轨绵亘五六十万里,轮船梭织六十余万艘,铁塔则上摩霄汉,矿井则深凿九泉。而梁江湖,穴长岭,辟海渚,制巨炮,若电若火,若光若热,其为质一皆微渺恍惚而不可影响,今皆效其灵以供人驱策,而成此开辟来所未有之工程。"③外部世界一日千里的发展图景强烈刺激着他们找寻中国富强之策,其言论对中国社会和政府经济思想观念革新产生巨大影响。

第二,铁路交通建设的影响。1841年,德国著名经济学家李斯特在强调铁路交通对国家富强的重要意义时提到:"价廉、迅速、可靠、定期的客货运输是把国民财富和文明推向四面八方的最强大的杠杆之一。"④在工业化全球迅猛发展阶段,最重要的产品是铁和煤,而铁路是实现煤、铁聚合的重要手段。在降低运输成本,提高运输的速度、安全性、可靠性,扩大市场以及摄取自然资源等方面,铁路几乎会给经济社会的发展变迁带来立竿见影的效果,特别是对钢铁工业的影响尤为明显。

李鸿章等一些洋务派官员很早就意识到铁路在军事国防中的功用。如1872年10月,西北边疆出现危机,李鸿章在致丁日昌信函中首次表明了赞同修筑铁路的意见:"俄人坚拒伊犁,我军万难远役,非开铁路则新疆、甘陇无转运之法,即无战守之方。俄窥西陲,英未必不垂涎滇、蜀。但自开铁矿与火轮车路,则万国缩伏,三军必皆踊跃,否则日蹙之势也。"⑤1874

---

① 夏东元编:《郑观应集》(上册),上海:上海人民出版社,1982年版,第77页。
② 马建忠:《适可斋记言》,北京:中华书局,1960年版,第5页。
③ 马建忠:《适可斋记言》,北京:中华书局,1960年版,第5页。
④ 陈晓律:《世界各国工业化模式》,南京:南京出版社,1998年版,第152页。
⑤ 顾廷龙、戴逸主编:《李鸿章全集》信函二,第474页。

年,在《筹议海防折》中,他再次强调铁路对调兵驰援的重要性。但是,"由于铁路的利弊俱在,人们对铁路的认识还有一个过程,因此,在较长的一段时间内,铁路建设始终未能提上议事日程"。①

但中国铁路建设命运多舛。1880年以前,中国还没有一条铁路,而当时全球铁路通车里程已经达到22.8万英里。② 中国顽固守旧人士认为,修建铁路,害必随之,譬如资敌、扰民、破坏风水及令百姓失业等。其实,晚清中国铁路建设迟迟无法展开,还与当时基础工业议而不发的落后现状密切相关。铁路建设需要耗费大量资金。1910年,有人曾统计,中国铁路每英里平均建造成本约7万两。③ 其中,轨道材料显然占据重要份额,若全赖进口,漏卮甚大。1877年,针对郭嵩焘修造铁路的建议,李鸿章尝评论道:"鄙意铁路须由开煤铁做起,兴此大役,而铁尚需购自海外,绝难告成。"④"铁路须由开煤铁做起",是基于避免铁路建设中过分依赖外国材料、漏卮太甚的考虑。持此见解者不止李鸿章一人。朱一新也认为:"外洋之有火车,以其煤铁之富。不揣其本而齐其末,一切皆倚办外洋,则财之输于外洋者已不可胜计。际此帑项奇绌之时,不借洋款以备军需,而借洋款以兴铁路,恐非计之得也。然则此时所当急筹者何在乎,仍不外开采煤铁而已。……矿利既兴,乃议铁路未为晚也。"⑤张之洞也赞同此看法,认为必须先开发煤铁资源然后才能进行铁路建设,"铁路之用,尤以开通土货为急"。张之洞督修芦汉铁路之初,并未急于开展铁路建设的勘路工作,而是屡屡强调"储铁"的重要性,认为芦汉铁路"计程三千余里,计费三千余万,需款需铁均属极巨,若取资洋债洋铁,则外耗太多","铁路之益专为销土货、开利源、塞漏卮起见,若因铁路而先漏巨款,似与此举本意未免相戾"。他主张应以"积款、采铁、炼铁、教工四事为先,而勘路、开工次之","储铁宜急,勘路宜缓;开工宜迟,竣工宜速"。⑥

随着中国近代经济因素的增多,铁路的修建势所必然。1876年,开平煤矿兴办后,煤炭运输成为头等问题。1880年,作为开平煤矿运煤线路的唐胥铁路动工兴建,1881年底竣工,长约9.2公里。这是中国留存下来的

---

① 朱从兵:《李鸿章与中国铁路》,北京:群言出版社,2006年版,第89页。
② [英]艾瑞克·霍布斯鲍姆著:《资本的年代:1848~1875》,第64页。
③ 佚名:《论述:论外资之得失》,《交通官报》,1910年第19期,第1~3页。
④ 顾廷龙、戴逸主编:《李鸿章全集》信函四,第75~76页。
⑤ 顾廷龙、戴逸主编:《李鸿章全集》奏议十,第569页。
⑥ 王树枬编:《张文襄公全集》卷27,奏议27,第9~12页。

第一条铁路。1886年,为改善运煤线路,该路延展至芦台,全长32.2公里,是为开平铁路。1887年,开平铁路继续向天津延展,次年竣工。该路从芦台至天津,长75公里,称津沽铁路,总造价银130余万两,其中外债107.6万两。① 以此为滥觞,铁路终于在中国扎根萌芽。

中法战争后,鉴于铁路对军队及武器转运的重要性,清政府对铁路建设的态度开始发生转变。同时,吴淞铁路、唐胥铁路的教育示范作用也推动了清政府态度的转变。② 在李鸿章、左宗棠、曾纪泽、刘铭传等人的推动下,清政府对修建铁路态度渐趋积极。1885年10月,清政府成立海军衙门,经李鸿章奏准,海军衙门兼管铁路建设,醇亲王奕譞任总理大臣,李鸿章为会办。此后10年,海军衙门在推动晚清铁路建设方面发挥重要作用。1887年3月16日,清政府批准修建大沽至天津百余里铁路建设计划。约一个月后,台湾基隆至台湾府城六百余里之铁路定议。列宁说:"铁路是资本主义工业最主要的部门即煤炭工业和钢铁工业的结果,是世界贸易和资产阶级民主文明发展的结果和最显著的指标。"③随着大规模铁路建设的兴起,中国社会对钢铁工业的价值认知跃上新台阶。

第三,近代中外贸易情状的影响。近代通商以后,列强商品潮水般涌入。"兵战"之外,与列强"商战"的思想萌生。早在1862年,曾国藩就提出要与洋人"商战"。④ 后来维新思想家郑观应将"商战"思想予以系统化阐发,认为商务可达"富国裕民之效":"举凡外洋之货,我华人自营运之;中土之货,我华人自经理之。扩其远图,擅其利薮,则洋人进口日见其衰,而华人出洋日征其盛,将富国裕民之效,可操券而得焉!"为达成富国裕民之目标,郑观应认为,必须发展工业生产:"欧洲各邦,以通商为大经,以制造为本务。"⑤

---

① 李占才主编:《中国铁路史(1876—1949)》,汕头:汕头大学出版社,1994年版,第67~69页。

② 吴淞铁路在1876年12月1日至1877年8月25日运营的时间里,共运送旅客16万多人次,平均每周每英里可赚27英镑(参见李占才主编:《中国铁路史(1876—1949)》,第65页)。

③ 中共中央马克思恩格斯列宁斯大林著作编译局编,《列宁全集》第27卷,北京:人民出版社,1990年版,第326页。

④ 据王尔敏考证,"商战"一词,最早由曾国藩提出。1862年,他在致湖南巡抚毛鸿宾信函中说:"至秦用商鞅以耕战二字为国,法令如毛,国祚不永。今之西洋以商战二字为国,法令更密于牛毛,断无能久之理。"(参见王尔敏:《重商观念与重商思想》,《中央研究院近代史研究所集刊》,1976年第5期)

⑤ 夏东元编:《郑观应集》(上册),上海:上海人民出版社,1982年版,第73~74页。

晚清中国进口商品中，铁器是重要组成部分。据统计，1867 年，中国进口铁器 6858 吨，价值 263553 海关两，到 1880 年，激增至 52233 吨，价值 1546065 海关两，1890 年达 67970 吨，价值 2127363 海关两。钢铁进口值迅速增加直接引发中国朝野重视钢铁工业经济价值。1889 年，张之洞在广东筹办炼铁厂，就是鉴于洋铁日行增加，而"土铁之行销日少"的现状。他从"开辟利源，杜绝外耗"的角度出发，认为，"以银易铁，日引月长，其弊何所底止"，"必须自行设厂，购置机器，用洋法精练，始足杜外铁之来"。① 1890 年，薛福成也从当时中外贸易情形出发指出："窃惟炼铁、织布两大端裕强兵富国之谋，握利用厚生之本，若果办理有效，每岁中国之银少漏入外洋者不下四五千万两。"②

中法战争后，洋务运动的后起之秀张之洞对钢铁工业的经济价值有极深体会，其思想在当时清政府中堪称集大成者。他认识到钢铁用途广泛，"凡武备所资枪炮、军械、轮船、炮台、火车、电线等项，以及民间日用、农家工作之所需，无一不取资于铁"。较之土铁，洋铁用机器冶炼，质优价廉，制造合式。③ 在其看来，发展钢铁工业是抵制洋铁、堵塞漏卮以实现富国裕民的重要举措。只要不向国外进口，本国钢铁产品即便价格稍贵，也应使用，即谓财散诸内，不为漏卮。尽可能少地购买使用国外商品是张之洞经办洋务事业的指导原则。在铁路建设问题上，他坚决反对依赖外国轨道材料，认为，"购买铁料，取之海外，则漏卮太多，实为非计"，"铁轨非同船炮，取材不在至精，土炼之产虽逊洋铁，亦足济用，即使价值略贵，几微其财仍散在中国，不宜斤斤计较"，新建铁路"除首段动工参购洋料外，其余悉用土铁，以杜外耗，庶几施工有序，而藏富在民"。④ 张之洞坚持自炼钢铁，使用本国钢轨，不仰求于外商。

张之洞考察国外钢铁工业发展情况，认为当时中国钢铁工业有难得的发展机遇以及得天独厚的条件："采铁炼钢一事，实为今日要务。海外各国，无不注意此事，而地球东半面，凡属亚洲界内，中国之外，自日本以及南洋各国各岛暨五印度，皆无铁厂，或以铁矿不佳，煤不合用；或以天时太热，不能举办。中国创成此举，便可收回利权。各省局厂商民所需即已甚广。"

---

① 王树枬编：《张文襄公全集》卷 27，奏议 27，第 1～4 页。
② 薛福成：《陆续订运湖北炼铁织布机器情形片》（光绪十六年七月初六日），《出使奏疏》卷上，光绪甲午刻本，第 18 页。
③ 王树枬编：《张文襄公全集》卷 27，奏议 27，第 1～4 页。
④ 王树枬编：《张文襄公全集》卷 25，奏议 25，第 18 页。

"不特此也,各省制造军械、轮船等局所需机器及钢铁各料,历年皆系购之外洋。上海虽亦设炼钢小炉,仍是买外洋生铁以炼精钢,并非华产。若再不自炼内地钢铁,此等关系海防、边防之利器,事事仰给于人,远虑深思,尤为非计"。①"铁厂如果大举不懈,实为利国利民之举,此正今日讲求西法之大端,振兴工艺商务之始基"。② 在此,张之洞从国际环境及民用、国防的角度,阐明了创建钢铁工业的必要性。

三、"吾国之基本产业"

人类自工业化以来,由于钢铁工业为经济社会发展提供最基本的物质材料,影响甚至决定整个国民经济的发展水平,故往往被视为国家基础产业。这是由近代以来经济运行一般规律所决定的。跳出某个具体领域或行业的视野,整体看待钢铁工业的价值,这是科学评价钢铁工业经济地位的必然要求。

19世纪末20世纪初,世界近代钢铁生产技术已臻于完善,钢铁工业在欧美地区已经发展成为较为成熟的工业门类,其重要价值已在生产生活和军事战争的各个领域展露无遗。随着中外交流交往的展开,西方钢铁工业的发展情形,以及其在经济社会发展中扮演的重要角色,渐被国人了解。清末民初,国人对钢铁工业的价值认知开始超出单一的普通经济部门的理解范畴,而是从国民经济发展全局的高度审视钢铁工业的价值。

早在1872年,美国传教士丁韪良就向国人推介铁之重要价值,称当世为"铁世":"尝见世人黄金为重,反视铁为粗贱之物,窃叹其不知宝也。夫所谓宝者,宝其有用,不宝其无用;宝其多用,不宝其寡用。执铁与黄金较,金之用不如铁多多矣。历考各国兴化之初,率以铁开其先。""山出铁石,世即有体物者,采之冶之,而百艺以兴,百用以备。乃西人谚云:上古为金世,中古为银世,近今为铜铁之世。语似厚古而薄今,窃思金世不如铁世远甚。盖以铁为甲兵,以铁为农具,以铁为釜甑,夫人而知之。至于航海以铁为船,济渡以铁为桥,行火车以铁为道路,通电报以铁为电线,作书记以铁为笔,以铁汁为墨,治血症以铁为药饵,则前世所未知。今人所创造也,名曰

---

① 湖北省档案馆编:《汉冶萍公司档案史料选编》(上),北京:中国社会科学出版社,1992年版,第98页。

② 王树枏编:《张文襄公全集》卷39,奏议39,第8页。

铁世,不亦宜乎"。① 这或许是近代中国最早用钢铁经济形容时代发展特征的言论。

清末国内报刊媒体纷纷刊文,报道国外钢铁业发展情况。这类文章数量众多。1896年,《英国铁业》介绍了英国钢铁业发展情况,称1896年上半年英国生铁产量达432.8万吨,开工的炼铁炉达359个。② 1899年,《各国产铁总数表》回顾了19世纪中叶以来世界生铁产量,1855年各国产铁约700万吨,英国居半。1878年,世界产铁约1426.2万吨,其中英国638.1万吨,美国230.1万吨,德国214.7万吨。1897年,全球生铁产额为3293.7万吨,其中美国965.2万吨,英国878.9万吨,德国688万吨。③ 1903年,《铁产额》称,1902年世界生铁产额达8500万吨或9000万吨,而美国则有2888.7万吨。④ 1907年,《说铁》称:1880—1903年间,英德法俄四国钢铁消费总额由1132.1万吨增至2283.9万吨,而同期美国由349.4万吨增至1875.7万吨。⑤ 以上数字绝大多数转译于国外的新闻报道,不一定准确。但这些报道在当时中国产生了一定的影响,令国人真切感受到中国与外部世界的差距。

还有许多文章介绍西方的大型钢铁建筑工程,足以撼人心魄。1889年,巴黎埃菲尔铁塔甫一建成,国内报刊就曾报道其壮观景象:"所建铁塔一座,则齐云落星,直为古今奇观,垓埏独步……是塔尽以铁条铁板纽成,无尺寸木。自平地至绝顶,计得三百梅忒耳,合中国丈尺,得八十四丈。"⑥ 次年,薛福成曾登上该塔,"俯视巴黎,全城在目,飘飘乎有凌虚御风、遗世独立之意"。⑦ 1897年,《经世报》翻译英国《泰晤士报》文章,称:"以钢造广厦者,美国也。希楷可有高楼一所,十三层,层层而上,不啻攀云取月。问其料,则曰钢;问其工,则曰二十五日而毕耳。纽约更有一夏屋,高三十层,悉以钢为之,计用钢数千吨,层楼之高,用钢之巨,未之前闻。"⑧1907年,《万国公报》介绍美国纽约的摩天大楼,称:"美国纽约现正兴工筑一大楼,

---

① 丁韪良:《泰西制铁之法》,《中西闻见录》,1872年第5期,第13页。
② 《英文报译·英国铁业》,《时务报》,1896年第14期,第15~16页。
③ 《矿事·各国产铁总数表》,《知新报》,1899年第85期,第20~21页。
④ 《杂录·铁产额》,《浙江潮》,1903年第7期,第174页。
⑤ 《博物·说铁》,《学报》,1907年第1卷第4期,第83~89页。
⑥ 《铁塔志高》,《益闻录》,1889年第900期,第433~434页。
⑦ 薛福成:《出使英法义比四国日记》,长沙:岳麓书社,1985年版,第111页。
⑧ 《工政:钢铁用宏》,《经世报》,1897年第3期,第22~24页。

为地球第一巨观,计算年终可以竣事。其高二十二层,内容公所局处及贸易场等,居者数万人,每日出入约可五十万人。以钢为屋架,重率二万四千吨。上覆以砖十六兆三十万块。用三合土七十五兆磅。其中自来水管连接,算计其长可十六英里。冬日所用暖室之蒸汽管长可二十九英里。门窗各五万,窗用玻璃十二万方尺。其中装置电灯,墙内所用之铜丝,缭曲约百十三英里。其灯约三万盏。人之登楼不用步梯,以电梯升降,统有三十九处。如此高大之楼,无论其出入之人,即居内者,已成一大城市。第见万头攒动,虽蜂房无以喻之伟观哉。"①1909年,《通问报》统计美国铁路建设消耗钢铁数量:"铁路为钢铁最大之销行。国家强则铁路多;铁路多则财用足。欧美各国近三十年中,凡用铁多者,无不蒸蒸日上。"1909年,美国铁路里程约计21.2万英里,铁轨需耗铁7500万吨,钉钉条板耗铁三四千万吨。②

　　钢铁工业决定一国之强弱之观念亦得到广泛传播。许多文章都将钢铁视为现代世界最重要的物质材料,把钢铁工业置于决定国家富强乃至民族危亡的高度。1889—1893年,崔国因出使美国等国期间,对钢铁事业非常关注,尝言"勿重金、银而轻煤、铁","铜、铁、锡矿及煤矿,其利尤厚,如办理得人,则取之不竭",并且认为"金矿以致富,铁矿以致强。枪炮、铁舰非铁不能成焉",认为"煤铁为富强之本"。③ 1896年,维新人士陈炽的《攻金之工说》称:"生人日用所需,他日皆将用铁,而铁之质性,可熔为象,可铸为刀,可抽为丝,可轧为片,淬水则刚,退火则柔,入药为补血之方,制炮即伤人之具,其用至广而至神。"④1897年,题名为《惟铁为宝》的文章指出:"五金之属,金银为贵,而用之最广,则莫如铁。凡中国工艺之兴,皆视铁产多寡即知国之强弱。"⑤1899年,《知新报》转译《纽约格致报》文章,称:"铁为至宝,凡百器皿多用之为料,各国强弱盛衰,可审其产铁多寡,用铁几何而知之。"文章指出:"西班牙国以下产铁皆微,故国亦弱,而计无名之国合共所产,尚不及百分之一,则其弱更不言而喻矣。"⑥1903年《政艺通报》有文

---

①　《杂俎·纽约大楼》,《万国公报》,1907年第225期,第51~52页。
②　《丛录·铁利》,《通问报》,1909年第385期,第7页。
③　(清)崔国因:《出使美日秘日记》,合肥:黄山书社,1988年版,第160、87、79页。
④　赵靖、易梦虹主编:《中国近代经济思想资料选辑》(中),北京:中华书局,1982年版,第79页。
⑤　《惟铁为宝》,《利济学堂报》,1897年第8期,第6页。
⑥　《矿事·各国产铁总数表》,《知新报》,1899年第85期,第20~21页。

章指出:"铁之功用居首,若金若银,虽于五金中为贵重之品,然不过用于货币及装饰器用而已,断不可妄列于开化要件之中。"文章称军舰、铁路、机器制造等,"无铁不可,皆大有功于近世开化之中"。① 1905年,《大陆报》有文章称:"吾人之生活悉赖于铁,而文明之制作品无一非由铁而成。"从铁路、蒸汽机到各种手工具,"要皆以铁为主要部分,微铁盖不能成也。蒸汽与电气乃物货的文明之生命,而铁者,其身体也。此所以今世有金属王之名,盖即谓铁之时代也。如彼第十九世纪者,则冠以铁时代之名。今用铁所制之机械,巧夺天工,殆令人疑人类智力之发达,已达于极点焉"。②

20世纪初,"铁器时代""用钢时代"等称谓越来越多地被国内媒体所提及与认同。1904年,康有为乘船经印度洋入地中海,作欧洲十一国之游。这段经历令其对钢铁工业的重要性有深刻认识,他说:"新世界者,铁世界也;视制铁之多寡,可觇其国之盛法之制铁衰焉。"③1906年,《万国公报》提出"用钢时代"之名称,称世界"自用汽时代一跃而入用电时代。随之者为一切物料亦自用木时代变成用钢时代矣。近日如车、如船、如数十层之房屋,皆已改而用钢,因木料易于燃烧,且其坚牢不足以支配电气也"。④ 1907年,题名为《说铁》的文章指出:"人类社会去石器、铜器时代以逮今日,物质之进步,在文明史上占一大位置。其所利用者,果何物耶?大而排水万吨之船舶,马力万匹之汽机,小而一针一钉,以至如丝如发之发条,莫不资铁以为用。不惟制器而已,其化合物应用于颜料医药及一切工业者,不可胜纪。世所称为铁器时代,非偶然也。""现今产铁之多少,几与其国之贫富兴衰成正比例,亦审时者所当属意者也"。⑤ 1908年,题名同为《说铁》的文章指出:"铁之为铁,非他种金类所能及。西儒曰:铁者,世界文明程度之符号也。凡一国科学之发达,实业之程度,莫不视其用铁之多寡而定之。古代科学未发达之前,世人均重黄金而轻铁。今则不然。盖以铁之功用,实非黄金所可抗衡。小之可以制成极微之螺钉,非显微镜不能察其形,大之制成海底之电线,非尽数十日之航力,不能达其极。凡一切科学之新理想,非借其力,不能达其用。故今日之世界,实当重铁而轻黄金之世

---

① 《政艺通报》,1903年第2卷第7期,第5页。
② 佚名:《实业·工业·铁》,《大陆(上海1902)》,1905年第3卷第10期,第1页。
③ 康有为:《欧洲十一国游记二种》,长沙:岳麓书社,1985年版,第258页。
④ 《智丛:用钢时代》,《万国公报》,1906年第205期,第75页。
⑤ 《博物·说铁》,《学报》,1907年第1卷第4期,第83~89页。

界也。"①

1907年，杨度发表长文《金铁主义说》，影响甚大。该文虽主要表达作者的君主立宪主张，但对当时国际政治本质和世界发展潮流均有深入揭批，对中国社会思想观念产生强烈冲击。杨度认为，在当时世界，作为国际交往准则的国际法，只不过是"铁炮的说话而已"，"中国今日所遇之国为文明国，中国今日所处之世界为野蛮之世界"，知乎此而后方可谋中国如何与各国相处，以及如何在世界自立。他指出，欲改造中国，必须有一主义，"谓之世界的国家主义"，所谓"世界的国家主义"指"中国与各文明国并立于此野蛮世界中，而无不适于生存，有优胜而无劣败之国"。在其看来，纯粹之"野蛮国"和"文明国"都不足以居优胜之地位，"世界的国家主义"换句话讲，即"经济的军国主义"，"所以定此主义者，则以今日各强国所挟以披靡世界者，有二物焉：一曰经济之势力，二曰军事之势力"。杨度将其宣扬的"经济的军国主义"新创名词为"金铁主义"："金者，黄金；铁者，黑铁。金者，金钱；铁者，铁炮。金者，经济；铁者，军事。"②杨度用"铁"来代指国家主义之重要组成部分，是对世界经济发展特征的准确把握，也有利于加深国人对钢铁工业经济的认识。

清末中国社会对钢铁工业的价值认知逐渐具有实践基础，以汉阳铁厂的建设为代表，一些钢铁界的从业人员对钢铁工业的重要意义有着切身体认。1898年，汉阳铁厂因燃料紧缺而陷入困境。中国社会出现针对汉阳铁厂的非议之声，认为中国应专营煤矿，而钢轨等项购诸外洋，较为合算，铁厂不妨暂时歇业。对此，江苏丹徒人陈庆年撰长文阐述钢铁业于国家自强之重要性，批驳了这一观点。他指出："古之谋国者，知铁器为民之大用，与其剑铠之无所出，戈矛之无所资之，不可以自立也，故必博求山铁而鼓之。""中国持自强为说三十余年矣，亦尝设机建厂，规恢制造，以为远图，而枪炮之材，率资于外洋。譬之邹鲁之国，声明文物，非不胜于诸大邦，一旦与齐楚战，谋及弓矢，箭则取之汾胡，金则取之吴粤，而又非燕无以得角，非荆无以得干，己无一焉，仰彼鼻息，以分其濡沫，则彼已操我之存亡生死，而唯其吞吸"。"故中国而不言强也则已，中国而欲言强也，其必自铁始矣"。"知强之道成于三：有求铁之人则强，有冶铁之人则强，有用铁之人则强。

---

① 《丛录·说铁》，《通问报》，1908年第317期，第7页。
② 杨度：《论说：金铁主义说》，《中国新报》，1907年第1卷第1期，第1~20页。

三者无一焉,则国浸削浸弱,以至于亡。"①1907年秋,江浙绅商代表人物郑孝胥在立宪公会演讲:"世界为煤铁之世界,中国为煤铁之国,华人之社会宜为煤铁之股东,华人之财产宜为煤铁之资本,使举国专售煤铁,即以他业悉委之外人,计利相抵,犹十与三之比例耳。今盛氏内为政府所迫,外为商业所叛,铤而走险,将走投日本之罗网。苟汉冶萍公司一失,则煤铁遂亡;煤铁亡,则中国、华人与之俱亡。公等亟宜纠合中国煤铁公会,以图接办汉冶萍公司之策。"其主张得到汤寿潜、张謇等人的支持。②

另外,清末海外留学者日渐增多,发达国家展现出的工业面貌对一些求学者的思想产生巨大冲击。如李建德于1907年留学英国伦敦帝国大学,曾到英伦三岛各矿场参观考察实习,"综见见闻闻之异,极形形色色之奇,以言其规模,则大者日用数万人,小者亦数千人;以言其产额,则大者日出数万吨,小者亦出数千吨。其余千吨、百吨者,辄视为无足重轻,不论不议。予至是始恍然于欧美之所谓规,与其所谓业"。③他们回国后,许多人成为新思想、新文化的传播者。

由此可见,清末时期,钢铁业作为国家基础工业部门的思想已有相当的社会舆论基础。辛亥革命后,随着新式知识分子群体的形成和部分反映资产阶级利益的民国政府的建立,这一思想又有了更多的政治基础和学理基础,并且很快通过国家经济会议确立其国家基础产业的经济地位。

民国建立后,"实业建国"思想广受各界认同。1912年11月,首届全国工商会议在北京召开。此次会议的主要贡献之一是总结世界经济建设规律,确定国家今后发展建设的重点领域。会议对如何发展钢铁工业给予了高度关注。工商总长刘揆一在会议开幕式中明确阐述了国家基本产业部门:"英国尝以制铁及毛织、棉织物为产业中之基本,由政府极力提倡,大著成效。今拟仿用其法,取国内物产已有成绩及用途最广者,如丝,如茶,如磁,皆常著名于世界。今虽中落,苟能实施新法,必为输出之大宗。他如煤铁业、纺织业、煤油业,尤可以供国内之需要,杜外货之漏卮,拟即认此数者为吾国之基本产业,切实提倡,全力注之,数年之后,必收成效。"④这是中国政府首次在国家经济会议上赋予钢铁工业"基本产业"的经济地位。

---

① 陈庆年:《说铁》,《时务报》1898年第67期,第1~3页。
② 中国历史博物馆编:《郑孝胥日记》第二册,北京:中华书局,1993年版,第1110页。
③ 李建德:《中国矿业调查记·自叙》,1914年版,第1页。
④ 刘揆一:《工商会议开会日刘总长演说词》,工商部编:《工商会议报告录》,共和印刷有限公司,1913年版,第1~3页。

钢铁工业作为一国之基础工业,这一认识在民国初年得到更多国人的提倡与认可。越来越多的本土冶金专家学者在报刊发文,阐述对钢铁经济的认识,其专业性、科学性不断增强。如卢成章言:"今日救我中国之良药,即钢铁也。国计民生,关系至巨,试问举凡制造机械,为兴办实业之具者,何莫非钢铁乎?交通机关之铁道,何莫非钢铁乎?今一切悉取诸外国,则利益日形外输,而财竭之虑翘足可待。夫今日之世界,钢铁作用之世界,其言易明也。细小若钉针,巨大若轮舶,莫不成乎钢铁,是犹菽粟水火,不可一日或缺者也,其作用之大,实操世界无上之权。"① 汉冶萍公司经理李维格直言:"二十世纪实为钢铁世界,一国之贫富强弱,全视用铁之多少为标准"。② 1914 年,第一次世界大战打响。这场战争使钢铁工业的重要价值在实践中得到充分展现。《东方杂志》载文指出:钢铁可以"不借军力而能制人之死命","为中国前途设想,无论为平内乱、御外侮,于钢铁一事,不可不预作计划"。③《矿业杂志》强调:"观于工商业之趋势,而知其人民之发达与否。诚以工商业者,造成今世经济势力之要素也。然足以左右工商业,而为之枢纽者,煤也铁也。是煤铁也者,今世经济势力之基础也,国家之柱础也,而亦启发战争之良导体也。""在今世,不患寡,而患不富也。富之之道奈何,亦惟曰厉行煤铁政策耳"。④ 题为《煤铁与世界之霸权》的文章称"煤也铁也,是二物者,实造成近世世界工商业之基础,亦即近世国家富强之基础也","今日去农业时代已远,而入于煤铁时代,世界民族国家,殆无不受煤铁之支配。拥有大宗煤铁者,则铁路、轮舟赖以建设,大工厂赖以组成,军械赖以制造,商业赖以繁兴,人口赖以增殖。苟其不然,煤铁产出,均付缺如,则人口与实业必皆停滞不进,而国家必日陷于贫弱。故煤铁之二物,实宇宙势力之储蓄场,而造物所创设之兵工厂也"。"煤铁为战争与和平之命脉。近世国民经济与国家战争,均以煤铁为要素。苟有大宗之煤铁,则国赖以富,兵赖以强,人口赖以繁殖。反是则经济疲乏,人口减少,兵力薄弱,终成为强国之附庸而已。故在今日,欲谋解决时局,澄清宇内,实以煤铁问题为最重要,其他问题居其次也"。该文转译美国威斯康辛大学教授樊希斯(C. R. van Hize)的著作《保存美国国富论》的观点,称:"煤在

---

① 卢成章:《钢铁工业救国策》,《民国经世文编·实业》(二),文海出版社,1970 年版。
② 李维格:《中国钢铁实业之将来》,《民国经世文编·实业》(三),文海出版社,1970 年版。
③ 君彦:《中国钢铁之前途》,《东方杂志》,1918 年第 15 卷第 2 号,第 78～80 页。
④ 麓生:《论说二:煤铁政策》,《矿业杂志》,1918 年第 2 卷第 4 期,第 1～9 页。

各种矿产中占最重要之地位,而铁次之。此两种矿产之关系重大,合余诸矿产与之相较,犹未逮其万一。世界煤铁产地之广大,其影响于近世文明者,实非浅鲜。凡世界最强大之工商业国,如英如德如美,无不拥有广大之煤铁矿。……故今后惟有大宗煤铁之国乃能称霸于世界也。"①另外,战争期间,因洋铁来源受阻,中国市场需铁孔殷,铁价高涨,钢铁工业成为暴利行业。如创办不久的本溪湖煤铁矿公司在1916年盈利百万余元,引起世人艳羡。② 中国钢铁业的这一发展局面也影响社会各界对钢铁工业的观感。"一战"结束后,中国首位冶金工程学博士胡庶华为发展中国钢铁工业鼓与呼,称:"今之言富强者,曰棉铁主义,曰煤铁主义,曰铁血主义。欲测国度之强弱,恒以用铁之多寡为标准。使世界而无铁,则一切物质文明化为乌有;使一国而无铁,则强凌众暴,国亡无日。"③他曾形象比喻道:"工业中之有铁,犹人身之有血也。血贫之人其体必弱,铁乏之国,其工业必不振。"④而欲"抵制外货,非冶铁无以立其本;推倒强权,非炼钢无以竟其功。"⑤《矿业杂志》刊发佚名文章,称:"钢铁为促进世界文化之健将,在升平之世界有致富之功,在战争之时,有胜敌之能。凡一国在国际间所占地位之高下,可以其钢铁产额断定之;未来商业消长之趋势,可以钢铁产额多寡权衡之。""铁为工商业之晴雨表"。⑥ 诸如此类言论,在当时中国报刊媒体和学术论著中并不鲜见,这对推动中国社会正视钢铁工业的价值作用有积极意义。

钢铁工业为国家之基本产业,决定国民经济之根本和国家之未来前途。在许多专家学者看来,钢铁工业有不得不发展之势,必要时刻,牺牲经济利益亦在所不惜。英国学者伯兰特·罗素建议,中国必须破除万难,发展钢铁工业:"就铁矿而论,中国人已允许日人占特别优胜之地位,欲排斥之甚非易事。然中国决不能不自己发达大规模之钢铁工业,不然不能保存国家之独立,自己之文化,或其他之物,将来有贡献世界之价值者,亦不能保存。吾人所当注意者,日人欲得中国之铁,其主要之理由,无非欲借此以

---

① 罗罗:《煤铁与世界之霸权》,《东方杂志》,1918年第15卷第8号,第11~21页。
② 《选载门·本溪湖煤铁矿成绩》,《农商公报》第3卷第8册,总第32期,1917年3月15日。
③ 胡庶华:《中国铁业前途之危机》,《太平洋(上海)》,1923年第3卷第9号,第1~8页。
④ 胡庶华:《振兴铁业意见书》,《太平洋(上海)》,1922年第2卷第9号,第1~10页。
⑤ 胡庶华:《铁冶金学·例言》,上海:商务印书馆,1926年版。
⑥ 《记录:钢铁关于世界之势力》,《矿业杂志》,1923年第5卷第8期,第1~5页。注:1922年3月5日,该文在《申报》曾以《钢铁之势力》为题名发表,措辞略有不同。

侵略中国,压制中国而已。孔子于铁矿未之言及,故旧式之中国人不知保存之为要。今虽知之,几已晚矣。"①矿冶专家胡博渊从决定国家生死存亡高度认识发展钢铁业之必要性:"或曰,各国出口之钢铁,其价较我国自制为廉,盍利用廉价之舶来品乎?则应之曰,此自杀政策也。举其弊约有三端:利权外溢,一也;我国每年现需生铁五六十万吨,钢料尚不在内,以后且日增无已,在我国少如许之冶炼厂,则必同时增多无数之失业工人,流为游民、盗匪,二也;倘一旦对外宣战,敌国封锁我进口,钢铁来源缺乏,则坐以待毙,三也。此三者,为放弃此业有害于国之最彰明者也。然则舍急起直追,自图奋作之外,无他道矣。""在此时局杌陧未定之前,钢铁事业之计划,要皆为空中楼阁之谈耳。然而长此弃而不讲,坐待河清,举矿冶人才与天赋之宝藏,舍而不用可乎?今虽遍地干戈,顾阋墙之争,总有觉悟之日,多难兴邦,期当不远。此后不欲建设则已,否则钢铁既为国家命脉所在,势在必举。将来建筑计划实行,我国需铁,即以东俄为标准,每年亦应有七百二十万吨,而产此量数之铁,须有大冶钢铁厂之四百五十吨式化铁炉四十四座也,并须有相当炼钢厂与制造厂,以成此生铁原料为钢货"。为此,他建议政府设立钢铁委员会,专心筹划钢铁事业发展问题,并派员考察欧美钢铁厂,并设钢铁研究院,以求学术之进步。②

总之,到北京政府时期,社会舆论已能站在一定理论高度探讨钢铁工业与国民经济建设的密切关系,不再停留于对钢铁工业与其他产业部门关系的表层认识。从同治末年李鸿章等人率先倡导发展钢铁业,历经数十年的经验积累与学习借鉴,钢铁工业的基础产业地位最终获得国家认可,这为政府有计划、有针对性地开展钢铁工业建设提供了思想基础。

第三节 中国近代钢铁经济的发展思想

在一种新的价值观念出现后,接踵而来的问题是如何将这种思想主张转变为现实图景。这需要权衡可利用的条件,整合有限的资源,为着既定的目标,实现效益最大化。钢铁经济是一门科学,发展钢铁工业有其自身规律。当然,每个国家具体国情不一,发展路径不会完全一致。但钢铁工

---

① [英]罗素著;赵文锐译:《中国之问题》,上海:中华书局,1924年版,第235页。
② 胡博渊:《世界钢铁业之大势及振兴我国钢铁业之我见》,《矿冶》,1928年2月第1卷第3期。

业的资源、资金消耗大,技术要求高,交通依赖性强等特点则具有普遍性。根据近代中国社会的国情,如何探索出一条有效的钢铁工业发展之路,这是中国近代早期不同时期政治精英关心的重要经济问题。

历史变迁依赖于政治精英的重要作用,他们能在重要历史时期和危急关头负起为整个社会发展选择政策的责任。在后发外生型现代化国家,政治精英的思想意识往往对国家现代化进程产生至关重要的影响,为政府决策和国家发展提供行动指南。发展钢铁工业需要调动大量社会资源,政治精英在其中扮演举足轻重的角色。围绕中国钢铁工业如何发展的问题,晚清民初,中国政治精英提出许多发展思路,李鸿章、张之洞、盛宣怀、张謇、孙中山的主张可为不同时期钢铁工业建设主张之代表。部分矿冶技术专家也对中国钢铁工业发展提出许多建设性意见和建议。

一、李鸿章的钢铁工业发展主张

作为"向中国近代化迈出第一步的代表人物",①李鸿章的识见在同侪中堪称翘楚。诚如他自己所言,"'自强'二字不是口头禅可了事",②李鸿章对钢铁工业的发展主张与其个人洋务实践密切相关,呈现出动态变化过程。

(一)李鸿章的钢铁资源开发实践

在镇压太平天国战争时,李鸿章就"深以中国军器远逊外洋为耻"。1863年,英军内科医生马格里成为李鸿章幕僚。在制造出一颗炮弹及几个药引以证明自己的能力后,李鸿章授权他雇用50人在松江设立一座兵工厂,生产弹药。该厂设备极为简陋,除锤子和锉刀之外,什么机器、熔铁炉或者其他的工具都没有,最后临时用田野里的黏土造了一座熔铁炉。③这拉开了李鸿章兴办近代工业的帷幕。同年底,苏州被攻陷,马格里主持的兵工厂迁往苏州,占据太平天国纳王的宅第,同时购买了英国海军大佐阿思本(Sherard Osborn)舰队中一些机器设备。1864年4月,这些设备被重新安置并开工生产,这是中国第一次使用蒸汽机作动力的机器设备。从1860年代开始,李鸿章同以曾国藩、左宗棠、沈葆桢等洋务派官员着手创

---

① 陈旭麓:《李鸿章:向中国近代化迈出第一步的代表人物》,载周军、杨雨润主编:《李鸿章与中国近代化》合肥:安徽人民出版社,1989年版,第1页。
② 顾廷龙、戴逸主编:《李鸿章全集》信函一,第381页。
③ 孙毓棠编:《中国近代工业史资料》第一辑上册,第253页。

建了我国第一批近代军事工业。

李鸿章最初着眼于兵器的自主生产,原料则通过外购的方式解决。随着洋务运动在规模及深度方面不断推进,李鸿章逐渐认识到,包括钢铁在内的原料自主生产是建立独立自主的工业体系的基础。1872年,他阐述了煤与铁在近代经济中的特殊地位,称:"船炮机器之用,非铁不成,非煤不济。英国所以雄强于西土者,惟借此二端耳。""此等日用必须之物,采炼得法,销路必畅,利源自开,榷其余利且可养船练兵,于富国强兵之计,殊有关系"。① 但在当时,煤铁资源的重要意义尚不为大多数人所认知,开发活动面临的阻力很大,此次倡议没有收到积极回应,以致"总署不敢置议"。但在致丁日昌的私函中,李鸿章坚信"但自开煤铁矿与火车路,则万国缩伏,三军必皆踊跃,否则日蹙之势也"。②

在倡议发展近代钢铁工业的同时,李鸿章身体力行,积极尝试钢铁工业建设。

对地方政府官员,李鸿章依靠个人关系极力鼓励他们参与铁矿开发活动。如早在1873年,李鸿章鼓励山西巡抚鲍源深:"晋中煤铁矿产甚多,行销亦远,是否定有收厘章程?若用西洋机器挖取熔炼,足可推行于通商口岸及各路制造局,与洋煤洋铁相埒。就地生利,宝道不爱,而藏取无穷,中土罕有知其理者。公盍留意,毋汲汲忧贫也。"③1875年,为开采煤铁矿之事,李鸿章动员山东巡抚丁宝桢:"莱青郡县山矿多煤铁,若购洋器,雇匠自开,大可接济机局、轮船要需,外人必不敢觊觎。否则事事须购自外洋,诸多掣肘。倘蒙留意经营,岂独东省海防之赖耶。"次年,李鸿章又致函丁宝桢:"东三府煤铁之矿甚多,亦望设法筹开,借地宝以资海防,实取不尽而用不竭。"对此,丁宝桢以"民情悍朴,多不晓事,恐有滞碍",婉拒所请。丁宝桢调任四川总督后,李鸿章依然鼓励他关注开发四川煤铁矿:"机器局想未停办,煤铁五金之矿尚可设法振兴否,边疆知此义者甚少,不能不望我公一为提倡也。"④对于属员在外省经办矿务的行为,李鸿章亦主动寻求相关督抚的支持。经李鸿章函请开采铁矿的还有湖南巡抚王文韶、督办船政大臣吴赞诚、福建巡抚船政大臣丁日昌等,其时间大约在光绪初年。除书面敦

---

① 顾廷龙、戴逸主编:《李鸿章全集》奏议五,第109页。
② 顾廷龙、戴逸主编:《李鸿章全集》信函二,第474页。
③ 顾廷龙、戴逸主编:《李鸿章全集》信函二,第587页。
④ 顾廷龙、戴逸主编:《李鸿章全集》信函三,第179、469、480页。

促外,对一些具备良好开办条件地区,李鸿章给予实际支持,如1877年,福建船政局发现侯官铁矿,矿质与瑞典铁矿相仿,李鸿章当即允诺汇付银2万两以作开办之资。①

同时,李鸿章积极督饬辖下的兵工企业开矿炼铁。1872年,李鸿章在向朝廷提出开办煤铁矿的建议后不久,即敦促金陵制造局留心炼铁事宜,解决原料问题。次年夏,他致函该局总办段喆,指出:"上元产煤,徐州产铁,实为近地自然之利,拟即设法开挖,先与该处绅耆暨吴道妥商熟筹,但于墓庐风水不致妨碍,工作实有裨用,即可试办,并与王倅等讲求试炼之法,察其物质良窳、出产多寡,能否济用,所筹尤为周妥。"②随后因在南京附近发现铁矿石,李鸿章又提请局员开挖:"敬妥玛指栖霞地产铁石,如可济用,自较徐州采炼尤便。惟铁性优劣,出产多寡,沙汰熔炼以至精熟,所需工费是否较洋铁价省,亦须统筹合算,俟闽厂试炼之后,乃有端倪。"③数月后,他又指示:"太湖熟铁质地较洋铁尤佳,惟铁块太小,锤并费工,现由执事饬派王倅赴沪访购新到气捶(锤),自较利用栖霞山铁土取炼生铁、紫铜甚美。"④"徐州镔铁著名,能炼熟铁,亦是佳品。该处民情既尚乐从,能否设法开采,宜先与吴道妥商。若地方绅士不至异议,方可试办。"⑤短时间内,一再致函金陵机器局,指示炼铁计划,反映出李鸿章对此事的热心程度,而这也是近代中国官方首次尝试炼铁事务。

作为一个深受传统文化熏陶的官员,李鸿章最初希望通过中国传统生产方式冶炼出适合近代工业生产需要的钢铁原料,实现传统与近代的对接,但结果证明行不通。金陵制造局的钢铁冶炼活动以仿炼为主,尽量采用中国原料、工匠与技术,同时注意产品质量与成本核算。1873年,该局雇募芜湖钢匠设炉试炼,采用广东平远、四川紫口生铁,李鸿章指示对所炼产品,"是否纯净合用,每百斤共需经费若干,能否合算,必须逐细考据"。⑥关于生产过程中的机器设备、炼制经过及活动成效,因缺乏资料,不得其详。但从准备过程大体上可推知,该局没有从国外引进专门的冶炼设备,基本采用传统的生产方式,生产过程也应该没有维持很长时间。

---

① 顾廷龙、戴逸主编:《李鸿章全集》信函五,第29页。
② 顾廷龙、戴逸主编:《李鸿章全集》信函二,第548页。
③ 顾廷龙、戴逸主编:《李鸿章全集》信函二,第552页。
④ 顾廷龙、戴逸主编:《李鸿章全集》信函二,第589页。
⑤ 顾廷龙、戴逸主编:《李鸿章全集》信函二,第590页。
⑥ 顾廷龙、戴逸主编:《李鸿章全集》信函二,第560~561页。

(二)李鸿章的钢铁资源开发主张

实践活动推动着思想认识的发展完善，大致在 19 世纪 70 年代末，李鸿章对如何发展钢铁工业开始形成较为科学的主张。

第一，李鸿章认为学习西方矿冶技术是发展钢铁工业的必要条件。钢铁工业的发展建立在科学技术进步的基础上。李鸿章明确指出土法炼铁不可恃，必须引进西方先进技术设备，必须聘用西方工程技术人员，进行地质勘探、矿质化验等准备工作。如针对盛宣怀在湖北开采煤铁矿的活动，1877 年初，李鸿章曾提醒道："湘中铁矿虽多，土法松炭，熔炼焉能如法！制局全用洋铁，今不学西人炼铁之技，纵开矿得铁，亦废器耳。蕲、黄二州宋代有回岚、瓷窑、龙阪、安乐、大云等六铁场。阁下所办皆昔人采铁故处，以洋法炼铁必无矿少之患，应俟赫德所雇洋师到后遍察矿产，斟酌兴办。"①晚清矿冶技术人才极为缺乏，李鸿章十分注意此类人才的培养与引进。1877 年，对留美幼童事业，李鸿章多次致函留学监督："如出洋学生内有颖异可造之才，望送入矿务学堂，先穷究其理器。一二年后，再令游览美国五金矿所，或暂充工役，或随同研究，必自能辨识地产之有无、厚薄，机器之如何用法，融会贯通，可得上等考单。确有把握，然后遣回，再发往各省矿局试用，庶于国计有裨，千祈留意。"②"中国现议开采煤铁，以为富强之基，而试验煤层厚薄、铁质粗精，必须延订洋师。内地风气未开，每以事涉洋人，即多扞格，是矿学尤目前最要之务，各童中亦须留意研求。"③到 1881 年，这批留美学生大部分未完成学业就被清政府调回，虽然如此，在其中还是诞生了中国第一批矿冶工程师。④ 在引进外国技术人员方面，李鸿章通过多种渠道引进、考选、使用，虽然这些人员良莠不齐，但亦不乏贡献巨大之人，如发现大冶铁矿的郭师敦，推动开平矿务局铁路建设的金达等。

第二，李鸿章认为必须遵循"先煤后铁"的顺序，即先要解决燃料问题，才能实施冶铁计划。盛宣怀等在湖北广济筹办湖北开采煤铁矿总局，李鸿章对总局的规划是"专望鄂煤得利，渐次推拓，以为开铁张本"。即在煤矿建设取得一定成效之后再开炉炼铁，这样既可以解决开办炼铁厂所需的资金问题，又可为炼铁提供必备的燃料。这一认识无疑有其合理性。没有充

---

① 陈旭麓、顾廷龙、汪熙主编：《湖北开采煤铁总局·荆门矿务总局》，上海人民出版社，1981 年版，第 144 页(注：该书在下文隐去出版信息，书名简写为《湖北开采煤铁总局》)。
② 顾廷龙、戴逸主编：《李鸿章全集》信函四，第 8 页。
③ 顾廷龙、戴逸主编：《李鸿章全集》信函四，第 160 页。
④ 石霓：《观念与悲剧——晚清留美幼童命运剖析》，上海人民出版社，2000 年版，第 227 页。

足的燃料供应,炼铁势将成为无米之炊。此后,湖北开采煤铁矿总局苦苦寻觅,始终未能探得适合大规模开采的优质煤矿,却无意中发现大冶铁山"铁层平厚,一如煤层,毋庸打签,可决其足供数十年采炼"。面对盛宣怀"湖北矿务当以铁为正宗"的办矿主张,李鸿章坚持"先煤后铁"的主张,称"目下煤铁势难兼营,似应收窄局面,专力开煤,俟洋法得手之后,再图大举,较有把握"。① 1878 年 2 月,针对盛宣怀提出购置炼铁设备的请求,李鸿章批示:此次在湖北经营矿务,"本非缘木求鱼,苟能事事脚踏实地,不急近功,务期实效,或可如愿以偿,勉之慎之",②建议在各方面准备妥当后再图进取。1878 年 9 月,湖北开采煤铁总局确证荆门当阳煤矿不具备大规模开采价值的消息传出后,李鸿章指出:荆煤"究嫌单薄","单炼生铁恐无销路,兼炼熟铁难筹巨本。秋亭(李金镛——引者)能否招股办成铁冶?但虑煤铁相去过远,水脚成本既重,未必获利,将来或专办煤矿,或兼办铁冶,或煤铁均难如愿,应俟执事与秋亭察度情形,从长计议"。③ 盛宣怀建造炼铁厂的计划宣告失败。李鸿章对湖北开采煤铁总局的规划鲜明体现出其"先煤后铁"的钢铁工业发展思路。

第三,李鸿章认为,开矿炼铁必须选择交通便利之处,以方便原料及产品转运。随着认识了解的增多,李鸿章逐渐放弃了在内地交通不便省份设立铁厂的想法,而择定厂址于滨江滨海水运便利之区。后来他亲自督办的开采煤铁事业,都系交通相对便捷的地区。1886 年,醇亲王奕譞向李鸿章征询开发铁矿意见,李鸿章表示:"山西矿产最富,但不通水路,运机器入山、铁货出山,非铁路不能便捷。拟在近水各省寻觅好矿,须延矿师勘准,方可集股开办。"④前后对比,反映出李鸿章思想的变化。

第四,李鸿章认识到交通因素在钢铁资源开发中的极端重要性。铁路运输业是工业化时期国民经济与社会发展的重要基础,李鸿章认为钢铁与铁路建设必须相辅而行,尝言:"矿务因铁路而益旺,铁路因矿务而益修,二者又相济为功。"⑤

李鸿章很早就重视铁路的重要作用,认为中国"但自开煤铁矿与火车

---

① 陈旭麓、顾廷龙、汪熙主编:《湖北开采煤铁总局》,第 212 页。
② 陈旭麓、顾廷龙、汪熙主编:《湖北开采煤铁总局》,第 283 页。
③ 陈旭麓、顾廷龙、汪熙主编:《湖北开采煤铁总局》,第 368 页。
④ 顾廷龙、戴逸主编:《李鸿章全集》信函六,第 147 页。
⑤ 顾廷龙、戴逸主编:《李鸿章全集》奏议九,第 255 页。

路,则万国缩伏,三军必皆踊跃,否则日蹙之势也"。① 19世纪70年代初,他就逐渐萌生了建筑铁路的主张,"把铁路建设作为遏制列强蚕食我国边疆地区的有效手段"。② 但他最初并不主张中国立即修筑铁路,认为铁路建设需在煤、铁等相关材料可以自主生产后方可进行,这主要是基于建设成本的考虑:"至铁路、电线二者相为表里,无事时运货便商,有事时调兵通信,功用最大,东西洋各国富强之基,胥赖此以充拓……惟铁路需费过巨,似须煤铁开采有效,就地取料,工力较省。"③在同同僚议论此事时,李鸿章多次重申其看法和主张。如郭嵩焘曾建议李鸿章,"令李丹崖携带出洋之官学生改习相度煤铁及炼冶诸法,及兴修铁路及电学,以求实用",各督抚及机器局亦须注意人才的培养,"但须一引其端,庶冀人心之所趋向也"。郭嵩焘所谓"引其端"的方法即修造铁路。④ 李鸿章对此评论道:"鄙意铁路须由开煤铁做起,兴此大役,而铁尚需购自海外,绝难告成。"⑤此外,对丁日昌,李鸿章也私下慨叹:"中国不自开铁矿,用机器炼生熟铁,制大炮弹及造铁路、铁桥,皆不合算,焉得许多人才办如此大事耶。"⑥

兴路须先炼铁,这是李鸿章早年铁路建设思想的一个重要主张。但随着国内外形势的发展,特别是中国边疆危机日益加深的背景下,李鸿章的铁路发展观发生变化,购洋轨建铁路成为新的铁路建设思想。

第五,关于钢铁企业经营管理的认识。李鸿章在这方面亦有较为系统的思想主张。如在经营形式方面,李鸿章坚持官办方针。1875年,李鸿章就明确:"若令商民自为创办,不但招集股分易生观望,尤恐别滋流弊。该处本系官山,应官为督办,庶可涓滴归公,稽核亦易周密。"⑦资金用度方面,他对于兴建钢铁厂所需的巨额资金有充分心理准备,而这在当时,许多人囿于传统投资经验,对此没有必要的认识。产品质量方面,他认识到中国若自办炼铁厂,必须"铁好价廉,与洋相埒,乃可畅销"⑧等。这说明李鸿章对如何开展钢铁工业建设已初步形成一套较为系统的思想体系。

---

① 顾廷龙、戴逸主编:《李鸿章全集》信函一,第473~474页。
② 朱从兵:《李鸿章与中国铁路》,群言出版社,2006年版,第83~92页。
③ 顾廷龙、戴逸主编:《李鸿章全集》奏议七,第297页。
④ 郭嵩焘著,杨坚点校:《郭嵩焘诗文集》,长沙:岳麓书社,1984年版,第191页。
⑤ 顾廷龙、戴逸主编:《李鸿章全集》信函四,第75~76页。
⑥ 顾廷龙、戴逸主编:《李鸿章全集》信函四,第77~78页。
⑦ 顾廷龙、戴逸主编:《李鸿章全集》奏议七,第3页。
⑧ 顾廷龙、戴逸主编:《李鸿章全集》信函五,第351页。

(三)李鸿章钢铁资源开发思想的转变与历史反思

总体而言,通过数十年的探索,李鸿章对如何开展钢铁工业建设已初步形成一套较为系统的思想体系。光绪初年,李鸿章能以系统思维谋划全局,从根本上思考工业发展的基础环节。故在其极力推动下,清政府加强了煤铁资源开发。他致函驻英公使郭嵩焘,称:"鄙意铁路须由开煤铁做起,兴此大役,而铁尚需购自海外,绝难告成。目下鸡笼煤矿已有成效,武穴、池州均甫开局,魏温云亦在宝庆、衡州等处试采煤铁,但官绅禁用洋法机器,终不得放手为之。"①这一时期,李鸿章的精神状态是比较昂扬的。1878年,李鸿章在朋僚函件中表示:"鄙人每怀愚公移山之志,举世非笑所不顾也。"②但是,在19世纪80年代以后,李鸿章对钢铁资源开发的态度渐趋保守,对各地开矿炼铁之举多表疑虑。如1883年,山西巡抚张之洞拟在山西开矿炼铁,先前对山西寄予厚望的李鸿章以交通不便、集股无资以及土铁质量不能尽如人意等理由提醒张之洞不可鲁莽行事。③ 1885年,他对署理船政大臣裴荫森开矿铸炮一事不以为然:"裴臬司于此道素未讲究,误信闽厂学生之蛊惑,固无足怪,即左相前奏创开铁矿、仿铸大炮,亦非一蹴可及,尤非巨款莫办,似难遽有把握。"④1886年,对贵州巡抚潘霨创办青溪铁厂之举,李鸿章不屑一顾:"潘署抚奏筹贵州开矿各事,股本难集,条理太少,似只空言而无实济,闻滇省情形略同。矿务理大物博,铁矿尤需巨本,事事须照西法,否则必无成效。"⑤1887年,开平矿务局比利时籍监工沙德温禀请扩充矿局,添招股份,建造大炉熔铁制钢。此建议并未得到积极回应,矿局和李鸿章分别以"市面萧条,无人附股""库储支绌"回绝该请求。⑥ 1887年初,对徐州利国矿务局请求设炉炼铁以开拓煤铁销路的主张,李鸿章担心"炼出铁质是否与外洋相等,能否合机器制造之用",认为须经化验详议后再作计议。⑦ 1891年初,对张之洞创办汉阳铁厂,他又冷嘲热讽:"香复海署,抑扬铺张,欲结邸欢,即准拨部款,恐难交卷,终要泻底。

---

① 顾廷龙、戴逸主编:《李鸿章全集》信函四,第75~76页。
② 顾廷龙、戴逸主编:《李鸿章全集》信函四,第208-209页。
③ 顾廷龙、戴逸主编:《李鸿章全集》信函五,第287页。
④ 顾廷龙、戴逸主编:《李鸿章全集》信函五,第519页。
⑤ 顾廷龙、戴逸主编:《李鸿章全集》信函六,第55页。
⑥ 顾廷龙、戴逸主编:《李鸿章全集》诗文,第253~254页。
⑦ 顾廷龙、戴逸主编:《李鸿章全集》诗文,第250页。

枢廷皆知其大言无实也……建厂设机须五六年,钢铁铸成更无日。"①这一时期李鸿章对钢铁工业建设的态度,明显透出一种消极、悲观、无为的气息,与早年意气风发、积极进取的态度有着鲜明反差。

从具体所指看,李鸿章的部分言论不乏真知灼见,其反对开发建设的理由大致包括交通不便、资金不足、经验缺乏、市场狭窄以及产品质量低劣等原因。这些确实是客观存在的困难,但是不是可以构成搁置钢铁工业建设的理由,笔者持否定意见。

什么原因导致李鸿章思想态度的巨大转变?

笔者认为,当时中国所处的恶劣政治经济环境对李鸿章的钢铁资源开发活动产生重要影响。19世纪60年代以来,捻军起义,沙俄侵略新疆,日本侵略台湾,中法战争,纷至沓来。巨额的战争经费消耗了本不充裕的建设资本,据估计,从1875年到新疆建省,整个西征和塞防的军费支出七八千万两,约相当于中国一年的财政收入。② 列强的步步紧逼也使得武器生产成为当务之急,清政府没有时间与精力做长期的基础工业开发工作。再加上罕见的自然灾害,纷呶不休的社会舆论等,③方方面面因素综合起来,使得清政府忙于应付内外挑战,这是李鸿章在钢铁资源开发方面成效不佳的客观原因。

除此以外,根本在于李鸿章没能自始至终坚持早年所形成的工业化方案,在应对国内外挑战过程中放弃了发展基础工业的计划。以江南制造局的武器生产为例,美国学者康念德曾评价:"李鸿章曾聪明地决定,最实际的工业方针将是推迟重武器的生产,直到通过发展原料工业和加工工业使生产成本降下来。但是,他动摇了,并背离了这一政策,赞成在江南制造局生产重型海防炮。"④这种缺乏基础工业根基的发展模式就如无本之木,无源之水,只能永远跟在别人后面亦步亦趋地"仿制",生产的产品永远落后于国际水准,同时又耗费了宝贵而有限的资金。同样,在铁路建设的条件准备中,李鸿章最终也背离了其最初的决定,转而全面依靠国外铁路建设

---

① 顾廷龙、戴逸主编:《李鸿章全集》电报三,第5页。
② 周育民:《晚清财政与社会变迁》,上海人民出版社,2000年版,第266页。
③ 诚如郭嵩焘所言:"今时洋务,中堂(指李鸿章——引者)能见其大,丁禹生能致其精,沈幼丹能尽其实,其余在位诸公,竟无知者。"(郭嵩焘:《郭嵩焘诗文集》,长沙:岳麓书社,1984年版,第195页)当时中国朝野对采用近代技术、大规模开矿炼铁并未形成自觉意识,能与李鸿章有相似之识见者尚属凤毛麟角。
④ [美]T.L.康念德著:《李鸿章与中国军事工业近代化》,第173页。

材料。从长远看,这样的工业化路径显然是行不通的,最终会被证明是条死胡同。

钢铁资源开发是一个国家工业化进程中最核心的环节,高度关联性是其显著特征。它需要大量人力、物力和财力投入,需要综合考虑经济建设的各个配套方面,使之相互协调,同步发展。任何孤立看待钢铁资源开发的做法都是行不通的,只会让困难遮住双眼,丧失前进动力。李鸿章对钢铁工业建设的回避,反映出其工业化设计不是一种科学、合理的方案。诚然,如他所认识的,中国发展钢铁工业还不具备许多条件,需要克服重重困难:思想落后、资金不足、技术薄弱、人才匮乏、交通阻隔、市场狭小等。但这也正是中国工业化所必须解决的问题。它们应该是挑战的对象,而不是躲避的借口。面对困难,应该是积极地应对解决,而不是坐待困难消失。如交通不便、市场狭窄,通过铁路建设可弥补;资金不足,可以通过借用外债、财税制度变革等手段弥补;经验缺乏,就更需要实践锻炼。这方面,近邻日本为我们树立了很好的榜样。所以,在与同时期日本的伊藤博文比较后,有学者指出:"李鸿章在'唯兵之为务'的思想指导下搞'制造','疏于基本工业之建设',不仅缺乏总体设计,产业部门不配套,而且连最切于民生日用、被英国等先行工业化国家作为产业革命中心的纺织业,也受到不应有的忽视……可以说,李鸿章的产业政策是一种缺少近代经济灵魂的中心错位的产业政策。"①如果摒弃其前期的思想主张,单从实践考察,这一论断有其合理性。

历史实践证明,这些困难并非不可克服。清末汉阳铁厂经过盛宣怀等人的整顿,一度焕发生机,证明晚清中国并非不具备发展钢铁工业的土壤。而可惜的是,面对来自内外的压力、困难与迫在眉睫的危机,以及惧于对钢铁建设诸多困难的认识,李鸿章未能自始至终坚持其钢铁工业建设主张,或者说,李鸿章认为当时中国并不具备发展钢铁业的条件。中法战争结束后,随着国内外局势的相对缓和,中国迎来了一段和平的发展时期,李鸿章没能适应发展的形势,丧失了开拓进取的锐气,在筹建钢铁厂问题上态度消极,最终与中国钢铁工业缔造者的桂冠失之交臂。

实践是认识发展的根本动力,不经过实践锻炼,不可能解决存在的问题。面对第二次工业革命催生的钢铁冶金技术革命,发展钢铁工业已成为

---

① 刘学照:《论李鸿章和伊藤博文——19世纪中日近代化轨迹的投影》,《近代史研究》,1994年第3期。

世界各大国的共同选择。晚清钢铁工业亟需在实践中锻炼成长,虽然前途坎坷,但中国要走向富强,钢铁工业的诞生、发展和壮大是历史的必然。

二、张之洞的钢铁工业发展主张

在晚清台阁疆寄群体中,张之洞一生极富传奇色彩。1880年前,张之洞几乎未涉足洋务活动,而以清流干将的身份名动京师,后外调地方,历任山西巡抚、两广总督、湖广总督等要职。期间,他对经济事务表现出极高的干事热情,表现出勇于任事、敢于创新的办事风格。他敢为天下先,为人所不敢为,敢于变更成法,以适应变化的环境。在其30多年主政地方的生涯中,张之洞与钢铁资源开发结下了不解之缘。

1881年,张之洞外放山西巡抚。山西是我国传统冶铁业非常发达的省份,张之洞主政山西时,就有在山西设立炼铁厂的打算。李鸿章曾告以机器难运,产品转运困难,此事无果而终。期间,他对山西铁政极为关注,大刀阔斧地进行改革整顿。据其陈述,"到任以来,考求铁政,将官铁局章程详加稽核,派员赴省外铁炉访究利害,事事求实求节,从前靡费浮销居奇垄断之弊,全行扫除,选廉正精密之员总司其事,计每年可省银一万六千两"。他请求改变沿用一百多年的山西铁捐,对于例支项外不敷的"价脚及部饭、部费、盘费等银三万九千余两",奏请每年于山西厘金项下支银11300两,除去上面经过张之洞整顿治理节省的16000两,尚不足的12000两由其筹款抵补。① 他还与李鸿章一起,奏准山西铁器可以经由海道运销各地,以减轻铁货的运输成本。机构设置方面,张之洞在太原设立铁绢局,统一管理铁、绢、绸等征解事宜。② 此举的目的是挽救衰败中的山西冶铁业,但并未超逾传统的矿政治理范围,基本未涉及近代意义上的钢铁生产与管理。

但张之洞的思想随着时代的变化开始突破传统认识,如1882年,他就已认识到钢铁经济的重要性:"铁之为物,既为农器军器家人日用,海疆机局之所必资,而平日本为蓟、辽、兖、豫、江淮以南商贾转贩之所及,所宜讲求推广招徕工商,以为足国富民之计。"③中法战争期间,时任两广总督的张之洞参与军火采购事宜,切身感受到大炮、火药、子弹等军需品依赖外洋

---

① 王树枏编:《张文襄公全集》卷5,奏议5,第4页。
② 王树枏编:《张文襄公全集》卷7,奏议7,第8页。
③ 王树枏编:《张文襄公全集》卷5,奏议5,第6页。

的痛苦,其在著名的《筹议海防要策折》中指出:"仰人鼻息,实非长策","痛定思痛,尤宜作卧薪尝胆之思"。战后,他逐渐扬弃先前形成的"以商立国"思想,"以工立国"的经济思想逐渐成形。他明确提出:"就外洋富强之术统言之,则百工之化学、机器、开采、制造为本,商贾行销为末;销土货敌外货为先,征税裕饷为后。"[1]

钢铁工业建设是张之洞经济思想体系中至关重要的一环。他对发展钢铁工业必要性的认识主要基于以下四点。

第一,发展钢铁工业是抵制洋铁、减少漏卮的重要举措。1889 年,张之洞《筹议炼铁厂折》清楚表达该主张:"通商以来,凡华民需用之物,外洋莫不仿造,穷极精巧,充塞土货"。"洋布洋米而外,洋铁最为大宗。在我多出一分之货,即少漏一分之财。积之日久,强弱之势必有转移于无形",为此,"必须自行设厂,购置机器,用洋法精炼,始足杜外铁之来","失此不图,惟事以银易铁,日引月长,其弊何所底止"。[2]"采铁炼钢一事,实为今日要务。海外各国,无不注意此事"。"中国创成此举,便可收回利权"。[3]

第二,发展钢铁工业是铁路交通建设的起点。张之洞曾多次表达该主张,认为炼铁、修路诸事,应以"积款、采铁、炼铁、教工四事为先,而勘路、开工次之","储铁宜急,勘路宜缓;开工宜迟,竣工宜速"。[4]"总之,修路一端,有铁早办,无铁迟办;开采制造诸务,有款多办,无款少办"。[5]

第三,发展钢铁工业是改进兵工生产、加强国防安全的基础。张之洞极为重视兵工生产中的钢铁材料问题。在督粤时,他就希望通过自炼钢铁降低枪炮生产成本:"尤盼铁矿各山采炼得法,日旺日精,数年之后,钢料铁料悉取内地,则尤度支无形之利矣。"[6]调任湖广后,为解决湖北枪炮厂的精钢供应,他确立不惜一切代价、立足自主生产的指导思想。为获取德国炼钢秘法,他迭电驻德使臣许景澄,请代为觅购炼钢机器:"鄂既设厂,器必求精求新。惟子药、钢料贵能自制,无一外购,方符本意。费所不惜,特恐秘法不传,无从摹仿耳。请通盘代筹。若均能办到,自以换新式为是。"[7]

---

[1] 王树枏编:《张文襄公全集》卷 27,奏议 27,第 9 页。
[2] 王树枏编:《张文襄公全集》卷 27,奏议 27,第 1~4 页。
[3] 湖北省档案馆编:《汉冶萍公司档案史料选编》(上),第 98 页。
[4] 王树枏编:《张文襄公全集》卷 27,奏议 27,第 9~12 页。
[5] 湖北省档案馆编:《汉冶萍公司档案史料选编》(上),第 68 页。
[6] 王树枏编:《张文襄公全集》卷 25,奏议 25。
[7] 王树枏编:《张文襄公全集》卷 135,电牍 14,第 28 页。

"各省制造军械、轮船等局所需机器及钢铁各料,历年皆系购之外洋。上海虽亦设炼钢小炉,仍是买外洋生铁以炼精钢,并非华产。若再不自炼内地钢铁,此等关系海防、边防之利器,事事仰给于人,远虑深思,尤为非计"。①

因此,张之洞认为,发展钢铁工业是发展振兴中国经济的关键之举:"铁厂如果大举不懈,实为利国利民之举,此正今日讲求西法之大端,振兴工艺商务之始基。"②这也是推动他投身钢铁工业建设实践的强大思想动力。对如何发展钢铁工业,张之洞的认识主要表现在以下方面:

第一,官为倡导,官督商办。

为发展钢铁工业,张之洞认为,官与商应该相互合作。1885年,在谈到发展福建、广东地区的冶铁业时,张之洞认为官商应该协作:"办矿本所需,由商纠股;而地势便否,土民愿否,则由官酌度,以免滋事。"他说商人自谋有以下弊端,政府必须参与其事:"一、不能延聘真师;二、不能考寻善地;三、不能烹炼得法;四、不能得货即售。如官为聘师寻地,授法考工,所产之铁收归官用,则枪炮因有煤铁而工易成。煤铁因铸枪炮而销易广,二者相辅,商得其利,官收其功。"1889年,他继续强调"官倡民办",但对"由商纠股"的方法进行了调整,强调:"惟有先筹官款,垫支开办,俟其效成利见,商民必然歆羡,然后招集商股,归还官本,付之商人经理,则事可速举,赀必易集。大率中国创办大事,必须官倡民办,始克有成。"这与此前官府经营、商人分利的思想相比有所变化。1892年12月,汉阳铁厂建设过程中面临巨大资金压力,张之洞致李鸿章函,提议招商接办:"俟成本筹定以后,即须一面奏明开炼,试造轨件及各种钢铁料。至经久之计,终以招商承领,官督商办为主,非此不能持久,非此不能节省、迅速旺出畅销。"③张之洞希望通过招商解决建设资金问题,这一想法始终未变。甲午战争后,清政府财政拮据,要求汉阳铁厂"招商承办",此时的汉阳铁厂虽然并非如《筹设炼铁厂折》中所说的因"效成利见"而招商,但此举与张之洞的初衷并不矛盾。

---

① 湖北省档案馆编:《汉冶萍公司档案史料选编》(上),第98页。
② 王树枏编:《张文襄公全集》卷39,奏议39,第8页。
③ 陈旭麓、顾廷龙、汪熙主编:《汉冶萍公司》(一),上海人民出版社,1984年版,第28页。
注:1894年秋,张之洞在《铁厂拟开两炉请饬广东借拨经费折》(《张文襄公全集》卷35)中曾提到:1892年冬,盛宣怀请求招集商股100万两,承办铁厂,以40万还官本,以60万作开办经费,剩余官本260万分20年归还,还清后报效30万两。但须铁厂能炼钢铁后才能承领。张之洞认为,"若归商办,将来造轨制械转须向商购铁,虽塞洋铁之漏卮,究非自强之本计"。对此言论,综合当时背景,笔者以为,这是张之洞寻求与李鸿章合作而被拒绝后发出的托辞。在1892年12月致张之洞函件中,盛宣怀婉拒了由其招商接办的请求。

第二，借重异材，训育华工。

张之洞认为，中国钢铁冶炼技术落后于西方，导致本土出产的钢铁在质量、成本等方面均弱于西方，故必须引进国外技术设备。在《筹议海防要策折》中，他提出："中国之铁质坚栗而性柔韧，以制炮枪，实胜洋产，徒以考地不精，故凿空而无得；不能察求，故得而旋弃；不知炼法，故不尽其用。"他在劝导湖南乡民开办煤铁矿时言："湘省煤铁不敌外洋者，正坐外国煤铁大半借机器之力，以省人工。中国则全用人力，终岁所获，不敌彼一日之工，百夫所营，不敌彼一机之力。较其出产，则又洋铁精而华铁粗，洋煤贱而华煤贵，相形见绌，何能与之争衡？""诚能大开风气，自用机器开采，则煤铁骤增数倍，既夺洋人之长技，复塞中国之漏卮，而固非用夷以变夏也。"①为此，张之洞主张招募洋匠，借用异材："大举制炼钢铁，事属创举，中国工匠未经练习，一有差池，贻误匪小，故必多募洋匠，藉资引导。"②

除借助国外技术，张之洞还十分注重本土技术人员的培养。早在两广总督任内时，他就计划在国内设西艺学堂，由外国人担任教习，培养矿业技术人才。为此，他曾请驻英使臣刘瑞芬代聘教职人员："粤设西艺学堂，考究矿学、电学、化学、公律学、植物学共五种。请延洋教习五人，或一人能兼两艺者亦可，须学优艺精，有书院凭照者为要，酌订薪资、年限，速令来粤。"③这些技术人员后来转赴湖北，在汉阳铁厂建设过程中发挥一定作用。1890年，张之洞奏请设立学堂，培养矿冶人才："开矿炼铁，必须讲求矿学、化学。外洋矿师薪工太厚，势难多雇，必须自设学堂，练习人材，以备将来鄂厂及各省之用。此为必不可少之举，既以现雇矿师兼充教习，为费较省。"矿化学堂两年经费约需银3万两。④但招生效果不佳，截至1892年夏，仅招学生20名，因不谙西学，试读一月，仅甄选7人。⑤

第三，产业联动，协同发展。

张之洞不是孤立地谈论钢铁工业的发展建设问题，而是将其置于交通、制造、教育、军工等产业综合体中系统考察。除了将铁路交通与钢铁工业合并规划建设的主张，他并不讳言汉阳铁厂与湖北枪炮厂、湖北织布局

---

① 台北"中央研究院"近代史研究所编：《近代中国对西方及列强认识资料汇编》第三辑第一分册，1986年版，第177页。

② 孙毓棠编：《中国近代工业史资料》第一辑，第851页。

③ 湖北省档案馆编：《汉冶萍公司档案史料选编》（上），第62页。

④ 湖北省档案馆编：《汉冶萍公司档案史料选编》（上），第87页。

⑤ 陈旭麓、顾廷龙、汪熙主编：《汉冶萍公司》（一），第28页。

之间的密切关系。他认为：" 铁厂为枪炮厂之根，必先炼有精钢，方能制造，以彼助此，尤为允协。"①"铁厂已竣工，煤井尚需款。以后开炼经费尚无所出。部中不发款，令鄂自筹。故鄙意惟有扩充布局纱厂，以其盈余添补铁厂经费……维持中国铁政惟有此策"。②他曾直言将兵工生产与其他企业联合经营的计划："以湖北所设铁厂、枪炮厂、织布局自相挹注，此三厂联为一气，通盘筹划，随时斟酌，互相协助，必能三事并举，各睹成功。"③这种协同发展战略能为钢铁企业发展带来资金、市场方面的便利。张之洞曾言明枪炮厂经费对汉阳铁厂的重要作用："枪炮厂有奏定常年经费，约三十五六万两，铁厂目前专恃此款为挹注，勉强支持腾挪，若将枪炮厂划出不归铁厂，则款项早罄，目前炼钢厂即须停工，既无钢铁，则枪炮厂亦无从开造。"④汉阳铁厂官办时期，总计从湖北枪炮厂、织布局挪借180多万两白银。当然，在各个企业建设过程当中，也不尽是汉阳铁厂支用其他企业经费，如1891年初，据铁厂文案钟天纬记述："全厂工程大过十分之一，而部款百万已罄其半，复代织布、枪炮两厂垫去二十余万金。"⑤说明企业间相互挪借资金是常态。

　　将钢铁工业孤立起来规划建设是没有前途的。张之洞的产业协作思想符合近代经济发展的一般规律，值得肯定。但在实际操作过程中，这必然是一个十分复杂的发展计划，而且涉及的问题绝不仅仅只局限于某个经济领域和一方天地。作为湖广总督，张之洞单凭一己之力，许多问题无法解决。如上述本土矿冶技术养成问题，非个人之力所可改变。作为一个饱受传统文化熏染的知识精英，张之洞的个人素质无法胜任这一要求。这在汉阳铁厂筹建过程中表现得十分明显。

　　资料显示，张之洞对于近代矿冶技术并非一无所知。如1885年，他在《筹议海防要策折》中就意识到钢铁冶炼过程中，须先"搜求得地，再考化分，化分有质，则归煎炼。倘能炼铁成钢，其用尤大。至炼生铁，宜用高炉汽机风具。炼熟铁宜用砂炉气锤。炼钢宜用毕士买炉、西门马丁炉。缘中国铁质多夹磷硫，皆须先炼出磺、强水，再入炉冶，始成纯质，倘非实得真授，贸然开采，徒耗巨资"。1889年，在广东炼铁设备确定移鄂前，他有意

---

① 王树枏编：《张文襄公全集》卷33，奏议33，第7页。
② 孙毓棠编：《中国近代工业史资料》第一辑，第938页。
③ 湖北省档案馆编：《汉冶萍公司档案史料选编》(上)，第98页。
④ 王树枏编：《张文襄公全集》卷76，电奏4，第27页。
⑤ 陈旭麓、顾廷龙、汪熙主编：《汉冶萍公司》(一)，第24页。

在山西另设铁厂,为此曾请驻德公使洪钧代购冶炼设备,明确提出"炉须兼能炼有磷者"。① 订购汉阳铁厂冶铁设备前,他亦曾多次向驻外负责采购机器的有关人员报告大冶铁矿矿质含量,如1890年10月21日致电薛福成:"大冶铁矿极旺,磷仅万分之八。贺伯生等称加锰铁,尽可炼钢,附近兴国州即产锰铁甚旺。"11月3日称:大冶矿细分如下,详细测化得铁六十四分,磷八毫,硫三毫,铜二厘七毫。矿师皆云宜用贝色麻法。②

但张之洞显然缺乏建立一家大型钢铁企业所应具有的管理才能和知识经验,关于汉阳铁厂建设工程,始终没能形成一个缜密科学的建设规划。他的许多认识被证明是十分肤浅甚至错误的,当然后果也十分严重。张之洞的奏折中,类似于"非预料所能及""计难周全"等之类的话语常常出现,反映出他对如何建设、经营汉阳铁厂,心中是一笔糊涂账。铁政局文案钟天纬针对铁矿及煤炭开发的滞后,曾以裁衣作比喻:"先雇缝工满堂,而布帛犹未具,先急于办刀剪、针线之类,缝工问主人衣料何在?则指田中之木棉以为衣料,不知尚须采取、轧弹、纺织诸工方能成布而供缝工之剪裁也。大冶铁山天然整块,锤夫万指能凿几何?必须凿碎运出,堆积如山,方可开炉鼓铸。即以转运计,亦须经年方敷供一月之用。煤则所用更多,尚未定何处开办,一切用料、用人皆未计及也,奈何奈何!"③

汉阳铁厂建成后,张之洞囿于对传统冶铁业的认识,没有料想到现代钢铁企业的燃料耗费量。据吕柏追述,铁厂开炉之前囤积了大约5000吨焦炭,在中国人看来,"可以用至十余年之久",及至开炉冶炼后,"华人始知化铁炉用炭之多,而炼炭又必须有合用之煤,异常慌张,毫无主见"。④ 但实际上,铁厂建成后,仅炼铁一项,每日就需要焦炭200多吨。此外,焦炭的质量要求与煤、焦转运输送等问题也远远超出张之洞等人的预估。

近代钢铁工业奠基于科学技术大发展基础之上,发展钢铁工业必须辅以对应的知识、经验、管理和技术储备。从历史实践看,因知识、阅历、能力的局限,张之洞缺乏这种素养。他虽然能正确认识钢铁工业的价值,但提不出科学的发展主张,缺乏切实有效的实现路径,甚至在一些具体问题的认知上也谬误百出。他轻视了大型钢铁厂的建设难度,轻于一试,结果导

---

① 王树枬编:《张文襄公全集》卷133,电牍12,第11页。
② 王树枬编:《张文襄公全集》卷135,电牍14,第16页。
③ 陈旭麓、顾廷龙、汪熙主编:《汉冶萍公司》(一),第21页。
④ 陈旭麓、顾廷龙、汪熙主编:《汉冶萍公司》(二),上海人民出版社,1986年版,第101页。

致实践活动遭遇巨大挫折。

三、盛宣怀的钢铁工业发展主张

盛宣怀堪称清末中国第一流的企业家,在晚清民初经济舞台中作用突出,表现抢眼。其经济活动涉及航运、矿务、纺织、电报、铁路、银行以及教育、慈善事业等诸多方面,建树颇多,对国家经济发展产生重大影响。① 他自幼深得经世致用思想影响。其父盛康尝编《皇朝经世文续编》,辑录道咸、同光时期"存乎实用"的奏稿、论文。盛宣怀深受熏染,"既事事研求,益以耳濡目染,遂慨然以匡时济世自期,生平事功,基于此矣"。② 盛宣怀在同治年间即追随李鸿章兴办洋务事业,曾陆续经办湖北开采煤铁总局、轮船招商局、中国电报局、华盛纺织总局等新式企业,有丰富的实业经验。在政界,他又曾长期担任山东登莱青道、津海关道,长期处理涉外商务纠纷,熟谙官场处事之道,处事干练,眼界开阔,思想开放,交游广泛。

盛宣怀对钢铁工业的作用价值有深刻体认,认为:"泰西各国以钢铁厂为富强根基,金银各矿只能富国,而钢铁可造铁路、造兵船、造枪炮,兼能强兵。"③"国家将来不谋建设则已,如欲建设,必将大举钢铁"。④ 面对汉冶萍公司的宏阔事业,他认为:"汉冶萍钢铁,成败得失,数十倍于航业,成则钢舰、钢械、钢轨、钢货皆足办,而输出外洋,数必浮于丝茶,不难与美、德争胜,英、法瞠乎其后已。"⑤

涉足钢铁工业是盛宣怀长久以来的梦想。光绪初年,他经办湖北开采煤铁总局时即有发展钢铁工业的计划。此后,他还关注徐州煤铁资源开发,但囿于煤藏寻觅不得、资金不足、同情支持者寥寥等原因,未能将之付

---

① 许多学者充分肯定盛宣怀在近代中国的经济政治地位,如左舜生评论:"其(盛宣怀)清末政治上地位之重要,不下于李鸿章、张之洞、袁世凯,而所从事建设各端,对于国家关系之大,尤远非李、张辈所能及。"(《清末建设与盛宣怀》,选自《春风燕子楼——左舜生文史杂记》,学林出版社,1997年版,第154页)刘国良在《中国工业史·近代卷》中对盛宣怀的经济地位与历史贡献予以高度评价,认为他"是将李鸿章洋务工业思想付诸实践的、功绩卓著的中国第一位资本主义工业企业家"。(刘国良:《中国工业史·近代卷》,江苏科学技术出版社,1992年版,第64页)盛宣怀研究专家夏东元先生总结认为:"盛宣怀是处于非常之世,走着非常之路,做了非常之事的非寻常之人。"(夏东元:《盛宣怀传》序,上海交通大学出版社,2007年版)
② 盛宣怀:《愚斋存稿》卷首,民国思补楼版。
③ 盛宣怀:《愚斋存稿》卷3,奏疏3,第61~66页。
④ 陈旭麓、顾廷龙、汪熙主编:《汉冶萍公司》(三),上海人民出版社,2000年版,第818页。
⑤ 王尔敏、吴伦霓霞合编:《盛宣怀实业函电稿》(下),台北"中央研究院"近代史研究所,1993年版,第796页。

诸实践。但这些经历对其科学看待钢铁工业发展问题不无帮助。如1877年,他在经营湖北开采煤铁总局时就认识到:"洋法熔铁,另需一种好煤去烟存质,名为焦炭。本省觅得此煤,免向远处采办,尤为合算,故仍以煤为铁之先筹。"①他还十分注意钢铁市场空间的重要性,1892年底,盛宣怀曾分析道:"铁路每年不过造二百里,每里约用钢轨三十余吨,每吨约价三十两,全买官轨,仅得二十万两。津、沪、闽、宁各制造局,每年用生铁不及五千吨,即使尽买官铁,不及十万两,仍不足养此铁厂,似不特官办为难,即商办亦殊难广筹销路。"②

张之洞筹建汉阳铁厂时,时任山东登莱青道的盛宣怀表现异常积极,为美芹之献,主动向张之洞献计献策,并在厂址问题上极力主张大冶设厂,大有慨然自任之意。1896年,因资金罗掘俱穷,兼之燃料无着,汉阳铁厂被迫招商承办。盛宣怀脱颖而出,成为汉阳铁厂督办。盛宣怀的钢铁工业发展主张主要体现在汉阳铁厂建设实践中,总体而论,已经能够用一种比较成熟的经济思维规划钢铁工业建设。

因亦官亦商的身份,盛宣怀往往采用国家和企业的双重视野,谋划有利于钢铁工业发展的制度体系,以及推动钢铁企业建设的要素。其钢铁工业发展思想主要包含以下几个方面:

第一,国家应加强矿产资源管理。早在1876年9月,盛宣怀就主张仿船政大臣例,设立"矿政大臣",级别相当于地方督抚,作为全国矿产资源开发的专职管理官员。③ 然此议未能果行。甲午战争后,列强染指中国矿权,势不可遏。盛宣怀建议,清政府应设法阻止外资抢占矿权。他主张成立矿产资源调查、开发机构,由国家储备有开采价值的铁矿资源。通过国家先占开发的形式,实现排他经营,并建议以立法的形式,明确国家对矿产资源的管理权。

1899年,盛宣怀奏请设立矿务总公司,主张延聘矿师,分赴各地:"凡未为洋人所得者,周历查勘,将各种矿地逐一勘明,绘图贴说,分别等差,先行买归总公司执业,酌定地租数目,造册呈送统辖总局存案,一面布告周知,凡绅商欲承办某省某矿,无论集借华洋股款,但与总局章程相符,均准其按图指明承领。查照等次,照缴矿地租银,由总公司呈请总局发给凭

---

① 陈旭麓、顾廷龙、汪熙主编:《湖北开采煤铁总局》,第210页。
② 陈旭麓、顾廷龙、汪熙主编:《汉冶萍公司》(一),第40页。
③ 陈旭麓、顾廷龙、汪熙主编:《湖北开采煤铁总局》,第108页。

照前往开采。其要旨在一处一矿,必有中国公正绅商为公司之主,而开矿之地皆为公司之产,附各国之洋股,借各国之洋债,聘各国之矿师,皆可宽其羁勒以要其成功。但不可以一国洋人而括一省一郡一州县之地产也。及今而欲中国之地利公诸中国之商民,可以息奸谋,止需索,杜隐患,保土地,于筹饷、商务两义有益,亦惟设立总公司以与路矿总局相为表里而已。"①据此主张,矿务总公司应为矿产资源勘探、矿务管理、矿业开发机构。因义和团运动和八国联军侵华事件,此议无果而终。

经过八国联军侵华战争打击,清朝国势更衰,"矿务为各国所预占者已不胜计,亟宜收罗矿地",盛宣怀呼吁:"各省皆宜筹款分延矿师勘觅,以免外人再占。"②他建议清政府在"量我权力、财力所能办到"的前提下,设立勘矿局:"遴选地学师,勘明何地实在产矿,自行购买,以归中国公司。事机已迫,万难再迟。"他自己拟先谆劝各省绅商,筹集华资股本银一百万两,在上海设立勘矿总公司,访求外国矿师勘矿。③ 1906 年春,盛宣怀坦言,"势难以上海一隅之局,参与各省之事",加上"近年风气大开,各省多已次第设局开办",勘矿总公司裁撤。④

民国成立后,盛宣怀虽脱离政坛,但初志不改,特别是坚持铁矿资源应由国家控制经营。1913 年 4 月 8 日,他致函湖南都督:"中原干枝路繁兴,需用钢铁尤巨,俟大局稍定,仍宜归国有为正办。鄙见他矿不妨与外共举,铁矿则宜国中垄断。将来出货当以此为最巨,必在丝茶之上。公胸罗万象,曷不与项城言之,勿疑弟等欲以赝货推与中央也。"⑤1914 年 7 月 3 日,针对新颁《矿业条例》铁矿不由国家专营之规定,盛宣怀致姻亲孙宝琦函,称:"今日钢铁世界,吾将赖以富天下,何以让人!""鄙见宁将他事稍予通融,铁矿必当与盐同例,删除合办律,窃以为更重于煤油也"。⑥ 同年 11 月 18 日,他复函湖北巡按使:"去年部定矿律,五金矿均与外人共之,弟亟著钢铁刍议,力请铁矿必宜专利,不宜为外人攘夺。最可奇者,汉冶萍前与

---

① 盛宣怀:《愚斋存稿》卷 3,第 61~66 页。注:盛宣怀这一主张可能与英国矿师墨尔林有关,该矿师于光绪二十四年闰三月曾开具《筹拟开办矿务节略》(见陈旭麓、顾廷龙、汪熙主编:《汉冶萍公司》二,第 16 页),所述主张与盛宣怀奏折有许多相同之处。
② 夏东元:《盛宣怀年谱长编》(下),第 784 页。
③ 盛宣怀:《愚斋存稿》卷 8,第 14 页。
④ 盛宣怀:《愚斋存稿》卷 12,第 40 页。
⑤ 夏东元:《盛宣怀年谱长编》(下),第 964~965 页。
⑥ 夏东元:《盛宣怀年谱长编》(下),第 972 页。

伊藤约,只准买铁不准明开,而人言籍籍,岂知输出黑货,易彼黄金,有何不可。若任其开采,则彼资厚工熟,两相竞争,必致喧宾夺主。兹闻政府省悟,拟提出铁矿自办,无论国有或合办或商办,均在门内,将来利益不难与英美相垺,居乎丝茶之上。"①

第二,反对外资直接参与中国钢铁资源开发活动。清末中国钢铁工业方兴未艾,与外资钢铁企业相比,中国钢铁企业在技术、资本、产品质量、市场影响力等方面均处于下风。盛宣怀认为,应防止外商在华建立钢铁厂,避免与之直接竞争。为此,他力劝各相关政府部门,严防外资开发中国铁矿资源,在华直接设立钢铁厂。

这方面最突出的事例是他限制英商福公司(The Pekig Syndicate)在山西设立制铁厂的权利。1898年的五六月,福公司取得山西、河南大片地区的煤铁矿开采权,②后修筑道清铁路(道口至清化),并在焦作开设煤井。到1903年,福公司已投入巨资,但煤务不见起色,遂通过英国驻华公使向清政府提议,将道清铁路建设费作为铁路借款,该路则改由铁路总公司办理。6月,清政府同意英方请求。在此背景下,盛宣怀抓住机会,以路事为依托,拟趁机收回山西铁矿开采权,并抵制福公司在山西设立炼铁厂的可能做法。对英方代表,盛宣怀明确提出:"此次政府派议路车,若不照国家自设熔化厂三条,则泽道借款,决不能议。"③盛宣怀敦促清廷断绝福公司在山西设立制铁厂的权利:"晋铁甲于四大洲,英、法并举,利害甚大。""查福公司造路,从前只言运矿,现闻意在设厂炼铁,于中国铁政关系极重,必须设法补救。否则中国任借巨款,代造运矿之路,转使其腾出路款,速成煤铁矿,以夺我铁厂权利。晋豫公司原合同条款内,并无准其内地设厂字样,惟合同题目,有'制铁'二字,殊属含混,自应趁此议借款之时与彼订明,只准开矿,不准设厂。倘不能禁阻,亦必须限定路成开车之后,至少缓办铁厂十五年,内地利源方不致为外人吸尽"。"福公司急欲售路,必须将此内地不准设制铁厂订入合同,以资补救"。④他请庆王奕劻转告英方:"设厂制

---

① 夏东元:《盛宣怀年谱长编》(下),第973页。
② 1898年5月21日,山西商务局与英国福公司订立《合办矿务章程》,福公司取得"专办孟县、平定州、潞安、泽州与平阳府属煤、铁以及他处煤油各矿"的权利,限期60年;同年6月21日,豫丰公司与福公司订立《河南矿务合同章程》,福公司取得"专办怀庆左右、黄河以北诸山各矿"的权利。(合同原文见王铁崖《中外旧约章汇编》第一册,第764~766、770~772页)
③ 《盛宣怀致外务部》,《盛宣怀实业函电稿》(下),第804页。
④ 《盛宣怀实业函电稿》(下),第745、739、741页。

铁只能中国自办,福公司无端已开得开矿之利,断难再有干预。"①盛宣怀提出的解决方法为:"晋省出铁之所,或就近铁路之所,中国国家自设熔化厂,允将福公司铁砂交由国家熔化厂炼成铁砖,以便易于火车装运。似此定议,只许彼攘开矿之利,我尚可自保制铁之权,内地设厂,亦不致自此开端。"并请求外务部将中方谈判权委诸铁路总公司。② 中英双方商议的详细经过不得而知,惟据1905年5月24日盛宣怀所言:"去年奉旨派议泽道铁路章程,因欲挽救晋矿已失之利,磋磨年余,争回制铁,而已允开矿之利,坚不能废,舌敝唇干,争到中英合办。"③这段话透露出的信息说明,中方在山西争回自设炼铁厂以及合办开采煤铁矿的权利,杜绝了福公司在山西设立炼铁厂的潜在威胁。近代中国主权不能自主的背景下,外资涉足矿权,危害尤为剧烈。1898年,在致总理衙门电文中,盛氏揭露矿务中外合办的弊端:"管见中国财产莫大于矿,目前虽不得不借资洋力,将来学堂人材辈出,不难自办,转贫弱为富强,实有关系。若照山西、四川一纸合同,即以全省六十年无限地利悉归外人,名曰华股,实皆洋股,且恐借开矿而渐及派兵保护,占利竟致占地,恐贻后悔。"④

清末时期,利用官场人际关系,盛宣怀多次运动相关部门,屯购大批铁矿山,阻止外资染指铁矿权。如1896年,他请求将所有大冶县属及武昌、兴国等处铁矿,一律归铁厂开采,不准商民私行勘买,8月22日,张之洞批

---

① 《盛宣怀上庆亲王禀》,《盛宣怀实业函电稿》(下),第784~785页。
② 《盛宣怀致外务部》,《盛宣怀实业函电稿》(下),第802页。
③ 《盛宣怀致袁世凯函》,《盛宣怀实业函电稿》(下),第786页。据1905年6月4日盛宣怀向外务部、商部及山西巡抚的报告,在与英方就道清路约画押的同日,双方原则上通过《拟设山西熔化厂并合办山西铁矿合同》,其内容主要为:"一、山西铁矿福公司尚未开办,现经议定,如届时中国愿与福公司合办该省铁矿以及化铁需用之煤矿与煤焦炉,福公司应允中国合股开办,以五成为度,中、英董事人数相同,平权办理。其详细合同,另行会订。二、中国国家自筹资本,准在晋省设立熔化厂,允将中国与福公司合办铁矿之铁砂交由国家熔化厂炼成铁砖,以便易于火车装运。此熔化厂或设在就近产铁之处,或在就近铁路之处,由彼此商定相宜地段安置。其化铁炉式样,自必选取各国最新最精之图样,估算办理。届时福公司如有图样价值,亦可一并呈送,由督办大臣择其极相宜者办理,以期工速费省。如果矿务兴旺,推广办理,实多裨益。应准商量中国国家推广办法,以期尽善,而保厂矿彼此利益。三、熔化之费,彼此商订公道之价。该厂如实系自己需用之煤及焦炭,倘欲向中国与福公司合办之煤矿或福公司独办之煤矿购买,须订一额外价值,比外卖之价略减,该公司尽先供用。该厂既设之后,国家须时常保全妥当合用,而福公司除国家允准外,不得将铁砂寄往别处熔化,或别法销用。该厂亦不得于该公司交炼铁砂有所耽延。四、该厂及日后推广之厂均系中国国家物产,该厂督办大臣应自遴用合式化铁师。如届时中国尚无称职之人,应向外国选聘。"(《盛宣怀实业函电稿》下,第804~806页)该草合同未见于道清借款及行车合同,录此供作参考。
④ 盛宣怀:《愚斋存稿》卷34,第6页。

文同意所请。① 津镇铁路动议后,有关于英商拟利用山东峄县煤矿熔炼江苏利国驿铁矿的消息传出。盛宣怀积极预防,致电江苏当局,指出英商将来"必就铁制造,不特湖北铁厂受其压制,即沪芜制造厂力量亦难相抵",呈请相关部门阻止计划实施。② 1906 年,他致电外务部、商部及湖广、两江总督,告以汉厂原在九江附近拟购多处铁矿地,且根据 1899 年汉阳铁厂与日本制铁所订立的以煤易铁合同,"日本不得于大冶合同外另与中国他处及岛地他人他矿另立买矿石之约","且汉厂深虑日本制铁所魄力宏巨,有碍中国钢铁销路,故与张宫保再三核定,大冶售铁石额数每年不得过十万吨限制,并与订明不得另买他处铁石,所以保护中国铁厂,不使蹉跌,防维甚切",请谨防并严禁将该矿地转售日本人。③ 1909 年,围绕铜官山铁矿资源开发,盛宣怀致电张之洞,务请收回该矿:"铜官山系铁矿,近始得悉。若准其内地设厂,势必各国效尤踵至。且以英人财力在皖经营冶炼,树汉厂劲敌,跌价争售,务使汉厂不支,而后吞并,实深焦虑。务求中堂主持废约,保全汉厂,岂独一厂之幸,关系大局非浅。并闻凯约翰暗约日股百万,尤险!"④ 1910 年,针对日商在东北合办本溪湖煤铁矿之请,他致电锡良阻挠:"本溪湖铁矿日人觊觎甚切,关系中国铁政甚大,乞饬巢守凤冈留意,勿为所攘。现在英国在外务部力争豫省铁矿,中国不允,恐滋借口。务祈密示。"对此,锡良复电称:"本溪湖煤矿系中日合办,附近庙儿沟铁矿曾订合同,俟本溪湖煤矿发达,准该公司开采,仍归合办。于本年五月奏奉俞允在案,英人似难借口。"⑤ 事后,盛宣怀对该事耿耿于怀。他致电赵尔巽,称:"本溪河(湖——引者)铁矿前任许彼开办,实为心腹之患。叶监督面谈,与官合办不及与商合办。但汉冶萍心有余而力不足,尽在洞鉴之中。今又有安东铁矿发现,真防不胜防。仰承关顾,先发制人,尤深钦佩。容与李一琴等熟商,先派员往勘,再与我公妥筹办法。"⑥

盛宣怀反对外国特别是日本染指中国铁矿资源,其主要用意是造成汉冶萍铁矿资源在日本"奇货可居"之局面。在日本势力介入中国东北铁矿

---

① 陈旭麓、顾廷龙、汪熙主编:《汉冶萍公司》(一),第 181 页。
② 《盛宣怀致魏光焘、黄建筦》,《盛宣怀实业函电稿》(下),第 801 页。
③ 盛宣怀:《愚斋存稿》卷 69,第 13~14 页。
④ 盛宣怀:《愚斋存稿》卷 74,第 30 页。
⑤ 盛宣怀:《愚斋存稿》卷 76,第 14 页。
⑥ 《盛宣怀致赵尔巽电》([宣统二年]八月十五日),上海图书馆藏盛宣怀档案,档号 SD000041。

资源开发前,汉冶萍是国内唯一拥有大规模铁矿石开采能力的企业。面对日本急需铁矿石的局面,这种能力可为公司带来巨大经济利益。1907年,日本有关人士纷纷游历大冶,湖北当局一些官员也赴大冶勘山购地,且有日本人同行,盛宣怀对此十分警惕。他致李维格密函,声称:"彼族隐谋,目前必是向官尽买铁石,毋庸求我,将来且必勒买铁公矣……弟十余年坚守矿山,以商出名而不欲以官出名,售以石而不准售以山,苦心孤诣,实不仅为一厂大局计。"①1914年,北京政府颁布《矿业条例》,许可外资与华商合资办矿。盛宣怀为此忧心不已,私下在朋僚信函中说:"政府新矿章发表,已允各国可以合办各矿,外股不得过四十分,所以外人均到内地寻矿,以后大冶矿石难再售出,必须另行设法。现在访查沿江沿海,当有铁矿可得,但必须中国矿师,方能机密。"②此话清楚地反映了盛宣怀内心的真实想法。

在弱肉强食的游戏规则下,盛宣怀的这种"专利"做法有抵制列强侵略的正义性,值得肯定。但在近代中国国势衰弱,主权不能自主的大背景下,盛宣怀寄希望于中国政府阻止外资染指中国铁矿资源,无异于痴人说梦。而通过排他性先占行为,也无法将全国铁矿资源囊括于一身,这种消极、被动之举措不能从根本上解决问题。近代中国铁矿权大量出让就系明证。

第三,钢铁产业应与相关产业密切协同配合。产业经济协同发展,相互支撑,这是近代经济运行的一般规律。盛宣怀深谙其中道理,力主将煤炭、铁路、银行、航运、通讯等产业通过不同方式融入钢铁工业建设过程中。这种企业协作发展战略对汉阳铁厂的发展产生积极影响。

煤炭资源开发是钢铁工业建设的题中应有之义,二者结合自属当然。盛宣怀对煤炭资源开发的主张与实践在本书第五章将详细探讨,此不赘述。

针对铁路建设与铁厂之关系,盛宣怀讲:"铁厂总须以得煤为体,造轨为用。"③他在接办汉阳铁厂时就与张之洞约定,将来芦汉铁路建设材料必须由铁厂供给:"中国办事最易分歧,万一铁路所用钢轨等件仍欲取材于外洋,使华铁销路阻塞,商局何能挽回?届时应请准其停工,发还华商资本,仍归官办。"④张之洞亦深知铁路材料对铁厂的重要性,为此恳求清政府,

---

① 陈旭麓、顾廷龙、汪熙主编:《汉冶萍公司》(三),第612页。
② 陈旭麓、顾廷龙、汪熙主编:《汉冶萍公司》(三),第811~812页。
③ 陈旭麓、顾廷龙、汪熙主编:《汉冶萍公司》(一),第212页。
④ 湖北省档案馆编:《汉冶萍公司档案史料选编》(上),第129页。

"以芦汉路轨必归鄂厂定造为断",并"嗣后凡有官办钢铁料件,一律向鄂厂定购,不得再购外洋之物"。① 除了芦汉铁路,盛宣怀还酝酿更大的铁路建设计划。1896年10月,铁路总公司成立。盛宣怀开去直隶津海关道职,改任督办铁路总公司事务,并获得专折奏事特权。铁路总公司"虽非中央掌管铁路行政之枢纽,然实为我国大举办路之嚆矢"。② 该公司包藏了盛宣怀庞大的铁路建设计划:"自粤汉以通两广,由苏宁以通上海,此两道为关系商务东南西南两大干路,因宜展造。其自山海关外以达吉林,自黄河南岸以达关中,此两道为关系边防东北西北两大干路,亦难从缓。""俟前项各干路应用之款陆续筹定,再听各省商民自行分造枝路。"③依靠督办铁路总公司的有利身份,盛宣怀除了为汉阳铁厂轨料产品提供销路,还大量挪用铁路建设资金,用于汉冶萍厂矿建设,这些资金或以股份形式,或采用临时息借方法,或以预支轨价名目,对汉冶萍厂矿建设发挥重要作用。

银行为企业发展提供资金融通,是实业建设之总枢。盛宣怀对开办银行极为重视,称:"因铁厂不能不办铁路,又因铁路不能不办银行。"④1896年7月30日,在代张之洞草拟致总署电报中,他大谈设立银行的必要性:"铁政奉旨招商,逾年无效,推原其故,华商无银行,商民之财无所依附,散而难聚。现与熟悉商务员绅筹议,铁路收利远而薄,银行收利近而厚,若是银行权属洋人,则铁路欲招华股更无办法。"⑤1896年10月31日,盛宣怀递交了他的第一篇奏折《条陈自强大计折》⑥,对其洋务思想加以系统归纳阐述,提出练兵、理财、育才三大端。在理财一节中,盛宣怀向清廷阐明了设立银行的必要性:"西人聚举国之财为通商惠工之本,综其枢纽皆在银行,中国亟宜仿办,毋任洋人银行专我大利。中国银行既立,使大信孚于商民,泉府因通而不穷,仿借国债,可代洋债,不受重息之挟制,不吃镑价之亏折。"该奏折引起清中枢的高度重视。在奕劻、翁同龢、王文韶等人支持下,11月12日,光绪谕旨:银行之事责成盛宣怀选择殷商,设立总董,招集股本,合力兴办,以收利权。⑦ 通商银行主要因铁路而起,与汉冶萍厂矿的关

---

① 王树枏编:《张文襄公全集》卷44,奏议44,第2页。
② 曾鲲化:《中国铁路史》第二编路政,燕京印书局1924年版,第73页。
③ 王尔敏、吴伦霓霞合编:《盛宣怀实业函电稿》(下),第473~474页。
④ 盛宣怀:《愚斋存稿》卷25,第15页。
⑤ 盛宣怀:《愚斋存稿》卷89,补遗66,第28页。
⑥ 盛宣怀:《愚斋存稿》卷1,第3页。
⑦ 陈旭麓、顾廷龙、汪熙主编:《中国通商银行》,上海:上海人民出版社,2000年版,第8页。

系相对而言较为疏远。但通商银行对铁路建设的资金融通间接地影响到汉阳铁厂的发展。

盛宣怀还联合轮船招商局、电报总局等企业,引入其资金,投入钢铁工业建设中。义和团运动期间,他在奏片中密陈铁厂与轮、电两局"能合不能分"的关系:"铁厂招集之股商,即轮电两公司之股商,惟恃两公司之稍有盈余以辅铁厂之不足,利害相依,视为命脉。大约该铁厂立脚未定之前,无论何人接办,其势皆能合不能分。此时紧要关键,惟在保全两公司,庶铁厂有转圜之机,而商务有振兴之望。当此情势岌岌,接济一断,颠坠立形,不特以前公款数百万几同虚掷,尤虑各国洋人已在东豫晋蜀数省开办煤铁矿,势必设立洋厂,以与华厂争衡。华厂一蹶,尽为洋厂矣。"①此后,他多次坦言之所以敢于承办铁厂,是因为"有轮、电两商局可挹注"。②"从前敢于冒昧承办,所恃招商、电报、铁路、银行皆属笼罩之中,不必真有商股,自可通筹兼顾,故支持铁厂,余力尚能凭空起造一上等煤焦矿"。③

朱荫贵认为,中国近代企业发展进程中普遍存在关联企业间的资金流动,特别是企业在形成集团进而发展演变的过程中,企业内部普遍存在资金的调拨流动。这种现象的普遍存在有其必然性,它是中国近代企业生存环境依然恶劣的反映,这种环境迫使企业不得不想尽各种办法,动员一切资源进行抗争,以求得生存发展的空间,因此,这种资金调拨流动本质上是企业"自救""求活"的无奈之举。④ 汉阳铁厂与铁路总公司、通商银行、轮船招商局、电报总局等企业的资金调拨流动就是鲜活例证。该现象虽然是汉阳铁厂"自救""求活"之举,但某种程度上讲,也是近代产业经济相互依赖的必然表现。

钢铁企业一般具有广泛的外部联系,其生产经营所需的资金、原材料、能源、运输等,都需要依靠社会上的支持和其他单位的协作。这种联系的紧密程度对钢铁企业的生存发展有决定性作用。在经济发达国家,一般会设立相关的管理机构协调处理各种关系。而在清末,中国并无专门的政府机构协调组织各企业或经济部门的经营活动,这就对企业经营者的协调能力提出很高要求。作为钢铁企业的经营者,他必须具有广泛的社会关系,

---

① 盛宣怀:《愚斋存稿》卷4,第25页。
② 陈旭麓、顾廷龙、汪熙主编:《汉冶萍公司》(二),第263页。
③ 陈旭麓、顾廷龙、汪熙主编:《汉冶萍公司》(二),第539页。
④ 朱荫贵:《论中国近代企业集团内部的资金调拨流动》,《社会科学》,2008年第6期。

能调动方方面面的资源,使之服务于企业发展需要。面对国外钢铁巨头的竞争,如何促成国家对汉阳铁厂继续扶植和支持,成为管理者首先需要面对并解决的问题。盛宣怀适逢其会,依靠自己掌握的资源,很好地适应了这种要求。多端并举造就了盛宣怀影响控制下庞大的经济帝国,使得企业间有无互济、互帮互助成为可能。经元善尝批评盛宣怀官商不分、大揽利源的做法,言:"督者与办者截然分为两事,不知杏公自命是官督乎,是商办乎?任官督尚忽于统筹全局之扩张,任商办犹未能一志专精乎事功,且又独揽轮船、银行、铁政、铁路、煤矿、纺织诸大政,所谓一只手捞十六颗夜明珠,正坐务博不务精之弊。"①笔者认为此说并不公允,盛宣怀固然有揽权之嫌,但也正因他这种亦官亦商和"一只手捞十六颗夜明珠"的优势,为汉阳铁厂的官商合作搭建了一座桥梁,弥补了中国工业化过程中政府经济管理职能缺位的缺陷,为钢铁工业的发展创造了较好的外部环境。

第四,利用外资以补国内建设资金之不足。甲午战争后,清政府借用外资虽早已成为事实,但对于已经投入巨资、寄托自强理想的汉阳铁厂,借外资以解决资金不足问题仍不可想象,舆论阻力极大。1896年初,张之洞有招洋股的想法,但阻于浮议,不得施行,遂有盛宣怀接办汉阳铁厂一节发生。但近代工矿建设必须投入巨额资金,国内资金无法筹措,只能仰仗外资。在矿产资源开发活动中,盛宣怀主张借用洋债,但坚决反对招洋股,更不能出让矿权。认股并非借款,"更非借款还本即行自管者可比"。② 借债不过是权宜之计,但招洋股则权力归人。1902年,他向清廷建议:"中国所有者,产矿之基地也,外国所有者,开矿之资本也。我能守我之地不为他人所夺,将来以我矿地或作资本,或采租息,皆当权自我操。总之,矿商之利,外人不妨共之,而地主之权,中国当自守之。"③

钢铁工业建设需要消耗巨额资金。盛宣怀十分清楚资金在钢铁工业发展过程中的重要性,他指出,汉冶萍出类拔萃,"只要有本钱,必有一鸣惊人之日"。④ 由于甲午战争后清政府财政入不敷出,汉厂处境艰难,民间投资者视为畏途,无人愿意附股,盛宣怀虽依靠个人关系,动员相关企业入资汉厂,然与汉冶萍厂矿的资金需求相比,不敷甚巨。如此一来,除了利用外

---

① 夏东元:《盛宣怀年谱长编》(下),第646页。
② 盛宣怀:《愚斋存稿》卷64,第32页。
③ 盛宣怀:《愚斋存稿》卷8,第14页。
④ 陈旭麓、顾廷龙、汪熙主编:《汉冶萍公司》(二),第515页。

资,别无他途。1904年,为筹集厂矿改良资金,盛宣怀借用300万日元,此为其在汉阳铁厂大规模对日借债之嚆矢,恰如他所言,"大冶预借日本矿价三百万元扩充炉座本是筹款不得已之计",①该借款采用"预借矿价"的名义,到后来又发展为"预借生铁价值""续借生铁价值",实质上都是一种借债行为,只不过偿付手段不一样罢了。这样做,很重要一个原因是借以掩人耳目。

盛宣怀认为,借洋债必然要出让相关权益,"无不执权而能借款之法"。② 他曾将借用洋债比作"扁舟荡漾在风浪中",即承认借洋债会冒巨大风险,但"无论如何颠簸,必须想到登岸时光景"。③ 终其一生,盛宣怀为解决钢铁工业建设资金不足的问题,游走于利用外资和被外资利用的机遇与挑战之间,教训惨痛。

第五,扩大产业规模,寻求规模经济效应。钢铁生产是一种规模经济活动,适度扩大生产规模对于降低企业生产成本十分必要。汉阳铁厂早期的规模扩张是与技术改良同步进行的。盛宣怀秉持的一个经营理念是要"出货多、销路通","出货愈多,其利愈厚,必须竭力向此做去"。④ 在他们看来,要想弥补损失,降低成本,扩大影响力,必须增加出货,扩大产品种类,提高产量。该理念指导汉冶萍厂矿十数年的发展。

盛宣怀接办汉阳铁厂前夕,就向张之洞建议,"钢铁非推广非大举不能为功,而推广炼炉非另筹佳煤无可为力"。⑤ 1896年5月,盛宣怀接办铁厂时,在《招商章程八条》中确定总的经营步骤为"先支持后开拓"⑥,即先维持铁厂的日常生产,然后再扩张生产规模,提高产品质量。6月,《招集湖北铁厂股东公告》提出将来"拟在大冶江边另添生铁炉数座,就近化铁"。⑦ 1899年秋,他在《遵旨具陈练兵筹饷商务各事宜折》中向清廷强调要推广钢铁厂以资制造:"查各国之钢铁厂,资本皆以数千万计,化铁炉、炼钢炉皆以数十座计,鄂厂化铁仅有两炉,而一炉尚须拆改,现只有一炉可用,每日出铁不及一百吨。货出愈少,则合价愈贵,故钢铁精美一如洋产,而资本尚

---

① 陈旭麓、顾廷龙、汪熙主编:《汉冶萍公司》(二),第390页。
② 盛宣怀:《愚斋存稿》卷23,第20页。
③ 陈旭麓、顾廷龙、汪熙主编:《汉冶萍公司》(三),第818页。
④ 陈旭麓、顾廷龙、汪熙主编:《汉冶萍公司》(二),第493、495页。
⑤ 夏东元:《盛宣怀年谱长编》(下),第507页。
⑥ 陈旭麓、顾廷龙、汪熙主编:《汉冶萍公司》(一),第67页。
⑦ 陈旭麓、顾廷龙、汪熙主编:《汉冶萍公司》(一),第67、77页。

较重于外来。盖煤矿不成,虽管子再生,无能为力。拟俟萍乡铁路告成,煤炭可以畅运,臣当设法借筹资本,添置化铁炉炼钢炉,每日能出数百吨,方足供用,方能获利。"①但囿于燃料、资金、技术、管理等方面的问题,扩充炼铁产能的计划迟迟未能展开。

但到1908年前后,萍乡煤矿建设取得巨大成就,汉阳铁厂的经营形势日趋好转,盛宣怀也步入政治生涯的巅峰,职掌邮传部,通过预支轨价、订购轨料、订借外债等手段,为汉冶萍厂矿发展创造良好外部发展环境。在此背景下,盛宣怀将扩张规模作为自立之根本:"鄙见一求大化铁炉限期赶造以出铁;二求大驳船限期赶造以运焦,所谓自立之道在此。"②1910年8月,盛宣怀奏请再事扩充汉冶萍公司,显示出其恢弘的规模扩张计划。他指出:汉冶萍公司化铁炼钢大炉现已一律告成,每日可化铁四五百吨,炼钢三四百吨,厂务已有蒸蒸日上之势,"出货愈多,成本愈减,销路亦日推广","现各省铁路纷纷兴办,各国之来订购者亦函电交驰,况兴复海军迟早必办,倘能仿造日本自造军舰,需用材料亦正不少,故以销路而论,虽年出钢铁百万吨,亦不虑无受主,外洋一厂之大有年出钢铁二三百万吨者,以一国计,美国每年炼铁至三千万吨之多。汉厂限于财力,势难一蹴而几外洋大厂之规模,然为富强大计,亦不可无此雄志。冶铁萍煤取用不竭,自宜逐渐推广,蔚成一绝大宏业。现拟再加炼铁大炉二三座,炼钢炉及各种制造机器依比例照加,每年约炼铁三四十万吨,除供应各省路轨外,余均远销外洋,每年可为中国生利一千数百万两"。③

盛宣怀在清末曾说过一段耐人寻味的话:"至锰铁、锰精为炼钢要须品,从前概向外购,价贵而用不给。本公司现有采锰矿三处:一大冶,二兴国,三衡州。其萍乡已购锰山,尚未开凿。又自造多罗密石,又自造火砖,务使此后原料齐备。除筹款制备机炉外,悉取给于本公司以为断。"④即除了机炉设备不能自己制造外,其他一切与生产相关的原材料都不仰求外界。他的这一指导思想是在特定经济环境中的产物,是中国近代工业的总体滞后环境下的迫不得已之举。由于没有相关工业部门为汉冶萍公司提供配套产品,因此,除了自外洋进口,汉冶萍只能立足自己生产。但其弊端

---

① 盛宣怀:《愚斋存稿》卷3,第66页。
② 陈旭麓、顾廷龙、汪熙主编:《汉冶萍公司》(二),第598~599页。
③ 陈旭麓、顾廷龙、汪熙主编:《汉冶萍公司》(三),第148~151页。
④ 《汉冶萍煤铁路矿厂概略》,《东方杂志》,1909年第6卷第8期,第15~21页。

十分明显。首先,汉冶萍为解决这些产品的生产问题,必须筹措巨额资金。其次,汉冶萍公司庞大的产业规模使企业经营缺乏灵活性,极大地增加了管理难度。在近代中国社会秩序混乱的情景中,这种挑战更具威胁。

当然,盛宣怀扩大生产规模,并不完全是通过规模经济降低生产成本,以增加产品竞争力。在辛亥革命后,他扩大生产规模的背后乃是一种争取外债的无奈选择。因为要弥补革命造成的损失,恢复生产经营,不得不仰仗日本资金,而日本资金的获取又必须出让种种权利,其中就包括必须长期、低价向日本提供铁矿石、生铁等原料。盛宣怀利用日债开发汉冶萍铁矿资源,在偿还日债基础上,希望能借以盘活企业。1914年9月26日,盛宣怀致函孙宝琦,提出"以外债图扩充,以铁价还日款,以轨价充经费"的方针,①就是这种思想的反映。

第六,借材异域和立足自主的技术观念。近代钢铁工业本质上就是一个技术综合体,西方无数科技工作者花费数百年时间,通过艰苦努力,不懈探索,方得完成。借材异域乃是一定历史时期发展民族钢铁工业的必然选择。早在光绪初年,盛宣怀就高度重视外国矿师的重要价值:"开矿不难在筹资本,而难在得洋师。""矿事之成败利钝,实以洋师之得人不得人为定"。但借材异域只是权宜之计,从久远看,必须实现技术自立。故他同时指出:"此种人才,亦宜储备。"应饬京师同文馆、闽沪各厂以及出洋学生,随同学习开矿本领,"以开采为大利所在,未便使外人久与其事,目前则不能口口(行权)耳"。②

在钢铁工业实践中,盛宣怀一度聘用大批外国工程技术管理人员,并委以重任。汉阳铁厂官督商办之初,有在岗的外国工匠30名,③至1897年初,仍有外国工匠25名。④ 1904年前,铁厂生产事务全委诸外国总监工,"所雇洋人及华匠归总监工调度考察","无论何事凡关于厂者,皆归总监工经管"。⑤ 同时,盛宣怀又十分重视本土技术人员的培养。从创办南洋公学、北洋大学堂,到通过汉冶萍公司资助学生出洋学习钢铁冶金技术,盛宣怀为冶金技术的本土化作出了巨大努力。这种努力确实收到一定效果。1905年后,汉阳铁厂的工程事务主管即开始由华人担任。到民国初

---

① 夏东元:《盛宣怀年谱长编》(下),第973页。
② 陈旭麓、顾廷龙、汪熙主编:《湖北开采煤铁总局》,第107页。
③ 陈旭麓、顾廷龙、汪熙主编:《汉冶萍公司》(一),第74—75页。
④ 陈旭麓、顾廷龙、汪熙主编:《汉冶萍公司》(一),第362页。
⑤ 湖北省档案馆编:《汉冶萍公司档案史料选编》(上),第140页。

年之时,汉冶萍公司下属厂矿的绝大多数技术主管均为中国人,其中不少人的成长成材与盛宣怀的资助有关。

盛宣怀生活在国家多难之秋,是近代中国主权思想的先驱者之一。在数十年实业建设生涯中,他利用自己亦官亦商的双重身份,维护实业利权,抵制列强经济侵略。他并非专注于某一行业,而是针对列强染指中国实业利权的诸多领域,其中,钢铁工业建设花费了他尤其多的心血。[①] 他的钢铁工业发展主张来源于实践,直接针对诸多现实问题,具有很强的现实针对性。但在国权日丧、民资弱小的时代背景下,其许多主张无法成为现实,特别是民国初年,国事蜩螗,秩序紊乱,其思想主张或不得施行,或名存实亡,或走入歧途,最终成为泡影。

四、张謇的钢铁工业发展主张

洋务运动时期,洋务派官员虽提出"自强""求富"主张,并采取了一系列经济建设活动,但始终未能明确形成国家经济发展战略。近代中国,率先规划经济发展重点并指导国家经济建设实践的人是张謇。他把这种重点领域称为"的",认为"所谓农工商者,犹普通之言,而非所谓的也。无的则备多而力分,无的则地广而势涣,无的则趋不一,无的则智不及,犹非计也。的何在?在棉铁"。[②] 即确立棉纺、钢铁两业为发展农工商业的关键与核心。

张謇投身实业,毕生精力主要放在棉纺织业上。但作为其经济思想的重要组成部分,其钢铁工业发展主张在近代中国也具有重要影响。其内容主要表现在以下几个方面。

第一,主张铁矿国有。张謇以汉冶萍公司为殷鉴,从兴办钢铁企业动

[①] 王尔敏:《盛宣怀与中国实业利权之维护》,《中央研究院近代史研究所集刊》第27期。王尔敏先生认为,盛宣怀毕生经营实业,"以轮船、电报、铁路、银行为最重要",所以该文主要就此四个方面展开论述。但笔者认为,钢铁建设事业在盛宣怀心目中的重要性并不亚于其他事业,其在钢铁工业建设中所耗费的精力、财力和人力也绝不逊于他所经营的其他任何事业,如他在民初所言:"宣怀一生心血,以航业始,以铁业终。轮船招商局,只须步武日本邮船会社,以旧作新,不劳而理。汉冶萍钢铁,成败得失,数十倍于航业,成则钢舰、钢械、钢轨、钢货皆足办,而输出外洋,数必浮于丝茶,不难与美、德争胜,英、法瞠乎其后已。"(王尔敏、吴伦霓霞合编:《盛宣怀实业函电稿》下,台北"中央研究院"近代史研究所,1993年版,第796页)所以,笔者认为,钢铁工业领域也是盛宣怀同外商进行商战的主战场之一。

[②] 张謇研究中心、南通市图书馆、江苏古籍出版社编:《张謇全集》第1卷,南京:江苏古籍出版社,1994年版,第155页。

辄需投入千百万资金的行业特点出发,力主官办,反对商办。他主张"明定官营铁业之策",先从安徽入手,将安徽铁矿定为国有,对于已经批准的商办公司,"设法一并收回"。或变通办理,"听以华股开采,而由官厂收买矿砂"。如办理有成效,再推广至其他地区,即将全国铁矿资源收归国有。①此后,他考虑到各商办铁矿区中外辇辖的实际情况,以及政府的经济实力有限,认为"政府既不能举全国之铁矿胥收而营之业,自不如举三五质最优、量最大之铁矿,认为国有,其余前呈有案及将来计定不归国有之小矿仍听商民遵照矿业条例集资开采。其已契卖于外人之矿砂先以所订之数为限,将来除改归官收外,如与外人订卖砂之契约,非先报部核准,不能有效"。② 在此,张謇将此前铁矿完全收归国有的主张改为将重点地区铁矿资源收归国有,应该讲,这是在承认既成事实的前提下迫不得已的做法。但对不归国有之小矿,张謇依然强调了中央的监管权限,要求加强中央对地方铁矿资源的审批管理。

第二,加强资源勘查。张謇执掌农商部后,在矿政方面力图发奋振作,但"徒以金融奇窘,官民交困,进行未免稍迟……复因政费支绌,各署人员大加裁减,不能广事搜求,乃定从调查铁矿入手"。③ 为此,他先后聘请梭尔格博士(Dr. Solger,北京大学德籍教授)、安德森博士(J. G. Andersson,瑞典地质调查所前所长,1914年8月应北洋政府之邀来华)、卫勒博士等外国专家为农商部顾问,携部员遍访湖北大冶、安徽当涂、繁昌、直隶永平、山西泽潞、河南修武、江苏利国驿等地,调查铁矿资源,作为建立国家钢铁厂之准备。其中,两个最重大的成果是发现了直隶龙门县铁矿和江苏秣陵关铁矿(亦称"凤凰山铁矿")。这两大铁矿区因系新近发现,无外部势力纠葛其中,引起北洋政府的高度重视,成为日后中国建立大型钢铁企业的重要候选地区。1915年1月15日,他在与记者谈论实业建设问题时指出:"余从事于实业一途已阅半世,今则愈知欲富强吾国,舍实业无由也。就各项实业而言,最为吾所主张者为棉铁二项,以其于近世界中为必不可少之物也。现时吾人所用之棉铁,皆来自外洋,今后正宜努力使此二者皆可由本国供给。现有数处铁矿,余已详细考察,刻正拟派人考察其他之铁矿。

---

① 沈家五:《张謇农商总长任期经济资料选编》,南京大学出版社,1987年版,第134页。注:笔者推测,《拟具官营矿业办法给大总统呈文》起草时间应为1913年11月6日。详细理由,见本书第三章"铁矿国有策"一节。
② 中国第二历史档案馆藏:《张謇等关于铁矿国有条陈》,全宗号:1038(2),案卷号:重165。
③ 中国第二历史档案馆藏:《张謇等关于铁矿国有条陈》,全宗号:1038(2),案卷号:重165。

盖政府之意欲将各矿详细考察之后,择其最为丰富者始与开采。"①

第三,审慎选择钢铁厂址。起初,张謇从交通便利、军事安全、储量丰富等因素考虑,认为安徽、江苏、河南三地为发展钢铁业最有希望之区,建议分设厂矿以炼铁、制钢,"矿量丰饶之处,则就地设一熔炼生铁之厂,矿量稍逊之处,则就近联合数处而设一厂",据此,铁厂的数量由矿山多寡而定。制钢方面,根据军需、民用的标准筹划建立两个钢铁厂,"第一炼钢厂专供军用,须择地势稍偏,战时可期安全之处",第二炼钢厂专炼商品,务求运输便捷,期有赢利。汉冶萍公司如能收归国有,或即以汉阳之厂充之"。② 后考虑到北洋政府财政支绌,特别是根据农商部顾问安德森等人的铁矿调查报告,发现直隶龙门县、江苏秣陵关铁矿资源丰富,张謇修改计划,建议"拟就龙门县筹设国家第一铁厂,专供枪炮之材,就秣陵关设国家第二铁厂,专供舟车之材","俟此两厂规划完妥后,再就河南等省探觅佳矿,备设国家第三、第四铁厂,以为可大可久之计"。③张謇主张在此处设厂,除了当地铁矿储量丰富、矿质优良外,还在于两矿为新近发现,不存在中外纠纷。它们此后成为北京政府发展钢铁工业的首选之地。特别是秣陵关铁矿,由于濒江近水,交通便利,更是受到许多钢铁建设人士的青睐。

第四,主张借用外国资金与技术。张謇明确主张借用外资开发中国钢铁资源:"至于铁矿需本尤重,非用开放主义,无可措手。但使条约正当,权限分明,既借以发展地质之蕴藏,又可以赡贫民之生活。"对钢铁下游产业,他认为,可任由欧美国家开设工厂,"其由钢铁而生之机械铁工厂,亦可听欧美人建设,于工业可省远运之资,于工学尤得实习之地,计所获益,良非浅鲜"。④ 这是张謇鉴于我国财力匮乏与技术落后的现状而采取的权宜之计,但"条约正当,权限分明"是基本前提。张謇的这一思想并未随时间推移而改变。1923年,为争取外部援助,他阐述了中国与世界经济密不可分之关系,希望中外之间能"经济互助",成立金融机构,帮助中国发展经济,并强调要以"棉铁"为主要切入点。他说:"互助之道无他,即合各国之利病共同,视线一致者,集一银公司,以棉铁为主要,以类于棉之稻麦,类于铁之

---

① 张謇研究中心、南通市图书馆、江苏古籍出版社编:《张謇全集》第2卷,南京:江苏古籍出版社,1994年版,第305页。

② 沈家五:《张謇农商总长任期经济资料选编》,第134页。

③ 《张謇屡陈官办商办铁矿办法》,中国第二历史档案馆藏:《张謇等关于铁矿国有条陈》,全宗号:1038(2),案卷号:重165

④ 沈家五:《张謇农商总长任期经济资料选编》,第9~10页。

煤为从要，其他如水利、如电、如铁路、如汽车为次从要。凡有一地一矿一事视为可以经营者，视其地、其矿、其事之所需，为之考虑其策划，详确其预算，等差其年度，支配其用数，程序其设施，检复其成绩，而又均势以平等其资本，公开以昭布其条件，以互输产品保公司之利，以不犯土地尊主国之权，如是十五年小效、三十年大效可以预言。"①这是张謇任农商总长时期经济思想的延续和具体化。

在钢铁工业建设中，张謇虽明确宣示必须借用外资，但坚决反对与日本合作："凡他商业皆可与外人合资，惟铁厂则不可；铁厂容或可与他国合资，惟日人则万不可。日人处心积虑以谋我，非一日矣，然断断不能得志。盖全国三岛，无一铁矿，为日本一大憾事……鄙人尝持一说，谓我国铁业发达之日，即日本人降伏于我国旗之下之日，确有所见，非过论也。"②这说明他的"开放主义"有特定适用对象，即主要针对日本以外的其他资本主义国家。

鉴于钢铁工业的重要性，张謇在晚清时就明确提出"棉铁政策"的主张。在主持农商部期间，他将"棉铁主义"作为自己的施政纲领，主张铁矿国有，加强资源勘查，规划钢铁厂建设，并支持利用外资。由于其执掌农商部时日极短，加上经费短缺，故未能全面施展其经济主张。尽管如此，张謇的"棉铁主义"施政方针是近代中国政府第一次较为系统的铁业整理工作，对北洋政府的钢铁政策发挥了较大作用。

五、孙中山的钢铁工业发展主张

作为近代中国民主革命先行者，孙中山的革命思想包含"破坏"与"建设"双重含义："革命之有破坏，与革命之有建设，固相因而至，相辅而行者。"破坏之后不进行建设，就会背离革命的根本目的，"于国家治化之源，生民根本之计，毫无所补"。③ 此正如一些学者所指出的，孙中山除了爱国者、民主革命先行者等公认定语外，"不能忽略孙中山还当之无愧地是近代

---

① 张謇研究中心、南通市图书馆、江苏古籍出版社编：《张謇全集》第3卷，南京：江苏古籍出版社，1994年版，第820页。
② 张謇研究中心、南通市图书馆、江苏古籍出版社编：《张謇全集》第1卷，第238～239页。
③ 中国社会科学院近代史研究所中华民国史研究室等合编：《孙中山全集》第6卷，北京：中华书局，1985年版，第205～207页。

化前驱","兼具革命者与建设者的两重身份"。①

实业建设是孙中山建设思想的重要组成部分。他认为,实业是国家富强之根本,"中国乃极贫之国,非振兴实业不能救贫。仆抱三民主义以民生为归宿,即是注重实业"。②"今之美国,吾人知其为世界最富最强之国也,然其所以致富强者,实业发达也"。③ 孙中山思想中的"实业"所指范围很广,所谓"农工商矿,繁然待举而不能便废者,指不胜屈"。④ 关于孙中山实业建设思想的研究早已成为海内外学界关注的重要课题,业已取得丰硕成果。但围绕孙中山的钢铁工业思想和主张,相关研究还不够深入。一些专著在论述该问题时,多将之作为"根本工业"的一部分,仅稍带述及,特别是未将其置于中国近代钢铁工业思想发展流变的大背景中加以考察,导致未能科学评价孙中山钢铁工业主张的历史地位。笔者认为,孙中山的钢铁工业发展主张是其实业建设计划的重要组成部分,在清末民初中国钢铁工业发展思想中扮演着承前启后的作用。

孙中山对钢铁工业的思想认识与其长期周游列国的社会实践活动密切相关。1878年出国后,他"始见轮舟之奇,沧海之阔,自是有慕西学之心,穷天地之想"。1896年10月,孙中山伦敦蒙难获救后,坚定了对西方资本主义文明的认同。此后大半年时间,他常出入大英博物馆学习西方政治、经济、军事、法律等知识。其英国老师康德黎称:"和我们在一起住在伦敦的时候,孙逸仙从不在玩乐上浪费时间,他总是不停地工作,阅读关于政治、外交、法律、陆海军等方面书籍,矿山及开采、农业、畜牧、工程、政治经济学等也为他所注意。他坚持不懈地仔细加以研究。他所涉猎的知识领域很少有人达到。"⑤19世纪末20世纪初,钢铁工业在欧美地区和日本快速发展,孙中山长期在这些国家和地区游历生活,耳濡目染之下,思想不能不受影响。一些国际人士的主张也可能影响其思想认识。1919年3月17日,美国公使芮恩施在阅读孙中山《国际共同发展中国实业计画》后,复

---

① 张磊:《实事求是、科学地评价孙中山》,载林家有主编:《孙中山研究》第一辑,广州:中山大学出版社,2008年版,第1~4页。
② 中国社会科学院近代史研究所中华民国史研究室等合编:《孙中山全集》第2卷,北京:中华书局,1982年版,第339页。
③ 黄彦编:《孙文选集》(上),广东人民出版社,2006年版,第79页。
④ 中国社会科学院近代史研究所中华民国史研究室等合编:《孙中山全集》第2卷,第383页。
⑤ 陈锡祺:《孙中山年谱长编》上册,北京:中华书局,1991年版,第137页。

信建议:"中国对于煤铁矿之发展,尤为要图。煤与铁,近代工业主义之两大原料也。如中国欲发展此两项工业,应设法利用外资,为之援助。但不可不注意者:一面当留存煤铁,为其本国之需;一面当阻止中国之钢铁事业抵押于外人。如此而后不至危及中国此项伟大之事业。"①这与孙中山保护国内煤铁资源的主张是相吻合的。

孙中山认为,钢铁工业为现代实业之根本。他以钢、铁、炭、油之出产为例,钦羡美国工业实力之雄厚,指出:"夫钢铁者,实业之体也;炭、油、汽、电者,实业之用也。""在近代工业中,称为最重要之原质者,是为钢铁"。②要使中国真正步入工业强国之境界,与美国并驾齐驱,孙中山认为必须大力发展钢铁工业:"钢铁者,实为一切实业之体质也。凡观一国之实业发达与否,观其钢铁出产之多少可知也。"③

孙中山认为,发展钢铁工业必须借助外力,积极主动利用国外资本和技术。其《实业计划》原名《国际共同发展中国实业计划书》,从书名即可看出孙中山在实业建设中秉持的开放主义立场。孙中山认为,中国"闭关自守之局为外力打破者已六七十年,而思想犹是闭关时代荒岛孤人之思想,故尚不能利用外资、利用外才以图中国富强也"。④ 在许多场合,孙中山明确倡导开放主义:"今欲急求发达,则不得不持开放主义。利用外资,利用外人,皆急求发达我国家之故,不得不然者。""利用外资,可以得外资之益,故余主张开放门户,吸收外国资本,以筑铁路,开矿山"。⑤ 他说:"以中国之地位,中国之富源,处今日之时会,倘吾国人民能举国一致,欢迎外资,欢迎外才,以发展我之生产事业,则十年之内吾实业之发达必能并驾欧美矣。""中国矿业尚属幼稚,惟经营之权素归国有,几成习惯。此所以发展中国实业,当由政府总其成,庶足称为有生气之经济政策。彼通常人对于矿业多以为危险事业,并谓借外资以为开采者亦非得计,其所见或未到也"。⑥ 1924年8月,孙中山在宣讲民生主义理论时,重申:"照美国发达资

---

① 黄彦编:《孙文选集》(上),第296页。
② 黄彦编:《孙文选集》(上),第80、281页。
③ 黄彦编:《孙文选集》(中),广东人民出版社,2006年版,第640页。
④ 中国社会科学院近代史研究所中华民国史研究室等合编:《孙中山全集》第6卷,北京:中华书局,1985年版,第224页。
⑤ 中国社会科学院近代史研究所中华民国史研究室等合编:《孙中山全集》第2卷,北京:中华书局,1982年版,第481、498页。
⑥ 黄彦编:《孙文选集》(上),第81、280~281页。

本的门径,第一是铁路,第二是工业,第三是矿产。要发达这三种大实业,照我们中国现在的资本、学问和经验都是做不来的,便不能不靠外国已成的资本。我们要拿外国已成的资本,来造成中国将来的共产世界,能够这样做去,才是事半功倍。如果要等待我们自己有了资本之后才去发展实业,那便是很迂缓了。"①

当然,孙中山利用外资的主张并不是无条件的,其前提是,"一不失主权,二不用抵押,三利息甚轻"。②"中国有主权,则无论何国之债皆可借,即外人之投资亦所不禁"。③

孙中山规划钢铁工业建设,能用联系、发展的观点看待问题,认为经济建设必须统筹兼顾,各部门协调发展,齐头并进:"欲谋实业之发达者,非谋其一端可成效也。必也万般齐发,始能收效。"④他说:"当中国一般的开发计划进行之始,钢铁销场立即扩大,殊非现时实业界所能供给。试思铁路、都市、商港等之建筑,与夫各种机械器具之应用,所需果当何若。质而言之,则中国开发,即所以起[启]各种物品之新需要,而同时不得不就附近原料,谋相当之供给。故制铁、炼钢工厂者,实国家之急需,亦厚利之实业也。"⑤他的这一主张符合社会化大生产的一般规律,具有积极的指导意义。

孙中山确立了钢铁资源开发的重点区域。他认为:"直隶、山西无尽藏之煤铁,应以大规模采取之。今假以五万万或十万万元资本,投诸此事业。""中国除直隶、山西两省经拟开采之铁矿外,其余各地铁矿亦须次第开采。中国内地沿扬子江一带与西北各省皆以铁矿见称丰富,新疆、蒙古、青海、西藏各地亦以铁矿著名……广州将开为南方大港,应设立一铁厂。其他如四川、云南等地方之铁矿,亦可次第开采。而后多设钢铁工厂于各处内地,使之便利经营钢铁事业者之需要。至增设之铁厂,应用资本若干,可留为有经验者另行察夺。但以吾之见,因发展中国实业之结果,需铁孔亟,

---

① 黄彦编:《孙文选集》(上),第634页。
② 中国社会科学院近代史研究所中华民国史研究室等合编:《孙中山全集》第1卷,北京:中华书局,1981年版,第568页。
③ 中国社会科学院近代史研究所中华民国史研究室等合编:《孙中山全集》第2卷,第340页。
④ (台北)中国国民党中央党史委员会编:《国父全集》第3册,1973年版,第666页。
⑤ 黄彦编:《孙文选集》(上),第131页。

即以相等或加倍于直隶、山西铁厂所用之资本经营之,亦不为多也"。①

孙中山确立了铁矿收归国有的原则。他意识到煤铁资源的稀缺性,必须加以保护,"夫煤铁矿源,在各实业国中累岁锐减,而各国亟思所以保存天惠,以遗子孙……且以欧洲战后,各国再造所费,于实业界能供给之煤铁,行将吸收以尽"。加之钢铁工业作为基本产业,"故为国家谋公共利益计,开采铁矿之权,当属之国有"。②

由于常年在海外游历生活,孙中山的钢铁工业发展思想较之其他人更多一些国际色彩,他往往用发达国家的经验昭示国人。因此,在时人看来,其主张似乎过于宏阔辽远,目标难以实现。如他曾主张:"我国实业欲与美国之实业并驾,实非有如现在汉冶萍之铁厂三四百所不为功。"③但若放宽历史视野,特别是对照现实中国,其一系列看法体现出先见之明。

孙中山在国民党享有崇高地位,其思想对南京国民政府的钢铁工业政策产生巨大影响。如围绕铁矿资源管理,1928年10月6日,南京国民政府农矿部令行各地方,"以遵照总理实业计划,开采铁矿之权,当属国有。所有前北京政府颁发之修正特准暂行开采铁矿办法,显与党义抵触,嗣后不得再行沿用"。④ 1929年3月23日,国民党第三次全国代表大会第十次会议通过《确定训政时期物质建设之实施程序及经费》,该案以《建国方略》实业计划所指示的方策原则为确定物质建设实施程序之标准,决定以交通建设为首要,其次则为煤铁工业。⑤ 关于外资之利用及其保证条件,孙中山的主张也得到部分贯彻。这些都是受孙中山钢铁工业发展主张的直接影响所致。

六、矿冶技术专家的钢铁工业发展主张

清末民初,随着中国钢铁工业建设实践和海外留学教育活动的展开,中国出现了第一批矿冶工程技术专家。他们基于自身的实践经历和学业背景,对中国钢铁工业发展提出许多建议和主张,表现出相当的专业水准。

---

① 黄彦编:《孙文选集》(上),第131、281页。
② 黄彦编:《孙文选集》(上),第131、281页。
③ 黄彦编:《孙文选集》(上),第640页。
④ 《铁矿国有:前特准探采铁矿办法嗣后不得再行援用》,《矿冶》,1928年第2卷第6期,第166页。
⑤ 秦孝仪主编:《中国国民党历次全国代表大会重要决议案汇编》(《革命文献》第77辑),中央文物供应社,1978年版,第108页。

1912年11月,首届全国工商会议对如何开展钢铁工业建设展开了热烈讨论。从涉及内容看,此次会议基本上考虑到钢铁工业发展过程中的重要准备环节,对政府应该扮演的角色也有深入思考。

在地质勘察方面,工商部递交《地质调查待商案》,认为,"世界各国于十九世纪之中叶随工商业之勃兴,而相与经营地质调查事业,不遗余力,至于今日,几于无国无调查局之设矣",中国"不欲工商业之发展则已,不然则地质调查事业诚至不容缓者也"。该案得到与会代表普遍认可,认为"中国著名矿产落于外人之手,已非一日,若不再切实调查,从事振兴,中国将来永无富强之日","此案与实业前途,关系非常重大"。① 会议一次性讨论并通过了该案,确立了设立矿业调查机关及推进矿业调查的办法。与该案主张相似,议员王国辅认为中国矿产开采者寥寥,"实由调查之未精确也",提议颁行调查矿务通则,派遣矿务科员或矿科毕业生分道调查矿务。②

在扶植钢铁工业方面,吴鼎昌③提交了《制铁业保护法建议案》,并经会议审议通过。吴鼎昌认为,"自十八世纪后,工业之动机改良,商业之组织变迁,一国实业之盛衰,全系于煤铁之消长,故识者辄冠以煤铁世界之名,以引世人之注意。盖煤铁业未发达以前,工商业无兴起之望也"。总结其他国家钢铁工业发展经验,吴鼎昌认为政府保护对钢铁业之发展极为必要:"制铁业工事中最困难之点,莫过于炼钢,业此者,辄有穷数十年之研究而不得精其技,故非厚集资本,薄其利率,宽其岁月,每中途而止,难举最后之成绩","苟非政府设法补助,断无投资于制铁业之创办者,以其收效难而期远故也。况我国金融枯窘,利率之高倍于他国,奖励投资尤为困难耶"。对刘揆一确定钢铁业为基本产业的主张,吴鼎昌表示赞同,他认为"基本产业与国家有存亡之关系,因有存亡之关系,不能不用保护政策","纺织、制铁、采矿三者均宜用积极的保护政策。中国如此三者而不发达,则工商前途即无发达之一日。纺织不发达,则中国必亡。制铁、采矿不发达,则中国不能富,此一定不易之理"。关于具体保护方法,会议议决条文五条,主要为由中央政府审查、监督制铁公司之资本及营业,计划安排制铁公司的产

---

① 工商部:《议决案·地质调查待商案》,工商部编:《工商会议报告录》,北京:共和印刷有限公司,1913年版,第194~197页。
② 《参考案·矿务议案》,工商部编:《工商会议报告录》,第42~43页。
③ 日本东京高等商业学校毕业生,1911年授商科进士,曾任奉天本溪湖铁矿局总办一职、中国银行正监督、造币厂监督、中国银行总裁、内政部次长、实业部部长等职。

品生产,并由政府提供资本保息的承诺。① 该案实际上意在让政府参与钢铁企业的管理运营,利用国家力量扶助钢铁企业建设。

对于钢铁工业建设资金问题,各界人士深入交换了意见,分歧较大。如刘揆一在演说词中,建议利用外资,但应采取不同地区不同政策的方法:"拟于腹地则斟酌利用外资,于边地则实行门户开放,苟能事前预定计划,临时妥定条文,于领土主权不生妨害,即借资营业,正自无妨。盖外资不善用之固足以召亡,善用之亦未尝不可以利国也。"吴鼎昌则反对利用外资,认为"基本产业与国家有存亡之关系","实业之中,若铁道、自来火等可以借外债办之,至于制铁、纺织等实业,万不能借外债办之。譬如一个制铁厂成立,其他第二、第三之制铁厂一定继续开办,及第二、第三之制铁厂成立,即有竞争,一竞争则盈亏不能预卜,此种实业不能谓之稳固,因不稳固即不能借外债以办之。此种事非若铁路之可以有预算,其所以不稳固者,亦无从稽考,此官办借外债之不能成立有断然者"。"故对于基本产业,全用外债兴办,窃不以谓然"。②

华封祝③主张利用外资以谋矿业发展,指出:"为救时计,非大兴矿利不为功。欲大兴矿利,舍利用外资更无良法。""外资不难于输入,而难于支配,必有种种之规定,斯能得美满之效果"。该案拟具借款、合资和租借三种利用外资办法,以借款为上策,合资次之,租借又次之。④ 议员陆溁认为可借外债,反对招收外股:"利用外资,其伸缩之权操之是我,而合资则流弊甚大,宁可借款而不可合股,实为一定不易之政策。"议员刘炳章认为:"利用外资以办矿,则甚危险,势必有以矿产为抵押之举动。且外人希望之心亦非常之大。"⑤该案遭到会议否决,集中体现出与会人员在此问题上的谨慎心理。钢铁工业作为国家的基本产业,影响重大,以上言论反映出当时国内依然比较排斥外资。资金问题仍将长期困扰中国钢铁业的发展。

另外,涉及钢铁工业发展的议案,还有华封祝提交的《振兴云南矿业

---

① 吴鼎昌:《议决案·制铁业保护法建议案》,工商部编:《工商会议报告录》,第319~328页。
② 吴鼎昌:《议决案·制铁业保护法建议案》,工商部编:《工商会议报告录》,第322页。
③ 日本高等实业专门学校毕业,因条陈矿业实业计划,受清政府采纳,并派往云南,以新法开采个旧锡矿。民初,曾任云南实业司副司长、司长,商部佥事,云南省垦殖督办及水利局长等职。
④ 华封祝:《否决案·利用外资以谋矿业发展案》,工商部编:《工商会议报告录》,第39~42页。
⑤ 《参考案·矿务议案》,工商部编:《工商会议报告录》,第65~66页。

案》,该案鉴于各经济部门间的密切联系,专门对钢铁业表示了极高的重视,认为:"发达云南矿业,必自修铁路始,欲修铁路,必自设钢铁厂始,富国富滇,在此一举。""拟请工商部咨商交通部,筹集巨款在滇设立钢铁厂,制造钢轨铁材,以备将来修筑西南各省铁道之用,并以开发云南煤铁之利源案"。① 但该议案并未获得通过,仅作为参考案备案。

汉冶萍公司协理李维格结合其实践经验,对中国钢铁工业面临的发展困境提出个人看法。他认为,以中国之国土面积和人口数量而论,类似汉冶萍之类的企业,"宜有数十铁厂,分布全国","然中国之所以不能如所期望者,其原因安在。将谓无资本耶? 自己不足,何不可利用外资。将谓无人才耶? 人才虽难,亦可借才异地。且前之派出学生,陆续学成归国"。李维格认为,中国钢铁工业不能发达的原因在于:一、"政府不能保护鼓励",较之美、德政府的关税保护、出口津贴、运费减免等政策,"中国税则则反是,进口税只值百抽五,而汉厂并此亦不能得其益处。盖各铁路材料进口税一概豁免,得与汉厂竞争";二、"无划一之定式",各铁路轨式配件,杂乱分歧,从无划一之规定,使承造者穷于应付,"遂向洋厂购订"。他希望政府体念钢铁关系重要,"一面祛其障碍,一面鼓励佽助,竭力保养而扶植之,以后钢铁事业庶可望其发达,成一富强之国,与各国并驾齐驱"。②

近代著名冶金工程学家、教育家胡庶华③对钢铁工业的重要性有深刻认识,持续关注中国钢铁工业发展问题。他阐述了钢铁工业在现代工业经济中的重要性,指出:"工业中之有铁,犹人身之有血也。血贫之人其体必弱,铁乏之国,其工业必不振。世界列国之贫富强弱,莫不可于其每年产铁之量觇之,成例具在,历历不爽。"④他早年对振兴中国钢铁业提出两点忠告:第一,当先提倡采矿,以广铁之来源。又当同时兴办各种工业,以畅铁之销路,不可期近功而忘远图;第二,不可存投机之心,轻于一试,尤不可有好名之念。欲速成功,有百折不挠之决心,而不可有五分钟之热度。⑤ 他呼吁中国政府和社会各界坚决抵制日本对华钢铁资源掠夺行为,称日本逞智竭能掠夺中国铁矿,用意有二:发达彼国实业,摧残我国实业;充足彼国

---

① 华封祝:《参考案·振兴云南矿业案》,工商部编:《工商会议报告录》,第109~123。
② 李维格:《中国钢铁实业之将来》,《民国经世文编·实业》(三)。
③ 胡庶华,民初于德国柏林工业大学化学冶金系毕业,获冶金工程博士,曾担任中国工程学会会长、江苏教育厅长、同济大学、湖南大学、重庆大学、西北大学校长等职务。
④ 胡庶华:《振兴铁业意见书》,《太平洋》,1922年第9号,第1~10页。
⑤ 胡庶华:《振兴铁业意见书》,《太平洋》,1922年第9号,第1~10页。

武力,解除我国武力。"倘吾人不求根本上之解决,吾恐铁业不兴,凡百业俱无发达之望。根本之解决维何?(一)取消日本二十一条无理之要求。(二)政府宜特别提倡及保护铁工业。(工业繁盛之邦,均有特定法律保护铁业)(三)各小机器厂宜集资办一大厂。(查汉冶萍最初之所以与日本发生关系,由于本国机器厂太少,铁无销路,今则有销路而无钢铁)(四)工业同志宜结合团体组织铁厂。(五)学界及新闻界宜一致鼓吹,使中国人民知铁业前途之危险,资本家当以爱国热忱投资铁工厂。吾侪目前应办之事首在第五,次及四、三两项。至于第二项以目前现状观之,希望极少。而第一项则非用铁血主义不能成功"。① 围绕如何发展中国钢铁工业,在不同历史时期,由于客观政治经济环境不同,胡庶华的思想主张并不一致。1927年前,他更多地偏向于发挥民间力量。此后,由于国民党政权依靠武力形式上统一中国,建立威权政治,他强调政府在钢铁工业建设中的主导地位,认为"各国钢铁事业之兴替,皆由政府出全力以扶助";保护国内铁矿资源,他建议国民政府制定政策,禁止对日出口铁矿石。②

顾琅围绕钢铁业的国家保护政策多有陈词,有意见书陈达农商部。他认为,国家保护钢铁事业,常依法律、经济两方面以解决之。制铁业之保护约有三种方法:税法之保护、奖励金之颁给、交通政策上之保护。其中,"税法上之保护中以关税上之保护为最重要。关税上之保护分积极的保护、消极的保护两种。积极的保护法对于外国之铁及铁制品课以禁止的或限制的关税,图本国制铁业之发达。消极的保护法对于制铁业所需之燃料、机械等类得免去其输入税,并予以关税法外之保护。如所得税、营业税、矿业税等"。"至交通政策上之保护,凡铁道、运河对于铁矿及铁制品之运输得减轻其运费,然此非铁道及运河国有者不能完全实行"。③

翁文灏认为开展钢铁工业建设必须首先弄清矿产资源禀赋。自1914年初受聘担任农商部地质研究所讲师时起,他就同该所的丁文江、章鸿钊、叶良辅、谢家荣等师生一起,对各地矿产资源展开长期、大规模实地调查。1920年,在与丁文江合撰,呈交农商部总、次长的《矿政管见》一文中,翁文灏对中国社会关于铁矿资源的乐观态度进行批评。他认为晚清同光时期

---

① 胡庶华:《中国铁业前途之危机》,《太平洋》,1923年第9号,第1～8页。
② 实业部总务司商业司:《全国工商会议汇编》(第二编第一组议案),台北:文海出版社,1987年版,第34～35页。
③ 顾琅:《调查各国对于制铁事业之保护政策》,中国第二历史档案馆藏农商部档案:《铁业计划中拟设南北两铁厂案(附卷)》,全宗号1038(2),案卷号重164。

李希霍芬关于中国富于煤铁矿的论断已经不合于时代发展要求："就地质调查所历年调查结果而言,吾国全国铁矿矿量,其交通便利易于开采而矿量在三十万吨以上者,总量不逾五百五十余兆吨(其中以奉天、直隶、湖北、安徽诸省为较丰）。""夫然后知苟使吾国家进而达于工业国之地位,则铁矿之储藏不患其有余而患其不足也"。① 其观点对于科学规划我国钢铁工业的发展具有重要参考价值。

发展钢铁工业,国家必须正视钢铁工业的重要价值,认清其在现代产业经济中的重要地位。该思想认识在晚清时期虽得到一些官员的极力提倡,但就整体而言,还未被清政府所绝对认可。北京政府确认钢铁工业的重要价值,初步完成这一价值认知活动。但混乱的时局使北京政府无法强化这一认识,更无法整合全国资源。北京政府时期,部分政治精英固然能够调动一定政治资源,但能力有限,且存在人去政息的局限性。孙中山对钢铁工业初步形成较为系统的认识,但在当时,他不是国家权力资源的掌握者,缺乏将思想主张转化为实践的条件。在南京国民政府成立时,钢铁工业的价值认知已基本完成,不再是中国钢铁工业建设的首要任务。围绕钢铁工业发展问题,孙中山的主张成为指导国民政府进行钢铁工业建设的基础思想。矿冶技术专家的理性认识和专业主张为科学开展钢铁工业建设实践提供了有益的思想养分。但北京政府时期,这些合理的建议缺乏政府的有力支持,所有主张均无法付诸实践。

---

① 翁文灏、丁文江：《矿政管见》,著者刊,1920 年版,第 21 页。

第三章　钢铁工业制度的构建

　　制度是推动社会经济发展的重要变量。制度有广义和狭义之分,前者指正式规则,如政府层面的公共政策、国家层面的法律规章。后者则是在正式规则的基础上,将社会层面的风俗习惯、行为规范等非正式规则纳入制度的范畴。本章讨论的制度主要指狭义层面的公共政策和法律规章。政府是制度的主要输出者、执行者。在所有制度安排中,政府的政策无疑是最重要的一个。政府提供的是经济剩余赖以建立的秩序构架,如果没有由政府提供的这种秩序稳定性,理性行为也不可能发生,所以政府政策对经济增长的重要性是怎么强调也不为过分的。[①] 制度的演变往往具有密不可分的延续性,新旧杂糅是制度运行的常态。鸦片战争后,随着传统的经济运行管理模式日趋崩溃,新的经济制度在内外作用力的推动下在不断探索建构之中。这一幕也出现在钢铁生产领域。

第一节　传统社会冶铁业管理制度演变

　　在中国传统社会经济体系中,冶铁业所占比重十分有限,管理机构与方式比较简单。管理机构往往隶属于政治机构,由各级行政官员任主管,而这些官员一般都不具备相关的专业知识。政府对冶铁业的管理主要表现在冶厂的审批、监督、征税以及产品的流通控制等方面。

一、清以前冶铁业政策概述

　　铁作为一种非常重要的物质,是人们日常生产生活所必需的。中国古代一些巨商很早就认识到控制铁的生产运营可以获取丰厚的回报。司马迁在《史记·货殖列传》中多次提到春秋战国时期因冶铁而富甲一方的巨商"邯郸郭纵以铁冶成业,与王者埒富","蜀卓氏之先,赵人也,用铁冶富"。"宛孔氏之先,梁人也,用铁冶为业……家致富数千金,故南阳行贾尽法孔

[①] 林毅夫:《关于制度变迁的经济理论:诱致性变迁与强制性变迁》,载[美]R.科斯等编:《财产权利与制度变迁》,上海:三联书店、上海人民出版社,1994年版,第402页。

氏之雍容","鲁人俗俭啬,而曹邴氏尤甚,以铁冶起富至巨万"。中国古代对私营工商业的政策主要是税收政策,而其出发点则一般是国家的财政状况。冶铁业的利润是为政府所攫取,抑或由民间商人分享,在数千年时间里,一直是冶铁业政策的焦点问题。

最早在中国实行官营冶铁业政策的是春秋时期齐国政治家管仲。他提出"官山海,正盐策"的主张,指出盐铁之利于军国关系至要,主张铁的开采开发工作应由政府统一管理:"今铁官之数曰:一女必有一针一刀,若其事立;耕者必有一耒一耜一铫,若其事立;行服连轺辇者,必有一斤一锯一锥一凿,若其事立。不尔而成事者,天下无有。令针之重加一也,三十针一人之籍;刀之重加六,五六三十,五刀一人之籍也;耜铁之重加七,三耜铁一人之籍也。其余轻重皆准此而行。然则举臂胜事,无不服籍者。""山上有赭者,其下有铁;上有铅者,其下有银。一曰,上有铅者,其下有铜金。此山之见荣者也。苟山之见荣者,谨封而为禁。有动封山者,罪死而不赦。有犯令者,左足入,左足断;右足入,右足断,然则其与犯之远矣"。在生产冶炼方面,管仲从便于管理的角度,主张在政府许可下,让百姓从事冶炼鼓铸,政府按百分之三十的税率抽税:"发徒隶而作之,则逃亡而不守;发民,则下疾怨上。边竟(境)有兵则怀宿怨而不战。未见山铁之利而内败矣。故善者不如与民量其重,计其赢。民得其十,君得其三。"①管仲的铁业管理思想实际上是在矿权国家所有的前提下,许民开采,官抽其税。管仲相齐,其政治经济改革取得极大成功,助齐桓公成为霸主,包括盐铁官营在内的许多经济主张也为后世所效仿。

战国时期,冶铁业主要为官营,但也有少量私营。秦代在商鞅变法后置铁官,将冶铁业全部收归官营。西汉初期实行"无为而治"政策,冶铁业多被诸侯国和富商控制。《史记·货殖列传》载:"汉兴,海内为一。开关梁、弛山泽之禁,是以富商大贾周流天下,交易之物莫不通。"西汉武帝时期,为解决财政危机,商人的趋利性为被压制,对与日常生活紧密相关的两种重要物资——盐与铁开始实行政府专卖政策,私人经营冶铁业将受到严处。《汉书·食货志》载:"敢私铸铁器、煮盐者,钛左趾。"政府垄断铁利的做法招致社会广泛的非议。公元前81年,爆发了著名的盐铁会议。此次争辩进一步明晰了国家垄断冶铁业的利弊。官营铁冶政策虽进行部分调

---

① 房玄龄注:《管子》,上海:上海古籍出版社,1989年版,第200~201、213、225页。

整,但基本精神并未改变,在此后很长一段时间被维持下来。但在中央权力式微时,地方私设冶厂的现象并不鲜见。东汉章和二年(88),盐铁开禁,此后各地冶铁业多为地主豪强控制。

三国魏晋南北朝时期,各王朝政权纷纷恢复官营铁业政策。曹魏政权在冀州设司金中郎将管理冶铁事务,强调"以盐铁之利足赡军国之用"。东吴设冶令、冶丞管理铁业,大力开采沿江铁矿。西蜀也建有较大的冶铸作坊。两晋南北朝,冶铁业仍以官营为主,全国各地出现一些新的冶铁中心,如梅根冶(今安徽贵池)、冶塘冶(今湖北武昌)等,山西在北齐时成为国内冶铁的主要地区。①

隋唐时期,铁业管理政策出现较大调整,由从前国家专营改为民采官收,国家课税,并限制流通。唐朝建立后,民营铁冶业有较大发展,政府设掌冶署,掌理熔铸铜铁器物事,《旧唐书·职官志三》记载:"凡天下出铜铁州府,听人私采,官收其税。"但在藩镇势力坐大时,山泽之利也被地方所控制。五代时铁禁渐弛。北宋的矿业经济较发达,矿业机构有监、务、场、坑、冶等,分别负责监管、收税、收购、采矿、冶炼等事。宋熙宁八年(1075),"令近坑冶坊郭乡村并淘采烹炼",恢复铁政。宋政和八年(1118),"令诸路铁仿茶盐法榷鬻,置炉冶收铁,给引召人通市",同时,下令民间除作农具外,禁止买铁,严厉控制钢铁流通。金代亦厉行铁政,往往强迫百姓开采。元初在各路设立洞冶总管府,管理矿冶业。如1263年,忽必烈招铁工11800户,不久续招4000户。1291年,派3000户开采山东金岭镇铁矿,犹不敷使用,1293年,禁止该处铁品输出。② 同时,民营冶铁业允许存在。元代用兵广,需铁多,1307年,元廷明确规定"听民煽炼,官为抽分",并多次招工开矿冶铁。

明朝初年,政府恢复官营铁业的政策。洪武六年(1373),朱元璋在江西进贤、新喻、分宜,湖广兴国、黄梅,山东莱芜,广东阳山,陕西巩昌,山西吉州、太原、泽潞等地设置13所官营铁冶厂,并于次年"每所置大使一员,秩正八品,副使一员,秩正九品"。后又增设河南均州冶、新安冶、四川蒲江新市冶等。永乐时添设四川龙州冶、顺天遵化冶、辽东三万卫冶。冶所所在地设立"矿场局"或"矿局"进行管理,负责采矿冶炼,督办铁课及巡视矿场以防矿徒反抗。在中央,由虞衡清吏司管理官营冶厂,其职责是"典山泽

---

① 姜茂发、车传仁:《中华铁冶志》,沈阳:东北大学出版社,2005年版,第10页。
② 王金绂:《中国经济地理》(上),北平:文化学社,1930年版,第71页。

采捕、陶冶之事"。

在大力推行官营铁业政策的同时,明政府允许民间的冶铁行为,代以征收铁课。据《明会典》卷194,全国产铁之11行省岁纳铁课约1848万斤,具体分配如下:

省　别	铁课(万斤)	省　别	铁课(万斤)	省　别	铁课(万斤)
湖广	675.2927	广东	189.6641	北平	35.1241
江西	32.6	陕西	1.2666	山东	315.2187
四川	46.8089	河南	71.8336	浙江	59.1686
山西	114.6917	福建	12.4336	总计	1847.5026

明代官营铁冶的产量主要不是取决于冶厂的生产能力,而由政府的需要来确定,需者多开,反之罢闭,官铁产量处于不断变化之中。洪武十八年(1385)和二十八年(1395),明政府因仓库存铁过多,曾两次罢停各处官营铁冶,后一次干脆"诏罢各处铁冶,令民得自采炼,而岁输课程,每三十分取其二"。以后官营冶厂逐渐减少,在明前期大多关停,民营冶厂则日渐增加。

在官营铁厂的工人管理上,明初沿袭元朝旧制,实行匠籍制。工匠一旦编入匠籍,便世代成为政府手工业的工匠,不能随意变动。其服役方式分为轮班匠和住坐匠两种。这种服役方式只计时间,不问效果,工匠常以消极怠工来消磨,加上工匠的逃亡,给匠户管理带来极大困难,致使官冶厂的成本高昂,产量降低。[①] 明代官厂中维持最长、规模最大的遵化铁冶厂,正统四年(1439)产生铁48.6万斤,熟铁20.8万斤,钢6.2万斤。由于管理落后,成本高昂,万历九年(1581)题准,将遵化"山场封禁,裁革郎中及杂造局官吏,额设民夫匠价,地租征收解部,买铁支用"。明中叶以后,随着匠银制的出现,官府手工业直接奴役的人数急剧减少。清建立后,正式废除匠籍制,原先被国家控制的匠籍在身份地位上获得解放,脱离了国家的控制和奴役,官营手工业经营范围大为缩小。

明代中期以后,民营铁厂在钢铁生产中占据主要地位。相对于官铁冶的生产管理模式,民营铁厂以盈利为目的,有些铁厂采用雇佣劳动制度,产生了资本主义萌芽,因此,其效率较之官厂有极大的优越性。但这并不意

[①] 李绍强、徐建青:《中国手工业经济通史》(明清卷),福州:福建人民出版社,2004年版,第95页。

味着政府对冶铁业的监管放松了,恰恰相反,在税收、冶厂审批和监督方面,政府的控制日趋严密。

二、清代中前期冶铁业政策

清入关以后,借鉴前明矿税病民教训,采取了严格的矿禁政策,"惩前代矿税之害与矿徒之扰,每内外臣工奏请开采,中旨常慎重其事"。① 同时,清朝统治者接受儒家治国理政思想,奉行不与民争利做法,放弃官营冶铁业政策,准由民间采炼。通过垄断冶铁业,以寻求富国强兵之目标,这种思想在清代已基本不复存在。铁课在清代国家收入中所占比重实际上微乎其微。② 在清代中前期的冶铁业政策中,"冶铁业"存在的价值更多地偏向于其"养民""便民"功能,即在人多地少的区域,抑或农闲时节,通过设厂冶炼,以增加农人收入,便利百姓生活。

在中国许多地区,人多地少、农工相辅,是农村生活和农民生存的基本面貌与手段。在一些具备发展冶铁业条件的地区,农事活动之余,乡民通过开矿炼铁,贴补家用,冶铁业以农村副业的形式存在。如1750年1月19日,闽浙总督喀尔吉善等奏请弛采铁之禁,以便民生,认为"国家承平日久,民间生齿日繁,温处二郡在浙省尤为土瘠民贫,生计不免减少,既有此自然之利,苟其料理得宜,于地方民生殊非小补",建议除滨海地区产铁之处仍行禁采外,其余内地产铁之处,"所有铁坑,凡无碍于民田庐墓者,准其照旧开采,毋庸封禁"。③ 1814年5月11日,嘉庆谕旨:"粤省山内铁锅等厂,该商等久已利为恒业,而工丁等亦借以谋食,今骤加封禁,此数百名失业工丁,岂一二商人即能将其散遣,俾无失所,此等无藉游民转致流而为匪。所有此数处厂座,无庸封禁,应官为设立章程,或编造丁册,令该商等递加保

---

① (清)王庆云:《石渠余纪》卷五《纪矿政》,北京:北京古籍出版社,2001年版,第227~228页。

② 清代前期的税种大体可分为田赋、漕粮、盐课、关税、耗羡、杂税六类,财政收入大约为白银4500万两。田赋是最主要的收入来源。雍正以后,田赋收入每年约白银3000万两、粮食800万石,盐课年收入大约为600万两,关税为500万两。杂税(亦称杂赋)指名目繁多、收入细少的税种,分土课、租、税三种。其中,课有渔课、芦课、矿课、茶课,租分旗地租、学田租、公地公田官房租等,税含当税、牙税、落地税、牲畜税、铺户税、契税等。杂税的常年收入在100万两以上,在六类收入中所占比重最低。铁课为杂税之矿课的一部分,其份量就更微不足道。(参见周育民:《晚清财政与社会变迁》,上海:上海人民出版社,2000年版,第29~34页。)

③ 中国人民大学清史研究所:《清代的矿业》(下),北京:中华书局,1983年版,第514~515页。

结,地方官再按季考察,使各贫民有糊口之地,又不致藏垢纳污,方为正办。"①同年,陕西官员报告该省南山铁厂由官经营事由:"窃查栈西老林与甘省交界处,所开有锡厂数处。素日,外来官民即携带工本在该处开采铁矿,制成铁锅、铁盆等项,业经各处贩卖。奴才等即善人前往查看,刻下虽未兴工,而访之该处工人,据称该厂佣工之人除采矿及铸匠外,其余悉系只身客民等语。查铁厂原于例禁,惟铁锅等物系民间必需之物,应骤请封禁概令山内百姓出山市买,诚觉不便于民。但听客商自行开采,设有匪徒偷买于道,口口所关匪细,且恐兵役以违禁索派,借端滋事。奴才等悉心酌商,仍宜官为经理,以便稽查而防透漏。"②道光《辰州县志》称:"辰邑山多田少,无田可耕之贫民所在多有,当农忙时,为人雇佣,犹可自食其力,及至秋后无他艺业,往往于产有铁矿处所竭力开采,以次获值自赡。计阖县挖矿营生之人,动以数千。……是矿厂一开,而辰之无产贫民借以生活,岁不下万余人。"③

冶铁业虽有"养民""便民"之功能,但其生产作业方式以及铁制品本身具有潜在的危险性,使得清政府在出台冶铁业政策时带有很大的摇摆性,时而弛禁,时而严禁,且存在较明显的地区性差别。《清史稿·食货志》称:"清初鉴于明代竟言矿利,中使四出,暴敛病民,于是听民采取,输税于官,皆有常率。若有碍禁山风水、民田庐墓,及聚众扰民,或岁歉谷踊,辄用封禁。"清朝建立后,一度在直隶古北口、喜峰口开采铁矿。三藩平叛后,清政府鼓励民间开矿以增加税收。康熙二十四年(1685),四川蒲江县有招民开采黄铁山铁矿六座,官府按十分之二抽税之例。④ 四十三年(1704),又谕旨:闻开采之事,甚无益于地方,嗣后有请开采者,悉不准行。⑤ 五十二年(1713),清廷放松管制,但亦只允许"久经开采地方"如云南、湖广、山西等地可以开矿。雍正继位后,因害怕新生产部门的发展冲击崇本抑末的方针,破坏封建秩序,顽固地坚持禁止开矿政策。⑥ 如广东冶铁业素称发达,

---

① 中国第一历史档案馆:《清实录》(第31册),北京:中华书局,1986年版,第939页。
② 长龄:《奏请南山铁厂官为经理事》(嘉庆十九年闰二月十四日),中国第一历史档案馆藏嘉庆朝军机处录副奏折,档号03—2142—033。
③ 中国人民大学清史研究所等编:《清代的矿业》(下),北京:中华书局,1983年版,第501页。
④ 席裕福、沈师徐纂:《皇朝政典类纂》卷一百三十七,矿政七,开采事例。
⑤ 席裕福、沈师徐纂:《皇朝政典类纂》卷一百三十三,矿政三,开采事例。
⑥ 冯尔康:《雍正传》,北京:人民出版社,2004年版,第207页。

有良好发展基础。但雍正以"粤省开矿聚集多人,以致盗贼渐起,邻郡戒严"为由,下令永行封闭。雍正十二年(1734),两广总督鄂弥达上奏,以广东冶铁业规模宏大,近来民情渐知畏法,且广东连年丰收,谷价平减,社会安定,加上政府规定不准外省游手冒入充工,弛禁断不会危及地方安全,于粤民生计大有裨益,呈请朝廷听民自备资本开采。该请求先经九卿议复准行,"后复有数人条陈,极言其不应行",雍正帝"再四思维",认为"广东近年以来年谷顺成,米价平减,盗贼渐少,地方宁谧,与从前风景迥异。今若举行开采之事,聚集多人,其中良顽不一,难于稽察管束,恐为闾阎之扰累。况本地有司,现在劝民开垦。彼谋生务本之良民,正可用力于南亩,何必为此侥幸贪得之计,以长喧嚣争竞之风。此时正在计议之初,停止甚易。著该部即行文该省督抚,令其遵谕停止"。① 乾隆帝即位后,对开矿一事较为开明,执行了相对积极的矿业政策。② 乾隆二年至三年(1737—1738),清廷先后允两江总督庆复、两广总督鄂弥达之请,准广东开矿;八年(1743),经大学士张廷玉等九卿廷议,决定"凡各省有可开采之山场,除金银之矿封固不准开采外,其余俱听百姓于地方官给照开采"。③ 在其之后,开放矿禁政策基本确立,矿业经济有了较大发展。就全国而论,山西冶铁业尚称发达,堪称北方冶铁业的中心,广东佛山则为南方冶铁业最发达之地区。

清代中前期,政府对冶铁业的管理行为主要包括征税、设厂审批和制品流通。

地方铁税征收主要由布政司和盐运司负责。如在广东,"开山取矿,煽铸生铁,名曰大炉,由潘司衙门会详承充,潘司征饷,运司征税。收买旧烂废铁,造食锅、农具、钻铊等项,名曰土炉,由运司衙门专征。饷税并征。其运铁旗票,统归运司衙门呈请总督颁发转给。每票以十万九千斤为率,如不及数,听从商便"。④ 铁课大致分以下几种征收方式:一是按照固定税率。税额一般为十分抽二,即每百斤生铁政府提二十斤作为铁课。二是以铁变价作银,一般为十斤铁作银二分。这两种征收方式的税额与铁厂出产多少相联系。三是税额固定,以炉座为单位征收铁课的,如广西永福、博白两县设炉七座,每座岁输税银十两。⑤ 此例广西全省一致。广东东安县永

---

① 中国第一历史档案馆编:《清实录》(第8册),北京:中华书局,1985年版,第889~890页。
② 席裕福、沈师徐纂:《皇朝政典类纂》卷一百三十三,矿政三,开采事例。
③ 中国人民大学清史研究所等编:《清代的矿业》(上),第15页。
④ 中国人民大学清史研究所等编:《清代的矿业》(下),第494页。
⑤ 席裕福、沈师徐纂:《皇朝政典类纂》卷一百三十二,矿政二,厂课。

宁、太平二处,每炉一座岁征课银十八两七钱五分,在其他县份亦有每炉岁征五十多两的。① 此种征收方式遇闰年加额,由于炉座大小及产量多寡不同,各地各炉的征收标准不一,因而存在弹性,容易被官府勒索。各地铁课不入正税,以杂税名目解部,统归中央。总体上看,清代冶户一般要将所得的20%上交政府,税额较重。

  政府对民间设立冶铁厂的审批极为严格。工部虞衡司"掌山泽采捕,陶冶器用",但地方督抚往往是直接责任人,矿地的申领具结,矿商与矿工的个人资料,矿课的缴纳以及产品的用途销售,冶厂的开办、转让、封闭都必须向朝廷翔实奏报。清代成例:凡矿政,即山置厂办五金之产而采之,一曰铜厂,二曰铅厂,三为银厂,四曰金厂,五曰铁厂,皆因其产之衰旺而征课焉,凡厂启闭必以闻。② 清《户部则例》规定:"各省开采矿厂令督抚遴委干员会同地方官据实勘验,并无干碍民间田园庐墓者准其题请开采。"③ 如"陕西南山铁厂,令商民自出资本,募工开挖,由地方官查明该商人姓名、籍贯,取具甘结,加具印结,详明藩司,发给执照,方准开采。每领执照一张,岁纳课银十两,造入杂税奏销册内,报部拨用。倘有私挖,即行封禁,照例治罪。各厂匠役责成商人造具循环簿,按名注明年岁、籍贯及上工日期,于每季底送该管官稽核。所出铁斤,只准铸造铁锅、铁盆、农具,倘有卖给匪徒,私制军器等弊,立即严拿治罪"。④ 乾隆初年,福建巡抚周学健奏称,民间开矿,"刨挖开采处所,均系各该炉户等契买山场,并无干碍田园坟墓,所雇人夫俱令选募邻近村庄诚实之人,不许招集外来流民,按季造具确实年貌清册,送县查核。卑职复委典史亲诣山场,逐加查验,务与册报年貌相符,不许容留外来生面可疑之人,致滋弊窦"。⑤ 此类由地方督抚、藩司奏报开设关闭矿场及管理建议的奏折在档案文献中不绝如缕,如此不厌其烦,反映出政府对民营铁厂监管的高度重视。而在一些民风彪悍、时常械斗或交通隔绝、管理不便的地方,政府一般不允许民间冶厂的存在。

---

  ① 故宫博物院编:《钦定户部则例》卷六十一,关税,杂课下,海口:海南出版社,2000年影印本。
  ② 席裕福、沈师徐纂:《皇朝政典类纂》卷一百三十三,矿政三,开采事例。
  ③ 故宫博物院编:《钦定户部则例》卷六十一,关税,杂课下。
  ④ 席裕福、沈师徐纂:《皇朝政典类纂》卷一百三十二,矿政二,厂课。
  ⑤ 中国人民大学清史研究所等编:《清代的矿业》(下),第511页。

表 7　清代前期冶铁厂开闭情况(1644—1838)

省别	报开	停闭	在采	省别	报开	停闭	在采
云南	30	16	14	四川	27	11	16
广东	110	82	28	广西	26	17	9
湖南	29	26	3	陕西	27	—	27
甘肃	1	1	—	湖北	4	4	—
江西	10	3	7	福建	8	—	8
浙江	8	8	—	总计	280	168	112

资料来源:彭泽益编:《中国近代手工业史资料》第一卷,第386页。注:据清代矿课、钱法档案,历朝会典、事例、则例,各省方志及有关官私记载整理;"在采"系指道光十八年(1838年)还在开采的矿厂。

基于维护社会稳定的需要,对铁制品流通迁徙,清政府稽查尤为严密。

首先,禁止铁制品出洋贸易。清廷作为由少数民族入主中原建立的封建王朝,自始至终都抱着一种强烈的安危意识。苍茫浩瀚的大海对清廷是一个未知的世界,在平靖内陆叛乱的同时,清政府始终警惕来自海上的威胁,故严厉禁止一切铁制品的海外贸易。雍正九年,刑部尚书励廷仪奏准:"天生五材,铁居其一,用以备军资而造器物,所系綦重。向例铁货不许私出外境,而废铁不在禁例。近闻射利之徒,专收废铁镕化,运至近边近海地方货卖。此风渐不可长,请嗣后有将废铁潜出边境及海洋货卖者,照越贩硝磺之律科断,以除奸弊。"同年,广东布政使杨永斌报告,"夷船出口所买铁锅自有一百连至二三百连,甚至五百连、一千连者,查铁锅一连约重二十斤,如一船带至五百连、千连,即无虑一二万斤,计算每年出洋之铁为数甚多",他建议,"嗣后请照废铁之例,一体严禁,违者该商船户人等即照例治罪。官役通同徇纵,亦照徇纵废铁例议处","如此则外洋之铁不致日积日多,于防奸杜弊之道似有裨益"。雍正准奏,谕令沿海各省,"粤东既行查禁,则他省洋船出口之处,亦当一体遵行,永着为例"。①

嘉庆年间,西方殖民势力不断在沿海寻衅滋事,清政府加强对钢铁产品出洋的管理监督,严厉惩治私贩铁器出洋交易行为。嘉庆二年(1797),福建省查获铁商蓝三世伙同戍台兵丁周圭、吴允等人向台湾偷运铁锅,起

---

① 中国第一历史档案馆:《清实录》(第8册),北京:中华书局,1985年影印本,第383、504页。

出大小铁锅 2435 口,又铁钉 567 斤。① 闽浙总督魁伦请处蓝三世、周圭、吴允绞刑,其他涉案人员处流徙枷杖、发配新疆等重刑。此案经奏报,上至中央,嘉庆谕令各地引以为戒,"严饬各口巡防员弁实力查拿,有似此私贩铁锅、铁钉为数较多之犯,均照此案从严办理,严使奸贩有所惩儆,洋盗无所取资,方为妥善"。②

其次,严厉管控国内钢铁流通。两湖地区向来出铁甚丰,雍正曾明令有司加强钢铁流通管理:"楚南所属地方,山岭重复,产铁之处甚广,采取最易。凡农民耕凿器具,与穷黎之衣食皆藉资于此。虽历来饬禁,而刨挖难以杜绝。但废铁出洋,例有严禁。楚南地方产铁既多,外来射利商贩,每于就近设炉锤炼,运赴湖北汉口发卖。或由汉口转运两江递贩,以致出洋亦未可定,不得不立法查察,以防其渐。着湖广督抚与两江督抚会同悉心妥议,本地应否准其刨挖,关口如何稽查,务期民用有资,而弊端可杜,庶公私两有裨益。"③嘉庆年间,清政府对内地省份钢铁生产与销售进一步加强监管。嘉庆十一年(1806)6 月 30 日,工部奏:"外省商民贩买铁斤漫无限制,请敕下各督抚查明各该省实需情形适中定额一折。此事前经缊布面奏,以近来商民等领票买铁,销售太多,殊失限制,请官为查核。"嘉庆批复:"近来外省咨报商民贩铁过多,著各该抚悉心体察,申明例禁。如有私贩出洋及违例制造军器者,查明按律治罪。但不得委之胥吏等,借端纷纷查禁,致滋扰累。"④嘉庆十一年(1806)5 月,工部尚书朱珪上奏称:"外省各属商民贩买铁斤固属日用之具,亦为军器攸关,向系照依匠铺硝磺之例,官为给票购买,惟是硝磺斤数每年每处总不得过一万斤之数,而铁斤则未设有定额。有一年而买数次者,有买数十万斤者,亦有买数千百斤者,多寡既属不同,次数亦无一定。查嘉庆八年据升任两江总督费淳咨报,岁需铁十余万斤,臣部以该省地接海洋,恐有偷漏滋弊,曾经行令该督声叙情形报部查核在案。今据湖南巡抚何林保咨报,沅陵等县商民贩买铁斤运赴江苏等省销售共一百余万斤。又据护理江西巡抚先福咨报,江西南昌新建清江铅山,鄱阳、德化、湖口、瑞昌等县商民铺户共一百零四户,均前赴湖南、湖北、四川

---

① 和珅:《奏为拿获私贩铁锅偷渡台湾之蓝三世等事》(嘉庆二年九月二十日),中国第一历史档案馆藏嘉庆朝军机处录副奏折,档号 03-1685-057,缩微号 117-2071。
② 玉德:《奏为严禁铁器出洋事》(嘉庆二年十一月二十八日),中国第一历史档案馆藏嘉庆朝军机录副奏折,档号 03-1685-065,缩微号 117-2112。
③ 中国第一历史档案馆:《清实录》(第 8 册),第 601~602 页。
④ 中国第一历史档案馆:《清实录》(第 30 册),第 73、77 页。

等省各领官票,贩买铁共一千一百二十余两(万)斤,自系实用实报,但各该省贩铁之数过多,较之硝磺之数逾百千倍,未免漫无限制,殊失官为给票之本意,相应请敕下各督抚查明各该省历年贩铁数目,酌量地方实需情形,适中定额,每年每省总不得过,若千斤之数详细造册,送部查核,以示限制而杜弊端。"①通过核算各地方用铁约数,确定其运销额,这一建议反映出近代前夕清政府对钢铁产品流通的高度重视。

另外,对西北地区的铁器交易行为,清政府的稽核十分严密。雍正十三年(1735),署陕甘总督刘于义奏准:"宁夏镇属之平罗、横城、花马池三处市口,每月蒙古人等入口货买零星铁器,理应设法稽查,请嗣后令该扎萨克预先报明夷情衙门,给以印票,填明件数斤两,每逢开市之期,监视营员验明印票,方许置买。其民人货卖铁器,不得私入集场,俱令监管营员验明印票,当官交易,仍将原票汇缴夷情衙门查核。"②乾隆朝对延边地区铁器交易的数量、用途及稽核有明确规定:青海、蒙古在西宁及丹葛尔口置买铁锅、铁鐆、铁杓等器,并耕种犁头鞍辔事件,令将所买数目报明该处将弁及办理青海事务大员查核,填明照票听其出口,数多者酌量减除;玉舒等处番人准其置买锅犁,其余铁器一概禁止;杀虎口、张家口商民携带铁锅农具日用之物准令出口,令各该监督于到口时详细查明,按则征税,将各色件数填注票内,令该商持票赴口验放。若守口员弁勒掯刁难,该监督即行查报。至废铁铁料有关打造军器者仍行严禁。③

概括起来讲,历朝历代冶铁业政策具有以下特点。

第一,关于经营形式,政策关注的核心问题是冶铁业官办抑或民办。从春秋战国到魏晋南北朝时期,各朝主要实行"官山海"政策,即官营铁业。期间部分王朝曾对民间开放铁业。隋唐以后,铁业管理政策变化无常,时开时禁,但总体呈现任民开采、国家抽课的特征。

第二,关于管理机构,呈现专职到兼职的转变过程。如战国时期的铁官,三国时期的司金中郎将、冶令、冶丞,唐朝的盐铁使,元朝的洞冶总管府,明朝的冶铁所等机构,负责冶铁厂的生产组织、铁课征收以及铁制品流通等事项。明代中后期废除官营冶厂后,专职铁官不复出现,行政、财政官

---

① 朱珪:《奏请酌定各省每年贩卖铁斤数目事》(嘉庆十一年五月十日),中国第一历史档案馆藏嘉庆朝军机处录副奏折,档号03—1715—051,缩微号120—1523。
② 中国第一历史档案馆:《清实录》(第8册),第909~910页。
③ 故宫博物院编:《钦定户部则例》卷五十六,关税三,出口铁器,海南出版社,2000年影印本。

员兼理铁政的管理模式渐成常态。

第三,各王朝矿业政策制定多以皇帝诏书、朝臣奏章等形式出台,由于统治者个人喜好不同,不仅各个朝代矿业政策不尽相同,就是在同一王朝,甚至同一帝王,政策往往变动不居,政策的摇摆性十分明显。

清朝建立后,总体而言,政府对民间设厂冶铁并不鼓励。在流通领域,随着统治危机的日益加深,政府对钢铁生产流通的控制也愈加严密。流通环节的各种限制,对中国冶铁业发展的危害巨大。因市场空间的限制,各冶铁厂通过扩大生产追逐经济利益的行为被禁止,无法实现规模化经营,后续的技术改良、管理改进亦缺乏张力。

第二节 晚清钢铁经济的制度变革

晚清钢铁经济的制度变革往往不是自觉的政策行为,多是在外力推动下被动实施的结果。其变革主要表现在三个方面:一是对钢铁制品流通管理的改革;二是矿业管理机构的设置和法律法规的制定;三是政府对采用机器开矿炼铁的许可。

一、铁制品流通制度变革

晚清铁业管理制度改革首先是从钢铁流通管理制度改革开始的。为防止铁器扩散,资助洋盗,清政府曾严禁铁器下海。该规定限制了中国钢铁制品海外市场的开拓,加重了一些地区的钢铁运输成本。在近代西方钢铁制品向中国大肆倾销的现实情景中,已无存在必要。19世纪60年代以来,中国钢铁进口量不断增加,到1880年,已超过5万吨,价值白银154.6万两。① 国外钢铁制品的涌入对中国本土冶铁业造成巨大冲击。针对这一局面,在一些洋务官员推动下,清政府开始改变传统社会限制铁制品流通的相关规定。

山西炼铁业素称发达,但运输全靠陆运,不论是运往东北还是南方各城市,均不允许走海道。铁器笨重,这一规定极大增加山西铁器运输成本。1884年元旦,在津海关道周馥建议下,山西巡抚张之洞会同直隶总督李鸿章奏请清政府改变成法,允许海运铁器:"窃山西平定、盂县一带,素为产铁

---

① 彭泽益编:《中国近代手工业史资料》第二卷,北京:中华书局,1962年版,第164页。

之区,其销路以奉天等省为最。从前海禁未开,应于运抵天津后,由内地陆运前往,自各国通商火轮夹板行驶迅捷,他省百货及铜铁之属皆改海运,费轻销畅。惟晋省之铁相因未改,仍由津陆运,不归海道径达牛庄,以致成本过重,商贾裹足。采铁之民,生计亦因而日绌。晋中素鲜物产土货,出境者铁为大宗,别无利源可辟,且铁质笨重,自晋至津已属不易,更使舍海就陆,道远费繁,而洋铁转得盛行,中国大利为外洋侵夺,似非计之得者。臣之洞因咨商臣鸿章,谓应变通旧章,改归海运……臣等查盐铁之利,本足以致富强,必使南北通行,乃可逐渐开拓。晋省产铁素旺,徒以陆运费巨,难于畅销,地方生意萧索。推原从前禁止出海之意,并定以罪名,系恐接济外洋制造军器起见,今则洋铁盛行,价廉运便,中国到处购用,即枪炮之坚利者,亦取资洋厂,实与昔时情形不同。与其以中国之银易外洋之货而银日少,孰若以中国自有之物产斟酌变通,可渐收外洋侵夺之利,且洋铁既准由海道进口,若中国之铁不准出海,亦不足以昭平允。该关道所拟办法尚为妥协,臣等往返咨商,意见相同,相应仰肯天恩,俯准将晋省铁斤铁货准由天津海船运往奉天、上海等处销售,以轻成本而惠商民。"①该建议被清廷采纳。1885年,《益闻报》以"铁禁重开"报道这一消息:"山西所产铁货向不准运至南方,刻下奎中丞会同李相奏请开禁,札饬海关道周观察转饬各属关卡张贴示谕,不得再行阻止。"②

广东也是我国传统冶铁业非常发达的地区之一。张之洞调任两广总督后,发现广东冶铁业受洋铁冲击,渐至衰败,认为系"销路不广"所致。针对150多年前所立的铁器严禁出洋之规定,用张之洞的话讲,"事易时移,今昔情形迥异",原先禁止铁器出洋,意在防止为洋盗所获,打造兵器,对社会治安造成潜在威胁。而到1886年,"每岁洋铜铁入口不下数千万斤,所售枪炮器具不下数百万件,销银不止数百万两",且"近年来各省讲求矿务,率以煤铁为大宗,粤铁尤属精良,而销路不广",禁止铁器出洋之举,无疑"徒使洋铁到处流通,大利尽为所夺"。经其奏准,清廷开放铁禁,两广铁斤、铁器得以合法地通过海运出洋销售。③ 此后,张之洞对两广地区钢铁运销过程进行彻底改革。以往铁商运铁前需赴运司衙门请领旗票,铁器运抵目的地后缴销,在此过程中,铁商需缴纳军监牙加斤吊等税。自1888年

---

① 顾廷龙、戴逸主编:《李鸿章全集》奏议十,第349～350页。
② 《铁禁重开》,《益闻报》1885年第464期,第243页。
③ 王树枬编:《张文襄公全集》卷19,奏议19,第12页。

初起，广东、广西两省铁商"除开设大炉、土炉仍照旧章分别完纳炉饷外，如有贩运铁斤、铁器，在于内地行销，或出外洋售卖，均可听其自便，毋庸再行告运，亦毋庸请领旗票。所有贩运生铁及铁器各色税项厘金一并暂行宽免，其有向来派累炉商之处，一切规费亦即概行裁禁，并不准各衙门吏胥差役私立名目，借端勒索，统俟出洋流通畅旺，再将应完纳税厘酌定章程轻减并征，以便民生而广利源"。①

张之洞、李鸿章顺势而为，对钢铁流通管理制度进行了改革，破除了近代中国钢铁产业发展的重要制约因素，有一定的积极意义。

二、矿务管理机构的更迭

近代中国钢铁工业并未形成一个独立的工业行业，尚未超出矿业经济的范畴，钢铁经济并未出现专职的管理部门，其管理基本附属于矿业管理机构。而作为一个过渡型社会，传统与现代在近代中国交汇融通，许多地方的矿业管理活动长期沿用传统社会的做法，适应近代矿产资源开发活动需要而出现的制度性变革经历一个漫长的摸索、调整阶段。

中国新式矿业发端于湖北广济（今武穴）的湖北开采煤铁总局，与之几乎同步发展的还有位于唐山的开平煤矿局。据张国辉统计，1875－1894年间，中国许多省份出现规模不等的新式煤矿，总计约16座，新式金属矿在1880年代也相继建立。1894年前，先后成立金属矿公司或厂号24家，其中铜矿8家，金矿6家，银矿、铅矿各4家，铁矿2家。② 针对这一时期的矿业开发活动，清政府并未成立专门的管理机构。各地的矿产资源开发依然遵循传统习惯，由各地方督抚监管。在此过程中若涉及与洋商的利益纠纷，则由总理衙门和南、北洋大臣出面交涉。1883年，总理衙门增设海防股，除职掌南北洋海防之事，"凡长江水师，沿海炮台船厂，购置轮船枪炮弹药，创造机器、电线、铁路及各省矿务皆隶焉"。③ 清廷虽有明文规定海防股管理各省矿务，但作为总理衙门下属机构，其政治地位和防卫属性显然与经济发展需要不相匹配。

中法战争结束后，朝臣纷纷建议设立统辖全国海军的管理机构。1885

---

① 《大开铁禁》，《益闻录》1888年第10册，第262页。
② 张国辉：《洋务运动与中国近代企业》，北京：中国社会科学出版社，1979年版，第185～187、218～221页。
③ 刘锦藻：《清朝续文献通考》（第二册）卷118，职官四，商务印书馆，1936年版，考8779。

年10月12日,海军事务衙门成立,所有沿海水师悉归节制调遣,"其应行创设筹议各事宜,统由该王大臣等详慎规画,拟立章程,奏明次第兴办"。① 该机构的设立,是晚清机构变革的重要举措,在军事、经济方面均产生积极影响。由于近代海防事业与工业化密不可分,海军衙门的成立实际上标志着清政府经济职能更凸显的政府机构的出现。它的设立,"改变了长期以来由军机处和总理衙门共同指导洋务的旧格局,直接影响和规定着中国近代化的规模和进程",成为指导后期洋务运动的中心,"为推进洋务运动、加强海防、拓宽工业基础做出了重要贡献"。② 海军衙门自1885年建立,存续10年。期间,清政府工矿、交通、通讯等建设事业被纳入国防视野,基本由该机构主持办理。因此层关系,外间并非简单视之为军事机构。如北洋政府时期,曾鲲化追溯中国铁路管辖机关之递嬗,曾将海军衙门作为端始,称:"吾国筑路之议因海防而生,而海防则由总理海军衙门主政。"③但需要说明的是,海军衙门兼管经济建设的职能并无明确的制度规定,主要是基于资源开发与近代海防建设二者密不可分的联系而不得不然之结果。其经济职能能否得到最大限度发挥,很大程度上依赖于主持者的个人政见。

由总理衙门、海军衙门和南北洋大臣兼管矿务活动的管理模式持续至甲午战争结束,虽在特定历史时期有其积极意义,但其不足之处也显而易见。因为事权过多、过散,缺乏专管机构,不可能对矿业经济实现专业化管理。且因职权范围与地方督抚纠缠不清,导致这些机构无法对矿务活动进行科学统筹。

其实早在1876年9月,盛宣怀就认为矿务为自强之本,主张仿船政大臣例,设立"矿政大臣",作为全国矿产资源开发的专职管理官员。其行政级别相当于督抚。他说:"如以开采为不足致富强,请从此止;如欲就开采为自强之本,断非一局所能赅,亦断非一委员所能办,必应援照船政大臣之例,请旨简放刚正明干大员为矿政大臣,延聘头等洋师为正副监督,率同遍视各省产矿之地,择其利厚者,随时奏明,次第开挖。凡可以开采之处,准矿政大臣选派委员,添雇洋匠,专司其事。无论各省开采若干处,俱归督办;地属何省,即会该省督抚奏事。不欲速而取效必多;不惜费而利源必

---

① 中国第一历史档案馆:《清实录》第54册,北京:中华书局,1987年版,第1023页。
② 杨益茂:《海军衙门与洋务运动》,《中国人民大学学报》,1993年第5期,第99~106页。
③ 曾鲲化:《中国铁路史》,北京:燕京印书局1924年版,第52~53页。

畅。此开矿之必专其任也。"①但当时盛宣怀政治能量尚较有限,其意见是否上达中枢,以及产生何种影响,结果不得而知。该主张提出约十年后,1887年,清廷曾设立督办云南矿务大臣一职,但该职务主要负责云南铜矿开采事宜,它的设置与传统经济活动的关联较大,与煤铁矿联系较少,与盛氏主张设立的"矿政大臣"存在明显的区别。②

甲午战争的失败对清政府产生强烈地刺激,如何发愤图强成为君臣上下谋划之焦点问题。与此同时,战后列强获得在中国投资开矿的权利,外资大举进入中国矿业,纷纷抢占矿山,导致中国矿权大量流失。外资攫取矿权较诸其他侵略方式更具威胁性。因为矿业并非单纯的经济活动。办矿需要面积不小的固定区域,须雇佣大量工作人员,同时,会输入近代化的生产方法和观念。一处办有成效的矿区,可以很自然地成为一个独立社区。如果该社区被置于外人控制之下,其将发生的后果,自非限于利益外溢。故"外资办矿一事,在实质上,并不仅仅属于投资牟利甚或矿冶技术的范畴,其中实包含有错综复杂的政治意义"。③

在朝野的推动下,清政府顺应时势,对包括矿业在内的工商经济政策作出调整。矿务作为时政要务,受到清廷高度关注。在经济行政机构方面,一个引人注目的变化是在全国各地比较普遍地出现专职工商管理机构。在地方各省,主要设置商务局和矿务局,在中央,则先后有路矿总局、商部、农工商部的设置。

光绪二十一年(1895)闰五月,张之洞奏请设立商务局、工政局,指出"护商之要,不外合众商之力以厚其本,合国之力以济其穷。今宜于各省设商务局,令就各项商务悉举董事,随时会议,专取便商利民之举,酌济轻重,官为疏导之"。④1896年元旦,御史王鹏运奏请讲求商务,指出沿海各省应该设立商务局,由各该省督抚主持,并派提调驻局办事。该建议受到清廷高度关注。2月7日,总理衙门复奏,认为各省设立商务局"诚为当务之

---

① 陈旭麓、顾廷龙、汪熙主编:《湖北开采煤铁总局》,第108页。
② 在硬通货时代,铜是造币的主要材料,社会对铜的需求量极大。云南铜矿储量丰富,乾隆三年,清政府曾以部款100万两经营川滇之矿,取得巨大成功。嘉道以还,吏治废弛,矿业渐衰,每年解铜在六七万担左右。后由于回民起义,百余年经营成果毁于一旦,直至咸同年间,仍未尝恢复。1887年,为整顿云南矿政,清政府起用中法战争期间失职查办的唐炯,赏巡抚衔,督办云南矿务。唐炯经营云南矿务15年,用款30余万,岁解京铜一万担左右,为时论所讥。督办云南矿政大臣之设是晚清政府首次任命矿务主管人员,其行政级别等同督抚。
③ 李恩涵:《晚清的收回矿权运动·绪论》,台北"中央研究院"近代史研究所,1978年发行。
④ 王树枏编:《张文襄公全集》37卷,奏议37。

急",对于商务局人员构成,经总理衙门奏准,改请"官为设局,一切仍听商办","由各督抚于省会设立商务局,由各商公举一般实稳练,素有声望之绅商,派充局董,驻局办事。将该省物产行情,综其损益,逐细讲求。"各府州县于水陆通衢之处设立通商公所,"各举分董,以联指臂"。① 此令下后,江苏、山西地方开始遵循办理,但绝大多数省份未见实际行动。对此,陈炽在《创立商部说》一文中描述道:"刻总署议准各省设立商务局,选举商董,求通下情。然地方官吏,大都一笑置之,即使实见施行,亦惟以一纸官文奉行故事,而于商人奚益也?而于商务奚裨也?盖中国之官商相去悬绝,不设专官以隶之,不设专律以防之,不定地方官吏之考成功罪以警之,而欲恤商情,振商务,保商权,是犹缘木求鱼,欲南辕而北其辙也,其必不可得已。"②

维新运动期间,光绪变革图新之心迫切。1898 年 7 月 25 日,清廷就商务局发布上谕,称"振兴商务为目前切要之图",命两江总督刘坤一、湖广总督张之洞选派通达商务、明白公正之官绅,先在沿海沿江一带试办商务局,"查明各该处所出物产,设厂兴工","务使利源日辟,不令货弃于地,以期逐渐推广,驯至富强"。③ 可见,商务局的职能包括地方矿务管理。8 月,光绪谕令在北京设立农工商总局,令直隶霸昌道端方等为督理,凡农工商务,"著一体认真举办",各省由督抚设立农工商分局,遴派通达时务、公正廉明之绅士总司其事,"庶几农业兴而生殖日蕃,商业盛而流通益广,以植富强之基"。④

在清廷的一再严催下,各地的商务局陆续成立,在名称上虽有商务局、农工商局之分别,但性质大体相似。1904 年底,清廷商部奏报:"现在各省已先后设立商务等局,派员总办诸务。"⑤但是,"19 世纪匆忙设立的一些商务局,大多无史料足以表明其建有具体的各个办事机构,一般都只有总办、会办若干人主持局务,因而其办事效率令人怀疑。清末'新政'时期的商务局,则开始按各方面的职责设立各种办事机构"。⑥ 各省的商务局在行政

---

① (清)朱寿朋编,张静庐校点:《光绪朝东华录》(四),北京:中华书局,1958 年版,总第 3722—3725 页。
② 赵靖、易梦虹主编:《中国近代经济思想资料选辑》(中),北京:中华书局,1982 年版,第 84 页。
③ (清)朱寿朋编,张静庐校点:《光绪朝东华录》(四),总第 4142 页。
④ (清)朱寿朋编,张静庐校点:《光绪朝东华录》(四),总第 4160 页。
⑤ 《东方杂志》第 1 年,第 11 期,第 119 页。
⑥ 朱英:《论晚清的商务局、农工商局》,《近代史研究》,1994 年第 4 期。

隶属上基本为各地方督抚的下属机构。商部成立后,提出各省担任商务局总办者,均应由商部加札委任为商务议员,并遇事可直接呈报商部。由此,商务局对商部和各省督抚形成双重隶属关系。

商务局的设立,在职权方面并无具体、统一的规定,各地根据各自情况,对其职责与活动范围作了较为详细的说明,归纳起来,大致不外乎振兴工商业、加强官商联系、调查商情、保商、护商、奖商、恤商、兴商学、办商报等。其中,矿务活动基本由商务局负责管理。如清末安徽商务局的设置就与地方矿务关系密切。1898年,安徽太湖绅商王述祖组织同益铁砂公司,于潜山、太湖两县出铁通筏之处,设立总栈、分栈,就地收买转运出口。同年,安徽巡抚邓华熙因王述祖请办同益铁砂公司、王希仲请办晋康煤炭公司,应派专员管理,特在安庆奏准设立安徽商务总局,并在芜湖设立分局,委派徽宁池太广道兼理,以所收煤铁税厘拨归局用,是为安徽地方矿政之萌蘖。①

除了商务局的设置,在清朝中央政府的提倡下,一些省份还设立矿务总局,作为更专业的矿务管理机构。如1896年《湖南矿务总局章程》颁行,规定"无论何种矿质,拟请开采者,均须先行呈报总局查验"。同时,对各矿的产品转运销售、矿厂招股、矿地审批、矿税征收以及人员管理等方面,总局行使监督管理权。② 湖南矿务总局实际上是省府下属的矿业开发机构。再比如,《四川官商合办矿务章程》计划集股三十万两,官商各半,成立四川矿务总局。禁止洋人入股,以免自失利权。关于总局的具体生产,则包括多个矿种的冶炼:"拟购挖洞、起重、提水、破石,熔化硫黄、铁、金各机器并炉。""议在矿场适中之地,由本局添设机器镕化厂一所,收买商局承办五金之矿。倘商不愿卖矿,许送苗到厂熔化,每百斤收费若干,临时酌定,商局不得私行设炉,用土法熔化,违者议罚。缘土法熔化不精,诸多抛弃,民间又无力自办机器,故官设总熔化厂,所以便民而利用也"。另外,经济开发事业还包括铺路、修电线等。除此以外,总局还对各商局提供业务指导,并监管民间开矿行为。③ 这说明四川矿务总局兼具开发企业与政府经济管理机构的双重身份。

各地商务局、矿务总局的设置固然有利于加强地方矿务管理,但清政

---

① (清)冯煦主修,陈师礼总纂:《皖政辑要》,合肥:黄山书社,2005年版,第842～845页。
② 《时务报》第20册,页8。光绪二十三年二月十一日。
③ 《时务报》第23册,页7。光绪二十三年三月十一日。

府对其权限没有明确规定。在清末列强鱼肉中国、觊觎中国矿权的时代背景下,这些机构的出现为列强染指中国一些地方的矿权提供了可乘之机,为清末矿案纠纷埋下重大隐患。19世纪末20世纪初,各地商务局、矿务总局纷纷与列强签订合办矿业章程,中国矿权被大量出让,包括许多地区的铁矿资源。①

这一现象引起部分官员的关注和警觉,他们纷纷要求强化中央对地方矿务管理。1898年初,铁路总公司督办盛宣怀致电北洋大臣王文韶等人,提出"特立铁路矿务衙门,统招中国及各国股分,聘请总铁路司、总矿务司,职分权力悉如总税务司"。② 同年8月,光绪谕旨:"铁路矿务为时政最要关键","矿路事务繁重,诚恐各省办法未能划一,或致章程歧出,动多窒碍,亟宜设一总汇之地,以一事权",遂设矿务铁路总局,以王文韶、张荫桓专理其事,"所有开矿筑路一切公司事宜,俱归统辖"。③ 这是我国最早设立的中央矿政机关。全国矿务归该局主管,如遇洋商入股之事,则仍与总理衙门会同办理。但是该机构的不足之处十分明显,突出表现为,铁路与矿务相提并论,两者仍没有完全区分。

19世纪末20世纪初,灾难深重的中华民族迭遭巨变。义和团运动兴起,八国联军侵华,《辛丑条约》签订,守旧势力受到沉重打击。1901年1月29日,慈禧以光绪口吻发布上谕,称世"无一成不变之治法","近数十年积弊相仍,因循粉饰,以致酿成大衅",今后将"壹意振兴,严祛新旧之名,浑融中外之迹",并将变革法令、破除痼习作为振作图强之要点。④ 此后,清政府实施"清末新政"改革,在深度和广度上进一步推动机构变革。其特点一是矿业机构设置渐趋规范,但地位依然不突出;二是矿章频繁更改,对外资的约束几经变化,但因中外力量对比悬殊,在法律条文中无法抵制外资对中国矿权的染指。

1902年1月10日,清廷诏命整顿路矿,以王文韶为督办大臣,瞿鸿机为会办大臣。1903年,为振兴工商业,加强中央对地方工商经济的管理,商部成立,下设保惠司、平均司、通艺司、会计司。其中,通艺司专管工艺、机器制造、铁路、街道、行轮、设电、开采矿务、聘请矿师、招工诸事。商部成

---

① 霍有光:《外国势力进入中国近代地质矿产领域及其影响》,《中国科技史料》,1994年第4期。
② 盛宣怀:《愚斋存稿》卷30,第22～24页。
③ (清)朱寿朋编,张静庐校点:《光绪朝东华录》(四),第4150页。
④ (清)朱寿朋编,张静庐校点:《光绪朝东华录》(四),第4601～4602页。

立伊始,拟就章程十二条,其中包括拟招商设立铁路、矿务、工艺、农务各项公司,先行试办。9月26日,路矿总局被裁撤,所有路矿事务划归商部管理。1906年,工部并入商部,改称农工商部,原通艺司改称"工务司","掌工匠、制造、料品、矿政等事,统辖京外各工艺制造、矿务学堂、公司局厂,兼管本部实业艺徒、劝工等各学堂局所"。① 该机构管理模式延续至清亡。

清中央政府对地方矿务机构也进行了调整。1905年底,商部制定《矿政调查局章程》24条,分办事之法15条,勘矿之法9条,通令各省迅即筹办矿政调查局,此前各省已经设立之矿务总局及查矿公所等,一律改为矿政调查局,以归划一。矿政调查局设总、协理及矿师等职,并由商部委任为矿务议员。矿务议员担负调查各省矿产和矿厂,招徕矿商开采,禁止私挖私卖,管理外人开矿等职责。此外,对于矿政管理、机构设置及办事规则,《矿政调查局章程》均有较为明确的规定。②

1907年,为振兴实业,作为清末官制改革的重要举措之一,清政府在各省设立劝业道。劝业道为督抚之属官,归其节制考核,同时,秉承农工商部、邮传部及本省督抚旨意,办理全省农工商业及各项交通事务,并由农工商部、邮传部随时考核。各省原设农工商矿各局所应办事宜,均归劝业道管理。③ 劝业道就治所设立劝业公所,一般分总务科、农务科、工艺科、商务科、矿务科和邮传科。下属机构包括矿政调查局、劝工局和垦务局等,地方州县设劝业员和劝业分所。劝业道隶属于各省督抚和农工商部、邮传部。清政府设立劝业道的目的意在"部分收回、至少也能监督地方督抚的经济大权,从而加强对地方的管理"。但是围绕矿务,劝业道将矿政调查局和矿务委员纳入管辖范围,打乱了原本自成系统的矿业行政。劝业道作为一个笼统的实业主管机构,对各省矿务并无专责,仅在劝业公所内设一矿务科,矿业行政复趋紊乱。

除上述矿务行政机构,1902年,盛宣怀曾筹集股本100万两,奏准设立勘矿总公司,"遴选地学师,勘明何地实在产矿,自行购买,以归中国公司"。④ 该公司以地质勘探为主,兼营收购矿地工作,因资料阙如,具体活动情形不详。1904年,盛宣怀主动请旨裁撤勘矿总公司:"伏查勘矿之举,

---

① 刘锦藻:《清朝续文献通考》(第二册)卷126,职官十二,商务印书馆,1936年版,考8861~8862。
② 《财政:商部奏陈矿政调查局章程折》,《东方杂志》,1906年3卷2期,第10~16页。
③ 《法律章程:劝业道职掌任用章程》,《商务官报》,1908年第13期,第14~15页。
④ 盛宣怀:《愚斋存稿》卷8,第14页。

原议重在收买矿地,免为外人占夺,实赖各省地方官联络一气,方能办理。臣奉准设立勘矿总公司后即撤销商务大臣差使,势难以上海一隅之局,参与各省之事。况近年风气大开,各省多已次第设局开办,自应将总公司即行裁撤。"①

三、矿业法律法规的修订

清末矿业法律是在外资大规模染指中国矿业的背景下出现的。最早在条约中提出开矿要求的是法国。1895年6月20日,中法《续议商务专条附章》约定,中国将来在云南、广西、广东开矿时,可先向法国厂商及矿师人员商办。1897年6月,两国《商务专条及铁路合同等事照会》约定,上述三省开矿时,沿用法国矿师、厂商商办。② 该规定是对中国自办矿业过程中工程技术人员的规定,尚不涉及矿业经营权。1898年3月6日,德国借教案问题强迫中国签订《胶澳租界条约》。清政府出让胶济铁路建设权,同时,允许德商"于所开各道铁路附近之处相距三十里,如胶澳北路在淮县、博山县等处,胶沂济南路在沂州府、莱芜县等处,允准德商开挖煤斤等项及须办工程各事,亦可德商、华商合股开采,其矿务章程,亦应另行妥议"。③ 此为外资侵占中国矿权之滥觞。民国学者龚骏评论该条款说:"自此协约签订以后,各国在华开矿权又攫取,大有排山倒海之势。英相萨利斯伯赍曾于光绪二十四年称之为矿权之战。列强之强取豪夺,可以想见。故《胶澳条约》之于矿权,其失策不下《马关条约》之工业制造权也。"④

清末矿业法律除了规范华商矿业开发行为,另一个核心问题是对外资办矿之规定。1898年,矿务铁路总局订立《矿务铁路章程》22条,声明总局对各地方矿务的管辖权;准许华商借洋款办矿,或者华洋合股办矿。⑤ 1902年,清政府外务部与路矿总局制定《矿务章程》19条,准许洋商独资办矿,但外股外债必须经清政府外务部许可,方为有效。⑥ 1904年3月,商部奏准颁布《暂行矿务章程》38条,限定探矿期限1年、采矿期限30年,可呈

---

① 盛宣怀:《愚斋存稿》卷12,第40页。
② 霍有光:《外国势力进入中国近代地质矿产领域及其影响》,《中国科技史料》,1994年第4期,第3～20页。
③ 王铁崖主编:《中外旧约章汇编》第一册,北京:三联书店,1957年版,第739～740页。
④ 龚骏:《中国新工业发展史大纲》,上海:商务印书馆,1933年版,第53页。
⑤ 台北"中央研究院"近代史研究所:《矿务档・一般矿政、直隶矿政》,第45～47页。
⑥ 台北"中央研究院"近代史研究所:《矿务档・一般矿政、直隶矿政》,第86页。

请延展。针对外资,"集股开矿,总宜以华股占多为主。倘华股不敷,必须附搭洋股,则以不逾华股之数为限","并不准于附搭洋股外另借洋款,倘有蒙准开办者,查实即将执照注销,矿地充公"(第十六条)。"嗣后华商请办矿务,如未经禀明本部,迳与洋商议订合同,以矿地抵借洋款,一时蒙准,或开办后将该矿工密售他国人民,原领照人坐收出名之利益,凡此情弊,经地方督抚及本部查实,即视案情轻重照第十四条一律办理(即对领照人从严惩罚,矿照撤销,矿工入官——引者)"(第十八条)。①

1902—1903年间,中外议商《通商行船条约》时,曾约定中国应照各国通行章程颁布矿法。嗣后,两江总督刘坤一、湖广总督张之洞具奏,采取各国矿章,妥议章程。后来刘坤一病逝,张之洞派人购译英、美、德、法、日、奥、比等国矿法,咨外交部侍郎伍廷芳拟定,同时参酌日本矿业法,撰成《大清矿务章程》正章74条,附章73条。② 该章程由农工商部核定,于光绪三十三年(1907)八月奏准颁布,限于1908年4月13日施行。该矿章较之以往,内容更为完备。譬如,地下矿物认为国家所有,使矿权与土地所有权相分离,则为从前矿章所未载及者。关于地方矿务机构,章程要求设立专司,专管矿务一切事宜,在各省城设立矿务总局,例由各省藩司总办,管理矿务事宜,有发给勘矿执照、划分矿界、增减矿界、派委稽查矿务委员等权限,并详省咨部核发开矿执照及监督矿务(正章第三款)。矿务委员驻守地方,"凡关系矿内之事,无碍于地方者,准由该委员秉公办理,或劝解调处,或执法判断,均由该委员酌办"(正章第四款)。较之矿政调查局,矿务总局权限大为扩张。关于外人开矿事宜,章程确定合办的原则有"凡与中国有约之各国人民,允愿遵守中国之法律,皆得在中国与华商合股,禀请承办合律之矿产","华洋股份以各占一半为度"(正章第十款)。"开采之权属之国家,无论官办民办,或华洋商人合办,均以奉官局批准为度。倘有民间私将矿产卖于外人者,由官局查明,除矿地充公外,并将该业主照盗卖律治罪。如无华人合股,断不准他国矿商独自开采一矿"(正章第十四款)。如发生矿务事件,"无论何国领事及公使均不得干预"(正章第六十二款)。

《大清矿务章程》颁布后,由于对洋商的限制较严格,遭到列强的反对。清政府外务部咨询各省意见,于1910年进行了部分修改,改为正章81条,附章46条,取消了不许列强领事和公使干预矿务等规定。该修正之矿章

---

① 台北"中央研究院"近代史研究所:《矿务档·一般矿政、直隶矿政》,第100~109页。
② 台北"中央研究院"近代史研究所:《矿务档·一般矿政、直隶矿政》,第112~165页。

正待施行之际,武昌起义爆发,清帝退位,其实际作用未能发挥。

除正式的法律规章外,清政府还以奏章咨文等形式出台有关矿业制度,但涉及的问题一般较为具体。如1908年,农工商部咨开,准副都统李国杰奏请,宣布明诏,准各省人民,不拘何项矿质,无论官山民业,听报地方官给照开采,不许占地不办,如有领照半年,尚未开办者,将照注销,另准他人承办。一面招劝商股,开筑道路,并劝设提化公司,收萆矿质行栈,遇有争执,官为裁判,不必干涉商权。①

客观上说,仅仅依靠矿业机构的设置和矿业法令的制定,无法改变不平等条约造成的利权损失。从1898年路矿总局设立到1911年辛亥革命爆发,短短的十几年时间,清政府矿政机关屡次变更,矿业法律多次修正。而作为比较成熟的矿业法律,《大清矿务章程》正式颁布后不久即遭辛亥革命的打击,作用尚未充分显现。另外,清末中央对地方的控制力大大削弱,各地对矿业机构和法令的执行情况并不一致,加上混乱的社会政治经济环境的制约,清末矿业机构对地方矿业的具体作用较为有限。但是,清末矿业机构的发展,反映出随着国家对矿业的提倡,清政府已经有意识地在制度建设上进行尝试努力,折射出矿业经济的发展变迁。

四、钢铁经济发展政策的演变

所谓发展政策,是指围绕某一经济部门、旨在实现特定经济目标,使用多种手段所制定的一系列具体政策的总称。洋务运动以前,清政府围绕钢铁业所制定的政策目标是在保证军民用铁的前提下确保社会秩序稳定,并无推动钢铁经济发展的主观动机,因此,严格意义上讲,清政府当时缺乏明确的钢铁经济发展政策。但值得注意的是,从解决财政短绌的需求出发,道光咸丰时期,清政府对包括冶铁业在内的矿业经济已持积极的开放态度。洋务运动后,清政府从近代军工生产和经济运行中逐渐意识到钢铁经济的重要性,特别是经过多次涉外纷争后,一些开明政府官员强烈要求发展钢铁工业,清政府的钢铁经济发展政策逐步形成,但与科学推动钢铁工业发展的政策目标相比,尚有较大距离。

(一)道光咸丰时期矿禁重趋开放

清代中前期,清政府的矿业政策摇摆无定,时禁时弛。乾隆以后,清政

---

① 《咨准人民领照开矿》,《申报》,1908年3月27日,第12版。

府对矿业渐持开放政策。不论在中央还是地方，主张开放矿禁的人逐渐增多，其中不乏独到见解的议论。乾隆时期的开放矿禁政策是康乾盛世的产物，又对"盛世"在一定时期内仍能继续发展起了促进作用。① 但乾隆之后，继任的嘉庆皇帝对矿业开发持谨慎态度，认为开矿聚集民众，易滋事端，多次明谕禁止开矿，政策重又趋向保守和退步。1799年5月23日，嘉庆谕旨："夫矿藏于山，非数人所能采取，亦非数月所能毕事。必且千百为群，经年累月，设立棚厂，凿砂煎炼。以谋利之事，聚游手之民，生衅滋事，势所必然。纵使官为经理，尚难约束多人；若听一二商民集众自行开采，其弊将无所不至。"其反对开矿的态度十分明朗。面对地方奏请开矿之请求，嘉庆在拒绝之余，往往严旨申斥：嘉庆五年（1800），不准直隶总督胡季堂在大名开设铅厂之请；次年，拒绝伊犁将军保宁等人开采新疆塔尔巴哈台金矿之请，并传旨申饬；同年，步军统领明安替乡民呈请开办平泉州铜矿，遭嘉庆严斥，并被革职留任；十一年（1806），颁旨不准民人开采蒙古洪果尔洛海山煤矿；次年，不准邢台、内丘等地开采银铅矿；十四年（1809），嘉奖直隶提督薛大烈查禁私采铜矿；十九年（1814），拒绝工部尚书英和开发矿业之请求；二十年（1815），封闭新疆都兰哈拉铅厂；二十一年（1816），不准开采吉林营盘沟煤矿；二十三年（1818），永远封禁承德烟筒山铅矿。②

　　道光前期，矿业政策遵循嘉庆旧制。然其晚年，为开辟财路，改弦更张，积极提倡矿利。此一政策转变与当时财政拮据局面不无关联。有论者谓："溯康雍乾嘉四朝，虽屡有天地自然之利，当与民共之，不当弃之之谕，然议开议禁，张弛不一致。盖时值升平奕叶，仓库丰储，仅以岁赋所入，已足供左藏之转输。惟乾隆一朝，征讨频仍，巡游不息，昔日取之如泥沙者，时则用之尽锱铢。耗全国之财，以逞一己之欲，而帑藏乃大绌矣。至嘉道间，内乱外患，纷至沓来，军事浩繁，国用日削，口不得不从事于坑冶，固亦知非浚源无以治标也。"③为挽救财政危机，一些官员主张矿业弛禁。1842年，魏源从增加国家财力的角度，认为必须行开矿之事，"帝王之道，张弛各因其时也"，"矿课开采之事，可不行于雍正，断不可不行于今日"，"开矿以

---

① 韦庆远、鲁素：《清代前期矿业政策的演变》（下），《中国社会经济史研究》，1983年第4期，第1～17页。

② 南炳文、白新良主编：《清史纪事本末》（第6卷），上海：上海大学出版社，2006年版，第1917～1921页。

③ 黄鸿寿：《清史纪事本末》，上海：上海书店出版社，1986年影印本，第287页。

浚银之源,更币以佐银之穷,皆因天地自然之珍,为国家不竭之府"。①

道光晚年,晓谕各省开矿,一时间矿禁大弛。1844年5月25日,其晓谕云贵、四川、广西等省,弛禁开矿,任民自为开采,称:"自古富国之道首在富民,未有民足而国不足者。天地自然之利,原以供万民之用,惟经理得宜,方可推行无弊。即如开矿一事,前朝屡行,而官吏因缘为奸,久之而国与民俱受其累。我朝云南、贵州、四川、广西等处向有银矿,每岁抽收课银,历年以来照常输纳,并无丝毫扰累于民,可见官府经理不如任民自为开采。是亦藏富于民之一道。"除现在开采外,尚多开采之处现在开采外,著有司"体察地方情形,相度山场,民间情愿开采者,准照现开各厂一律办理,断不可假手吏胥,致有侵蚀滋扰阻挠诸弊。各省情形不同,不准彼此观望"。②谕旨下达后,部分省份遵旨招商开采,但成效不著,部分官员因噎废食,吁请停办。1848年12月10日,道光再发谕旨:"开矿之举,以天地自然之利,还之天下,仍是藏富于民。如果地方官办理得宜,何至借口于人众易聚难散,因噎而废食。著四川、云贵、两广、江西各督抚于所属境内,确切查勘,广为晓谕。其余各省督抚,亦著留心访查,如有苗旺之区,酌量开采,断不准畏难苟安,托词观望。倘游移不办,朕不难派员前往履勘,如果不便于民,或开采之后,弊多利少,亦准奏明停业。至于官办、民办、商办,其应如何统辖弹治稽查之处,朕亦不为遥制,惟在该督抚等各就地方情形熟商妥议,定立章程具奏。总之,有治人,无治法。穷变通久,全在因时制宜。综此数端,除实行不便于民者,准该督抚奏明外,其余令在必行,谅不敢莠言乱政!"③

道光对矿业的弛禁在地方引起争议。一些人仍持农本主张,要求趋本务农。如徐鼒《务本论》言:"辛丑之夏,英夷犯广州,御史某请开矿助饷,议者或惜其说之不行。鼒以为国用之不足,非银少也,恃银以为用之弊也……今之筹国用者,在于重农桑而已矣。"④应该讲,这种主张在当时社会具有相当的代表性。

咸丰即位后,烽火不熄。为筹措军饷,他继承道光朝晚期的矿业政策,

---

① (清)魏源:《魏源全集》(13),长沙:岳麓书社,2011年版,第399、404页。
② 南炳文、白新良主编:《清史纪事本末》(第7卷),上海:上海大学出版社,2006年版,第2422页。
③ 中国第一历史档案馆:《清实录》(第39册),北京:中华书局,1986年影印本,第823页。
④ 赵靖、易梦虹主编:《中国近代经济思想资料选辑》(上),北京:中华书局,1982年版,第181页。

鼓励地方发展矿业。1853年5月5日,咸丰谕旨:"朕开采矿厂,以天地自然之利还之天下,较之一切权宜弊政,尚属无伤体制,有裨民生,惟在地方官经理得宜,自不致别滋流弊。""当此军饷浩繁,左藏支绌,各省督抚务宜权衡缓急,于矿苗丰旺之区,督派干员悉心履勘,各就地方情形,奏明试办。毋得狃于积习,任听不肖官吏,名为封禁,暗取陋规,但以有碍风水,聚众滋事等语,一奏塞责"。①

道咸时期,清政府虽重开矿禁,但并没有意识到包括冶铁在内的矿业经济在近代社会中的重要性,而是将矿业经济作为开源理财手段,并未自觉确立起一种行之久远的发展政策。当一些地方的矿业活动危及传统社会秩序时,清政府在权衡其利弊得失后,又往往骤行封禁之举。如1861年山东地方官员奏准,山东平度旧店地方聚集匪徒三四千人,搭棚盖厂,肆行开采金矿,地方官不能禁止,每遇械斗,互相杀伤,地方官不敢过问,以致附近地方道路梗阻,8月15日,咸丰谕旨,令山东当局派员确切查明,"如有匪徒聚集滋扰,即严拿惩办,将私挖之矿,立时封禁,以遏乱萌"。②

另外,道咸时期,清廷对地方办矿行为予以支持,其允可的开采方式无疑是传统的手工生产方式,而采用机器新法的办矿行为是绝对禁止的。甚至到19世纪70年代,李鸿章还抱怨道:"目下鸡笼煤矿已有成效,武穴、池州均甫开局,魏温云亦在宝庆、衡州等处试采煤铁。但官绅禁用洋法机器,终不得放手为之。凡此皆鄙人一手提倡,其功效茫如捕风,而文人学士动以崇尚异端、光怪陆离见责,中国人心真有万不可解者矣。"③直隶总督李鸿章一手提倡的新式矿业,其功效都"茫如捕风",足见当时创办新式矿业阻力之大。

(二)同治光诸之际海防筹议与试办新式矿业措施的出台

与西方资本主义强国工业化发展历程不一样,中国工业化的完全是外力冲击压迫下的结果。虽然西方研究中国近代史的"冲击——反应模式"存在不足之处,但是这并不意味着该模式全然失效。在外层带(就地理或文化意义而言),中国近代早期出现的许多新事物,包括通商口岸、资本主义工商业、大众传媒等,确实是西方冲击的直接产物。比较现代化学者C.

---

① 巫宝三等编:《中国近代经济思想与经济政策资料选辑(1840—1864)》,北京:科学出版社,1959年版,第406页。
② 巫宝三等编:《中国近代经济思想与经济政策资料选辑(1840—1864)》,第411页。
③ 顾廷龙、戴逸主编:《李鸿章全集》信函四,第75~76页。

E. 布莱克称:"现代性的挑战在最早实行现代化的社会是内在自生的,从此,变革的过程逐渐在几个世纪中持续发生。在迟现代化社会,这种挑战的发生越来越是外来的,因而显得更加迅速,甚至有些突然。"① 清政府真正为实现钢铁工业发展为出台政策始于台湾事变后的同光之际海防筹议。

洋务运动启动以来,一批洋务官员在创办军事工业的实践中,认识到钢铁材料的军事价值,较早地提出了发展钢铁工业的倡议,但并未引起清廷足够的重视。1874 年 5 月,日本出兵台湾。面对日方挑衅行为,清政府竟"殊无把握"应付,10 月,被迫与日本政府签订《台事专条》,承认日本此次出兵为"保民义举",并付给日方抚恤金和军费共计银 50 万两,换取日军从台湾撤兵,是为台湾事件。② 日本此次挑衅行动对清政府产生巨大震动。它证明,十余年"师夷长技"的成果并不能御敌于海上。这引起清政府的深刻反思。正如奕䜣所言:自庚申之变以来,"人人有自强之心,亦人人为自强之言,而迄今仍并无自强之实。从前情事,几于日久相忘","有鉴于前,不得不思毖于后。现在日本之寻衅生番,其患之已见者也。以一小国之不驯,而备御已苦无策。西洋各国之观变而动患之濒,见而未见者也。倘遇一朝之猝发,而弭救更何所凭及"。③ 在此背景下,清廷围绕海防建设,展开了一场规模空前的大讨论。

在这场大讨论中,丁日昌、李鸿章等人明确提出发展钢铁业对加强海防建设的重要性。丁日昌认为开五金煤铁之矿,"非特利源所系,亦军事胜败所关","开矿一层,尤为目前军事、饷事之第一要务矣"。④ 李鸿章主张制造耕织机器,开办煤铁各矿,辅以发展铁路、轮船交通。他指出:"英国呢布运至中国,每岁售银三千余万,又铜铁铅锡售银数百万,于中国女红匠作之利,妨夺不少。曷若亦设机器,自为制造。轮船铁路,自为转运。但使货物精华,与彼相埒,彼物来自重洋,势不能与内地自产者比较。我利日兴,则彼利自薄,不独有益厘饷也。各省诸山,多产五金及丹砂、水银、煤之处,中国数千年未尝大开,偶开之又不得其器与法,而常忧国用匮竭,此何异家

---

① [美]C. E. 布莱克:《现代化的动力——一个比较史的研究》,浙江人民出版社,1989 年版,第 7 页。

② 关于台湾事件的详细经过,可参阅米庆余著《琉球历史研究》(天津人民出版社,1998 年版)第 120~154 页。

③ (清)宝鋆等:《筹办夷务始末(同治朝)》卷 98,北京:故宫博物院影印本 1930 年版,第 19~20 页。

④ (清)张树声:《敦怀堂洋务丛钞》,文海出版社,1968 年影印本,第 322~324 页。

有宝库,封锢不启,而坐愁饥寒。"①他认为:"若南省滨江近海等处皆能设法开办船械制造,所用煤、铁无庸向外洋购运,榷其余利并可养船练兵,此军国之大利也。"②刘坤一和李瀚章也明确支持该主张。刘坤一认为:"轮船枪炮等项,中国之人已能制造,日渐精良。惟中国之钢铁木植,顽钝柔脆,不适于用,尺寸均须取诸外洋。一旦与外洋为难,彼必不肯以铁植资我。纵有善于制造之人,亦形束手。"从解决军工业原料的目的出发,他认为,对于钢铁、木植等原料,"宜广为采办,极力讲求,毋使外国奇货可居,而我为所窘"。李瀚章称:"直省现试办开挖煤矿,若有成效,其利实非浅鲜,各省之有煤矿及铜铁矿者,均可仿照开挖,以广利源。既可以供各厂铸造及轮船之用,其所余者,亦可出售助饷。"③

对于地方官员开采煤铁矿的意见,中央官员普遍表示反对。礼亲王世铎领衔、大学士和六部九卿共同署名会奏的奏折称:"各省所议,如增盐厘、借洋款、开矿厂等事,深恐流弊,易滋诸多窒碍,此议之不可行者。"④奕䜣则持谨慎态度,认为:"开矿挖煤,议者有之,驳者亦有之。虽聚众难散之弊,李鸿章斥为不经之谈,以臣之愚,终难深信无疑。或仅试办于一省一地,可则行,不可则止,果有十分成效,以渐推广,尚无不宜。若遽聘洋人照洋法,各省一律举办,实非计之得也。"⑤

1875年5月30日,清廷发布上谕,对持续数月之久的海防筹议作出批示,明确同意采用西方近代技术试办新式矿业,并决定由南北洋大臣主持办理相关事宜:"开采煤铁事宜,著照李鸿章、沈葆桢所请,先在磁州、台湾试办,派员妥为经理;即有需用外国人之处,亦当权自我操,勿任彼族搀越。"⑥这是清政府矿业政策的一个重大转变,中国新式矿业由此滥觞。

受此影响,1875年,李鸿章督饬盛宣怀在湖北广济开采煤铁,成立近代中国第一个新式煤铁开发企业——湖北开采煤铁总局。此后,开平煤

---

① (清)宝鋆等:《筹办夷务始末(同治朝)》卷99,北京:故宫博物院影印本1930年版,第26页。
② 顾廷龙、戴逸主编:《李鸿章全集》奏议六,第165页。
③ (清)宝鋆等:《筹办夷务始末(同治朝)》卷100,北京:故宫博物院影印本1930年版,第16、23~24页。
④ 世铎:《奏为遵旨会议筹办海防等情事》(光绪元年二月二十七日),中国第一历史档案馆藏光绪朝军机处录副奏折,档号03-9381-015。
⑤ 奕䜣:《奏为遵懿旨议海防等情事》(光绪元年二月二十七日),中国第一历史档案馆藏光绪朝军机处录副奏折,档号03-9381-013。
⑥ 中国史学会主编:《洋务运动》(一),第153~155页。

矿、基隆煤矿相继创办。受此影响,1880年前后,中国新式矿业曾出现第一次发展高潮。① 尽管如此,清政府面对新式矿业,仍然顾虑重重,未能充分认清近代矿业经济的价值,并为其发展扫清障碍。1884年,翰林院编修朱一新奏请开采煤铁矿,清廷仍持游移不定之态度,称:"开采煤铁,易滋弊端,苟非得人而理,其何以裕度支而济饷需",决定由有关大员"悉心酌核,妥筹办理"。②

(三)光绪乙酉海防筹议与各地钢铁厂的议设

19世纪下半叶,为加紧掠夺原料、商品市场和投资场所,由地理大发现引发的殖民扩张演变为资本主义列强瓜分世界的狂潮,殖民扩张活动呈现出扩大化、"合法化"的特点。1884年底召开的柏林会议被视为旧欧洲在全球事务中居支配地位时期的顶峰。③ 中国作为富饶的东方大国,早已成为列强垂涎之对象。1885年前后,中国边疆危机已迫在眉睫。在西北方向,俄国将侵略矛头转向中亚,将东起帕米尔高原、西至里海的广大土地纳入版图,并对中国新疆地区虎视眈眈,同时,南下与英国围绕阿富汗展开激烈争夺。在西南方向,英国以印度半岛为基地对中国西南邻国觊觎已久。吞并印度后,英国多次发动侵缅战争,于1885年控制了整个缅甸。法国则以越南为跳板,在中国西南边境地区扩张势力。1883年,法国强迫越南统治集团签订《顺化条约》,吞并越南。在东南沿海,日本1874年出兵征讨台湾,1879年吞并琉球,并在朝鲜不断扩张势力。此局面正可谓:群狼环伺,乘乱辄发;藩篱尽撤,唇亡齿寒。对此,清政府不能不感到巨大的生存危机。

清政府要有效应对威胁和挑战,建立坚不可摧的海防,必须紧跟世界科技发展潮流,实现国家的工业化。然而,揆诸历史实践,面对不断来自海上的威胁,虽早在鸦片战争时起,清政府就对海防事宜进行了深入思考、广泛动员和严密布置。1861年启动洋务运动改革后,清政府在22年的时间里,在军工生产领域投入重金,建成了包括福州船政局等在内的19家军工

---

① 张国辉:《洋务运动与中国近代企业》,北京:中国社会科学出版社,1979年版,第186~187、218页。
② 中国第一历史档案馆:《清实录》第54册,北京:中华书局,1987年影印本,第720页。
③ [美]保罗.肯尼迪著,蒋葆英等译:《大国的兴衰》,北京:中国经济出版社,1989年版,第244页。

企业,①初步具备了生产近代枪炮、弹药、兵轮的能力。但中法战争的实战经历再次暴露清王朝海防建设存在巨大漏洞,迫使其重新思考王朝防务问题。

首先,清廷海防力量在中法战争马尾海战中的脆弱表现令国人瞠目结舌。1884年8月23日,法国正式对华宣战。仅一个多小时后,福建水师在马尾军港被同时停泊在那里的法国舰队击沉,福建船政局亦受重创。与清廷水师部队的不堪一击形成鲜明对照,法军"以兵船廿余号横行洋面,沿海皆警,莫能制其死命"。耗费二十余年光阴,靡费数千万资财,然海防之成效,仍不昭彰,恰如刑部给事中秦钟简称:"历年筹防费已千万,近日办防更逾千万,而仍若岌岌焉,不可深恃。"②

其次,中法战争期间,各国借口严守中立,禁止向中国出售武器,大炮、火药、子弹等军需品,"各国既守公法,一概停卖",给中国战时防务造成巨大压力。对此,中法战争期间,负责采购军火的两广总督张之洞深有感触:"去年各省设防以来,所购军火,不下数百万金。而良楛不齐,且损重费,甚至居奇抑勒,借口宣战,停运截留。种种为难,令人气沮。"国防军需如何自主的问题成为清王朝必须直面的现实问题。

中法和局甫成,清政府痛定思痛,决定进一步加强海防建设。1885年正月,督办福建军务大臣左宗棠、福州将军穆图善、闽浙总督杨昌濬联名上奏:"海防以船炮为先,船炮以自制为便,此一定不易之理也。"他们建议拓增海防船炮大厂,加强海防建设。③ 6月9日,直隶总督李鸿章与法国公使巴特纳签订《中法会定安南条约》(即《中法新约》),中法战争结束。6月17日,李鸿章奏请仿照西方,设立武备学堂,延聘德国教官,挑选各营弁兵入学堂学习,培养将弁人才。

左、李等人的奏折实际上关涉战后海防如何重建这一重要问题。如果说两次鸦片战争中,清政府可将战争失败原因归咎于列强的"坚船利炮",那么,经历中法战争,清政府开始认识到,国产船、炮之所以不及洋船、洋炮坚利,这与洋船、洋炮大规模采用新型钢铁材料密切相关。受此影响,6月21日,光绪帝上谕:"自海上有事以来,法国恃其船坚炮利,横行无忌。我

---

① 王尔敏:《清季兵工业的兴起》,台北:"中央研究院近代史研究所"1978年发行,第125~126页。

② 台湾史料集成编辑委员会编:《明清台湾档案汇编》第5辑,第91册,国立台湾历史博物馆、远流出版事业股份有限公司、国立台湾大学图书馆,2009年版,第246页。

③ 左宗棠:《左文襄公全集》卷64,光绪庚寅刻本,卷64,第7~8页。

之筹划备御,亦尝开设船厂,创立水师,而造船不坚,制器不备,选将不精,筹费不广。上年法人寻衅,叠次开仗,陆路各军,屡获大胜,尚能张我军威,如果水师得力,互相援应,何至处处牵掣。当此事定之时,惩前毖后,自以大治水师为主。船厂应如何增拓?炮台应如何安设?枪械应如何精造?均须破除常格,实力讲求。至于遴选将才,筹划经费,尤应谋之于豫,庶临事确有把握。"①针对这些问题,清政府要求李鸿章、左宗棠、钦差办理广东防务大臣彭玉麟、福州将军穆图善、两江总督曾国荃、两广总督张之洞、闽浙总督杨昌濬发表意见。除以上七人之外,还有其他官员主动发表看法。此为光绪乙酉海防筹议。

19世纪80年代,钢铁材料已大量运用于舰船制造和武器生产,优质钢材对提升舰炮性能厥功至伟。从海防建设出发,乙酉海防筹议期间,开发铁矿资源、设立钢铁厂得到较为普遍的倡议,相对应地,公然反对者几乎销声匿迹。

左宗棠从中外舰船、大炮制造的技术差距出发,认定中国要"谋自强而息外患",必须从根本着眼,开采铁矿,大炼钢铁,拓增船炮厂,"中国欲兴炮政,必于此两厂(指德国克房伯、英国法华士——引者注)择一取法,雇其上等工匠,定购制炮机器,就船政造船旧厂开拓加增,克日兴工铸造。虽经始之费需银五六十万两,而从此不向外洋买炮,即以买炮经费津贴炮厂,当亦有赢无绌。惟制炮之铁与常用铁器炼法不同,必须另开大矿,添机炼冶,始免向外洋购铁。查福州穆源矿苗极佳,闽中官民屡议开采,以销路不旺而止。若用以制炮,取之甚便。如能筹得二三百万金,矿炮并举,不惟炮可自制,推之铁甲兵船与夫火车铁路,一切大政皆可次第举办,较向外洋购买,终岁以银易铁,得失显然。泰西各强国于此等工程断不贪购买之便,而自省烦劳,良有以也"。②乙酉海防筹议期间,他重申:"臣前折请开徐州穆源各矿,为铁甲钢炮材料。兹奉旨饬议设厂处所,若论常格,自应由两江、闽浙筹款试办,或委公正绅富集股倡办,并招通晓化学之人讲求炼法,俾速出钢铁,应用其实。"③张之洞倡议钢铁工业建设的主张更为系统完善。他认为:"自强之本,以操权在我为先,以取用不穷为贵。"要做到"操权在我""取用不穷",他提出"储人材""制器械""开地利"三项主张,认为:"斯三者

---

① 中国第一历史档案馆:《清实录》(第54册),北京:中华书局,1987年影印本,第935页。
② 左宗棠:《左文襄公全集》卷64,第6~8页。
③ 盛康:《皇朝经世文续编》卷91,思补楼光绪二十三年刻本,第44~48页。

相济为用,有人才而后器械精,有煤铁而后器械足,有煤铁器械而后人才得以尽其用。得之,则权利操诸我;失之,则取予仰于人。"张之洞深刻意识到钢铁工业的极端重要性。他说:"山泽之利,王者所重。外洋富强,全资煤铁。我中国煤铁之富,远驾四洲。如谋制船炮,取资重洋,以银易铁,何所底止?"①

左、张关于钢铁业的发展主张得到许多官员的附和与支持。曾国荃认为:"左宗棠疏内所称终岁以银易铁,得失显然,必须开采煤铁,矿炮并举等语,洵属久远之谟。南洋机器局需用钢铜甚夥,若再长此购买,取携既多不便,利权终属他人。"②裴荫森等人的奏折指出:"除制炮、造船、教将、练兵,别无自强之道。然不开矿炼铁,购机造炉,事事购自外洋,财源溢出,军火之费,较之洋药漏卮,尤为繁巨。"③李元度称:"中国既设船炮局、机器局,需铁甚多,皆购之于英,是以利界外人也。今自开铁矿,则铸炮、造机器、造铁船、造轮车铁路皆取诸宫中,且可售之于西人,以夺其利。"④穆图善比较中国与欧美各国之优点与短处,认为应"相观而善,急起择善以变贫弱,必自开煤铁,创铁路,兴机器,举商政"。"若仿西法开采煤铁,由部臣主之,精选英国上等可靠矿师,遍采各省矿藏丰美者,令疆臣主办,招商集股,任殷富廉干者管开采,官助资力,略仿直隶开平煤矿办法,责效以四五年,则煤铁出,铁厂多,机器可兴,铁路可办"。⑤此外,还有官员笼统地主张开发矿产资源。如彭玉麟自称对经济和西方技术关注较少,自言"深恶夷人,兼恶夷学,于外洋制造之精微、器物之良窳,从未留心讲求",即便如此,他亦建议开采矿产资源:"请饬下各省疆臣,查察境内有矿之处,设厂开采,或由官办,或招商办,务须经画尽善,期于必行。由是地不爱宝,取不竭而用不穷,富强之道,孰有便于此者哉!"⑥

军机大臣、总理衙门大臣等会议诸大臣奏折时,明确赞同开矿炼铁之举,将之作为广筹饷、兴制造的重要手段——"开采五金,于钱局、鼓铸、机

---

① 苑书义、孙华峰、李秉新:《张之洞全集》第1册,石家庄:河北人民出版社,1998年版,第307~313页。
② 中国第一历史档案馆:《光绪朝朱批奏折》第64辑,北京:中华书局,1995年版,第839页。
③ 中国第一历史档案馆:《光绪朝朱批奏折》第64辑,第831页。
④ 台湾史料集成编辑委员会编:《明清台湾档案汇编》第5辑,第91册,国立台湾历史博物馆、远流出版事业股份有限公司、国立台湾大学图书馆2009年版,第293~318页。
⑤ 台湾史料集成编辑委员会编:《明清台湾档案汇编》第5辑,第91册,第419~425页。
⑥ 彭玉麟纂,梁绍辉等校点:《彭玉麟集》(一),长沙:岳麓书社,2008年版,第422~423页。

器制造皆有利益,拟请饬下福建、广东督抚察看情形,能否招商集股,设法试办","造炮造枪皆以仿西法开铁矿为先著,否则购料西洋,造贵于买"。①

此外,光绪乙酉海防筹议后,清政府对铁路建设的态度渐趋积极。开平煤矿之运煤线路唐胥铁路宛如成长的胚胎,不断延伸。1886年延伸至芦台,次年开始向天津延展。1887年,台湾巡抚刘铭传奏请修造台湾修路,称"铁路为国家血脉,富强至计,舍此莫由","台湾与内地情形迥殊,绅商多涉外洋,深明铁路大利。商民既多乐赴,绅士决无异辞。如蒙准开办,所裨于台湾大局实非浅鲜"。清廷批准该请求。② 该路初拟商办,后因集股困难改为官办,同年6月兴工,一直到1893年12月中辍,修成从基隆经台北至新竹段,全长107公里。铁路与钢铁工业关系非同一般。中国铁路建设的兴起为发展钢铁工业提供了极为重要的市场张力。

1885年9月6日,清廷以筹办海防善后,所有鼓铸制造事宜,铜铁两项需用甚殷,旨派丁宝桢责成四川云南总督岑毓英、张凯嵩筹办云南、四川铜铁厂。③ 10月7日,兵部主事谢光绮奏请广西试办开矿,安抚土司。朝廷谕旨,广西临桂、义宁、平乐各府州县"矿苗果旺,自可妥为开采,以资利用"。10月14日,张之洞奏称福建穆源、广东惠州等处皆产佳铁,拟访求矿师开采,以制枪炮。上谕称:"煤铁为制器必需之物,如果矿苗畅旺,自应及时开采,以资利用。惟矿本所需甚巨,亦应先事预筹。"12月23日,署贵州巡抚潘霨称"黔省矿产极多,煤铁尤盛,如能开采合法,运销各省,可免购自外洋",上谕"著该署抚详细体察,认真筹办,毋得徒托空言"。④ 1889年春,两广总督张之洞实施筹划多年的钢铁冶炼计划,后因调任湖广,1890年炼铁厂最终选址汉阳,此即闻名于世的汉阳钢铁厂。在此前后,江南制造总局、天津机器局等兵工企业也先后设立炼钢厂。

工业化后发国家要实现"追赶"先行国家的目标,必须通过政府强有力的领导,实现各种政策目标的有效结合,同时,通过税制改革调动各种资源,再辅以行政和财政手段,以推动经济技术的持续发展。晚清时期,虽然许多官员提出了一些顺应钢铁工业发展的新主张,但由于知识、能力、阅历的局限,他们提不出切实有效的实现路径。许多政策目标的执行是孤立

---

① 中国第一历史档案馆:《光绪朝朱批奏折》第64辑,第846、848页。
② 刘铭传著,马昌华、翁飞点校:《刘铭传文集》,合肥:黄山书社,1997年版,第202页。
③ 中国第一历史档案馆:《清实录》(第54册),北京:中华书局,1987年影印本,第996页。
④ 中国第一历史档案馆:《清实录》(第54册),第1019、1028、1078页。

的、枝节性的,事前缺少科学的统筹规划,事中缺乏必要的协调支持,难收良好效果,缺乏必要的配套政策。乙酉海防筹议再次暴露该缺陷。资本是现代工业的血液。乙酉海防筹议论及的筹资手段很多,如裁兵勇、汰冗员、增关税、加盐价等,这或许能获取部分资金,但剜肉补疮,杯水车薪,无助于问题根本解决;还有人主张开矿厂,这固然为开源之道,但若无巨额资金投入,也无异于画饼充饥。李鸿章曾建议设立金融机构,开办官银号,但被慈禧一口否决:"此事创办非易,中华与外洋情形迥不相同,若经理不得其宜,深恐流弊滋多,著毋庸议。"①他还提出以轻息借洋债,又直接被军机大臣等会议否决。② 对于筹集资金,清廷持"节流"之意见,认为"封疆大吏果能实力稽查,大加撙节,无难积成巨款,何至动辄借力洋商,徒滋耗费"。③ 除此以外,再无有效手段。实践证明,工业化在实施推进过程中,缺乏近代金融、财税制度的改革,资金紧张将始终成为挥之不去的梦魇。另外,其他关于技术、市场、管理、法律等方面的改革,乙酉海防筹议中,鲜有官员提出深刻见解。

学者认为,统治者的偏好和有界理性、意识形态刚性、官僚政策、集团利益冲突和社会科学知识的局限性等都可成为政策失败的起因。④ 乙酉海防筹议后,清政府在应对工业化发展需要方面,导致政策失败的原因很多,如意识形态刚性所导致的保守思想未能彻底革除,反映在财政思想方面,政府秉持财政的原额主义,信守"取民有制,从无加赋之事"的教条,根据国家正赋收入,量入为出,仍属传统的财政思维。⑤ 统治阶级腐化堕落所造成的影响也不容忽视。在清廷下令筹议海防的当日,慈禧令御前大臣、军机大臣会同奕譞"踏勘修饰"北京南海、北海应修工程,⑥加上日后投入巨资修建颐和园,将大量资金浪费于个人奢侈享乐中,影响极为恶劣。此外,乙酉海防筹议后的政策失败与官员能力不足有关。工业化奠基于科学技术大发展的基础之上,每向前迈进一步,都必须辅以对应的知识、经

---

① 中国第一历史档案馆:《清实录》第54册,北京:中华书局,1987年版,第1037页。
② 台湾史料集成编辑委员会:《明清台湾档案汇编》第5辑,第92册,第188~201页。
③ 中国第一历史档案馆编:《清实录》(第54册),北京:中华书局,1987年版,第959页。
④ 林毅夫:《关于制度变迁的经济理论:诱致性变迁与强制性变迁》,载[美]R.科斯等编:《财产权利与制度变迁》,上海:三联书店、上海人民出版社,1994年版,第402、397页。
⑤ 《续修四库全书》编委会:《续修四库全书》(815),上海:上海古籍出版社,1996年版,第434页。
⑥ 中国第一历史档案馆编:《清实录》第54册,第935页。

验、管理、技术储备。从历史实践看,包括李鸿章、张之洞在内的清政府官员群体显然普遍缺乏这种素养。他们对全局不仅提不出科学的发展规划,甚至对许多具体问题的认识也谬误百出。如一些极力主张开矿炼铁的官员对钢铁工业建设规律和难度缺乏必要认识,导致实践活动遭遇巨大挫折。潘霨之于青溪铁厂、张之洞之于汉阳铁厂就是鲜活事例。彭玉麟对近代货币、财税制度和融资手段的认识显示其与时代发展的巨大落差:"借洋款则取给一时,耗息太巨,皆非可履行之事。他若钞法则窒碍多端,加赋则流毒无极,此乃末世之政,非圣朝所宜议及也。"①

光绪乙酉海防筹议召集于工业化所引发的大变革时代,当时,已经完成或正在快速推进工业化的世界各国早已对华虎视眈眈,磨刀霍霍。在此背景下,中法战争实践恰逢其时地向清王朝提供了一次难得的认识自我、发现问题的良机。与此同时,面对内忧外患的暂时缓和局面,清政府迎来一个可以有所作为的时代,本应破除阻力,大刀阔斧推进各项改革,抓住这最后的冲刺机会。但可惜的是,维护旧的封建统治秩序仍是帝国政府压倒一切的政策目标。乙酉海防筹议的思想主张及其日后的实践显示出,清政府虽进行了部分变革,但围绕工业化目标,缺乏应有的认识自觉和切实有效的应对机制,未能大刀阔斧地全面推进改革,最终贻误了最后的"追赶"良机。十年后的甲午战争虽使中华民族自睡梦中惊醒,但清政府自上而下推进工业化的有利时机已然不复存在。

(四)甲午战争后清政府鼓励钢铁经济发展的政策

1895年前,清朝国家力量虽介入钢铁资源开发,但在政策层面,清政府并不提倡民间矿业开发行为,"对待商人自办新式矿业基本上是采取禁止和限制的政策,谈不上鼓励扶植"。② 甲午战争对清廷造成沉重打击,推动其经济政策发生重大变化:战前,清廷一般是被动地允许、同意地方开矿炼铁的行为;战后,清政府积极推动地方开采煤铁矿资源,并对汉阳铁厂的发展提供政策支持。

1895年秋,户部咨行各省,对各地矿产,如有可开采之处,确有把握,准奏明开办。次年1月29日,王鹏运建议:"藏金银于地下,而怀宝啼饥,甚无谓也,应请特谕天下,凡有矿之地,一律准民招商集股,呈请开采,地方官吏认真保护,不得阻挠。俟矿利既丰,然后按十分取一,酌抽税课,一切

---

① 彭玉麟纂,梁绍辉等校点:《彭玉麟集》(一),长沙:岳麓书社,2008年版,第423页。
② 朱英:《晚清经济政策与改革措施》,华中师范大学出版社,1996年版,第102~103页。

赢绌,官不与闻。如矿产微,即行裁撤。"①户部议奏:"自应照准",再次咨令"各产矿省份厘定章程,切实奏明报部","应请特颁谕旨饬下各省将军督抚及海关监督,转饬税务司一体遵照,实力奉行。"②1896年3月13日,光绪帝上谕:云南向产五金,贵州出铅素旺,山西所出之铁夙称精良,现虽未据复奏,均宜及时攻采,以期逐渐推广,著即将筹办情形据实迅速复奏。总之,开办矿务以金银矿务为最先,各该省如能实力访查,确有金银矿地,设法兴办,自较煤矿等项得款为巨。③ 中央对矿务的重视,反映其经济思想有较大进步。但对金银等贵金属矿的偏重则反映出其认识仍有很大的片面性。

从维护王朝统治的需要出发,许多朝臣建议大力发展钢铁工业。1897年,荣禄奏称:甲午一战,"战舰凋零,海权全失。沿海之地易启彼族窥伺之心。现虽与英德伏尔铿厂、阿姆士口厂订造鱼雷快船,克日包送来华,以资驾驶,徒以饷项难筹,不能购订多只铁甲巨舰,是防海仍一无可恃。况制造厂局多在滨海之区,设有疏虞,于军事极有关系。查各省煤铁矿产以山西、河南、四川、湖南为最,又皆内地,与海疆情形不同,应请饬下各该省督抚设法筹款设立制造厂局。其已经设有厂局省份,规模未备,尤宜渐次扩充,自炼钢,以迄造快枪、快炮、造无烟药弹,各项机器均须购办,实力讲求,从速开办,以重军需"。④ 但究竟该如何发展钢铁工业,朝野上下缺乏实际上科学认识。特别是在清政府财政极度紧张的背景下,要求各省筹款,自炼钢铁,不切实际。

清末张之洞、盛宣怀多次向清廷明确提出国家应积极保护与扶植钢铁业。"窃维东西洋各国,无不竭力维持公司,盖非此不足以开自有之利源,而杜利权之外溢"。⑤ 汉阳铁厂作为清末中国唯一的大型钢铁联合企业,清政府对其政策扶植力度并不算小,其政策效果也并非可以忽略不计的。

资金方面,至1896年,清政府在汉阳铁厂实际投入580多万两白银,主要用于铁厂及附属产业的基础设施建设和生产运营开支。其后,虽因政

---

① 《御使王鹏运请遍饬开办矿务鼓铸银圆折》,《时务报》1896年第14册,第7页。
② 《户部议复王鹏运请开办矿务鼓铸银圆折》,《时务报》1896年第15册,第8页。
③ (清)朱寿朋编,张静庐校点:《光绪朝东华录》(四),北京:中华书局,1958年版,总第3744页。
④ 荣禄:《奏请饬下各省督抚设法筹款设立厂局自炼钢铁事》(光绪二十三年),中国第一历史档案馆藏录副奏折,档号03-7122-086,缩微号532-1608。
⑤ 盛宣怀:《愚斋存稿》卷4,第24页。

府财力不济,中止拨款,但清政府的扶植政策并未消失。税收方面,汉阳铁厂改为官督商办以后,清廷虽有征收营业税、产品税的动议,但最终均予以免征。如1896年春,总理衙门奏准,"凡机器制造货物,不论华商洋商,统计每值百两征银十两"。对此,10月29日,张之洞奏请汉阳铁厂所出钢铁请免税厘十年。户部议准,援照广西丝绸、烟台果酒暂免税厘三年之案,从优加免税厘五年。① 产品销售方面,清政府也创造诸多有利条件,尽量满足铁厂发展要求。如1906年,商部通咨各省将军督抚及各省督办铁路大臣,要求保护钢铁利权:"钢铁之为用甚广,而利权之所关又甚大。各省制造物品应用之钢铁向多购自外洋,银钱外溢,为数不赀。而敷设铁路之省份,所需铁轨,从前亦均由洋商购办,利权之丧尤巨。近来湖北制造钢铁等厂,极力改良,日有进步,所炼之钢铁颇适于用。此后各省,凡有应购之钢铁等物,及建路铁轨,务须向鄂厂购办。如用大宗钢铁,或定有特别式样,须早日向鄂厂预订,既可以保护利权,而鄂厂得各省多数之购款,亦可添助资本,逐渐扩充。本部为挽回大利起见,务望通饬所属及铁路人员一体遵照办理。"②这种情况一直延续到清朝灭亡。

    铁路是钢铁销售的主要市场,在中外铁路借款合同中优先选用本国材料,这是清政府扶植汉阳铁厂的重要举措。这类合同在清末并不少见。如1897年5月《芦汉铁路借款合同》对铁路用料来源作了详细规定:"凡造此铁路应用料件,除中国自行制造以及将来自造之件外,其中国尚未能自造之件,欲向外国购办,由督办大臣与比国公司所派监察之员酌定。"此后1898年双方在《续订详细合同》中再次强调:"营造汉、保全路及行车后所需制造材料,除汉阳各厂所能造者先尽购办外,皆归比公司承办。"③1898年4月《粤汉铁路借款合同》同样规定:"(粤汉铁路)所用各式材料必须明场购买、价值最低者,如中国所出材料价廉物美,则当就近购买,如鄂厂等料必当尽用。"④1902年中俄《正太铁路借款详细合同》规定:"凡中国自能制造机件、材料,一律照章程、价值,不向外国定购。"⑤1903年7月《沪宁铁路借款合同》规定,沪宁铁路所用各项材料须明场购买,"兹为培养中国工艺起见,湖北铁厂所出之材料以及中国所出之料物,必须尽先购用,但价值

---

① 台北"中央研究院"近代史研究所编:《海防档》丙,1957年版,第260页。
② 《商部通咨各省保护钢铁利权》,《广益丛报》,1906年第116期,第2页。
③ 王铁崖编:《中外旧约章汇编》第一册,北京:三联书店,1957年版,第711、778页。
④ 王铁崖编:《中外旧约章汇编》第一册,第747页。
⑤ 王铁崖编:《中外旧约章汇编》第二册,北京:三联书店,1959年版,第124页。

总以合宜为度"。① 这些规定为汉阳铁厂赢得材料订单发挥重要作用。

另在矿产资源专利、资金挪借、官欠入股等方面,客观上讲,清政府为汉阳铁厂提供了诸多便利,详见本书第四章,兹不赘述。

近代中国的危机和落后是一种整体性的危机与落后。要改变这一局面,必须采用系统化思维,实现全方位的改变。清政府确立发展钢铁工业的政策目标,根本目的是维护家天下的封建君主专制制度。封建统治者不可能为顺应钢铁工业发展,进行包括金融、财税、社会、制度、文化等在内的全面系统的变革。同时,清政府也不具备推动政策目标顺利实现的能力,不能积极主动地制定政策和创造条件,特别是围绕国民经济发展制定一个系统全面的发展规划,切实发挥钢铁工业的基础性作用,并借以推动钢铁工业发展。这些缺陷与发展钢铁工业需要综合配套的全面改革相龃龉。1899年,梁启超曾猛烈批评清政府这种"补漏室,结鹑衣"的改革路径,断言:"不变其本,不易其俗,不定其规模,不筹其全局,而依然若前此之支节节以变之,则虽使各省得许多督抚皆若李鸿章、张之洞之才之识,又假以十年无事,听之使若李鸿章、张之洞之所为,则于中国之弱之亡能稍有救乎?吾知其必不能也。"他认为,变法改革"要非全体并举,合力齐作,则必不能有功,而徒增其弊"。他还以开矿为例,认为清政府此前的措置,开矿反不如不开:"矿务学堂不兴,矿师乏绝,重金延聘西人,尚不可信,能尽地利乎?械器不备,化分不精,能无弃材乎?道路不通,从矿地运至海口,其运费视原价或至数倍,能有利乎?如是则开矿如不开,且也西人承揽,各国要挟,地利尽失,畀之他人。否则奸商胡闹,贪官串弊,各省矿局,只为候补人员领乾修之用。徒糜国帑,如是则开矿反不如不开。"②

就对汉阳铁厂的扶植政策而言,清政府的政策基本上是被动实施的。在多数情况下,清政府扶植汉阳铁厂的政策是在张之洞、盛宣怀等主事人员的请求下,被动地同意某种做法。如厂址选定、机器购买与安装、工程建设和经营管理等重要事项,中央政府绝少过问,基本是在地方政府层面操作完成。1896年,汉冶萍改为官督商办,盛宣怀大权独揽,特别是1909年张之洞去世后,中央较从前更少主动关心公司事务,以至于在公司在签订大笔日债后,中央政府竟毫不知情,而社会各界对汉冶萍经营内幕亦讳莫如深。再加上晚清中国国家主权不能自主,列强在华享有种种特权,凭借

---

① 王铁崖编:《中外旧约章汇编》第二册,第172页。
② (清)梁启超:《梁启超全集》第1册,北京:北京出版社,1999年版,第220页。

发达的钢铁工业,向中国倾销钢铁产品,使得清政府的扶植政策在实际执行中不能充分发挥效果。

第三节　民国初钢铁工业的制度变革

辛亥革命推翻了统治中国几千年的君主专制制度,建立起共和政体,资产阶级的代表人物以及具有资本主义改革倾向的官僚军阀开始在中国政治经济舞台上担当重要角色。受革命成功的鼓舞,中国社会各界发出"实业建国"的呼声。民众实业建国热情空前高涨,将实业视为救贫、致富、求强的唯一途径,"今者正式政府成立,大政方针注意兴实业以振财政,不可谓非扼要之图"。① 武昌起义后,孙中山从欧洲致电国民军政府,称:"此后社会当以工商实业为竞点,为新中国开一新局面。"② 民国建立后,孙中山明确指出:"实业主义为中国所必需,文明进步必赖于此,非人力所能阻遏,故实业主义为中国所必须,文明进步必赖乎此。"③ 在此背景下,南京临时政府以及北京政府相继制定、推行了一些有利于资本主义工商业发展的经济政策。钢铁工业纳入国家规划建设的范畴。但与清政府一样,民国政府也缺乏足够的政策执行能力。

一、"棉铁主义"国家经济政策的确立

晚清钢铁工业发展政策主要由少数精英人物制定,虽然在许多问题上清中央政府表示认可,但总体而言,这种认识较为朴素和肤浅,在政府内部远远没有形成共识。故谈论晚清钢铁工业建设,个人经济活动的色彩较为浓厚。民国成立前后,近代钢铁工业的巨大价值和威力在资本主义发达国家已展露无遗。南京临时政府和北京政府也存在发展资本主义工商业的内在动力。在此背景下,国家主导和推动钢铁工业建设的经济政策正式确立。

清帝退位后,孙中山辞去临时大总统职位,袁世凯接任,南北统一。1912年8月下旬,孙中山、黄兴北上与袁世凯会晤,商讨南北统一后国家

---

① 陆费逵:《中华实业界宣言书》,《中华实业界》,1914年第1期,第1页。
② 中国社会科学院近代史研究所中华民国史研究室等合编:《孙中山全集》第1卷,第547页。
③ 中国社会科学院近代史研究所中华民国史研究室等合编:《孙中山全集》第2卷,第492页。

建设问题,发展钢铁工业成为国家经济建设的重要环节,得到一致认可。按照分工,孙中山将注意力置于铁路建设,而黄兴则专注于矿山开发。1912年9月,黄兴在北京铁道协会演说词中称:"现在政府发表之铁道政策,即是中山先生之铁道政策……盖铁道修成,必有以供养铁道者,而后铁道乃能充实。故兄弟专注重于矿业,盖矿产者,铁道之滋养料也。"①9月24日,《申报》有报道称:"政府似拟以全权予黄兴开办全国矿产,并以全权与张謇兴办全国实业,与许授孙中山者相同。现信黄兴亦将赴海外募款,以充经费。"次日,袁世凯在与孙、黄会商,并经黎元洪同意后,发布《八条政纲》,其中第四条为"开放门户,输入外资,兴办铁路矿山,建置钢铁工厂,以厚民生"。②9月7日,北京政府工商总长刘揆一聘请汉冶萍公司协理李维格为工商部顾问,指出:"敝部近拟认丝、茶、磁、棉、铁为立国基本产业,以一贯之政策图进取,以积极之精神塞漏卮。"③

1912年11月,北京政府工商部召集全国富于工商学识经验之人,在北京举行了首届全国工商会议。这是近代中国政府首次召集全国经济界著名人士共商经济发展政策的一次盛会。会议对如何发展中国钢铁工业给予了高度关注。

此次工商会议的重要贡献之一是总结世界经济建设规律,确定国家发展建设的重点领域。工商总长刘揆一在会议开幕式演说词中将钢铁业作为国家基本产业部门:"吾国地大物博,百业待兴,当政府初成财源枯竭之际,并骛兼营,力实未逮。按英国尝以制铁及毛织、棉织物为产业中之基本,由政府极力提倡,大著成效。今拟仿用其法,取国内物产已有成绩及用途最广者,如丝,如茶,如磁,皆常著名于世界。今虽中落,苟能实施新法,必为输出之大宗。他如煤铁业、纺织业、煤油业,尤可以供国内之需要,杜外货之漏卮,拟即认此数者为吾国之基本产业,切实提倡,全力注之,数年之后必收成效。"④这是中国政府首次在正式经济会议上赋予钢铁工业"基本产业"的经济地位,对北京政府的经济政策产生重要影响。

实际上,将棉纺织业和钢铁业作为国家的基础工业部门,这一经济思想从晚清时期开始就已经萌芽。如薛福成曾论及:"窃惟炼铁、织布两大端

---

① 毛注青编:《黄兴年谱》,长沙:湖南人民出版社,1980年版,第204页。
② 凤岗及门弟子:《三水梁燕孙先生年谱》(上),上海:上海书店1990年版,第125页。
③ 饶怀民编:《刘揆一集》,长沙:湖南人民出版社,2008年版,第25页。
④ 刘揆一:《工商会议开会日刘总长演说词》,工商部编:《工商会议报告录》,共和印刷有限公司,1913年版,第1~3页。

裕强兵富国之谋,握利用厚生之本,若果办理有效,每岁中国之银少漏入外洋者不下四五千万两。"①这是从当时中外贸易情状中所得出的个人认识。而到民国时期,随着新式知识分子群体的壮大,该思想有了更多的学理支撑和群众基础。通过国家经济会议正式确立其经济地位,与个人认识显然不可同日而语。

首届全国工商会议确立了北京政府经济政策的基调,促进了北京政府经济法规的制定和重大政策措施的出台。它是一个历史的衔接点,既是对民国建立后实业热潮的一次总结,又促成了热潮的延绵不绝。它既是民初经济政策的背景,又是其开端。政府部门与实业界上下一心的良好气氛,为政府初步形成并进一步完善其经济政策创造了条件。② 围绕会议所确定的方针,北京政府很快便正式确立了发展钢铁工业的经济政策。

1913年12月,北京政府农商总长张謇旗帜鲜明地提出了"棉铁主义",将发展棉铁工业作为国家的一项基本经济政策。

张謇较早地关注到钢铁业的经济作用。在1910年江苏举办南洋劝业会时,他就提出了"棉铁政策",他认为:"所谓农工商者,犹普通之言,而非所谓的也。无的则备多而力分,无的则地广而势涣,无的则趋不一,无的则智不集,犹非计也。的何在?在棉铁。"③确立棉纺织业和钢铁工业为发展农工商业的关键与核心。同年底,在与友人叙谈时,张謇称:"实业以振兴棉业之纺织为内维,扩充矿业之煤铁为外境。"④1912年4月,张謇出任汉冶萍公司总经理。在公司特别股东大会上,他更明确地突出棉铁业的重要地位,认为"棉、铁两业可以操经济界之全权"。⑤

1913年9月11日,张謇出任农林兼工商总长。12月18日,他将农林、工商两部合并为农商部,并出任农商总长,直至1915年4月。这段时期,身份角色的转换使张謇规划全国钢铁业提上了议事日程,也为其实施"棉铁政策"提供了权力保障。

---

① 薛福成:《陆续订运湖北炼铁织布机器情形片》(光绪十六年七月初六日),《出使奏疏》卷上,光绪甲午刻本,第18页。
② 徐建生、徐卫国:《清末民初经济政策研究》,桂林:广西师范大学出版社,2001年版,第126页。
③ 张怡祖编:《张季子(謇)九录·政闻录》卷三,台北:文海出版社,1983年影印本,第31—32页。
④ 曹从坡、杨桐主编:《张謇全集》第六卷,南京:江苏古籍出版社,1994年版,第643页。
⑤ 陈旭麓、顾廷龙、汪熙主编:《汉冶萍公司》(三),第316页。

进入北京政府后不久,张謇即宣示其"棉铁主义"经济主张——"前清光、宣两朝各海关贸易册,进口货之多,估较价格,棉织物曾达二万万以外,次则钢铁,他货物无能及者。是以謇于南洋劝业会时,即发表中国现时实业须用棉铁政策之说","今謇主张无以易此"。① 1913 年 11 月 8 日,张謇在国务会议上发表政见宣言,表示"对于实业上抱持一种主义,谓为棉铁主义"。"铁需用极大,而吾国铁产极富,以至富之矿产,应至大之需要,岁可得数千万。一出一入,相差之度,不可以道里计"。"欲赢此数万万,当用何法?则惟有并力注重输入额最高之物,为捍卫图存之计,若推广植棉地纺织厂是;又惟有开发极大之富源,以驰逐于世界之市场,若开放铁矿、扩张制铁厂是。惟为之左右,为之前后者,尚宜有各种之规划,以期发展而稳固"。②

在执掌农商部期间,张謇曾数次规划钢铁厂建设,特别是 1914 年 8 月,他参照农商部顾问安特生的意见,向袁世凯建议在直隶龙门县筹设国家第一铁厂,专供枪炮之材;在江苏秣陵关设国家第二铁厂,专供舟车之材。待两厂办有成数,再就河南等省采觅佳矿,备设国家第三、第四铁厂。③ 但当时中国的政治、经济局势无法适应大规模钢铁工业建设的需要。袁世凯在镇压"二次革命"后,政治上倒行逆施,积极谋求复辟帝制计划。1915 年初,日本提出"二十一条"交涉案,引起举国抗议狂潮,袁世凯政府的威权受到极大损害。袁称帝后,中国陷入分裂割据状态中。经济方面,北京政府财政奇窘,连年赤字。1913 年,政府财政预算支出 64200 余万元,收入 55700 余万元,不足 8490 余万元。若除去 22000 余万元的外债收入,当年赤字高达 30800 余万元。"一战"虽然为中国钢铁业的发展创造良好市场环境,但也对中国财政造成极大影响。1914 年 7 月 29 日,即奥匈帝国宣战的第二天,伦敦、巴黎、柏林及纽约等地股市暴跌。战争影响很快波及银行业:"开战未及两周,各国间汇票与纸币之兑换,并银行现金之支出,大都至于不得已而停止。"外债无处可募,北京政府财政濒于破产。"两年以来,当局者徒为挖肉医疮之计,而永无长治久安之图,以致债积如山,

---

① 沈家五编:《张謇农商总长任期经济资料选编》,南京:南京大学出版社,1987 年版,第 9~10 页。
② 沈家五编:《张謇农商总长任期经济资料选编》,第 13~14 页。
③ 沈家五编:《张謇农商总长任期经济资料选编》,第 137 页。

危险转甚"。"无论在欧在美,今后数年间,外债之绝望可断言矣"。① 1914年11月,张謇因财政竭蹶,所规划事业无可措手,"就职时之设计已穷,日在官署画诺","于国民实业前途茫无方向",曾请辞农商总长一职。② 在其任期内,钢铁厂建设计划始终束之高阁,未能实施。

张謇的棉铁主义经济政策不仅是其创办实业的个人体会和指导思想,而且是一种统揽全局的中国工业化的宏伟发展战略,具有重要的理论意义和实践意义。③ 至此,钢铁工业在国家的经济认识方面完成质的飞跃,成为国家制定宏观经济规划时不得不考虑的一个重要内容。此后,中国历届政府在制订经济发展计划时都或多或少、或深或浅地涉及钢铁工业建设计划。

"棉铁主义"虽由农商总长张謇首倡,但并未出现人亡政息局面。在发展钢铁工业方面,北京政府的经济政策具有一定的连贯性。如首任工商总长刘揆一择定包括钢铁业在内的工业部门为基本工业,实际上已经与"棉铁主义"倡导的经济建设方针相接近。继张謇之后的几任农商总长,如谷钟秀、张国淦、田文烈等都对钢铁业给予一定程度的重视。1916年8月4日,谷钟秀在就职演说中将铁矿业建设作为施政重点,称"吾国矿产之富,世界各国罕与伦比,煤铁各矿固随地皆是,距离相近之地甚多,尤适于发达工业","若一方以之供给工业,一方更专营铁厂,仿克虏伯之注重军械,则富国强兵,胥于是乎"。④ 在其任职计划书中,他明确提出要注意铁业之发达,称"棉铁于世界需用额至广,英以是富国,亦为我进口大宗",中国钢铁进口日增,1914年,货价约达946万两,"自机械盛行,钢铁多代竹木之用,需要日见增加。我国机制工业渐兴,所需铁类亦自日众,各省铁产非不富蕴,山西之铁尤著名于世,徒以探测、采掘、化炼及制造、运送等事素欠讲求,遂致不能利用,转须仰给外货,令人岁以粗重之黑铁,輂我无数黄金而去"。"今姑无望大宗铁货之输出,只求增加铁类之产额,足敷自用,亦不必遽图繁重机械之创制,只期轻小机器之渐能仿造,罕假外求"。⑤ 1917年7月,张国淦出任农商总长,时值中国政府对德宣战,参加第一次世界大战,美、日允诺对华提供参战借款。为利用该笔借款,张国淦草拟了《参战后新

---

① 《欧洲战争与中国财政》,《甲寅杂志》第1卷第4号(1914年11月11日),转见于《中华民国史事纪要》,1914年7月至12月,中华民国史料中心1982年版,第704~718页。
② 《农商总长张謇呈沥诚恳辞农商本职文并批令》,《政府公报》,1914年11月23日,第917号。
③ 马克锋:《试论棉铁主义的历史地位》,《广东社会科学》,2003年第6期。
④ 《谷总长就职演说辞》,《农商公报》,1916年第3卷第1期,第1~3页。
⑤ 《谷总长农商事业计划书》,《农商公报》,1916年第3卷第3期,第1~9页。

建设之计划大纲》①,其中十分重要的建设计划就是发展钢铁工业。他在计划书中提到:"世界竞争以钢铁为基础。吾国土地之大,矿产之富,所有产出之铁,国内竟无一铁厂承炼,不得不以铁砂售诸外人,言之最为痛心。""在欧战期内,需铁极巨,且为吾国重轻工业之根本,余任农商,故拟铁业计划,首先筹办浦口附近铁厂,先制铁,次制钢,在吾国尚属创办"这反映出他本人对钢铁工业建设的极端重视。在民初政坛极为活跃的交通系中坚人物梁士诒认为,"立国今日之世界,非钢铁无以自存","中国铁矿,号称丰富,倘不通盘筹划,急起直追,匪独货弃于地,抑且为人觊觎,则为国家立国根本起见不能不克期筹办者"。1918年,他撰《中国铁业计划书》,主张大力开发中国铁矿资源,振兴国家实业。②

总之,到北京政府时期,优先发展钢铁工业已经纳入施政者的视野范围,钢铁工业与现代产业经济的密切联系也受到广泛注意。从同治末年李鸿章倡导发展钢铁工业开始,经过40年的经验积累与学习借鉴,钢铁工业的经济地位最终得到国家认可,这为中国政府积极主动、有计划、有针对性地开展钢铁工业建设提供了思想前提。随着对钢铁工业产业地位认识的深化,实质上反映出中国工业化逐步从自发走向自觉的过程。

二、铁矿资源勘探活动的组织及成效

张謇在农商部任职期间,将调查全国矿产资源作为钢铁工业建设的重要准备工作。为此,在农商部组织推动下,一场遍及全国诸多省份的铁矿调查活动拉开序幕。地质调查所为此次铁矿调查活动之主要技术力量。其组成人员除丁文江、翁文灏外,还有技师丁格兰(瑞典人,F. R. Tegengren)、新常富(瑞典人,E. T. Nystrom)、王臻善、调查员曹树声、张景澄、叶良辅、赵志新、王竹泉、刘季辰、谢家荣、李彝荣等。他们为此次调查活动的长期开展提供了技术保障。

这次铁矿调查活动持续时间较长、规模较大、成绩显著。其活动范围遍及安徽、江苏、江西、湖北、河北、河南、山东、山西、福建等省份。通过调查,新发现一批极具开采价值的大型铁矿体。其中,直隶龙门铁矿和江苏秣陵关铁矿(亦称"凤凰山铁矿")尤为各界关注。这两大铁矿区因系新近发现,无外部势力纠葛其中,引起北京政府的高度重视,成为日后中国政府

---

① 杜春和编:《张国淦文集》,北京:北京燕山出版社,2000年版,第185页。
② 陈奋主编:《梁士诒史料集》,北京:中国文史出版社,1991年版,第269~276页。

规划钢铁厂建设的瞩目之区。笔者根据积累的资料,将该时期铁矿调查活动的时间、人员和地域罗列成表(见表8),借以粗窥此次调查活动的概貌。

表8 民国初年北京政府铁矿资源调查活动略表

时 间	主要调查人员	调查区域	资料依据
1913年11月	丁文江、梭尔格等	山西省正太铁路沿线	李学通:《中国地质事业初期若干史实考》,《中国科技史杂志》,2006年第1期。
1914年6月	梭尔格	安徽南部	
1914年9月	丁格兰、赖继光	江苏、山东	
1914年9月	安特生	直隶龙门县	
1915年5月	章鸿钊、张景光	安徽	
1915年8月	丁格兰、赖继光	山西晋城	《农商公报》第14期
1914年10月	卫勒	河南	全国地质资料馆藏,档号298
1915年5月	新常富	河南	
1915年7月	丁格兰	河南	
1915年10月	安特生	河南武安县	
1915年12月	翁文灏、叶良辅、谢家荣	江西德化县	李学通:《翁文灏年谱》,第20页
1916年4月	安特生、郑宝善	山西	《农商公报》第22期
1917年2月	丁格兰	安徽铜官山	全国地质资料馆藏,档号853
1917年5月	翁文灏、谭锡畴	山东胶县	李学通:《翁文灏年谱》,第24页
1918年1月	梁津	河南沁阳县	全国地质资料馆,档号301
1918年5月	梁津	江西永新、瑞昌县	中国第二历史档案馆藏,全宗号1038,案卷号1348
1918年10月	翁文灏、梁津	察哈尔宣化县	李学通:《翁文灏年谱》,第27页
不详	梁津	福建福清、闽侯、莆田	全国地质资料馆藏,档号875、879、882、884
不详	谢家荣、朱庭祜	江西萍乡	全国地质资料馆藏,档号895
不详	卫勒	江苏利国驿	全国地质资料馆藏,档号377

此次铁矿调查活动大致可将1923年《中国铁矿志》的出版作为暂时告一段落的标志。该书是此前铁矿调查活动报告的系统总结。正如该书主编丁格兰在序言中所言:"本书于中国铁矿所有材料,就今日力所能及者,亦既搜罗尽致,此著者所引为欣慰者也。"当然,此后国人对铁矿资源的勘探活动并未止步。特别是1927年春,西北科学考察团成员丁道衡在内蒙古白云鄂博山,发现"全山皆为铁矿所成",含铁"在八九十分以上","全量皆现露于外,开采极易"。① 此即著名的白云鄂博铁矿,建国后为包头钢铁公司利用。这是民国初年中国铁矿资源勘探事业的又一重大发现。

民国初年的这次调查活动以张謇"棉铁主义"的经济政策为诱因,以中国本土探矿技术力量的成长为支撑,并受"一战"时期有利市场环境刺激的影响,取得重大成果,影响深远,主要表现为:

第一,它纠正了长期以来人们关于我国铁矿资源储量的错误认识。自古以来,国人以天朝上国自居,自诩物产丰盈,无所不有。特别是对随处可见的铁矿石,常以随处皆有、不可胜计等词来形容,根本未曾意识到中国会缺乏铁矿资源。但这次系统的调查活动改变了这种错误认识。在整理、汇编、总结前人调查报告的基础上,《中国铁矿志》一书估算中国铁矿石储藏量约为9.5亿吨(参见表9)。直到南京国民政府成立,这一结果一直是最权威的统计数据,被各界所普遍接受,后人只是在此基础上增补新的零星发现的铁矿,变化不大。如《(第三次)中国矿业纪要》(1929年)认为全国铁矿储量约为9.8亿吨,《(第四次)中国矿业纪要》(1932年)为10亿吨,《(第五次)中国矿业纪要》(1935年)为12.1亿吨。

表9 中国铁矿资源储量表(1923年勘探结果)

类 别	勘探矿量		未定矿量	
	铁矿吨数	含铁量	铁矿吨数	含铁量
太古界铁矿	295,000,000	110,000,000	477,000,000	159,000,000
宣龙式铁矿	28,000,000	15,000,000	64,000,000	36,000,000
接触变质矿	73,000,000	41,000,000	9,600,000	4,800,000
其他各类			5,100,000	2,800,000
总 计	396,000,000	166,000,000	555,700,000	202,600,000

资料来源:[瑞典]丁格兰:《中国铁矿志》(下),谢家荣译,农商部地质调查所,1923年印行,第207页。

---

① 徐炳昶:《西游日记》,台北:文海出版社,1974年版,第63页。

矿产资源勘探是一项受制于人类活动范围及技术发展水平的工作,不管哪一时期的勘探报告,都是阶段性的统计结果。虽然这次统计结果与中国铁矿的实际储藏量相去甚远,①但它是我国历史上第一次通过系统科学的考察论证,对铁矿总储量得出的认识。它改变了国人妄自尊大的观念,使其更加清醒地认识自身的不足。如《申报》指出:"中国夸诞者恒谓中国矿产必能供给日后之用,迟早终有一日所有矿产必能开采发达,吾人得以享受繁盛满足之快乐日也。此等自慰之言实非深悉矿产情形者所敢保证。盖中国矿产,除煤之外,并不能取之无尽,用之不竭也。观于中国钢铁之情形,可以知矣。"②"从此之后,中国铁矿之丰冠于天下,或用山西四川的薄层铁矿,来开一天几百或几千吨的大铁厂,这种观念在外国专家之中已不会有的了"。③

第二,它引发了中国社会要求保护国内铁矿资源的呼声。中国铁矿资源总量不足的现实引起有识之士的担忧,翁文灏、丁文江指出:"就地质调查所历年调查结果而言,吾国全国铁矿矿量,其交通便利易于开采而矿量在三十万吨以上者,总量不逾五百五十余兆吨(其中以奉天、直隶、湖北、安徽诸省为较丰)。以此与世界各国较,不过美国八分之一,英国五分之二,法国六分之一,德国六分之一。再若以人口需要相较,美国平均每人每年用铁 0.25 吨,若中国人用铁与美相等,则五百兆吨仅足供三年。夫然后知苟使吾国家进而达于工业国之地位,则铁矿之储藏不患其有余而患其不足也。"④其所描述的情形令人触目惊心。与此形成鲜明对比,中国铁矿资源被大量输出,从 1912 年的 203165 吨激增至 1924 年的 846833 吨,绝大部分运往日本。⑤ 对此,社会舆论要求保护钢铁资源、禁止铁矿出口的呼声日益高涨。

第三,它使国人对我国煤铁资源分布状况形成全新的认识。长期以来,受外国地质人员的地质报告影响,外间普遍认为山西铁矿资源最为丰富。同治年间,德国学者李希霍芬(F. von Richthofen)在游历考察中国后,对山西省煤铁矿资源所给出过高估计。回国后,他发表《中国旅行日

---

① 据 1990 年统计结果,中国铁矿探明储量 531.4 亿吨,保有储量 501.2 亿吨,参见姚培慧主编:《中国铁矿志》(冶金工业出版社,1993 年版)第 21~23 页。
② 《中国之铁产》,《申报》,1920 年 4 月 25 日,第 163 册,第 1015 页。
③ 翁文灏:《中国地下富源的估计》,《独立评论》第 17 号(1932 年 9 月 11 日)。
④ 翁文灏、丁文江著:《矿政管见》,著者刊,1920 年,第 21~22 页。
⑤ 农商部地质调查所:《中国矿业纪要(1918—1925)》,附表十四。

记》,中国山西富于煤铁资源的传说闻名于世,引起列强对山西地质资源的觊觎。1898年,英国福公司取得山西河南大片矿权,调查后发现,山西铁矿矿层薄,铁矿分布面积虽广,但不适于采用新法化炼。1913年11月,丁文江和梭尔格等人沿正太铁路考察山西地质资源,得出结论,山西煤多铁少,正太铁路沿线铁矿的经济价值不大。① 山西平定一带的铁矿,在新式矿冶业上,不能占任何的位置。② 1916年《华德日报》刊文称:"若就今日所调查者言,该省铁矿以品质论,虽居头等,而以出产计之,如以今山西省所出铁料供该省振兴钢铁实业之需,实不得谓为富足。"③山西铁矿资源丰富的论说被终结。根据调查结果,我国东北地区的铁矿储量高达7.4亿吨,是国内铁矿最集中的地区。其次则为直隶、湖北、安徽、江苏以及山东等省份,这改变了长期以来人们关于中国铁矿分布情形的错误认识。

中国煤炭资源储量丰富,通过长期的探矿活动,中国一大批煤矿产区被发现和探明。1921年,《第一次中国矿业纪要》发布煤炭资源调查结果,当时,经过详细调查的省份包括山西、河南、山东等11省,粗略调查者12省,总储量在400亿到500亿吨之间。1926年,《第二次中国矿业纪要》根据新的调查报告,认为中国煤炭储量为2176.3亿吨,其中,无烟煤435.9亿吨,烟煤及亚烟煤1434.7亿吨,褐煤5.7亿吨。

第四,它影响了历届中国政府的钢铁工业建设活动。河北龙烟铁矿和江苏秣陵关铁矿以其优越的开采条件和交通环境受到中国政府的青睐。自发现以后,这两大铁矿区历来成为建立国营钢铁厂的首选地区。从1914年8月张謇主张,在直隶龙门县筹设国家第一铁厂,专供枪炮之材;在江苏秣陵关设国家第二铁厂,专供舟车之材。到1917年7月,农商总长张国淦编订《参战后新建设之计划大纲》,提出利用凤凰山铁矿,在南京浦口建立国营钢铁厂。再到南京国民政府时期,实业部筹议国营钢铁厂。以上两处铁矿无不受到密切关注,直至新中国成立,这两处矿区也被人民政权充分利用。可以说,这次调查活动为我国此后有计划地开展钢铁工业建设初步奠定了铁矿石原料基础。

---

① 丁文江:《调查正太铁路附近地质矿务报告书》,《农商公报》,1914年1卷第1、2合期。
② 丁文江:《漫游散记》(八),《独立评论》第16号。
③ 《德人之山西实业前途观》,《申报》,1916年2月14日,第3版。

三、矿业机构的设置与调整

（一）矿务管理机构

民国初年，钢铁冶金业仍未作为一个独立的工业部门而设立专属机构管理，其事务管理仍被纳入矿业管辖范畴。1912年，南京临时政府成立，下设实业部，管理农、工、商、矿、渔、林、牧猎及度量衡事务，实业部下辖矿务司，下设矿政科、矿业科和地质科。较之晚清，矿业平行于农、工、商等业，地位更显突出。

北京政府建立后，官制发生变化，原实业部分割为农林、工商两部。工商部管理工、商、矿事务，下设工务、商务和矿务三司。矿务司职掌矿业提倡与奖励、特许与撤销、矿区勘定、矿业税、矿业诉愿、矿业监督、矿业经营、矿业警察、矿业调查、地质调查等事项。① 1913年12月22日，农商部成立，原农林、工商两部部属八司合并为农林、工商、渔牧三司，同时，为"注重矿政起见"，专设矿政局。② 矿政局下设三科，地质调查所为下属机构。矿政局管理矿业提倡、诉愿、监督、警察，矿权特许、矿区调查、勘定，地质调查，矿业税以及官营炼厂、冶业监督等事项。

在地方，根据1913年1月8日北京政府公布的《划一现行各省地方行政官厅组织令》，各省行政长官公署设总务处和内务、财政、教育、实业四司。其中，实业司主管事项涵括矿区调查、矿业监督、矿夫保护、矿税稽核等内容，职权太杂，权限不明。这种机构设置方式不便于中央对地方矿务的统一管理。对此，工商部长刘揆一曾言："各省实业司既不直接属部管辖，又不仅隶于工商一部，行政之窒碍既多，矿务之整理无术。"③张謇亦有相同感受："各省矿务，现隶实业司。然实业司范围太广，未暇兼筹，权限不专，事难独断。故凡案件，依据地方官，文告转达，中央部中，亦以鞭长莫及，固有疑难掣肘，不能直接履勘，往复行查，时日迁延，坐视弊窦之丛生，安望矿业之发达。"④

为加强地方矿务管理，1914年2月1日，北京政府颁布《矿务监督署官制》，规定矿务监督署直接隶属农商部矿政局，掌管辖区内一切矿务。全国

---

① 中国第二历史档案馆编：《中华民国档案史料汇编》第三辑北洋工商，第1~2页。
② 沈家五编：《张謇农商总长任期经济资料选编》，第1页。
③ 刘揆一：《刘揆一集》，长沙：湖南人民出版社，2008年版，第94页。
④ 沈家五：《张謇农商总长任期经济资料选编》，南京：南京大学出版社，1985年版，第80页。

分设八个矿务监督署。矿务监督署分设矿政、矿业两科。矿政科执掌矿业监督、矿业提倡奖励、矿权特许及撤销、矿税征收以及矿业诉愿及诉讼等事宜。矿业科管理矿区勘定、矿业调查、地质矿床调查、矿业警察和矿质化验等事务。[①] 3月11日,北京政府颁布实施《矿业条例》。该条例一个突出的特点是强化中央对地方矿业的监管,改变了此前各地矿务由地方官员管理而漫无钳制的局面,具体权限由农商总长和分驻各地的矿务监督署长执掌。矿务监督署实际上是农商部的派出机构,在地方矿业管理方面,各矿务监督署长的职权相当于农商总长,权限极大。

表10 北洋政府农商部矿务监督署分区规则

名 称	矿务监督署位置	辖 区
第一矿务监督署	附设于矿政局内	直隶、热河、山东、山西、河南
第二矿务监督署	长春	奉天、吉林、黑龙江
第三矿务监督署	江宁	安徽、江苏、浙江
第四矿务监督署	汉口(1914年10月改在长沙)	湖北、湖南、江西
第五矿务监督署	长安	陕西、甘肃、新疆
第六矿务监督署	番禺	广东、广西、福建
第七矿务监督署	昆明	云南、贵州
第八矿务监督署	成都	四川

资料来源:沈家五:《张謇农商总长任期经济资料选编》,南京:南京大学出版社,1985年版,第81页。

矿务监督署是张謇执掌农商部任期内推进矿业建设与管理的组织保障。它一方面加强了对地方的监管,为中央整合全国矿产资源创造了条件;另一方面,它吸收了一批专业技术人员,管理矿区勘定、矿业调查、地质矿床调查和矿质化验等事务,为国家有计划勘探开发各地矿产资源提供了技术支持。它的设立,对改变由地方政府把持本地矿政的做法有一定的帮助,保证了矿政管理的上传下达,而使得矿业行政自成一独立系统。曾担任北京政府矿政司长的张轶欧曾如是描述矿务监督署的设置:"其特点为署长承农商总长之命,受矿政局之指挥,而不受疆吏之节制;职员中技术员多于事务员,随事务之繁简,一署得设技正一人至四人,技士二人至八人,而佥事限定一人,主事亦不得过四人,当时各署之技正、技士且一律取材于

[①] 中国第二历史档案馆编:《中华民国史档案资料汇编》第三辑工矿业,南京:江苏古籍出版社,1991年版,第7~8页。

采矿、冶金、地质、机械、化学诸科,由矿政局选定,以农商总长名义荐委分发。另外为4月1日公布之矿政局委任条例,其特点为局长对于各矿务监督署及各官矿得发局令。一局八署,颇有自成一行政系统之势。"①从矿务监督署成立后的表现看,它们确实与中央保持高度一致,在矿产资源调查及抵制列强掠夺等方面发挥过积极作用。

矿务监督署的设立由张謇一手促成,随着他的离任,该机构没能维持下去。1915年3月12日,北京政府以节省经费、裁减冗员为名,将矿务监督署裁撤,废止矿务监督署官制。② 矿政局改为矿政司。各地矿业管理权重新划归地方财政厅兼理,"凡矿业条例及其他关系法令所定矿务监督之职权、职务均由财政厅行之,但探矿执照须详请农商部核准给发"。③ 原定设立八个矿务监督署,到裁撤时仅第一、第二、第三、第四、第七区成立。各省财政厅兼管矿务后,"原有各区组织本设矿政、矿业两科,现在归并各厅,应准设立矿务一科,而以事务技术各员分任事务员,即由原有厅员兼任,不得另支俸给"。④

矿务监督署裁撤后,地方矿业管理机构形同虚设。由于普遍缺乏技术人员,财政厅兼理矿务的管理模式难以实施专业管理。如遇矿业调查,财政厅往往委托各县知事。作为行政长官,县知事鲜有明了矿业学理者,所谓的调查报告不免隔靴搔痒,成为皮相之谈。当时,日本提出"二十一条"要求,加紧掠夺中国铁矿资源,矿业管理权的下放为其提供可乘之机。在矿务监督署被废止约10年后,中国矿业界还有人建议恢复该机构。如1923年,有文章指出:"欲求矿政之进行,宜先谋机关之完善,中央虽不必特设专部,可仿照盐务署办法,于农商部设立矿务署,崇其体制,专其职责,使之统一全国矿务(其组织应较从前矿政局为扩大),官制妥为订定,遴选专门人员充之,各省则不归实业厅兼理矿务,仍查照矿务监督署办法,分为

---

① 张轶欧:《矿业法意》,中国矿冶工程学会:《矿冶》第1卷第4期(1928年5月出版)。
② 《大总统申令》,《政府公报》,1915年3月13日,1021号。
③ 《财政厅兼理矿务职守规则》,中国第二历史档案馆藏:《矿业法规汇编》,全宗号1038,案卷号2156。注:1914年5月,北京政府施行《省官制》,省行政公署取消原设处司,设置政务厅,作为行政枢纽,原财政司与前设国税厅筹备处合并,另设财政厅。1917年后,教育、实业相继从政务厅脱离出来,独立设厅。政务厅设厅长1人,下辖总务、内务、教育、实业4科,职权略同旧制的总务处和内务、教育、实业各司。财政厅直属财政部,管理全省财政和矿务(实业厅未成立前)。(参见钱实甫:《北洋政府时期的政治制度》(上册),北京:中华书局,1984年版,第235~240页)
④ 中国第二历史档案馆藏:《农商部制定矿业条例暨施行细则》,全宗号1038(2),案卷号重33。

八区,设立矿务局,直隶于矿务署,不受地方长官之节制。如此,则内外相维,事权既一,系统自明,可以一洗因循扞格之弊。"①1924年,在农商部实业会议上,有人递交议案,认为由财政厅、实业厅兼管矿务,商民实受其害:其一,行政权限分歧,往往一案之呈请,小则稽延时日,大则横起纠纷。其二,无相当助理人员以实行监督保护之责。农商部此前虽屡次提及恢复矿务监督署,卒未见实行,原因在于经费问题。提案拟请以地方矿税补助监督署,恢复矿务监督署的设置。②

财政厅为地方财政管理机构,其兼理矿务仅为权宜之计。1917年9月6日,北京政府公布《实业厅暂行条例》,各省实业厅直隶于农商部,厅长由总统兼任,受省行政长官节制,执行全省实业行政事务,并监督所属职员,暨办理地方实业之各县知事。实业厅分科办事,分科之多寡,视事务之繁简,但至多不超过四科,各科设科长1人,科员至多4人,另设技术员4—6人。③自此以后,地方矿务改由各省实业厅矿务科管理。实业厅长虽规定由中央指派,但往往受地方政府干涉或阻碍,中央对地方矿务管理无法做到如臂使指,无法改变矿业管理的混乱状态。其弊端恰如民国人士所分析的:"最近数年间各省之矿政机关自监督署而财政厅,而实业厅,辗转移交,视同儿戏,而当局者犹自饰其说,以为机关虽有移转,职权并未变更,不知矿务监督其性质为独立超然于地方行政系统之外,而财、实两厅则隶属于地方长官管辖之下。查实业厅暂行条例第一条规定,实业厅长秉承省长执行实业行政事务,故近来实业厅对于矿案之准驳有兼呈部省,陷于依违莫决之状态者。虽曰时势使然,无亦制度不善之为害也。且矿务监督署负有管理矿务专责,自必尽力于矿政之进行,实业厅则包括农、工、商、矿,范围广泛,势不能专注矿政,必至顾此失彼,有苟且迁延之弊,此则机关之移转与矿政之兴替大有关系者也。"④

1927年,北京政府将农商部拆分为实业部和农工部,矿政司由实业部管理。地质调查所改为中央地质调查所,直属于矿政司。于原有之矿政、矿业和地质三科外,增设第四科,处理地质文件。

---

① 《中国近二十年矿政机关之变迁》,《矿业联合会季刊》,1923年第3期。
② 《拟请政府恢复矿务监督以符定例而纾商困案》,《矿业联合会季刊》,1925年第9期。
③ 《大总统令(中华民国六年九月六日):教令第十五号:实业厅暂行条例》,《政府公报》,1917年590期,第3~4页。
④ 《中国近二十年矿政机关之变迁》,《矿业联合会季刊》,1923年第3期。

(二)地质调查机构

早在1912年初,南京临时政府实业部矿政司就设立地质科,这是中国政府最早设立的地质机构。期间,章鸿钊科长积极推动中国地质调查工作,曾建议"专设调查所,以为经营之基;树实利政策,以免首事之困;兴专门学校,以育人才;立测量计划,以制舆图",①为民国初年的地质调查活动定下基调。1912年4月,民国政府北迁,地质科改隶工商部矿务司,丁文江主持其事。首届全国工商会议期间,与会者达成共识,认为"不欲工商业之发展则已,不然则地质调查事业诚至不容缓者也",讨论并通过了《地质调查待商案》,确立了设立矿业调查机关及推进矿业调查的原则。

1913年9月4日,北京政府工商部命令成立地质调查、研究二所:"调查地质系矿务司应办之事,载在本部官制,迭经派员试办在案。嗣因中国幅员辽阔,人才缺乏,特饬矿务司筹设地质调查、地质研究二所,于该司地质科原有人员外,酌聘中外地质专家分任职务,各以半年出外调查,半年担任教务,以期教学相长,切实进行。"②地质研究所、调查所于1913年秋相继成立。章鸿钊任地质研究所所长,翁文灏为专任教员。农商部成立后,地质调查所改隶农商部矿政司,掌理地质矿产调查事宜,下设地质股、矿产股和编译股。③1916年1月,地质调查所改为地质调查局,矿政司长张轶欧兼任局长,丁文江、安特生副之。10月,恢复原名,丁文江任所长。办公地点迁至北京丰盛胡同及兵马司所旧址,并筹建地质矿产陈列馆。地质调查所长期活跃于近代中国地质调查实践中,对近代中国地质调查、人才培养、矿业统计、地图编绘和地质科学发展作出卓越贡献。

1916年7月,地质研究所首届22名学生毕业。作为一个培养单位,地质研究所仅仅培养了一届学生,但它"是中国自办近代地质学教育,系统传授近代地质学知识之始,是中国近代地质学发展的摇篮"。④ 地质研究所的首批毕业生中,至少有13人被农商部地质调查所录用,成为中国早期地质事业的开拓者、生力军。故谢家荣言:这届"学生毕业之日,即我国地质调查事业发轫之日"。⑤

北京政府也曾要求各地方组织力量,开展地质资源勘查工作。矿务监

---

① 李学通:《翁文灏年谱》,济南:山东教育出版社,2005年版,第13页。
② 《令本部矿务司地质科科长金事丁文江等》,《政府公报》,1913年9月8日,第483号。
③ 《纪录:农商部地质调查所章程》,《矿业杂志》,1917年第1卷第2期,第327~328页。
④ 李学通:《农商部地质研究所始末考》,《中国科技史料》,2001年第2期。
⑤ 潘江:《农商部地质研究所师生传略》,《中国科技史料》,1999年第2期。

督署被裁撤后,地方矿业管理先划归各省财政厅,后由各省实业厅管理。但当时,中央威权日益削弱,不能对地方实现有效管理。再加上各省对矿业调查的态度不尽一致,一些省份的地质人才极为缺乏,影响到调查活动的实际效果。面对地方的逃避推诿,1915年,农商部曾责成地方安排专员负责资源勘查,每年6月和12月各报告一次,但效果并不明显。① 根据笔者掌握的资料,仅有少数省份提交报告。1923年3月,农商总长李根源曾咨商各省转令实业厅,从速筹设地方地质调查所,令各省自拟组织办法,报农商部核准。② 但大部分省份限于财力、人力等原因,并未成立地质调查机构。河南地质调查所虽于1923年10月成立,在省立地质调查所中属于最早,然因经费缺乏,工作不易,于1927年冬停顿。③

地质学是近代中国少数几个在国际上产生一定影响力的学科之一。以地质调查所为代表的地质调查机构对中国地质勘探事业作出巨大贡献,发现一批富于开发价值的矿藏,初步满足近代早期中国钢铁资源开发过程中的资源勘探需求。但就总体而言,北京政府时期地质调查机构的力量较为有限,相对于中国广袤的国土面积和丰富的资源储备而言,其人员队伍、技术力量和财力保障无法为国民经济和社会发展提供充足的地质基础信息资料。

四、利用外资政策的形成及其执行困境

作为典型的资本密集型产业,钢铁工业建设需要投入大量资本。然而,晚清民初的中国,财政竭蹶,入不敷出。面对庞大的资金需求,资本不足成为中国钢铁工业面临的首要难题。在国家财政崩溃、民间金融市场发育不完善的背景下,外资无疑会进入资金需求者的视野。

(一)利用外资政策的演变

在中国近代早期钢铁工业建设中,中国政府利用外资的政策经历了从被迫开放到主动利用的演变过程,主要分借债和招股两种形式。

甲午战争以前,清政府的外债大都属于应急性的军政外债,并具有地

---

① 《农商公报》第14期,1915年9月15日,第18页。
② 《咨:农商部咨各省省长、特别区都统:为咨请转令实业厅设立地质调查所文(中华民国十二年三月九日)》,《政府公报》,1923年第2520期,第9页。
③ 李春昱:《三十年来中国之地质事业》,中国工程师学会编:《三十年来之中国工程》,1946年版。

方外债的特点。① 政府对工矿企业借用外债行为基本持反对态度,偶发地利用外债行为基本为个别官员临时应急之举,与国家政策无涉。招股方面,清政府严禁外资通过独资或华洋合资的方式开发中国矿产资源。甲午战争后,国势凌夷,主权沦丧,资金需求浩繁。清政府虽对借用外债不再躲闪,但严格意义上说,没有完整的外债政策可言,借债活动带有很大的随意性、片面性、被动性。相比之下,工矿企业招收外股的规定出现显著变化。列强通过外加讹诈、武力恫吓以及借口利益均沾等手段,纷纷攫取在华投资开矿的权利,逐步打开了通过独资或合资形式涉足中国钢铁工业的政策缺口。

1895年,中日《马关条约》赋予日本国臣民"在中国各口岸任意从事各种制造业"之权利。嗣后,各国循利益均沾之例,续订商约,率皆加入此条,是为外资输入特权之发轫。然其实际影响局限于通商口岸内之制造业,于矿业之影响力尚称有限。外资正式进入中国矿业,由德国首开其端。1898年3月,德国政府借曹州教案强迫清政府签订《胶澳租界条约》,获取胶济铁路建设权。在此基础上,它还迫使清政府同意,"于所开各道铁路附近之处相距三十里","允准德商开挖煤斤等项及须办工程各事,亦可德商、华商合股开采,其矿务章程,亦应另行妥议"。② 此为外资侵占中国矿权之滥觞。民国学者龚骏称:"《胶澳条约》之于矿权,其失策不下《马关条约》之工业制造权也。"③ 自此之后,中外商约中纷纷注明外资可以投资兴办矿业。各国资本在华攫取开矿权,大有排山倒海之势。如1902年9月,中英《续议通商行船条约》第九款称:中国因知振兴矿务于国有益,且应招徕华、洋资本兴办矿业,故允自签押此约之日起,于一年内,参照他国现行矿务章程,将中国现行之矿务章程从新改修妥定,于外国资本之输入,苟无损于中国主权者,皆设法招徕,不予阻碍。④ 次年10月,中美《通商行船续订条约》第七款作出类似规定,同时载明,美国人民若遵守中国所定各项矿业规章,可照准美国人民在中国地方开办矿务。⑤

由于这一既成事实,清政府在矿业法律修订过程中,均允许外资参与中国矿产资源开发活动,仅在外股比重和外资管理等方面不断作出调整。

---

① 马陵合:《晚清外债史研究》,上海:复旦大学出版社,2005年版,第39页。
② 王铁崖主编:《中外旧约章汇编》第一册,北京:三联书店,1957年版,第739~740页。
③ 龚骏:《中国新工业发展史大纲》,上海:商务印书馆,1933年版,第53页。
④ 王铁崖主编:《中外旧约章汇编》第二册,北京:三联书店,1959年版,第108页。
⑤ 王铁崖主编:《中外旧约章汇编》第二册,第185页。

如1898年，矿务铁路总局订立《矿务铁路章程》，声明总局对各地方矿务的管辖权；准许华商借洋款办矿，或者华洋合股办矿。1902年，清政府制定《矿务章程》，准许洋商独资办矿，但外股外债必须经清政府外务部许可，方为有效。1904年，商部奏准颁布《暂行矿务章程》，针对外资特别规定："集股开矿，总宜以华股占多数为主。倘华股不敷，必须附搭洋股，则以不逾华股之数为限。"1907年，关于外人开矿事宜，《大清矿务章程》正章第十款确定合办的原则——"凡与中国有约之各国人民，允愿遵守中国之法律，皆得在中国与华商合股，禀请承办合律之矿产"，"华洋股份以各占一半为度"。①

钢铁工业的环节链很长，清政府虽同意外资可在华投资开矿，但是否有权设厂从事钢铁冶炼，则成为一个值得争议的问题。为此，最具代表性的事件是围绕英商福公司（The Pekig Syndicate）在山西是否可以设立制铁厂所引发之交涉。1898年春，福公司取得山西、河南大片地区的煤铁矿开采权。②为转运煤铁矿，福公司修筑道清铁路（道口至清化）。截至1903年，福公司虽已投入巨资，但煤务仍不见起色。英国驻华公使遂向清政府提议，将道清铁路建设费作为铁路借款，改由中国政府办理该路。中国铁路总公司督办盛宣怀建议，以路事为依托，杜绝福公司在山西设立炼铁厂的潜在行为："查福公司造路，从前只言运矿，现闻意在设厂炼铁，于中国铁政关系极重，必须设法补救。否则中国任借巨款，代造运矿之路，转使其腾出路款，速成煤铁矿，以夺我铁厂权利。晋豫公司原合同条款内，并无准其内地设厂字样，惟合同题目，有'制铁'二字，殊属含混，自应趁此议借款之时与彼订明，只准开矿，不准设厂。""福公司急欲售路，必须将此内地不准设制铁厂订入合同，以资补救"。③他请庆王奕劻转告英方："设厂制铁只能中国自办，福公司无端已开得开矿之利，断难再有干预。"④按盛宣怀之解释，开采铁矿和设冶铁厂乃互不相干之活动，"似此定议，只许彼攘开矿

---

① 台北"中央研究院"近代史研究所编：《矿务档·一般矿政、直隶矿政》，1960年版，第45～47、86、100～109、112～165页。

② 1898年5月21日，山西商务局与英国福公司订立《合办矿务章程》，福公司取得"专办孟县、平定州、潞安、泽州与平阳府属煤、铁以及他处煤油各矿"的权利，限期60年；同年6月21日，豫丰公司与福公司订立《河南矿务合同章程》，福公司取得"专办怀庆左右、黄河以北诸山各矿"的权利。（合同原文见王铁崖主编：《中外旧约章汇编》第一册，第764～766、770～772页）

③ 王尔敏、吴伦霓霞合编：《盛宣怀实业函电稿》（下），香港中文大学中国文化研究所、台北"中央研究院"近代史研究所，1993年版，第739、741页。

④ 王尔敏、吴伦霓霞合编：《盛宣怀实业函电稿》（下），第784～785页。

之利,我尚可自保制铁之权,内地设厂,亦不致自此开端。"①据此解释,列强在华设厂炼铁仍需清政府批准,与出让矿权不可混为一谈。

终清之世,外资正式介入中国钢铁冶炼活动,始于1911年10月。日本财阀大仓组利用日俄战争时期的混乱局势,强开本溪湖煤矿。后经清政府抗议和交涉,1911年元旦,该矿改为中日合办事业。嗣后,大仓组向清政府提议,由本溪湖煤矿公司开采庙儿沟铁矿,举办炼铁事业,获清政府同意。1912年1月23日,本溪湖商办煤铁有限公司正式成立,随后便开展了炼铁厂建设工作,计划设炼铁高炉两座。② 1915年1月,该公司设计能力为每日产铁130吨的一号高炉点火。

民国建立后,"振兴实业"思潮的发展,为利用外资思想的成熟奠定了实践与理论基础。北京政府鼓励工商业发展的政策,则为利用外资思想的成熟提供了有利的制度环境。在钢铁工业建设问题上,民国北京政府总体上倾向于利用外资以解决建设资金不足的问题。

1912年9月25日,袁世凯在与孙、黄会商并经黎元洪同意后,发布《八条政纲》,其中第四条为"开放门户,输入外资,兴办铁路矿山,建置钢铁工厂,以厚民生"。③ 同年11月,首届全国工商会议在北京召开。针对钢铁工业建设资金问题,工商总长刘揆一建议利用外资,但认为应采取不同地区不同政策的方法:"于腹地则斟酌利用外资,于边地则实行门户开放,苟能事前预定计划,临时妥定条文,于领土主权不生妨害,即借资营业,正自无妨。盖外资不善用之固足以召亡,善用之亦未尝不可以利国也。"④1913年8月,熊希龄出任内阁总理,宣称:"实业、交通二政为富国之本。我国产业幼稚,故宜采保护主义。我国资本缺乏,故又宜采开放主义。斟酌两者之间,则须就各种产业之性质以为衡,若棉、若铁、若丝、若茶、若糖,其最宜保护者也。若普通之矿业,其最宜开放者也。外商投资于我境内所生之利,彼得其三四,而我恒得其六七,故政府愿与国民共欢迎之。"⑤张謇担任

---

① 王尔敏、吴伦霓霞合编:《盛宣怀实业函电稿》(下),第802页。
② 《本钢史》编写组:《本钢史(1905—1980)》,沈阳:辽宁人民出版社,1985年版,第11、18、21页。
③ 凤岗及门弟子:《三水梁燕孙先生年谱》(上),上海:上海书店1990年版,第125页。
④ 刘揆一:《工商会议开会日刘总长演说词》,工商部编:《工商会议报告录》,共和印刷有限公司,1913年版,第1~3页。
⑤ 《国务员熊希龄等之大政方针宣言书》,《法政杂志(上海)》,1913年第3卷第6期,第59页。

农林兼工商总长后指出:"铁矿需本尤重,非用开放主义,无可措手。但使条约正当,权限分明,既借以发展地质之蕴藏,又可以赡贫民之生活。"①1916年,农商总长谷钟秀也提出:"矿业仍取利用外资主义,惟保护民有小矿使得自由发展。"其中特别强调,对于"绝大铁矿之需费多、施工巨而冒险甚者",不可完全开放,但亦不能深闭固拒,"为力趋矿政进行起见,对于大矿仍持制限开放主义"。② 1917年7月,继任农商总长张国淦极力主张利用美国资金、技术,建设国营钢铁厂。他将中国加入协约国参加"一战"视为发展经济的难得机遇,编订《参战后新建设之计划大纲》,主张将参战后的新收入(包括庚子赔款停付德奥全部分、各国赔款展期所得一部分、增加关税以及美国援华的出兵费等)列为建设基金,国营钢铁厂是重要组成部分,计划先在长江下游浦口附近,以四五千万资本办一铁厂。③ 由此可见,北京政府对利用外资发展钢铁工业的政策主张具有一定的连贯性。

(二)利用外资的选择性差异

钢铁工业属于资本密集型行业。资本充足与否直接决定着其建设成败。钢铁工业又不同于一般的经济领域,在近代往往被视为国家"自立""自主"之要着,被赋予了超经济的价值诉求。它不仅是经济发展的基础,也关系国家安全,特别是军事安全。钢铁工业肩负的这种价值属性,加上国家主权不能自主的特殊国情,使得在近代中国钢铁工业在发展建设过程中,主张利用外资和担心被外资所利用而反对利用外资的论争长期困扰着国人。社会各界对利用外资的认识与实践始终处于一种模糊、依违的状态。甲午战争后,特别是民国成立以来,中国钢铁工业针对外资的政策壁垒不断被扫除,按政策规定,外资可投资中国钢铁工业。但在政策执行实践中,担心被外资所利用的压力使中国政府的外资政策时常处于两难的困境之中,导致政策思想与政策实践常相龃龉。在利用外资的实践中,无论是清政府还是民国北京政府,都存在十分明显的选择性差异。具体表现为:从维护民族企业资产安全的角度考虑,对既有民族钢铁企业利用外资的行为持保守乃至反对态度,这集中体现在汉冶萍公司利用外资问题上;在外资的来源国别问题上,对不同国家的资金存在明显的迎拒之别,倾向

---

① 沈家五:《张謇农商总长任期经济资料选编》,南京:南京大学出版社,1985年版,第9~10页。
② 《谷总长农商事业计划书》,《农商公报》,1916年第3卷第3册,总第27期。
③ 杜春和编:《张国淦文集》,北京:燕山出版社,2000年版,第185页。

于利用欧美资本,对日资持谨慎甚至反对态度。

1. 反对既有民族钢铁企业的利用外资行为

汉冶萍公司是晚清政府投巨资兴建的大型钢铁联合企业,自创建时起,即为中外观瞻所系,非寻常企业可比。自投产时起,汉阳铁厂就深陷资金不足之困局。张之洞一度想招集洋商,华洋合办,但遭各方坚决反对。1896年2月9日,湖南巡抚陈宝箴致电张之洞:"忽闻铁政将与洋商合办,极用怅然。我公此举原为铁路、枪炮及塞漏卮而设,诚中国第一大政,我公生平第一盛业。今需用正急,忽与外人共之,与公初意大不符合。且此端一开,将无事不趋此便易之路,彼资日增,我力难继,必至喧宾夺主,甚为中国惜之。"①户部议准汉阳铁厂招商承办,特别申令:"洋商包揽之议既作罢论,现招华商集股承办,自不准暗掺洋股,兼用洋商,致与抵制洋铁之意相背。该督尤当严饬该道划清界限,考究来历,毋得影射牵混。"②面对舆论压力,张之洞不得不表态:"洋商力厚气壮,慨然担任,力言此事甚不为难;且外国公使、领事皆屡来婉切询商,坚欲承揽。惟矿务为中国自有之利源,断不能与外人共之。洋商合办之议,不得不作罢论。"③当时,外资尚未获得经营中国矿业之权利,在外界的同声反对下,汉厂招集洋股之议很快便草草收场,但政府对外资的从违态度,可见一斑。

汉冶萍厂矿官督商办后,盛宣怀多方筹措资金接济。无奈杯水车薪,难解根本问题。面对厂矿嗷嗷待哺的局面,清政府财政竭蹶,对厂矿订借外债的行为只能首肯或默许。1899年,盛宣怀以轮船招商局作担保,借用德国礼和洋行400万马克,这是汉冶萍厂矿首次公开借用大笔外债。为此,盛宣怀一度受到参劾,后经张之洞及其本人多方解释才勉强成议。④1904年后,凭借矿产资源丰富的优势,汉冶萍厂矿利用日本急需铁矿的经济状况,以铁矿石、生铁作偿付手段,大量借用日本资本,至1907年底,日债总额约为银500万两。汉冶萍公司成立后,继续进行大规模改良扩张计

---

① 茅海建:《戊戌变法的另面:"张之洞档案"阅读笔记》,上海古籍出版社,2014年版,第320页。
② 台北"中央研究院"近代史研究所编:《海防档》丙,第251页。
③ 陈旭麓、顾廷龙、汪熙主编:《汉冶萍公司》(一),第130页。
④ 湖北省档案馆编:《汉冶萍公司档案史料选编》(上),第226页。

划,至武昌起义爆发,又新增日债约合银767万两。① 这些借款多采用"预支"铁矿石、生铁价格的形式,多背着清朝中央政府秘密签订。笔者认为,若说清政府完全没有察觉这些借款行为的蛛丝马迹,似与情理不合。但可以肯定的是,它们从来没有得到政府的公开支持。不过,虽然汉冶萍厂矿订借大量日债,但盛宣怀始终不敢吸纳日资股份,与日本"合办"汉冶萍厂矿。

清政府发展钢铁工业的目的在于抵制洋铁、追求国家经济独立、国防自主,相关言论不胜枚举,诸如"铁为盛举之根"②,"广筹钢铁销路,保守自有利权,与外洋钢铁争衡","制铁关系军政,与寻常开矿、商业、机器制造轻重缓急情事不同"。③ 这种理想诉求反映在现实的经济活动中,一方面,使得清政府为汉阳铁厂的建设运营投入巨资,如汉阳铁厂官办时期政府投入约583万库平两,不可谓不够;另一方面,它也导致清政府对汉冶萍厂矿利用外资之事采取极为保守的立场,消极对待甚至公然反对,厂矿借用外资的举动始终处于政治、舆论高压之下,不得不采取极为秘密的方式进行。

民国成立后,汉冶萍公司与外资的合办倡议,招致政府和社会的极力反对。1912年初,孙中山等拟以中日"合办"汉冶萍为条件,向日本订借巨款,结果引发一场大风潮,几致影响共和大局。期间,除了社会舆论压力,来自临时政府内部的反对意见也对该案产生重要作用。对于汉冶萍公司与日本签订的借款合同,北京政府成立数年后始终未表态予以承认。如对于1913年12月的1500万日元大借款,农商部获知消息后表示:"此项借款无论是否预付铁砂或生铁价目,抑系单纯借款,必须先呈本部核准方准签字,否则无效。"④由于借款合同并未得到中国政府的允准,其合法性不免遭到质疑。1915年,日本政府提出"二十一条"交涉,通过外交手段成功消除北京政府在中日"合办"汉冶萍问题上的反对态度,迫使北京政府明确

---

① 主要统计1908—1911年间已执行且款额较大的日债:①1908年6月和11月,横滨正金银行总计200万日元借款。②1910年9月和11月,正金银行总计约223万日元借款。③1911年4月,正金银行600万日元预借生铁价值借款。外币对白银的比价,参照杨端六等编《六十五年来中国国际贸易统计》表24"六十一年来海关两与各国货币比价表"(国立中央研究院社会科学研究所专刊第四号,1931年版)。
② 湖北省档案馆编:《汉冶萍公司档案史料选编》(上),第81页。
③ 陈旭麓、顾廷龙、汪熙主编:《汉冶萍公司》(二),第234、621页。
④ 武汉大学经济系编:《旧中国汉冶萍公司与日本关系史料选辑》,上海:上海人民出版社,1985年版,第485页。

承认其在汉冶萍的既得利益。① 理论上讲,日资对汉冶萍的债权关系至此得到中国政府的允可,同时,日资以股权形式进入汉冶萍的政策障碍已不复存在。

除汉冶萍公司外,依靠民族资本建立起来的龙烟铁矿公司也在利用外资实践中遭遇巨大阻力,最终被迫放弃。该公司成立于1919年3月,资本500万元,官商各半。商股的出资者多为当时中国政治、实业和金融界举足轻重的头面人物。② 该公司炼铁厂厂址择在京西石景山,采用六河沟煤焦,利用永定河之水。炼铁炉等主体设备从美国进口,并聘用美国工程技术人员。到1922年,已接近完成的工程包括烟筒山铁矿厂、石景山炼铁厂和将军岭石灰矿场。当年2月,公司向农商部报告:"炼铁炉、热风炉、汽炉、矿桥、坠道和烟囱等工程,已次第竣工,到五月即可全厂落成开炼出铁。"③但因资金告罄,舶来设备无钱提货,工程建设被迫停顿。据估计,如完成石景山炼铁厂则需追加经费1789270元。④ 在多方罗掘无果后,公司计划从日本借款180万日元。作为交换,公司所有技师、会计聘用日本人稽查,每年需交铁砂10万吨,生铁4万吨。该消息一经披露,顿时舆论鼎沸。6月8日,顺直省议会在地方民众支持下,致电北京国会参、众两院,称:"龙烟铁矿为直省最大之宝藏。妥善经营,于吾国工业上、国防上均有极重要之关系。不料该公司董事李祖绅、理事张新吾,及著名亲日派之陆宗舆等,朋比为奸,希图盗卖矿产。""同人倘坐视不拯,势必蹈汉冶萍覆辙"。"除分电外,应请钧院严毅主持,务将该公司对日借款契约取消,可保国产,即阻奸谋"。迫于舆论压力,6月15日,龙烟铁矿公司董事会在《京报》发表声明,宣称"卖矿之举,绝无此事","卖矿之说,全属于虚"。⑤ 公司借日债之举终不果行。另外,龙烟铁矿还拟向四国新银团垫款120万元,亦无果而终。

由于资金缺乏,从1922年底起,龙烟铁矿公司各项工程相继停顿。到

---

① 李海涛:《"二十一条"要求之汉冶萍公司交涉案述评》,《近代史学刊》,2015年第14辑。
② 郑连明:《龙烟铁矿公司创办始末——北洋官僚资本个案剖析》,《近代史研究》,1986年第1期。
③ 关续文:《龙烟铁矿和石景山钢铁厂史话》,《中国冶金史料》,1988年第2期,第86~93页。
④ 黄伯逵、黎叔翙编:《龙烟铁矿厂志》,中华矿学社,1934年印,第43~45页。
⑤ 关续文:《龙烟铁矿和石景山钢铁厂史话》,《中国冶金史料》,1988年第2期,第86~93页。

南京国民政府成立时,"虚糜股本四百六十余万元,复负债达数百万元",①竟无吨铁产出。究其缘由,固然与错失良机、经营不善、社会动荡等因素密切相关,但面对工程建设功败垂成、前功尽弃的局面,公司的资金募集活动也值得深刻反思。

2. 偏向欧美资本而抵制日本资本

甲午战争后,中国政府放开对外资办矿的限制,虽有许多国家不同程度染指中国钢铁业,但真正施加重要影响的国家主要为德国、日本和美国。德国资本在攫占中国铁矿资源方面占据先机,早在19世纪末就成功介入汉冶萍厂矿事务,并获得山东金岭镇铁矿开采权,但因德国的地理位置、资源禀赋、国家政策等因素影响,其对中国铁矿资源的需求不如日本迫切,故德资对中国钢铁业的影响力始终有限。"一战"爆发后,德国忙于欧洲战场的战争,其在山东权益被日本强占,德资更退居次要地位。三个国家中具备对华资本输出能力的国家主要为日本和美国。中国政府对外资来源出现明显的选择性差异,集中表现为欢迎美资而抵制日资。

在晚清民初中国钢铁工业建设活动中,虽然许多国家资本都想介入其中,但以日资的表现最为主动、积极。日资在近代中国是一个十分特殊的存在物。日本在明治维新后确立对外殖民扩张的战略,钢铁是极为重要的战争资源。较之于其他国家资本,日资往往与日本政府的军国主义国策相联系,成为其对外殖民扩张的重要工具。对于本土极为稀缺的钢铁资源,从海外掠取自1903年就被确立为日本政府的国策。"一战"爆发以来,建立在一国整体经济实力基础上的总体战思想在各国迅速发展,日本政府亦深受影响。1917年8月,日本参谋本部小矶国昭少佐以"帝国国防资源"为题,提出一份长篇报告,断言解决日本国防资源问题,可能性最大的是"搬来中国的资源"。② 为此,日本政府惯用的手段乃系用资本打前锋,而以强权和武力作后盾。

为掠夺中国钢铁资源,在独资办矿建厂不为中国官方许可的情形下,日本最中意的投资方式为入股与华商"合办";若此举行不通,则改为持续不断向相关企业提供借款。这些借款的数额可尽可能满足建设要求,利率也可比其他金融资本低,但除要求以铁矿石、生铁等原料作补偿外,还往往涉及企业经营权、财务审计权、交往排他权、资金支配权、产品定价权等附

---

① 《河北矿冶协会关于龙烟铁矿通电》,《矿业周报》,1928年第17期,第11页。
② 熊沛彪:《近现代日本霸权战略》,北京:社会科学文献出版社,2005年版,第28~29页。

加条件。其目的就是要将中国变为其稳固的钢铁原料基地。

盛宣怀对日本以资金手段掠夺、控制中国钢铁资源的企图早已了然,在1907年就预言,"将来东人必有大志于我国"。① 在处理与日资关系时,他一方面利用日资弥补建设资金的不足,同时,尽可能地限制日资的附加条款。1899年,在大冶铁矿输入日本之始,盛宣怀就与日方约定,不得于大冶之外与中国他处再订立买矿之约。1906年,外间传言日商企图染指九江铁矿资源。盛宣怀致电外务部、商部等,敦促相关部门谨防并严禁将该矿地转售日本人。② 日俄战争后,日本殖民触角伸向中国铁矿资源最富集的东北地区。1910年,针对日商在东北合办本溪湖煤铁矿之请,盛宣怀致电锡良:"本溪湖铁矿日人觊觎甚切,关系中国铁政甚大,乞饬巢守凤冈留意,勿为所攘。"但清政府未能步调一致。锡良复电称:"本溪湖煤矿系中日合办,附近庙儿沟铁矿曾订合同,俟本溪湖煤矿发达,准该公司开采,仍归合办。于本年五月奏奉俞允在案。"③清亡前夕,日本取得庙儿沟铁矿的"合办"权,打开了直接经营中国铁矿资源的突破口。

民国政府建立后,虽多次公开欢迎外资来华兴办钢铁工业,但有不少官员明确反对利用日资。张謇多次表示,必须借用外资发展钢铁业,但极力反对与日本合作。民元汉冶萍"合办"案因举国反对而未能施行,张謇为此还辞去临时政府实业总长职务。他说:"凡他商业皆可与外人合资,惟铁厂则不可;铁厂容或可与他国合资,惟日人则万不可。日人处心积虑以谋我,非一日矣,然断断不能得志。盖全国三岛,无一铁矿,为日本一大憾事。""鄙人偿持一说,谓我国铁业发达之日,即日本人降伏于我国旗之下之日,确有所见,非过论也"。④ 这说明他的"开放主义"有特定适用对象,即主要针对日本以外的其他国家。1917年夏,农商总长张国淦拟借用美国资本建设浦口铁厂。后因国务总理段祺瑞与日本达成协定,将浦口铁厂改为中日合办,以五千万元合资办理,中日各半,中国股款由日本先行垫付;督办由中方派充,技术员沿用日本人。为使计划通过,日本驻华公使林权

---

　① 陈旭麓、顾廷龙、汪熙主编:《汉冶萍公司》(二),第615页。
　② 盛宣怀:《愚斋存稿》卷69,第13~14页。
　③ 盛宣怀:《愚斋存稿》卷76,第14页。
　④ 曹从坡、杨桐主编:《张謇全集》第一卷政治,南京:江苏古籍出版社,1994年版,第238~239页。

助亲自出马,对张氏威逼利诱,传言许以二百万银元作酬劳。① 在国务会议上,段氏逼张在浦口铁厂合同上签字,不容商量。张国淦指出:"以世界之竞争,中国之脆弱,竟无一自办钢铁厂,可为痛心,公(段祺瑞——引者)亦时时与国淦言之。今何以变更此项计划。而贸然与外人合办?须知铁业乃自强之根本,倘不先事审量,授人以柄,则中国于自强上,永无立足之日。"并言:"浦口若办铁厂,必有高大烟筒,我不愿张某某三字挂于高大烟筒上,使人经过浦口时必指余名而詈。"②张自此与段氏疏远。

北京政府中这些官员的排日态度有深厚的民意基础。民元中日"合办"汉冶萍案的夭折很大程度上就是民意舆论使然。"民四条约"签订后,中日"合办"汉冶萍未能坐实,亦与民意反对大有关系。盛宣怀对此私下尝言:"中日合办,股东赞成者甚多,只以迫于社会上之反对,未敢公然发为问题。"③1919年,日本财阀大仓组和北京政府陆军部曾签订一份合办江苏凤凰山铁矿草合同,规定:中日合办的铁厂所出生铁至少以一半供给日本之用。④ 对此,舆论反应强烈。时人分析认为,中日合办凤凰山铁矿,大利为日本所得;若与英、美等合办凤凰山铁矿,尚有利益可循。若与日合办,则利益莫不归诸日本。⑤ 当时,在经济民族主义思潮影响下,国内已形成这样一种舆论环境:谁主张利用日资,同意合办,无异于卖国,就会在道义上受到民众的强烈谴责。在这种情况下,谁也不敢冒天下之大不韪,主动借用日资,发展民族钢铁工业。这就形成一种很奇特的现象:中国政府屡屡主张利用外资发展钢铁经济,而只要日资介入,社会各界又会群情汹涌,极力反对,迫使政府在此问题上让步。

中国朝野对日资的抵触情绪,日方并非不知情,亦欲辩白。民国初年,日本所谓的民间实业人士运动中国驻日使馆,称:"在日本所缺者惟铁,在中国所缺者则资本与技师,若由中日两国实业家合办,由日本出资本与技师,即在中国开炉铸造,输入日本,其该矿权利仍属中国,日本毫不存野心,于两国均有裨益。"驻日公使章宗祥认为,日本既专为需铁起见,"不妨由日本实业家酌定每年需铁总额及每吨价格,而由中国如数供给,至中国如何

---

① 周家骏:《张国淦先生传略初稿》,载中国社会科学院近代史研究所近代史资料编辑部:《近代史资料》第99辑,中国社会科学出版社,1999年版,第261页。
② 杜春和编:《张国淦文集》,第194、197页。
③ 陈旭麓、顾廷龙、汪熙主编:《汉冶萍公司》(三),第947页。
④ 《凤凰山矿案近闻》,《申报》,1919年3月13日,第157册,第199页。
⑤ 《凤凰山矿案之外论》,《申报》,1919年3月20日,第157册,第311页。

采掘,如何鼓铸,日本可无庸过问。万一中国需用资本或技师,则随时亦可向日本商借及聘定,不必拘泥于合办名义"。① 这种既利用日资,但生产经营又不受外资约束的主张显然与日本政府确立排他性垄断资源的方针政策相违背,不可能被接受。1903年,日本政府拟通过借款攫夺大冶铁矿时就明确要求:在于使大冶铁矿与我制铁所关系更加巩固,并成为永久性者;同时,又须防止该铁矿落入其他外国人之手。② 在寻求"合办"汉冶萍时,日方虽极力声明,此举"纯乎商务性质,除欲联络中国实业外,别无丝毫用意","敝国资本家必无丝毫勉强之意也"。③ 但中日两国钢铁产业的发展水平决定了所谓的"合办"实际上是将中国变为日本的原料输出地。美国驻华公使芮恩施(Paul S. Reinsch)亦认识到这一点:"中国人很想建立国家办的钢铁工业。这种工业将有助于供给全国需要的铁产品,如有必要的话,可以借助于外国资本。他们将不只是接受日本人的援助,因为他们知道,在那种情况下中国钢铁工业将限于生产生铁,并且将成为日本钢铁工业的附庸。中国提供原料,而日本则生产制成品。"④

与极力抵制日资相比,中国政府和社会对美国资本十分青睐。这一态度与美国政府在政治上采取的有别于他国的对华宽松政策不无关系。19世纪末20世纪初,列强纷纷在华划分势力范围,强索铁路建筑权和矿山开采权,兴办银行,争相贷款。美国经济总量此时已跃居世界第一,但在中国的各种利益争夺中所获相对较少,严重影响了对华贸易的发展。因此,美国政府提出"机会均等,门户开放"政策,要求保全中国,从而为其依靠强大的工业制造业谋求在华利益扫清障碍。相对于列强的予取予夺、索求无厌,美国政府还主动将"庚子赔款"用于资助中国教育事业。

美国政府的态度和做法无疑能让美资在华赢得更多好感。1910年11月,革命党人戴季陶指出"欲图今日资本之发达,非于本国资本而外求资本扩张之道亦不可也","今日言吾国实业振兴策,除联合美国资本外,别无速而且易之法"。⑤《时报》的文章亦称:"中美联盟之说是记者最为主张之

---

① 中国第二历史档案馆藏:《农商部有关对日售铁问题的文件》,全宗号1038,案卷号2515。
② 武汉大学经济系编:《旧中国汉冶萍公司与日本关系史料选辑》,第44~45页。
③ 王尔敏、吴伦霓霞合编:《盛宣怀实业函电稿》(下),第936页。
④ 保罗·S.芮恩施著,李抱宏等译:《一个美国外交官使华记——1913—1919年美国驻华公使回忆录》,第173页。
⑤ 戴季陶著,唐文权、桑兵编:《戴季陶集(1909—1920)》,武汉:华中师范大学出版社,1990年版,第130~136页。

点。"理由有三:一是"若不选一强国并与之联盟,如何能制强邻? 更如何能与列国相对立";二是"联美目的在于吸收美人资本振兴我国实业";三是"相互结成经济联盟,发展东三省、蒙古的垦牧、树艺及内地各项实业"。该文曾被日本驻上海总领事制成简报转送外务省,引发日本当局的警惕。① 1910 年,美、日曾各向中国派出实业团,但在华所受欢迎程度判然有别,反映出中国朝野对美、日资本的好恶态度。美国实业团在上海登陆时,"据老年市民们说,这里从来没有为迎接任何人而作过如此精心的准备,即使在数年前皇帝访问这个城市的时候也没能如此"。访问结束时,美方感言:"我们所到之处,没有一个人不是十分友好地欢迎我们。"② 与此形成鲜明对比,中国各界频频以"调查清国实业,发展自国商业为目的"指摘日本实业团的访华之举。

民国初年,中国政府对美资持热烈欢迎态度。驻美公使顾维钧认为,中美经济合作具有四大特征,其中包括"合作目的纯粹"(都是为了获得合法利润,一方没有秘密动机,另一方也没有疑虑。两国均不是为了某种隐秘或恶意的目的)。"中美双方利益一致"(两国"商贸像两条平行线,利益高度一致,不存在阻碍两国商贸往来的根本争端和冲突")。③ 1916 年 8 月,前农商总长周自齐对外媒宣称,欢迎美国资本赴华投资,"我们需要钢铁厂、水电厂、发电厂、冶炼厂等等,我们需要各种现代化机械设备,使得我国能够跟上其他国家前进的脚步。美国能够为我们带来工厂和机器。""中国无限广阔的市场正等待着美制机器和美国资本的进入,在中国大地上建立能够生产机器的现代化工厂"。④ 美国驻华公使芮恩施的描述也能印证中国官方对美资的好感。他上任伊始,北京政府"两位总长"与其密谈,指出:"中国政府认为美国是它的最忠实和最无私的朋友……美国对华的友好关怀和忠告,中国非常感激和重视,但可惜美国过去做得太少了……如果美

---

① [日]野泽丰:《辛亥革命与产业问题——1910 年的南洋劝业会与日美实业团的访华》,载中华书局编辑部编:《纪念辛亥革命七十周年学术讨论会论文集》(下),北京:中华书局,1983 年版,第 2473~2496 页。
② 虞和平、王杰译,张富强校:《大来日记(选译)——1910 年美国太平洋沿岸联合商会代表团访华记》,载中南地区辛亥革命史研究会、武昌辛亥革命研究中心编:《辛亥革命史丛刊》第 9 辑,北京:中华书局,1997 年版,第 208~209、233 页。
③ 郑曦原编:《共和十年:〈纽约时报〉民初观察记(1911—1921)》社会篇,第 383~386 页。
④ 郑曦原编:《共和十年:〈纽约时报〉民初观察记(1911—1921)》社会篇,第 394 页。

国准备合作的话,中国政府和人民愿意给予美国以特殊的机会。"①其他张謇、张国淦等人欢迎美国资本之言论,已见诸前述,兹不赘述。

在这样一种舆论氛围中,早在清末时,汉冶萍公司就积极寻求与美国企业合作。同与日方合作时的秘而不宣做法相比,汉冶萍管理层尽力扩大与美方成功合作的消息,宣扬合作成果。1910年春,汉冶萍与美国西方钢铁公司签订售卖铁矿石、生铁合同。事后,该合作计划被汉冶萍管理层广为宣传。公司协理李维格在致师友书札中视之为"生平得意之着也",认为"敝厂有此大宗生意,可放手大做矣"。②

虽然中国朝野对美、日资本的态度各异,但美、日政府对于投资开发中国钢铁资源的意愿也存在鲜明反差。日本政府通过经济手段扩大在华的影响,并在政策实践中支付大量资金。相比之下,自然资源丰富的美国不需要从中国获取钢铁原料,对开发中国钢铁资源的兴趣远不及日本。资本具有逐利的本性。在战乱频仍的中国,寄希望于美国投巨资发展钢铁工业,希望渺茫。1917年8月21日,芮恩施谒见国务总理段祺瑞,论及中国工业建设事宜。段氏希望从发展矿业和钢铁制造工业入手,但芮恩施认为,该计划在技术上面临巨大困难,予以婉拒。③

综上,晚清民初,虽然利用外资发展钢铁工业为政府所认可,但中国政府的政策表现出明显的选择性差异。这导致晚清民初钢铁工业利用外资的政策与实施时常凿枘不投,政府利用外资政策的效果无法显现。

五、铁矿国有政策的施行与名存实亡

铁矿是钢铁工业之物质基础。管控好铁矿资源,事关一国工业化发展基础,具有重要战略意义。中国铁矿业在民国初年,特别是"一战"期间,经历一次爆炸式增长过程。作为对该经济现象的政策回应,1914年11月,铁矿国有策出台。然而,囿于内外交困的社会环境,该政策未能收到预期效果,并最终被变相废止。铁矿国有策在民初矿业史中是一项重要政策,它带动许多后续政策的出台,深刻影响民初钢铁业的发展,也曾引发中日

---

① 保罗·S.芮恩施著、李抱宏等译:《一个美国外交官使华记——1913—1919年美国驻华公使回忆录》,第63页。
② 上海图书馆编:《汪康年师友书札》(一),上海:上海古籍出版社,1986年版,第590页。
③ 保罗·S.芮恩施著、李抱宏等译:《一个美国外交官使华记——1913—1919年美国驻华公使回忆录》,第226页。

间的诸多重大经济纠纷,有澄清、解读之必要。①

(一)铁矿国有策出台的背景

中国矿业法制起步于 1898 年。在此之前,清政府并没有成文的矿业法。受甲午战争惨败的刺激,清政府开始采取积极的矿业政策,鼓励民间集资办矿,将兴办矿业视为振衰起颓的"当务之急"。以 1898 年《矿务铁路公共章程》为端始,到 1910 年《大清矿务章程》的推行,清政府曾屡次修订矿业规章,基本允许华商以独资或华洋合资的方式申领包括铁矿在内的矿业权。② 北京政府较为注重法律的约束力,矿业法制建设取得一定成绩,初步形成较为系统的法规体系。1913 年,北京政府工商部开始议修矿法。农商部成立后,继续草拟《矿业条例》及附属各件。1914 年 3 月 11 日,《矿业条例》111 条和《矿业条例施行细则》86 条公布。同年 5 月 4 日、6 日,以教令公布《矿业注册条例》49 条及其《施行细则》30 条。其余《矿业呈文图表程式》14 份、《征收矿税简章》11 条也于当年 5－7 月由部令公布。民初《矿业条例》体系较为完备,施行较久,成效颇著。此后,北京政府还制定一批矿业规章,皆为《矿业条例》之辅翼,包括:1915 年 5 月 24 日,《审查矿商资格规则》7 条公布;7 月 11 日,公布《小矿业暂行条例》11 条;11 月 27 日,《特准探采铁矿暂行办法》6 条公布;12 月 6 日,《矿场警察局所组织章程》,19 条公布。1917 年 1 月 17 日,《查勘矿区规则》5 条公布。1918 年 4 月 9 日,《矿业警察组织条例》,19 条公布;12 月,《采金局暂行章程》14 条公布。1923 年 4 月,《各省地质办法大纲》14 条公布;同年 5 月,《矿工待遇规则》22 条、《煤矿爆发预防规则》28 条、《矿厂钩虫病预防规则》9 条、《矿业保安规则》58 条公布。③

作为北京政府时期最重要的一部矿业法律,《矿业条例》奠定了中国现代矿业法律制度的基础。它首次提出矿业权概念,并赋予矿业权的物权制度;比较系统地规定了矿业权的性质与效用、矿业权的设定、变更、消失与

---

① 相关研究成果十分薄弱,专题研究论文未发现。在民初经济史论著中,徐建生、徐卫国合著《清末民初经济政策研究》,曾提及铁矿国有策(桂林:广西师范大学出版社,2001 年版,第 173～174 页),但对相关内容和观点,笔者认为值得商榷:该书中铁矿国有策的提出时间有误,且颠倒了铁矿国有策与《特准探采铁矿暂行办法》的逻辑顺序,另外,关于张謇对铁矿国有态度变化的叙述,笔者亦不敢苟同。

② 李玉:《论晚清矿章关于办矿洋商的规定及其效果》,《南京大学学报(哲社版)》,2002 年第 4 期。

③ 中央党部国民经济计划委员会编:《十年来之中国经济建设》第二章实业,南京:南京扶轮日报社,1937 年版,第 49 页。

抵押的程序与条件;首次设置了矿业纠纷的国家仲裁和性质诉讼制度。①同时,《矿业条例》确立金属矿业权的优先申请原则,规定"无论地面业主与非地面业主,应以呈请矿业权在先者,有优先取得矿业权之权";规定食盐及煤油归国家专办,不受《矿业条例》约束。② 据此,铁矿同其他金属矿产资源一样,得任由华商请领开采,并可与外商合股经营。

矿产资源对一个国家而言,具有特别重要的价值,各国法律对矿产资源的开发利用往往有特殊的规定。矿产资源归国家所有,一切勘探、开采及其相关活动必须由政府批准授予矿业权,并缴纳一定的税费才可以进行,这是比较通行的现代矿业权制度。北京政府虽然确立矿业权的概念,但对铁矿资源的管理不是建立在矿产资源国有的基础上,而是根据优先申请原则进行矿业权的分配。这给铁矿资源的实际管理带来巨大混乱。许多地方的优质铁矿资源在外部势力的介入下,纷纷被国内矿商领取,然后低价转手出售给外商,造成铁矿资源大量流失。

民国初年,中国钢铁产业的发展急需储备大量优质铁矿资源。因地质调查事业落后,截至民国成立,中国社会对国内铁矿资源分布状况的了解十分有限。不计入零散分布的小铁矿体,在1913年底农商总长张謇主持开展大规模铁矿资源调查活动前,国内经确证具备大规模开采价值的铁矿区主要有以下几处:汉冶萍公司下属之大冶铁矿和九江德化铁矿,辽宁辽阳、本溪铁矿,安徽当涂、繁昌铁矿和山东临淄金岭镇铁矿。其中,德国凭借《胶澳租界条约》关于拥有铁路沿线30里范围内采矿权的规定,将金岭镇铁矿据为己有,其矿权由德华公司持有。不难发现,民初中国钢铁工业可资依赖的铁矿资源十分有限。

与中国钢铁工业建设的启动几乎同步,日本在甲午战争后举全国之力发展钢铁工业。然而,日本铁矿资源十分贫乏,据20世纪初调查,本土探明储量仅8000万吨,且分散各地,不易开采。为确保铁矿供应,日本政府想方设法从中国掠取铁矿资源,并将之确立为国家政策。这使得清末民初中国铁矿资源开发活动背后不时出现日本势力的身影。除金岭镇铁矿为德国占据外,对中国上述其他三处铁矿,日本各界使用不同手段,亟欲据为己有。

---

① 傅英:《中国矿业法制史》,北京:中国大地出版社,2001年版,第38～39页。
② 中国第二历史档案馆编:《中华民国史档案资料汇编》(第三辑·工矿业),南京:江苏古籍出版社,1991年版,第40～52页。

对汉冶萍下属铁矿，在日本政府的策划下，通过大量借款，逐步扩大其影响力。特别是凭借1913年12月的1500万日元借款合同，日本获得梦寐以求的汉冶萍公司全部产业的抵押担保权。为掠夺辽宁铁矿资源，日俄战争刚结束，日本财阀大仓组就组建"本溪湖大仓煤矿"。1911年，该矿改为中日合办，经营范围扩充至采煤、采矿、制铁事业，并取得庙儿沟铁矿开采权。除大仓组外，南满洲铁道株式会社（简称"满铁"）在清末通过直接收购铁矿的方式掠取辽宁铁矿资源，并在1911年与清政府达成合办鞍山铁矿的初步意向。利用民国初年混乱的政局，"满铁"通过借贷和贿赂的方式，寻求奉天政界对"合办"计划的支持，结果几乎获得奉天官场的一致同意。1914年7月14日，华商秦日宣与满铁支持的日商镰田弥助签署《中日合办辽阳海城间之铁矿合同》，成立"中日合办振兴铁矿有限公司"，开采辽阳、海城间之铁石山、鞍山站、大孤山、关门山、樱桃园等七处矿山。① 此议一旦落实，则辽宁铁矿精华尽被日本染指。

三处大铁矿区之中，安徽当涂、繁昌铁矿最晚被探知。据报载，繁昌铁矿在1911年始为汉冶萍公司职员洪受之所发现。② 1912年，当涂采石人张某，在当涂平岘岗发现矿石，误认为铜矿，后经安徽省实业科派人调查，始知为铁矿。此后两三年，又相继发现凹山、南山、东山、萝葡山铁矿。③ 当、繁铁矿因质佳量丰，易于开采，加上濒江带河，交通便捷，故一经披露，各处矿山很快被裕繁、利民、宝兴等商办铁矿公司请领。这些铁矿公司名义上为纯粹华资，实际在资金、技术、市场方面对日本存在极深的依赖关系。他们多采取向日商预借矿价的形式，领取大量矿石价款。通过这些资金，购买设备，修建运矿线路，待投产后以矿石抵还本息。如1914年10月，裕繁公司与三井洋行约定：合同成立之日，三井洋行交给裕繁公司20万银元，以该款为矿石价值之一部分；裕繁公司所筑造采运矿石铁路、码头及开采矿石各机件等所需经费，由三井洋行供给。所用款项由裕繁公司按年摊还，年息六厘。④

1914年底，中国上述三大铁矿区均为日本势力所羁绊，当时"现采各

---

① 吉林省社科院、解学诗主编：《满铁史资料》第四卷（第三分册），北京：中华书局，1987年版，第961~963页。
② 《安徽繁昌铁矿交涉》，《申报》，1915年1月29日，第6版。
③ 谢家荣等：《扬子江下游铁矿志》，《地质专报》，1935年甲种，第65页。
④ 全国地质资料馆藏：《安徽繁昌县荻港铁矿报告》，档号9245。

矿中,其确有完全主权而能实力进行者,实难其选"。① 以至于北京政府议设国营钢铁厂时,发现"全国铁矿约三分之二已经为中外各公司所领取,故设立国立炼厂之机会已甚有限制矣"。② 1913 年,张謇执掌农商部后,推行"棉铁主义"经济政策,在矿政方面力图发奋振作。他"私计实业之事万端,我国民智待牖,必有法律而后有准绳,有技术而后有规划,有经济而后有设施,故首拟订法律,次事查勘,次设劝业银行",③决定从调查铁矿入手,先后聘请丁格兰(F. R. Tegengren,瑞典人)、梭尔格(Dr. Solger,北京大学德籍教授)、安德森(J. G. Andersson,瑞典地质调查所前所长)等外国专家为农商部顾问,并以地质调查所为此次铁矿调查活动之主要技术力量。他们赴全国各地调查铁矿资源,确证一批新的铁矿体。其中,最重要的两大发现是探知直隶龙门县铁矿和江苏秣陵关铁矿(亦称"凤凰山铁矿")。这些地区成为北京政府建立大型钢铁厂的属望之地。

从经济利益角度分析,随着第一次世界大战打响,国际市场钢铁价格日趋上涨。如日本生铁平均价格由 1914 年的每吨 49 日元激增至 1918 年的 406 日元。这也带动了铁矿石价格上涨,同期中国、朝鲜输往日本的铁矿石平均价格从每吨 5.2 日元涨至 24.3 日元。④ 铁矿业成为暴利行业。如 1916 年 1 月,安徽裕繁铁矿公司与中日实业公司人约定,裕繁铁矿除去采矿、运输、出口税等成本支出外,中日实业公司保证裕繁公司"应得之净利每吨上海规银一两",另加裕繁公司办事费及一切间接费"每一吨不得过洋一元"。⑤ 铁矿业获利之丰厚可见一斑。中国民间请领铁矿呈蜂拥之势。

保护国内铁矿资源,特别是防止新发现的铁矿区不被外部势力染指,成为北京当局的当务之急。

(二)铁矿国有策的提出及其影响

据时论分析,民初主张铁矿国有者,大致基于三点考虑:第一,铁业为一大实业,应由官办以收利益。农商总长张謇持此看法;第二,一国军器必

---

① 中国第二历史档案馆编:《中华民国史档案资料汇编》(第三辑·工矿业),第 515 页。
② 中国第二历史档案馆藏:《铁业计划中拟设南北两铁厂案(附卷)》,全宗号 1038(2),案卷号重 164。
③ 《农商总长张謇呈沥诚恳辞农商本职文并批令》,《政府公报》,1914 年 11 月 23 日,第 917 号。
④ 彭维基著:《铁》,上海:商务印书馆,1930 年版,第 128~129 页。
⑤ 马鞍山市地方志办公室:《马鞍山市志资料》第一辑(内部资料),1984 印,第 4 页。

须独立,故须官营铁业以便谋军器之独立。陆军总长段祺瑞坚持此见;第三,中国铁矿多而不精,欲采其优者以供国家之用,必须先实行国有。矿政司长张轶欧持此观点。① 不论出于何种目的,可以看出,铁矿国有策在民国政府有较为深厚的政治基础。但围绕铁矿部分国有,抑或完全国有的问题,北京政府对于此内部存在较大分歧。

作为"棉铁主义"政策的倡行者,张謇十分重视保护国内铁矿资源。1913年11月6日,张謇向袁世凯秘密递交《拟具官营矿业办法给大总统呈文》,指出,从矿量、交通、历史胶葛以及军事安全等因素考虑,认为安徽皖南铁矿区最适宜进行钢铁开发,"为今之计,似亟宜明定官营铁业之策,先将安徽铁矿定为国有",已请领的矿地设法收回,或由政府收买矿砂,如办有成效再推及其他地区。"惟政策一定,即可拒商人之滥请,而杜无穷之后患"。② 这是张謇对铁矿业所持之最初立场,即主张实行完全铁矿国有,而先以安徽为突破口。

1914年春,张謇离京视察淮河,司法总长章宗祥兼任农商总长。同年6月底,张謇回京。从现有资料分析,章氏赞同张謇先前提出的"官营铁业

---

① 季啸风、沈友益主编:《中华民国史史料外编》(中文部分·第78册),桂林:广西师范大学出版社,1997年版,第308页。

② 沈家五编:《张謇农商总长任期经济资料选编》,第134页。注:笔者推测,《拟具官营矿业办法给大总统呈文》起草时间应为1913年11月6日。当时,刚就任农商总长不久的张謇将之作为密件呈送袁世凯,陈述个人对矿业开发的意见。虽然文件显示的时间是1914年8月20日,但值得注意的是,同年8月31日,张謇又有一篇《拟具官办、商办矿业办法给大总统呈文》(前引书,第136页)。短短11天内,围绕矿业官办、商办问题,张謇有两篇呈文,似与常理不符。且从内容看,两篇呈文关于开发矿业的方式、途径有很大差异,短时间内,张謇的思想似不可能出现如此大的变化。对此,徐建生、徐卫国前引书认为,10天后张謇结束休假回京,将社会对于矿业国有的反应带回,于31日再拟"官办商办矿业办法"。笔者认为,这显然与事实不符。据《张謇日记》记载,张謇于1914年4月4日离京勘查淮河,当年6月24日即已回京,整个8月份,张謇均在北京(张謇研究中心等编:《张謇全集》第六卷,南京:江苏古籍出版社,1994年版,第690~696页)。笔者推定,《拟具官营矿业办法给大总统呈文》真实写作时间并非1914年8月20日。如该呈文中谈到:当时安徽已经批准商办的铁矿公司,只有经(泾)铜公司、宝兴公司、长合公司。而在1914年8月,著名的裕繁、福民、利民铁矿公司均已成立。这也显示《拟具官营矿业办法给大总统呈文》的写作时间应早于1914年8月20日。分析1914年8月31日张謇提交的《拟具官办、商办矿业办法给大总统呈文》,内有"窃本部前以铁铝金银铜镍六种,宜济以官力,或择一、二矿产富饶之区,作为官营矿业,密具手折,恭呈鉴核在案。旋经兼代农商总长章宗祥正式呈奉批准通行遵照",以及"查上年十一月六日原呈对于已经领照之矿,办法有三"等内容。这段话清楚表明,《拟具官营矿业办法给大总统呈文》原系张謇密折,应写于1913年11月6日,后于1914年8月20日由章宗祥正式呈交大总统,此举可能系迎合当时北京政府正在制定的"铁矿国有策",作为张謇亦主张铁矿国有之证据。而1914年8月31日张謇提交《拟具官办、商办矿业办法给大总统呈文》,应是对章宗祥该行为之回应,并借以重新解释其矿业主张。

之策",在张謇离京期间,他已秘密运作施行铁矿国有。① 如据 8 月 31 日张謇的呈文:"今又有铁矿一概收归国有之说,……謇回部后,询问铁矿国有之事,知原呈及批令均未发表,此必有疑难之故存焉。"②可以看出,对于"铁矿一概收归国有之说",张謇事前并不知晓。

到 1914 年 8 月底,对于如何管理、发展中国铁矿业,张謇较之前有了新的认识。这主要因为,农商部在此期间新发现直隶龙门、江苏秣陵关铁矿,其开发条件比山西、安徽更优越。加上对洋商、华商关于铁矿国有的疑虑、反对态度有了更深的了解,故张謇改变原先的主张,不赞同将所有铁矿完全收归国有。1914 年 8 月 31 日,他呈文袁世凯,指出外商对《矿业条例》尚不承认,遑论铁矿国有,"政府既不能举全国之铁矿胥收而营为业,自不如举三五质最优、量最大之铁矿,认为国有,其余前呈有案及将来计定不归国有之小矿,仍听商民遵照《矿业条例》集资开采。其已契卖于外人之矿砂,先以所订之数为限。将来除改归官收外,如与外人订卖砂之契约,非先报部核准,不能有效。此本部目前对于商矿之办法也"。③ 但其建议未被采纳。

1914 年 11 月 22 日,经袁世凯批准,铁矿国有策被批准执行。它规定:"铁矿关系重要,拟定仿照食盐、煤油之例,作为国家专营,嗣后矿商请领铁矿执照,一律不准发给。其从前曾经领照之矿,除纯系华商股本得由部体察情形,于国有政策不相妨碍之范围内呈请大总统批准特许外,或将其矿权设法收回,或将矿砂由官收买,以示限制。"④铁矿国有策是北京政府对

---

① 1922 年,梁宗鼎(曾任广东矿务技术员兼全省化分矿质局局长)著《钢铁之研究》,书中指出,1914 年 11 月,"章宗祥代理部务,倡议收全国铁矿为国有,张氏回任,不然其议。"(作新印刷局,1922 年版,第 65 页)这也说明,1914 年下半年,真正极力主张铁矿国有的是章宗祥。

② 沈家五编:《张謇农商总长任期经济资料选编》,第 136~138 页。注:《拟具官办商办矿业办法给大总统呈文》(1914 年 8 月 31 日)另见于中国第二历史档案馆编《中华民国史档案资料汇编》(第三辑·工矿业)第 505~508 页(南京:江苏古籍出版社,1991 年版),但标注日期为 1915 年 1 月 16 日,"根据农商部摘由纸记发文日期"。

③ 沈家五编:《张謇农商总长任期经济资料选编》,南京:南京大学出版社,1987 年版,第 138 页。

④ 中国第二历史档案馆藏:《张謇等关于铁矿国有条陈》,全宗号 1038(2),案卷号重 165。注:关于铁矿国有策的正式独立文件,笔者在《政府公报》未能发现。此处资料系根据本案卷所含 1914 年 12 月 8 日督理直隶军务巡按使向农商部的咨文。该史料另见于中国第二历史档案馆编《中华民国史档案资料汇编》(第三辑·工矿业)第 651 页(南京:江苏古籍出版社,1991 年版)。但编者整理出版该资料时,认为"十一月二十二日,呈奉大总统批令:应即照准"中的"十一月"为"十二月之误"。其实对照《张謇等关于铁矿国有条陈》档案原文,两处史料都写明为"十一月二十二日",并无笔误。11 月 22 日为袁世凯批准日期。

当年颁行的《矿业条例》的一次重大修订，它限制了民间矿商申领铁矿开采权的行为。根据该规定，全国铁矿区的审批、开采，以及矿石销售权完全收归中央，统由国家经营管理，华商不得随意请领，更不得与外资合办。在实践中，该政策曾一度对日本攘夺中国铁矿资源活动构成威胁，产生较为积极的影响。

第一，在汉冶萍下属铁矿问题上，1914年春，以盛宣怀为首的汉冶萍公司管理层利用北京政府谋划国营钢铁业的建设计划，希望北京政府介入公司经营管理，以此寻求政府的庇护，重新构建公司与政府联系的纽带。而北京政府的国营钢铁厂建设计划也有利用汉冶萍已有产业基础的打算，为此，袁世凯曾派曾述棨等人赴汉冶萍调查情况。铁矿国有策是北京政府为加强铁矿资源管理而采取的重要举措，也是其为控制汉冶萍所释放出的重要信号。一旦凭借该策，北京政府成功介入汉冶萍经营管理，将对日本控制公司下属铁矿造成巨大掣肘。

第二，面对"满铁"打着中日合办的幌子，申请开采辽宁铁矿资源的请求，农商部依据铁矿国有策予以断然拒绝。1914年7月14日，农商部第二矿区监督署在收到振兴公司拟开采辽阳、海城间七处铁矿山的申请后，以文件有不完备之处为由，发还修改。迁延至铁矿国有策发布，铁矿由国家专营的规定出台后，该矿区监督署断然拒绝了振兴公司的申请，招致日方极大不满。①

第三，对安徽当、繁地区铁矿资源，农商部拒绝向矿商发给铁矿执照。如1914年8月15日，当涂县宝兴铁矿公司禀请开采龙山、火山、小安山铁矿，计314亩，8月21日，农商部第三矿区监督署以矿图不合为由，发还申请。此后宝兴公司和第三区监督署围绕矿图、矿区以及是否与其他公司有无纠葛等问题往返交涉，迁延数月。至次年3月8日，第三矿区监督署以"铁矿收归国家专营，不准再给执照"，"所请详给采照一节，应无庸议"，拒绝发给铁矿执照。安徽财政厅厅长兼理全省矿务事宜郑鸿瑞认为，宝兴公司早于1914年8月就申请在案，当时铁矿国有策尚未出台，请求农商部给照开采。对此，农商部批复："该公司前请办龙山等处铁矿，业经与日商森恪订立合同，是该商请办铁矿已先与外人发生关系，……所请发给龙山等

---

① 吉林省社科院、解学诗主编：《满铁史资料》第四卷（第三分册），第963页。

处铁矿执照碍难照准。"① 另外,对于裕繁公司与日本私自签订的售矿合同,第三矿区监督署以未经农商部核准,不予承认,"霍守华(裕繁公司总经理——引者)所请采矿执照亦不准发给"。②

第四,对于1914年北京政府新发现的直隶龙门县铁矿和江苏凤凰山铁矿,铁矿国有策的推行,阻止了民间矿商请领矿区的行为。如在1914年,凤凰山、小张山两处经确证,铁苗质美量丰,华宁公司:正在划区绘图预备禀办,适闻铁矿收为国有,不得不循分罢议"。③

铁矿国有策的制定,为农商部集中管理全国铁矿资源提供了政策依据。北京政府矿业主管部门据此对日本侵吞中国铁矿资源的企图进行了回击。

(三)铁矿国有策的变质

一项政策能否收到积极效果,要看该政策是否符合时代国情,同时,政府必须具备足够强的政策执行力。对此,民初铁矿国有策面临难以克服的困难。

首先,对于广泛分布的民间小铁矿,民国政府无法也无力完全收回,绝对的铁矿国有并不适合当时中国实际。铁矿国有策颁布后,1915年2月5日,第七区矿务监督署署长余焕东报告称:"滇、黔铁产夙称富饶,现今调查所得及有案可稽者,已达百余处之多,其他未及查悉者尚不知凡几。而其从事此业者,既无一定之规划,复鲜巨额之资金,半系土著贫民,乘农隙之余,营此以资生计。而一乡一邑之间,所需农器及日用寻常之家具,咸取给焉。今一旦定为国家专营,昔之业此者,即不免有失业之虑。""滇、黔办矿向取放任主义,办矿而不领照者,十常八、九。近由职署多方晓谕,禀请领照注册者于是渐起。又以格于法令之故,未便率予转详。无照既属违章,请照又非法许,则是现办各矿悉令停罢不止。一经停罢,非唯上所言之贫民失业足虑,即有业之农工,其生活亦与铁有不可离之关系,使一日而无之,即成束手坐困之势。民间普通器用亦将无取给之途"。为此,他商请农商部稍后施行或变通办理铁矿国有政策。④ 同年9月,广东巡按使张鸣岐亦呈请农商部,认为在广东地区,铁为民生日用所必需,自古以来,以土法

---

① 中国第二历史档案馆藏:《章炳如呈文农商部请采安徽当涂县龙山等处铁矿》,全宗号1038,案卷号2282。
② 《安徽繁昌铁矿交涉》,《申报》,1915年1月29日,第6版。
③ 中国第二历史档案馆编:《中华民国史档案资料汇编》(第三辑·工矿业),第547页。
④ 中国第二历史档案馆编:《中华民国史档案资料汇编》(第三辑·工矿业),第509页。

挖取,熔铸锅罐农器已成习惯,若骤然将铁矿收归国有,一律封禁,人民生计骤将断绝,民间日用器具也必购自外洋,为此,请求变通铁矿办法。①

余、张的报告在一定程度上反映了中国民间铁矿资源开发的实际情况。一方面,土铁是中国广大内陆地区用铁的主要来源,产量惊人。据调查,1915年全国土铁产量约14万吨。② 另一方面,民间冶铁业是对农业经济的补充,许多乡农借以维持生计。北京政府整齐划一地推行铁矿国有策,不符合当时国情。在收到张鸣岐的报告后,1915年10月,农商部采纳其意见,并咨行各省:凡确系纯粹华商小本,并用土法请采铁矿,专供制造农用、日用各具者,仍准领办。惟一经官厅核准收归国有,均应立即遵行。庶使民农用具之原料取给有资,而于国有政策之范围并无妨碍。③ 这实质上变更了铁矿国有的决议,由完全国有变为部分国有。

其次,铁矿国有策遇到来自日本政府的巨大阻力。由于中日国力对比悬殊,北京政府不敢过分触犯日本在华既得利益。铁矿国有策出台后,张謇曾照会日本驻华公使,声明汉冶萍公司所属大冶铁矿以及东北本溪湖铁矿"照旧允许自办"。④ 即便如此,北京政府希望借助铁矿国有策,阻止日本进一步掠夺中国其他地区铁矿资源的计划,经实践证明是行不通的。

1915年1月18日,日本驻华公使日置益向北京政府提出"二十一条"交涉案,这当中,铁矿资源是十分重要的交涉内容。除第三号汉冶萍公司问题外,第二号第四款涉及南满洲及东部蒙古各矿的开采权。⑤ 在日本的军事、外交高压下,5月9日,袁世凯屈服,25日,北京政府外交部发出《关于汉冶萍事项之换文》,同意汉冶萍公司中日合办;未征得日本同意前,不将汉冶萍收归国有;不使该公司借用日本国以外之外国资本。⑥ "二十一条"的签订迫使北京政府承认日本在公司取得的既得利益,确立了中日两国政府在汉冶萍纠纷问题上的基本立场,使日本"合法"地取得了"合办"汉冶萍的资格,为其日后公开干涉公司事务打下基础。日本在汉冶萍所攫取

---

① 《农商部呈遵令议复广东巡按使张鸣岐呈请变通铁矿办法请训示文并批令》,《政府公报》,1915年10月2日,第1222号。
② 中国第二历史档案馆藏:《农商部关于铁业计划中拟设南北两铁厂的文件》,全宗号1038,案卷号2516。
③ 《农商部呈遵令议复广东巡按使张鸣岐呈请变通铁矿办法请训示文并批令》,《政府公报》,1915年10月2日,第1222号。
④ 陈旭麓、顾廷龙、汪熙主编:《汉冶萍公司》(三),第904页。
⑤ 黄纪莲编:《中日"二十一条"交涉史料全编》,合肥:安徽大学出版社,2001年版,第20页。
⑥ 黄纪莲编:《中日"二十一条"交涉史料全编》,第189页。

的特权自此首次得到中国官方公开确认。①

1915年2月26日,日本外务大臣加藤高明致函日置益,表示对第二矿区监督署"无视过去既成事实而作出的如此极为不当的处理,无论如何不能默视。关于该铁矿,不仅要求中国当局声明不列入国有之内,而且要迅速对该申请发给批准指令"。② 5月25日,北京政府与日置益签订《关于南满洲开矿事项之换文》,日本获得奉天辽阳、本溪一带的铁矿勘探开采权。③ 此后,满铁指使振兴公司,取得辽阳、海城县的大孤山、樱桃园、鞍山站鞍山山地等8处铁矿矿区的开采权。④ 大仓组也趁有利时机,多方运动,于1915年7月由本溪湖煤铁公司出面,获得北京政府的特准,取得梨树沟、卧龙村等12处铁矿的开采权。⑤

面对中国无处不在的民间土法小铁矿,以及因日本大肆要索导致中国铁矿矿权大量流失的现实,北京政府的铁矿国有策既不能约束国人,也无法约束外商,已经名不符实。鉴于此,1915年11月,农商部颁布《修正特准探采铁矿暂行办法》,主要内容包括:一是铁矿公司由农商部审查核准后,特准开采铁矿,并由农商部派人监督;二是铁矿公司须完全华资,除技师外,不得雇佣外国人;三是铁矿公司产品,中国政府有优先购买权,与外商订立售砂合同,须经农商部核准,方能生效。四是除完纳各项税收外,每吨矿砂加征铁捐0.4元。⑥ 该暂行办法从法律上正式修改了铁矿国有的规定,将铁矿由国家专营变为国家审批经营。虽然农商部名义上仍有监管权,但这为一些地方人士和政府大肆出卖矿权大开方便之门。除了抽取铁捐外,《修正特准探采铁矿暂行办法》在保护国内铁矿资源方面几乎起不到任何实际作用。如该办法颁布后,铁矿资源迅速被请领殆尽。裕繁公司、利民公司、宝兴公司等均表示愿意遵守暂行办法,在1916年先后获得农商部颁发的采照。⑦ 各铁矿公司基本都与日商订约出售铁矿石。1916年1月,裕繁公司与中日实业公司重新订约,签订每日千吨、为期40年的售矿

---

① 关于"二十一条"要求对中日汉冶萍纠纷的影响,可参见李海涛:《"二十一条"要求之汉冶萍公司交涉案述评》,载《近代史学刊》,2015年第14辑。
② 吉林省社科院、解学诗主编《满铁史资料》第四卷(第三分册),第966页。
③ 黄纪莲编:《中日"二十一条"交涉史料全编》,第181页。
④ 解学诗、张克良著:《鞍钢史》,北京:冶金工业出版社,1984年版,第36~48页。
⑤ 本书编写组:《本钢史(1905—1980)》,沈阳:辽宁人民出版社,1985年版,第27页。
⑥ 中国第二历史档案馆藏:《矿业法规汇编》,全宗号1038,案卷号2156。
⑦ 中国第二历史档案馆编:《中华民国史档案资料汇编》(第三辑·工矿业),第541、544、545页。

合同。之后,裕繁公司向日方预支大笔款项,到1919年1月,共计获得224万元。① 利民公司在1918年同日商小柴商会签订售砂合同,预支日金30万元。②

1914年新发现的江苏秣陵关铁矿在洪宪帝制期间也被日本染指。1916年4月18日,交通银行董事长施肇曾等组织华宁公司呈请开采凤凰山铁矿,3天后,华宁公司的请求便获特准。5月9日,袁世凯为获得日本资金,同意华宁公司与日商大仓组签订售砂合同。事后,华宁公司将预支货款100万日元转交财政部。秣陵关铁矿就此与日本势力产生关系。袁世凯政府倒台后,几任农商总长章宗祥、张国淦以及谷钟秀等人均对该案提出批驳意见,要求取消华宁公司采矿权,废除售砂合同,为此展开了长达5年之久的交涉。直到1921年,北京政府财政部商定偿还100万日元借款,此事才告平息。③

《修正特准探采铁矿暂行办法》的颁布遭致国内有识之士的激烈批评,认为:"彼挟必不获已之势,予取予求,而我朝定国有政策,暮颁特许办法,徒托空言,其何能济?"④曾任北京政府矿政司司长的张轶欧视之为"蛇足法令","简直可认为无从实行"。⑤ 翁文灏认为该办法未能符合"保全利权,提倡华矿之本旨",具体表现为:第一,准驳无一定之标准,中央乏持平之方,矿商存疑忌之见;第二,官商合办或官督商办因政府经费支绌,信用未符,不能施行;第三,矿业优先权得不到保障,影响民间铁矿勘探活动。⑥但该暂行办法一直沿用至南京国民政府成立。1928年10月6日,南京国民政府农矿部令行各地方,"以遵照总理实业计划,开采铁矿之权,当属国有。所有前北京政府颁发之《修正特准暂行开采铁矿办法》,显与党义抵触,嗣后不得再行沿用"。⑦ 1930年,国民政府《矿业法》第九条明确规定:铁矿、石油矿、铜矿及适合炼冶金焦之烟煤矿应归国营,由国家自行探采。至此,铁矿国有规定被重新恢复。

---

① 马陵合:《民国时期安徽裕繁公司与日本的债务纠纷》,《安徽史学》,2010年第5期。
② 马鞍山市地方志办公室编:《马鞍山市志资料》第一辑(内部资料),1984年印,第33页。
③ 陈真、姚洛、逄先知编:《中国近代工业史资料》第二辑,北京:三联书店,1958年版,第691～700页。
④ 中国第二历史档案馆藏:《农商部关于铁业计划中拟设南北两铁厂的文件》,全宗号1038,案卷号2516。
⑤ 张轶欧:《矿业法意》,《矿冶》,1928年第1卷第4期。
⑥ 翁文灏、丁文江著:《矿政管见》,著者刊,1920年印,第23～24页。
⑦ 《铁矿国有:前特准探采铁矿办法嗣后不得再行援用》,《矿冶》,1928第2卷第6期。

由于"一战"期间铁矿业利润丰厚，北京政府虽在法律上放开了对铁矿权申领的限制，但并未彻底放弃染指地方铁矿权的愿望，而仍希图通过行政手段强化对铁矿资源的管控。1918年2月，正值"一战"助推铁价暴涨之时，作为《修正特准探采铁矿暂行办法》的附属法规，农商部颁布《铁矿公司监督权限章程》。它规定中国的铁矿公司，无论官督商办或官商合办，得由农商部遴派监督一员常川监视公司业务，大凡涉外交往、招股融资及经营计划等，非经公司监督首肯与代呈农商部，均不得生效。① 此举若实施，将极大提升北京政府对各铁矿公司的监管能力。

然而，该章程同样遭到日本社会各界的强烈反对。日本大阪《每日新闻》对此刊载《中国铁矿闭锁影响》一文，指出："顷闻中国欲复兴铁矿暂行办法，以防止矿石之输出于外国。若果如此，则对于吾国产业独立政策，诚有绝大影响。夫于战时中，所谓产业独立、自给自营等经济策，无不先以中日合为一体，然后始有意义。吾政府所谓自给政策，与中日经济上提携等策，皆无不以此一端为前提也。今乃中国对于吾国所最缺乏之铁矿，防止输出，则不特吾国产业上所最主重之铁工业，为之大受影响，而中日经济提携，不能遂其目的，且两国经济的亲善，又复何期？……本邦诸制铁所，除釜石等少数以外，多用中国矿石，欲自他国输入，殊乏其途，加以砂铁利用方法尚未成功，故万一此次中国若禁铁矿输出，则除研究调查朝鲜、满洲、山东省金岭镇之诸铁矿以外，别无良策可筹，若是则不特吾国既成会社大受穷困，即嗣后对于吾国独立上所最主重之铁工业，不能望其隆盛矣。"② 针对《铁矿公司监督权限章程》，农商部收到日本驻华公使措辞极为严厉的咨文，内称"帝国公使馆以为经此数月之久，中国政府必已从事实与法理两方面切实研究，不意当局毫未顾及所有国际条约上明白协定"，"为开采矿山诱入外国资本不得阻碍之保障"，"施以种种强辩，置之不顾，乃欲强行。比较往年为招各外国公使强硬抗议、至今尚未确定之《矿业条例》，尤足以阻止外资诱入之《特准探采铁矿暂行办法》及其附带法规，而声言不过国内法规问题，毫无关涉外交问题之处，不得不谓为蔑视对外关系牢不可破之法理，及确然应行之事实也。帝国公使馆力图迅速圆满解决，屡将事理声明，以期当局之体察，乃当局者或谓帝国公使之误解，或谓不免过虑，此后即再加论辩，恐仍无圆满了解之望。现拟将一切经过情形详报帝国政府，

---

① 中国第二历史档案馆藏：《农商部有关对日售铁问题的文件》，全宗号1038，案卷号2515。
② 湖北省档案馆藏：《汉冶萍公司关于勘验温州铁矿事的函》，档号LS56-1-252。

请其核办。明知因此或致将问题扩大,多生枝节,然遇不得已之事,除此别无办法。当此之时,帝国公使馆特再向中国政府当局声明,帝国公使馆之屡次主张断不变更,并请查照 7 月 3 日节略,特请外交部切实注意,认本问题为极关紧要之涉外问题,若全委之于农商部,当局专断的论辩难保不惹起重大情事,深盼详加研究"。①

面对日本外交压力,农商部再次妥协退让,明确声明将不触犯其既得利益——"中国政府所订特准法及其附带章程,并无剥夺条约上外人之权利及侵犯其既得之权利","凡外人根据国际契约既得之铁矿合办权,中国政府均一例尊重,并无丝毫妨碍,且中国矿商所采各省铁砂,多由日商订约收买,是此项法令对于外商之需要毫无妨碍,亦可见日商乐于遵守。且本部对于此项售砂契约,如确系中外正当商人,无不量予批准,原于取缔奸商之中仍寓接济邻邦之意"。② 由于民初中国机采铁矿公司绝大部分都与日人存在或多或少的联系,该声明中"无不量予批准"和"接济邻邦"的表态反映出北京政府屈从日本淫威而甘于俯首应命,使得农商部通过派遣铁矿监督以管控地方铁矿业的愿望化为泡影。

从总体来看,民国初年,政府既无力发展民族钢铁工业,又不能有效管控各地铁矿业,中国铁矿业始终处于一种无序管理状态,致使铁矿资源流失日趋严重。输往日本的铁矿石从 1914 年的 29.7 万吨增至 1920 年的 65.1 万吨,分别占日本全国铁矿石消耗量(含朝鲜)的 49.3％ 和 45.7％。③ 20 世纪 20 年代,日本基本控制了中国铁矿资源的产销。时人惊呼:"二十年来,日本对于中国铁矿,时有揽为己有之野心,其经营结果,至为可惊。现在铁矿中百分之九十皆已入日人之手。东三省铁矿之属日人者无论矣,即大部之接触变质矿,亦皆与日人有多少之关系,近则宣龙铁矿间亦有与日人订立借款条约之议。长此以往,恐不将中华大好宝藏尽付日人不止。吁可叹已。"④ 与中国钢铁工业停滞不前形成鲜明对比,日本借助"一战"期间有利的国际环境,依靠从中国大量输入铁矿石,不断扩张钢铁工业,夯实工业基础,建立起比较健全的工业体系,在 20 世纪初真正实现国家经济的崛起与自立。

---

① 中国第二历史档案馆藏:《农商部有关对日售铁问题的文件》,全宗号 1038,案卷号 2515。
② 中国第二历史档案馆藏:《农商部有关对日售铁问题的文件》,全宗号 1038,案卷号 2515。
③ 彭维基:《铁》,上海:商务印书馆,1930 年版,第 128~129 页。
④ 丁格兰著:《中国铁矿志》(下册),北京:农商部地质调查所,1923 年印行,第 208 页。

(四)铁矿国有策失败的原因

政策是政府或社会公共权威在一定历史时期为达到一定的目标而制定的行动方案和行为依据。从政策的目标取向分析,北京政府借铁矿国有策抵制日本掠夺中国铁矿资源,加强国内铁矿资源管理,借以稳固本国钢铁工业资源基础的意图显而易见。但从政策执行看,北京政府显然缺乏足够的能力以消除政策执行偏差。

首先,政策必须保持一定的稳定性。朝令夕改、变化无常的政策不仅会丧失政策的严肃性和权威性,而且会给政策执行带来许多不必要的麻烦。从1914年3月《矿业条例》允许华商请领铁矿,到当年11月铁矿国有策禁止颁发矿照,再到次年《修正特准探采铁矿暂行办法》颁布,短时间内,北京政府的铁矿政策出现巨大变化,势必引起社会不满。从政策稳定性角度讲,上述辽宁的振兴公司和安徽的裕繁、利民、宝兴等公司对于铁矿国有策的指摘不能说毫无道理。

其次,政策必须具有权威性。这种权威性表现为普遍的约束力,伴随一定的强制性,而且这种强制性往往同惩罚性措施相联系。对于日本基于军事、外交和经济手段,与中国矿商勾结,大肆掠取铁矿资源的行为,北京政府不敢触犯和惩戒相关人员,反而表示尊重日本既得利益。这使得铁矿国有策的权威性得不到保障。从这个角度看,继铁矿国有策之后,出台《修正特准探采铁矿暂行办法》只不过是掩耳盗铃之举。

最后,政策具有普遍性。政策在其框定的范围内具有广泛的适用性,其规定的行为标准和设定的行为限度具有普遍的约束力,是社会成员普遍遵循的行为规范。然而,民国初年,中国自给自足的自然经济在相当地区依然存在,传统土铁业依然具有旺盛的生命力。对于国内广泛分布的土法小铁矿,北京政府根本无法禁止。这又使铁矿国有策缺乏普遍的约束力。从政策普遍性角度分析,铁矿国有策是根本无法实现的空谈。

维持一种无效率的制度安排和国家不能采取行动来消除制度不均衡,这二者都属于政策失败。政策失败的起因包括:统治者的偏好和有界理性、意识形态刚性、官僚政策、集团利益冲突和社会科学知识的局限性。[①]民初铁矿国有策的遭遇,集中反映出民国初年中国政府追求经济发展的美好理想与囿于内外交困的残酷现实而无所作为的矛盾,恶劣的政治生态使

---

① 林毅夫:《关于制度变迁的经济理论:诱致性变迁与强制性变迁》,载[美]R.科斯等编:《财产权利与制度变迁》,上海:三联书店、上海人民出版社,1994年版,第397页。

民初时期的中国缺乏发展经济的自由空间。

六、国营钢铁厂建设计划的组织和流产

首届全国工商会议在确立钢铁业为国家基础产业的基础之上，动用国家力量发展钢铁工业成为与会人员的共识。与整理全国铁矿资源工作同步，国营钢铁厂建设计划也被提上议事日程，体现出民国政府希望成为钢铁工业建设的主导者和推动者。

（一）汉冶萍公司国有计划的失败

北京政府为发展钢铁工业，曾力图将汉冶萍公司纳入政府规划范围内。在汉冶萍方面，由于战争严重冲击生产经营，公司损失惨重，债台高筑，也乐于国家力量介入。

1912年8月12日，公司临时股东大会通过申请"国有"案，主张"公司国有，以国家之权力指挥开工，则一切纠纷自可消除。"20日，公司董事会正式呈文北京政府，请求将汉冶萍公司收归国有，"以保中国之铁政，救公司之破产，免外债之干涉"。对此，工商部批文："振兴实业，煤铁为先"，"无论官办商办，本部力予维持"。① 10月10日，北京政府国务院复电汉冶萍公司董事会会长赵凤昌："已由国务会议决定，由政府拨发公债票五百万元②，以资补助。惟此款限定作为该公司开炉之用，不准挪移填补亏损，并由工商部派员监督开支。"至于公司是商办抑或官办，有待政府酌定。③ 此500万元公债票经公司向横滨正金银行④抵押，借得上海规元银250万两，

---

① 武汉大学经济系编：《旧中国汉冶萍公司与日本关系史料选辑》，第365、366页。
② 注：此债票原由南京临时政府发行，后经北洋政府声明，"与中央发行者无异"。
③ 武汉大学经济系编：《旧中国汉冶萍公司与日本关系史料选辑》，第368页。
④ 横滨正金银行成立于1879年12月，次年2月1日正式开业，是当时日本唯一一家外贸结汇专业银行。它实际上是日本政府直属的金融机构，在日本对外侵略过程中，以金融资本为武器，执行侵略计划。如正金银行条例规定：横滨正金银行在国内外设立或撤废分行出张所等事务时，必需呈报大藏省，经批准后方可举办；人事上，正金银行总理系由管理员推选，须请大藏省认可。大藏省认为必要时，得派日本银行总裁兼充横滨正金银行总理；在横滨正金银行的具体业务上，银行若有违背条例定款，或大藏省认为不合法者，得命其停止或改选管理人员；大藏省特派监理官监视银行一切事务；银行得随时向大藏省详细报告一切营业计划（参见周葆銮：《中华银行史·外国银行及中外合股银行》第七章，商务印书馆，1919年版）。1907年，该行总经理高桥是清在谈到该行的营业方针时指出："本行，一方面是由股东出资而设立的营利团体，另一方面是在横滨正金银行条例这个特别法律支配下，担当国家特别金融任务的机关，其宗旨和目的与一般营利公司迥然不同"。"我们要根据情况，即或牺牲自己的利益，也要为国家利益尽职尽责。"（参见傅文龄主编《日本横滨正金银行在华活动史料》，中国金融出版社出版1992年版，第40、41页）自1907年起，横滨正金银行成为日本政府以资本控制汉冶萍公司的主要金融机构。

对汉冶萍公司恢复生产发挥较大作用。

　　对于汉冶萍是官办抑或继续商办,北京政府迟迟无法达成统一意见。工商部倾向于收归国有,态度相对积极,财政部则考虑到公司的债务状况以及将来的营业计划,态度审慎。中央各部以及中央与地方之间意见不能统一,加上北京政府拿不出更多资金救济汉冶萍,国有案无法推行。其实,公司方面对此也了然于心。1912年9月14日,汉冶萍公司经理叶景葵陈述:"收归国有并非我等所敢赞成,但因各地官宪对公司财产,处置粗暴,以致股东们为保护本身利益宁愿收归国有。"鉴于公司财务状况,叶景葵也知道,"目前政府情况实不堪如此重负,政府方面并无收归国有之意,大致可以肯定"。① 除向公司派遣调查员外,北京政府并无实质性的收归国有举动。1913年3月29日,汉冶萍公司股东特别大会召开,宣布取消国有案。

　　1913年12月2日,汉冶萍公司签订1500万日元大借款。借款内容不久即被公布。消息传出后,舆论沸腾,农商部表示不予承认:"此项借款无论是否预付铁砂或生铁价目,抑系单纯借款,必须先呈本部核准方准签字,否则无效。"② 在此背景下,北京政府又加紧对汉冶萍的整顿。

　　当时,农商总长张謇致力于棉、铁工业建设,曾考虑利用汉冶萍公司推行其国有钢铁厂建设计划,在其两个炼钢厂建设计划中,第二炼钢厂专炼商品,务求运输便捷,期有赢利,"汉冶萍公司如能收归国有,或即以汉阳之厂充之"。③ 而对于来自各方的攘夺,汉冶萍公司不堪其扰,也想利用中央力量消除地方胶葛。盛宣怀称:"公司经营上常感最困难之处,乃湖北及江西两省之反对;其反对之程度甚大,虽乞援于北京政府,而政府之援助训电,纯系一片义务,收效甚少。"他认为:"此系由于政府与公司无直接利害关系所致,如双方利害关系密切,政府对公司即有充分保护之必要。因此,早拟将北京政府与地方政府当局之债务一律转换为中央政府名义之股票,使其发生股东利益关系,此次即拟促其实现。"④1914年2月2日,公司董事会向农商部提出汉冶萍官商合办案,拟将此前公司所用官款作为股本,相关部门作为股东。

---

① 武汉大学经济系编:《旧中国汉冶萍公司与日本关系史料选辑》,第393~394页。
② 武汉大学经济系编:《旧中国汉冶萍公司与日本关系史料选辑》,第485页。
③ 沈家五编:《张謇农商总长任期经济资料选编》,第134页。
④ 武汉大学经济系编:《旧中国汉冶萍公司与日本关系史料选辑》,第513页。

表 11 1914 年汉冶萍公司所欠官款来源与数目

名　目	金　额	名　目	金　额
财政部公债票	洋 500 万元	前邮传部预收轨价	洋例银 200 万两
四川铁路公司预收轨价	洋例银 1096485 两	汉口交通银行	洋例银 653156 两
南京交通银行	洋例银 4 万两	大清银行	洋例银 5 万两
湖南官钱局	洋例银 466386 两	湖北官钱局	洋例银 35 万两
湘钱局	洋例银 51020 两	裕宁官钱局	洋例银 38590 两
总　计	洋 11391283 元(其中洋例银 4665637 两,计 6391283 元)		

资料来源:武汉大学经济系编:《旧中国汉冶萍公司与日本关系史料选辑》,第 515～516 页。

此举引发日本的极力反对。汉冶萍公司顶住日方巨大压力,于 3 月 7 日召开股东大会,通过官商合办案。5 月 25 日,北京政府特派调查员曾述棨等抵达上海调查公司情形;7 月 20 日,曾递交调查报告;8 月 5 日,张謇就汉冶萍一事发表意见,力主"国有",但他也意识到,日本阻挠是最大障碍,"况接收之后,势不能借债以图扩充,既难逾彼范围,势且受其挟制"。"惟有以'国有'政策,定他日之方针"。张謇认为,"官商合办"是权宜之计,办理秩序分内外两步:对内依靠官股多于商股的优势,改组董事会,修改公司章程,掌握公司管理权。对外新旧日债约三千万元,继续以生铁矿石抵债,使日本方面无可置词。"俟基础稍固,债务稍轻,商股愿卖者,亦可由国家陆续收并,设官股过三分之二之时,以公平之价收归'国有',其势亦顺,此虽亡羊补牢之策,亦值操刀必割之时"。① 虽然张謇形成了详细了改组方案,但对内,中央政令不能完全贯彻,地方利益集团提出诸多要求,对外,不能无视日方的抗议,这种局面决定了中央政府介入汉冶萍经营管理的设想无法实现。

1915 年 1 月 18 日,日本驻华公使日置益提出"二十一条"要求交涉案,其中第三号专门对汉冶萍问题。5 月 9 日,袁世凯政府被迫同意日本要求。25 日,北京政府外交部照会日本公使,承诺:"中国政府因日本国资本家与汉冶萍公司有密接之关系,如将来该公司与日本国资本家商定合办时,可即允准;又,不将该公司充公;又,无日本国资本家之同意,不将该公司归为国有;又,不使该公司借用日本国以外之外国资本。"② 这样通过两

---

① 武汉大学经济系编:《旧中国汉冶萍公司与日本关系史料选辑》,第 505～506 页。
② 黄纪莲编:《中日"二十一条"交涉史料全编》,第 189 页。

国政府间外交协定,汉冶萍公司与日本的关系最终被固定下来。虽然此后北京政府有利用通惠借款以控制汉冶萍的计划,但在日方的抗议下,同样无功而返。①

北京政府整顿汉冶萍公司存有两大障碍,一为资金问题,一为日本的态度。北京政府财政困窘,这使得北京政府对救济汉冶萍几乎拿不出什么实质性的措施。日本借历史上的借款问题,极力反对中国政府介入汉冶萍公司事务,也决定了北京政府在汉冶萍问题上将无所作为。

(二)国营钢铁厂建设计划的流产

在思想认识层面,北京政府的国营钢铁厂建设计划几乎不存在阻力。但是,钢铁工业建设需要巨额资金投入,自清末时期甲午战争惨败以来,中国财政长期处于入不敷出的状态。民国初年,社会秩序混乱,战争如无底黑洞吞噬大量金钱,政府财政一空如洗,"几乎无一用款不仰给于借贷"。从1912年到1913年6月,列强给北洋政府先后贷款32次,贷款总额近4亿元。"一战"爆发后,续借外债困难。"各省每以自顾不暇,不但解款不能照办,即认定专款亦皆积欠经年,频催罔应,甚或借口于地方多故,将向归中央直接收入之款,任意截留,自为风气",财政状况更趋恶化。② 1914年8月,北京政府成立"内国公债局",通过发行内国公债募集资金。此后两年多时间,发行额共二千万元,但所募资金大多用于袁世凯为巩固独裁统治和复辟帝制所进行的活动。袁世凯去世后,军阀派系混战加剧,军政开支有增无减,政府寅吃卯粮,财政濒于绝境。1916年,据曹汝霖查核,北京政府财政部每月收支情况为:政费支出包括各部院经费、国会经费、近畿驻军饷、警察保安月饷、出使经费、国立学校经费、清室优待费和军用预备饷,共计八项,每月约需二千万元;而收入只有关余(海关税除赔款外债所余之款)、盐余(同上)、烟酒税、印花税、所得税,每月约计一千二百万元。"地方统税,本应解中央,各督军借口作为中央驻在各省军费之用,截留不解。故收支相抵,月亏约八百万元万元。"③ 财政竭蹶若此,政府虽有发展钢铁业之倡议,其结果只能纸上空谈。

张謇的国营钢铁厂建设计划由于资金无着,最终沦为无米之炊。之

---

① 1915年6月,北京政府利用汉冶萍公司请求维持的机会,决定由通惠实业公司发行债票,每年拨付汉冶萍300万元,4年共1200万元,政府贴息6厘,汉冶萍贴息2厘,是为通惠借款。

② 周自齐:《国内财政经济消息:周财长挽救财政之呈文》,《银行月刊》,1921年第1卷第1期,第11页。

③ 曹汝霖:《一生之回忆》,香港:春秋杂志社,1966年版,第171页。

后,北京政府内一些有识之士根据内外形势的变化,积极寻求机会以促成国营钢铁厂计划的实现。1917年,第一次世界大战规模扩大,中国政府以此作为向协约国争取权益的条件。2月1日,深陷战争泥潭的德国开始实行无限制潜艇战,两天后,美、德断交。3月14日,中国政府步美国后尘与德国断交。4月6日,美国正式对德国宣战。当时国务总理段祺瑞早有对德宣战之意,但围绕中国参战后协约国将给予何种援助的问题,日本对北京政府所开条件有异议(内容涉及庚子赔款延期支付、提高关税、京畿附近驻军等问题)。张勋复辟闹剧失败后,以共和再造者身份执掌北京政府实权的段祺瑞强力推进对德宣战,在英国的一再敦促下,1917年7月下旬,日本政府态度松动,基本同意英国的意见。① 8月14日,北京政府宣布对德宣战。

在北京政府一些官员看来,中国参战能获取巨大经济利益。1917年2月,国务院秘书长张国淦就向国务总理段祺瑞指出中国参战的好处:"中国如实行参战,各国对中国财政自不至无所援助。我以为如各国能补助兵费,或提供借款,或退还或展期赔款,及停付德奥赔款,此等特别所得之款,当存储国家银行以为基金,重新整理币制(或另组国家银行,或即以中国银行改为国家银行)专作宣战案内创办事业之用,如延长西北横贯亚欧的铁路、择扼要地点开办钢铁厂、大规模开发西北荒地等等,不作政费及其他用途。不然,得此巨数,不曾作几件大事,岂不可惜,将来又安得机会。"②故他极力怂恿段祺瑞出兵参战。

俟参战计划定议,1917年7月,张国淦出掌农商总长,并将中国参战视为发展国内经济的一次机遇,编订《参战后新建设之计划大纲》。③ 他建议将原来预算外的新收入列为建设基金,"专为办理参战后应行新建设之各种事业,不得挪作经常费用"。主要包括庚子赔款停付德、奥全部分,各国赔款展期所得一部分,增加关税以及美国援华的出兵费等。

《参战后新建设之计划大纲》是一个庞大的建设方案,内容涉及方方面面。国营钢铁厂是其重要组成部分。张国淦认为:"钢铁系富强之根本,农商部此次铁业计划(时余任农商总长),以南京之凤凰山、安徽之铜官山等处、湖北之象鼻山、鄂城等处,直隶之龙关、烟筒山等处,山东之金岭镇等

---

① 王建朗:《北京政府参战问题再考察》,《近代史研究》,2005年第4期。
② 杜春和编:《张国淦文集》,第158页。
③ 杜春和编:《张国淦文集》,第185页。

处,西北某处,西南某处(以上二处制造军需品)列作六厂(东三省除外)。兹拟先在长江下游浦口附近,以四五千万资本办一铁厂,采用南京凤凰山、安徽铜官山桃冲之铁,中兴峄县及贾汪之煤,先炼铁,再炼钢。一俟财力雄厚,人才练成,即以大规模开办预定各厂。如此,则小而一切工厂,大而兵工厂,十年、二十年以后,当有成绩可言。"他密嘱农商部矿政司司长、江苏实业厅长张轶欧,向英、美商洽,购置机器,暂指定新建设公债作抵,以5000万元为准。而美国为防止日本对中国钢铁工业的垄断,亦由驻华公使芮恩施介绍美国东方公司的代表约翰·芬奇(John. Finley)、贝恩博士(Foster Bain)等人来华调查矿藏,商洽与中国合作开发事。① 经过调查,他们认为,"中国的铁矿并不像人们通常想象的那样分布很广",还认为"铁产品的销路只能随着一般工业的发展而逐渐发展","中国当时只能容纳一个第一流的钢铁企业。由于较小的企业几乎没有什么收益,他们赞成建立一个国家办的工厂,该厂在规模上将具备短途运输,经济生产的一切优点"。②

为将钢铁厂计划付诸实践,张国淦派翁文灏与农商部顾问安特生筹划钢铁厂工程建设事宜,并在国务会议提交了《拟设南北两铁厂议案》,认为欲免"货弃于地"以及"谩藏诲盗",不可不设铁厂,建议"南厂设于浦口,以山东峄县之煤炼秣陵关之铁,日炼生铁五百吨,岁炼十八万吨;北厂设于北京附近,以京西斋堂之煤炼龙关之铁,日炼生铁二百吨,岁炼七万二千吨"。③ 当时,欧洲列强忙于战争,无暇东顾,中国资本主义工业获得相对宽松的发展环境。钢铁工业是近代工业的母体工业,国营钢铁厂是关键建设环节,但其困难也超乎想象。

首当其冲的依然是资金供给问题。根据上述计划书,南北两座铁厂年

---

① 李学通著:《翁文灏年谱》,济南:山东教育出版社,2005年版,第25页。
② 保罗·S.芮恩施著、李抱宏等译:《一个美国外交官使华记——1913—1919年美国驻华公使回忆录》,第173页。
③ 《拟设南北两铁厂议案》,中国第二历史档案馆藏:《农商部关于铁业计划中拟设南北两铁厂的文件》,全宗号1038,案卷号2516。注:该议案原件未标明时间,但笔者在该案卷资料中发现,除《议案》外,还包括有《秣陵铁矿、浦口铁厂计划书》和《中国铁业计划书》等内容。从内容分析,此案卷当为农商部提交国务会议审核的正式文件。依据张国淦《参战后新建设之计划大纲》谈到的"办理钢铁厂"计划,设厂地点在浦口,采用南京凤凰山(即秣陵关)等地铁矿和峄县焦煤(参见杜春和编《张国淦文集》,第184~191页),这与以上档案文件反映的内容相一致。另外,据《翁文灏年谱》,1917年7—8月记载,时翁文灏、安特生曾提交《振兴中国钢铁业意见书》、《中国铁煤矿纪要》等资料,与档案文件涉及的内容大体吻合。据此,可以推定《拟设南北两铁厂议案》应为张国淦担任农商总长时制定。

产生铁25.2万吨,建设费为1325.5万元。① "一战"已经使英国和它的欧洲盟国罗掘俱穷。北京政府对日本资本抱有戒心,对美国资金青睐有加。美国驻华大使芮恩施描述道,"中国人很想建立国家办的钢铁工业。这种工业将有助于供给全国需要的铁产品,如有必要的话,可以借助于外国资本。他们将不只是接受日本人的援助,因为他们知道,在那种情况下中国钢铁工业将限于生产生铁,并且将成为日本钢铁工业的附庸。中国提供原料,而日本则生产制成品。"② 张国淦事前对资金来源已有充分考虑,主张借用美国资金,并与美国东方公司人员进行了商洽。

1917年8月2日,中国对德国宣战。北京政府急切地寻求美等国的支持与援助。8月4日,财政总长梁启超与芮恩施谈到,赞成由银行团提供巨额借款,希望美国重新加入银行团。8月21日,芮恩施谒见国务总理段祺瑞,双方论及中国钢铁工业建设事宜。段氏称:"为什么不从发展矿业和钢铁制造工业着手呢?建立一个中国国有的钢铁企业,它就会成为发展工业借款的基础了。"芮恩施复称,该计划在技术上面临巨大困难。段回复称,应和一个有经验、有力量、能负责的组织订立合约,这样中国就会更有效地建立一个国有的钢铁企业,并称:"我对南京附近的矿藏量不很明了,它们可以不包括在这样的合作企业里。"芮恩施怀疑,段祺瑞想从另外途径获得财政援助,而将南京矿产留作借款时让与之用。他警告:铁矿是不能让与外国人的,过去人们一直对美国人说,铁矿是不能让与或租借给私人的,因为必须保留下来供国家开采利用。③ 与美国人的谨慎相比,日本人为获取中国钢铁资源,在投资中国钢铁业方面则显得十分慷慨而且率性。

府院之争后,段祺瑞掌握实权。此时,日本寺内正毅内阁改变对华武力恫吓、外交讹诈策略,转而实施政治拉拢、经济渗透的隐蔽策略,确立了援助段祺瑞政府的方针,"给予段政府以相当友好援助,以期中国时局的稳定,同时设法解决中日两国间的若干悬案"。④ 中国参战,美国曾允诺以出兵费名义拟补助中国两亿元,这遭到日本的极力反对。日本表示愿提供此

---

① 注:该费用与前定5000万元相差甚远,这可能系统计标准不同所致。
② 保罗·S.芮恩施著、李抱宏等译:《一个美国外交官使华记——1913—1919年美国驻华公使回忆录》,第173页。
③ 保罗·S.芮恩施著、李抱宏等译:《一个美国外交官使华记——1913—1919年美国驻华公使回忆录》,第226页。
④ 日本外务省编:《日本外交年表并主要文书》上册,日本国连协会1955年版,第437页,转引自张宪文等著:《中华民国史》第一卷,南京大学出版社,2005年版,第277页。

数额借款,并且怂恿段祺瑞:"美借款,必须实行出兵欧洲,不能挪作别用;日本借款,不加干涉,可以此款名为练参战军,即以先清内乱。"段祺瑞大为所动,乃向日本大量借款。① 1917 年 1 月至 1918 年 9 月,寺内内阁对段祺瑞内阁提供 8 笔总计 1.45 亿日元的巨额贷款,具体由寺内正毅的智囊西原龟三操作,史称"西原借款"。② 日本学者波多野善大梳理了西原借款包含的东亚自给圈构想,即以铁、棉花、羊毛、石油为重要资源,开发中国的产业,保全中国的领土,在推行日中两国融合施策的基础上,以王道主义为基础,通过经济同盟消除经济国境,构筑一个以日本为中心,包括朝鲜、西伯利亚、满洲、荷属东印度群岛、暹罗的东亚自给圈。③ 除上述借款外,段祺瑞与日方达成协议,拟将农商部所拟浦口铁厂改为中日合办,在此大借款内划出一部分,中日出资各半,技术人员聘用日本人。

此举遭到张国淦极力反对。1917 年 10 月 4 日,他批驳日本财阀大仓组合办浦口铁厂的要求:"此次华宁案④中仅有售砂与彼一事,今因售砂情急而有大仓变改计划,在该地方经营制铁事业,若信其甘言,允许合办,是复蹈前此之覆辙,则较售砂损失不仅什百之比,将来长江上下游产铁丰富之区全为彼所占据矣!"⑤虽经段祺瑞和日本公使多次恫吓警告,并许以 240 万元重金,引诱其在合办书上签字,张始终不为所动。在张国淦坚持下,合办书未能签署,而浦口铁厂建设资金问题未能得到解决。

与此同时,直系、皖系矛盾开始凸现。针对段氏与日本的合作态度,总统冯国璋详电江苏督军李纯,请设法从中阻挠浦口铁厂合办案。李纯遂致电国务院:"凤凰山采铁,浦口设厂,关系地方,应先与本省长官接洽,中央乃能办理。"由于直系、皖系的对立,浦口铁厂建设更变得扑朔迷离,最终没能摆脱流产的命运。西原借款期间,中日双方达成初步意向但未正式签订

---

① 杜春和编:《张国淦文集》,第 191~192 页。
② 孙志鹏:《西原借款述评》,《日本问题研究》,2013 年第 4 期,第 40~45 页。注:此 8 笔借款为:第 1 次交通银行借款 500 万日元、第 2 次交通银行借款 2000 万日元、有线电信借款 2000 万日元、吉会铁路借款垫款 1000 万日元、吉黑金矿森林借款 3000 万日元、满蒙四铁路借款垫款 2000 万日元、济顺高徐二铁路借款垫款 2000 万日元、参战借款 2000 万日元。
③ [日]波多野善大:《西原借款的基本设想》,《国外中国近代史研究》,1980 年第 1 期,第 133~139 页。
④ 袁世凯称帝期间,为筹集资金,稳定动荡的金融业,特许华宁公司开采凤凰山铁矿,并同意其与日本财阀大仓组签订凤凰山铁矿售砂合同,规定日商先交华宁公司订货款 100 万日元。华宁公司再将该款转交财政部。凤凰山铁矿由此与日本发生经济往来。袁世凯政府倒台后,继任农商总长对此合同不予批准,要求撤销合同,遂与日商发生矛盾。此即华宁矿案纠纷。
⑤ 中国第二历史档案馆藏:《农商部有关对日售铁问题的文件》,全宗号 1038,案卷号 2515。

借款合同者,包括"东省地租一万万元,凤凰山铁矿(即浦口铁厂)五千万元,龙关铁砂二千万元,东陵森林一千万元,苏皖制铁所三千万元,广东矿山五百万元,闽沪船厂二千万元,京奉铁路盈余二千万元,七年公债券二千万元,印花税二千万元"等,①涉及铁矿、钢铁厂的借款总数超过一亿元,足见日本对中国钢铁业所怀的饕餮之心。

面对日本政府在华势力的狂飙突进,美国政府最终选择了承认日本在华既得利益的政策。1917 年 11 月 2 日,美国国务卿蓝辛和日本全权代表石井菊次郎签订协定,承认日本在中国享有"特殊利益"。该协定对于北京政府内部亲近美国势力的官员造成沉重打击,也对北京政府的经济政策产生巨大影响:"政府中的亲日派因有日本财政支持而施加的强大影响,大家知道这种支持必定是以出卖国家宝贵的特许权而换来的;南北之间的分裂日益扩大,因为不可能实现建设和统一政策而感到普遍失望——所有这一切使中国人全都因怀疑、恐惧和自觉无能而瘫痪了。"②

在此之前,孙中山领导的护法军政府已经与北京政府展开军事对峙,之后,中国陷于长期的军阀混战状态中,各派系政府走马灯似的上台下台,国家有计划的经济开发行为无从谈起。随着第一次世界大战的结束,钢铁价格回落,战时钢铁生产的暴利情形不再,也打击了中国政府开展钢铁工业建设的积极性。1918 年 12 月,芮恩施与国务总理钱能训、财政总长周学熙、财政总长秘书的徐新六等人围绕设立中美实业银行问题有过一场讨论。周学熙称,政府将制定一项有利于筹集必要资金的章程,准备大力发展棉、钢和科学的农业,但同样无果而终。③

基于经济、军事等方面的原因,晚清民初,中国政府确立发展钢铁工业的政策目标,特别是在民国建立后,将钢铁工业作为国家基础产业,列为重点建设部门。但内外交困的政局不能为钢铁建设提供一个稳定的发展环境。政府政令朝定夕改,财政捉襟见肘,中央意志在地方得不到有效贯彻。各派系军阀穷兵黩武,对内以扩充军备、消灭异己为能事,对外出让利权、妥协退让,国内钢铁工业建设的制度要求得不到保障。加上日本对中国政府钢铁资源开发的攘夺,使得民族钢铁工业难以独立生存发展,中国痛失

---

① 杜春和编:《张国淦文集》,第 196、259 页。
② 保罗·S. 芮恩施著、李抱宏等译:《一个美国外交官使华记——1913—1919 年美国驻华公使回忆录》,北京:商务印书馆,1982 年版,第 241~242 页。
③ 保罗·S. 芮恩施著、李抱宏等译:《一个美国外交官使华记——1913—1919 年美国驻华公使回忆录》,第 176 页。

难得的钢铁工业发展机遇。北京政府作为制度供给者,对外无法保护国内钢铁资源,对内无法维持社会秩序,可以说,有效制度供给缺失已成为制约钢铁工业发展的重要因素。民初钢铁工业的建设实践证明,中国钢铁工业的发展必须借助国家力量,而欲在国家领导下开展有计划之钢铁工业建设,必须先完成政治重建之任务,以确保政府能持续不断提供有效制度供给。这从另一个层面揭示了当时中国实行政治革命的必要性。

第四章 钢铁生产技术的转移

近代钢铁冶金工业的产生和发展离不开技术创新。技术为钢铁工业的发展插上腾飞的翅膀。中国传统钢铁技术曾长期走在世界前列,令西方世界望尘莫及,许多指标直到近代才为西方国家所超越。但中国传统钢铁技术的发展模式与近代钢铁技术存在本质区别。18世纪后,西方钢铁技术在产业革命和科学技术革命的推动下快速发展,逐步确立起近代意义上的钢铁生产技术体系。与之相比,到19世纪中叶,中国传统冶铁技术已瞠乎其后,难以相提并论。此后,西方钢铁生产技术通过诸多途径向中国转移。到20世纪20年代中期,中国近代钢铁技术转移虽取得一定成效,但未能构建起完善的技术发展体系,与先进国家相比,仍存在巨大的差距。

第一节 中国传统钢铁生产技术鸟瞰

华夏文明曾经创造了令世人惊叹的文明景观,冶铁术是其中一朵璀璨夺目的奇葩。① 中国古代先民很早就开始认识并使用铁。1972年,在河北藁城出土的商代铁刃铜钺经过化验表明,早在公元前14世纪左右的殷墟文化早期,我国人民就已经认识并锻造使用了铁,初步掌握了铁器的锻造工艺。但该钢刃上的铁系陨铁,并非人工冶炼而来。② 最迟在西周晚期和春秋晚期,我国中原文化区就已分别掌握"块炼法"炼铁技术和生铁冶铸技术。③ 此后一千多年的时间,中国钢铁生产技术在世界居于领先地位。明清时期,西方矿冶技术借助传教士开始传入中国,但当时西方的技术优势尚未完全确立,对当时中国钢铁技术的影响较小。

---

① 反映中国古代钢铁生产技术史的研究成果很多,代表性著作有:杨宽著《中国古代冶铁技术发展史》(上海人民出版社,2004年版),华觉明等编、译《世界冶金发展史》(科学技术文献出版社,1985年版)第二部分"中国古代冶金技术",苏荣誉、华觉明等著《中国上古金属技术》(山东科学技术出版社,1995年版),黄启臣《十四—十七世纪中国钢铁生产史》(中州古籍出版社,1989年版),北京钢铁学院著《中国古代冶金》(文物出版社,1978年版)等书籍。
② 北京钢铁学院:《中国冶金简史》,北京:科学出版社,1978年版,第44页。
③ 姜茂发、车传仁:《中华铁冶志》,沈阳:东北大学出版社,2005年版,第10页。

一、中国传统钢铁技术概况

中国传统钢铁生产技术经历漫长发展演变过程，形成一个较为复杂的技术体系。本节就其荦荦大者，概述矿石探采、燃料技术、炼铁、炼钢和铸造等技术。

(一) 探矿、采矿技术

在近代地质学传入中国之前，我国的探矿技术处于经验认识阶段，缺乏科学理论的指导。它主要依靠劳动人民总结实践经验，使用较多的主要是矿苗追踪法。它根据地形、地貌、地表矿苗以及水流颜色等信息进行辨识。如明末清初屈大均所著《广东新语》记载："广中产铁之山，凡有黄水渗流，则知有铁，掘之得大铁矿一枚，其状若牛，是铁牛也。循其脉路，深入掘之，斯得多铁矣。"①另，张心泰云："岭南隆寒之时，木叶不落，惟产铁之山，树则早凋，其山亦时流黄水，以是求之，百不失一。"②这些都是劳动人民在长期的生产实践中所形成的感性认识。其中，许多技术判断缺乏科学的依据，因地区之间地质情况的不同，不具有普遍应用价值。另外，许多经验总结在今天看来是值得怀疑的，如沈日霖《粤西琐记》记载辨识矿藏的方法有三："其一，至幽极险之区，为樵夫牧竖足迹所不到者，而又复巅重冈，湾环回抱，如螺之结顶处，方有宝物兴乎其间；其二，山巅之上，有光熊熊，似火非火，如月非月，风雨昏黑之夜，乃得见之，盖金宝之精，上烛于天也；其三，粤山多童，然虽无木，未始无草，必ं草不生，方是矿山。盖金旺则木衰，理之常也。"③这种以五行风水为指导的勘矿理论很明显缺乏实际指导意义。

由于无法辨明矿产资源分布、矿脉走向，开矿过程中经常遇到开而不得、始旺忽衰等现象。恰如晚清民初人士何刚德所言："矿产布天下，所谓地不爱宝也。然开之，或得或不得，即或得之，或衰或旺；或始旺而终衰，或始衰而忽大旺。此变化不测，殆有天为之主宰，而矿师之明昧，特为天所驱使耳。"④

采矿作业主要采用人挖、肩挑、畜运等方式，生产运输效率很低。使用的工具较为原始，据清代吴其濬《滇南矿厂图略》，凿岩工具主要用铁凿、铁

---

① (清) 屈大均：《广东新语》(下) 卷十五，北京：中华书局，1985 年版，第 408 页。
② 中国人民大学清史研究所等编：《清代的矿业》(下)，北京：中华书局，1983 年版，第 494 页。
③ 彭泽益编：《中国近代手工业史资料》第一卷，北京：中华书局，1962 年第 51 页。
④ 何刚德：《春明梦录·客座偶谈》，太原：山西古籍出版社，1997 年版，第 145 页。

锤、铁锹、铁撞、铁发条；装载用木锹、木爬子、撮箕、麻布袋；选矿用簸箕、筛箕；井巷支护用箱斧、木槌、门槛等。明人宋应星曾记载当时冶铁场的作业状况："铁场所在有之，其质浅浮土面，不生深穴，繁生平阳、冈埠，不生峻岭高山。质有土锭、碎砂数种。凡土锭铁，土面浮出黑块，形似秤锤，遥望宛然如铁，捻之则碎土。若起冶煎炼，浮者拾之，又乘雨湿之后牛耕起土，拾其数寸土内者。耕垦之后，其块逐日生长，愈用不穷。"①这种开采方式往往只能露天作业，不能深入地下，产出效率极低，需要耗费大量的人力物力。严如煜记述清代中期西北省份冶厂情况："用人最多则黑山之运木装窑，红山开石挖矿。运矿、炭路之远近不等，供给一炉所用人夫须百数十人，如有六七炉，则运作佣工不下千人。"②这种落后的矿石开采运输方式与当时钢铁产量低微、工资成本低廉相对应，难以适应近代机器生产的要求。

中国古代矿山开采中出现火爆法。其操作方法是：用薪柴堆积于矿石之上，烈火焚烧，使矿石脆裂，再通过浇水或冷却捶打的方式采矿。明代陆容《菽园杂记》印《龙泉县志》云："旧取矿，携尖铁及铁锤竭力击之，凡数十下仅得一片。今不用锤尖，惟烧爆得矿。"③

（二）燃料技术

提高炉温与去除矿石燃料中的杂质是古代炼铁技术的关键，这与燃料的选择密切相关。最先人们采用木炭作炼铁燃料，这是由于木炭容易获取，而且不含其他矿物杂质，不会影响钢铁的质量。直到近代，还有许多国家使用木炭作炼铁燃料。如北欧国家瑞典生铁质量享誉世界，因森林资源丰富，在19世纪依然使用木炭作炼铁燃料。但木材生长周期缓慢，古代社会每炼一吨铁，需要耗费四五吨木炭。④ 以木炭作燃料会对当地森林资源造成毁灭性破坏，大部分地区都难以支撑。如湖北大冶的冶铁业，"唐时置大冶青山场院，于此烧炼金铁，历宋明而不衰。入清以来，则废弃而未开采，盖附近产煤甚劣，不能冶铁，所用燃料似为木炭，及木炭尽，而铁业亦随

---

① （明）宋应星：《天工开物》，第312页。
② （清）严如煜撰：《三省边防备览》卷九，山货，上海：上海古籍出版社，2002年版，第266页。
③ 李进尧、吴晓煜、卢本珊著：《中国古代金属矿和煤矿开采工程技术史》，太原：山西教育出版社，2007年版，第209页。
④ 北京钢铁学院《中国古代冶金》编写组：《中国古代冶金》，北京：文物出版社，1978年版，第62页。

之而衰矣。"①屈大均说："产铁之山,有林木方可开炉,山苟童然,虽多铁亦无所用,此铁山之所以不易得也。"②乾隆时期广东巡抚李侍尧奏："揭阳县商人苏大发,于雍正三年间承开大溪坪铁炉一座,递年岁输饷银五十两。……今该商苏大发以开煽年久,山光木尽,炉毁停煽,饷银无着,呈请告退。"③严如煜提及清代陕西冶铁业："铁厂分红山、黑山,黑山为炭窑,须就老林砍伐,装窑烧成煽铁炭;红山则山之出铁矿者,矿如石块,色微赤,故称曰红山,山中矿多,红山处处有之,而炭必近老林,故铁厂恒开老林之旁,如老林渐次开空,则虽有矿石,不能煽出亦无用矣。近日洵阳骆家河、留坝光化山铁厂皆歇业,职是之故。"④这都反映出以木材作炼铁燃料难以持久。

在汉代,我国已将煤炭作为冶铁作坊的燃料,但不能肯定是否已经用于炼铁。根据考古发掘,当时的生铁含硫量很低,用煤炭作燃料很难达到。有学者推测,可能到北魏时期,我国已经使用煤炭作炼铁燃料,但在宋代已经可以确证。⑤ 宋神宗元丰元年(1078),苏轼任徐州知州时,尝在今安徽萧县白土镇寻获"石炭","以冶铁作兵,犀利胜常"。苏轼欣奋异常,为之赋《石炭》："君不见前年雨雪行人断,城中居民风裂骭。湿薪半束抱衾裯,日暮敲门无处换。岂料山中有遗宝,磊落如磐万车炭。流膏迸液无人知,阵阵腥风自吹散。根苗一发浩无际,万人鼓舞千人看。投泥泼水愈光明,烁玉流金见精悍。南山栗林渐可息,北山顽矿何劳锻。为君铸作百炼刀,要斩长鲸为万段。"但是,用煤炭作燃料,通风透气性差,容易堵塞炉座。且煤中常含杂质,影响钢铁质量,除非煤炭质量天然适合冶炼,否则一般需要对其进行加工,即先炼成焦炭,才能用于钢铁冶炼。

我国在唐代出现炼焦雏形,宋代炼焦技术渐趋成熟,明代天顺元年(1457),出现各地向朝廷交纳焦炭的记载。⑥ 可以确证,明朝已采用焦炭炼铁炼钢,这比欧洲要早约300年。如明代方以智的《物理小识》卷七称:煤则各处产之,臭者烧熔而闭之成石,再凿而入炉,曰礁,可五日不绝火。煎矿煮石,殊为省力。

---

① 吴承洛:《今世中国实业通志》(上),上海:商务印书馆,1929年版,第89页。
② (清)屈大均:《广东新语》(下)卷十五,第408页。
③ 彭泽益编:《中国近代手工业史资料》第一卷,第310页。
④ (清)严如煜撰:《三省边防备览》卷九,山货,第266页。
⑤ 北京钢铁学院《中国古代冶金》编写组:《中国古代冶金》,北京:文物出版社,1978年版,第62、64页。
⑥ 李进尧、吴晓煜、卢本珊著:《中国古代金属矿和煤矿开采工程技术史》,第326页。

虽然我国古代劳动人民很早就懂得利用煤炭和焦炭炼铁炼钢,但是各冶厂根据各自地理环境、资源禀赋以及产品质量要求的不同,依然长期存在使用木炭的情况。① 譬如,近代中国以木炭作炼铁燃料者,仍较常见。光绪年间,四川綦江冶铁业仍使用木柴和木炭作燃料,用当地的话讲,"煤火炼不出铁来"。② 南京国民政府时期,中国各地土法炼铁使用木炭燃料者十分普遍。20世纪40年代,胡博渊记载:"普通土法炼铁炉所用燃料为木炭。""土法炼铁已有长久之时期,故炼厂附近之木材,大半砍伐殆尽",故最近有改用焦炭之倾向。"土法炼铁炉改用焦炭,实为土法炼铁之一大革命,亦为土炉与新式炼铁炉接近之重要步骤"。③

(三) 炼铁技术

与西亚和后来的欧洲长期直接还原铁矿石的"块炼法"不同,中国是世界公认的最早掌握生铁冶铸技术的国家。"块炼法"通过煅烧铁矿石,去除矿石中的氧化物,获得疏松的熟铁,在还原过程完成后需要不断捶打挤压,以去除杂质。得到的熟铁还需要通过渗碳技术以增加硬度,不仅程序复杂,而且能耗多,产量少。它所炼制出的不是熔融状态的铁,因而也不能铸造铁件。我国早期生铁冶铸技术得到的是熔融状态的生铁,不仅产量相对较高,生产设备与工序易于改进,而且可以直接浇铸铁器,极大方便了铁器的推广应用。故有学者称西方早期的铁器文化是锻铁文化,而中国则是铸铁文化。④ 至于中国为什么能最先发明生铁冶炼技术,有学者认为,这与殷商时代青铜冶铸技术的高度发展有关。还有学者认为,中国人很早就知道到铁中含磷可以降低熔点,而中国铁矿石一般含磷量较高,或者在冶炼过程中加入毛发骨质,这些都有助于获得熔融状态的铁。

我国生铁冶铸技术的确切发明时间学界尚无定论。据杨宽推测,至迟在公元前6世纪的春秋晚期,中国已能冶铸白口生铁,用来铸造铁器,比欧洲早了约1900多年。我国炼铁技术到汉代即已逐渐发展成熟,可根据需要冶铸各类型生铁。宋元时代,炼铁高炉炉型结构有所改进。多数炉口逐渐向上缩小,炉壁上部内倾,这是为了减少热量散失和充分利用还原气体,

---

① 一般说来,采用木材作燃料,所炼钢铁中的硫、磷等物质含量较少。
② 彭泽益编:《中国近代手工业史资料》第二卷,第137页。
③ 胡博渊:《三十年年中国之钢铁事业》,载中国工程师学会:《三十年来之中国工程》,1946年。
④ 姜茂发、车传仁:《中华铁冶志》,沈阳:东北大学出版社,2005年版,第7页。

并便于炉料顺利下降,从而加速还原、熔化过程。同时,鼓风器开始使用有活门的大型木风箱,利用箱盖板的开闭来鼓风。这可以增加风量和风压,并减少漏风,提高炉温。①

中国传统炼铁技术的发展主要表现为炼炉容量的增加、炉型结构的优化以及鼓风设备的改进。到明代,我国劳动人民开始使用熔剂降低熔点,一般高炉可投入铁砂2000多斤,活塞式木风箱开始被广泛运用。《天工开物》记载了明代冶铁炉的建造及作业过程:"凡铁炉用盐做造,和泥砌成。其炉多傍山穴为之,或用巨木匡围,塑造盐泥,穷月之力不容造次。盐泥有罅,尽弃全功。凡铁一炉载土二千余斤,或用硬木柴,或用煤炭,或用木炭,南北各从利便。扇炉风箱必用四人、六人带拽。土化成铁之后,从炉腰孔流出。炉孔先用泥塞。每旦昼六时,一时出铁一陀。既出即叉泥塞,鼓风再熔。"②各地冶铁炉及冶炼方式并不完全一致。屈大均记述了清代广东地区冶铁炉的构造及冶炼过程:"炉之状如瓶,其口上出,口广丈许,底厚三丈五尺,崇半之,身厚二尺有奇,以灰沙盐醋筑之,巨藤束之,铁力、紫荆木支之,又凭山厓以为固。炉后有口,口外为一土墙,墙有门二扇,高五、六尺,广四尺。以四人持门,一合一开,以作风势。其二口皆镶水石,水石产东安大绛山。其质不坚,不坚故不受火,不受火则能久而不化,故名水石。""下铁矿时,与坚炭相杂,率以机车从山上飞掷以入炉,其焰烛天,黑浊之气,数十里不散。铁矿既溶,液流至于方池,凝铁一版,取之。以大木杠搅炉,铁水注倾,复成一版。凡十二时,一时须出一版,重可十钧。一时而出二版,是曰双钩,则炉太旺,炉将伤,须以白犬血灌炉,乃得无事"。③ 山西许多地方采用"坩埚熔炼"技术炼铁:碎矿石和煤的混合物被装入坩埚中,坩埚在燃用更多煤的熄火炉中加热。通常坩埚的直径为15～20厘米,高度为50～100厘米;每个坩埚的装料量为10～15千克矿石和2～4千克煤炭。熔炉中坩埚的数量从约100～300个不等,加热时间为1～3天。以这种方式生产的铁通常非常松软,碳含量在1‰～3‰之间。其产品要么通

---

① 杨宽:《中国古代冶铁技术发展史》,上海:上海人民出版社,2004年版,第38～39、303～307页。
② (明)宋应星著:《天工开物》,长沙:岳麓书社,2002年版,第312～313页。
③ (清)屈大均:《广东新语》(下)卷十五,第408～409页。

过精炼过程脱碳以制备锻铁,要么是在冲天炉或坩埚炉中渗碳以制备铸铁。①

我国劳动人民在明代就已娴熟掌握了炒炼熟铁的技术。在铁水流出铁炉后通过搅拌,使铁水中的碳与空气中的氧接触燃烧,去除铁水中的碳质,从而得到低碳的熟铁。《天工开物》对此有记载:"若造熟铁,则生铁流出时相连数尺内,低下数寸筑一方塘,短墙抵之。其铁流入塘内,数人执持木棍排立墙上,先以污潮泥晒干,舂筛细罗如面,一人疾手撒滟,众人柳棍疾搅,即时炒成熟铁。其柳棍每炒一次,烧折二三寸,再用则又更之。炒过稍冷之时,或有就塘内斩划成方块者,或有提出挥椎打圆后货者。若浏阳诸冶,不知出此也。"

值得一提的是,明清时期我国某些地区的劳动人民因冶炼需要,已开始掌握铁矿石的加工处理技术。在四川大竹县,"冶铁之法,先在露天中,用木炭将生矿焙烧,使炭酸铁随热飞散,煅成红蓝二色,适于冶炼之熟矿,然后可以入炉"。② 其冶炼过程大致与前述方法相似,也采用鼓风设备增加炉温。

(四)炼钢技术

古代的炼钢原理不外乎两种:如果用熟铁作原料,就必须用渗碳技术以增加碳分;如果用生铁作原料,就必须用脱碳技术以减少碳分。我国古代人民通过辛勤劳动和不懈探索,制钢技术不断得到改进。公元前6世纪的"块炼渗碳钢"就是通过向熟铁渗碳炼制钢材。西汉时期,又发明了用生铁脱碳退火而制成了"铸铁脱碳钢",这是在铸铁柔化处理技术的基础上进一步发展起来的。西汉后期,又发明了"炒钢"技术,将生铁加热至熔融状态下炒炼脱碳而成钢。这种炼钢方法以生铁为主要原料,我国长期使用,一直流传至近代。南北朝时期(可能始创于晋代)我国劳动人民又发明了灌钢冶炼法,它同时兼用生铁和熟铁两种原料,利用生铁含碳量高、比熟铁熔点低而先熔解的特点,把两种原料配合一起加热,让先熔的生铁液作为渗碳剂,灌注到疏松的熟铁的空隙之中,使熟铁的含碳量升高而成为钢材,因而这种炼钢方法被称为"灌钢",亦称"团钢"。③ 同制铁技术一样,我国

---

① Donald B. Wagner. The traditional Chinese iron industry and its modern fate. Chinese Science,12(1995):150.
② 彭泽益编:《中国近代手工业史资料》第一卷,第55页。
③ 杨宽:《中国古代冶铁技术发展史》,第308~310页。

古代炼钢技术与独特的制钢工艺一度遥遥领先世界其他国家,这也是为世界所公认的。

我国古代的炼钢法较多,主要有以下几种:一是以块炼铁为原料,渗碳成钢;二是将生铁脱碳成钢;三是中和生铁熟铁,使碳质达到钢的标准,俗称灌钢(团钢)。

渗碳钢主要根据块炼铁含碳量低的特性,通过木炭加热或掺入渗碳剂密封加热(俗称焖钢)的方式,增加碳含量,使之成钢。这种方法常导致渗碳不均,杂质较多,生产效率也低,是最原始的炼钢方法。

脱碳炼钢的具体方法主要有两种:一是生铁经过退火柔化处理,控制好时间、温度,可以氧化脱碳。这种方法的缺点是期间的含碳量不好控制,特别是大型器件的中间部分难于脱碳;二是炒钢。该技术将生铁熔化后,不断搅拌,使铁水与空气中的氧接触,以降低碳含量,得到钢或者熟铁。该技术大约出现于西汉时期,是中国古代主要炼钢方法。但这种方法对于炒钢人员的技术经验要求很高,控制不准,往往将生铁炒炼成熟铁。

灌钢是将熔融状态的生铁渗淋、灌注或加入熟铁块的表层,利用碳扩散使生铁碳含量降低、熟铁碳含量增高,再经过锻打而成钢。该方法操作简单,但效果显著,既能中和碳质,也能去除熟铁中的渣滓,从而使铁渣分离,改善钢质。有学者指出,灌钢法在 1740 年西方坩埚炼钢法发明之前,是世界上最先进的炼钢方法。① 明清时期,江苏、安徽、湖南等地区较多采用该方法炼钢。

明人茅元仪介绍了当时比较有代表性的钢的品质和炼制方法,"生钢出处州,其性脆,拙工炼之为难,盖其出炉冶者多杂粪炭、灰土,且其块粗大,惟巧工能看火候,不疾不徐,捶击中节,若火候过,则与粪滓俱流;火候少,则本体末(未)镕而不相合,此钢出处州,惟浙东用之,若其他远土,则皆货熟钢也。熟钢无出处,以生铁合熟铁炼成,或以熟铁片夹广铁锅,涂泥入火而团之,或以生铁与熟铁并铸,待其极熟,生铁欲流,则以生铁与熟铁上镵而入之,此钢合二铁,两经铸炼之手,复合为一,少沙土粪滓"。② 茅元仪所提到的生钢,系炉工凭借长期积累的经验控制铁水中的炭量,从熔炉中直接炼制钢,因杂质较多,影响了钢的质量。熟钢的制作方法是中和生铁

---

① 姜茂发、车传仁:《中华铁冶志》,第 81 页。
② (明)茅元仪辑:《武备志》第十册,卷一〇五,台北:宗青·华世出版社,1996 年版。

和熟铁的炭量,得到较为精纯的钢材,这就是灌钢的制作方法,亦称团钢。宋应星在《天工开物》中对此种炼钢方法也有记载:"凡钢铁炼法,用熟铁打成薄片如指头阔,长寸半许,以铁片束包尖紧,生铁安置其上,(广南生铁名堕子生钢者妙甚。)又用破草履盖其上,(粘带泥土者,故不速化。)泥涂其底下。洪炉鼓鞲,火力到时,生钢先化,渗淋熟铁之中,两情投合,取出加锤。再炼再锤,不一而足。俗名团钢,亦曰灌钢者是也。"①

(五)铸造技术

明清时期,我国的钢铁铸造技术有相当发展,主要体现在铸件的体积庞大、铸工精美等方面。如广东佛山的铁丝拉造,"以生铁废铁炼成熟铁,再加工细拨成线,小者如丝,大者如箸,有大缆、二缆、上绣、中绣、花丝等名,以别精粗,式式俱备,销行内地各处及西北江,前有十余家,多在城门头、圣堂乡等处,道、咸时为最盛,工人多至千余,后以洋铁线输入,仅存数家。土针行,亦本乡特产。用熟铁制成,价值不一,行销本省各属,咸、同以前最盛,家数约二三十"。② 另外,明清时期著名的钢铁产区芜湖,有铁工名汤鹏,"煅铁作草虫花竹及山水屏幢,精妙不减名家图画。山水大幅,非积岁月不能成,其流传者,多径尺小景,以木范之,若琉璃屏状,名曰铁画。或合四面,以成一灯,曰铁灯。每幅数金,一时争购之。炉锤之功,前代未有也"。③ 其制作工艺可见一斑。

再如大件的铸造上,现存于佛山今祖庙内的一座铁塔,铸于雍正十二年(1734),该塔高4.6米,重近4吨,系由分段铸造然后套合而成。另外,广州光孝寺两座6米多高的双层千佛塔,广州五仙观重达万斤的大铁钟等,均为大型铁铸件。④ 1809年,我国在河南璜川南城铸成2根高约20米,重约17吨的铁旗杆,上铸有3层方斗和两条张牙舞爪的蟠龙,杆顶铸有"凤凰展翅""日月辉映"的铭文,造型生动,铸工精湛。⑤ 这些铸件都集中代表了当时我国的钢铁铸造水平。

李约瑟称:在5—17世纪,是中国而非欧洲能生产出他们想要的钢铁产能,中国人习惯于通过精湛的技术来炼钢,这些技术在其诞生后的很长

---

① (明)宋应星著:《天工开物》,长沙:岳麓书社,2002年版,第313页。
② 汪宗准修,冼宝幹纂:《佛山忠义乡志》,1926年刻本,卷六,页十五。
③ 孙文光:《中国历代笔记选萃》,上海:华东师范大学出版社,1998年版,第1456页。
④ 政协佛山市委员会文史资料委员会编:《佛山文史资料》第11辑,第2、25页。
⑤ 梅建军:《世界采矿冶金大事记(五)》,《金属世界》,1994年第2期。

一段时间里对西方人来说是未知的。当然,与近代重工业诞生后的某一时期相比,中国封建社会中的这些钢铁产量是极其微小的,但一个值得注意的观点是,在中世纪时,除了中国,世界上没有一个地方可以找到足够多的钢铁供应。如果这些实际产量比他们可以生产出的数量少得多的话,那么,这责任主要应归咎于封建集权统治结构——简而言之,并非技术达不到。① 中国传统冶铁技术已经达到相当高的水准,完全能够满足农业社会的生产需要。在进入近代相当长一段时间后,这种传统的生产作业方式在中国依然广泛存在。

二、明清时期西方矿冶技术的传入

明朝中后期,西学伴随西教而来,形如孪生。从那时起,东西方之间就存在比较频密的科技文化交流。西方传教士们抱着"为基督征服全世界"的目标,将科学知识传播作为辅助手段,逐渐演化为惯用的经验做法。其早期代表人物为意大利籍天主教耶稣会士利玛窦(Matteo Ricci,1552—1610)。他利用儒家经典阐释天主教教义,面向士大夫群体,开辟"学术传教"路线,取得巨大成功。利玛窦向当时的中国社会介绍西方的科学文化知识,注重利用欧洲的奇巧器物,如自鸣钟、三棱镜、地球仪等,来建立与中国知识分子和官员的联系。继利玛窦之后,西方传教士纷纷进入中国。这些传教士一般都接受过良好的科学教育,部分人甚至精通汉语。他们向中国译介近代科技书籍,催生了第一次"西学东渐"热潮。其中就包括当时西方的矿冶技术,也曾引起中国知识分子的关注。《天工开物》曾提到:"凡焊铁之法,西洋诸国别有奇药。"②被誉为"矿物学之父"的德国学者阿格里科拉(Georgius Agricola,1494—1555)所著《矿冶全书》(De re Metallica),也在明末时期传入中国。该书成书于1550年,初版于1556年,原作12卷,分为总论、矿藏及采矿技术、矿石检验、筛选焙烧、矿石熔炼、贵金属冶炼以及盐、碱、硫黄、玻璃制法,堪称16世纪欧洲矿冶百科全书。1622年,耶稣会士金尼阁(Nicolas Trigault)将其带入中国。1638年,在李天经主持下,汤若望(Johanne Adam Schall von Bell,1591—1666)翻译该巨著,至1640年7月翻译完毕,并于同年7月24日进呈给崇祯皇帝。书名译为《坤舆格

---

① Joseph Needham. *The Development of Iron and Steel Technology in China*. The Newcomen Society,1958,p19—20.

② (明)宋应星著:《天工开物》,长沙:岳麓书社,2002年版,第246页。

致》,将原书 12 卷整合为 4 卷。前三卷应为原著的 1~8 卷,属于采矿部分;后一卷相当于原著的 9~12 卷,为冶金部分。崇祯十六年(1643)十二月,崇祯皇帝曾批示户部将该书分发各地,但因不久后李自成农民起义军攻占北京,此书或即毁于战火,迄今未觅得翻译后的任何刊本。①

清初,顺治、康熙两朝对西学的态度总体而言较为宽容,西方科学技术进入中国的渠道依然开放。但在康熙晚年,天主教在传播过程中与中华文化的冲突愈演愈烈,最终遭到被禁止在华传教的命运。此后,除个别任职于钦天监和直接满足皇帝猎奇心理的传教士外,大批西方传教士被驱逐出中国,中西方科技交流沉寂 100 多年。期间,中西方在科学技术方面沿着不同的轨道行进:科学的真理之光普照欧洲大陆,数学、天文学有显著的进步,物理学、化学等物质科学进展迅猛,力学、热学、光学、电学、磁学等物理学重要分支逐步确立,无机化学在 19 世纪上半叶得到系统化,有机化学等新的化学分支学科也逐步确立。科学革命推动技术革命,使社会生产力大幅度提升。中国对此则浑然不觉,沉湎于对旧有文化的盲目自信之中。

雍乾嘉道年间,清政府虽严禁西方教会势力在华传教活动,但西方的基督徒们始终没有放弃,寻找一切可能的机会对华进行宗教渗透。作为欧洲宗教改革运动中脱离罗马天主教而出现的宗教组织,基督教新教(Protestantism)更趋于世俗化。它在工业化起步较早的国家迅速发展自己的教会组织,并有组织地开展对其他民族的传教布道。1807 年,英国伦敦会传教士马礼逊(Robert Morrison,1782—1834)达到广州,拉开了基督教新教在中国传教的序幕。同耶稣会士一样,新教传教士也利用科学知识作为敲门砖,科技书刊是通用手段。恰如美国浸礼会传教士玛高温(Daniel J. MacGowan)所言:中国人"实在亟需科学上的训练,而这些科学实为我们西方国家富强之根源。如果没有科学,要想开发这个帝国的潜能,那是不可能的。当然,我们为他们翻译科学著作,不仅在促进其物质的利益,也应该借以传播基督教的真理"。② 1833 年,郭士立(也译作郭实腊、郭实猎、郭甲利、郭施拉等,笔名"爱汉者",Karl F. Gützlaff,1803—1851)

---

① 潘吉星:《阿格里柯拉的〈矿冶全书〉及其在明代的流传》,《自然科学史研究》,1983 年第 1 期。

② 樊洪业、王扬宗:《西学东渐:科学在中国的传播》,长沙:湖南科学技术出版社,2000 年版,第 95 页。

在广州出版《东西洋考每月统计传》月刊,1838年停刊。这是西方传教士中国境内出版的第一份中文期刊,其中部分内容涉及西方近代科技知识。1834年,美国传教士裨治文(Elijah C. Bridgman,1801—1861)在广州筹设"在华传播有用知识学会",计划出版一系列用中文撰著的介绍实用知识的书籍,但未能长久坚持下去。

明清时期,东西方之间的科技文化交流更倾向于西方对东方的单向输出。当时,国人到欧美游历者较为罕见,且鲜有人留下文字记载。据钟叔河先生考证,1840年前,仅有三个中国人由于偶然的原因到达了欧洲且留下可信的记载。其中,只有谢清高的《海录》在鸦片战争后的中国刊行,并对晚清国人了解西方社会产生一定影响。① 谢氏约在乾隆末年"遍历海中诸国"。该书系杨炳南于1820年替其整理完成。② 但《海录》并未记载西方国家的钢铁生产技术,仅在叙述大西洋国(葡萄牙)、荷嘞国(荷兰)、嘆咭唎国(英国)和咩哩干国(美国)时,于土产一处简要提到这些国家均产铁。③ 近代以前,西方矿冶技术在华以传教士为主要传播渠道,其流入的内容十分零散和肤浅,并不能代表当时西方矿冶技术的整体水平。受文化偏见等影响,该时期西方矿冶技术未能引起国人应有的重视。

三、中国传统社会钢铁生产技术落后的原因

历史上,中国钢铁生产技术和冶铁业发展水平让西方许多国家望尘莫及。即便是到明末清初,中国钢铁生产的许多技术及生产指标都领先于西方。无论是炼铁、炼钢、钢铁加工技术,还是钢铁产量的综合数据比较,中国均不逊色于西方国家。据黄启臣的研究,我国在15—17世纪前半期,钢铁产量已超过17世纪至18世纪40年代世界各国的钢铁产量。嘉靖以后中国生铁产量达45000吨,而英国在1740年前后,生铁产量也仅约20000吨。④

---

① 元朝初年,畏兀儿(维吾尔)景教徒巴琐马关于欧洲的记述原文为古叙利亚文,至今尚无汉译本。康熙末年,樊守义的《身见录》虽记载其亲历泰西的见闻,但写成后,并未在中国刊行。
② 钟叔河:《走向世界:近代中国知识分子考察西方的历史》,北京:中华书局2000年版,第35~49页。
③ (清)杨炳南著:《海录》,商务印书馆,1936年版,第27~33页。
④ 黄启臣:《十四—十七世纪中国钢铁生产史》,郑州:中州古籍出版社,1989年版,第17页。

表 12　17 世纪以前中欧钢铁技术比较

发明内容	时间(公元世纪)	
	中国	欧洲
生产出白口铁铸成实用器具	前 6	14
退火生产出韧性铁农具、工具	前 5	18
铸铁模成批生产农具、工具	前 4—前 3	19
生铁固体脱碳成钢材、条材	前 5	—
生铁炒炼成熟铁	前 2	18
百炼钢制造名刀宝剑	1—2	6
水排鼓风用于冶铸	1	16
灌钢法用液态生铁对熟铁渗碳成钢	4	—
用煤/焦作炼铁燃料	10/16	17
冶铸用活塞式木风箱鼓风	17	18

资料来源:韩汝玢、柯俊主编:《中国科学技术史·矿冶卷》,北京:科学出版社,2007 年版,第 8 页。

随着 17 世纪以来西方钢铁生产技术的迅猛发展,到 19 世纪下半叶,中国钢铁生产技术已瞠乎其后,难以望其项背。丘亮辉曾对该现象进行深入的专题研究。他认为:社会的需要(主要是经济发展的需要)是冶金技术发展的根本目的;社会的稳定则为冶金技术发展提供必要的条件;社会实践(主要是生产实践和科学实验)是冶金技术发展的源泉。中国传统冶金技术的落后明显地受到上述社会条件的限制。① 金观涛等人从东西方的文化背景探讨原因,认为近代西方形成和确立了科学技术的循环加速结构,而古代中国无法形成互相促进的循环发展机制。其背后则是东西方的文化背景和社会结构的分野。② 这些见解都具有相当的说服力。综合前人研究成果,概括起来讲,中国传统钢铁技术的落后,与其发展路径、社会结构特征和社会需求因素密切相关。

就发展路径而言,学者认为,世界近代以来,西方近代科学技术快速发展,其内在条件是科学理论、实验和技术三足鼎立,其中,科学理论结构是

---

① 丘亮辉:《中国近代冶金技术落后原因初探》,《自然辩证法通讯》,1983 年第 2 期。
② 金观涛、樊洪业、刘青峰:《文化背景与科学技术结构的演变》,载中国科学院《自然辩证法通讯》杂志社编:《科学传统与文化——中国近代科学落后的原因》,西安:陕西科学技术出版社,1983 年版。

构造性自然观,实验必须是受控实验,而技术结构必须是开放性的。它们彼此形成互相独立又互相促进的结构。具体表现为,科学研究为新技术开辟道路,新技术的兴起又向科学研究提出新课题(包括理论和实验),同时,新技术所代表的生产水平和能力也为科学研究提供新的实验材料和仪器,促使更完备的理论和实验成果的诞生。这些新成果又反过来促进新技术的开发,新的实验产品和仪器不断地社会化,成为技术产品和工具。如此循环往复,相互促进,形成强大的循环加速发展机制。

而在中国,科学实验、理论、技术三者基本上是互相割裂的,彼此之间不能形成互相促进的循环加速机制。它们只能各自独立地缓慢进步着,甚至有趋于饱和的迹象。16世纪以后,西方科学技术是在形成三足鼎立结构、出现循环加速后,才在总体上急速超过中国。具体到西方近代钢铁生产技术,它建立在自然科学技术理论和科学实验的基础之上。19世纪中叶以后,显微镜用于金属组织的研究,光谱方法用于金属成分测定,热电偶用于金属加热和冷却过程的温度测量。这三项技术奠定了实验冶金学的基础,金属成分、组织、性能和工艺关系的研究得以展开。随着科学燃烧理论的建立,金属的氧化和还原过程得到科学解释。另外,被誉为冶金家眼睛的相图,为冶金技术的发展指明了方向。

中国传统冶金技术中单凭经验、轻视理论的倾向是导致其落后的重要原因。西方近代钢铁技术为科学技术。与之相比,中国古代钢铁生产技术属于经验技术,技术的传承与创新主要依靠实践经验。而这些所谓的经验有些显然是经不起推敲的。长期停留在经验的认识阶段,缺乏科学理论提升,只知其然而不知其所以然,一种新的冶金技术往往需要反复摸索,经过长期实践才能产生,这使得技术发展的速度异常缓慢。

从技术和社会结构的关系角度看,中国传统技术体系是封闭的,技术长期被封闭在一个个具体的行业中,依靠自身的经验积累发展,各行业之间很少相互影响,某一行业的技术很难对其他行业产生革命性影响,很难形成技术发展的合力。此外,技术往往与技术操作人密不可分,必须由每一个试图掌握该技术的工匠不断重复生产某一种产品方可获得。技术的传承依靠血缘、业缘等方式实现。正因如此,中国古代技术失传的例子比比皆是,特别是王朝崩溃对技术体系的破坏性影响很大。[1] 农业社会对绝

---

[1] 金观涛、樊洪业、刘青峰前引文。

大部分钢铁产品的品质性能要求不是很高,铁炉容量相对近代而言十分矮小,产量也较少,凭个人经验可以应付。一旦进入工业社会,钢铁需求总量以及种类大幅度增加以后,这种矛盾便凸现出来。

社会需求因素也与中国传统钢铁技术体系的落后密切相关。社会需要是钢铁冶金技术发展的根本目的。从社会需要角度分析,中国古代社会自给自足的封建经济对钢铁需要量很小,采用传统的冶炼技术已基本能满足,这是中国近代冶金技术停滞发展的根本原因。丘亮辉曾假设,古代中国人口稳定在 1000 万户、5000 万人的规模水平,每户平均需铁 30 斤,每 5 年更新一次,按此估算,每户人家每年需铁 6 斤,全国每年需 6000 万斤,合 3 万吨。加上兵器、工具,估计 5 万吨铁就够用了。依靠中国传统钢铁生产技术,这并非难以完成的任务。近代中国在洋铁大量涌入的情况下,土铁年产量常年达到十几万吨的情况就说明了这一点。相比之下,近代西方的工业化产生大量钢铁需求。如作为"世界工厂",英国 19 世纪中叶钢铁产量占世界的一半,有 300 多万吨,仍远远不能满足需要。20 世纪初,美国铁路里程达 24 万英里,单修建这些铁路就需 3500 万吨钢。

法国历史学家费尔南·布罗代尔在找寻中华文明落后于西方文明的原因时曾说:"在西方之前很早的时候,中国就已以优雅和先进的形式掌握了科学的基本原理。但她没有达到决定性的阶段,因为她从未出现激励欧洲向前的经济动力,即那种资本主义张力,它在赛跑的最后,或者在赛跑过程中,使欧洲能够迈过具有决定意义的门槛。那种激励,随着中世纪大型商业城市的产生,尤其是 16 世纪起,早就为人感受到了。"① 布罗代尔将这场中西竞赛的决定因素归结为"资本主义张力",西方的胜出缘于"资本主义张力"推动其率先跨越决定性的阶段。中国与西方钢铁技术优劣的位次变更为此观点作了很好的注解。

第二节 中国近代钢铁生产技术转移的途径

作为一种社会文化现象,技术的表现形式多种多样,可以是工艺、设备、技能,也可以是知识、方法、经验,甚至可以是理念和创意。世界历史进入近代以来,技术在经济社会发展中发挥重要作用。由于各国科技实力和

---

① [法]费尔南·布罗代尔:《文明史纲》,桂林:广西师范大学出版社,2003 年版,第 347 页。

技术基础的差异,不同国家之间的技术发展水平不可能一致,这导致国际间的技术转移成为十分普遍的现象。技术转移的方式多种多样。从是否利用市场机制和通过市场交易的角度看,可分为市场渠道和非市场渠道两种方式。近代中国的技术转移大体遵循这一规律,亦可按此分类进行区分。需注意的是,近代中国钢铁工业未能形成一个相对独立的经济部门,钢铁生产技术也没有形成为专门的技术体系。历史上,冶金工程与矿山开采工程相结合,形成技术复合体,二者并未严格区分开来,一般笼统称之为"矿冶技术"。学习冶金技术和地质学科的人,往往也修学采矿课程。同样,学采矿技术的人,也往往会学习地质学和冶金学的知识。时人所称"矿学"者,一般包括探矿、采矿、选矿、冶金、轧制等专业知识。恰如张之洞所言:"矿学者,兼地学、化学、工程学三者而有之。"[①]

一、非市场渠道

非市场渠道的技术传播是指技术通过赠予、援助或其他方式从拥有者、所有者向需求方转移的传播行为。这种技术传播行为受市场以外因素的影响远大于市场因素。其传播方式主要包括:通过派出人员访问、考察、工作、出国留学等方式获取技术;利用参加国际性学术会议、技术交流与合作研究,或利用各种传播媒体、技术资料等获取技术;出于某种目的,技术先进国向技术落后国无偿提供技术,促进技术转移与扩散。[②] 18世纪以来,西方钢铁生产技术取得长足进展,逐渐发展成为较成熟的科学技术体系,但中西隔绝状态影响技术传播。洋务运动兴起后,学习西学、西艺成为清政府公开倡导的活动。其向中国移植的非市场渠道主要包括科技书刊、域外游记、海外留学、学校教育等方式。

(一)科技书刊

科技书刊是近代科技在华传播的主要途径之一。书刊的发行、编撰者既有旨在传播基督教的西方传教士,也有本土以传播西方技术文明为职志的开明知识分子和政府官员。明朝中后期以来,二者在许多时候往往系"同道中人",互相支持,优势互补,致力于翻译西方科技书籍,在华开展科学启蒙工作,西方矿冶技术通过这种渠道部分地被国人所认知。

---

① (清)张之洞著,李凤仙评注:《劝学篇》,北京:华夏出版社,2002年版,第138页。
② 翟杰全著:《让科技跨越时空:科技传播与科技传播学》,北京:北京理工大学出版社,2002年版,第218~219页。

1. 民间的科技书刊发行活动

鸦片战争后,外国传教士在中国进行的科学启蒙活动得到部分国人的参与和支持。国内少数开明人士"睁眼看世界",开始发出学习西方先进技术的呼声。

1843年,英国伦敦布道会在上海创建墨海书馆,在近代早期传播西方科学知识方面发挥重要作用。该书馆由传教士麦都思(Walter Henry Medhurst,1796—1857)、伟烈亚力(Alexander Wylie,1815—1887)等人先后主持。在李善兰等人的参与下,墨海书馆翻译了一些重要的数学、天文学、植物学、医学著作,译书在内容的科学性、准确性、系统性等方面为前人所未及。1853—1854年,墨海书馆出版穆维廉(W. Muirhead)用中文撰写的《地理全志》,上下两卷共计20册。这是最早出版的系统介绍地质矿物科学知识的地学著作。1855年,《博物新编》(一名《博物新论》)在广州出版,同年,墨海书馆"新镌"。该书是一部集合多学科知识为一体的科技著作,影响较大。全书分三集,其中许多具体知识在近代西学东渐史上都是第一。①

第二次鸦片战争结束后,来华西方人通过创办报刊的方式传播思想和文化,部分刊物对传播近代矿冶技术也发挥启蒙作用。1872年8月,美国长老会传教士丁韪良(William Martin)、英国伦敦会传教士艾约瑟(Joseph Edkins)在北京成立"在华实用知识传播会"。同月,他们标榜以介绍"近代科学和自由思想"为目的,创办《中西闻见录》,每月发行一号,每号30页左右,到1875年8月停刊,期间因特殊原因停刊一号,共计发行36号。《中西闻见录》零星地给中国带来许多西方近代基础科学的基本常识,也零碎地传来了包括钢铁冶炼在内的常识性基础技术知识。如该刊第5、6号刊载了《泰西制铁之法》一文,叙述了铁在日常生产生活中的广泛用途,铁与钢的区别,介绍了铁矿的类别以及西方最新的炼铁、炼钢、轧铁技术,并绘制有生产流程示意图。其中包括转炉炼钢技术:"生铁化为熟铁,用卧炉更烧,上已备言。近更制有新炉,用与卧炉相类,惟炉式高,能令流质下倾之际,迎风而吹,悉将铁中炭气散净。"②《中西闻见录》对西方近代科技在中国的传播、对中国近代科学观念的产生和发展发挥了一定推动作用。③

---

① 熊月之:《1842年至1860年西学在中国的传播》,《历史研究》,1994年第4期,第64~81页。
② 丁韪良:《续论泰西制铁之法》,《中西闻见录》1873年第6期,第15~16页。
③ 张剑:《〈中西闻见录〉述略——兼评其对西方科技的传播》,《复旦学报(社科版)》,1995年第4期,第57~62页。

《格致汇编》是中国近代第一份科普刊物,在中国近代科技书刊史上占有重要地位。期刊的负责人是英国人傅兰雅(John Fryer),组织发行方是格致书院。该书院由在上海的外国人倡议筹建。1872年底,《北华捷报》建议在各通商口岸特别是在上海设立藏书楼,储备中国典籍和科技译著,张挂西方新发明和机械等图示,以期引起中国人对科学的兴趣。1874年3月,英国驻上海领事麦华陀(Walter Henry Medhurst)致信该报,建议在上海开设"格致书院",作为宣传科学实用知识的场所。同月,麦华陀召集通晓科学的西方人士集议创设格致书院,决定募集捐款,并成立格致书院董事会。此后约两年时间,围绕募集资金、选购校址、管理制度、仪器设备和校舍建筑等事项,董事会经过多次讨论。1875年10月,格致书院校舍建筑大致完竣,次年6月,正式开院。[1] 书院"延聘西士,教习化学、矿学,按期延请中西名人学士讲演格致学理",同时,南北洋大臣及各级官员"分期命有关格致之题,课试给奖,以作士子向学之气"。[2] 在翻译西书方面,格致书院专门翻译、出版科技书籍和期刊,编译出版《格致汇编》。1876年2月9日,在徐寿等中国知识分子的支持帮助下,《格致汇编》正式发行。它是清末第一种完全以科技知识为内容,以传播科学知识为宗旨的期刊,是中国近代最早的科学杂志。该刊由上海申报馆铅印,每月一期,至1878年1月刊印第24期后,停刊两年。1880年2月复刊,到1882年1月刊出第四年第12卷后再次停刊。直到1890年春,《格致汇编》才再度复刊,改为季刊。至1892年冬季卷发行,因傅兰雅长期居美,《格致汇编》停刊。[3] 该刊也零星介绍了西方钢铁技术的发展状况。如傅兰雅著《历览英国铁厂纪略》,连载于1881年《格致汇编》第5~10期。作者根据参观经历,介绍当时英国各钢铁厂生产作业情形。

西方教会在华设立的出版机构也发行了一些反映近代科学技术的图书或期刊,影响较大的有益智书会等。益智书会成立于1877年,至1905年,共编辑出版图书80余种,其中约半数为科学教科书,仅次于江南制造局翻译出版的科技书数量。其中,影响较大的有傅兰雅翻译的《格物图说》10种。益智书会重视科技语译名的翻译与统一,自成立时起就着手此

---

[1] 王尔敏:《上海格致书院志略》,香港:香港中文大学出版社,1980年版,第22页。
[2] 舒新城:《中国近代教育史资料》(上),北京:人民教育出版社,1981年版,第67页。
[3] 王扬宗:《〈格致汇编〉与西方近代科技知识在清末的传播》,《中国科技史料》,1996年第1期,第36~47页。

项工作,取得一定成绩。① 1905 年,该会改名为"中国教育会",1915 年又改称"中国基督教教育会"。

维新运动期间,中国社会出现一次利用报刊传播新知识、新观念的热潮,新式报刊媒体如雨后春笋般纷纷涌现。据不完全统计,1896—1898 年间,仅上海一地便创立新式刊物 48 种,占同期全国新办报刊总数的 44.9%。② 部分刊物对西方的科技新发明创造抱有浓烈兴趣,专门开设专栏进行介绍。如《知新报》为维新派创办的文理工综合性时事报刊,1897 年 2 月 22 日创刊于澳门。该刊初为五日刊,自 1897 年 5 月 31 日改为旬刊,1900 年 2 月 14 日改为半月刊,至 1901 年 1 月 20 日第 133 册停刊。该刊对西方科学技术十分关注,自第 2 册起,开辟"格致"专栏,集中报道近代科技发明。其中,有多篇文章介绍近代钢铁技术知识。如该报 1897 年第 10 册有文章介绍镍钢的特殊品质,第 11 册有文章介绍炼钢过程中的淬火技术,第 33 册有文章介绍合金钢,等等。

维新运动之后,利用报刊媒体传播新思想、新文化、新事物,成为近代中国一道常见的文化图景。这当中,许多新式刊物对钢铁技术的新发明和钢铁材料的新用途进行了大量报道。这些报刊所进行的钢铁技术传播主要以介绍新知识和工艺原理的文章为主,虽然在许多时候是以一种猎奇的心态描述相关信息,但对于国人了解国外日新月异的钢铁技术不无帮助,具有科技启蒙的价值。

2. 官方的科技书刊发行活动

在中国士大夫群体中,早在鸦片战争期间,林则徐就组织人员翻译刊印《四洲志》。该书于 1841 年刊印,内容为当时世界 30 多个国家的地理、历史和政情。清政府在鸦片战争的失败,引起了中国有识之士开眼看世界和学习西方科学技术的思潮。1842—1852 年间,魏源根据该书以及林则徐提供的其他资料编纂《海国图志》,并不断增补,使之从最初的 50 卷本扩编至 100 卷本。该书虽不是专门的矿冶科技著作,但其中也包含一些蒸汽机、地质矿物等科技知识。

洋务运动期间,中外和好局面出现。清政府基于"自强""求富"的需要,科技翻译的自觉意识大大增强,洋务派官员相继开办了一批了近代企业

---

① 王扬宗:《清末益智书会统一科技术语工作述评》,《中国科技史料》,1991 年第 2 期,第 9~19 页。
② 秦绍德:《上海近代报刊史论》,上海:复旦大学出版社,1993 年版,第 47 页。

和新式学堂,为科技出版活动提供了有益的平台和必要的人力、物力资源,推动了西方科学技术在中国的传播。

近代企业的生产组织活动有赖于科技的综合作用,其对科技知识的需求也最为迫切。洋务运动时期,部分企业承担起科技传播的责任,附设有图书翻译机构,有组织地翻译出版西方近代科技图书。其中,译书最多、质量最高、影响最大的科技著作编译机构为江南制造局翻译馆。该馆于1868年6月开馆,到1909年,约译介200余种西书。其中,矿学和冶炼工艺类达32种,仅次于兵学、兵政类。① 这些书籍大都以英美等国流行的科学教材、百科全书或专门技术著作为底稿,对西方近代矿冶技术在华传播起到一定推动作用。

表13 晚清江南制造总局翻译矿冶技术书籍简表

序号	作者	书名	翻译者	出版时间	主要内容
1	[英]司密德	《开煤要法》	傅兰雅口译,王德均笔述	1871	共12卷。介绍了煤炭开采的相关知识,如煤的类型、煤层构造、采煤法,以及井下煤炭开采、运输、排水、照明、通风、安全等内容。
2	[美]代那	《金石识别》	玛高温(Daniel J. MacGowan)口译,华蘅芳笔述	1871	共12卷。介绍矿石分类特征及识别方法。
3	[英]雷侠儿(Sir Charles Lyell)	《地学浅释》	玛高温口译,华蘅芳笔述	1871	共38卷。介绍地层的形成演变。
4	[英]阿发满(Frederick Overman)	《冶金录》	傅兰雅口译,赵元益笔述	1873	共3卷。介绍铸铁技术,上卷论范模法及器具材料,中卷论熔铸技术,下卷论各金类之杂质。
5	傅兰雅	《历览英国铁厂记略》	傅兰雅口译,徐寿笔述	1874	记述作者1873年在英国考察钢铁厂的情形。
6	[英]费尔奔(William Fairbaim)	《造铁全法》	傅兰雅口译,徐寿笔述	1874	共4卷。

---

① 张增一:《江南制造局的译书活动》,《近代史研究》,1996年第3期,第212~223页。

续表

序号	作者	书名	翻译者	出版时间	主要内容
7	不详	《回特活特钢炮》	傅兰雅口译,徐寿笔述	1877	共1卷。介绍铸铜及试验法,与恩非特氏族所造枪比较。
8	不详	《造管之法》	傅兰雅口译,徐寿笔述	1877	共1卷。介绍各种金属管的制造方法。
9	[英]各尔曼	《回热炉法》	傅兰雅口译,徐寿笔述	1877	共1卷。介绍各家法式及出铁比率。
10	[英]白尔捺	《井矿工程》	傅兰雅口译,赵元益笔述	1879	共3卷。介绍矿井开凿技术。
11	[英]祁觏(Archibald Geikie)	《格致启蒙·地理学》	林乐知口译,郑昌棪笔述	1880	共1卷。
12	[英]华特	《电气镀金略法》	傅兰雅口译,周郇笔述	约1880	共1卷。介绍镀金的原理方法。
13	[英](William Crookes)	《宝藏兴焉》	傅兰雅口译,徐寿笔述	1884	共12卷。论述冶炼金、铂、银、铜、锡、铁、铅、锌镍、锑、铋等12种金属矿的方法,并详论各矿的形态、性能。其第6册即《造铁全法》(一译为《熔炼钢铁》)。叙述钢铁冶炼过程,主要包括炼铁设备,生铁炼成熟铁的技术设备,熟铁加工设备,炼钢法,钢材的性能、品质和技术指标。
14	不详	《电学镀金》	金楷里口译,徐华封笔述	1884	共4卷。介绍电气镀金工艺。
15	[英]亨利黎特	《炼石编》	舒高第口译,郑昌棪笔述	约1886~1889	共3卷。介绍地学金石、制造原料、厂地选择、选矿、矿物加工、洗选、烧结及成块机器、试验器等。
16	[英]华特	《电气镀镍》	傅兰雅口译,徐华封笔述	1886	共1卷。主要介绍电气镀镍工艺。
17	不详	《炼钢要言》	徐家宝译述	1896	共1卷。介绍坩埚炼钢法、西门子炼钢法、转录炼钢法,以及钢铁含异质不同之特性,英国试验钢铁的方法。

续表

序号	作者	书名	翻译者	出版时间	主要内容
18	[英]安德孙(John W. Anderson)	《求矿指南》	傅兰雅口译,潘松年笔述	1899	共10卷。介绍探矿方法、各种矿石的特性及试验法。
19	[美]俺特累	《开矿器法》	傅兰雅口译,王树善笔述	1899	共10卷。开矿所用的器具,皆为当时新式新法,包括钻地器、凿孔机、开矿井器、开矿、取煤、运矿、提升、排水、通风、砸矿等机器。
20	[日]桥本奇策	《制鑐(合)金法》	王季点转译	1901	共2卷。介绍各类金属的物理学性能与化学性能,合金通性,制法大概。
21	[英]司布勒村	《铸金论略》	傅兰雅口译,汪振声笔述	1902	共6卷、图1卷。有图351张,主要介绍生铁铸造事宜,附带介绍其他类金属。
22	[英]密拉	《探矿取金》	舒高第口译,汪振声笔述	1903	共6卷、续编1卷、附编1卷。开矿工程学必备要书,分六卷介绍了采矿工具、矿井木架及建造法、地质矿产、勘探、各种采矿法等。
23	[英]喝尔勃特喀格司	《相地探金石法》	王汝骍译述	1903	共4卷。论述探矿及辨矿方法(成书于1898年)。
24	[英]奥斯敦	《炼金新语》	郑昌棪笔述	约1903~1905	共1卷。介绍矿务、熔炼、分化等。
25	[美]康泼吞	《金工教范》	王汝骍口译,范熙庸笔述	1904	共1卷。金工手工教科书。
26	[美]奥斯彭	《矿学考质》	舒高第口译,沈陶璋、陈洙笔述	1907	共10卷。专论金属矿类、地层及矿质情形、炉炼、干炼各法。

资料来源:雷丽芳:《近代中国矿冶工程师群体研究(1875—1949)》表2—2,北京科技大学博士学位论文。注:原表列书30条,因部分书目专论石油、白银采炼,与钢铁冶金生产活动无直接关系,故未摘录。

清政府设立的部分外语学校也加入翻译西书之列。但在科技传播领域,效果不彰。光绪初年,上海广方言馆也曾在傅兰雅主持下翻译洋书,因人才缺乏,管理混乱,难孚人望。傅兰雅曾言:"上海翻译洋书,已刻者四十二种,译而未刻者尚多。初意分别各种学问,辑为丛书百种,其后译刻日繁,淆杂分歧,而电学一类尚无一译成者,欲编次西学丛书竟不可得。"1879年2月27日,郭嵩焘在日记中评论道:"上海广方言馆,一切皆为具文。初设英文一局,后又设法文一局,现存不过数人,而课幼童二十人,大致犹一蒙馆而已。外设矿学一局、机器一局、驾驶一局,皆洋人主之,而不通汉语,就学者又皆不通洋语,因另设一通事,日以开支薪水为事,未尝问及功课。惟护局勇丁五十人,延洋师教以兵法,演放枪炮,差有实际。"凡事创始难,创始而即为具文,整顿尤难。闻傅兰雅之言,深用慨叹。① 到1898年,京师同文馆翻译处和印书处共翻译28部西学著作,主要内容为历史、兵政、外交、国际法和自然科学。

  清政府官方也直接介入译书活动。1884年,刘铭传奏请设局译刻泰西书籍,徐承祖奏请使臣购书排印,余思诒奏请购买外国舆地图说。10月14日,上谕:"西学各书,精粗不一,当择其至精者译刻采用,着总理各国事务衙门即行知照出使各国大臣,将西洋各书及舆地图说分别选择,咨送该衙门酌量汇刻,颁发各省。"② 甲午战争后,救亡思潮兴起。翻译西书被清政府视为开民智而造人才、振衰起颓的重要举措,受到官方的大力支持。1896年,清政府设立官书局,由工部尚书孙家鼐主持译书,设立刊书处,"举凡律例、公法、商务、农务、制造、测算之学,及武备工程诸书,凡有益于国计民生与交涉事件者,皆译成中国文字,广为流布"。③ 北洋大臣王文韶以中国力求矿务,因饬洋务局总办开设翻译馆,翻译矿务之书,分总纂、分纂各职。④ 1898年,李盛铎奏请开馆专办译书之事。总理衙门会议后奏准,将梁启超在上海开办译书局改为译书官局,每月核拨经费银两千两,"所译之书,应先尽各国政治法律史传诸门,观其治乱兴衰之故,沿革得失之迹,俾可参观互证,以决从违。继及兵制、医学、农矿、工商、天文、地质、

---

① 郭嵩焘:《伦敦与巴黎日记》,长沙:岳麓书社,1984年版,第922～923页。
② 中国第一历史档案馆编:《清实录》第54册,北京:中华书局,1987年影印本,第719页。
③ 陈元晖主编:《中国近代教育史资料汇编·戊戌时期教育》,上海:上海教育出版社,2007年版,第147页。
④ 《矿书勤译》,《益闻报》1897年第1652期,第86页。

声光化电等项,以收实用"。①

这一时期,伴随留学日本运动兴起,东学西渐的日文书籍翻译工作也迅速开展起来。1897年,梁启超在上海创办大同译书局,提出译书"以东文为主,而辅以西文"。1898年,张之洞《劝学篇》力陈翻译日文书籍的便利之处,指出:"译西书不如译东书。"康有为向光绪皇帝建议:"请广译日本书,大派游学,以通世界之识,养有用之才。"②山东道监察御史杨深秀建议效仿日本,翻译日本"各学精要之书"。民间层面,以留日学生为主体的翻译团体组织纷纷成立,大量由日本转口而来的科技书籍纷纷在中国译介传播。据熊月之核算,1896—1911年间,中国翻译日文书籍至少1014种。③但其中相当大一部分是社会科学和史地书籍。据谭汝谦统计结果,应用科学和自然科学书籍有近百种。但他认为:"这时期的译品,多是初等或中等程度的书籍,可作启蒙或教科书之用,编译水平参差。"④有关钢铁冶金技术的书籍罕见。

总体而言,晚清译书活动对受众的实际效果不甚理想。叶瀚将其不足归纳为四点:不合师授次第,不合政学纲要,文义难精,读法难定。坐此四弊,则用少而功费。⑤但对国内矿业从业人员而言,当中国近代矿冶技术尚处于空白状态之时,这些科技报刊是其获取矿冶技术的重要途径。1890年,徐建寅被张之洞委派前往湖南勘矿,期间,招集士子宣讲渠所谓传家宝训,其中就包括《宝藏兴焉》及《开煤要法》等书。⑥可见这些书籍在矿冶开发实践中发挥一定作用。曾任汉冶萍公司协理的李维格在1896年担任汉阳铁厂翻译通事。他多次表示不愿再担任通事翻译一职,而希望专译钢铁之书,使更多的人了解并掌握近代西方先进的科学文化知识,"为日久收回利权庶尽求己之道"。从中可以看出,译介外国冶金技术书籍,在晚清国人的思想中,是学习西方冶金技术的重要手段。

对中国社会而言,这些书刊对国人起到科技启蒙的作用,成为了解国

---

① 黎难秋:《中国科学翻译史料》,第76页。
② 陈元晖主编:《中国近代教育史资料汇编·留学教育》,上海:上海教育出版社,1991年版,第321页。
③ 熊月之著:《西学东渐与晚清社会》,上海:上海人民出版社,1994年版,第640页。
④ 谭汝谦主编:《中国译日本书综合目录》,香港:香港中文大学出版社,1980年版,第61页。
⑤ 黎难秋主编:《中国科学翻译史料》,合肥:中国科学技术大学出版社,1996年版,第358~359页。
⑥ 陈旭麓、顾廷龙、汪熙主编:《汉冶萍公司》(一),第20页。

外技术的窗口。如通过1873年江南制造局组织力量翻译的《冶金录》,国人从科学角度了解硫、碳、磷、矽等物质含量会对钢铁性能产生重要影响:"铁中含硫则易镕,较之净铁,更易生锈","每铁百分含硫多于一分,则冷时铁性甚脆";生铁含炭为2%~6%,含碳过多,则铁变脆,太少,则硬而脆;"铁含磷,冷时性脆",等等。该书还简要介绍了铁铬合金:"铁含铬,则其质之硬几似金刚石。但令铁与铬相合,非易事也。"

3. 本土专业冶金书籍

随着国内学校矿冶教育体系的逐步建立,以及出洋留学生的学成归国,在民国初年,中国本土矿冶技术人员编写的专业冶金书籍开始出现。这些书籍绝大多数是作为国内学校的专业教材和通识性读物,还称不上真正意义上的学术著作。影响较大的主要有以下几种:

孙午莲著《采矿冶金学指南》,新亚印刷局1916年版。全书分"采矿部"和"冶金部"两个大部。其中,采矿部包含三编,分别为"地质之构成""矿床及岩石""采矿及探矿",每编包含若干章。冶金部分两编,分别为"金属矿物"和"石属矿物(非金属矿物)",共计45章。该书为矿冶类的通俗读物,侧重于介绍地质构造、矿床岩石种类、矿山勘探、矿石开采方法,以及各种金属矿和非金属矿的种类、性质、用途、炼制方法等。

梁宗鼎著《钢铁之研究》,作新印刷局1922年版。该书是一本普及性的钢铁知识读本。它由18篇可独立成篇的小短文构成,主要介绍钢铁工业的重要性及其在世界和亚洲的发展情况,中国和世界铁矿资源状况,铁矿石、探铁、采铁、制铁、铁、钢的基本常识,铁矿法律,钢铁厂建设的注意事项,以及著名钢铁企业家。

胡庶华著《铁冶金学》,商务印书馆,1926年版。该书为作者根据其留学柏林工业大学时之笔记,以及在克虏伯厂实习之记录整理而成,同时参考德国冶铁专著。"是书为甲种工业学校而编,示以浅近途径,不涉高深学理",兼顾理论与实践,适于学校使用。

王本治编纂、郑尊法校订《冶金学》,商务印书馆,1927年版。本书系作者在湖南第三甲业学校任教时编写,取材于英国相关书籍。内容分24篇,涉及金属之物理性质以及实际应用,继分章单论铁、铜、铅、锡等一般冶金方法,总计550余页。但该书术语译名,未尽妥善,所参考之英文著作,版本较旧。

洪彦亮著《中国冶业纪要》,商务印书馆,1927年版。本书共12章,分铁、钢、金、铜、铅、锌、锡、锑、汞、钨钼锰等稀有金属,以及中国冶业改良论。该书为商务印书馆百科小丛书之一。除介绍各金属的传统与现代冶炼技术,本书还关注中国冶金业的厂矿历史,以及对未来的改良建议。

(二)域外游记

所谓"域外游记",是指国人关于海外游历见闻的文字记载。在此,笔者仅关注1895年前的域外游记。因为在此之前,国人域外游历活动发生频率相对较少,从技术传播的角度而言,这些域外游记以亲历亲闻的鲜明特点在中西方技术传播交流中写下特殊篇章。它们绝非个人跨界经验的简单流露,而是兼具技术传播、文化交流和思想启蒙的意义。这些游记作者身份较为单一,多为驻外使节及其随员,以及部分为受公务差遣而出洋者。1895年后,在"救亡"意识影响下,大批维新志士、爱国青年、开明官绅、商贾精英等群体主动求知于海外,人数大为增加。同时,学校教育、留学教育、科技书刊发行、设备进口等在技术转移过程中的作用凸显。域外游记的技术传播价值相对降低。

鸦片战争后的一段时间内,中国人走向西洋的步伐仍犹疑不决,极少有人踏足西方国土,或虽有人在西方国家学习、生活,但大多未能留下文字记载。如"留学之父"容闳在1847年赴美留学,有丰富域外活动经历,但其《西学东渐记》迟至1909年才完稿,对晚清社会影响相对有限;黄宽于1855年8月毕业于英国爱丁堡大学,获医学博士学位,并于1857年1月回到香港,①但却未留下关于其在海外见闻的域外游记作品。1847年,福建人林针受聘于美国花旗洋行,曾赴美工作一年多,有《西海纪游草》存世,但该书未记载美国的钢铁技术。国人通过域外游记深入了解西方社会,出现在第二次鸦片战争结束后。

1. 斌椿、志刚对西方钢铁技术的记述

第二次鸦片战争结束后,清政府与西方列强建立外交关系。不数年间,"洋人往来中国,于各省一切情形日臻熟悉,而外国情形,中国未能周知"。鉴于此,1866年,利用海关总税务司赫德(Robert Hart)休假回国之机,清政府决定派员与赫德一起游历西方各国,并要求相关人等"沿途留心,将该国一切山川形势、风土人情,随时记载,带回中国,以资印证"②。1866年3月7日,斌椿等人随赫德游历欧洲,至11月13日结束行程,撰有

---

① 张大庆:《黄宽研究补正》,《中国科技史杂志》,2011年第1期。
② (清)宝鋆编修:《筹办夷务始末》(同治朝)卷39,第1~2页。

《乘槎笔记》，记载一行经历。该书关于欧洲的见闻虽不足两万字，但却是近代中国知识分子最早亲历欧洲的游记，具有特殊价值。书中记载了斌椿一行参观德国钢铁企业的行程，描述了克虏伯厂钢铁生产的恢弘气势：1866年7月27日，"申刻至可伦（布国西部），产煤铁与钢。有娄姓开局铸钢炮，极大者重二万斤，价五万两。次者价五六千两。各国多在局定铸。各炉均用火轮法大锤，重万金，一击，其声震地。炮子重百斤，形长首尖，内实火药。敌船包铁厚七八寸者，子能洞之。"①其记载虽较粗略，但这是国人第一次将西方钢铁生产过程以亲历、亲见的方式向国内介绍。

1867年底，清政府鉴于与列强所定商约将届修约之期，决定主动遣使，以免被动应对，遂聘请刚卸任的美国驻华公使蒲安臣（Anson Burlingame）为代表，与总理衙门章京志刚、孙家穀等人一同出使西方各国。清政府将了解西方各国国情作为此行的任务之一。总理衙门大臣、恭亲王奕訢在奏折中指出："近来中国之虚实，外国无不洞悉；外国之情伪，中国一概茫然。其中隔阂之由，总因彼有使来，我无使往。"②该使团于同治六（1867）年十二月启程，至1870年11月18日回到北京，耗时近三年，历访美、英、法、普、俄等西方国家。对此行程，志刚著有《初使泰西记》一书。较诸《乘槎笔记》，该书对西方政治、经济、文化有更为详尽的介绍。

对当时西方钢铁冶炼、加工技术，志刚进行了细致的描述。1868年8月15日，志刚参观了美国"波帝娄"（布法罗，Buffalo）的钢铁企业，详细介绍了熟铁冶炼和加工的过程："铁工爇火炼生铁数千斤，于大炉则难为橐籥。乃即以烁铁之火，蒸水入于轮机，以运大风轮。又使风入于籥以吹火，则是循环为用矣。铁熟，入于轧机使成块，入于滚轴以成板，入于挤机以成条。方尺之铁，滚之则为方丈之板，挤之则为数丈之条，匀净无疵。使他工终日运锤成风以攻之，百不及一矣。轧机如重法层累而下之，其力之递加也十百，以之轧熟铁如泥土矣。滚机轴如碌碡，平面而长。挤机轴身有凹渠数道，或方、或圆，由粗而细，各适所用。两轴横列，上下相依。如欲挤条，则推铁车运赤铁段于轴旁，数人以钩钩起，撞于两轴相依之孔。机动轴转，由此入者由彼出矣。再入再出，由粗而细，顷刻而圆匀直净之条成焉。若修火车铁路之工字条，即用工字凹形之铁滚轴，同此挤法。条成而长者，

---

① （清）斌椿：《乘槎笔记》，长沙：湖南人民出版社，1981年版，第43页。
② （清）宝鋆编修：《筹办夷务始末》（同治朝）卷51，第27页。

则平地有钢齿轮锯以截之。故美国修万余里之火车路,费虽巨而所省者多矣。"①1869年5月20日,志刚在比利时"色阑"(瑟兰,Seraing)参观炼钢厂,介绍了当时欧洲最新式的转炉炼钢技术:"铁中之生性,西人谓之炭性。亦如气中之炭气,谓其粗而浊者也。去其生性,则坚韧而不脆。其厂建大厦,厦有炼炉、化炉,有炼锅,有热风轮机,有窥镜。其中间空处,为就锅灌铸之地。炼炉高三丈许,砖砌如立,覆瓮之半。近上亘铁横梁,贯于炼锅之腹,如欹器,可以仰而受,可以俯而倾。炼锅,如巨深釜而口稍小于腹,以之盛铁汁。化炉在炼炉之右,有嘴接以流汁之槽,如承檐溜之隔漏。由化炉嘴至炼锅口,尚悬空离两丈许。而隔漏接炉嘴之处,有活轴,铁熔成汁,将槽下口转而搭于炼锅之口,拔塞出汁,流入炼锅。足数则仰其锅,使口向里。锅有夹底,内底多斫细眼。近上有进风篱,篱连火机之橐。机动鼓橐,吹风入于夹底,则铁汁沸腾而喷花。而铁中之炭质出。又虑吹风气冷而铁汁凝,则火机所蒸之气本热,就以此气吹之,则无虑其凝。而炼炉之下,又蓺火以烘之。但见锅中火星喷出,上激于半覆瓮券,纷落如雨。炼炉之左设架置小镜以窥火,初红,中白,至纯青而炭气净。时许,炼铁五千,可得净钢四千五百,以之铸枪炮,则细腻坚固,虽轻其体,而胜药力之重矣。向来铸炮,外模易而内膛难。今西法以炼净之熟钢,一气铸如柱,而以机器钻膛,由细至粗。钢以浑为体,故坚而多胜药力,然舍机器而徒用人力,则不可为矣。"②当时,转炉炼钢技术发明未久,志刚的记载或为国人首次近距离体察转炉炼钢作业后的文字记录。

2. 郭嵩焘对西方钢铁技术的记述

蒲安臣使团为临时差派,而非常设的驻外工作机构。该使团结束行程约5年后,清政府正式任命第一位常驻外国公使——驻英公使郭嵩焘。中国近代使节制度由此确立。此后,清政府派驻西方国家的外交人员逐年增多。对于出使各员,清政府有"务将大小事件逐日详细登记"之任务,规定"凡有关系交涉事件,及各国风土人情,该使臣当详细记载,随事咨报"。③1880年代,总理衙门对驻外使臣明确了考察各国国情的任务——"各该使臣受事三年之中,宜如何周谘博访于其国势之盛衰,地形之广狭,风俗之变迁,政教之利病,兵、民、市、舶之多寡,食货、物产之盈虚,以及工艺日新,商

---

① (清)志刚:《初使泰西记》,长沙:湖南人民出版社,1981年版,第37~38页。
② (清)志刚:《初使泰西记》,第106页。
③ (清)席裕福、沈师徐:《皇朝政典类纂》卷474,台北:文海出版社,1982年影印本,第11214页。

情月异"等,"均当逐事讲求,悉心考订,条举件列,荟萃成编,俾运筹者相其情势,以为操纵张驰之机。"①清政府驻外公使及随行人员可谓"开眼看世界"的直接践行者,成为中国近代早期推动西方科学技术在中国传播的重要力量。

翰林出身的郭嵩焘饱读诗书,思想开明,具有超越同侪的远见卓识,对西方资本主义近代文明有深刻的洞察和理解。他于1877年1月抵达伦敦,两年后方才离任归国。期间,他对西方工业文明进行了深入细致的了解,赞誉、钦羡、感佩之情往往不自觉地流于笔端。面对西方钢铁生产技术,他表现出浓烈的兴趣,时常用字数千言,不厌其烦地记载钢铁冶炼的科学原理和技术状况。

在日记中,郭嵩焘详细记录炼铁、炼钢的原理以及转炉、平炉炼钢法。1877年10月26日,郭氏介绍钢与铁的区别:"大率生铁一百斤中带炭五斤,熟铁一千斤中带炭三斤即为钢。"他详细地记述了生铁冶炼和转炉炼钢法:"凡铁石和煤炭炼之,铁质下沉而煤炭之质上浮,乃启炉门为浮桥出炭灰,而于下开沟以出铁。铁熔如水,贯注而下,入小沟成条,即生铁也。再入炉置锅中搅之,使炭气飞化净尽,铁质渐浓如胶,是为熟铁。又稍加入炭气即成钢。""往时炼钢之法,熟铁成方条,厚一寸,用兽骨炭为灰傅其上,外加泥封,置炭炉中,见红火而无焰,用文力[火]煅之,凡半月而成钢。英人有毕希墨尔(即亨利·贝塞麦,Henry Bessemer——引者)者思得一法:制锅如蛋形,下开一孔置管,旁施风箱。鼓风力入管中,倾生铁其中,侧锅以俟其熔化。鼓动风力,乃推锅使正立炉中,管中风力相激薄,铁水不能下溢而翻涌如潮,热力亦加至一倍(大率火力一千九百分,风箱从铁中鼓之,可加热力至三千分),生铁中炭气随热力飞化。以法测量之,约时一分能化炭气几许。稍留炭气二十分之一,微有零畸,则顷刻成钢"。② 1878年6月7日,他记述了转炉、平炉炼钢技术之差别:"卑士买钢炉之制,在于运风行火,使其热力增至二十[千]度。以钢质最难分化,配合之功,全关火候。凡制钢,以净铁(即熟铁)与铸铁(即生铁)合成,约含炭质千分之五。净铁无炭质,铸铁含炭质百分之五。以净铁九分合铸铁含炭质者一分,得炭质千分之五,即成钢也。惟火候甚难,过则炭质化,不及则炭质不匀。故必先倾少许,焠水拗断,以验其点砂。或加火候,或加炭质,使恰如其所欲用之质。

---

① (清)崔国因:《出使美日秘日记》,合肥:黄山书社,1988年版,第42页。
② (清)郭嵩焘:《伦敦与巴黎日记》,长沙:岳麓书社,1984年版,第336页。

马丁炉之制,蓄火力使极烈,足以熔极坚之钢铁。方炉砖砌,引煤气与天气合而着火。炉之两旁,各开火道,互相络通。外置活门,可以开合使左右。由左而右,则左为引煤通气之道,右为出火通烟之道,而钢件位于其中;由右而左则反是。历时稍久,左右二道之热度不同,其引煤通气之道自较冷于出火通烟者。因天气入,吹之使寒;火气过,燠之使暖也。故必约时二刻开合其左右火道之活门,使其由左而右者改为由右而左,以相调换。则天气之入,必过燠暖之火道,与煤气合,其热度自倍甚也。"[1]该文字中的数据不一定精准,但所述工作原理基本正确。郭嵩焘的日记叙述不是直译外文书籍,而是建立在对西方钢铁冶炼技术深入理解的基础上,故能以通俗的笔法将复杂的炼钢工艺生动诠释。

19世纪70年代,英国人马谢特(Rohest. F. Mushet)在其家族长期从事钢铁生产的经验中理解锰作为脱氧剂的使用价值,通过在贝塞麦转炉中加入镜铁(含锰量为15%~30%,含碳量为4.0%~5.0%),得到光滑而严实的钢锭。该技术也被郭嵩焘所关注:"钢价与熟铁等,省工力甚巨,然其钢质脆,不能适用。又有墨协得(即马谢特——引者)者,求得满格尼斯(即锰,Manganese)加入其中,并乘热力飞化而一过成钢,化脆为坚。"[2]

郭嵩焘多次参观欧洲各国钢铁企业,对钢铁生产流程作了细致记载。1877年8月24日,他应邀参观英国"斯多克"(Stoke)地区钢铁企业,在格尔林冶铁矿,亲见平地开挖矿井,"下深四十丈,视矿产厚薄,深者可及数百丈","织铁为绳,系木架上,下容二车,用机器转而上下。又设一吸水机器,以引取矿中之水。凡设机器皆有屋,距矿井甚远,所见吸水机器二座,大率一矿井必有一吸井[水]机器也"。在福达格尔林冶铁厂,他看见"冶铁炉五座,高六丈,围三丈,外施铁为围,其上结砖为顶,旁开火门四,悬铁板障之。日夜烧煤八十吨,冶铁四十吨"。关于炉料配置,则为"凡倾煤一层,倾石灰石一层,然后倾土铁一层。煤与土铁分量相准,石灰石得三分之一(每土铁八十吨,冶之得四十吨)"。炼铁炉配有鼓风机,"前设气筒,贯入五炉中。盖火力得风乃猛,压气贯入炉中,以助火力。炉旁设压力机器二座,压水气贯入气筒以达炉中,又于气筒下治砖为屋收火气。各炉结顶其上,火气不能上腾。砖屋旁有吸气筒,吸炉中火气蓄而伏之,令其气冲入气筒。以虑气筒所收凉气,助火力稍弱;倒吸火力以助之,而其气始烈"。1784年,英

---

[1] (清)郭嵩焘:《伦敦与巴黎日记》,第612~613页。
[2] (清)郭嵩焘:《伦敦与巴黎日记》,第336页。

国人亨利·柯尔特(H. Cort)设立了一种烧煤的反射炉,又名搅拌炉(普德林炉,Puddling)。在炉内的铁水熔化后,靠多人协力,用铁条搅拌,使空气中的氧与生铁中的碳接触,并使其氧化。这是欧洲生产锻铁长期使用的方法,19世纪下半叶,在欧洲许多地区仍在沿用。郭嵩焘亦得亲见:"运入一炉中,与火炉相连。旁设机气(器),逼火入炉,则生铁消化如水。持铁杵搅之,久而渐浓,遂成熟铁。入重机器捶之成圆饼,又锻冶成块,入压力机器压成铁片。俟其冷,入截铁机器截成长方板。又连十余板入炉煅之,再入压力机器,或为圆条如柱,或长方条,或为巨板,或为小圆条。"①1878年7月4日,郭嵩焘应邀访问德国克虏伯钢铁厂。该厂之宏大规模令其印象深刻:"尽一日之力,所至尚不逮二十分之一。"②

郭嵩焘对于钢铁冶炼过程中需要注意和避免的问题有许多科学认识。他认识到:"凡铁矿中,最忌硫黄及锡立嘎(即硅石,Silica)。有此二者,铁产必不旺也。"③对于困扰西方冶金界很久的钢铁含磷问题,郭嵩焘也曾记载。1878年10月25日,他在写道:近年"炼钢简易之法兴而铁厂皆为之心惧",一二十年后,"群用钢为制器之用而熟铁亦将废不用矣。是以近年尤各考求法斯茀斯得(即磷,Phosphorus)之法","炼钢本留为炭气,炭气化钢而铁中磷气未除,则坚而质脆。是以炼钢者忌之,为铁中之磷化分尤不易也"。④

郭嵩焘高度重视钢铁工业的价值,明确指出,"铁钢为制造之根",预言"钢铁时代"即将来临。1878年7月23日,他在巴黎与法国知名科技、文化界人士座谈时指出,"西洋用钢日巨,炼钢亦日精。此时钢价,较之二十年前仅及五分之一,将来必至一切皆炼钢为之,无复铁器矣"。⑤

郭嵩焘是主张中国从器物至文化向西方学习之第一人,其言论对于封闭落后的中国思想界而言,无异于巨石投江,激起百丈波澜。但其不带华夷之辨的开放态度和赞赏西洋文明的激进言论明显超出那个时代国人的接受能力。他希望将在域外的见闻及感想诉诸笔墨,借以唤醒时人,但引起朝野一片訾议谩骂之声。对《使西纪程》一书,举朝"凡有血气者,无不切齿",甚至视之为洋奴汉奸。1877年6月16日,翰林院编修何金寿奏准,将

---

① (清)郭嵩焘:《伦敦与巴黎日记》,第284~285页。
② (清)郭嵩焘:《伦敦与巴黎日记》,第639~642页。
③ (清)郭嵩焘:《伦敦与巴黎日记》,第433页。
④ (清)郭嵩焘:《伦敦与巴黎日记》,第774~775页。
⑤ (清)郭嵩焘:《伦敦与巴黎日记》,第662页。

《使西纪程》"严行毁禁"。① 遭此打击,郭嵩焘将其在海外所记"一切蠲弃,不复编录",不再轻易示人。②

虽毁谤集于一身,但真理之音不会因腐儒的无知而完全屏蔽。"其书虽毁,而新闻纸接续刊刻,中外传播如故也。"③且是非曲直终有大白之日。1890年5月1日,又一位驻英使臣薛福成在日记中写道:"昔郭筠仙侍郎,每叹羡西洋国政民风之美,至为清议之士所牴排,余亦稍讶其言之过当……此次来游欧洲,由巴黎至伦敦,始信侍郎之说。"④

3. 曾纪泽、徐建寅、黎庶昌等人对西方钢铁技术的记述

继郭嵩焘之后,清政府派遣人员出游西方者渐众。截至1895年,清政府共向西方国家派驻常驻公使16人(署理和未成行者除外),出驻11个国家。⑤清政府重申出使人员应主动了解并汇报出使国家的国情及发展状况。19世纪80年代中期,总理衙门复奏道员徐承祖条陈曰:"今日使事,任久责专,广设僚属,优其禄饩,非徒通问修好已也。各该使臣受事三年之中,宜如何周谘博访于其国势之盛衰,地形之广狭,风俗之变迁,政教之利病,兵、民、市、舶之多寡,食货、物产之盈虚,以及工艺日新,商情月异,各市埠有我国商民之区,或归我领事官约束,或仍听彼地方官约束,应如何使之生聚、绥辑,俾无失所,均当逐事讲求,悉心考订,条举件列,荟萃成编,俾运筹者相其情势,以为操纵张驰之机。"⑥因此,许多使臣和随员多留有游记作品。

除驻外使臣及其随员外,还有人因肩负特别使命得以游历西方,并留下相关文字记载,如徐建寅、李凤苞等奉派赴欧洲督造军舰。出洋游历人员思想各异,禀赋不齐,对西方科学技术的态度也不尽一致,但对19世纪下半叶的西方突飞猛进钢铁技术,多抱有浓烈兴趣。其游记作品成为当时国人了解西方社会的重要窗口。

关于西方国家大规模钢铁生产的场景,许多人员印象深刻,留下大量记载。1879年9月4日,曾纪泽参观英国乌里治炮局。"大烟通二十四管,皆矗立于云,如极高浮图。烟通皆开旁门,略泄火焰,故火旺而烟轻。若烟

---

① 中国第一历史档案馆编:《光绪宣统两朝上谕档》(第三册),桂林:广西师范大学出版社,1996年版,第141页。
② (清)郭嵩焘撰;梁小进主编:《郭嵩焘全集》(13),长沙:岳麓书社,2018年版,第460页。
③ (清)张佩纶:《涧于集·请撤回驻英使臣郭嵩焘片》卷1,台北:文海出版社,1973年影印本。
④ (清)薛福成:《出使英法义比四国日记》,长沙:岳麓书社,1985年版,第124页。
⑤ 钱实甫:《清代职官年表》(第4册),北京:中华书局,1980年版,第3028~3038页。
⑥ (清)崔国因:《出使美日秘日记》,合肥:黄山书社,1988年版,第42页。

出过重,使四境居民不便者,则局官有罚。然熔铁大炉,大抵烧煤者少,而燃煤气者多,即使精铁不粘渣秽,亦令浊烟大减"。"盖其规模,亦合通国人士之智力,积数十年之历练,耗无数之财赋而后成焉。故宏博精微,兼擅其胜也"。① 1881年9月13日,曾纪泽参观克虏伯炮局,"游观制造各厂,除造火车、铁路、铁轮之机器外,其余皆与他局无异,但局面宏阔耳"。"水龙公所之丁壮,炼钢厂之工匠,皆以整齐敏捷见长,为他处之所不及"。② 1880年9月28日,徐建寅参观英国格拉斯哥地区的苏格兰钢厂,"见有西门司马丁炉二十二座并列,每炉能成钢十吨至十二吨,历十二小时炼成。用热煤气与热空气,每半小时进出调换一次"。③

许多人员亲眼观看了当时欧洲最先进的炼钢技术。光绪七年(1881)七月初,黎庶昌应邀参观英国谢菲尔德地区的葛美尔钢铁公司,"既又观熔钢法。铁桶径三尺余,长五尺,上颈稍偏窄,如葫芦嘴形。旁有两耳,皮悬能转动。底系夹层,内一层小孔若干,外层有风门三。桶初平置,熔钢汁热至三千度,启炉,承以涧槽,引灌桶内。灌毕,即转桶直竖,使其嘴向上,乃开底门鼓风筒吹之,钢渣喷出丈许,如万星流坠,大类烟火。约半点钟,星渐少,红色渐次转白,知钢质已净。即掺入一种钢质名(此下原缺五字)者,始铸以模,凝结成块"。④ 按此记载,其所记当为英国的转炉炼钢技术。

1889年,近代著名科技专家徐建寅被派往德国订购铁甲兵船,同时,考察兵工、机械、化学工厂。三年间,他参观工厂、科技单位80多个,涉及近200项工艺、设备和管理方法。⑤ 对当时欧洲快速发展的钢铁技术,徐建寅进行了细致的观察,并作了详细记录。1880年3月2日至5日,徐建寅仔细参观了位于法国克路苏地区的司内德钢厂。四天时间,他认真参观了炼钢厂、掉铁厂(熟铁厂)、轧铁厂、铸铁厂、木样厂、煤气炉、煤井、造火砖厂等生产单位。如对炼钢厂的作业过程,他记载道:"内有'别色麻'法桃形炉六座,轮流用之,常用二座。生铁由炼生铁炉运来,乘熔成汁时倾入桃形炉内。以光色分原器观其火色,添入冷生铁块,再吹以风。加以含矽锰质之铁,名'司比司'。此含矽锰质之铁,另在一柱形炉内溶化,而倾入桃形炉内。再吹风一二秒时,以小勺舀取少许,倾入小模内,取出锤打,折断其纹

---

① 曾纪泽:《出使英法俄国日记》,长沙:岳麓书社,1985年版,第245、246页。
② 曾纪泽:《出使英法俄国日记》,第469页。
③ 徐建寅:《欧游杂录》,长沙:湖南人民出版社,1980年版,第89页。
④ 黎庶昌:《西洋杂志》,长沙:湖南人民出版社,1981年版,第99页。
⑤ 贾鸿雁:《中国游记文献研究》,南京:东南大学出版社,2005年版,第129页。

观之。如已合宜,即可倾铸成物。又有转炉,系成熟铁之新法。将生铁先入倒焰炉内熔之,运往倾入横转之炉内,使多遇热空气。添入极好之铁矿块,再转之。"他参观了轧铁厂,写道:"将熟铁坯长条入此厂,先剪断成每块长二尺许,再成捆入倒焰炉,至白热取出,入轧轴间数次,轧成中号铁条。若小条与铁丝,则再剪断入炉加热,而分数次轧之,至成为度。若造大铁板,则用已轧过之扁铁条,纵横成叠,入炭养气倒焰炉内加热至白,以大钳取上铁车,运至大轧轴前之台上。其台下有机关,可令台起落。台中有小轴,能进退转动。铁块至台上,则小轴令其铁块入轧轴间。轧过后,台自举起。小轴退转,而又入铁块轧过,则台又落下。每轧一次,工人将上螺丝旋紧,而轧渐薄。至应得之厚,工人以凹口比量之。其轧轴有三根,上轴轧过,下轴轧回。"他参观煤气炉,见到:"炉在地面下,煤自顶门加入。炉内铺煤甚厚,故养气少入而烧缓,所成之气为炭养气。同式共有四炉,所出之气汇入一空心砖柱内。柱上有大横铁管,又一端亦靠一空心砖柱,气即由柱中通下,入总管,通至倒焰炉内,与空气相合,即燃烧而发大热。"1880年9月30日,徐建寅参观英国布朗钢厂,见别色麻炉、西门司炉。同年11月23日,他参观德国克虏伯兵工厂,观看罐钢炉及其作业过程,了解钢铁质量检验方法。为试验钢条牵引力,他还亲自"用叠微镜窥之,可见加牵力若干而伸长若干,去其力即仍至原数"。①

因长期从事洋务工矿企业建设,且具有一定科技知识,徐建寅参观各大钢铁厂,侧重于从生产实际出发,留心观察各生产环节、生产过程出现的具体问题及其解决方法。如钢铁去磷问题,他注意到法国科鲁苏地区"有一种砂石,研碎涂于别色麻炉内,可去铁内之磷"。另在苏格兰钢厂,他记载了去除钢铁中气泡的方法:"用无硫无磷之生铁,并西班牙之铁三养四矿,以去其生铁内之炭质。加含锰之铁矿使韧。加白砂以减少蜂窝。放至桶内,再加含锰之矿与白砂,惟尚稍有蜂窝。再加热入汽锤打之,即无蜂窝矣。若作铁轨路条者,则加含矽之铁矿,则蜂窝更少,惟已稍脆。若铁成而不打不轧,欲其无蜂[窝]者,则俟流至桶内后,多加以白砂,则所含之炭气速出,而无蜂窝矣,惟更硬脆耳。此为法国新创之法。"②此外,他还对各厂的管理组织、生产成本、产品售价等信息表现出浓烈兴趣,体现出较为鲜明的专业色彩。

---

① 徐建寅:《欧游杂录》,第26~32、103页。
② 徐建寅:《欧游杂录》,第32、89页。

4. 19世纪90年代薛福成、崔国因等人对西方钢铁技术的记述

薛福成长年追随曾国藩和李鸿章从事洋务活动，为洋务派之得力干将。1889年，他接替刘瑞芬出任驻英法义比大臣，于次年1月离沪出洋，到1894年7月回到上海。在这四年半的时间里，薛福成亲赴欧洲工业文明中心，切身体会了近代工业文明之成果，留下关于"天下事理"的大量记载。不同于其他人侧重于记录参观见闻，薛福成注重收集历史资料，不限于记录亲自见闻，"或采新闻，或稽旧牍，或抒胸臆之议，或备掌故之遗"。① 围绕西方钢铁技术发展史、技术原理、技术方法等问题，他进行了十分细致的记载。几乎与此同时，1889年秋到1893年8月，崔国因以翰林院侍读的身份出使美国、日斯巴尼亚（西班牙）、秘鲁，对当时美洲大陆尤其是美国的政治、经济、军事、文化等情况有详细记载。当此二人出使西方之时，西方近代钢铁技术已经趋于成熟，钢铁产量欧美地区出现爆炸式增长局面，钢铁材料已深刻影响人类生产生活面貌。

薛、崔二人都对钢铁工业在近代社会的重要价值有深刻认识。薛福成多次在日记中谈到："五金之矿，铁之为用远胜于金银铜锡。""金类之中，铁最多，功用亦最大，质性最便于制造，利益远胜于他金，洵天下之真宝也"。"五金以黄金为君。而论其利用，则当以铁为君"。② 1890年夏，他在奏折中明确提出，"炼铁、织布两大端裕强兵富国之谋，握利用厚生之本"。③ 可谓近代中国"棉铁主义"经济思想之先声。19世纪末，美国成为世界第一钢铁生产大国。处此环境之中，崔国因对"煤铁为富强之本"当有切身体会。其在1890年2月16日的日记写道："煤、铁二者，乃富强之至宝。盖以枪炮、兵轮、火车均非煤铁不能成；而机器各局所以制造枪炮、轮船、铁路、火车者，亦均恃乎煤铁。推之，铁甲、炮台、起重机器，均煤铁是赖。则以煤铁为富强之本，信乎然也。"④

在日记中，他们对驻在国钢铁技术飞速发展、钢铁产能迅猛扩张的钦羡之情跃然纸上。崔国因在1889年10月12日日记中赞叹美国钢铁产能规模之宏大："美国炼铁厂每年所出钢铁一千三百万吨。其炼铁厂内，熔铁

---

① 薛福成：《出使英法义比四国日记》，长沙：岳麓书社，1985年版，第60页。
② 薛福成：《出使英法义比四国日记》，第203、628、691页。
③ 薛福成：《陆续订运湖北炼铁织布机器情形片》（光绪十六年七月初六日），《出使奏疏》卷上，光绪甲午刻本，第18页。
④ 崔国因：《出使美日秘日记》，合肥：黄山书社，1988年版，第79页。

之炉五百余座,压铁机器四百余件,压铁之炉六千余具,化钢之炉不可胜计,其法亦多。造钢之厂计一百三十余所。三十年前,每钢一吨值银一百四十两。自新法出,而造成较易,近日每钢一吨只值银二三十两。计每年所用钢四百兆吨,所省银三四百万两,然则新法之益大矣。"①光绪十六年(1890)十二月,薛福成参观欧洲著名钢铁厂。在法国,他参观了科鲁苏和山沙孟钢铁厂,对两厂庞大的生产规模印象深刻。如科鲁苏厂"开煤炼铁,造成各种机器、汽车,并代各国造钢甲、钢炮。厂内工匠共一万五千名,每日造成之物极多,皆由铁路运出"。山沙孟钢铁厂"工匠共约万人,所造亦铁甲、大炮并汽车各机器,而炼钢之法,则与科鲁苏相异而更妙。巴黎以外,沿路稍小之铁厂、煤井,不下数十百处,工人数百至数千名不等"。② 在德国,薛福成参观了艾森地区的克虏伯兵工厂。艾森"煤矿甚多,有四矿属克鲁伯厂,每日出煤四千吨,足敷厂中之用;此外各矿属他公司者,亦不少"。"计各项工人及其室家仰食此厂者,共有六七万人"。克虏伯厂"分为子厂者数十百所;大抵各事其事,不相闻问,所以其业能专。然地大而厂多,非尽一两月之力,不能穷其胜也"。③

薛福成有追本探源的求知精神,对钢铁的性能差异及其成因、冶炼设备构造与作业过程、不同炼钢方法的优劣之处、西方钢铁工业发展历史等问题,他在日记中都进行了细致的梳理和记录。1892年,薛福成替湖广总督张之洞在比利时订购炼钢设备。从其日记看,当年夏秋时节,他曾较为系统地学习西方钢铁冶炼知识,并详细摘录于日记中。

他陈述了18世纪初以来,西方钢铁技术的发展历史,介绍钢的性能差异及其成因:"格致家以化学论钢之性,金谓钢有五异质,大能改变其体:一,炭;二,磷;三,矽;四,锰;五,硫。议者各宗一说。如钢含炭质,或喜其多,或喜其少。钢含锰质,或谓足增钢之韧,否则热时必脆;或云上等之钢不可含锰,含锰则不坚。钢内含磷,利弊难定。"他在日记中摘录了生铁与熟铁之分别:"生铁与熟铁之别,在含炭之多寡。生铁含炭多,冶之易熔;熟铁含炭少,极难熔化。生铁置炉,以风箱鼓风,即能融化;熟铁置炉烧之,止能热至白,使焊连而不能融。又有别者,生铁能受挤力,熟铁能任牵力。无论造房屋、造桥梁、造器具,应豫知何处需挤力,何处任牵力,而配其料之尺

---

① 崔国因:《出使美日秘日记》,合肥:黄山书社,1988年版,第11页。
② 薛福成:《出使英法义比四国日记》,第274页。
③ 薛福成:《出使英法义比四国日记》,第279、281页。

寸焉。汽机、机器等件,定而不动者,大半受挤力;常行动者,大半受牵力与扭力。故动件以熟铁为之;定件以生铁为之。"①

1892年10月19日,他摘录渗碳钢、罐钢和贝色麻钢的炼制方法:"将熟铁条入箱,令与木炭相切,连加大热;阅数日住火,使渐冷取出。其铁则质变为钢,面有大泡,谓之泡面钢。此熟铁变钢之理,化学家尚未能知也。泡面钢剪成短条,用铁丝捆缚,锻至粘合,以汽锤打连引长,则质匀密。""又新法,以上等瑞典熟铁,成泡面钢,打碎盛火泥罐内,加大热熔之,熔时加以木炭粉,倾铸成块,其质坚而匀细,较剪钢尤佳,此之谓铸钢,亦谓之生钢。后有人以锰与养和入炭粉,乘钢熔时每百分加以一分,能使钢质更细。""别色麻能于熔化生铁内,鼓风烧去异质,而变熟铁变钢;惟炼时热度极大,常炉不堪任受,而热尚难足用。久之,乃造大罐形炉,能盛熔化生铁,鼓以空气,历三十分时,已成熟铁。……进风之法,于炉底通数管。必先鼓风,而后进熔化生铁。如先进铁料而后鼓风,铁料易塞"。②

次日,他记录西门子马丁炼钢法的发明经过,以及应注意之地方:西门子"至一千八百六十一年,始造成回热煤气炉,大为得法;知用于炼钢之倒焰炉,必能合用,乃代数厂造此种煤气炼钢炉。有一处用此炉,熔化生铁与零碎铁块成钢。西门子在英国考求此法之时,法国有马丁者亦考得相类之法,能于倒焰炉炼得上等钢。其稍有不同者,马丁将熟铁和于碎钢,置于熔化生铁内制炼成钢;西门子则以生铁或铁矿,径变为钢,是以异也。变通二法,合而并用,则谓之西门子马丁炼钢法"。"此法炼钢,有一大难,盖炉内必得极大之热。寻常火砖极易熔化,必择用极能耐热之料,法以净石英轧碎成粉,每百分加生石灰若干,使有粘性,则见大热不熔;炉底铺以白沙,沙内配易熔之细沙,和匀加热,至钢熔度则结成硬块"。③

10月25日,他介绍平炉钢炼制方法及其优点:"先将生铁熔于炉底,再添熟铁零块或圆块,由渐而入,必俟先添者熔化后始再添;以勺取其熔料少许,倾冷水淬之,试其韧性,验其剖面,以定火候后,每百分添以'司拜古来孙'六分至九分,俟熔则开炉放出,倾于模内。用此法每生铁百分,须配熟铁或零钢料三百分至一千分。如炉内置生铁料十吨至十二吨,熔炼七八点钟之久,渐添熟铁等料,则七日内能成钢块一百吨至百二十吨。每成钢

---

① 薛福成:《出使英法义比四国日记》,第630~632页。
② 薛福成:《出使英法义比四国日记》,第634~635页。
③ 薛福成:《出使英法义比四国日记》,第635~636页。

一吨,需煤十三四吨。另以炉烧成煤气,通入炼钢之炉,用此法于炉内,亦可添上等铁矿炼之。""西门子与马丁法之倒焰炉,有一大益:欲成上等钢,不必限以定时。炉内之料,可取出少许验之,如不合宜,则添零钢或生铁或铁矿,配其所需炭质数;而后加'司拜古来孙'若干,所配之数,亦有一定。无论何种零钢碎铁,皆可变为美钢。近来多将废铁路条变为上等精钢,又能铸成极大钢块。又凡造紧要之器物多用之,而不敢代以别色麻钢"。①

次日,他介绍欧洲钢铁材料的使用状况:"今造铁路,多改铁条为钢条,即修理旧路,亦以钢代铁;统计欧洲岁造钢轨料,有四百余万吨之多,盖钢条比铁条耐久数倍,有胜至十余倍者。近来造船家亦多用钢,因钢皮比铁皮更轻而坚也,故渐废铁皮而用钢皮;钢轻于铁约四分之一,故钢船吃水浅而进出口岸较易。近来造锅炉者用钢板,亦大得益,盖锅炉体可小而轻也;坚过熟铁,内受汽之抵力虽大,亦不致险,所需烧料更少。近来造炮、造弹、造铁甲,亦多以钢代铁。炮体轻而装药更多,放弹更远;造甲足御锐弹,甚难攻穿;造礟弹则体薄而多容礟药。此外钢之为用,不胜枚举,如大小钢丝,或钢丝绳、钢链、汽车之轮轴、轮牙,兵商船之空心钢桅、钢杆、钢绳,以及钢笔、钢钟、钢刀、钢器,不一而足。前者,生熟铁与钢,三者分立局厂;今合为一。盖炼矿成生铁,止加热一次即可制成铁块钢块,轧成条板薄皮,一火而成,大省烧料。故今之钢价最廉,与生熟二铁无甚轩轾也。"②

19世纪下半叶是钢铁工业急速构造、改变世界的时代。许多域外游记的作者已经敏锐地察觉到这一现象,他们不吝笔墨,对相关国家钢铁生产技术和工业发展情形作了大量深入细致的描述。不同于晚清报刊的科技文章,这些文字描述的作者在中国具有较高的社会声望,其作品往往是作者的亲身体验和切身感受,其遣词造句和写作风格也契合国人的阅读习惯,相对而言,具有更强的感染力和传播力,对近代钢铁技术传播发挥了积极作用。在中外钢铁冶金技术传播史上,1895年前的域外游记对相关技术的记载在许多领域都具有首创意义,不应被忽视。

但我们也必须看到,这些游记作品的作者并非职业科技传播者,其职业身份、兴趣爱好往往对信息的选择产生重要影响。加上知识结构和认识水平的原因,绝大多数人实际上不能完全胜任科技传播的任务,无法将知

---

① 薛福成:《出使英法义比四国日记》,第638页。
② 薛福成:《出使英法义比四国日记》,第638~639页。

识信息进行一定的加工处理,转换成受传者可以理解的语言,更无法直接参与指导钢铁工业建设实践。如郭嵩焘就经常自叹"生平于此种学问,苦格格不能人"。① 他们所能承担的,仅仅还是科学技术的启蒙作用。

(三)海外留学

中国人留学海外的历史较为久远,但在洋务运动以前,总人数较少。所谓的"留学生",绝大部分接受西方教会组织之资助,赴意大利接受神学教育。这种留学活动为个人行为,与国家派遣无关,不具备学制变迁意义。据台湾学者方豪考订,自明末至同治以前,中国人赴欧洲留学者,计114人。这些留学生的留学活动基本上都与欧洲教会组织有牵连,留学地点主要集中在意大利那不勒斯。② 西方教会培养这些人的目的是希望他们成为在中国传道的传教士。中外科技交流层面的留学活动出现于洋务运动期间。

1. 洋务运动时期的海外留学活动

早在鸦片战争时期,以魏源、林则徐为代表的开明政府官员就提出了师"夷"的主张,但这种主张只是极个别官员的呼声,且其基本价值立场是建立在文化的偏见基础上。第二次鸦片战争结束后,清政府虽迈出了师"夷"的艰难一步,但直接派员赴外国学习长技的活动仍面临巨大阻力。随着洋务运动的开展,清政府越来越意识到西方工程技术的重要性。为学习国外先进科学技术,"使西人擅长之技,中国皆能谙悉",19世纪70年代,清政府开始遣派留学生。至甲午战前,共派遣留美幼童及留欧学生200余人。这批学生归国后,在邮电、海关、铁路、造船、矿业等工程技术领域作出较大贡献。

近代中国留美教育之兴起与容闳关系至为密切。1828年11月,容闳生于距澳门西南四英里之彼多罗岛(Pedro-Island),少年时代进入西方人在澳门、香港所办学校,1947年初,离开中国,赴美国马萨诸塞州之孟松学校(Monson Academy),1850年进入耶鲁大学,4年后毕业。作为留学美国之先驱,容闳深受西方良好教育之影响,欲"以西方之学术,灌输于中国,使中国日趋于文明富强之境",毕业后毅然回国。同治年间,他曾多次条陈丁日昌、文祥、曾国藩、李鸿章等人,建议"选派颖秀青年,送之出洋留学,以为

---

① 郭嵩焘:《伦敦与巴黎日记》,长沙:岳麓书社,1984年版,第724页。
② 方豪:《同治前欧洲留学史略》,载《方豪六十自定稿》(上),台北:台湾学生书局1969年版,第379~402页。

国家储蓄人材"。① 1871年,曾国藩等奏准:"拟选聪颖幼童,送赴泰西各国书院,学习军政、船政、步算、制造诸学,约计十余年业成而归,使西人擅长之技,中国皆能谙悉,然后可以渐图自强。"② 1872—1875年间,在曾国藩、李鸿章等官员的推动下,清政府先后分四批向美国派遣120名幼童。

清政府较为注重矿冶技术人的培养。1877年,针对留美幼童,李鸿章多次致函留学监督,提请其留心西洋的矿冶技术:"中国所亟宜讲求者,煤铁五金之矿,未得洋法,则地宝不出。现在台湾、湖北等处开煤,所请英人高下不等,所用机器原委难明,其余各省因无人指授,不免观望。如出洋学生内有颖异可造之才,望送入矿务学堂,先穷究其理器。一二年后,再令游览美国五金矿所,或暂充工役,或随同研究,必自能辨识地产之有无、厚薄,机器之如何用法,融会贯通,可得上等考单。确有把握,然后遣回,再发往各省矿局试用,庶于国计有裨,千祈留意。"③ "中国现议开采煤铁,以为富强之基,而试验煤层厚薄、铁质粗精,必须延订洋师。内地风气未开,每以事涉洋人,即多扞格,是矿学尤目前最要之务,各童中亦须留意研求。"④ 为此,部分幼童选择学习矿冶专业。比如,吴仰曾(第一批)进入哥伦比亚大学矿冶学院;邝荣光(第一批),就读于拉法叶学院;陈荣贵(第一批),就读于哈特福德高中;陆锡贵(第一批),就读于哈特福德高中;唐国安(第二批),就读于耶鲁大学;梁普照(第二批),就读于北安普敦高中;邝景扬(第三批),就读于麻省理工学院。⑤

同光时期,国内"夷夏之防"观念依然根深蒂固。此次向美国派遣幼童,李鸿章等人破除种种阻力,计划得以实施,但自始至终受到朝廷守旧官员的攻讦。1880年,留学事务管理机构——驻洋肄业局总办吴嘉善攻击留美学生"腹少儒书,德性未坚,尚未究彼技能,实易沾其恶习,即使竭力整饬,亦觉防范难周,亟应将局裁撤"。驻美公使陈兰彬等人推波助澜,迭称局务流弊孔多,亟宜裁撤。1881年6月8日,总理衙门奏请裁撤出洋肄业局,"将出洋学生一律调回"。⑥ 1881年秋,在大部分人员在未完成学业的

---

① 容闳著,徐凤石、恽铁樵译:《西学东渐记》,长沙:湖南人民出版社,1981年版,第85~86页。
② (清)曾国藩著:《曾国藩全集》奏稿(下),石家庄:河北人民出版社,2016年版,第343页。
③ 顾廷龙、戴逸主编:《李鸿章全集》信函四,第8页。
④ 顾廷龙、戴逸主编:《李鸿章全集》信函四,第160页。
⑤ 何国樑:《华人在美成就录》,上海:上海科学技术文献出版社,2014年版,第107页。
⑥ 参阅林子勋:《中国留学教育史》,台北:华冈出版有限公司,1976年版,第37~41页。

情况下,留美幼童 100 人遭返完毕。① 近代早期中国向海外派遣留学生之活动遭遇重大挫折。

尽管如此,这批留美幼童较诸国内同龄人仍接受了较为系统和严格的西方近代科技教育训练,归国后,部分幼童经过继续教育和实践训练,在一些岗位发挥作用。据拉法吉(Thomas Lafargue)考证,上述吴仰曾等人进入开平矿务局在唐山创办的路矿学堂,由美国工程师巴特(E. K. Buttles)执教,日后,"他们为中国矿业做出了相当的贡献,他们是中国第一批矿冶工程师,他们开发了东自东北地区,西到甘肃各省的矿产宝藏"。② 吴仰曾于 1886 年重新进入英国伦敦皇家矿冶学校,1890 年完成学业后归国,曾参与开发热河三山银矿,调查江浙地区的煤和五金矿产,出任开平矿务帮办、总工程师等职。1909 年,他被清政府授予工科进士。邝荣光成为清末著名的采矿工程师,参与过许多煤矿的勘测工作,曾发现湘潭煤矿,绘有《直隶省地质图》和《直隶省矿产图》。1909 年,清政府授予其工科进士。温秉仁后自费赴英国留学,学习采矿、熔炼技术,回国后在国内矿业界具有相当影响力,1908 年被清政府授予工科举人,曾协助汉冶萍公司勘探矿产。此外,留美幼童中,邝炳光、梁普照、黄仲良、陈荣国、罗国贵、唐国安、吴焕荣、辜鸿铭、伍光建、王勋廉、温秉仁、刘冠雄等也从事过地质矿业工作。

洋务运动时期,除清政府资助外,还有一部分自费留美生,人数不少于 45 人。③ 但因资料遗缺,多数人的详细学习情况不得而知。

继向美国派遣幼童之后,清政府向欧洲派遣留学生的活动也在光绪初年启动。这主要为福州船政局向英、法两国所派学生。福州船政局(简称"闽局")设厂时,确立的目标是在洋匠的训练下,经过若干年的学习,实现从原料生产到舰船制造的自主生产经营,设有前、后学堂。1873 年,船政大臣沈葆桢鉴于洋匠期满,而中国员匠根底太浅,认为"欲日起而有功,在循序而渐进,将窥其精微之奥,宜置之庄岳之间",建议前学堂学生赴法国,深究造船之方及其推陈出新之理,后学堂学生赴英国,深究驶船之方及其

---

① 1877 年前曾遣返 9 人,另有大约 10 人滞美未归。
② [美]拉法吉著,高宗鲁译注:《中国幼童留美史——现代化的初探》,台北:华欣文化事业中心 1982 年版,第 117 页。
③ 李喜所、刘集林等著:《近代中国的留美教育》,第 52 页。

练兵制胜之理。① 此为闽局向欧洲派遣留学生之最初动议。1875年,闽局洋监督日意格回国,沈葆桢派遣魏瀚及其他4人随行赴法国学习船政。次年,李鸿章派遣卞长胜、王得胜等7人赴德国学习陆军。此为中国学生留学法、德之先声。

闽局向欧洲大规模派遣留学人员的计划在1877年得以施行。光绪二年(1876)十二月,李鸿章等奏准派遣福建船厂学生及艺徒30名,赴英法学习海军及制造,并派监督二人管理其事。此次留学活动对学生学业有相当之要求,规定了学习"制造"的任务:"选派制造学生十四名、制造艺徒四名,交两监督带赴法国学习制造。此项学生即宜另延学堂教习课读,以培根柢,又宜赴厂学艺,以明理法,俾可兼程并进,得收速效,以备总监工之选。其艺徒学成后,可备分厂监工之选。凡所习之艺,均须极新极巧,倘仍习老样,则惟两监督是问。""总以制造者能放手造作新式船机及全船应需之物,驾驶者能管驾铁甲兵船回华,调度布阵丝毫不借洋人,并有专门洋师考取给予确据者,方为有效"。② 近代船舶建造涉及钢铁冶炼、加工工艺,因此,清政府特别提到矿冶知识的学习:"制造、驾驶两项学生之内,或此外另有学生愿学矿务、化学及交涉公法等事者,由监督会商挑选。"

1877年3月31日,清政府以日意格为洋监督,道员李凤苞为华监督,随员马建忠、文案陈季同、翻译罗丰禄以及学生26人、艺徒4人启程奔赴欧洲。③ 次年,因华洋监督谓艺徒不敷分配,乃续派艺徒5人。④ 35人中,有多人学习矿冶技术。清政府驻英公使郭嵩焘亦曾向李凤苞建议学习钢铁冶炼技术:"嵩焘欲令李丹崖携带出洋之官学生改习相度煤铁及冶炼诸法,及兴修铁路及电学,以求实用。"⑤李鸿章曾奏报学习矿冶技术的学生、艺徒的就学去向:"其在法之制造生先送四生入削浦官学,五生入多廊官厂,其余派入汕答佃官矿学及科鲁苏民厂,分习开采、烹炼、镕铸等事。旋经商明部臣,将汕答等处五生入巴黎官矿学其制造。"

---

① 陈学恂、田正平编:《中国近代教育史资料汇编·留学教育》,上海:上海教育出版社,1991年版,第225页。
② 顾廷龙、戴逸主编:《李鸿章全集》奏议七,第258、259页。
③ 学生26人分别为:郑清濂、罗臻禄、李寿田、吴德章、梁炳年、陈林璋、池贞铨、杨廉臣、林日章、张金生、林怡游、林庆昇(以上学习制造),刘步蟾、林泰曾、蒋超英、方伯谦、严宗光、何心川、林永升、叶祖珪、萨镇冰、黄建勋、江懋祉、林颖启(以上学习驾驶),学习制造艺徒4人为裘国安、陈可会、郑瑞珪、刘懋勋。
④ 此5人为:张启正、王桂芳、任照、吴学锵、叶殿铄。
⑤ 郭嵩焘:《郭嵩焘诗文集》,长沙:岳麓书社,1984年版,第190~191页。

经过数年的学习,部分学生、艺徒取得优异成绩。1886年,署洋监督恭萨克报告称:闽厂首批出洋学生中,能造船者9名,能开矿者5名,能造火药者1名,通晓军务工程者2名,能造炮者1名,能充水师教习者1名,能充驾驶者13名,能充匠首者9名,调往德国肄业无从考查者2名,病故者2名,其中,"矿务学生五人,考试以林庆昇、池贞铨为最优,张金生、罗臻禄、林日章次之。池贞铨、罗臻禄可派查看地势,制造木炭并设厂炼铁;林庆昇、张金生可派管理铁厂并添设钢厂;林日章可派管铁厂之化学学堂"。"艺徒刘懋勋,凡上等匠首应知之艺皆能通达,可充铸铁局匠首或派绘画船图"。"王桂芳、任照、吴学铿可派入拉铁厂充当查工或在机器局襄助,三人以王桂芳为领袖"。①

福州船政局首批学生归国后,1881年,李鸿章又奏准福州船政学堂10名学生赴欧洲留学。② 1885年,李鸿章、曾国荃会同船政大臣裴荫森会奏,选派闽厂学生及北洋水师学堂学生合计34人赴欧洲留学,学习驾驶、制造技术。③ 此两批学生的学期均为3年,其中虽无专习矿冶技术者,但在各自专业多有优异之表现。④ 1897年春,闽局挑选旧班学生施恩孚等6人赴法国学习制造新法,期限6年,该生拟在法国学习3年,但至1900年秋,因经费困难,出使法国大臣裕庚奏准将学生撤回。此后,闽局再未派学生出洋留学。⑤

福州船政局向欧洲派遣的留学生也出现了中国最早一批矿业技术人员(详见表14),对中国矿业建设产生一定影响。如在汉阳铁厂建设过程中,池贞铨(福州船政学堂前学堂第一届毕业生,曾入法国巴黎矿务学堂学习,曾查勘湖南煤矿、马鞍山煤矿)⑥、张金生(福州船政学堂前学堂第一届毕业生,试采大冶明家山煤矿)⑦曾分别受派查勘各地煤矿。

---

① 陈元晖主编:《中国近代教育史资料汇编·洋务运动时期教育》,上海:上海教育出版社,1992年版,第983~984页。
② 分别为:陈伯璋、陈才瑞、王庆瑞、黄庭、王回澜、李芳荣、王福昌、魏瀍,以上学生学习制造,李鼎新、陈兆艺学习驾驶。其中,陈伯璋、陈才瑞调往德国,陈才瑞病故。(参见薛福成:《出使英法义比日记》,长沙:岳麓书社,1985年版,第206页)
③ 学习制造的学生14人,分别为:郑守箴、林振峰、陈庆平、王寿昌、李大受、高而谦、陈长龄、卢守孟、林志荣、杨济成、林藩、游学楷、许寿仁、柯鸿年。
④ 薛福成:《出使英法义比日记》,第206~207页。
⑤ 陈元晖主编:《中国近代教育史资料汇编·洋务运动时期教育》,第948页。
⑥ 湖北省档案馆编:《汉冶萍公司档案史料选编》(上),第75、77页。
⑦ 陈旭麓、顾廷龙、汪熙主编:《汉冶萍公司》(一),第18页。

表 14　福州船政局赴欧洲留学矿冶技术人员略表

姓名	游学就职经历	技术专长
任　照	1869 年入闽局学习技艺,粗通法语、绘算。1878 年,以艺徒身份留学法国,入法国汕萨穆铁厂 1 年,专习炼铁、镕钢。1880 年归国,充闽局铁胁厂兼船厂监工。	拉打铁胁、铁甲,兼习提炼钢铁
王桂芳	1868 年入闽局学习技艺,粗通法语、绘算。1878 年,以艺徒身份留学法国,入法国汕萨穆铁厂 1 年,专习炼铁、镕钢。1880 年归国,充闽局拉铁厂监工。	拉打铜铁,兼习提炼钢铁
吴学锵	1869 年入闽局学习技艺,粗通法语、绘算。1878 年,以艺徒身份留学法国,入法国汕萨穆铁厂 1 年,专习炼铁、镕钢。1880 年归国,充铸铁厂监工。	打铸铜铁,兼习轮机
林庆昇	1867 年入闽局绘事院学习测绘、法语及格致算学。1877 年留学英、法、比利时。期间曾入巴黎矿务学堂学习,并赴德国考察各矿局和矿山。1880 年归国,发现穆源铁矿,嗣赴台湾总司煤矿工程,后于闽局拉铁厂料理拉铁工程。	矿务、采铁、炼铁、炼钢
池贞铨	1867 年入闽局绘事院学习测绘、法语及格致算学。1877 年留学英、法、比利时。期间曾入巴黎矿务学堂学习,并赴德国哈次考察各矿局和矿山。1880 年归国,发现穆源铁矿,后于闽局拉铁厂料理拉打铜铁工程,兼仿造洋火砖。	矿务、采铁、炼铁、炼钢
林日章	1868 年入闽局绘事院学习测绘、法语及格致算学。1877 年留学英、法、比利时。期间曾入巴黎矿务学堂学习,并赴德国哈次考察各矿局和矿山。1880 年归国,勘验开平煤矿、穆源铁矿,后受派管理闽局轮机厂制机工程。	矿务、轮机
张金生	1877 年留学英、法、比利时。期间曾入巴黎矿务学堂学习,并赴德国哈次考察各矿局和矿山。1880 年归国。	矿务
罗臻禄	1877 年先汕答佃官学,习矿物学,后转巴黎矿务学校,曾赴德国哈次考察各矿局和矿山。1880 年归国。	矿务

资料来源:1.《船政奏议汇编》,卷 31,页 17～23;《李鸿章全集》奏议九,第 271 页。2.陈学洵主编:《中国近代教育史教学参考资料》(上册),人民出版社,1986 年版,第 164 页。3.陈元晖主编:《中国近代教育史资料汇编·洋务运动时期教育》,上海:上海教育出版社,1992 年版,第 966～969 页。

　　除留美幼童和闽局向英法所派学生外,甲午战争前,清政府出使欧洲各国大臣在赴任前,也随带了部分使馆留学生。1890 年,总理衙门奏准出使英、俄、德、法、美各国大臣,每届可带学生 2 名出国。但 1895 年前,所带学生均以赞襄使署文牍为务,并非严格意义上的留学生,与工程科学技术的关联也不大。另外,还有少数人在传教士影响下自备川资,赴欧美留学,如何启、伍廷芳在 19 世纪七八十年代赴英国学习法律,另有数十名自费留美生。但据现有资料,所学知识很少与矿冶专业有关。

2. 清朝末年的海外留学活动

甲午战争使中国面临空前严峻的生存危机,变革教育制度的呼声日益高涨。在抨击传统教育的落后与弊端的同时,越来越多的人将眼光投向国外,希望通过留学教育培植人材。1895 年,严复在《救亡决论》中称,救国之道"非造铁道用机器不为功;而造铁道用机器,又非明西学格致必不可。"次年,张之洞上《选派学生出洋肄业折》,建议清政府向英法德派遣留学生,培养教育师资。

在此背景下,清政府的留学政策逐步形成,海外留学人数逐渐增多。1898 年 8 月 2 日,光绪谕旨:现在讲求新学,风气大开,惟百闻不如一见,自以派人出洋游学为要。① 清末留学生选派资助机构比较杂乱,总理衙门、学务处(学部)、地方督抚、学校等都参与相关事务。如 1896 年,署两江总督张之洞奏派 40 人分赴英德法学习西学;1904 年,江苏巡抚端方挑选 40 人赴欧洲各国学习武学及农工制造、路矿、商务等科。京师大学堂、山西大学堂、北洋大学、南洋公学也选派许多学生赴欧美各国留学。各省派出留学生之前,一般需先知会总理衙门、学务处(学部),并通过考核方能办理公派出洋事宜。当然,自费出洋学习者不拘于此。1906 年,清学部规定,嗣后无论官费、私费留学生,皆应切实考验,必须"具有中学堂毕业程度,通习外国文字能直入高等专门学堂者",才能咨送出洋。② 1908 年春,清政府任命蒯光典为首任留欧学生监督,启用欧洲游学生木质关防,但次年即遭裁撤,改由各驻外使臣遴派专员管理驻在国留学生事务。

在向海外派遣留学生的过程中,清政府提倡学习农、工、商、矿等实用学科的倾向较为明显。1899 年 9 月 1 日,清廷谕旨:"向来出洋学生学习水陆武备外,大抵专意语言文字,其余各种学问均未能涉及。即如农工商及矿务等项,泰西各国讲求有素,夙擅专长,中国风气未开,绝少精于各种学问之人。嗣后出洋学生,应如何分入各国农工商等学堂专门肄业,以备回华传授之处,着总理各国事务衙门详细妥订章程。"谕旨下,总理衙门奏遵议出洋学生肄业实学章程,称:历届出洋学生,每届三年回华,为时既暂,且专攻语言文字、肄习水陆武备,而于各国农工商务、矿务未有专门精肄回华

---

① 陈元晖主编:《中国近代教育史资料汇编·留学教育》,第 3 页。
② 朱有瓛主编:《中国近代学制史料》第 2 辑(上),上海:华东师范大学出版社,1987 年版,第 733 页。

传授者。为此,总理衙门建议:出使大臣督令现派出洋学生各肄业专门之学;选译农工商矿各书;宽筹经费,续派高等学生出洋肄业;出使参赞随员亦可肄习各学;学生学成归国,甄别优劣,分发委用。1905 年 9 月 1 日,清廷谕旨,要求各省选派学生出洋留学,"皆应讲求实学专科,以期致用,毋得避难就易,徒托空言"。1908 年 10 月 15 日,学部等奏准选派子弟分送各国学习工艺,称:"近来各省派往东西洋之游学生,为数亦已不少,然以未经中学堂毕业,普通学(指算学、理化、博物、图画等学——引者)不完备,出洋以后,见夫法政等科,可不必习普通学而躐等以进,于是避难就易,纷纷请习法政,以致实业人才愈见其少。""自本年为始,嗣后京师及各省中学堂以上毕业之学生,择其普通学完备,外国语能直接听讲者,酌送出洋,学习实业。并令此后凡官费出洋学生,概学习农工格致各项专科,不得改习他科。又,以前自费出洋之学生,非入高等以上学堂学习农工格致三科者,不得改给官费,其认习实业已给官费之学生,亦不准中途改习他科,如此量为限制,庶几实业人才可以日出,而富强之效可睹矣"。①

在清政府的提倡和鼓励下,官费、自费出洋学生日益增多,修习矿冶技术者亦不乏其人。就国别而言,中国留学生人数最多的国家为日本,其次为美国,欧洲各国相对较少。

日本成功崛起的经验,加上中日间路程较短、文化相近、费用较省等有利条件,使得清末出现以留日学生为主的出国留学潮。清政府正式官派学生赴日留学始于 1896 年。是年,唐宝锷等 13 人赴日留学。1898 年,御史杨深秀鉴于日本崛起之经验,指出"日本讲求西学大著成效,又与中国近在同洲,往来甚便",认为"中华欲游学易成,必自日本始"。张之洞著《劝学篇》,特别强调,"游学之国,西洋不如东洋"。与此同时,日本政府主动提出愿意吸纳中国留学生。总理衙门乃制定游学章程,将京师同文馆东文学生,并由南北洋大臣以及两广、湖广、闽浙各督抚在辖区学堂中遴选年幼颖悟、粗通东文的学生,陆续派往日本。1898—1901 年间,赴日学生人数总数约为 651 人(包括自费前往者)。② 庚子之变,国难日深,变法之要求益发迫切,而疆吏之言新政,几无不以游学为救亡之策。光绪二十七年(1901)五月,张之洞、刘坤一会奏《筹议变通政治人才为先折》,鉴于国内办学经费少、师资缺的现状,建议"奖劝游学"。因"教法尤以日本为最善,文

---

① 陈元晖主编:《中国近代教育史资料汇编·留学教育》,第 8~11、4、33~34 页。
② 李华兴、陈祖怀:《留学教育与近代中国》,《史林》,1996 年第 3 期。

字较近,课程较速;其盼望学生成就之心,至为恳切。传习易,经费省,回华速,较之学于欧洲各国者,其经费可省三分之二,其学成及往返日期可速一倍",故将日本作为出洋游学首选之地。① 1903年12月21日,管学大臣张百熙奏请《大学堂选派学生出洋游学折》,主张学习日本,从京师大学堂中挑选人员留学日本和西洋,培养大学师资。在清政府的奖掖和督促下,赴日留学者如过江之鲫,掀起一股声势浩大的留日狂潮。到1906年,据清学部估算,约有一万二三千人之多。

清末中国留日教育虽已蔚然兴起,但存在明显的局限性。因当时国内新式教育基础薄弱,留日学生出国前基础较差,出国后能进入高等院校者极少。加之留日学生因经济、生活条件所限,多数人只希望以较短时间获取文凭,回国谋求一官半职,故赴日留学者"大半以习速成与普通为目的"。② 速成科不外法政和师范两门,只要一年半即可毕业。留日学生主要学习政治、法律、师范和军事等专业,极少数人选择矿冶工程。对于实用工程学科,研习者较少。1907年,清政府学部调查,当时中国留日学生人数虽已逾万,而习速成者居60%,习普通者居30%,中途退学辗转无成者居5%~6%,入高等及高等专门者居3%~4%,入大学者仅1%。③ 总体而言,留日学生的专业素养明显逊色于欧美留学归来的学生,后者往往更得清政府的青睐。

尽管如此,仍有极少数留日学生学习矿冶专业,日后在地质、矿业界取得较大成就。如著名的革命文学家鲁迅早年毕业于江南陆师学堂附设的矿务铁路学堂。该校"仿照德制",课程以开矿为主,铁路为辅。1902年,鲁迅赴日本留学,1903年10月,他在《浙江潮》发表《中国地质略论》,1906年,又与学友顾琅共同编写了《中国矿产志》一书。这是中国第一部矿产志。该书于1906年5月由日本东京木活版所出版,后在中国国内多次再版。清农工商部还通饬各省矿务、商务界购阅,学部将其列为中学堂参考书。④ 顾琅先后留学东京弘文学院、日本东京帝国大学地质系,回国后历任天津高等工业学堂教务长、本溪湖煤铁公司采矿部部长等职,对中国制铁业保护政策多有建议。冶金专家严恩棫1910年毕业于日本东京帝国大

---

① 舒新城:《中国近代教育史资料》(上),北京:人民教育出版社,1981年版,第57~58页。
② 舒新城:《近代中国留学史》,上海:上海书店出版社,2011年版,第35页。
③ 舒新城:《近代中国留学史》,第36页。
④ 吴晓煜:《鲁迅与〈中国矿产志〉》,《中煤地质报》,2017年6月21日。

学采冶科,后长期任职于汉冶萍公司,参加了汉阳铁厂的修复、扩建和生产工作。国民政府建立后,他推动中国钢铁工业建设,贡献颇多,为中国钢铁冶金先驱者之一。也有人在日本留学后,转而留学他国。如中国地质学的开创者丁文江曾于1902年自费留学日本,日俄战争爆发后,改赴英国留学。著名地质学家李四光1904年留学日本,入东京弘文书院普通班,1907年入大阪高等工业学校,1910年回国,后留学英国。他们都对中国地质学的发展做出卓越贡献。

除日本之外,中国学生留学欧美的活动一直未中断。1896年2月7日,总理衙门奏准,选派京师同文馆学生赴英、法、德、俄四国,各拨4名,"分往学习语言文字算法,以三年为期"。同年5月,总理衙门派出第一批同文馆留学生。这些学生出国后,并非专门局限于学习语言。如1898年,清政府驻英使臣罗丰禄称:学生朱敬彝派学制造铁路,王汝淮派学矿务,渐有端倪。①

清末新政期间,中国留学欧美事业开创了新局面。

一是政府对留学欧美事业日渐重视。1902年10月5日,清廷令各省选派学生赴西洋留学:"泰西各国,或以道远费多,资送甚少,亟应广开风气,著各省督抚,选择明通端正之学生,筹给经费,派往西洋各国,讲求专门学业,务期成就真才,以备任使。"②1904年,清外务部与学务大臣拟订《游学西洋简明章程》6条,对留学生的语言、品学、监督与考核均作详细规定。官派留欧至此有章可循。欧美留学生群体在清政府支持下逐步发展壮大,他们中相当大一部分人学习农工商矿等实用科学。如1904年,湖南向美国、比利时各派3人学习矿学。同年,川督奏选官员士子13人赴欧美学习路矿、枪械制造。③但上述选派活动多为清政府的临时举措,因各地政府财力竭蹶,未能形成例行的制度。

二是在清政府支持下,新式学校遴派人员出洋学习者日众。引领此风者为清末洋务干将盛宣怀。盛宣怀重视人才培养,甲午战争后,曾创办天津中西学堂(后改称"北洋大学")和上海南洋公学。1901年,盛宣怀筹资资助北洋大学8名毕业生赴美留学,南洋公学4名学生赴英国留学。1903年,南洋公学资助10名(一说11名)毕业生赴比利时留学。一些地方官员

---

① 刘晓琴:《中国近代留英教育史》,第51~52页。
② (清)朱寿朋编,张静庐等点校:《光绪朝东华录》,北京:中华书局,1958年版,总4932页。
③ 陈学洵、田正平编:《中国近代教育史资料汇编·留学教育》,第277~279页。

也注重遴选新式学校毕业生赴欧美学习。1903年,湖广总督端方从湖北各学堂中遴派8人赴德国学习,其后,又选派24人赴比利时留学。① 1906年,直隶总督袁世凯从津海关拨出经费,选派北洋大学堂学生22人、教习4人赴美留学。山西巡抚恩寿挑选山西大学堂学生30多人赴美学习铁路、矿务。除上述学校外,各水师学堂、船政学堂、武备学堂也陆续推派学生出洋留学,但习矿冶者较少。

三是美国退还部分庚子赔款,推动留学美国高潮。中国人留学美国因留美幼童出现过一次高潮,但1881年清政府召回全部学生,加上美国排华浪潮的影响,赴美留学一直处于沉寂状态。再加上中美距离遥远,赴美留学费用昂贵,②知识要求也较高,故1900年前留美学生总数较少。清末新政期间,留美教育重新启动。通过官费和自费的方式,清末留美学生人数较之前大大增加。1906年《美洲留学报告》称,1905年,官费和自费学生总人数已达144人。另据梅贻琦统计,1901－1908年,留美学生总人数达281人。③ 虽然无法得出精确的人数,但对比留日和留欧学生而言,留美学生人数并不算多。为扩大美国在华影响,部分美国有识之士希望将中国人的留学潮流引向本国。1908年,留学美国的活动因美国退还庚子赔款而拉开了一个新的高潮。

《辛丑条约》中,清政府对列强赔款白银4.5亿两,美国分得7%,约2444万美金。事后,清驻美公使梁诚经访查得知,美国军民教会的实际损失不及赔款数目的一半。1905年初,其在会晤美国外务大臣海约翰(John Hay)时,提出核减赔款要求。美方也承认该事实。1908年6月23日,美国国会授权罗斯福总统退还庚子赔款剩余部分。经核算,扣除美国陆海军及其公民在义和团战争中的损失,美国政府应退还中国1196万美金。④

---

① 章开沅、余子侠主编:《中国人留学史》(上册),北京:社会科学文献出版社,2013年版,第134页。
② 1907年,留美学生仅学费就需960美金,加上旅费、治装费、生活费等开支,能负担得起的家庭极少。
③ 章开沅、余子侠主编:《中国人留学史》(上册),第116页。
④ 李喜所、刘集林等著:《近代中国的留美教育》,天津:天津古籍出版社,2000年版,第76页。

退还经费的用途经双方议定,主要包括:资助中国留学生赴美留学;①创设清华学堂,作为中国青年赴美国留学深造的预科;在华盛顿设立游美学生监督处,负责管理中国留学生。1909年7月,清政府外务部与学部会奏派遣学生赴美留学办法,规定:从1909年起,前四年每年遣派学生约100名赴美游学,自第五年起,每年至少续派50名,直到退款用完为止。另,酌情奖励留美自费生,每年有100~500美金。清政府限制了赴美学生的学习科目,所派学生,"以十分之八习农、工、商、矿等科,以十分之二习法政、理财、师范诸学"。②一些地方政府对庚款留美学生的专业选择提出要求。如1910年,川省咨请游美学务处"恳咨部将选送之学生分配数名专习采矿冶金两科,以备将来毕业回川,担任采炼各矿事宜"。③

1909年9月16日,游美学务处公布首批赴美留学47人名单。其中部分学员选择了矿冶专业,如何杰和程义法学习采矿、李进隆学习冶金。1910年7月,游美学务处录取70人,多人选择矿冶专业,如谭颂瀛学习炼钢,傅骕、郑达宸、席德炯、湛立、杨维桢、邝翼堃、李平、周开基学习采矿,高崇德学习矿冶。④1911年闰六月,63名学生通过甄选,获得留美资格。其中,胡博渊进入麻省理工学习矿科,罗邦杰进入麻省理工采矿冶金科。这些人员在学成归国后,许多人成长为中国矿冶界的执牛耳者。

在选派留美学生的过程中,清政府按约定建立专门的培训学校。1909年,清外务部奏准建立游美肄业馆,于1910年在西直门外清华园破土动工。同年底,游美学务处获准将肄业馆改为"清华学堂",作为留美预备学。学制8年,高等、初等各4年,高等科参照美国大学课程办理。1911年4月29日,清华学堂开学。民国初年,该校成为留美人材储备基地,涌现出一大批杰出的工程科技精英。

清末欧美留学生的具体人数和专业类别无法详考。据清政府驻欧洲各国留学生监督1910年3月呈报,1908—1910年前后,中国留欧学生总计

---

① 具体数额是:1909—1910年,每年483094美元;1911—1914年,每年541198美元;1915年724993美元;1916—1931年,每年790196美元;1932—1940年,每年1380378美元。(参见胡适:《美国退还庚子赔款记》,载胡寄尘编辑:《清季野史》第2编,上海:广益书局1913年版,第21~22页。)

② 陈学洵、田正平编:《中国近代教育史资料汇编·留学教育》,第172页。

③ 《文牍:学部咨游美学务处四川游美学生拟习矿科应考查情形酌办文》,《学部官报》,1910年第141期,第1页。

④ 林子勋:《中国留学教育史》,台北:华冈出版有限公司,1976年版,第56~59、61~65页。

500余人,其中,留法学生140余人,留英官费生124人,留德学生77人,留俄学生23人,留比学生不详。官费和自费的比例约为7:3。① 官费生中学习实业者约占8/10。辛亥革命前夕,据驻英游学监督报告,当时留英官费生共91人。② 1909年,出使德国大臣荫昌统计,是年中国在德国留学生共计98人,其中,官费生77人。③ 关于留美学生人数,据李喜所估计,在1908年已有近300人。④ 之后,在庚款留学和补助自费生的政策推动下,中国留美学生人数迅速增加。据1911年《教育杂志》称:中国学生肄业于美国高等学堂者,男女共计650人。其中在大学校者,323人,技业学校者72人,专门学校之规模较小者23人,其余则在平常学校内。⑤

  留学欧美学生人数虽远逊日本,但其影响反而要深远得多。在矿冶技术方面,不乏学有所成、成绩卓著者。如1910年赴美国康奈尔大学的周仁,最初选择机械专业,研究生阶段改学冶金,1915年获理学硕士学位,回国后曾任南京高师教授、四川炼钢厂总工程师,1928年任"中央研究院"工程研究所所长,是中国电炉炼钢的创始人之一,最早在中国从事特种钢的研究和生产,1948年当选为"中央研究院"第一届院士。中华人民共和国成立后,历任中国科学院工学实验馆馆长、冶金陶瓷所所长、冶金所所长。胡博渊于1917年在美国麻省理工学院获矿冶工程博士学位,后留美任冶金技师。1920年归国,先后任职于龙烟铁矿、大冶铁矿和南京国民政府农矿部、实业部,曾担任中国工程师学会副会长。1902年受盛宣怀之命留学英国谢菲尔德大学冶金专业的吴健,1908年归国后,出任汉阳铁厂工程师、坐办,为中国近代钢铁工业首批本土工程师。著名教育家马君武1901年曾留学日本,学习化学,1907年后进入德国柏林工业大学冶金系,1911年毕业,获工学博士学位,为我国留德学生获得博士学位之第一人。⑥

3. 民国初年的海外留学活动

  1912—1927年北洋政府时期,中国政局纷乱不已,各种政治势力争斗不休。这一时期的留学教育充满艰辛与坎坷。特别是中央政府的控制力

---

① 王奇生:《中国留学生的历史轨迹(1872—1949)》,武汉:湖北教育出版社,1992年版,第57页。
② 刘晓琴:《中国近代留英教育史》,天津:南开大学出版社,2005年版,第227页。
③ 章开沅、余子侠主编:《中国人留学史》(上册),第157页。
④ 李喜所:《近代留学生与中外文化》,天津:天津教育出版社,2006年版,第228页。
⑤ 《教育杂志》,1911年第6期,第50页。
⑥ 唐仁郭:《广西乡贤马君武》,《广西社会科学》,1995年第5期。

削弱,北洋政府的留学政策缺乏有序规划,难以贯彻执行,呈现出无序和失控的特征。在派遣机构方面,除教育部外,海军部、陆军部、交通部和临时稽勋局都有派员之举。就其实际行为而言,往往虎头蛇尾,缺乏持续性和稳定性。作为管理留学生的主要部门,教育部曾颁布相关法规加强中央政府的管理和监督留学之权,但在袁世凯去世后,中国陷入军阀割据混战时代,地方军阀各行其道,留学人员选派亦不例外。是故中央虽出台一系列条文制度,涉及留学生的出国资格、考选方式、驻外监督、日常管理、学业考核,以及归国后的选拔任用,但大多沦为具文,形同虚设。

民国初期,就留学地点而言,日本依然是留学生最集中的国家。据统计,1913年8月—1914年7月,中国官费留学日本的人数为1824人,留学欧洲者242人;1914年8月—1915年7月,留日1107人,留美510人,留欧218人。此外,还有数量不菲的自费生。据日本国立教育研究所的统计,1913—1914年间,中国赴日留学生增至3796年,其中官费生1824人。① 留日学生中有相当数量的人选择矿冶学科。这些学生曾组织中华矿业同志会。通过该会1931年编印的会员目录,可窥见民国初年留日学生修学矿冶专业的人数较为可观(参见附表三)。但这些留学生日后在中国矿冶业取得较大成绩者并不多见,与其庞大的规模群体并不相称。这与留日学生整体培养质量不高不无关系。北京政府时期,就有学者认为,总体而言,留日学生不仅"先天不足",且出国之后"后天不良",所受教育层次不如欧美留学生。甚至"挂名入学、买空文凭"成为公开的秘密,而"生活情形尤不堪问",是故"日本留学生中未尝无良才,可是千百中难得一二"。②

民国初年,留学欧美依然是不少中国学子的选择,除了美、英、法、德等大国,比、奥、意、瑞(士)等国也吸纳不少中国留学生。

在中国学生留学目的地中,美国虽稍次于日本,但远多于欧洲。由于庚款留学继续实施,赴美留学渐成风气,人数稳步增加。1911年,中国在美国留学的学生总数达650人,次年降至594人,1914年增至1300人,1915年增至1461人(其中,自费生997人),1925年约为2500人。③ 整个20世纪20年代,每年留学美国的中国学生有300~400人,盛况空前。作为赴美留学之预科学校,清华学堂在辛亥革命后更名为清华学校。截至

---

① 章开沅、余子侠主编:《中国人留学史》,第210、219页。
② 李儒勉:《留学教育的批评与今后的留学政策》,《中华教育界》,1926年第15卷第9期。
③ 章开沅、余子侠主编:《中国人留学史》,第277页.

1929年,该校选派大批学生赴美留学,总数达1279人,①为留美学生之中坚力量。留美学生除官派外,自费者亦复不少。据1924年《留美学生录》记载,总计1637名留美学生中,自费生达1075人。② 这些学生的成材率较高。据统计,1909—1929年间,进入美国各高等学校的中国留学生共5362人,期间,取得学士及以上学位者四千余人,约占总数的80%。③ 其中许多人秉持"科学救国""实业救国"的理想,选择学习自然科学、工程技术等实用之学。气象学家竺可桢是1910年考取的庚款留学生,据其回忆:"我们这批七十人中,学自然科学、工、农的最多,约占百分之七十以上。……不仅我们这批如此,恐怕全部庚款留学生中学工农理科的都要占百分之七、八十。"④

欧洲是第一次世界大战的主要交战区。受战争影响,中国人留学欧洲的态势总体呈现马鞍形:前期出现短暂繁荣,战争期间明显萎缩,战后出现新的热潮。中国留学欧洲有两大现象值得特别关注。一是受"工读主义"思潮影响,赴法国勤工俭学运动兴起。1919年3月17日,首批89名勤工俭学学生自上海启程。此前,我国留法学生总计不到200人。此后两年,共有近1600名学生赴法国勤工俭学。⑤ 二是受俄国十月革命的影响,在国共两党和苏俄政府的共同推动下,留学苏俄的人员渐众,所习内容主要为革命、军事理论,推动近代中国留学教育主体内容发生重要变化。但因专业基础、学习旨趣的关系,他们对西方钢铁技术在华传播的作用较小。

除留法勤工俭学和留学苏俄的学生外,中国留学欧洲其他国家的学生主要集中在德国。1913年春,当时留德学者总计41人,其中官费生28人。"一战"期间,留德学生人数继续维持在低位。1917年,粗略统计在德中国学生有40人左右。但战争结束后,受留学成本降低,以及德国在技术领域的领先地位的影响,中国留德学生人数激增。1924年,仅柏林一地,就有中国留学生近千名。相比之下,中国学生留学英国的人数较少。据统计,

---

① 清华大学校史研究室:《清华大学史料选编》第1卷,北京:清华大学出版社,1991年版,第56~71页。
② 舒新城:《近代中国留学史》,第54页。
③ 陈学恂、田正平编:《中国近代教育史资料汇编·留学教育》,上海:上海人民出版社,1991年版,第687页。
④ 李喜所、刘集林等著:《近代中国的留美教育》,天津:天津古籍出版社,2000年版,第187页。
⑤ 章开沅、余子侠主编:《中国人留学史》,第259页。

1919—1927年间,自费留英生仅28人。这与英国留学的成本较高,以及英国社会的排华倾向有关。①

部分留学欧美的中国学生选择了矿冶专业。留学期间,他们刻苦学习,取得优异的成绩。归国后,不少人成为推动中国钢铁工业建设的著名专家学者。如作为近代中国首位冶金工程博士,胡庶华自青年时代便立下冶金强国的志向。他于1913年进入柏林大学哲学院学习财政经济,同时在柏林矿业大学上课。因其志趣倾向于工程,认为"矿冶为富强之本,极愿从事于此,走上钢铁救国之路",遂"决计专习冶金工程"。1917年,柏林矿业大学并入柏林工业大学,胡庶华转入柏林工业大学化学冶金系钢铁冶金组。一战结束后,他进入克房伯厂实习一年,后回校完成论文和应修科目,于1920年7月参加国家考试,准予毕业,并获得冶铁工程师学位。1922年归国后,胡庶华担任中国工程学会会长,以及同济大学、湖南大学、重庆大学、西北大学校长等要职,因"喜写钢铁文章"而著称于世。他呼吁国家重视钢铁工业建设,加强钢铁资源管理,并积极参与钢铁企业的规划建设,影响较大。②除胡庶华外,翁文灏、周志宏、胡博渊、黄金涛等人都是留学欧美归来的技术精英,对中国钢铁工业建设发挥了重要作用,其履历可参见附表四。

4. 汉冶萍公司资助培养的留学生

马克思说:"社会一旦有技术上的需要,则这种需要就会比十所大学更能把科学推向前进。"③企业对技术人才的需求往往最为迫切,也最愿意采取各种手段去解决技术人才培养的问题。

汉冶萍公司自创建时就面临本土技术人才严重缺乏的问题。早在汉阳铁厂筹建时,张之洞就留心冶炼技术人员的培养。1890年7月8日,他致电驻英公使薛福成,请其代为接洽英国谛塞德公司,收留教导汉厂工人,但未收到积极回应。比利时的钢铁企业为获得汉阳铁厂冶炼设备订单,同意培训技术工人。1891年底,该国科克里尔厂答应培训40名汉阳铁厂工人。④作为交换,汉厂的马丁钢炉和炼熟铁厂等向该厂购买机器设备。但

---

① 章开沅、余子侠主编:《中国人留学史》,第251、271页。
② 李海涛:《民国时期胡庶华的钢铁经济思想述评》,《湖北理工学院学报(人文社会科学版)》,2016年第1期。
③ 中共中央马克思恩格斯列宁斯大林著作编译局编译:《马克思恩格斯选集》第4卷,北京:人民出版社,1995年版,第732页。
④ 苑书义、孙华峰、李秉新主编:《张之洞全集》第七册,第5647页。

这些工人主要为一线操作工人,其技术素养无法满足铁厂管理运营的要求。

资助学生赴国外学习钢铁冶金技术,无疑是最直接有效的技术转移方式。盛宣怀督办汉阳铁厂伊始,即着手培养矿冶技术人才。他在天津设立新式学堂,选送优秀毕业生赴海外深造。晚清民初海外留学费用较高。1918年,汉冶萍公司资助赵昌迭赴美留学三年,每年美金720元,后于1921年续拨实习费用720美元,四年共计2880美元。[①] 按1918年1美元折合1.26海关两的汇率,四年费用共计银3629海关两。

据方一兵考证,1902—1918年间,汉冶萍公司先后资助至少10名学生赴英、美、德、比等国,学习钢铁冶金以及采矿工程技术。

表15 汉冶萍公司资助培养的矿冶工程师

姓名	籍贯	留学情况	任职情况
吴健(字任之、慎之)	上海	1902—1908年,就读于英国谢菲尔德大学钢铁冶金专业,获冶金学士、硕士学位	1909—1912年到差,任汉阳铁厂工程师;1912—1923年任汉阳铁厂厂长;1916—1923年任大冶钢铁厂厂长
卢成章(志学)	浙江宁波	1907—1911年,就读于英国谢菲尔德大学钢铁冶金专业	1912—1915年到差,任汉阳铁厂制钢股股长
郭承恩(伯良)	广东潮阳	1910—1915年,就读于英国谢菲尔德大学机械专业,1913年获工程学士学位	1915—1923年到差,任汉阳铁厂机器股股长;1923年任大冶钢铁厂副厂长
黄锡赓(绍三)	江西九江	1910—1913年,就读于美国里海大学采矿专业	1913年到差,历任大冶工程坐办、萍乡煤矿总矿师、矿长
杨卓(云岩)	上海	1911—1914年,就读于美国里海大学矿冶专业,1913年获硕士学位	1914年到差,历任汉阳铁厂制钢股副股长、钢铁处主任

[①] 湖北省档案馆编:《汉冶萍公司档案史料选编》(下),北京:中国社会科学出版社,1994年版,第17页。

续表

姓名	籍贯	留学情况	任职情况
陈宏经(1)		1911—1915年,美国	1915年到差,任汉阳铁厂拉钢厂工程师,1916年调上海总公司办理文牍
金岳祐(湘生)	浙江诸暨	1911—1915年,德国矿学专业	1915年到差,萍乡煤矿炼焦处长,正矿师
朱福仪(志鹏)(2)	浙江嘉兴	1910—1914年,就读于美国威斯康星大学	1914年到差,任汉阳铁厂机电处主任
程文熙(3)	江苏无锡	1913—1915年,比利时、英国	1916年到差,旋辞退
赵昌迓(伯华)	湖北武昌	1918—1922年,就读于美国里海大学冶金专业	1922年到差,历任汉阳铁厂化铁股工程师、大冶铁矿铁山采区主任

资料来源:方一兵:《汉冶萍公司与中国近代钢铁技术移植》,北京:科学出版社,2011年版,第65页。注:本表陈宏经、朱福仪、程文熙相关信息与方一兵原书稍有出入。(1)据1916年2月26日汉冶萍公司董事会议案:"公司昔年资派陈宏经留美,学习机器,上年三月回国,派赴汉厂任拉钢厂工司之职。"吴任之函称:"陈君学问虽有,人地不宜,请调沪任用"公司董事会同意所请(湖北省档案馆:《汉冶萍公司档案史料选编》下,第1页)。(2)据湖北省档案馆编《汉冶萍公司档案史料选编》(上)第57页:"朱福仪,字志鹏,浙江嘉兴人,宣统二年赴美留学,民国三年回国,现充汉阳钢铁厂电机处主任。"(3)据1916年2月26日汉冶萍公司董事会议案,汉冶萍公司"曾于民国二年派程文熙留学比国,专习冶炼钢铁,订明学成在公司效力十年,前年比国被兵,该生避往英京,适吴任之因公到英,商由勋派至英厂实地练习,现已回华,派往汉厂",但吴任之函称:"该生学识尚浅,只合月给一百两以下,而渠必欲如志愿书每月二百两,拟即辞退"。公司董事会公议:"应即辞退,所有学费照章追缴。"(湖北省档案馆:《汉冶萍公司档案史料选编》下,第1页)。另据华振范主编《东亭镇志》词条,程文熙(1889—1977),无锡东亭镇人,早年就读于上海南洋公学院,后留学法国、比利时,1916年回国,先在北京勤工俭学会教授法文,后任北京兵工署督办处课员、汉阳兵工厂技师、陆军械所技士,从事兵工规范等研究工作,1919年调京汉铁路机务处工务员、段长。1931年调粤汉铁路湘鄂段机务处长。(华振范主编:《东亭镇志》,南京:江苏人民出版社,2003年版,第547页)

留学人员在出国前,往往与汉冶萍公司签订合同,规定其学成回国后,需在厂工作十年。如1902年吴健与汉冶萍公司所签合同如下:

  具甘结吴治俭。

  今承南洋公学资遣出洋,学习钢铁厂工艺。以学成为度,不论年限。学成回华,在湖北汉阳铁厂充当工程师。头两年每月薪水银二百两,以后每年月加银二十五两,加至四百两为止。如欲别就,即将所有出洋学费缴楚,方能离厂。如在外洋学业未成而欲回华,亦须缴回学费。

  具此甘结是实。

具结　吴治俭(章)
父　　吴锡祥(章)
保　　顾缉庭(签)

  批注:援照郭承恩例,自回华日起算,在厂报效十年。

宣统二年十月二十日①

  汉冶萍公司资助培养的这批留学生大都在国外获得学士或硕士学位,在学成归国后,大部分成为汉冶萍厂矿的技术骨干和中国钢铁业界的栋梁之材,如吴健、卢成章、郭承恩等,对汉冶萍公司的技术本土化战略产生重要影响。民初李维格称:"当辛亥军兴时,洋匠均资遣回国。事定以后,机炉之损坏者,均是本厂派往外洋留学毕业之人,督工修复。"②在中国钢铁工业建设史中,他们是第一批既具有较高专业素养,又有丰富实践经验的本土工程师,对中国钢铁工业发展发挥了积极作用。

  近年,据雷丽芳、潜伟等人统计,1927 年前,中国历年毕业回国的矿冶留学生有确切人名可考者总计 413 人,其中,清末 37 人,北京政府时期 376 人。人数最集中的是美国,共计 169 人,占比达 40.9%。其次为日本,计 152 人,占比为 36.8%。其余为欧洲各国。③

  (四)学校教育

  科学技术的整体移植仰赖于合理规模的科技专家队伍的支撑,而要建立这样一支人数可观的队伍,必须依靠国内学校教育。晚清民初,国内一些学校开始设置"采矿冶金科",将采矿和冶金工程合并施教,开中国矿冶工程教育之先河。

1. 矿冶工程教育之提倡

  西方近代科技知识通过学校教育的形式向中国输入,最早可追溯至马礼逊学校。1839 年,该校在澳门设立,由马礼逊教育会出资主办。开设课程包括天文、地理、算术、代数、几何、化学、初等机械学等。对中国近代留

---

① 湖北省档案馆编:《汉冶萍公司档案史料选编》(上),第 167 页。
② 李维格:《中国钢铁实业之将来》,《民国经世文编·实业》(三),文海出版社,1970 年版。
③ 雷丽芳、潜伟、方一兵:《近代中国矿冶工程师群体的形成》,《自然科学史研究》,2018 年第 1 期。注:该数字皆系有确切人名可考者。从其参引资料情况看,该统计范围似为留学生修习矿冶类专业、且日后继续从事与矿冶类相关的工作者。

学事业作出巨大贡献的容闳就曾就读于此。但该校招生人数很少,存续时间很短,教授内容为最基本的科学知识。鸦片战争后,教会学校在各通商口岸纷纷出现。据统计,1860 年前,仅基督教新教在香港和东南沿海五个通商口岸开设的各式学校就有 50 所,培养学生一千余人。①

1876 年,英国人傅兰雅与英国驻沪领事麦华陀等人在上海设立格致书院,其初衷是"令中国便于考究西国格致之学、工艺之法、制造之理"。② 该校是中国近代教育史上第一座专门研习"格致"之学的教育机构。在书院发展过程中,傅兰雅始终注意科学教育。在日课招生困难的情形下,1895 年春,他设想夜间授课,由其在周六晚间亲自上课。傅兰雅亲自设计书院课程,将"西学"分为矿务、电务、测绘、工程、汽机、制造六个学科。对每一学科,傅兰雅均设计详密,具体而充实。

格致书院矿务学课程又分为"全课"与"专课"。所谓"全课",指学习者学习所有与矿务有关的基础知识,包括算学、地学、矿学、测绘、画图、验矿等 17 课。矿务全课目录为:

一课 数学

二课 洞内通风法 分为气质化学课、防火灯课、测风器具课、通风理法课、岔路通风法课等。

三课 煤之地学

四课 求煤各法

五课 开煤井煤洞法,分为开井、开洞、开煤各法课

六课 开各金类矿法

七课 测绘煤与各金类矿井洞法,分为几何略法课、指南针测绘课、经纬仪测绘课、水平仪测绘课、测井法课、测煤洞法课、测金类矿洞法课

八课 机器学,分为重学略课、助力器课、配机器样式课、器具材料坚固课、汽机锅炉课、起重牵重课、用空气与压紧空气器具课、静水学课、动水学课、水重学课、起水机器课、通风器具课、钻器凿器课、地面备用房屋机器器具课

九课 图画法,分为画图器料课、运规各法课、画各物体课

---

① 熊月之:《西学东渐与晚清社会》,上海:上海人民出版社,1994 年版,第 287~288 页。
② 高时良、黄仁贤编:《中国近代教育史资料汇编·洋务运动时期教育》,上海:上海教育出版社,1992 年版,第 732 页。

十课 医伤害初用各法

十一课 开煤开矿各国律例

十二课 开煤开矿管账法

十三课 吹火筒试办各矿法

十四课 矿学

十五课 试验各矿法，分为备矿法课、天平法码课、熔炉课、试矿药料课、试验金银法课、锅内炼矿法课、骨灰分银法课、试验铅矿法课、试水验铁法课、试验矽养二法课等

十六课 金类矿之地学，分学地学略课、金之地学课、银之地学课、铅之地学课、锌之地学课、铜之地学课、铁之地学课、煤与火油之地学课、锡之地学课、汞等地学课

十七课 相地求矿法

以上为全课所有课程。所谓"专课"，是分门别类学习有关矿务知识，分开煤、开金类矿和矿务机器三门，每门又下设若干课程。

第一门 开煤课

一课数学 二课通风法 三课防火等 四课煤之地学 五课求煤法 六课开井法 七课开煤法 八课测绘煤洞法 九课重学略法 十课材料坚固法 十一课锅炉学 十二课汽机学 十三课牵重机器 十四课起重机器 十五课起水机器 十六课钻器凿器 十七课压紧空气传力法与电气传力法 十八课通风机器 十九课备煤块大小分等法 二十课医受伤初用法 二十一开煤律例 二十二课开煤洞管账法

第二门 开金类矿课

一课数学 二课测绘开金类矿洞法 三课吹火筒法 四课矿学 五课试矿法 六课各矿地学 七课相地求矿法 八课开井法 九课开矿法 十课重学略法 十一课材料坚固 十二课锅炉学 十三课汽机学 十四课起重机器 十五课起水机器 十六课压紧空气传力法 十七课电传力法 十八课凿矿机器 十九课轧矿分矿机器 二十课医伤初用法 二十一课开矿管账法

第三门 矿务机器课

一课数学 二课重学略法 三课机器重学 四课配机器样式法 五课材料坚固法 六课锅炉学 七课汽机学 八课起重牵重机器 九课起水机器 十课压紧空气传力法 十一课用电气传力法 十二课通风机器 十三

课钻与凿机器　十四课分煤矿大小机器　十五课轧碎各矿与分类机器　十六课画各机器图法①

　　王尔敏对傅兰雅将西学分为六个学科,并详列课程之举有极高评价:"傅氏之所开六学,自是各为一科,各有广泛内容,详细课程,实等于现代工业专科或职业学校性质。对于每一学科,傅氏亦设计详密,具体而充实,足以显见中国近代科技教育之确实内容。"②

　　外国人在华开办的新式学校开风气之先,对于传播西方工程技术发挥了一定的思想启蒙作用,但由于师资、经费不足等多重原因困扰,人才培养的实际效果较为有限。如格致书院成立20年后,在傅兰雅看来,"仍无实效",其原因为:"一由于风气未开,鲜知格致之益。一由于经费不足,未能推广扩充。一由于无合宜之师,足课有志诸士。"③

　　19世纪70年代中期,中国近代矿业起步,国内有识之士意识到矿冶人才培养的重要性。1876年,在筹建湖北开采煤铁矿总局的实践中,盛宣怀认识到培养本土矿学人才的重要性:"开矿不难在筹资本,而难在得洋师","矿事之成败利钝,实以洋师之得人不得人为定,而其本领又不难在开矿,而在认矿也。认矿只须得一二人,便可遍视各省产矿之地。""惟此种人才,亦宜储备。应一面在于同文馆及闽、沪各厂选择略谙算学聪颖子弟一二十人,随同学习。每见洋人看矿,以土石颜色,并将药水浸煮分辨所产,外国博物院各国开矿之土石均有储备,亦应购备考证。并请饬出洋学生酌分一二十人在外国专学开矿本领,二三年之后即可先行回国,实以开采为大利所在,未便使外人久与其事"。④随着中国矿业经济的发展,国内培养矿冶技术人才的呼声渐多。1884年,郑观应指出,西学虽多,然而,"化学、电学、重学、矿学"为"当今最要者",应"挂牌招考"。⑤ 1889年,张之洞称中国宜讲求"矿学":"查外国以开矿为富国首务,以中国地产至蕃,而铜、铁、铅、煤之属多从洋购,其招商开矿者,择之不精,取之不尽,理之又不

---

① 朱有瓛:《中国近代学制史料》第1辑(下),上海:华东师范大学出版社,1986年版,第188～190页。
② 王尔敏:《上海格致书院志略》,香港中文大学出版社,1980年版,第40～44页。
③ 朱有瓛:《中国近代学制史料》第1辑(下),上海:华东师范大学出版社,1986年版,第186页。
④ 陈旭麓、顾廷龙、汪熙主编:《湖北开采煤铁总局》,第107页。
⑤ 夏东元编:《郑观应集》,上海:上海人民出版社,1982年版,第292页。

得其人，往往亏本无效，视为畏途，将来铁路创兴，用铁益广，轮船日富，用煤益多，纵一时未能远销外国，总当使中国之材足供中国之用，此矿学宜讲也。"①

19世纪末，矿学作为一门学科被列入中国新式学堂的专业教育中。1890年，张之洞奏称："开矿炼铁，必须讲求矿学、化学。外洋矿师薪工太厚，势难多雇，必须自设学堂，练习人材，以备将来鄂厂及各省之用。此为必不可少之举，既以现雇矿师兼充教习，为费较省。"预估矿化学堂两年经费约银3万两。② 1890年4月，湖北武昌出现一个用近代技术分析两湖地区煤炭和矿石的实验室，次年7月，湖北矿务局开办一个班级，研究分析煤炭和铁矿石。1892年6月，该班级扩充为采矿工程学堂（Mining and Engineering College），增加了化学和物理两门课程。这是中国近代最早的矿业专门学校。最初，招生效果不佳，当年仅招学生20名。因不谙西学，试读一月，仅甄选7人。③ 1895年，该校学生有20名，教师包括牛津大学硕士 Henry H. Robinson 和曾求学于美国 Renseelaer 技术学院的 Lowkuo-Jui。④ 1898年，两江总督刘坤一将江南陆军学堂附设的铁路专门学堂改为矿务铁路学堂，每年招选15岁以上之学生30人，"聘请泰西著名矿师为之教授，专课以矿学各书"。课程有德语、格致、算学、地学（地质学）、金石学（矿物学）、绘图等。⑤ 同年，江南制造局仿日本大阪工业学校，创建工艺学堂，设立化学、机器两科。1905年，两江总督周馥将上海广方言馆和工艺学堂合并。同年10月，清政府陆军部将该校定名为兵工专门学堂和兵工中学堂，分专门、普通两科。专门科系高等学校程度，分机器、化学两班。机器班长于绘图，化学班长于造药、炼钢，均到厂实习。普通科系中学程度。⑥

汉阳铁厂创办后，矿冶技术人才短缺制约铁厂发展，铁厂管理层纷纷进言献策，建议加强冶炼技术人才培养。总办郑观应多次向盛宣怀建议设立新式学堂："鄙见宜就近铁厂或在大别山上设一大学堂，请两中国掌教，

---

① 王树枏编：《张文襄公全集》卷28，奏议28，第7～9页。
② 湖北省档案馆编：《汉冶萍公司档案史料选编》（上），第87页。
③ 陈旭麓、顾廷龙、汪熙主编：《汉冶萍公司》（一），第28页。
④ 陈元晖主编：《中国近代教育史资料汇编·洋务运动时期教育》，第571页。
⑤ 陈元晖主编：《中国近代教育史资料汇编·洋务运动时期教育》，第572页。
⑥ 汪广仁：《近代中国前期的工程技术教育与技术发展》，《自然科学史研究》，1988年第1期。

其西人掌教可即用厂中各工师充之,因工师事简,尽可日定数时入学堂教授。当考取略晓算法之学生四十名定额。午读书,下午入厂学习机器,约计每月经费至多不过千金,而数年间所取人材,不可胜用,较天津、江南各处所设之学堂收效更速。盖厂中所设书院,有机器可以指授,非徒读书而已。此是东半球未有之大学堂,真非常不朽之功业也。""查天津东局尚有学艺生徒三十名。今汉厂机器较东局规模尤为全备,洋教习又不必请,学堂经费较南北洋中西学堂更能节省,不过八分之一,若不开办,实为缺憾。可否即将昨拟学堂节略咨请湖广督宪酌办。如蒙允准,将来汉厂不必借材异域,于大局关系诚非浅鲜,况较南北洋中西书院收效更速也"。① 1897年,铁厂翻译李维格亦建议:"管见译书实为急务,学堂尤不可缓。矿学、重学、化学、炼钢铁学皆急需考究,尤宜近厂可兼阅历。"1897年3月,李维格致函铁厂督办盛宣怀,提出《拟设汉阳钢铁厂学堂章程》,拟设化算、炼铁、炼钢、机器四学堂。《章程》对学校的学科分班、课程设置、课时安排、纪律条例及办学经费等作了详细规划。② 但因资料阙如,该学堂详细办学情形不得而知。

维新运动时期,矿政成为振衰起颓的要政,加强矿业教育的呼声更加高涨,康、梁等维新派代表人士纷纷发表言论,要求中国急速开办矿业教育。康有为认为中国遍地皆未开之矿,"昔者蔽于瞀儒之说,今则皆以开矿为事矣。而矿学未开,冒昧从事,譬之不通医而开方灌药,其不增病而死者几希。故今日欲开地中之矿,宜先开心中之矿、眼底之矿。心中之矿、眼底之矿者何? 开矿学、译矿书是也。不然,则欲其入而闭之门也"。③ 梁启超批评中国"仿效西法",但"非其人莫能举"的状况,称:"中国矿产,封锢千年,得旨开采,设局渐多,今之能察矿苗,化分矿质,才任矿人者,几何人矣?"④张之洞在《劝学篇》中也强调开矿之事应先讲求矿学:当前兴利之法,诚无急于开矿。然而其事甚难,既难得精良之矿师,复难得大量之资本,而又无数十年之矿学。是矿利终不可兴也。无已,惟有先讲实学、缓求

---

① 陈旭麓、顾廷龙、汪熙主编:《汉冶萍公司》(一),第253~254、397页。
② 陈旭麓、顾廷龙、汪熙主编:《汉冶萍公司》(一),第400、453~457页。
③ (清)康有为撰,姜义华校校:《康有为全集》(3),上海:上海古籍出版社,1992年版,第641页。
④ 汤志钧、陈祖恩编:《中国近代教育史资料汇编·戊戌时期教育》,上海:上海教育出版社,1993年版,第4~5页。

速效之一法。他主张:"有矿之省,宜由绅商公议,立一矿学会,筹集资斧,公举数人出洋,赴矿学堂学习。数年学成回华,再议开采。""大抵西法诸事,皆以先学艺后举事为要义","学矿师而后开矿,其始似迟,其后转速,其费亦必省"。①

1903年,铁路矿务总局奏请开办路矿学堂,培养矿学人才,"办矿以察矿苗为初基,而开采、化验,用人必取专长","泰西各国皆有此项专门学堂,研究极精。故开一矿而获利必丰,筑一路而收效必速。中国议办路矿亦已有年,切实举办者,尚属寥寥无几,良由路矿之学未经讲求,故不敢贸然尝试也。""计非急育路矿专门人才,兼教以法律交涉诸学,无从考查一切,自为操纵"。"臣等反复商酌,惟有一面招集华商,妥速兴办,一面先行设立路矿学堂,招选曾经在南北洋各学堂肄业学生,择其品行端纯,已通洋文,及具有图算、理化诸普通学者,聘请外国高等教习,授以路矿专科,兼西法律交涉、外国理财之学。三年卒业,优予出身,以备路矿任使"。②

2. 矿冶工程教育体制之演变

清末新政期间,清政府大力改革教育制度,"必以真能复学校之旧为第一要图"。③ 实业教育制度开始确立。1902年,管学大臣张百熙拟定《钦定学堂章程》(即"壬寅学制"),将整个教育分为三段(初等、中等、高等)七级,此为有系统组织的新教育的开始。该章程虽经正式颁布,但未及实行。1903年底,张之洞参照日本学制,与张百熙、荣庆一起推动清政府颁布《奏定学堂章程》(即"癸卯学制")。从纵向看,整个教育体系同样分三段七级:第一段为初等教育,含蒙养院(即幼稚园)、初等小学和高等小学;第二段为中等教育,仅中学堂一级;高等教育分高等学堂或大学预备科、分科大学、通儒院三级。学生自入初等小学至通儒院毕业,合计修业25年。

癸卯学制规定,初等、中等学堂偏重学生思想品行、基础知识和身体素质的教育与锻炼。高等学堂则以"教大学预备科"为宗旨,修业三年,以各省城设立一所为原则,由中等学堂毕业生升入。其学科分三类:一类以预备升入经学科、政法科、文学科及商科等大学者;二类为预备升入格致科、工科、农科等大学者;三类为预备升入医科大学者。其中,第二类的学科科

---

① (清)张之洞著,李凤仙评注:《劝学篇》,北京:华夏出版社,2002年版,第138~140页。
② 《路矿总局奏陈设立路矿学堂折》,《政艺通报》,1903年第8号,第9页。
③ 舒新城:《中国近代教育史资料》(上),北京:人民教育出版社,1981年版,第194页。

目计11目：人伦道德、经学大意、中国文学、外国语、算学、物理、化学、地质、矿物、图画、体操。高等学堂学生在第三年另设选科及随意科，三类学生都可学习。由高等学堂或大学预备科再进一步，便为大学堂，它以"造就通材"为宗旨，内分八科，又称"分科大学堂"，分别为经学科、政治科、文学科、医科、格致科、农科、工科、商科。各省设立分科大学，至少需设置三科，方许设立。除政治和医学修业年限为四年，其他各科均为三年。其中，工科大学分九门：土木工学门、机器工学门、造船学门、造兵器学门、电器工学门、建筑学门、应用化学门、火药学门、采矿及冶金学门。通儒院为最高等学府，入校者需由分科大学毕业，或同等学历者。通儒院以"能发明新理，著有成绩，能制造新器，足资利用"为标准，没有讲堂功课，只在斋舍研究，随时向教员请业问难，为期五年。①

从横向看，癸卯学制除直系各学堂外，另有师范教育和实业教育。实业教育除艺徒学堂、实业补习所外，分初等实业、中等实业和高等实业三级，合计修业十五年。中等、高等实业学堂分别下设有农业学堂、工业学堂、商业学堂和商船学堂。其中，中等工业学堂以"授工业所必须之知识技能，使将来实能从事工业"为宗旨，开设课程包括十科：土木科、金工科、造船科、电气科、木工科、矿业科、染织科、窑业科、漆工科、图稿绘画科。高等工业学堂以"授高等工业之学理技术，使将来可经理公私工业事务及各局厂工师，并可充各工业学堂之管理员、教员"为宗旨，课程分预科和本科。前者一年毕业，后者三年毕业。本科课程计十三种：应用化学、染色科、机械科、建筑科、窑业科、机器科、电气科、电气化学科、土木科、矿业科、造船科、漆工科、图稿绘画科。②

癸卯学制出台后，清政府学制改革进程全面启动，中国新式教育制度初具雏形。1905年秋，在袁世凯、张之洞等官员迭次请求下，清廷下诏决定废除科举制，"自丙午科为始，所有乡试会试一律停止，各省岁科考试亦即停止"。③ 同年十一月，学部成立，中国新式教育始有中央专管机构，全国新式教育逐渐呈现活跃气象。新式学校教育制度被积极谋划，旧的教育体制迅速退出历史舞台。在此背景下，矿冶工程教育纳入新学制管理体

---

① 陈青之：《中国教育史》，上海：上海书店1989年版，第588~596页。
② 陈青之：《中国教育史》，第600~602页。
③ 舒新城：《中国近代教育史资料》（上），北京：人民教育出版社，1981年版，第65页。

系中。

民国建立后,宣布废除清末"忠君、尊孔、尚公、尚武、尚实"的教育宗旨,代之以"注重道德教育,以实利教育、军国民教育辅之,更以美感教育完成其道德"。① 为此,教育部颁布一系列法令和规程,重新修订新学制,建立新的学校系统。

1912年10月22日,北京政府教育部公布《专门学校令》,称专门学校"以教授高等学术、养成专门人才为宗旨"。② 同年11月13日,教育部公布《工业专门学校规程》,该类学校"以养成工业专门人才为宗旨",对工业专门学校的修业年限、学科分类、教学管理等内容进行规定。其第五条规定,工业专门学校分为13科,包括土木科、机械科、造船科、电气机械科、建筑科、机织科、应用化学科、采矿冶金科、电气化学科、染色科、窑业科、酿造科、图案科。采矿冶金科应修之科目包括:数学、物理、化学、外国语、机械工学大意、矿物学、地质学、测量及矿山测量、采矿学、选矿学、冶金学、冶铁学、试金术、矿山机械学、电气工学大意、工业经济、工厂管理法、工厂建筑法、工业簿记、化学分析及实验、吹管分析及实验、计划及制图、实习等23个科目。③

1913年1月12日,北京政府教育部公布《大学规程》,将大学分为文科、理科、法科、商科、医科、农科、工科。其中,工科分土木工学、机械工学、船用机关学、造船学、造兵学、电气工学、建筑学、应用化学、火药学、采矿学、冶金学11门。工科修业年限为三年。大学入学资格须在预科毕业,或经试验有同等学历。④ 按照规定,采矿学门应修之科目包括:数学、应用力学、水力学、热机关学、机械制造法、冶金制器法、机械学、地质学、矿物学、岩石学、测量及矿山测量、采矿学、矿床学、选矿学、矿物及岩石识别、冶金学大意、试金术、矿山机械学、材料运搬法、土木工学大意、电气工学大意、房屋构造学、工业经济学、矿山法规、采矿计划、机械计划及制图、测量实习、选矿实习、试金实验、化学分析及实验、吹管分析及实验、实地练习等

---

① 舒新成:《中国近代教育史资料》(上),第226页。
② 潘懋元、刘海峰编:《中国近代教育史资料汇编·高等教育》,上海:上海教育出版社,1993年版,第461页。
③ 潘懋元、刘海峰编:《中国近代教育史资料汇编·高等教育》,第576~578页。
④ 《中央命令·教育部部令:第一号》,《浙江公报》,1913年第346期,第4~14页。

32个科目。① 冶金学门应修之科目包括：数学、应用力学、水力学、热机关学、机械制造法、冶金制器法、机械学、矿物学、矿物识别、采矿学、选矿学、冶金学、冶铁学、试金术、冶金机械学、燃料及耐火材料论、电气冶金学、热度测定法、化学分析及实验、气体分析、电气工学大意、房屋构造学、工业经济学、矿山法规、冶金计划、冶铁计划、机械计划及制图、冶金及电气冶金实习、冶铁实验、试金实验、吹管分析及实验、实地练习等32个科目。② 1917年9月，教育部公布《修正大学令》，改大学本科为学制四年，预科两年。设两科以上者得称"大学"，设一科者，称"某科大学"。③

清末以来，中国学制改革主要以日本为学习对象。1912—1913年颁行的"壬子癸丑学制"，规定全部学校教育年限为18年，分3段4级：初等教育7年，分初等小学堂4年和高等小学堂3年；中等教育段4年，不分级；高等教育段6~7年，废止高等学堂，分设预科和本科。该学制在执行过程中暴露出许多问题，如初等教育年限过长，中等教育年限太短，中学课程设置太笼统，各级各类学校教学程度无法衔接等，颇受訾议。五四前后，美国教育制度逐渐受到中国教育界的追捧，学制改革呼声日益高涨。1922年9月，北京政府召开学制会议，并经稍后在济南举行的全国教育联合会第八届年会讨论，形成"学校系统改革案"，并于11月2日以大总统黎元洪令颁行。该案一反日本学制的模式，采用美国的"六三三"学制，史称"壬戌学制"。它规定全部学校教育时间为16~18年，其中：初等教育段6年，分初级小学4年和高级小学2年；中等教育段6年，分初级中学3年和高级中学3年；高等教育段4~6年，不分级。该学制取消大学预科，使大学不再负担中等教育的任务，有利于大学专业教育；另外，大学采用选科制、学分制，有助于学生个性化发展。"壬戌学制"的施行，标志着中国近代教育体制的基本确立，此后被长期沿用。

3. 矿冶工程高等教育概貌

大学在社会科技传播体系中具有十分重要的地位，它不仅是专业交流的重要参与者，也是科技教育和科技普及的生力军。大学不仅是知识创新、人才培养的基地和重要的指知识传播源，而且能很好地整合知识的创

---

① 《中央命令·教育部部令：第一号(续)》，《浙江公报》，1913年第347期，第1~14页。
② 《中央命令·教育部部令：第一号(续)》，《浙江公报》，1913年第348期，第2~5页。
③ 潘懋元、刘海峰编：《中国近代教育史资料汇编·高等教育》，第372页。

造、加工、传播和应用,在社会的知识网络中,在社会的创新体系、传播体系中具有十分特殊的地位。[1] 1895—1927年间,中国先后出现十余所设有矿冶工程专业的高等院校。这些高等院校成为近代中国矿冶技术人才的重要聚集地,培养了一批本土矿冶工程专业技术人才。

(1)北洋大学

中国矿冶工程高等教育肇始于1895年创设的北洋大学工科采矿冶金学门。该校初创时名为"北洋西学学堂",1896年更名为"北洋大学堂",1913年命名为"国立北洋大学"。创办者为晚清著名实业家盛宣怀。甲午战争之后,他提出"自强三策",认为"自强首在储才,储才必先兴学"。创办之初,北洋大学设立头等、二等学堂各一所。二等学堂学生四年毕业,升入头等学堂,学制四年。头等学堂分设工程、矿务、机器、律例四个学门。1895年,头等学堂在天津、上海、香港等地招考相当于二等学堂毕业者,精选30人。1899年,矿科头等第一班学生毕业。八国联军侵华战争期间,学堂被毁,学生星散。1902年,北洋大学新建西沽新校舍,次年,开学复课,机器学门停办,分设法律、土木工程、采矿冶金三个学门。工科学制三年。

1908年秋,学校重新立定课程,将高等普通科目作为预科课程,仍分法律、土木工程、采矿冶金三个学门,呈准学部立案。矿科学生分为采矿冶金甲、乙两班。此后学生培养步入正轨,历年均有采矿、冶金专业学生毕业。五四运动期间,学校停课。校方整顿校务,将采矿冶金学门拆分为采矿学门、冶金学门,"班级名称,改以毕业三年为名称,向以干支为名称者,今悉废而不用"。1920年6月,北洋大学专办工科,设有土木、采矿、冶金三个学门。1925年,北洋大学将采矿、冶金两个学门合并为采矿冶金学系,恢复先前停办的机械工程学门。冶金工程最后一班学生,于1928年毕业。学校矿冶专业延聘的外籍学者均来自美国,包括德雷克(N. F. Drake)、亚当士(Walter H. Adams)、梅尔士(Ronald Van. A. Mills)、巴克尔(Franklin L. Barker)、特瑞鲁(Arthur C. Terrill)、毛立士(Pred. K. Morris)等人。国内一批著名矿冶专家如何杰、王烈、曹诚克、谭熙畴、魏寿昆、孙昌克等人均曾在该校任教。

---

[1] 翟杰全著:《让科技跨越时空:科技传播与科技传播学》,第163页。

表 16　清末民初北洋大学采矿冶金专业毕业人数表

班级名称	毕业时间	毕业人数	班级名称	毕业时间	毕业人数
矿科头等第一班	1899 年	不祥	采矿冶金辛班	1919 年 12 月	18 人
矿科头等第三班	1906 年	未待毕业即资送多人出国留学	九年班	1920 年 6 月	13 人
矿科头等第四班	1907 年		十年班	1921 年	采矿 1 人、冶金 9 人
采矿冶金甲班	1910 年夏	7 人	十一年班	1922 年	采矿 3 人、冶金 3 人
采矿冶金乙班	1910 年冬	11 人	十二年班	1923 年	采矿 10 人、冶金 5 人
采矿冶金丙班	1912 年 12 月	19 人	十三年班	1924 年	采矿 6 人、冶金 4 人
采矿冶金丁班	1914 年 12 月	18 人	十四年班	1925 年	采矿 7 人、冶金 7 人
采矿冶金戊班	1915 年 12 月	19 人	十五年班	1926 年	采矿 7 人、冶金 0 人
采矿冶金己班	1916 年 12 月	11 人	十六年班	1927 年	采矿 7 人、冶金 2 人
采矿冶金庚班	1917 年 12 月	10 人	十七年班	1928 年	采矿 15 人、冶金 3 人

资料来源：李书田：《国立北洋工学院矿冶工程学系之概述》，《北洋周刊》，1934 年第 29 期。

北洋大学自创立时起，就以严谨治学著称。她强调人才培养与社会需要结合，注重理论联系实际。学校对学生的管理十分严格，要求极高。升级考试时，主课有一门补考不及格，就得留级。矿冶专家王宠佑尝回忆其在北洋大学的求学经历："北洋课程虽属简单，但甚完善，故能致用。且时延专家演讲，美前大总统胡佛氏曾在矿科演讲数次。校规綦严，学生间有不免嫌其约束者，然而放心之求获益之处则非浅鲜也。""各国科学日新月异，均有长足之进步。而立国之基，富强之道，则启发宝藏尚矣，是矿学之重要不言可知，然授之于口，聆之于耳，求之于简篇，固亦可得梗概，究不如实地研讨之能宏造诣也。是以每于暑假期内，从外国教授 Drake 氏赴矿山看矿，研究地质，长途跋涉，固甚劳苦，此不仅于学业可以孟晋，而于身体亦收锻炼之功"。[①]

[①] 《北洋大学——天津大学校史》编辑室：《北洋大学——天津大学校史》（第一卷），天津：天津大学出版社，1990 年版，第 29 页。

学校秉持国际化办学路线,不仅从海外聘请师资,而且在教学、管理方面参照世界著名高校。学校理化、地质、矿冶、土木、机械等科所需图书、标本、仪器、器材,都参照美国各大学所有设备,尽量自美国购置,并连年陆续补充,应有尽有。资送优秀毕业生出国留学是北洋大学创校时即谋划的重要计划。天津北洋西学学堂头等学堂课程编排、讲授内容、使用的教科书,均以美国哈佛、耶鲁等大学为标准,毕业生可不经考试直接升入美国著名大学的研究院。① 李书田曾评价其教学水平:"此首创之大学成立伊始,程度即与欧美各著名大学不相上下,故其毕业生从彼时就能直接入美国东部各著名大学之研究院。"②

北洋大学的办学成绩世所公认。初创时期,培养的学生人数虽不多,但质量颇高。在矿冶领域,其一大批毕业生日后成为栋梁之材。如王宠佑、温宗禹、王正黼、靳树梁、黄金涛、梁宗鼎、陈立夫、周志宏、马寅初③等,均为北洋大学采矿冶金专业毕业生。

(2) 北京大学

北京大学的前身为百日维新期间设立的京师大学堂,是近代中国第一所国立大学。1902 年,京师大学堂设高等学堂为大学之预备(即预科),下分政(经史政治法律通商理财等)、艺(声光电化农工医算等)二科。同年,又设速成科,分仕学馆、师范馆。1910 年,京师大学堂开办分科大学,设经、文、法政、格致、农、工、商 7 科。其中,工科设有土木学门和采矿冶金学门,学制三年。严格意义上讲,清末的京师大学堂为新旧教育制度的糅合物,教育思想和教育内容还具有浓厚的封建性。1910 年 3 月 30 日,京师大学堂分科大学举行开学典礼,但一年多后,辛亥革命爆发,这批学生是在学校更名为北京大学后才毕业的。故可以说,清末京师大学堂没有正式的本科毕业生。

民国初年,北京大学文科、理科的办学规模和力量得到加强,工科发展受限。蔡元培担任校长时,北京大学工科仅有土木工程和采矿冶金两个学门,与毗邻的北洋大学的工科所设之学门相同,且两校工科学生总数不到

---

① 《北洋大学——天津大学校史》编辑室:《北洋大学——天津大学校史》(第一卷),第 56、37 页。
② 李书田:《四十年来之中国工程教育》,《教育杂志》,1936 年第 26 卷第 1 号,第 83 页。
③ 1901 年,马寅初考入北洋大学,学习矿冶专业,1905 年毕业,次年官费留学美国,入耶鲁大学矿冶系。一年后,改学经济学,获耶鲁大学硕士学位,后入哥伦比亚大学,取得哲学博士学位,1915 年回国。

千人。为避免靡费,教育部与北洋大学商议,北京大学预科毕业生中凡愿入读工科者,送入北洋大学学习,北京大学工科则俟已有两班学生毕业后停办。1923年,采矿冶金系学生毕业,北京大学工科停办。① 北大采矿冶金专业毕业的学生人数为:1913年20人,1916年32人(工科毕业人数),1917年34人(工科毕业人数),1918年9人,1919年30人,1921年14人,1922年24人,1923年15人。② 他们当中,也不乏对中国矿冶生产活动产生重要影响的技术专家。如日后被尊为"工矿泰斗"孙越崎、冶金学家张清涟等人均曾在北京大学矿冶系学习。

北京大学工科虽停止办学,但理科下设的地质学却获得较大发展,为中国培养一批杰出的地质人才。1909年,京师大学堂在格致科下设立地质学门,招收王烈等3名学生,聘德国人梭尔格博士(Dr. F. Solgar)为正教员。1912年5月,格致科改称理科。次年,王烈赴德国留学,邬友能、裴杰毕业。因人数太少,费用不支,该班学生毕业后,北大地质学门停办。1917年,北大恢复地质学门,1919年,改称地质学系,何杰任系主任。一批著名的专家学者,如李四光、温宗禹、朱家骅、丁文江、王烈、谢家荣、孙云铸、谭锡畴以及美国哥伦比亚大学教授葛利普等,都曾在地质学系工作过。③ 1920—1929年间,北大地质系毕业生共计119人。他们关于地球的物质组成、内部构造、外部特征等方面的认知活动也对矿冶业的发展起到奠基作用。

(3)山西大学

山西大学是义和团运动和八国联军侵华战争的产物。山西省为义和团运动中仇杀洋教士最烈之区域,有150余名传教士被杀和70余座教堂被毁。运动平息后,曾长期在山西传教的英国传教士李提摩太协助清政府处理山西教案。1901年5月,他提出开办中西学堂,指出山西全省罚银50万两,用于"开导晋人知识,设立学堂,教导有用之学,使官绅庶子学习,不再受迷惑"。该倡议得到山西巡抚岑春煊的支持。1902年6月,中西学堂与由山西士绅之前倡议设立的山西大学堂合并。新成立的山西大学堂分中学专斋和西学专斋两部分。西学专斋由李提摩太代为经理,期限十年,

---

① 韩立云:《民国时期北京大学人才培养模式研究(1917—1937)》,南京大学2013届博士学位论文,第81页。
② 国立北京大学毕业学生注册部编志课编:《国立北京大学毕业学生一览》,1930年。
③ 中国科学技术协会主编:《中国地质学学科史》,北京:中国科学技术出版社,2010年版,第62页。

经费为山西罚银50万两。因生源质量不高,直到1906年10月,山西大学开办的专门学科才正式上课,学生均为西斋预备科毕业生。西斋原准拟开设四个专业:法律、格致、工程、矿学。其中,格致科四年课程包括:无机化学与试验、数学、机械法与试验、矿质与地质学、物理与实验、绘图、英文、有机化学与试验、分析化学、电气化学实验、应用化学与绘图、应用化学与制造、热学、冶金学、电气化学等课程。矿学科四年开设课程有:采矿学、机械制造与绘图、数学、应用力学与实验、化学实验、英文、矿物与地质学、汽学、试金术与实验、测量与实验、矿学测量实验、矿质实验、选矿质、矿地实验、矿学机械、矿学应用电气、冶金学与实验、电化选矿质、矿洞实验。因生源不足,先开办法科法律学门、工科采矿冶金学门。清朝灭亡前,西斋各学门都已招生。①

辛亥革命后,山西大学堂中斋、西斋并立局面结束。根据教育部规定,山西大学堂改称"山西大学校",设有工、法、文三科。其中,工科包括采矿、机械、土木三个学门,1918年增加电气学门。1914年9月,山西省立工业专门学校并入山西大学校,设专门部,合并来的有本科机械工程、采矿冶金工程、土木工程三个班。1918年,因铁道收归省有,山西省内将无重大工程项目,山西大学校暂停土木工学门招生,将重点放在机械、采矿冶金学门。是年,参议院将山西大学校列入国立范围,称"国立第三大学"。②

山西大学采矿冶金专业师资力量较为雄厚。在大学堂初创时期,其教员全部为接受过新式教育且教学经验丰富的中外人士,师资水平总体较高。据统计,山西大学堂在1912年前曾在西斋担任教职员的中外人士共计36人,其中外籍教员15人。这些人当中,许多人具有学士、硕士或博士学位。民国成立后,随着留学生的归国,山西大学华人教职员基本取代外籍教员。如1931年山西大学的工科教职员中,绝大多数为归国留学生。教授职称级别中,王宪为英国伦敦帝国大学采矿工程学博士,常克勋为英国南威尔斯大学采矿学硕士,王录勋为英国伦敦大学工程学博士,武尽杰为英国康乃尔大学采矿学硕士,孙晋祺为英国理工大学地质学博士,郗三善毕业于英国设菲尔大学冶金学,另外,讲师职称中,耿步蟾为英国伦敦帝国大学采矿冶金学博士,李建德为英国帝国大学采矿业毕业。其他如张增(1914年聘,英国塞菲尔大学冶金科毕业)、白象锦(1914年聘,英国威尔士

---

① 赵清明:《山西大学与山西近代教育》,北京:高等教育出版社,2011年版,第45~46页。
② 山西大学校史编纂委员会:《山西大学百年校史》,北京:中华书局2002年版,第35页。

大学矿科毕业)、王情祚(1920年聘,英国南威斯大学矿学毕业)、张景良(1920年聘,英国南威斯大学矿学毕业)、温承让(1924年聘,英国克德夫大学矿学毕业并获工程师)、唐之肃(1925年聘,山西大学采矿冶金科毕业,留学美国密歇根大学并获采矿冶金工程师)等,皆一时之俊彦。①

1917年,山西大学专门部采矿冶金科第一班学生毕业,毕业生包括唐之肃等31人。②据统计,1912—1931年间,山西大学共培养本科、专科、预科毕业生3442人,加上原中西斋和民国初年毕业的129人,总共3571人。其中,工科696人,内有采矿冶金学门250人。③

(4)四川公立工业专门学校

1908年,四川提学使方旭在四川游学预备学堂旧址创办四川中等工业学堂。学校初设预科和本科,预科课程9门,包括:修身、国文、数学、理化、地理历史、图画、体操、英文、矿务。预科为本科之准备,本科招生按预科所设科目分门考试。限于经费,本科先期开设矿业科、色染科,"缓图扩张,再续办机械科、机织等科"。矿业科开设课程17门,包括:修身、数学、物理、化学、机械工学大意、岩石地质学、采矿学、冶金学、铁冶金学、矿山测量、试金术、吹管分析、制图、化学分析、英语、实修、体操。④

1912年2月,四川工业学堂改称四川高等工业学校,校址迁至四川提学署旧址。1914年改名四川公立工业专门学校。该校以"教授高等学术,养成工业专门人材"为宗旨,本科三年,预科一年。设采矿冶金科、应用化学科和机械科,各科都有预科。该校工科特色明显,校长钱为善(1914年8月—1916年初)、文澄(1916年初—1919年)均留学海外,前者为著名机电专家,曾留学英国伦敦芬斯伯大学,后者留学日本东京高等工业学校电气机械科,并在日本电气工场实习过。采矿冶金科教员包括刘文贞(采矿冶金科主任兼教员)、朱华绶(冶铁学)、罗伯存(英籍,采矿冶金学)等。课程基本按教育部要求开设。1916年,在校生86人。⑤ 1924年,四川公立工业专门学校采矿冶金科11名学生毕业,为:马永枢、石瑞琏、傅邦森、袁成

---

① 王李金:《从山西大学堂到山西大学——探寻中国近代大学教育创立和发展的轨迹》,山西大学2006届博士学位论文,第158~167页。
② 《山西大学校专门部土木、采矿冶金科第一班毕业生名单》,《教育公报》,1917年第9期,第20页。
③ 山西大学校史编纂委员会:《山西大学百年校史》,第38页。
④ 《章程:四川中等工业学堂新章草案》,《四川教育官报》,1909年第10期,第2~5页。
⑤ 四川大学校史编写组:《四川大学史稿》,成都:四川大学出版社,1985年版,第45~46页。

章、林宝惠、叶大燮、冯睿、张志雄、李童、胡笃生、孟炽。①

1927年8月，四川省长公署和教育厅会议决议，将包括四川公立工业专门学校在内的五所专门学校合并组成省立四川大学，工业专门学校改称四川大学工科学院。

(5)山东公立矿业专门学校

山东公立矿业专门学校前身为山东矿业传习所，设于济南，1918年2月，山东省长公署提交省议会议决，划拨山东化分矿质局地址，于1918年2月开始筹备，1920年3月，省长公署准教育部咨扩充为山东公立矿业专门学校。因办学经费源于地方实业经费，学校主管机构除教育厅外，还包括山东省实业厅，并呈农商部备案。该校以养成矿业专门人才为宗旨，先后设有本科、预科、预科补习班及讲习班。预科招收中学毕业生及同等学力者，修业一年，成绩合格者升入本科。预科课程除普通科目外，还包括地质学大意、矿物学、岩石学等专业课程。本科修业三年，重点是专业课程，包括地质学大意、矿业测量及矿山测量、采矿学分析、实验学习等13门。预科补习班为学业程度较低者设置，修业一年后成绩合格升入预科。讲习所属于补习教育性质，招收各矿业公司在职人员进行培训，学习一年，专修专业课程。1922年，学校有职员11人、教员13人，本科一、二年级学生共80人，预科学生38人。②

该校经费拮据，设备奇缺，图书仪器甚少。据调查：该校"标本室中有矿物标本一套，系购自外国，普通矿质尚称完备。此外，本省矿质亦有百余种，可供参考测量。仪器室内有测量仪器十余套。化学试验室内有试验桌排列尚属整齐，惟桌上空无所有。仪器室内有残缺不全之物理仪器数种，及化学试验应用之玻璃器具百余件，系属化分矿质局所有，而为该校所借用者。药品室中约有药品百余种，布置未见尽善。天平室有天平八架。冶金室有试金炉二座"。学校前后毕业本科六班，学生82人。

1926年6月28日，山东代理省长林宪祖令教育厅取消山东公立矿业专门学校，与法政、医学、商业、工业、农业等五学校一起并入新成立的省立

---

① 《附四川公立工业专门学校采矿冶金科、应用化学科、机械科毕业生名单》，《教育公报》，1924年第3期，第36页。

② 朱炎、陈传瑚：《报告：视察山东公立矿业专门学校报告书》，《教育公报》，1922年第12期，第1～6页。

山东大学,成为山东大学工科的采矿系。① 9月,在山东军务督办兼山东省省长张宗昌的要求下,省立山东大学正式成立。学校设有文科、法科、工科、医科和农学院等五个科(院),其中,工科设机械系、机织系、应用化学系和采矿系。1928年春,北伐军进入山东,张宗昌政权垮台,山东大学停办。

(6)河南福中矿务大学②

河南福中矿务大学办学历史可追溯至清末时期。19世纪末,矿政成为清廷"振衰起颓"的要政,各省纷纷推出发展地方矿务的举措。与此同时,面对既无资金,又无技术和管理经验的清政府,列强通过种种手段,纷纷染指中国各省矿权。1898年6月,英商福公司经总理衙门批准,获得"专办怀庆左右、黄河以北诸山各矿"60年的权利,但必须"于矿山就近开设矿务铁路学堂","延请洋师教授,培养专门人才,以备路矿因材选用,此项经费由福公司筹备"。1902年,福公司在修武县白作村(今焦作市)强购民地,设厂办矿,并将矿厂以英国驻沪总领事哲美森的名字命名为"哲美森厂"(中译"泽煤盛厂")。

1906年初,哲美森厂开始出煤,但英商拒绝履行开办学堂的承诺。经数年交涉,1909年初,福公司同意在当年春季开办路矿学堂,除伙食由学生自备,其他一切开支均由福公司筹给。1909年3月1日,学堂举行隆重开学典礼。因校址位于修武县泽煤盛厂附近的西焦作村,故名焦作路矿学堂。学校设矿务学门,学制四年,培养采矿、冶金和铁路专门人才,首招学生20名,聘请英人李恒礼等四人和华人陈筱波等为教习。1911年2月,英国政府和福公司扩大矿区的要求被河南地方政府拒绝,恼羞成怒,决定不再向路矿学堂提供经费。1913年12月,学堂首届学生毕业后,福公司中断经费,停办焦作路矿学堂。

1914年8月,华商中州、豫泰、明德三个煤矿公司与北洋政府合作,在焦作成立官商合办的中原股份有限公司,成为福公司强有力的竞争对手。1915年5月,在北洋政府外交部的干预下,中原公司和福公司合组为福中总公司,双方同意共同筹集经费,恢复矿务学校。6月1日,在福中总公司成立当日,河南福中矿务学校在开封大厅门街的民房举行成立典礼。该校

---

① 山东大学校史编写组:《山东大学校史(1901—1966)》,济南:山东大学出版社,1986年版,第16~17页。

② 主要参考焦作工学院史志编辑室编:《焦作工学院校史(1909—1999)》,2002年版,第3~16,35~39页。

拟先办预科,续办正科,旨在养成采矿冶金专门人才。是年冬,招收学生62人,入学程度为中等学校修业二年以上。预科三年毕业升入本科。1918年冬,首届预科生毕业。

1919年2月,根据教育部《专门学校令》,福中矿务学校易名为福中矿务专门学校。次年4月,学校从开封迁回焦作路矿学堂原址。是年夏,学校添招预科一班,入学程度为中学毕业,预科一年后升入本科。本科三年,开设采矿、冶金等23门课程。

1921年夏,留美归来的李鹤改革校务,整顿课程,将学校改名为福中矿务大学,设采矿冶金科,修业年限为预科一年,开设国文、英文、数学、物理、化学、体育等6门课。本科四年,开设国文、英文、数学、物理、化学、地质、岩石、矿物、冶金、图画、选矿、采矿、机械工学、土木工学、电气工学、经济、法律等课程。除国文、法律和体育外,各科教材均选用英文原版课本。各年级都安排实验、实习。毕业生授予采矿科工学士学位或冶金科工学士学位。学校虽经大刀阔斧整顿,然经费却"分文未加",师资和设备未有改观,1923年,李鹤辞职。之后,校务卷入纷乱的政局之中,办学秩序大受影响。校领导时常易人,学制屡有变动。1926年冬,福中矿务大学经教育部正式批准立案。学校毕业生人数有限,1926年和1927年各毕业12人,全部由中原公司留用。

(7) 湖南公立工业专门学校①

湖南矿产资源丰富,为著名的有色金属之乡,尤其是钨、锡、锑、铅、锌等矿藏资源储量巨大,很早就引起外界的关注。中日甲午战争以后,在陈宝箴等人提倡下,湖南矿业出现较快发展的势头。19世纪末20世纪初,列强染指中国矿权和路权,湖南未能幸免。地方官绅筹思抵制之策,认为要争矿权、路权,必须培养路矿人才。

1903年冬,湘抚赵尔巽在长沙创办省垣实业学堂,设矿、路两科,是清末中国最早设立的三所实业学堂之一。当年冬,考录甲班学生40人,为矿科预科。1908年,湖南省垣实业学堂升格为湖南官立高等实业学堂,矿科正式设置采冶本科,增设机械科。此后两年,相继增设窑业科和应用化学科。学堂重视师资建设,重金延聘外籍教师或学有成就的归国留学生,除国文、历史课外,其他课程采用全英文教材。实验室、实习工场建设也投入

---

① 主要参考谢炳炎主编:《湖南大学校史:公元976—2000》,长沙:湖南大学出版社,2003年版,第98~107页;刘运明主编:《中南工业大学校史》,长沙:中南大学出版社,2012年版,第6~8页。

巨大财力。如从国外购进仪器设备,建立物理、化学等实验室,从美国购进选矿设备、德国购进发电机,建立湖南第一个选矿实验室。又利用铜元厂的部分厂房设备,建立模型房、翻砂厂、化铁炉、锻工房、钳工房等实习场所。因办学条件优良,清政府尝称赞该校:"中国自北洋大学堂外,工程学科未有如高等实业学堂之完善者。"此间,学堂培养了湖南第一批采矿、冶金专业毕业生。

1912年,湖南官立高等实业学堂改名为湖南公立高等工业学校,1914年,依据教育部《专门学校令》,又更名为湖南公立工业专门学校(以下简称"工专"),由宾步程主持校政近十年。期间,尽管学校教育经费十分拮据,宾步程仍注意从欧美购买教学仪器设备、图书资料,价值约30万银元;又将湖南机械厂拨给学校做实验工场,在校内扩建一个实习工场,并建有冶金室、天平室、化验室、药品仪器保管室、铅印部,使该校在当时国内同类院校中以设备相对完备见称于世,有"中国南七省第一校之誉"。

学校采冶科课程包括国文、英文、物理、化学、大代数学、图形几何、体操、解析几何、微分、定性分析、地质学、结晶学、应用力学、矿物学、平面测量、积分、物料强弱、经济地质、机械工学、采矿学、定量分析、机械制图、电机工学、选矿学、矿山测量、冶金、冶铁等27门课程。1917年,该校本科、预科、补习班在校学生计344人,其中,采矿冶金预科、本科学生103人。①"一战"结束后,国际钨、锑价格暴跌,生产萧条,采冶科学生就业艰难。1921年,学校采冶科停办。湖南公立工业专门学校时期,采冶科共招学生8个班,计156人,培养了包括钟伯谦等在内的知名专家学者。

1926年初,湖南公立工业专门学校与省立法政、商业专门学校合并,组建湖南大学。

(8)北京工业专门学校

光绪三十年(1904)二月,清政府商部奏请筹办京师高等实业学堂,四月,邵英出任学堂监督,六月,订定学堂章程,分机械、电气机械、矿学、应用化学四科,各科修业二年,额定学生120人。当年九月开学。次年七月,学堂资送学生赴英国留学。1906年底,学堂预科修业期满,成绩合格者118人。光绪三十三年(1907)三月,招考插班生40人,开办本科。宣统元年(1909)九月,位于祖家街西端王府旧址的新校址落成。次年三月,本科修

---

① 潘懋元、刘海峰编:《中国近代教育史资料汇编·高等教育》,第589~591页。

业期满,经学部考试合格者129人。民国成立后,学校改隶教育部,更名为北京高等工业学校,旋易名为北京工业专门学校,以洪镕为校长。1912年8月,鉴于当时北京大学和北洋大学都设有矿冶专业,学校停办矿冶科,并更改章程,设机械、电气、应用化学三科,改预科修业年限为一年。次年筹设机织科。①

(9) 南开大学

南开大学由张伯苓创办于1919年10月,前身是1904年成立的南开中学。学校创办伊始,设文、理、商三科,一切学制按照美国大学选科、分科办法。1920年,得李晋捐款三万元,学习筹设矿科。1921年9月,矿科成立,暂开一班,不分系。此后李晋历年多有捐款。矿科主任由薛桂轮担任。1926年9月,李晋因时局动乱,实业萧条,停止捐款,南开矿科停办,三年级以下同学转入他校,或改习理科。② 因之,南开大学矿科开办仅5年,毕业生人数较少,影响相对有限。

南开大学矿科对学生要求极高,开设课程涉及的知识面极广,注重基础理论和应用技术的结合,包括:英文、算学(微积分)、物理、物理实验、定性分析、定性分析实验、地质学、机械画、平面测量、平面测量实习、柔软操(以上第一学年);应用力学、定量分析、定量分析实验、机械计划及制图、热机学、热力学、建筑材料学实验、采矿学、结晶学与吹管分析、结晶学与吹管分析实验、矿物学、矿物学实验、矿山测量、矿山测量实习、柔软操(以上第二学期);采矿学、矿山机械学、电机学大意、直流电机实验、金木工厂实习与汽力学试验、试金术、试金实习、图解力学、岩石学、岩石学实验、地质史学、地质史鉴定法、普通冶金学、冶铁炼钢法、矿律(以上第三学年);矿床计划、矿床学、非钢铁冶金学、选矿学、选矿实习、交流电机学、交流电机实验、水力学、水力学实验、矿山管理与簿记、工业经济学、特别研究(以上第四学年)。③

(10) 东北大学

1921年10月,奉天省议会通过联合吉林、黑龙江两省创办东北大学的议案。次年春,东北大学筹备委员会设立,经过数月研讨,拟订东北大学

---

① 《纪载:北京工业专门学校沿革纪略》,《教育公报》,1915年第12期,第12~14页。
② 王文俊等选编:《南开大学校史资料选(1919-1949)》,天津:南开大学出版社,1989年版,第3、6页。
③ 王文俊等选编:《南开大学校史资料选(1919-1949)》,第191~192页。

规程和东北大学组织大纲,规定东北大学设于沈阳,以奉天省署为主管机关。学校定位为包括文、理、工、农、商、法等学科的综合性大学。1923年4月26日,东北大学正式成立,7月,招收各科预科新生310余人。① 1925年夏,首届预科学生毕业,升入本科各系。次年7月,第二届预科学生毕业,增设采冶系。1930年,采冶学系第一班毕业,毕业生包括赵玉昌等11人。②

(11)私立东华大学(原名南洋路矿学校)

1912年10月28日,南洋路矿学校在上海成立,由华侨林兆禧出资创办。③ 1917年9月,学校曾登报招收采矿冶金科一年级新生40人。④ 矿学科修学课程包括:矿学工程、定量分析、地质学、物理、应用力学、矿石学、冶金术、冶金试验、金类学、地质测量、炼金术、气质分析等,学制四年。⑤ 1924年7月,学校更名为东华大学。关于该校矿学科的详细办学情况,限于资料,难以深究。1924年6月22日,上海《申报》刊发《南洋路矿学校改组东华大学启事》,称:"矿科自前校长林兆禧先生任内停办后,至今未设。"而1917年2月24日,林兆禧病逝。故推测,该科办学历史并不长。

据雷丽芳、潜伟等人统计,1927年前,我国历年高等矿冶教育培养的毕业生有姓名可考者819人。其中,清末时期93人,北京政府时期726人。毕业学生人数最多的是山西大学,总计226人。其次为北洋大学,计193人。⑥

二、市场渠道

利用市场渠道的技术传播是指技术拥有者、所有者利用技术买卖行为,将技术让渡给受众的一种传播行为。它主要受市场因素驱动,利用交易行为驱动技术的转移与转让。其传播方式主要有:直接在技术市场上进行技术买卖;技术供应方在技术需求方所在地建立合资、合作企业,以此实现技术转移;成套设备的引进,驱动技术从设备生产商转移到技术需求方;

---

① 杨佩祯等主编:《东北大学八十年》,沈阳:东北大学出版社,2003年版,第2页。
② 王振乾等编著:《东北大学史稿》,长春:东北师范大学出版社,1988年版,第6,220页。
③ 《路矿学校开会预志》,《申报》,1912年10月26日,第7版。
④ 《南洋路矿学校招生》,《申报》,1917年8月13日,第9版。
⑤ 《内外时报:南洋路矿学校》,《东方杂志》,1915年第12卷第8号,第10页。
⑥ 雷丽芳、潜伟、方一兵:《近代中国矿冶工程师群体的形成》,《自然科学史研究》,2018年第1期。注:该数字皆系有确切人名可考者,且毕业后继续从事与矿冶类相关的人员。

通过雇佣技术专家、工程管理咨询、人员培训等方式。①

（一）聘用外国技术人员

聘用外国技术人员是一国进行技术转移的惯用手段。许多国家的技术进步与发展受惠于此。如历史上德国的焦炭炼铁方法就是学自从英国人。1776年，西里西亚矿业局冯·雷登伯爵曾赴英国学习焦炭炼铁技术。1784年，普鲁士政府也派人考察学习英国冶铁业的技术变革，并在国内尝试试验焦炭炼铁。当试验失败后，普鲁士政府邀请英国著名冶铁商威廉·威尔金森进行技术指导。经反复试验，终于在1791－1792年获得成功。同样，日本近代钢铁工业的发展最初也大量聘用西方技术人员。

中国近代科学技术呈现出来的整体落后局面，使得"晋用楚材"成为中国早期工业化起步的必由之路。② 诚如郑观应所言："所有海关、制造、矿务、轮船、电报、铁路、纺织等局，创办之时因华人未谙其事，亦不得不借材异地。"③特别是在洋务运动时期，聘用外国技术人员是新式矿业企业普遍出现的现象（见表17）。

表17　洋务运动时期中国矿冶企业聘用外籍矿冶工程师

企业名称	开办时间	创办人	聘请的外籍工程及其职务
湖北开采煤铁总局荆门矿务总局	1876年	盛宣怀李明墀	［英］马立师（Samuel John Morris）（矿师） ［英］郭师敦（Andrew White Crookston）（矿师） ［英］派克（Francis Park）（矿匠） ［英］谭克（Peter Danks）（矿匠）
台湾基隆煤矿	1876年	沈葆桢	［法］杜邦（都蓬）（Dupont）（矿师） ［英］伍德（D. K. Wood）（矿师） ［英］翟萨（David Tyzack）（矿师）
安徽池州煤矿	1877年	杨德孙振铨	［美］兰多（矿师）
直隶开平煤矿开滦矿务局	1878年	李鸿章唐廷枢	［英］马立师（矿师） ［英］巴尔（矿师） ［英］白内特（柏爱特、伯内）（R. R. Burnett）（总矿师） ［英］莫尔斯卫（莫尔斯华士）（J. M. Molesworth）（矿师） ［英］金达（Claude William Kinder）（工程师、总矿师）

---

① 翟杰全著：《让科技跨越时空：科技传播与科技传播学》，第217～218页。
② 严昌洪：《聘用"洋匠"与中国早期工业化》，《近代史研究》，1988年第4期。
③ 夏东元编：《郑观应集》（下册），上海：上海人民出版社，1988年版，第186页。

续表

企业名称	开办时间	创办人	聘请的外籍工程及其职务
热河承德府平泉铜矿	1881年	李鸿章 朱其诏	[英]巴尔(矿师) [德]开壳夫(正矿司) [德]哈子伯(副矿司) [德]李来福(专司熔化、化学师) [德]未士活(专造药水、化学师) [德]士点(专司机器、技师) [美]哲尔者(John Adams Church)(矿师)
江苏徐州利国驿煤铁矿	1882年	胡恩燮 胡碧澂	[英]巴尔(矿师)
奉天金州骆马山煤矿	1882年	盛宣怀	[英]马利生(矿师)
山东平度金矿	1883年	李宗岱 林道琚	[英]壁赤(矿师) [英]毕同(Beaton)(矿师) [英]阿鲁士威(Ellsworth)(矿师) [英]瓦尊(矿师)
安徽池州铜矿	1883年	杨德	[美]兰多(矿师)
直隶顺德铜矿	1883年	宋吉堂	[日]冈本唐岛(矿师)
山东登州铅矿	1883年	盛宣怀	[英]壁赤(矿师)
贵州青溪铁厂	1885年	潘霨	[法]罗克莱(工程师) [?]戴玛德
热河土槽子、遍山线银铅矿	1887年	李鸿章 朱其诏	[美]哲尔者(John Adams Church)(矿师、总监工) [美]克立架(副矿师) [美]司达连顿(副矿师) [美]道维思(H. F. Dawes)(估价银师、工匠) [美]李治(Cupt Rich)(技师) [美]德架士(看熔炉司) [美]阿弟(矿井司) [美]赖安(副矿井司) [美]格司克(机房洋匠) [美]丹林(机房洋匠) [美]魏瑟(下井司) [美]马克律(下井司) [美]德尔根(下井司) [美]快乐(下井司) [美]郝立(正熔化司) [美]手法不妙(正熔化司)

续表

企业名称	开办时间	创办人	聘请的外籍工程及其职务
云南铜矿	1887年	唐炯	[日]藤原胜治(矿师) [日]田村氏(矿师) [日]藤野聿造(矿师) [日]山田钦一(矿师)
广东香山天华银矿	1889年	徐润 唐廷枢	[美]哲尔者(John Adams Church)(矿师)
黑龙江漠河金矿	1889年	李鸿章 恭镗	[日]柿川文吉(矿师) [日]乐百时(矿师)
湖北大冶铁矿	1890年	张之洞	[英]郭师敦(Andrew White Crookston)(矿师) [德]时维礼(P. Scheidtweiler)(矿师) [德]帕德波古(帕特勃克)(矿山技师) [德]帕司儿(矿山技师) [德]赖伦(G. Leinung)(矿山技师) [德]玛克司(矿山技师) [德]克本(矿山技师) [德]科纳(矿山技师)
湖北汉阳铁厂	1890年	张之洞	[比]白乃富(Emile C. Braive)(矿师、总矿师) [德]毕益希(Pi-En-his)(矿山技师) [英]巴庚生(F. B. Parkinson)(矿师) [英]骆丙生(Henry Robinson)(化学教习) [德]时维礼(P. Scheidtweiler)(工师) [德]司瓜兹(司辰兹、世瓦尔兹)(Ssu-Kuo-Tse)(矿师) [英]贺伯生(Henry Hobson)(总匠首、总监工) [英]约翰生(庄生)(E. P. Johnson)(制图师) [德]德培(Gustav Toppe)(总工程师) [德]马克斯(矿师) [卢]吕柏(Eugene Ruppert)(化铁总管、总工程师) [比]莫凯(Molkay)(湖北矿务局矿师) [德]美朗(麦郎)(湖北矿务局矿师) [比]卜聂(炼钢工程师) [比]史麦尔(世毛儿)(湖北铁政局化学师)
湖北大冶王三石煤矿	1891年	张之洞	[德]毕益希(矿师) [德]柯克斯(矿师)
湖北江夏马鞍山煤矿	1891年	张之洞	[德]帕德波古(帕特勃克)(矿山技师)

资料来源:雷丽芳、潜伟、方一兵:《近代中国矿冶工程师群体的形成》,《自然科学史研究》,2018年第1期。注:1.本表只计入1895年前来华有名可考的外籍矿冶工程师,外籍工匠等技术工人未记入;2.本书引用该表时,略有增删。

与其他矿业经济部门相比,钢铁生产的组织与管理异常复杂,技术难度更大,需要大批专业技术人员。对于晚清中国而言,此类人员实难得其选。

张之洞在创办汉阳铁厂时,鉴于青溪铁厂在华人总办督导下建设工程旷日持久的教训,力主聘用大批有经验的外国技术人员,一再要求"多募洋匠":"炼铁一事,事理精深,端绪繁难,工作极为艰苦,而机势又极为危险。微特炼铁、炼钢之匠首各有专门之学,即审火候,司气门,流灰,出铁,烘钢,拉轨诸人,周旋于烘炉烈火之间,手足稍涉迟钝,即有轰炸损坏之虞。近来贵州青溪设炉炼铁,南北洋设炉炼钢,堵塞损伤,均所不免。鄂省开炼大炉,自不得不多用洋匠,加意慎重。""大举制炼钢铁,事属创举,中国工匠未经练习,一有差池,贻误匪小,故必多募洋匠,藉资引导"。为勘探地质资源,张之洞分别电请清政府驻英德公使在驻在国选觅矿师8人,加上原已到达中国的比利时矿师,共9名。汉阳铁厂筹建时,他重用贺伯生等大批外国技术人员,负责工程建造。铁厂建成后,张之洞选用大批技术洋员,负责铁厂的生产运营管理:"除原有洋教习、矿师、工师各匠不计外,续募各厂洋匠,择其必不可少者招募二十八人,系拖欧洲著名之郭格里大铁厂代雇,本年四月始一律到齐;以上年选派出洋学习之华匠二十人副之,分派各厂,领首作工。"①据统计,1895—1897年,汉阳铁厂外国职员人数最多时,曾达到35人。② 1896年,汉阳铁厂官督商办后,外籍工程技术人员仍为铁厂的技术中坚力量。1897年,盛宣怀开裂铁厂应用洋人名单,涉及各个生产部门:铁厂工程总管1人,化铁炉监工1人、洋匠2人,化学兼焦炭炉工匠1人;炼钢监工1人,贝色麻炉工匠2人,马丁炉工匠2人,拉铁工匠2人,机车工匠1人;熟铁炉监工1人、洋匠1人。③ 1905年,李维格总办汉阳铁厂后,洋工匠人数大大减少,但吕柏、赖伦(Gustavus Leinung 德国籍)仍长期对汉冶萍公司的技术保障发挥举足轻重作用。

---

① 孙毓棠编:《中国近代工业史资料》第一辑下册,第793、851页。
② 湖北省冶金志编纂委员会编:《汉冶萍公司志》,武汉:华中理工大学出版社,1990年版,第276页。
③ 湖北省档案馆编:《汉冶萍公司档案史料选编》(上),第159页。

表18　1890—1912年间汉阳铁厂总工程师及技术人员

总工程师情况			工程师和工匠的情况
姓名	国籍	任职时间	
贺伯生（Henry Hobson）	英国	到1892年6月	英国人
白乃富（Emile Braive）	比利时	1892—1896	比利时人和卢森堡人
德培（Gustav Toppe）	德国	1896—1897	比利时、卢森堡和德国人
堪纳地（Kennedy）	美国	1897—1898	比利时、卢森堡和德国人
卜聂※	比利时	1898—1904	比利时、卢森堡和德国人
吕柏（Eugene Rupper）	卢森堡	1905—1912	比利时、卢森堡和德国人
吴健	中国	1912—？	比利时、卢森堡和德国人

资料来源：方一兵、潜伟：《中国近代钢铁工业化进程中的首批本土工程师（1894—1925）》，《中国科技史杂志》，2008年第2期。※原文无，此为笔者所加。1898年后，汉厂不设洋总管，但洋总监工实际肩负洋总管之责，特别是工程技术管理。

在整个近代历史时期，中国钢铁生产活动的各个环节中基本都有外国技术人员参与。虽然随着本土技术人才的逐步成长，中国对外国技术人员的依赖性逐渐降低，外国技术人员的人数也逐渐减少，到民国时，本土技术人员已开始独立管理部分生产工序，但由于钢铁技术处于持续发展状态，加上本土高端冶金技术人才十分稀缺，中国钢铁工业始终未能完全摆脱对外国技术人员的依赖。如1918年，汉冶萍90％以上的技术人员是中国人，但仍有4名国外技术人员，表明汉冶萍仍未能完全实现技术管理的本土化。

"借材异地"可在最短时间内以智力劳动的形式直接实现技术转移，效率较高，但面临的问题也不少：

第一，用人成本高昂。一段时间内，中国近代矿冶技术完全依赖国外，外国技术人员"奇货可居"，导致中国为此支付不菲的费用。例如，1877—1879年，湖北开采煤铁总局各项费用总支出分别为制钱49855、58797、38993串，其中，仅外用矿师费用（含矿师及洋匠等薪水、膳费、购置生活用品、回国川资等开支）分别为8767、8749、12799串，占总支出的比重分别为17.59％、14.88％和32.82％。① 盛宣怀1889年聘请的比利时籍矿师白乃

---

① 陈旭麓、顾廷龙、汪熙主编：《湖北开采煤铁总局》，第493～498页。注：清代制钱以文为单位，法定一千文为一串，合银一两。

富,每月薪水银500两(后涨至550两),副教习银250两。① 汉阳铁厂筹办时,外国矿师总计九人,英德各四,比利时一人,两年薪金计约7.2万两。② 铁厂招商承办时,共额设洋工师39人,实际在任者31人,铁厂每月为此支付巨额薪金。其中,洋总管德培每月薪金高达2250马克(约合664海关两),文案马克德月薪也达250两。③ 这对汉阳铁厂而言,是一笔不小的开支。

1896年,福州船政局所聘法国技术人员5人,正监督薪俸每年6万法郎,帮办制造监工3万法郎,制炼钢铁矿务监工3.6万法郎,绘图员1.92万法郎,书记员1.5万法郎。并每年支付4.8万法郎,归在厂洋员零碎使用,总计20.82万法郎。④ 按当时4.2法郎相当于海关银1两折算,法国技术人员5人的薪金及平时花费支出约4.96万两白银,而福州船政局常年经费由闽海关供给,约60万两税银,且经常欠解。薛福成曾批评此现象:"中国开矿,事事借资于外,以致得不偿失。盖矿产衰旺,惟矿师知之,而矿师必延欧人。其始必以利市三倍为之耸听,迨立合同,购机器,用费不赀,一无所得,矿师不任其咎。既安享三年俸糈,仍复逍遥局外,而股本已早罄矣。"⑤

第二,权限过大,喧宾夺主。近代化的矿冶生产技术必须辅以近代化的管理手段,二者不可分割。中国政府聘用外国人员,原只希望借用外国技术,而将管理之权操之于己,如1875年8月,针对李鸿章、沈葆桢等人在直隶、台湾等地首次试办新式煤铁矿的行为,清廷特别强调:"即有需用洋人之处,仍当权自我操,勿任彼族攙越。"⑥但在实际的生产组织过程中,由于中国本土缺乏技术管理人才,实际管理大权也不得不委诸外国技术人员。这在晚清近代化程度较高的工矿企业中具有相当的普遍性。1896年6月,汉阳铁厂与德培签订办事条规,畀以管事大权:"在厂惟盛大人及盛大人替人为伊上司。""所雇洋人及华匠归总监工调度考察,惟去留洋人须

---

① 陈旭麓、顾廷龙、汪熙主编:《汉冶萍公司》(一),第10页。
② 湖北省档案馆编:《汉冶萍公司档案史料选编》(上),第87页。
③ 陈旭麓、顾廷龙、汪熙主编:《汉冶萍公司》(一),第74页。注:马克对白银的比价,参照杨端六等编《六十五年来中国国际贸易统计》(国立中央研究院社会科学研究所专刊第四号,1931年版)表24"六十一年来海关两与各国货币比价表"。
④ 福建船政总局编:《船政奏议汇编》卷47,第10~11页。
⑤ 薛福成:《出使英法义比日记》,长沙:岳麓书社,1985年版,第825页。
⑥ 中国第一历史档案馆:《清实录》(第52册),北京:中华书局,1987年影印本,第244页。

总办与总监工商定。倘此洋人或华人究竟应去应留,总办与总监工意见不同,即请督办定夺","无论何事凡关于厂者,皆归总监工经管,惟须禀承伊之上司"。按此规定,除督办和总办外,无人能够管束洋总管。而且更可笑的是,一旦签订聘用合同,督办都无法将其在任期内辞退。如盛宣怀发现德培并无真才实学,但因双方协议已签,"年限未满,只可羁縻"。郑观应曾直陈铁厂管理之弊端:"总监工握其大纲,提调总其稽核,总办已成虚设,徒尽画诺而已。"①

第三,洋匠技艺良莠不齐,办事不能称心如意。由于自身没有研判能力,故外国技术人员的甄选、聘用不免问题百出。许多来华外国技术人员并非学有专长,其中不乏滥竽充数者。只因他们有机会与中国有关人士接触,中国便用了他们。如1876年10月2日,清政府海关总税务司赫德致函盛宣怀称:"前在烟台承嘱代觅矿师一节,本总税司到沪后,已由电报递信外国。"②这种人员聘用方式曾使得中国吃亏不小。许多矿冶活动往往成为外国技术人员不断试验的过程。湖北开采煤铁总局早期聘用的矿师马利师,只知一味地函请另行择地,承诺"必得佳质大矿",试用半年多,勘矿毫无成绩。据盛宣怀访闻得知,该矿师"实为开矿之机器洋匠,并不谙于地学化学",带来的结果就是"旷时糜费"。③汉阳铁厂建造工程由英国工程师监造,据吕柏记载,炼铁高炉"并未按同古法,听凭中国泥水匠砌成","英工程师并未指点有何方法,故仅照盖房屋工程耳"。④汉阳铁厂首任洋总管贺伯生系谛塞德厂推荐,"迭次酗酒滋事,不得已改用白乃富"。⑤铁厂招商承办后首任总办德培在德国原为一炼钢厂匠目,此前从未有过管理一个企业的经验,凭着克虏伯厂的一纸荐书当上了汉阳铁厂洋总管。此人办事粗心,脾气暴躁,厂事稍不如意即以停工相威胁,以至于张之洞曾托许景澄转告克虏伯厂代为电诫。⑥盛宣怀忍无可忍之下,径直向克虏伯厂告状,抱怨所荐非人。⑦

应该指出,也有部分科技洋员对中国工程科技事业发挥积极作用,如

---

① 陈旭麓、顾廷龙、汪熙主编:《汉冶萍公司》(一),第80、189、611页。
② 陈旭麓、顾廷龙、汪熙主编:《湖北开采煤铁矿总局》,第115页。
③ 陈旭麓、顾廷龙、汪熙主编:《湖北开采煤铁总局》,第137~139页。
④ 陈旭麓、顾廷龙、汪熙主编:《汉冶萍公司》(二),第101~102页。
⑤ 王树枏编:《张文襄公全集》卷137,电牍16,第33页。
⑥ 王树枏编:《张文襄公全集》卷148,电牍27,第22页。
⑦ 陈旭麓、顾廷龙、汪熙主编:《汉冶萍公司》(一),第474页。

湖北开采煤铁矿总局聘用之矿师郭师敦，汉阳铁厂聘用之吕柏，萍乡煤矿总工程师赖伦，都对中国矿业建设作出过一定贡献。上述问题在晚清时期表现得比较严重。进入民国后，由于本土技术人才的成长，情况有所好转。

(二)设备进口

设备进口是从国外引进一整套用于生产某种产品的机器设备，属于硬件商品贸易，是技术移植的常见形式。这种方法可以起到一定的技术转让作用，往往成为一个国家实行技术转移的初期做法。其突出优势是方法简单易行，形成产能的时间短。发展中国家在技术发展的起步阶段经常采用。

洋务运动初期，清政府具备一定的钢铁加工能力(见表19)。但是，这些产能往往依附于军工生产，只是企业生产过程中的几道工序，未能形成一个相对独立完整的钢铁生产经营单位。

表19　晚清主要军工企业的钢铁生产加工设备

厂名	分厂名	兴建时间	主要设备
福州船政局	锤铁厂、拉铁厂	1866—1871年	300～7000公斤铁锤6个，锻铁炉16座，再热炉6座，轧铁机4座，100马力的蒸汽机1台
		19世纪80年代	刨钢机一副、碾钢机一副、拗铁平床一座开钢铁圆孔手机一副、8马力铁水缸一副、拉铁碾轮3台
江南制造局	炼钢厂	1890—1893年	3吨炼钢炉1座，15吨炼钢炉1座；煤气炉7座；化铁炉2座，烘砂炉2座，烘模炉2座；炼罐子生钢炉1座等，以及各式轧、压、锯、剪钢材之设备，汽机等。
天津机器局	炼钢厂	1891—1893年	西门子炼钢炉及配套设备

资料来源：魏允恭：《江南制造局记》卷二，建置表，第10～11页；卷十，炼钢略，第9～10页；《船政奏议汇编》，卷36，光绪戊子年福州船政局雕本，页23；孙毓棠编：《中国近代工业史资料》第一辑(上)，北京：科学出版社，1957年版，第365～366页。

中法战争之后，以署理贵州巡抚潘霨创办青溪铁厂为揭橥，清政府正式启动钢铁工业建设步伐。1886年，潘霨之子潘志俊向英国谛塞德厂(Tee Side Co.)订购炼铁、炼钢和轧钢各机器。1890年7月，青溪铁厂建成。该厂分为炼铁、炼钢和轧钢三部分。其主要机器设备见表20。青溪铁厂的建设实践是清政府第一次完整引进、装配近代钢铁生产的成套设备。虽然其经营惨淡，状况不佳，但作为中国首家钢铁联合企业，在中国近代钢铁技术发展史上留下浓墨重彩的一笔。

表 20　青溪铁厂主要生产设备

分厂名	主要设备
炼铁厂	25 吨熔铁高炉 1 座,汽炉 5 座,风机 2 座
炼钢厂、熟铁厂	容量为 1 吨的贝色麻炼钢炉 2 座,风机 2 座,起重力为 2 吨的起重机 1 架,熔生铁炉 1 座,炭铁炉 1 座,两心风扇机 1 座,双火门钢板汽炉 1 座,捍铁炉 1 座,汽锤若干
轧钢厂	双大门钢板大汽炉 2 座,双汽筒大机器 1 付,板轴、条轴机器若干,大剪床、锯床各 1 座,水机 1 座

资料来源:刘显世、谷正伦修,任可澄、杨恩元纂:《(民国)贵州通志》前事志 40,民国三十七年贵阳书局铅印本,第 51 页。

中国大规模引进西方钢铁生产设备,并对近代钢铁技术转移产生重大影响的事件,无疑是汉冶萍公司(汉阳铁厂)的设备引进活动。公司从海外采购钢铁设备主要分三个批次:第一批次集中在 1889—1893 年。这批设备奠立汉阳铁厂的发展基础。其来源状况为:炼生铁厂和机器厂、铸铁厂、打铁厂的设备均由英国谛塞德公司制造,贝色麻钢厂和造钢轨厂设备也来自英国,马丁钢厂以及炼熟铁厂设备来自比利时科克里尔厂,鱼片钩钉厂设备由英国厂商制造。① 1893 年 11 月 29 日,汉阳铁厂竣工时,主体工程包括炼生铁厂、炼熟铁厂、贝色麻钢厂、马丁钢厂、造钢轨厂、造铁货厂 6 个大厂,以及机器厂、铸铁厂、打铁厂、鱼片钩钉厂 4 个小厂,共计 10 个分厂。

表 21　汉阳铁厂官办时期主要设备

下属分厂	主要设备
炼生铁厂	日产生铁 100 吨高炉 2 座,高白氏热气炉 6 座,鼓风机 3 座,高尔尼师式锅炉 8 座,抽水机 2 座,煅矿铁炉 4 座,其他升降、运输、称重机器若干。
炼贝色麻钢厂	每次 5 吨之贝色麻炼钢炉 2 座,鼓风机器 3 对,熔生铁炉和熔炭铁炉各 2 具,回火炉 4 座,其他起重、运输、抽水、装载机器若干。
钢轨厂	轧钢条、铁条之汽机 1 对,28 寸和 30 寸轧机及轮轴机器各 1 副,剪钢、锯钢、凿眼机各 1 副,钢轨剪机、钻眼机器各 1 具。其他起重、牵引机器若干。
西门士马丁精钢厂	每次 10 吨之炼西门士马丁钢炼钢炉 1 座,机车 2 具,轧机 1 对,拉板片机全副,长条轧机全副,兰克舍尔式锅炉 2 座,回火炉 4 座,割片剪机全架,割长条剪机及汽锯全副,车轧轴车床(含汽机)全副,80 吨生铁轧轴。

---

① 李海涛、张泰山:《汉阳铁厂初创时期机器设备来源考略》,《武汉科技大学学报(社会科学版)》,2013 年第 5 期。

续表

下属分厂	主要设备
炼熟铁厂	搅炼炉20座,锅炉20座,抽水机2具,20吨生铁轧轴,汽锤2个,18寸打铁轧机全具,剪机、汽机各1副。
制造厂	铸铁房、样子房、装配房、打铁房、汽机房、锅炉房
造砖瓦厂	略
造鱼片钩钉厂	制鱼尾片、钩头钉、螺钉机器各1副,锅炉2个,
制焦炭厂	略

资料来源:《湖北铁政局所置机器、厂屋计各项工程清单》(1892年12月3日),陈旭麓、顾廷龙、汪熙主编:《汉冶萍公司》(一),上海:上海人民出版社,1984年版,第31~36页。

汉冶萍公司第二批次的设备采购主要用于汉阳铁厂的改良扩张及其配套工程。其目的除了增加钢铁产能外,还包括降低生产成本、改善产品质量、调整产品结构等目的。该批次设备采购持续时间较长,从1904年李维格出洋考察,一直持续到第一次世界大战。与此前相比,由于前期的建设经验和技术积累,该批次的设备引进较为成功,设备的技术指标达到预期状态,取得较好的经济效益。

表22 汉阳铁厂官督商办和商办时期主要设备

生产环节	核心设备
炼铁部分	日产250吨炼铁高炉2座,高22.45米,容积477立方米。分别于1910年5月和1915年6月建成投产。附属设备有:鼓风机3台,热风炉4座,可将冷气升至1000℃;德制浪刻霞式锅炉16座,班不克式锅炉11座;英国雷式离心抽水机4台。
炼钢部分	容积150吨的调和铁汁炉1座,可前后倾倒;容积30吨西门子马丁平炉7座,长15.02米,宽3.20米,高2.12米(1907年10月,一、二号钢炉投产,三、四号钢炉于1909年建成,第五炉于宣统二年八月投产,第六炉于宣统三年三月建成,七号炉在1917年投入使用)。煤气炉18座,电力打风机2座,50吨挂梁电力起重机2架,35吨起重机1架,水力机3座,汽锤2座,炉前上料电车1部,吊车3部。
轧钢部分	可轧制不同型号钢坯、线材和板材的轧机3组,以及7554匹马力和11708匹马力的蒸汽机各1架,另有若干配套设备

资料来源:湖北省档案馆:《汉冶萍公司档案史料选编》(上),北京:中国社会科学出版社,1992年版,第22、167~171页。湖北省冶金志编纂委员会编:《汉冶萍公司志》,武汉:华中理工大学出版社,1990年版,第16页。顾琅:《中国十大矿厂调查记》(第一篇汉阳铁厂),商务印书馆,1914年印行,第44~45页。

公司第三批次的钢铁设备进口主要用于汉冶萍公司下属之大冶钢铁厂的建设。大冶钢铁厂位于湖北省大冶县石灰窑镇袁家湖地方(今黄石市石灰窑区),濒临长江。原计划设炼铁炉八座及炼钢设备若干,占地达3000余亩,绵延十余里。除冬季外,海轮可直达厂区。历史上,大冶钢铁厂主体设备为两座日产量450吨的炼铁高炉,设备供应商为美国列德干利制造公司。该炉座为美国固定式化铁炉,炉高27.44米,容积为800立方米。两炉并列而立,相距40米,炉顶由钢桥相连。就当时来讲,化铁炉设备之先进,堪称亚洲一流。除印度塔塔钢铁公司外,亚洲地区无出其右者。其附属设备包括:(1)斜式上料机1套,两炉共用;(2)热风炉3座。每座直径6.71米,高30.48米,为德国式三通中心燃烧炉,燃烧煤气所需之空气,由电动风扇打入;(3)锅炉房,内有汽炉5座,均系勃扳炉(B. & W.),每座1000马力,可燃煤或瓦斯,燃烧器系白勒德晓式(Bradshaw Gas Burner),另有离心式抽水机两部;(4)机力房。有旋转送风机3座,风轮系离心双流四级式,为英国Francher & Chalmers公司所造。运转风轮之汽轮为1490匹马力之Rateau Uniform Pressure Type。每部风机有凝汽机一具;(5)1500吨贮水塔1座,高27米,由6根水泥柱托住水箱;(6)铸铁场1处,配有打铁机和电动起铁机各1台;(7)500马力柴油机3部及附属设施;(8)1500kw透平汽轮发电机2座,英国Vickers造,及其附属设施;(9)洗煤、炼焦设施若干。①

大冶钢铁厂的设备采购和安装工作主要由中国工程师吴健和日本人大岛道太郎负责。但设备的设计与安装过程存在诸多问题,以致大冶钢铁厂在生产过程中事故频出,常停炉检修,给汉冶萍公司造成巨大损失。②

"一战"期间,国际铁价暴涨,钢铁业盈利丰厚。受此影响,1919年,官商合办龙烟铁矿公司成立。公司资本金500万元,主要利用政府借款和金融资本,开发河北省龙关山和烟筒山铁矿。炼铁厂的主要设备包括日产250吨化铁炉一座,连同热风机、锅炉等设备,均来自美国贝林马肖公司(Perein Marshall & Co),耐火砖由美国哈宾逊公司(Harbinson Woodland Co.)所造。厂内建筑工程也由美国工程师设计。时论对此高炉评价甚

---

① 湖北省冶金志编纂委员会编:《汉冶萍公司志》,第87~88页。胡博渊:《大冶铁厂之设备及其炼铁之法与成效》,《工程》,1926年第2卷第2号,第59~71页。

② 《大冶钢厂志》编委会:《大冶钢厂志》(第一卷)(1913—1984),内部刊物,1985年印,第47~57页。

高,"以为除印度外设备最佳之炉"。炼铁炉以八根炉柱支撑,从炉灶到炉顶计 85 英尺,炉灶 13 英尺,炉膛 18 英尺。炉灶围以钢板及铁板。送风管有八根,均用厚钢板制造。其最显著之特点,在炉顶的四根放气管,高出装矿平台 43 英尺,足以放出炉中余气。炉中瓦斯放出后引至汽炉及热风炉。热风炉有四座,500 匹马力之 Mickes 直式汽炉五座,另有 Foxter 加热炉。电力纺有 Norberg 发电机 2 座,旋转送风机 2 座。[①]

除汉冶萍公司和龙烟铁矿外,中国其他地方也曾引进成套钢铁冶炼设备,如 1917 年,上海和兴钢铁厂从德国购买日产 10 吨化铁炉 1 座,厂址设于浦东周家渡西村,此后数年该厂不断扩大生产规模,业务兼炼钢、轧钢,在上海地区具有一定影响力。1918 年,山西保晋公司在平定县购置安装有容量为 20 吨的化铁炉及其配套设备。1919 年,扬子机器公司在湖北黄陂谌家矶建化铁炉一座,日出铁 100 吨,设备从美国引进。1923 年,太原工业实验所内建造 15 吨炼钢炉一座。这些企业的生产规模均较小,社会影响力有限,有些设备的主要目的甚至是为学习、试验之用。在此不一一赘述。

毫无疑问,设备进口对于在短时间内推动我国钢铁工业技术进步发挥了积极作用。它在一定程度上填补了我国近代钢铁生产的技术空白。但因近代中国严重缺乏技术消化、吸收、创新的能力,部分进口设备未能充分发挥经济效益;同时,面对外部世界不断发展的冶金技术,只能长期依赖海外进口设备,故形成不了自己的技术竞争力。

(三)外资企业的技术扩散

由于国家主权不能自主,近代中国所谓的外资钢铁企业几乎是列强侵略扩张的产物。这些企业具有强烈的殖民色彩,服务于殖民宗主国的国家利益需要。通过这种方式实现的技术扩散,不同于中国国家和社会主动学习外国先进技术的方式和渠道,而是以一种被动引进的面目出现的。但考查技术传播的实然状态,不应回避外资企业在近代中国钢铁技术移植中扮演的角色。

外资钢铁企业主要包括中外"合办"和外商独资两种形式。列强在甲午战争以后获得在中国直接开发矿产资源的权利,希图在中国直接经营钢铁企业,掠夺钢铁资源。德国、英国和日本等国政府都为此采取了行动。

---

① 胡博渊:《三十年年中国之钢铁事业》,载中国工程师学会:《三十年来之中国工程》,1946 年发行。

但直到辛亥革命前夕,真正投资钢铁生产的活动才由日资实现。这与日本国内铁矿资源极度贫乏有关。日资投资兴建的两个钢铁企业都集中在中国东北,一为本溪湖煤铁公司,一为鞍山制铁所。前者名义上为中日"合办",实际上日本人大权独揽。后者为纯粹日资,由臭名昭著的"满铁"投资建立。

本溪湖煤铁公司是日本帝国主义侵入中国东北后建立的第一家大型工矿企业,始建于1905年12月,由大仓财阀在本溪湖非法设立。公司最初仅有煤矿开采权利,1911年10月,得以兼办采矿、制铁事业。其炼铁厂的机械设备完全从英、德引进。其中,高炉炉体设备购自英国匹亚逊诺尔斯(Pearson & Knomles)公司,装料卷扬机、锅炉、鼓风机和发电机从德国的伯利希、伯尔兹和AEG三家工厂分别购进。工程设计工作交由德国人负责,技术指导依靠曾任八幡制铁所第一任技术监督的大岛道太郎和该厂炼铁部长服部渐等外部力量。炼铁高炉容积为291立方米,一昼夜产铁在130~150吨。炉灶直径9英尺10英寸,顶径11英尺;送风管有2排,口径4.75英尺;卷扬机高164英尺,每桶装2吨。该厂的技术水平在当时亚洲首屈一指。① 1915年1月13日,一号高炉举行点火仪式。这是中国东北地区第一座现代化高炉。二号高炉设备因"一战"无法运出,改由南满铁道株式会社大连沙河口工厂按一号高炉的蓝图进行仿造。1917年12月,二号高炉点火。本溪湖煤铁公司高炉因炉内煤气含有磁铁矿和砖瓦粉尘较多,不能直接使用热风炉和汽炉,需要设法清灰。公司对高炉进行了技术改良,包括:改煤气除尘器为旋转式,改用布拉沙式洗涤器,扩大冷热风送风管直径,炉腹内装冷却箱,增加送风机的压力,等。但因操作技术欠熟练,高炉仍时常发生故障。因铁价暴涨,1918年12月和1919年5月,公司先后建成日产生铁20吨的小高炉两座。公司开采庙儿沟铁矿,富矿较少。为处理贫矿和提高矿石品位,公司在本溪湖建成团矿厂,1918年11月投产;在南坟细河畔建立选矿厂,1918年12月投产。

鞍山制铁所是日本殖民开发机构"满铁"在中国东北地区投资经营的大型钢铁企业。为掠夺中国东北钢铁资源,从一开始,"满铁"就抛出一个规模宏大的建厂方案,1917年的"第一期建设计划"即拟在三年内投资3000万元。该所的设计建造完全依靠日本技术人员。八幡制铁所工程师

---

① 《本钢史》编写组:《本钢史 1905—1980》,沈阳:辽宁人民出版社,1985年版,第23页。

八田郁太郎承担工厂设计任务,"满铁"大连沙河口工场建造鞍山制铁所早期的许多设备,德国厂商提供部分设备。1917年春到1918年底,鞍山制铁所完成大部分工程项目,主要包括:修建变电所、车库等建筑物16座;修建525m³高炉一座,两组共80孔炼焦炉,4座热风炉;购置和安装发电机、汽轮机、水泵、鼓风机、卷扬机和卷扬塔、除尘器、煤气洗涤设备、洗煤设备、热风冷风设备、矿渣砖设备、煤气设备、副产品回收设备、电动机;铺设18.55英里的工厂铁路;等等。① 鞍山制铁所的技术装备在当时远东地区可以说是比较先进的。1927年前,1、2号高炉的设计产能达350吨生铁,点火时为中国国内容积最大的炼铁炉。1924年,兴建的选矿厂解决了东北的贫矿处理问题。到1926年,该选矿厂具备每天处理原矿2200吨、烧结矿1100吨的能力。炼焦厂利用抚顺煤和本溪煤,成功炼制出适合冶铁的焦炭,且具有副产品回收装置,这在当时中国较为罕见。

值得一提的是,位于大连的"满铁"沙河口铁道工场在日本政府的资金、技术支持下,初步具备生产钢铁机械设备的能力。1907年4月,"满铁"甫一成立,即从日本野战铁道提理部接管位于大连火车站院内的大连铁道工场。该工场专门组装机车客车货车,改造、修理和组装宽轨用机车、车辆等工程,承担"满铁"各种订货和供应各分工场的重要材料物品。由于原有工场厂区狭窄,1908年7月,"满铁"在大连西部沙河口征集177.8万平方米土地,重建大连铁道工场。1911年8月,各部门全部迁至新厂区,更名为"满铁"沙河口铁道工场。作为"满铁"的骨干企业,沙河口铁道工场的生产服务于日本政府对中国东北地区的侵略掠夺需要。"一战"期间,"满铁"决定创建鞍山制铁所,确定所需各种机械、建设材料由沙河口工场制作。工场生产任务急剧增加,原有设备难以胜任。"满铁"遂决定扩建沙河口铁道工场。1916年9月,"满铁"在沙河口工场成立临时设计系;次年3月,设立鞍山工厂筹备处,7月,设立临时建设科,负责鞍山制铁所机械设备的制作。"一战"期间,沙河口工场制造并供应满铁所需的全部车辆,同时,还生产煤气、电气、码头、煤矿等地和"满铁"自身扩张所需的机械设备,包括本溪湖煤铁公司增设的高炉、热风炉,鞍山制铁所有关机械设备。该工场成为"满铁"对我国东北地区进行经济掠夺和扩张的重要工业基地。②

---

① 解学诗、张克良著:《鞍钢史(1909—1948年)》,北京:冶金工业出版社,1984年版,第100页。
② 工厂简史编委会编:《大连机车车辆厂简史(1899—1999)》,北京:中国铁道出版社,1999年版,第19~25页。

毫无疑问，日本帝国主义在中国东北设立的钢铁企业是其在华殖民侵略的缩影，这些企业的发展史就是一部中国人民的血泪史，也是中国近代以来被日本欺凌侵略的屈辱史。

第三节 中国近代钢铁生产技术转移的成效与不足

一、钢铁生产技术转移的概况

（一）探矿技术

钢铁生产是一种复杂的生产现象，它的组织与发展受自然、技术以及经济等因素的制约。而自然条件是人类社会生产的物质基础，是物质资料生产过程中不可缺少的、经常的必要条件。钢铁工业对资源及能源的依赖度极大，原燃料能否充足供应，运输条件便捷与否，对钢铁工业的发展有着极为重要的意义。煤、铁矿石是钢铁工业最基本的原材料，弄清我国煤铁矿的分布、储藏、矿质，以及各矿区的地质、地貌、交通等自然因素是发展钢铁工业的起点。

近现代社会常用的找矿方法按其原理可分为地质方法、地球化学方法和地球物理方法三类。地质方法包括地质填图法、砾石找矿法和重砂找矿法。地球化学法包括岩石、水系沉积物、土壤、生物、同位素、水化学和气体测量等地球化学测量。地球物理方法包括磁法、电法、地震法、重力法和放射性法。一个矿床的发现和勘探往往是多种找矿方法综合应用的结果，每种方法不能独立使用，它们都有其使用前提，只能从某一方面研究地质体的特性。[1]

钻探工程为近代地质矿产资源勘探所不可少的手段。随着西学、西艺东渐，在探矿过程中，西方的钻探探矿技术较早在中国使用。20世纪20年代以前，中国使用的主要是蒸汽钻机和手摇钻机。1879年，湖北开采煤铁总局曾聘请英国矿师郭师敦使用钻机"探扦"湖北荆门的煤矿，钻探深度曾超过292英尺。且曾将大冶的铁矿石寄送英国化验，获得科学的数据。[2] 此后，外国势力在中国探矿活动中，也多次使用钻探工程探查矿产的记录。如沙俄和日本侵略者在中国东北地区的鹤岗、扎赉诺尔、抚顺等

---

[1] 王来明主编：《探矿取宝（矿冶卷）》，济南：山东科学技术出版社，2007年版，第6～7页。
[2] 陈旭麓、顾廷龙、汪熙主编：《湖北开采煤铁总局》，第329、365页。

地使用钻机,德国人在山东坊子、洪山等处打钻,英国人为掠夺焦作煤矿资源,也动用了钻机。中国民族矿业企业,如安徽淮南大通煤矿公司、山东枣庄中兴公司等,也进行了一些钻探探矿活动。① 但总体而言,相关设备十分稀缺,使用频率很低。

中国传统社会因科技落后,无法准确统计全国矿产资源储量与分布情形。关于中国矿产资源的储量和分布,国人始终怀有一种莫名的自豪感,往往以"随处皆有""不可胜计"等夸大之辞来形容中国矿产资源的分布和储量。相关言论不绝如缕。早期维新思想家王韬言"中国地大物博,于地球四大洲中最为富强","中国产铁之处不可胜计,盖矿中有煤则必有铁"。② 薛福成认为"中国矿中,金银即不能如美洲之富,而多产煤铁,实足与天下抗衡,各国皆所弗逮"。③ 郑观应说:"其实五金煤铁等矿,各省各处皆有,……今已知而开采者,大抵不过万分之一。"④维新运动时期,康有为夸赞中国矿藏之富,称:"吾中国,二万里一太璞未开之矿也。昆仑为地脉之祖,火山之始,自阿尔泰山、天山以及卫藏皆昆仑也,故阿尔泰山译为金山。""此万里,真大地之金窟也,而中国府之。其内地,云南铜、锡,山西、贵州煤、铁,湖广、江西铜、铁、铅、锡、煤,山东、湖北铜,四川铜、铅、铁、煤,皆四千年封禁,留待今日。积千百世祖父之藏,而子孙今日享之,其富若何也",⑤但若问及何处有铁,可进行大规模之开采,国人则往往茫无所知。正如后来翁文灏等人所批评的:"言吾国铁矿者,动辄以地大物博自侈,外人倡之,国人和之。然未尝知地究若何大,物究若何博也。"⑥产生这种盲目的乐观情绪,部分是自古以来形成的夜郎自大心理的流露,部分因为国人对近代钢铁工业大量的矿石原料需求没有充分认识,再者,缘于外国早期来华地质人员的错误宣传。特别是德国学者李希霍芬(F. von Richthofen)在同治末年对中国煤铁资源尤其是山西的煤铁矿储量所给予

---

① 中国煤田地质总局著:《中国煤田地质勘探史》(第1卷 综合篇),北京:煤工业出版社,1993年版,第12页。
② 王韬:《弢园文录外编》,上海:上海书店出版社,2002年版,第36页。
③ 《论中国煤铁之富美国金银之富》,《万国公报》(光绪十九年九月),第57册,第7~8页。注:文章署名为天南遁叟。
④ 夏东元编:《郑观应集》上册,上海人民出版社,1982年版,第77页。
⑤ (清)康有为撰,姜义华编校:《康有为全集》(3),上海:上海古籍出版社,1992年版,第641页。
⑥ 翁文灏、丁文江著:《矿政管见》,著者刊,1920年版,第21页。

了过高估计。① 因此，弄清楚我国矿产资源分布状况，是进行矿产资源开发活动的基础。

1906年，顾琅、鲁迅合编《中国矿产志》。这是中国第一部矿产志，介绍了中国的地质构造、地层分布，以及各省矿产情况。该书依据的一手资料主要是外国来华游历技术人员的调查报告，包括德国人李希霍芬（Richthofen）、匈牙利人揩显尼（Craf Szecheny）、克雷德纳（Kretiner）、洛奇（V. lo'czy）、俄国人阿布尔切夫（Obrucheff'），法国里昂商会资助的十人探险队，以及日本人神保铃木、巨智部、西和田、山崎、平林佐藤、井上斋藤等。正如作者所言："目注吾广大富丽之中国，徒茫然尔。无已，则询之客，以转语我同人。夫吾所自有之家产，乃必询之客而始能转语我同人也，悲夫。"②

民国初年，随着国内新式教育的开展、海外留学人员的学成归国，以及中国政府聘任的外国技术人员的参与，中国矿产资源勘探活动初步形成一支专业的调查、研究队伍，特别是农商部地质研究所在1913—1916年间为中国地质调查事业培养一批能力很强的先锋和骨干，为科学探知中国煤铁资源储藏、分布奠定了基础。中国国内关于中国煤铁资源的专业地质报告日渐增多。1912年，《地学杂志》曾刊发《中国之铁矿》一文，依据国内外学者的调查报告，对中国铁矿的成因和分布情形作了简要介绍，但因"实地调查之材料甚少，故其价值亦未能悉知"，全国铁矿之中，除湖北大冶、山东青州金岭镇等"二三铁矿床之外，余皆系小规模，而所谓大事业者，则不多见"。③ 1914年，丁文江在《农商公报》发表"调查正太铁路附近地质矿务报

---

① 同治年间，德国学者李希霍芬（F. von Richthofen）曾经对中国进行了数次地质旅游考察，对山西省煤铁矿资源，他赞叹："山西真是世界煤铁最丰富的地方；照现时世界的销路来算，山西可以单独供给全世界几千年。"1872年李希霍芬回国后，撰写成《中国旅行日记》，1877年出版《中国》一书，前者系统介绍中国的自然地理，后者分析中国的地层构造，他的论说在世界上影响强烈。但实际上李希霍芬的调查非常简略，真正对山西煤铁资源的科学勘探始于1898年，即英商福公司取得山西河南大片矿权之后。外籍工程师宿克莱（W. H. Shockley）、李德（Thomas Read）相继勘察后指出，山西铁矿矿层只有数寸至一尺厚，最多不过三尺，分布面积虽广，但不适于采用新法化炼。1910年，山西矿产调查报告在瑞典斯德哥尔摩国际地质学会发表，从此中国富于铁矿之说开始动摇。进入民国后，中国学者丁文江与北京大学德籍教授梭尔格（Solger）等人曾仔细勘查，认定山西铁矿"有名无实"。（参见《中华民国史事纪要》，1913年11月13日；丁文江：《漫游散记》八，《独立评论》第16号）。

② 顾琅、周树人编：《中国矿产志》，上海：中华书局，1943年版，第3～6页。

③ 性存：《杂俎·中国之铁矿》，《地学杂志》，1912年第3卷第11～12期合刊。

告书",这是中国地质学家首次公开发表有关地质矿务的学术报告。①1923年,农商部地质调查所编纂《中国铁矿志》,第一次较为系统、科学地总结了我国铁矿资源分布状况。

(二) 采选技术

为获取煤铁矿石,近代中国钢铁工业的采矿技术主要包括露天采矿方法和地下采矿方法。露天采矿方法是使用采掘设备在敞露的条件下,以露天的方式分阶段剥离岩石和采出有用矿物的采矿方法。其中,掘沟、剥离和采矿是露天矿生产过程中的三个主要环节,工艺流程一般都要经过穿孔、爆破、装载和运输。当矿床埋藏地表以下很深时,露天开采会使剥离系数过高,此时,则往往采用地下开采方式。地下矿山基本建设的重点是开凿井巷工程,一般分为竖井、斜井、斜坡道、平巷。地下开采主要包括开拓、采切(采准和切割)和回采三个步骤,每个步骤一般都要经过凿岩、爆破、通风、装载、支护和运输提升等工序。

大冶铁矿采用露天采矿法,矿石采掘大都用手工作业方式,间或采用炸药和气压凿岩机以剥离矿石。这种开采方式产量有限。1913年,大冶铁矿每年供应汉阳铁厂和日本的铁矿石40余万吨。随着汉厂第4号高炉建设投产,以及对日输送铁矿石日益增加,大冶铁矿的产能明显不足。公司在大冶设立新厂,大冶铁矿每年至少需出产100万吨方可满足。人工打钻,费时费力,"每点钟至多一尺,如用机钻,每点钟约可七八尺。"② 为扩大铁矿石开采能力,汉冶萍公司在大冶铁矿和大冶新厂购置一批新装备。1915年,矿局购置汽压凿岩机数部,采用蒸汽动力,以代替手工凿岩。1919年,大冶矿局采用电力动力,设有400匹马力气压机数部。③ 这在当时国内还是较为先进的开采方式。电力在大冶铁矿的开采中开始得到应用。但就总体而言,大冶铁矿的矿石开采运输主要依靠人力。20世纪20年代,矿上有工人约2000人,铁矿石在矿场装入容量为一吨的小平车,依靠轻便轨道用人力推至山边斜道,借重力从山上依靠自动牵引车滑至山下矿场,再装入铁道车内,用火车运至下陆车站过秤,拖至石灰窑江边堆积,装船运至汉阳或日本。矿石装卸全用人力。

---

① 黄汲清:《我国地质科学工作从萌芽阶段到初步开展阶段中名列第一的先驱学者》,载王鸿祯主编:《中国地质事业早期史》,北京大学出版社,1990年版,第17~35页。
② 湖北省档案馆编:《汉冶萍公司档案史料选编》(上),第478页。
③ 武钢大冶铁矿矿志办公室编:《大冶铁矿志》第一卷(上)(内部资料),第200~209页。

位于安徽繁昌的裕繁铁矿公司是民国初年仅次于大冶铁矿的第二大铁矿公司。其采矿技术在当时中国比较先进。公司制机厂有卧式锅炉 1 座，每日消耗煤炭 1 吨；25 马力汽机 1 座，车床、钻床、刨床均完备。电灯房有立式锅炉 2 座，每日耗煤 1 吨，15 马力汽机 2 座。桃冲内有电灯 600 盏，桃冲以外 400 盏。采矿部除线路、矿车等设施、设备外，有汽油空压机 3 部，一为 Sallian 式，压力 60 磅，1924 年购买，价格 5000 元；其他 2 部均为 Ingersole 式，压力均为 40 磅，1925 年购买，价格约 4000 元。另有气钻 10 余架。火药库储存黑火药，为炸石之用。裕繁铁矿采用露天采掘，开石用炸药，矿石炸裂之后，由工人手选，装入小矿车，手推至挂线路，再转运至卸矿码头。① 公司从桃冲矿区至长江江岸修建有铁路 15 里，配置从海外购买的火车头多辆。

鞍山制铁所在九一八事变前已开采的铁矿区为东鞍山、西鞍山、大孤山、樱桃园、王家堡子等，铁矿开采方法主要有露天和地下两种。为寻找、掠取富矿，日本人购置钻孔能力为 100 米的金刚石钻机 5 台，曾在各矿区普遍钻探。1920 年，樱桃园开凿竖井一口，深 60 米，1923－1924 年间，王家堡子开凿斜井两口、竖井一口。大部分铁矿石开采仍采用手工作业，小部分使用凿岩机。大孤山、樱桃园和王家堡子各设有 40 马力空气压缩机一台。1926 年，各矿区易于开采的富矿基本采尽，鞍山制铁所新选矿厂投产，可大量利用贫矿，大孤山矿区遂被作为主要采矿区。该矿采用露天阶段式采掘方式，并采用弹孔爆破和坑道爆破方法。弹孔爆破技术采用电力引爆，是在阶梯形矿场用凿岩机凿孔，在孔的底部安放炸药扩孔，再填充更多炸药进行二次爆破，以达到人力能够搬运的块度。坑道爆破技术是在断崖下掘进一小段坑道，在坑道适当距离设置药室，用电力或导火索引爆。1926 年 5 月，大孤山矿第一次坑道爆破用炸药约 140 箱，出矿约 6.5 万吨。此后 2 年左右的时间，大孤山多次使用坑道爆破采矿技术，获得较为满意的效果，矿石成本约为 0.2 元/吨。②

爆破法虽然矿石产量较大，但使用炸药的成本仍然较高。1929 年 3 月，鞍山制铁所第一次试验使用液氧炸药，获得成功。这种炸药价格便宜，可显著降低成本。这种爆破技术是先开凿一个面积约为一米见方、深十米

---

① 《专件：安徽繁昌县之裕繁铁矿公司》，《矿业周报》，1929 年第 25～48 合刊，第 577～585 页。
② 解学诗、张克良编：《鞍钢史(1909－1948 年)》，北京：冶金工业出版社，1984 年版，第 138 页。

的竖井,在距离井底1米的地方设药室,再将经液氧浸泡过的剂包置于其中①,然后回填坑道,最后用电力引爆。在坑道爆破法使用液氧炸药,每吨矿石成本可降至0.11元/吨。

20世纪以前,炼铁选用的铁矿石往往含以含铁50%～60%为标准,是为富矿。但随着钢铁生产规模日渐扩大,富铁矿的大量供应难以为继,不得不利用含铁较少之贫矿。我国长江中下游铁矿带的铁矿石绝大部分为富矿,经过人工拣选,基本上就可以直接被使用。故近代大冶铁矿和皖南地区的铁矿企业基本没有大规模的选矿设备。而中国东北等地区的铁矿石绝大部分为贫矿,且硅的含量高,需要经过选矿加工,才能被作为炼铁原料。为掠夺中国东北钢铁资源,日本人集中力量攻克了这道技术难题。

本溪湖煤铁公司采用的铁矿选矿技术是先将铁矿石在捣碎机中破碎为1.5 cm见方的小块,经过3座噶伦特式磁性选矿机,再流入筛分机后分为3类:最劣者弃之,中等和最优者流至选矿台,重新选洗。所得精矿置于水磨筒中研磨。此筒长5米,口径1.3米,中间放钢球和砾块,将矿石磨成0.07厘米以下的细砂。团矿厂将选矿所得精矿砂加入炉灰、石灰,胶压成砖,作为高炉冶炼原料。该厂有恩特劳式压砖机2座,可制成长宽各171厘米,厚70厘米的矿砖。

鞍山一带铁矿资源虽然十分丰富,但20世纪初,已经探知的矿区大部分是含铁40%以下的贫矿,且含硅量大。用这类矿石炼铁,势必增加石灰石和焦炭的消耗量,导致生产成本上升。另外,鞍山制铁所要实现年产铁百万吨级的目标,也必须解决贫矿处理问题。1920年1月,鞍山制铁所设立临时研究部,着手调查研究各矿区铁矿埋藏情况和矿石结构、性质等问题。经过不懈摸索,1921年8月,梅根常三郎等人成功发明"还原焙烧法"(也称"鞍山式焙烧法"),为解决贫矿处理问题找到新路。以往通常的贫矿处理法往往经过破碎——选矿——烧结三道工序。但这种方法不适应鞍山铁矿矿粒小、质地坚硬和缺乏磁性的特点。梅根常三郎的还原焙烧法是在破碎之前增加一道磁化工序。该技术的关键是还原焙烧炉。它是一种很高的竖炉,炉衬用耐火砖砌成,炉壳用铁皮包裹,底部有水槽,排出口是水封。炉顶有鼓风机排除废气。矿石从炉顶装入,并在炉体内徐徐下

---

① 这种剂包的发明人是鞍山制铁所采矿局长久留岛秀三郎。他用炼焦厂副产品焦油蒸馏时的残渣蒽($C_{14}H_{10}$)作原料,经过熏烧制成特殊的煤烟灰,将其用纸包起来,即为液氧的剂包。

降。矿石在炉的上部用煤气初步加热,在中部用煤气充分燃烧,在底部与煤气使矿石还原,最后由排除装置排于水中。在此过程中,赤铁矿被还原为磁铁矿,并因急剧降温而酥脆化。之后进入破碎工序。① 经过一系列中间性试验,梅根常三郎在1922年6月和7月先后发表"赤褐铁选矿法"和"还原焙烧炉法"的论文,获得日本政府的专利特许。1923年,日本人大河内正敏博士等人对还原焙烧法进行学术和经济的论证,证实在经济上有充分的实施可能。② 次年,鞍山制铁所建立烧结试验工厂,生产烧结石,作为炼铁原料,效果良好。

铁矿生产经营的运输量很大,稍具规模的铁矿山在矿区内一般都修建有专门的铁路运输线路,并采用机车牵引。1919年,鞍山制铁所专门设有运输股,有机车6台、货车38辆,拥有几十万吨的运输能力。随着生产规模的不断扩大,1927年,鞍山制铁所的运输能力为1919年的4倍。汉冶萍公司下属之大冶铁矿从一开始就建立起较为完备的运输系统。铁矿石从矿区至石灰窑江边,矿局修建有约20英里长的轻便运矿线路,使用蒸汽机车牵引。在石灰窑建有码头,铁矿石用轮船装运至汉阳和日本。其他一些规模相对较小的铁矿企业也无一例外地采用轨道运输方式连接水道和铁路干线,这是矿石转运的必然要求。如安徽裕繁铁矿公司在桃冲矿区至长江江岸有铁路15里,建筑费约洋30万元。公司拥有美制机车5台。安徽当涂的宝兴、益华等铁矿公司也修筑专门的轻便运矿线路,从各自矿区直达长江江边。

总体而言,铁矿石采选技术体系中,开采环节的技术含量相对有限,除爆破技术外,大多采用人力运搬、手工敲挖方式。在贫矿处理技术方面,为掠夺中国钢铁资源,日本人在中国东北进行大量实验,成功发现较为经济可行的方法。在运输环节,为降低成本,各铁矿石生产企业均不得不借助铁路轨道和轮船航运,但规模和技术水平存在较大差别。

(三)焦化技术

煤一般不能直接用于炼铁,必须制成焦炭。焦化生产主要是生产冶金焦,充作高炉炼铁原料,同时回收焦炉煤气和其中的煤化工产品。焦炭炼制在我国已有数百年历史。在明代的时候,中国已确证采用焦炭炼铁炼

---

① 刘永贵:《中国近代钢铁技术的引进与发展(续)》,《中国冶金史料》,1992年第1期。
② 解学诗、张克良编:《鞍钢史(1909—1948年)》,北京:冶金工业出版社,1984年版,第109~110页。

钢。在中国近代钢铁生产实践中,除了沿用传统的土法炼焦技术外,还引进西方炼焦技术生产焦炭,许多厂矿往往是中西兼用。

1. 传统土法炼焦

传统土法炼焦一般没有副产品回收装置。各地方具体炼制方法并不完全一致,最具代表性的主要有两种,一是以开平煤矿为代表的圆形炉炼焦法,一是以萍乡煤矿为代表的长方炉炼焦法。两种方法炼制出来的焦炭都曾供给汉阳铁厂。

圆形炉炼焦法使用的焦炉呈圆形,掘地为池,池径约十六尺,深挖约二尺,底部平坦。中央有一穴,名为风道,与地下进风、行人沟相通。池上部与地面相平处用砖砌成矮墙,高约三尺。周围墙角有通风眼(也称火眼)九个。具体操作方式是:先以柴草少许堆积于池底中央风道,将块煤围着中央风道堆砌至约二尺高。继将末煤装入炉中,亦至二尺高,与块煤平。再用砖筑成烟道(又叫火道),将中央风道与四周通风眼连接。然后填末煤,直至高过矮墙,使成覆碗形。最后点燃柴草,引燃块煤,渐及末煤。也有地方是先点火引燃块煤,再填末煤。点火后,每日用木履踏压一次,至第十一、二日,用木槌槌压,每日二次,约计四日,待火焰渐长,即可闭塞四周风眼,使火焰由顶上煤隙中取道而出,待某处烧透,即覆以灰土。如此逐渐至全部烧透为止。然后用水浇熄其火,再覆以灰土,约一昼夜后即可取焦。全部炼焦时间为两星期左右。圆形炼焦炉能装末煤二十吨,得焦在60%以上。各地方形制大小稍有差异,得焦数量也略有不同。①

长方形炉炼焦法为萍乡煤矿土炉炼焦处长俞燮堃所创造。萍乡煤矿创办后,用各地土法炼焦,效果皆不理想。1900年,俞燮堃奉矿局命,管理土煤窑和炼焦。经过精心谋划,他改用长方形炉炼焦,使炼焦时间缩短到三天,出焦率在六成以上,灰分降至百分之十二左右。其具体操作方式为:在矿井附近高而干燥之处造炉。若在平地建炉,需多开沟路,炉底较炉外地面略高。炉呈长方形,底用砖铺平,四周筑土墙。墙脚深约一尺,墙高三尺,厚一尺四寸。炉宽八尺,炉长三、五丈至八、九丈均可。火门对称修筑,约三尺。火门外方内圆,外大内小。外火门高一尺四寸,深七寸,宽一尺,门下距离地面三寸。内火门在外火门内层土墙上,偏凿圆孔,孔径六寸,斜

---

① 《中国近代煤矿史》编写组:《中国近代煤炭史》,北京:煤炭工业出版社,1990年版,第214页。

上通入炉中,上沿与外火门相齐。其炼焦程序是:先装末煤一尺三、四寸,再用砖坯叠砌火路,使之四通八达,每一相对的火门火路必须对直。而后,在每两相对火门炉中心的火路上面,用砖砌一方形烟囱,靠两头横墙边亦砌一烟囱。各烟囱下的火路成一直线。烟囱砌好后,用炉灰或洗矸石末铺盖三寸,使除火门烟窗外无漏风处,再用煤泥炭泥、木材引火。各火门之火力宜猛,不可间断。待各烟囱有红火冒出,用砖封闭各火门。当烟囱已无烟,火色纯白时,便可拆卸烟囱、火路。随之覆盖细灰,勿使进风,约十二小时,用水浇湿面灰,以熄余火,再过六小时即可取焦。①

单就质量而言,萍矿土焦可以做到不逊色于洋焦。1904年,萍矿曾将土焦、洋焦拿到英国,经化学家史戴德化验,结果显示,萍矿洋炉焦与英国上等焦炭一样,而土焦较洋焦炭更好。萍矿土炼焦炉最多时达230座,每座每次可炼焦20吨。但土焦炉最大缺陷在于不能回收副产品,且随着近代制焦技术的发展,洋焦成本日低,土焦的劣势更加明显。据1928年董纶调查,萍矿土焦每吨成本约9角,比洋焦贵3角。②

就总体而言,土焦生产技术在1927年的中国普遍使用,并未出现衰退迹象。除萍乡煤矿外,开滦、中兴、六河沟等规模较大的机采煤矿都使用土法炼焦。③汉冶萍公司投巨资新建大冶钢铁厂,曾在大冶建造与萍乡土炉略同的炼焦炉144座,每一昼夜可炼焦900吨,借此解决炼铁用焦问题。④可惜,用煤炭供应不及,并未大规模施用。

2. 近代炼焦技术

1890年前,西方国家的焦炭主要通过蜂房式炉生产。该炉为拱顶圈形的砖砌结构,整排炉子成单行或双行分布,煤气和其他易挥发的物质可逸出炉外。炼一吨焦炭大约需要耗煤1.5吨,耗时2天左右。近代焦炭炼制技术主要包括洗煤和炼焦两大块。洗煤是炼焦的准备环节,是将原煤经过洗选、筛选、破碎等加工程序后,清除或减少灰分、矸石、硫分等杂质,并按不同煤种、灰分、热值和粒度进行区分的过程。炼焦指从煤中生产焦炭、干馏炭以及回收煤焦油、苯、沥青等副产品的操作活动。19世纪末,德国、

---

① 湖北省档案馆编:《汉冶萍公司档案史料选编》(上),第210页。
② 董纶:《萍乡煤矿》,《矿冶》,1928年第二卷第6期,第77~96页。
③ 谢家荣著:《煤》,上海:商务印书馆,1929年版,第48页。
④ 胡博渊:《大冶铁厂之设备及其炼铁之法与成效》,《工程》,1926年第2卷第2号,第62页。

比利时、法国等国广泛建造"蒸馏"炼焦炉,可回收炼焦过程中的副产品,炼焦时间也大大缩短。

　　萍乡煤炭在出井之后,要经过洗煤环节。矿局有大小洗煤机各一座,大者每日可洗 2000 吨(一说 3000 吨),小者每日可洗 400 吨。其洗煤方法大致相同:生煤由电车送至洗煤台之二层楼,倒入翻斗车。煤矿在 6 厘米以上者,由无极手选带(Endless Picking Belt)两旁的人力检出,是为一等块煤。余下中等块煤和粉煤经扛扬机(Bucket Elevator)运至第四层的筛别机,选出 2—2.5 厘米以上的中块煤和粉煤两种。粉煤再经过跳汰器(Tigger),分别大小,经沉淀、研磨等工序后进入贮煤场,留作炼焦之用。该洗煤设备均为清末建造。大洗煤机的洗煤能力在国内相当长一段时期内堪称绝无仅有。民初李建德曾称赞:"亚洲仅二所,萍乡居其一。""游其处者,尽一二日之力,尚不能得其要焉"。① 1925 年前,洗煤工人共 320 人,洗煤经费每吨约合洋 0.34 元。

　　萍乡煤矿的新式炼焦设备名曰科别(Coppee)炉,也称蜂房形炼焦炉(Beehive Oven),为拱顶圆形的砖砌结构,共 254 座,分五组。每组炼焦炉分若干格,联为一排,形如鸽笼。两头各用砖砌平台一座,与炉格相连,炉顶相平。下脚深约三法尺,周围砌水沟。每格之间有火路相通,砌有横、直风路,风路相接处留有风门,其上在炉格后门外开方洞门。平时以铁板覆盖。炼制之初,先用柴火引燃,后陆续添煤,俟一礼拜后湿气烘尽,再多加煤块,由缓渐急。两三个礼拜后,将每格炉墙烧至红透后,将炉内煤渣清除干净,复将各门泥封。用斗车载煤,从每格炉顶漏入生煤并推平,每炉格可装煤 5~7 吨,得焦约 70%。由于炉砖已烧红透,煤入炉后,随即自燃。从此,以炉燃煤,煤复烧炉。互相燃烧,循环无已。炼焦时间在两天左右,炉内温度需在 3400℃ 以上,每月可炼焦炭 1.2 万吨。西法炼焦的突出优势是炼制时间短,且装煤、出货、生火,均无需人力之烦。②

　　萍乡煤矿的这种蜂房形炼焦炉在 19 世纪的欧洲广泛使用。但 20 世纪初,欧美地区炼焦技术发展加快,这种炼焦炉逐渐被副产品炼焦炉(By-Product Oven,有时称"蒸馏"炼焦炉)取代。1906 年,欧洲已经普遍采用容积为 8 吨、炼焦时间为 28 小时的副产品炼焦炉。"一战"以后,美国广泛建

---

① 李建德:《中国矿业调查记》,第 51 页。
② 顾琅:《中国十大矿厂调查记》第三篇萍乡煤矿,商务印书馆,1916 年印行,第 30~33 页。

造炉体更高、更窄和以硅砖作材料的炼焦炉,增强了导热性和负载能力,使焦炭产量大大增加,炼制时间显著缩短。1923年,美国焦炉平均日产量为11～14吨,相比之下,英国、德国仅为4～5吨。1927年,美国卡内基钢铁公司建造四组14英尺高的焦炉,每个炉子42英尺,宽仅18英寸,容量超过25吨。20世纪30年代,美国、德国的钢铁联合企业出现多组年均产量超过50万吨的炼焦炉。①

萍乡煤矿的这些设备在清末时并不算落后,面对外部世界快速发展的技术革新运动,萍矿的技术改造力度显然落伍了,与外部世界的差距逐渐拉大。特别是其在炼焦过程中无副产品回收设备,造成巨大浪费。加上其炼焦地点与钢铁冶炼设备分处两地,使炼焦过程中产生的热量无法充分利用,也导致不经济行为。1920年和1921年,萍乡煤矿焦炭炼制成本高达12.71元/吨和13.53元/吨。② 这极大地推高了汉阳铁厂的生铁成本。民国成立后,萍乡煤矿在复杂的政治经济环境中基本停止设备更新,矿局生产几乎完全依赖清末奠立的技术基础。1914年秋,汉冶萍公司编制各厂矿工程预算。到1921年底,"各处工程,未完工者尚多",公司实际用款高达984.7万两,其中,汉阳铁厂156万两,大冶铁矿125.9万两,大冶钢铁厂667.9万两(含历年利息),而萍乡煤矿仅34.9万两,约占实际用款的3.54%。③

在中国东北地区,日本人不断探索适合当地煤炭特点的焦化工艺,在技术上实现了更新换代。鞍山制铁所主要利用抚顺煤炭资源作为炼焦原料。九一八事变前,鞍山制铁所有洗煤机6台,平均日处理量为2000吨。经过洗选后,煤和不纯物质分离,经过干燥、配比和破碎,达到装炉的要求。因结焦性较差,灰分较高,凭借20世纪初的技术条件,抚顺煤不太适合炼焦。"满铁"曾用德国考伯式炼焦炉进行大规模试验,决定以抚顺煤为主要原料,再掺入一些结焦性强的本溪煤。其配比经过多轮调试,于1924年定为4∶1,并确定为标准配比。炼焦前,先用捣固机将煤夯实。1918年11月,制铁所1、2号炼焦炉开始烘炉,到1928年,共有5号炼焦炉,均为德国考伯式炉。炉的构造由炭化室、煤气燃烧室、余热回收室等组成,出焦率平

---

① [英]C.辛格(Charles Joseph Singer)等主编,王平等译:《技术史》第6卷(下),第128～129页。
② 湖北省档案馆编:《汉冶萍公司档案史料选编》(下),第63页。
③ 湖北省档案馆编:《汉冶萍公司档案史料选编》(下),第429～430页。

均约为 0.7，通过余热回收可利用的煤气达 40%～50%。这在当时来讲，还是较为先进的设备。1926 年，制铁所出焦量突破 20 万吨，1927 年达 24.38 万吨。①

炼焦过程中，鞍山制铁所注意回收处理焦炉煤气、焦油、氨水等物质，得到硫氨、苯、硫酸、萘等化工产品。生产副产品的工厂是根据生铁和焦炭的产能逐步建立起来的：1920 年，硫氨工厂投产，1925 年前年产量约 1500 吨，之后提高到 3000 多吨；焦油蒸馏工厂于 1924 年 5 月投产，它将炼焦炉中的煤气冷却，分解为焦油和水，后对焦油进行蒸馏处理，得到轻油、中油、重油、萘、蒽、沥青等物质；萘工厂将焦油厂生产的粗萘进行加工，制成精制萘，1927 年生产精制萘 192 吨；苯工厂在 1926 年开始大量生产；硫酸工厂于 1927 年末建成投产，1928 年生产含量为 50% 的硫酸 5345 吨。②

本溪湖煤铁公司原用土法炼制焦炭，1926 年建造可回收副产品的黑田式炼焦炉 60 座，每座装煤 11 吨，焙烧时间 27 小时，出焦率约 75%。一昼夜约计可出焦炭 440 吨（内块焦 422 吨，粉焦 18 吨），焦油 12 吨，硫酸铔 3.5 吨，浓度为 55°Bé 的硫酸 9 吨。另有专门装置收集瓦斯，一部分用作炼焦炉燃料，余下用于燃烧锅炉。③

（四）炼铁技术

清政府在决定发展钢铁工业时，比较注重引进当时世界先进的钢铁冶炼技术。资料显示，潘霨、张之洞等人在创办钢铁工业的实践中，能以一种开明、开放的心态对待近代科技，比较注意搜集和学习近代冶金知识。但他们均为旧式文人，相对于创建、经营一家钢铁联合企业所必备的知识素养而言，个人能力远远不够。他们无力辨识、选择最合适的技术装备，甚至被人蒙骗而不自知。如对汉阳铁厂初创时期采购的设备，1896 年，洋总监工德培曾评价道："本厂考伯炉最新，化铁炉、马丁炉、钢轨炉皆寻常通用不新不旧之样，通风机则力量不足，焦炭炉、轧轴条、轧板、火砖机尤为老样，洗煤机太细不能用，贝色麻可用而又小，其式亦老，吹风机则以旧器刮垢磨

---

① 解学诗、张克良编：《鞍钢史（1909—1948 年）》，北京：冶金工业出版社，1984 年版，第 155～156 页。
② 解学诗、张克良编：《鞍钢史（1909—1948 年）》，北京：冶金工业出版社，1984 年版，第 157～159 页。
③ 《本溪湖煤铁公司之调查》，《河南中原煤矿公司汇刊》，1931 年第 3 期，第 42～43 页。

光充作新器。"①这是两家企业建成后面临巨大困难的重要原因之一。

盛宣怀接办汉阳铁厂后,面临技术改造的重任。他凭借多年游历于商场的经验,对于钢铁冶金新技术十分重视。尤为难得的是,他能想方设法,排除万难,为新技术的引进、利用创造条件。汉阳铁厂在完成卢汉铁路轨料的轧制任务后,他筹集资金,对汉冶萍三大厂矿启动大规模改良扩张计划。这次改良、扩张活动也是一次技术改造和技术升级的过程。其中,炼铁技术提升的幅度较大,持续时间较长。

1904年,李维格受盛宣怀委派,亲赴欧美地区考察钢铁工业发展状况。他访问欧洲冶金化学名家,用近代科技手段,找寻提升产品质量的方法,确认自身发展的优势所在。在此基础上,盛宣怀、李维格听从西方技术专家的建议,采购当时世界先进的钢铁生产设备。汉阳铁厂在初创时期采购的设备全部为蒸汽时代的机器,相比之下,李维格采购的装备,已大量使用电力:挂梁电力起重机四架,挂梁电力压顶钢坯出筒机一副,挂梁电力吊取钢坯出地炕机一副,以上均"旧无";此外,还有电力运送钢坯机、发电机、电力、水力剪锯机、电灯机等,名目繁多。② 李维格采购的容积150吨调和铁汁炉,系1889年在美国首次出现。另外,轧制胚轴、条轴、板轴的机器产能大幅提升。汉阳铁厂借此实现了技术设备的迭代更新。

汉阳铁厂原有的一、二号炼铁高炉设计产量为每座每日100吨。但1905年前,两炉每日实际总产量仅为110吨左右。从炉体设计本身讲,这两座高炉属于窄型炉缸高炉,设计产能较小。这与该设备来自英国有关。19世纪末,老牌钢铁生产大国英国的炼铁高炉容量远低于新兴钢铁强国美国、德国的平均产能。1890年,英国炼铁炉平均规模为64.6吨,德国为192吨,美国为428吨;1900年,英国高炉平均规模为78吨,德国为244吨,美国则为700吨。③ 较诸汉阳铁厂,美、德钢铁企业的规模经济效益优势十分明显。从生产技术看,汉阳铁厂一、二号高炉长期达不到设计产能,与风压和热风温度均较低有关。李维格出任汉阳铁厂总办后,对这两座高炉进行技术改造,加大风管,加多炉膛进风管,启用新风机,添造热风炉,使这两座高炉的产量大大提高。技术改造前,铁厂生产最高产量为1903年的3.89万吨。改良后的高炉各有进风门四个,附有古巴式热风炉八座,热

---

① 湖北省档案馆编:《汉冶萍公司档案史料选编》(上),第151页。
② 湖北省档案馆编:《汉冶萍公司档案史料选编》(上),第168页。
③ 方一兵:《汉冶萍公司与近代中国钢铁技术移植》,北京:科学出版社,2011年版,第48页。

度自 500℃～680℃。通过技术改造,生铁出产量翻一番,1909 年达到 7.44 万吨。炼铁焦比从 1904 年的 1.75 降至 1908 年的 1.15(见表 23)。应该说,这在中国近代高炉炼铁史上是一次比较成功的技术改造。

表 23　清末汉阳铁厂炼铁焦比

年份	生铁产量(吨)	消耗焦炭(吨)(1)	焦比
1902	15800.5	24306.2	1.540
1903	38873.2	64298.2	1.650
1904	38770.6	67727.7	1.750
1905	32324.4	50889.7	1.570
1906	50622.2	73508.7	1.450
1907	62248.3	74514.3	1.200
1908	66409.8	76450.0	1.150
1909(2)	18379.4	18918.7	1.029

资料来源:顾琅:《中国十大矿厂调查记》(第一篇汉阳铁厂),商务印书馆,1914 年印行,第 44～45 页。注:(1)原表为煤量,似应为焦炭之误。(2)1909 年为当年 1—3 月份数据。

汉阳铁厂三号炼铁炉是汉冶萍公司规模扩张的核心设备,容积为 477 立方尺,设计产能约为每日 250 吨生铁,炉体设备购自德国。附设之打风机为英国多尔博式,每分钟能达 2800 回转,能压入空气 28000 立方尺,风压为 11.75 磅。该炉于 1910 年 5 月正式投产。1915 年 6 月,汉阳铁厂建成第四号高炉,容积造法,悉如三号炉。该炉的设计与建造工艺明显优于铁厂的前两座高炉,投产后均未出现重大生产事故及停炉待修的现象。另外,该炉还有热力回收装置。高炉冶炼过程中,除利用焦炭生热外,炉内散出之瓦斯先经清灰管,再导入热风炉,使之燃烧,后用打风机将热空气吹入化铁炉,热风温度可达 700℃,借以节省焦炭。①

汉阳铁厂炼铁高炉 24 小时内约添料(铁矿石、石灰石、焦炭)30 次,每次约 20 余吨。一、二号高炉每四小时放铁一次,约十余吨,每昼夜排放炉渣 6 次。三、四号高炉每三小时放铁一次,约 30 吨,每昼夜排放炉渣 8 次。②

---

① 顾琅:《中国十大矿厂调查记》(第一篇汉阳铁厂),商务印书馆,1914 年印行,第 29 页。
② 佚名:《汉冶萍煤铁厂矿有限公司》,《工业杂志》,1921 年第 9 卷第 6 期,第 7～17 页。

表 24 汉阳铁厂高炉生产指标

各项指标		一、二号炼铁炉	三、四号炼铁炉
容积		248 立方尺	477.5 立方尺
高		18.125 尺	20.450 尺
每日产铁吨数		90 吨(夏);100(冬)	230(夏);250(冬)
每吨生铁需用之材料	铁矿	1.7 吨	1.7 吨
	锰矿	0.88 吨	0.8 吨
	石灰石	0.46 吨	0.46 吨
	焦炭	1.1 吨	1 吨
热风温度		680℃	700℃

资料来源:顾琅:《中国十大矿厂调查记》(第一篇汉阳铁厂),商务印书馆,1914 年印行,第 29 页。

民国初年,汉冶萍公司一步步沦为日本八幡制铁所的原料基地。除铁矿石外,汉冶萍的生铁生产也纳入八幡制铁所的制钢原料供应体系当中。1913 年底,日方与汉冶萍公司签订 1500 万日元大借款,重点用于提升汉冶萍公司的生铁产能。因汉阳铁厂空间受限,汉冶萍公司遂在大冶成立一新钢铁厂,是为大冶钢铁厂。规划设计之初,公司对新厂的技术要求很高:炼铁炉每日产铁 350～450 吨;以炼铁炉多于煤气为原动力,达到厂矿不用蒸汽之目的;钢厂以造轨为主,车桥为辅,造轨必用直行一线到底之法。① 自 1917 年至 1923 年 4 月,汉冶萍公司在大冶先后建成两座规格相同的高炉,日产能均为 450 吨生铁。从技术水平衡量,此二炉在远东地区可谓罕见。1926 年,据胡博渊称,当时全亚洲除印度大达钢铁厂外,"无出其右者。"② 20 世纪 20 年代初,无论是在中国,抑或日本,都没有设计和建造单个钢铁冶炼设备为 450 吨的实际经验。大冶钢铁厂设计建造时期的总工程师为日本东京帝国大学教授、著名的钢铁冶金专家——大岛道太郎,工程建设的总承包商大部分为日本各洋行,主要技术人员是由大岛推荐的日本人担任,但该厂工程建设质量堪忧,问题重重。1 号高炉在 1922 年 6 月下旬开炉不到一个月即因设备故障、铁水凝固而停炉,差不多三年后才重新修复完毕。2 号高炉于 1923 年 4 月开炉,运行约一年半后因燃料供应不足而停产,平均日产量仅 340 多吨,与设计产能有较大距离。这显示当时

---

① 湖北省档案馆编:《汉冶萍公司档案史料选编》(上),第 467 页。
② 胡博渊:《大冶铁厂之设备及其炼铁之法与成效》,《工程》,1926 年第 2 卷第 2 号,第 59 页。

中日都缺乏建造如此大型高炉的技术与经验,大冶钢铁厂不幸沦为当时中日冶金工程超前设计的"实验室"。

不过,大冶钢铁厂的部分技术设计也有值得肯定之处。如煤气回收技术在该厂被使用。据李鸣龢记载:每座化铁炉有热风炉三座,其内部为三道式。燃烧后之瓦斯由炉顶升出。此三座热风炉之顶有一公共烟突,由热风炉所发之瓦斯经二铁管下行,经过二清灰炉、二回环瓦斯塔、二洗净塔,然后再入热风炉或汽炉,以供燃烧之用。①

"一战"期间,铁价暴涨,中国民族资本进入钢铁行业,改变了汉冶萍公司"一枝独秀"局面。当时技术设备比较先进的企业主要有扬子机器公司炼铁厂和龙烟铁矿。扬子机器公司在1919年曾在汉口建造化铁炉一座,于1920年6月25日开炉,设计产能为每日产铁100吨。据称,除化铁炉外,热风炉、清灰炉,以及一切附属设备均由美国贝林马肖设计、扬子机器公司自行制造。② 龙烟铁矿公司主要由国内的官僚买办和金融资本投资组建。该公司在北京附近的石景山建造高炉一座,利用河北烟筒山铁矿、河南六河沟焦炭炼铁。1922年初具规模。公司的化铁炉工程为美国贝林马肖所设计,当时被认为是除印度外亚洲最好的设备。炼铁炉用8根炉柱支撑,送风管8根,从炉灶到炉顶高85英尺,炉灶围以钢板及铁板,每日可炼生铁250吨。该化铁炉之特点在马肖式炉顶,放气管四,高出于装矿平台43英尺,足以充分放出炉中余气。炉顶如有阻滞,也可用以救济。炉中瓦斯放出后,引至汽炉及热风炉。有4座马肖式三道热风炉。汽炉房有5座500马力之Mickes直式汽炉,另有Foxter加热炉,汽热可加至1650℃,气压200磅。动力房有Norberg动力机2座、300千瓦发电机2座、旋转送风机2座。炼铁炉的矿石投放设计较为巧妙,矿置于360尺高的混凝土孔道之上,孔道之顶开有漏斗式之孔,矿石可以下降,复以上矿车装入炉顶。③

日本在中国东北投资兴建的钢铁企业炼铁技术水平较高,在技术的适应、创新能力方面取得较大成绩。本溪湖煤铁公司拥有两座日产能为130～150吨的炼铁炉2座。一座为英国Pearson & Knowles所造,一座为满铁大连铁工场所造。两炉的形式大小基本相同。炉高83英尺,炉灶直径9

---

① [瑞典]丁格兰编:《中国铁矿志》,农商部地质调查所,1923年印行,第266页。
② [瑞典]丁格兰编:《中国铁矿志》,第268页。
③ [瑞典]丁格兰编:《中国铁矿志》,第270～271页。

英尺 10 寸、高 7 英尺 10 寸。送风管有两排,口径 4.75 尺。卷扬塔高 164 英尺,每桶装矿 2 吨。第一炉有马克尔三道式热风炉三座,第二炉有四座,以一座预备不时之需。鼓风用旋转送风机二具,每具于四至七磅气压之下,能送 16000 立方英尺之空气。高炉中瓦斯因含磁铁矿和粉尘甚多,不能直接供汽炉及热风炉之用,设有清灰炉。① 公司利用天然富矿,实行低温还原,直接生产海绵铁。其设备主要包括回转炉(直径 1 公尺,长 8 公尺)、矿石粉碎机,粉碎制品的磁选机,熔化海绵铁的制钢炉。其炼制方法为:将矿石粉碎为 5～10 厘米,与煤炭同时装入斜形的回转炉,使煤炭不完全燃烧,炉内温度约为 900℃～1050℃,辅助燃料为重油或细煤粉,冶炼时间约为 1 小时。所得海绵铁成分为:铁 70%～85%,氧化铁 10%～15%,砂酸 3%～8%,磷 0.04%,硫 0.04%。成品可为炼钢原料。②

应日本军方要求,本溪湖煤铁公司还从事低磷生铁的试制和生产工作。低磷铁是军工生产的必需原料,日本军方长期从瑞典进口,因距离遥远,一直谋划在日本国内和势力范围内建立低磷铁生产基地。"一战"期间,日本军方的这一愿望更加迫切。在多次游说劝说之后,1915 年 7 月,大仓财阀同日本军方签订建立低磷铁制造所的协议,决定利用庙儿沟的铁矿石,用木炭做燃料,按照日本海军的标准,每年生产低磷生铁 1 万吨。大仓财阀原计划在日本国内建立高炉,后转移到本溪湖。因为本溪湖煤矿中发现了含磷低的煤炭,可炼出灰分为 13.5%、磷为 0.065% 的低磷焦炭,燃料也由原计划的木炭改为焦炭。公司先后于 1921 年、1925 年进行两次冶炼低磷铁的试验,取得良好结果。产品被日本海军工厂和钢铁厂采购。以此为开端,1927 年,本溪湖公司接受日本吴海军工厂对一号低磷铁(含磷 0.025% 以下,含硫 0.015% 以下)的订货,正式走上生产低磷铁的轨道。当年,共生产低磷铁 4438 吨。③

鞍山制铁所是在日本的国策机构——"满铁"主导下设计建造的,从一开始,它就是日本政府开发掠夺中国东北钢铁资源的重要组成部分。其最初的建设方案十分宏阔,包括化铁炉 8 座,钢产能每年达 80 万吨,另建一个模范城,容纳一万多人。后因国际政治经济形势,到 1927 年,大部分建设计划未能实现,只建成两座炼铁炉及配套设备设施,生铁最高产量为当

---

① [瑞典]丁格兰编:《中国铁矿志》,第 272 页。
② 刘永贵:《中国近代钢铁技术的引进与发展(续)》,《中国冶金史料》,1992 年第 1 期。
③ 《本钢史》编写组:《本钢史 1905－1980》,沈阳:辽宁人民出版社,1985 年版,第 50～53 页。

年的 20.34 万吨,其他工程皆暂缓进行。尽管如此,该时段在鞍山制铁所(昭和制钢所)发展史上具有重要意义。在这一时期,日本工程技术人员利用中国东北地区的煤铁资源,不断调试生铁冶炼技术,最终取得成功,为其后的发展奠定重要基础。

除了前述选矿技术和焦化技术攻关取得重大突破外,鞍山制铁所在高炉炼铁技术方面也进行了不懈探索。由于高炉设计存在问题,加上管理者对鞍山地区铁矿石含氧化硅的性质缺乏了解,鞍山制铁所投产后遭遇巨大困难。其1号高炉由"满铁"大连沙河口工厂设计,基本仿造日本国内的八幡制铁所的高炉,只是对风口进行了有限的改动。其设备大部分由德国制造。1919年4月点火以后,事故频发。1921年11月16日,因设计原因,大量循环水流入炉内,引起爆炸,炉腹部分损坏,高炉被迫停炉,直至1924年11月才重新投产。修复后的1号高炉强化了炉底结构,扩大了炉膛容量,减少了一些风口,加装了四号鼓风机。之后,虽然炉底事故基本消灭,但炉顶事故时有发生,但总的来讲,较诸修复前有较大改进。1927年下半年,该炉日产生铁接近300吨,较之前提高约100吨。2号高炉绝大部分设备仍是来自德国,在设计上作了某些改进,作业状况稍优于1号高炉,设计产能为日产生铁350吨。在1号高炉爆炸事故整整1个月后,即1921年12月16日,2号高炉点火。但实际日均产量仅200吨左右,且事故不断。从点火到1924年停火,2号高炉共发生大小事故692次,休风达1004.5小时。1930年前,鞍山制铁所只有两座高炉,且很长时间是交替作业状态,直到1926年7月27日,2号高炉经历与1号炉大致相同的技术改造后重新投产,事故情况也与1号炉相似。但作业情况有显著改善,生产能力接近或超过设计水平。鞍山制铁所也迎来两炉齐开时期。[①] 时人尝以一种赞赏之语调评论日本资本家在鞍山制铁所所进行的"坚忍不拔"的技术探索活动:"凡此困难,似皆出于当初计划者意料之外者,但所投资本既已如此之多,中止则前功尽弃,精近(进——引者)或犹可挽回。坚忍不拔之日本资本家势不肯因一时之困难遽灰其志,故仍极力研究困难之所在,而亟求救济之法。"[②]

---

① 解学诗、张克良编:《鞍钢史(1909—1948年)》,北京:冶金工业出版社,1984年版,第145~147页。

② [瑞典]丁格兰编:《中国铁矿志》,农商部地质调查所,1923年印行,第274页。

(五)炼钢、轧钢技术

近代中国经济具有较典型的半殖民地经济色彩,尤其是1927年前,中国大量铁矿石和生铁被输往日本,反映了被殖民掠夺的历史事实。这导致近代中国炼钢、轧钢的技术引进规模远远低于炼铁,整体技术处于一个较低的水平,特别是在民国初年,与其他国家的技术差距愈发拉大。1927年前,我国近代化的炼钢产能十分有限,具备炼钢、轧钢能力的工厂仅汉冶萍公司和上海炼钢厂、上海和兴钢铁公司和山西育才炼钢厂等少数几家企业。但除汉冶萍公司外,大多为小型炼钢炉,设备陈旧,技术落后。

汉阳铁厂创办之初虽已具备炼钢、轧钢产能,但这批设备的不足之处十分明显。贝色麦转炉面临致命问题——不能去除生铁中的磷、硫等杂质,炼制的钢材容易断裂。1906年8月,汉阳铁厂拆卸该炉,将打风机及其他设备移用于新化铁炉和马丁钢炉。① 西门子－马丁平炉炼制的钢材质量尚可,但产量太低,设计产能每次出钢10吨,实际仅约8吨。数年之后,也被拆除。轧钢方面,原有设备几乎只可轧制钢轨,钢板厂能轧制的钢板只有四尺大小,导致"货呆"局面。李维格明白"铁厂之不能日起有功者",不外四病,其一即为,"除钢轨、生铁外,别无可售,以致销路阻滞"。② 1904年,汉阳铁厂决计大规模改造升级汉阳铁厂的炼钢、轧钢产量,弃用转炉炼钢法,采用平炉炼钢技术,添造容量为150吨的混铁炉,同时,增加炼钢炉容量。清亡前,陆续添置30吨容积的马丁平炉6座。1917年,建成形制相同的第7号平炉。与之相配套,1905年后,汉阳铁厂的轧钢能力大大加强。在李维格的设备采购清单中,包括轧胚机一副,直径40寸,能轧钢坯至20寸见方(旧无专门机器,借助轨轴,可轧制12寸见方),条轴一副,直径32寸,能轧工字钢梁至18寸深、7寸宽(旧轴最大直径20寸,最小12寸),板轴一副,直径30寸,能轧钢板至375方尺(旧轴仅能轧39方尺)。此外,还添置大量动力装备,特别是电力驱动设备的引进,可谓开中国历史之先河。③

汉阳铁厂的平炉炼钢法为:当生铁未入炉前,炉底先用油料、石灰垫补。用电力起重车将生铁水倒入炼钢炉,每次20吨,继则加入生铁块和锰铁10吨,合计30余吨。钢炉两旁有孔,供煤气吹入。左右煤气炉大约各

---

① 陈旭麓、顾廷龙、汪熙主编:《汉冶萍公司》(三),第1165页。
② 陈旭麓、顾廷龙、汪熙主编:《汉冶萍公司》(二),第237页。
③ 湖北省档案馆编:《汉冶萍公司档案史料选编》(上),第168页。

吹两小时,共 4 小时即止。煤气由蒸汽注送入炉,每炉一昼夜消耗烟煤 10 吨。此煤购自日本,因萍乡煤炭挥发分太少,且磷质高,不适于制造煤气。每座钢炉大约 8 小时放钢 1 次,1 天 3 次,每次约 30 吨。① 汉阳铁厂炼钢炉所使用的燃料为煤气,它由质地纯净且高挥发分的煤炭转化而来,往往价值昂贵。20 世纪初,许多国家纷纷探索利用炼焦、炼铁的副产物瓦斯作为炼钢燃料,并获得成功,这大大降低炼钢成本。

汉冶萍公司的这次技术引进活动是公司管理高层在亲赴欧美国家实地考察后作出的,在当时来讲,技术水平是比较先进的。1909 年,德国工程师赖伦曾如是评价公司的炼钢、轧钢设备:"拉钢机全副,共计有轧胚机一座,钢梁机两排者一座,拉轨机一连三排者一座,其掣动机之力可以彼此通用。又拉钢板机一座,此皆系新式样之新机。""拟添置钢条机,大者一座,钢片机一座,钢丝机一座,其掣动力均用电力。""炼钢厂与拉钢机均配有最新式之机械,诸如打钢坯出模机,西门重烘炉自动送冷铁机,电力滚轴剪钢机,修光厂之类"。"汉阳铁厂之全厂系照刻下最新式样布置,故虽有笨重料件,可以一气制成"。② 但随着时间的推移,国外钢铁生产技术持续快速发展。中国缺乏技术更新和创新的能力,则几乎原地踏步,当年汉冶萍"最新式之机械"自然落后于国外先进国家。1922 年,美国人霍德(Lansing W. Hoyt)在考察汉阳铁厂后指出:汉阳铁厂的轧钢设备"美国被认为是过时的,尽管在欧洲也许没有过时","虽然 40 英寸的初轧机和 28 英寸的轧轨机仅仅是在 15 年前安装的,那时却没有人认识到连续生产,而这在 1907 年的而美国已经很普遍了"。③

汉阳铁厂在碱性平炉砖的材料选用方面有领先之处。碱性平炉砖长期使用镁砖,以产自奥匈帝国者为上品。"一战"期间,国际市场上镁砖供给困难,价格昂贵。于是,各种替代品纷纷出现。经充分试验,碱性平炉炉底用焙烧之白云石砌筑最合宜。一时间,白云石的用途大增,成为炼钢事业不可缺少之材料。汉阳铁厂先于欧美国家用白云石作炉砖材料。1915 年 1 月,因战时镁砖来源缺乏,汉阳铁厂试用白云石砖代替镁砖,先就炉墙部分试用,每次放钢后,复用白云石细粒或碎块铺垫。试之数月,成绩颇

---

① 顾琅:《中国十大矿厂调查记》(第一篇汉阳铁厂),第 41 页。
② 陈旭麓、顾廷龙、汪熙主编:《汉冶萍公司》(三),第 62 页。
③ 转移自方一兵:《汉冶萍公司与中国近代钢铁技术移植》,北京:科学出版社,2011 年版,第 53 页。

好。之后,砌造炉底,也用白云石砖,开始仅用一层,继则用于炉底全部,运行安稳,无穿漏之虞。该项试验,费时约半年。其后全部钢炉之炉底暨炉墙下半截,除放钢门暨瓦斯道口外,均用白云石砖砌成。此种钢炉炼钢次数有一百炉以上,中间只需临时修理一次。1915年夏间,汉阳厂炼钢作业正常,毫无阻滞,同时炼钢之炉可开至五座。其有赖于白云石砖者,实非浅鲜。李鸣龢言,美、日等国风行以白云石为钢炉之耐火材料,实在中国之后。①

二、矿冶工程师群体的出现

职业群体是指以职业目标和职业活动为中介而结合起来的群体。它由一定数量从事同类职业活动的成员组成。各成员在共同的活动中形成人际交流,相互作用和影响,具有一定的组织结构,有一套相应的行为规范以协调成员的社会行为。群体成员的价值目标具有一致性,有一定的内聚力。群体价值观和群体组织的出现是职业群体形成的重要标志。

一个国家要实现技术的自力更生,外国工程师和技术人员可以发挥辅助作用,最终还是需要本土工程师在研发中发挥基础作用。这是因为,虽然技术有历时性和跨文化性,但它不能独立于社会和文化之外发挥作用。只有本土工程师才能使外国技术适应本国的文化和历史,得到传播、改造,并最终在本国扎根。

矿冶工程师是指在矿冶工程领域从事相关技术工作的专业人才。晚清以来,中国逐渐出现一批以矿冶工程为职志的专业技术人员。随着时间推移,这类人员的数量不断增多,影响力也日益增强。在此基础上,逐渐出现同业性、学术性的矿业社团组织。从中华矿业同志会到中国矿冶工程学会,中国矿冶工程师群体组织在北京政府时期经历了一个数量逐渐增多、专业化程度不断加深的过程。

中华矿业同志会的前身是留日采冶同学会。该会可追溯至1912年,相对于其他社团组织而言,较为松散。② 会员彼此联系的主要渠道是各校留日学生轮流编纂《采冶界通信录》,到1921年第五期时更名为《中华矿业

---

① 李鸣龢:《关于制炼钢铁之近时技术进步观(续)》,《中国化学工业会会志》,1928年第2期,第229~230页。

② 余焕东:《序言》,《中华矿业同志会会志》,1931年第10期,第1页。

同志会会志》,宗旨确立为"敦睦友谊,振兴矿业"。① 该会1930年前主要在日本活动,对国内矿冶技术移植的影响力相对较小,1931年,该会迁至南京。

中华民国矿业联合会创立于1913年,为国内矿业公司的团体组织。最初入会者仅北方各大矿业公司,后长江流域、黄河流域以及铁路沿线各矿业渐次加入。该会"以结合全国矿业,维持利权,共图发展为宗旨",研求"资本应如何而使之雄厚,劳工应如何而使之平允,运输应如何而使之灵通,技术应如何而使之精良,销路应如何而使之畅旺。"凡中华民国公办、商办和中外合办之各公司,由在会各公司介绍者,经审查后可入会:经政府注册或立案;以机器开采或化炼;资本在十万元以上。② 1923年,发行《矿业联合会季刊》,1926年停刊。

中华民国矿学研究会于1916年12月在湖南长沙成立。该会以"研究矿学,交换智识"为宗旨,由"国内外专门学校以上采矿冶金科同志及富有矿学知识者组织之"。③ 成立之初,有会员65人,全部来自湖南。④ 宾步程任会长。出版发行有《矿业杂志》(1919年后改名为《矿业》)。1918年7月,先后经湖南省长公署和农商部批准备案,当年5月起,湖南矿务总局每月津贴该会洋100元。⑤ 该会会员多富有实际的矿厂工作经验,曾设驻美支部。因兵燹摧毁,该会于1924年中断。⑥ 1928年3月25日,原矿学研究会的部分会员组织成立中华矿学社,该社"以联络同志,研究矿学,调查矿产,共谋中国矿业之发展为宗旨",规定:凡曾受矿术教育三年以上,或曾在矿场炼厂服体力或脑力之勤务五年以上者,得由社员二人以上介绍入社。创办年余,有会员136人。中华矿学社有明确的政治诉求,主张打倒帝国主义,废除列强在华矿业上的不平等条约,要求铁矿国有,绝对禁止商矿掺入洋股,借用外资,贱价抛砂。发行有《矿业周报》,影响较大。⑦

中国矿学会于1919年4月12日在天津成立。该会由本溪湖煤铁公

---

① 《会志缘起》,《中华矿业同志会会志》,1921年第5期,第2页。
② 《中华民国矿业联合会简章》,《矿业联合会季刊》,1923年第1期,第1~5页。
③ 《纪录:矿学研究会章程》,《矿业杂志》,1917年第1卷第3期,第41~43页。
④ 《中华民国六年矿学研究会会员一览表》,《矿业杂志》,1917年第1卷第1期,第15~20页。
⑤ 《纪录:湖南矿务总局复矿学研究会缄》,《矿业杂志》,1918年第2卷第4期,第16~17页。
⑥ 《编辑者言》,《矿业周报》,1929年1—24合期,第385页。
⑦ 《五年来之中华矿学社》,《矿业周报》,1933年总第241号,第1页。

司总办兼总工程师王正黻和王宠佑发起。王正黻为会长,副会长为张铮。① 此外,还有一些地区性的矿业社团组织。1912年成立的河北矿学会,则以"联合同志,研究学术,发展河北矿业"为宗旨,规模较小。河南矿学社则是1918年由河南留学生张仲鲁、李善棠、秦瑜、郭楠诸人在美国科罗拉多大学发起组织,会员仅12人,其宗旨专为学术上之探讨。

地质科学对于矿产资源开发具有基础性作用。不了解地层的物质组成、内部构造、外部特征,矿业开发活动往往陷入盲目混乱的局面,归于失败。翁文灏在民初就指出:"地质学应用往往能发现重要之矿产,推察有望之矿床。"②地质学是近代中国率先发展建立并具备一定国际影响力的基础科学。1922年2月3日,中国地质学会在北京成立,有创立会员26人,绝大部分供职于地质调查所。首届会长为章鸿钊,副会长为翁文灏、李四光。学会讨论通过了会章,决定学会宗旨为:"促成地质学及其相关科学之发展。"此后学会会章虽屡经修改,但其宗旨则未作变动。其主要活动包括:定期召开年会或临时集会,宣读与讨论学会论文,组织专门性的学会活动,组织参观和地质旅行,颁发科学研究奖金,出版刊物,交流情报,对外开展学术交流等。该学会对近代中国矿产资源勘探活动发挥重要作用。

中国矿冶工程学会是第一个全国性的专业矿冶工程学术团体。它的成立,促进了全国矿冶工程师身份意识、群体意识的觉醒,增强了全国矿冶工程师的凝聚力。该学会于1927年2月9日在于北京农商部地质调查所成立,"以联络同志,研究学术,发展中国矿冶事业"为宗旨。会员资格必须具备以下三个条件中的一个:一是国内外大学采矿冶金地质专科,或矿业专门学校毕业;二是曾受中等教育,并有五年以上之采矿、冶金经验;三是经营矿冶事业,赞同本会之宗旨。③ 成立之初,拥有会员150人。张轶欧为首任会长,李晋、翁文灏任副会长。成立一年后,在南京、上海、武汉、湖南、广东、奉天等地,以及在美国、日本等国家相继筹设分会。学会出版发行《矿冶》杂志。到1928年底,会员增至262人。其中,采矿科人数最多,共94人,占总数的35.8%;采矿冶金科72人,占27.4%;冶金、地质科各22人,各占8.4%,采矿地质科6人,占2.28%,电机科和化学科各5人,土

---

① 《中国矿学会之成立会》,《申报》,1919年4月16日。
② 翁文灏:《地质学在矿业上之应用》,《矿冶》,1927年第1卷第1期,第35~42页。
③ 《中国矿冶工程学会章程》,《矿冶》,1927年第1卷第1期,第303页。

木科 4 人,另有无法辨清学科者 22 人。① 中国矿冶工程学会的成立,反映出中国矿冶工程技术人员储备已经达到一定数量,群体性意识开始觉醒,出现较普遍的身份认同感,标志着矿冶工程师群体组织化程度大大提升。

中国矿冶工程师群体的出现,标志着中国钢铁技术的本土化工作取得一定成绩。民国初年,中国矿冶工程技术人员已经初步具备独立处理相关技术问题的能力。这在汉冶萍公司的技术运营中得到集中体现。作为近代中国第一家大型钢铁联营企业,到民国初年,汉冶萍公司的大量设备实现了近代化,且负责设备管理运行的技术人员绝大多数都是中国人。辛亥革命后,汉冶萍公司重用本土技术人员,厂矿皆以坐办为主任,其中,吴健为汉阳铁厂坐办,徐振祚为大冶铁矿坐办,李寿铨为萍乡煤矿坐办。1915年,在盛宣怀建议下,"厂矿重用学生,应即以吴健为汉阳铁厂[厂]务长,以王宠佑为大冶铁矿矿务长,以黄锡赓为萍乡煤矿矿务长"。② 据统计,1918年,汉冶萍公司 90% 以上的技术人员都是中国人,主要生产部门几乎所有的技术负责人和工程师都是留学海外、术有专攻的中国留学生。③ 公司的一些重要工程项目,出现了越来越多中国技术人员的身影。如辛亥革命后,汉阳铁厂炉座受损,主持修复工程的技术人员是汉冶萍公司协理李维格;铁厂第四号高炉修建工程,吴健任总工程师,李芸孙负责"建筑部分及一切详细之工程",王正甫负责"建筑期内机器房所应做之一切工程",外国工程师列培德"担任于该炉建筑期内,留心察看该炉之工程,遇有应行更改之处,向李君商量一切"。上述三人"须不时会商一切,以期促进该炉之工程"。④

三、近代钢铁生产技术转移的不足之处

日本学者林武教授在总结日本技术转移的经验后认为,科学在本质上是普遍的,但与之不同,技术则由中间知识和技能组成,这些知识和技能在很大程度上受地理、社会、文化和历史因素的制约。只有在这些因素的共同作用下,科学原理才能成为技术。一个国家如果要通过技术转移实现技术自立,必须找到一条适合自己的道路来整合技术的五个要素:原材料和

---

① 雷丽芳、潜伟、方一兵:《近代中国矿冶工程师群体的形成(1875~1929)》,《自然科学史研究》,2018 年第 1 期。
② 北京大学历史系近代史教研室编:《盛宣怀未刊信稿》,1960 年版,第 251 页。
③ 方一兵:《汉冶萍公司与中国近代钢铁技术移植》,第 71 页。
④ 湖北省档案馆编:《汉冶萍公司档案史料选编》(上),第 498 页。

资源(包括能源)、机器设备、劳动力(工程师和熟练技术工人)、管理(技术管理和管理技术)和市场(技术和产品市场),并能培养本土工程师。现代技术必须具备所有这些要素才能正常运行。在此基础上,他提出一个国家技术发展过程中的五个阶段:获得操作技术(操作);维持新机器设备(维护);在系统或操作层面修改或调整外来技术和设备(修补和改进);设计和规划(系统的原始设计和创建);实现国内制造(技术自立)。① 按此五大要素和五个阶段,截至 1927 年,中国近代钢铁技术转移存在诸多问题,尚处于较低层次阶段。

(一)技术适应能力不足

技术适应能力是指技术在引进之后的消化、普及能力。哈佛大学学者罗斯布鲁姆认为,技术转移是指技术通过与技术起源完全不同的路径被获取、开发和利用的技术变动过程。它不是单纯的空间位移,而是在这种转移中重视技术与环境的适应性。② 更明确地讲,技术转移过程受政治、经济、社会、文化等多种因素影响和制约,技术转移成功与否,与技术接收方的环境条件、技术状况、传播渠道、技术吸收能力等因素息息相关,存在一个适应性问题。

近代中国缺乏的不仅仅是西方社会孕育发展而来的科学技术,同时也缺乏这些科学技术所赖以产生的社会条件。而这种社会条件的变革往往需要经历漫长的调适过程。如本书着重探讨了中国近代钢铁工业发展过程中思想、制度转型的问题,它们在相当长一段时期内,深刻影响着技术转移的效果。此外,人才、资金、市场、环境等,无不对技术转移产生直接影响。

西方近代钢铁技术进入中国后,一度遭遇严重的"水土不服"局面。单以运输环节为例,青溪铁厂机械设备从上海运至贵州厂区,历经千辛万苦,前后花费一年多时间。汉阳铁厂的机件运输也出现类似局面。据 1891 年 2 月汉厂文案钟天纬称:"第二批机器内有二十吨重之铁砧二具,因恐重大,船上另买起重架一具。比抵汉阳,起重架不胜其重而断,舱中大半机器皆被铁砧所压不能起出,重复退回上海,借顺泰码头起重架起出,再装夹板

---

① Takeshi Hayashi. The Japanese experience in technology. From transfer to self-reliance. Tokyo: United Nation University Press,1990,52、57.

② 傅正华、林耕、李明亮著:《我国技术转移的理论与实践》,北京:中国经济出版社,2007 年版,第 7 页。

船来,大约又需费数千金。"①

　　这种局面的出现,有决策失误方面的原因,也与技术转移过程中未能充分考量中国国情,进而忽视技术转移的适应性有关。譬如,汉阳铁厂的创建,几乎完全依赖外部技术和力量。张之洞的奏牍书函中,充斥着对外洋器物的赞美,以及对中国本土技术的不信任,并未深刻反思中国本土技术与外雇技术融合,以及外国技术在中国能否适用等问题。中国传统技术或许不代表历史前进方向,但在特定历史时期仍有开发利用的价值。汉冶萍公司在生产实践中,改造利用传统技术,并与近代钢铁技术相融合的事例并非罕见。如为降低钢的磷质含量,汉厂曾采购大冶土炉局用木炭冶炼的生铁,"配制炼钢造轨之料"。② 为缓解燃料供应问题,汉厂曾利用萍乡煤户传统的运销技术。为解决焦炭炼制问题,萍矿经对传统炼焦方法进行技术改造,土焦所占比重一直很大。当然,这是汉冶萍公司在经历无数实践挫折以后走出的新路。其他钢铁企业也有因此而一蹶不振者,譬如,龙烟铁矿公司引进的250吨高炉炼铁设备,其技术水平是否与其资金、人才、市场等因素相适应,恐怕也是值得深刻反思的问题。

　　就晚清民初的中国而言,西方钢铁技术与中国本土的经济社会环境融合适应的问题未引起广泛关注,西方钢铁技术在中国如何进行适应性改造,中国钢铁技术又该如何走出一条转型发展的新路,仍是一个未解之题。如果对此问题作进一步延伸思考,抗日战争时期国民政府在大后方发展小型钢铁厂,以及新中国成立初期钢铁工业发展"小洋群""小土群"高炉的现象,则意味着钢铁技术的适应性问题在持续拷问着中国。

　　(二)技术创新能力欠缺

　　研究技术传播的学者比较注意区分技术转移和技术移植的概念。通常认为,技术转移是指技术信息在不同的国家、地区、行业、领域以及技术系统之间输出和输入的客观历史过程。技术移植是技术转移的一种重要形式,它不是把已有的技术知识、技术设备或技术手段原封不动地照搬,而是在运用中加以改进和创新,不断获取新的技术成果。技术移植的基本特征是以技术的继承、吸收为前提,以消化、创新为目标。企业、高校、科研院所的技术中心往往是技术创新的重要阵地。

　　钢铁是近代社会不可或缺的基础性原材料。从洋务运动时起,中国就

---

① 陈旭麓、顾廷龙、汪熙主编:《汉冶萍公司》(一),第23页。
② 陈旭麓、顾廷龙、汪熙主编:《汉冶萍公司》(一),第338页。

被裹挟进工业化的时代大潮中,钢铁技术就以实体产业的形式进入中国。其间,通过多种渠道,国人对西方国家的钢铁生产技术有了一定了解,也意识到东西方之间存在的巨大差距。中国政府确立了学习、引进西方钢铁技术的目标,并在19世纪80年代中期正式着手建设中国第一家钢铁联合企业。但当时的中国,完全不具备钢铁技术的认知和消化、吸收能力,因此,工程的设计、建造、管理大量依靠外籍技术人员。张之洞等人意识到这一问题,提出和实施兴办钢铁学堂、培养本土工匠等主张,着眼于钢铁技术移植的目标诉求开始萌芽。但可惜的是,一方面,清政府在发展钢铁产业的同时,未能大刀阔斧推进科技教育改革,培养大批工程技术人员;另一方面,就在清政府决定大力引进国外钢铁技术,并希望借助钢铁产业,推动关联产业发展的时刻,甲午战争不期而至。战争的失败及此后一连串的挫败使中国政府丧失主导国家工业化的能力。中国大规模、有计划的技术移植成为不可能实现的目标。1927年前,中国虽先后出现十余所高校设立矿冶专业,但全部为本科教育层次。在留学生中,虽部分人取得采矿冶金学硕士、博士学位,但中国开展技术创新的物质条件几乎没有。直到1928年,国立中央研究院成立,下设工学研究所钢铁试验厂,我国才有专门从事钢铁冶金工程研究的机构。

  1927年前,除了中国东北地区的钢铁企业借助日本的技术力量可以进行技术创新,国内其他的钢铁企业基本上缺乏这种能力。汉冶萍公司经过数十年的发展,虽然培养、锻炼了一批冶金工程师,但就其技术力量而言,在钢铁冶金全领域,公司并不完全具备技术创新的能力。历史上,技术上的短板是导致公司经营失败的重要因素。汉阳铁厂早期为找寻钢铁产品质量低劣的原因,需要李维格携带相关矿石和产品,不远万里,借助英美技术人员和实验室,才找到症结所在。1919年,为解决煤炭储备不足的问题,汉冶萍组织技术人员勘探江西鄱乐煤矿(位于江西鄱阳、乐平),并投入200多万元开发该煤矿。① 但该矿井此后多次勘探显示,煤层薄,矿量少,且"固定炭素甚少,不宜炼焦"。② 相比之下,日本在20世纪初初步实现钢铁技术自立,这反映在矿产资源勘探、贫矿处理、焦炭炼制、特种钢铁冶炼等诸多领域。这为日本帝国主义经营中国东北钢铁企业提供了强大的技术支撑。

---

  ① 湖北省档案馆编:《汉冶萍公司档案史料选编》(下),第572~573页。
  ② 刘眉芝:《鄱乐煤矿调查报告》,《矿业周报》,1929年第1~24合期,第51页。

如果严格区分技术转移和技术移植的概念,可以说,清末民初,中国虽有近代钢铁技术转移的事实,却几乎没有技术移植的效果。

(三)政府在技术转移中角色缺位

政府角色缺位是指政府没有切实、有效地履行应当履行的核心职能。在后发工业化国家中,钢铁技术转移和钢铁工业发展必须得到政府的大力支持,政府角色定位至关重要。政府在技术支撑体系的建构过程中应当充当组织者、领导者角色,发挥核心作用。政府必须根据自身情况,以辩证思维作指导,系统全面地谋划技术转移的各个因素,确立合适的技术引进政策,深入介入和大力扶持钢铁技术转移活动,为技术转移营造良好的内生环境。

钢铁冶金工程是异常复杂的技术综合体,其基本特点是系统性、复杂性、集成性和组织性。任何个人或者少数群体仅凭自己的求知欲望和解谜热情无法完成认识技术体系的任务。钢铁冶金工程技术既不是单纯的"科学的应用",也不应是相关技术的简单堆砌和剪贴拼凑。优秀的钢铁冶金工程追求的是,在对所采用各类技术的选择和集成,以及对各类资源的组织协调过程中,追求集成性优化,构成优化的工程系统。冶金工程创新的重要标志体现为集成创新。这往往体现在两个层次上:首先,在技术要素方面,冶金工程创新活动需要对多个学科、多种技术在更大的时空尺度上进行选择、组织和集成优化。也就是说,冶金工程不可能只依靠单一技术。缺乏与之相配合的相关技术的协同支撑,就不能达到预期的工程效果。其次,在工程创新活动中,要将技术要素和经济、社会、管理等要素进行在一定边界条件下的优化集成,换句话说,必须在工程总体尺度上对技术、市场、产业、经济、环境、社会以及相应的管理进行综合的集成和优化。[①] 因此,在钢铁技术转移中,集体协作(甚至由国家组织实行)就成为一种必需,成为决定钢铁技术传播效率的重要条件。通过集体协作,可以整合单个的智力和知识资源,形成合力,共同完成复杂地科技传播活动。近代中国,社会组织发育不良,只有政府才能调动、整合必要的资源。

近代西方钢铁技术的发展,固然与众多发明人的不懈探索息息相关。但是,一项新技术出现后,如何应用推广,转化为现实的生产力,考验政府主导技术交流、技术培训的能力。19世纪中期以前,西方国家的技术很大

---

① 黄志坚编著:《钢铁冶金创新思维》,北京:冶金工业出版社,2009年版,第9页。

程度上还源于经验的积累,多数情况下,一对一的培训是最常见、有效的技术交流方法。但此后,随着近代工程技术教育体系的建立与完善,技术的发展和推广应用具有了恒久而强大的动力。政府在其中作出主要贡献,它承担了技术引进的必要开支、技术培训的必要场所和设备,组织了技术移植的活动计划,以及必要的建议与协助。如法国和德国在19世纪就建立了由高等院校、中级培训学校和形形色色的地方课堂所组成的职业教育体系。非教学性的研究院、博物馆和展览会对于技术模仿和技术传播也具有重要意义。

　　晚清民初,中国钢铁技术转移经历了从早期的无意识行为到企业的经济行为等这样一个转变过程,但自始至终未能成为在政府的统筹领导下、不同行业、企业、学校、研究机构共同参与的国家经济行为。围绕钢铁技术的引进、消化、创新、推广和标准制定等方面,中国政府始终未能扮演合格的策划者、组织者、领导者的角色。它没有制定一个系统的、可行的技术移植方案,也没有从技术、经济、社会等多角度全面思考钢铁技术转移问题。绝大部分技术转移活动是地方政府、企业甚至个人的行为,而非国家整体意志的体现。这显然与钢铁冶金工程组织运营规律相违背,难以取得良好效果。

　　即便是针对纯粹的技术引进活动,晚清民初中国政府的表现依然是不自觉的。洋务运动兴起后,中国政府已然意识到人才匮乏严重困扰近代工矿建设事业的发展,但并未建立起一套符合近代科技人才成长规律的体制机制。在社会层面,技术转移遭遇严重的文化偏见,"制造乃工匠之事,儒者不屑为之"。[①] 从选送幼童赴美留学,到清末向海外派遣留学生,清政府在工程科技人才的培养过程中缺乏科学的认识和有效的章法,时常表现出急功近利的倾向与心态。1878年,针对李鸿章派人赴欧学习军事、矿务、法律、语言之举,驻英公使郭嵩焘曾评论:"观其勤勤之意,是为能留意富强者;而要之皆末也,无当于本计。求才于遣派出洋官学生三四十人,遽欲以应缓急之需。语云:'欲速则不达。'伯相之言,未免近于欲速者矣。"[②]发展钢铁工业,需要数以万计的技术人才队伍,以及源源不断的新鲜血液。通过留学方式,实现技术移植,受众者人数相对有限。清政府未从根本上革除传统教育模式,未能把教育改革置于核心议事日程中,忽视基础科学知

---

① 郑振铎编:《中华传世文选·晚清文选》,长春:吉林人民出版社,1998年版,第529页。
② 郭嵩焘:《伦敦与巴黎日记》,长沙:岳麓书社,1984年版,第512页。

识的培养,只关注实用技术知识的学习,自然是舍本逐末之举。这使得外国传教士、军事及工矿企业、中国民间文化组织长期扮演科技知识传播者的重要角色。直到清末新政改革,旧式的科举选材制度退出历史舞台,新式学校教育制度才在摸索中起步。但自此以后,中国政局混乱、社会动荡,中国政府更无法肩负起技术转移的组织、协调、领导责任。

(四)技术支撑体系处于自发演进状态

技术支撑体系是指完成技术引进、技术消化、技术研发、技术创新,以及技术维持、推广和再创新全过程所需的一系列技术指导、技术支持、技术保障、技术服务、技术培训等要素的总称。钢铁技术支撑体系既是钢铁技术持续进步的基础,也是钢铁产业稳步发展的关键。它是一个十分复杂的技术系统,需要调动和整合政府、企业、学校、科研机构、学术社团、培训机构等各种资源,共同构建完成。

近代西方钢铁技术的发展是建立在科学与实验的基础之上的。就目前而言,精准定义"科学"与"技术"的差别,仍是一项极具挑战性的工作。特别是在现代社会,随着科学与技术的关系日趋密切,明确其界限是一件十分困难的事情。尽管如此,科学与技术不同的本质特征却不难发现。科学活动属于人类认识活动,旨在探索自然奥秘,揭示客观规律,了解周围环境,其活动成果是"发现",即对事物及其特性、规律的首次认识,主要回答"是什么"和"为什么"的问题。技术活动与人类的生产性、实践性、操作性活动相联系,旨在开发与利用自然,改良与改造社会,其活动结果是"发明",追求对事物性质和规律的利用,主要回答"做什么"和"怎么做"的问题。[①] 在人类历史长河中,技术曾长期走在科学前面。但19世纪以来,科学与技术的发展逐渐合流,且逐步呈现出科学带动、引领技术革新的态势。科学与技术确立了互相促进的新型合作关系:技术的实现依赖于新技术原理的提出,而新技术原理仰赖于科学对客观规律的揭示;技术进步反过来又给科学研究提出新方向、新需求和新条件。

重视技术而轻视科学的局面与近代中国内忧外患不断,中国政府急于改变羸弱落后局面的心态有关。但是,近代技术的发展有其自身规律,若一味舍本逐末,逐影忘形,结果必无所成。因乎此,早在洋务运动时期,郭嵩焘批评李鸿章订购洋枪洋炮之举,"徒能考求洋人末务而忘其本"。[②] 鸦

---

① 翟杰全著:《让科技跨越时空:科技传播与科技传播学》,第199~203页。
② 郭嵩焘:《伦敦与巴黎日记》,长沙:岳麓书社,1984年版,第751页。

片战争以后,中国社会普遍感受到的是西方"坚船利炮"为代表的技艺所带来的压力,最初所极力学习、引进的往往是西方的技术。虽然也有重视学习基础科学理论的微弱呼声,①但在相当长时间内,终究未能成为主流声音。直到1915年新文化运动兴起,"科学"被当成救治中国的良方,才由陈独秀等人正式请入中国。在本书讨论的时间段内,科学对中国社会的影响实际上十分有限,遑论堪称近代技术综合体的钢铁工业。

1927年前,中国钢铁技术支撑体系的建构尚处于无意识的自发演进状态。虽然通过国内学校教育、海外留学和企业生产实践锻炼,出现了一批专门的技术人才。然就总量而言,人才储备的数量很少;就质量而言,绝大多数不具备技术的消化、吸收和实践创新能力;部分高校虽开设采矿冶金专业,但全系本科教育层次,均无技术创新的能力。虽然以汉冶萍公司为代表的钢铁企业具有一定的技术实力,但除日资控制的鞍山制铁所外,是均无技术研发部门,他们只是一个经济实体,很难肩负起支撑技术进步的重任。中国矿冶工程师学会在1927年草创时,人数不过100多人,并非纯粹意义上的钢铁冶金学术组织。历史上,该学会对矿业的关注度远远高于钢铁冶金。本章第一节曾分析中国传统钢铁生产技术发展滞后的原因,其中包括技术发展路径存在明显不足,即科学理论、科学实验、技术三者互相割裂,彼此不能形成互相促进的循环加速机制。这一不足在晚清民初没有明显改观。

(五)技术转移缺乏足够的经济动力

作为生物界普遍出现的现象,共生是生物间存在的一种十分重要的相互联系。20世纪50年代以来,共生概念在社会科学研究领域被广泛应用,用于强调社会生产体系各因素之间的相互关系。钢铁技术转移和产业演化也存在共生现象。一般而言,钢铁产业的生产中心就是技术创新的中心。技术进步是钢铁产业发展的根本推动力。没有技术作支撑,产业难以发展壮大。反过来,没有产业作基础,技术进步也丧失了物质凭借。技术若无产业作依托,那只能成为一种空谈而无实际意义。正如习近平总书记所言:"科学技术必须同社会发展相结合,学得再多,束之高阁,只是一种猎

---

① 如早在1867年,京师同文馆设天文、算学馆,于正途出身人员中考试录取学生,并延聘西人教习,激起轩然大波,引发守旧官员群起反对。恭亲王奕䜣曾因此事谈及对科学与技术关系的朴素认识:"西人制器之法,无不由度数而生,今中国议欲讲求制造轮船、机器诸法,苟不藉西士为先导,俾讲明机巧之原,制作之本,窃恐师心自用,徒费钱粮,无裨于实际。"(黎难秋主编:《中国科学翻译史料》,合肥:中国科学技术大学出版社,1996年版,第39页。)

奇，只是一种雅兴，甚至当作奇技淫巧，那就不可能对现实社会产生作用。"①

推动近代中国钢铁技术转移的首要动力是国家安全需要，而非经济利益。虽然钢铁工业也蕴藏巨大经济价值，但是，过高的准入门槛让一般投资者望而却步。非常时期，譬如"一战"期间，铁价暴涨，钢铁业能吸引投资者以极高的成本代价踏足该行业，且能获利。但在平常时期，投资钢铁业，在现有的技术条件之下，面对国外钢铁厂商的产品倾销，无不连年亏累，难以为继。所以到20世纪20年代，民族钢铁企业一片哀鸿，相继歇业。

1927年前，中国民族钢铁产业总体发展落后，所谓的技术转移和技术创新丧失物质载体，导致技术转移缺乏强有力的经济推动力。因钢铁业发展不景气，严重影响冶金技术人才的培养，导致许多学习矿冶技术者改学、改投他业。譬如，湖南攸县人胡庶华，青年时代即认定"矿冶为富强之本，极愿从事于此，走上钢铁救国之路"，在欧洲各国学习钢铁冶金工程，获得德国钢铁冶金工程师学位，但回国后，才华无从施展，长期于教育界任职，以教育家身份名垂于世。江苏常州人夏孙鹏，1899年南洋公学肄业，1904年赴萍乡，随外国矿师实习勘验铁矿。后留学英国学习驾驶，后曾任吴淞商船专科学校校长、交通部技正等职。1919年，北洋大学尝将采矿冶金学门分为采矿、冶金两个学门。然而，分设以来，投考冶金学门者寥寥无几。1925年，冶金学门预科志愿升入该学门者仅1人。暑期招考正科新生，冶金学门原计划录取15人，竟无一人投考。为避免一人特设一班的现象，校方不得不将冶金学门仍并入采矿学门，称采矿冶金学。②

中国要推动钢铁技术转移，必须切实增强技术转移的经济动力，树立技术与产业共生发展的理念，实现技术与产业协同配合，互促共进的局面。如此，方能持续快速推动技术转移进程。

---

① 习近平在中国科学院第十七次院士大会、中国工程院第十二次院士大会上讲话(2014年6月9日)，http://www.wenming.cn/specials/zxdj/xjp/xjpjh/201406/t20140610_1994409.shtml

② 北洋大学—天津大学校史编辑室编：《北洋大学—天津大学校史资料选编》(1)，天津：天津大学出版社，1991年版，第78~79页。

第五章　钢铁产业发展的兴衰

　　一般而言，钢铁产业的发展主要表现为产能规模扩张、产品质量提升和产品种类增加。1927年前，中国钢铁产业的发展比较多地表现为规模扩张，处于产业发展的初始阶段。中国钢铁产业于洋务运动之初即开始萌芽，最先是作为军工企业的附属产业。从最初使用少数钢铁生产加工设备，到设立具备轧钢、炼钢能力的军工分厂，再到创建独立的钢铁联合企业，中国钢铁产业历经30多年的探索阶段。汉阳铁厂的建成投产标志着中国钢铁产业全面起步。甲午战争的失败使清政府面临严重的财政危机，中国官方力量丧失钢铁产业主导者的角色，民间资本开始介入。有清一代，依靠盛宣怀"亦官亦商"的身份，官商尚能合力，共谋产业发展。以盛宣怀为代表的钢铁企业管理者克服重重困难，推动汉冶萍厂矿进行大规模改良、扩张，开创了一个充满生机活力的"汉冶萍时代"。民国成立后，中央与地方、国外与国内的各种力量纠葛不休，在钢铁资源开发可带来丰厚的利润回报时，官商之间的对立冲突日趋激烈。民初中国钢铁产业较快发展，特别是铁矿石原料和生铁产能大幅扩张，呈现出一派兴旺气象，但其背后是日本对华钢铁资源的大肆攫夺。面对日本势力的强势扩张，中国政府对钢铁产业基本失去控制能力。到20世纪20年代，在动荡的时局中，中国民族钢铁产业陷入全面衰败状态。

第一节　洋务运动时期的酝酿探索

　　对于洋务运动时期的国人而言，近代钢铁产业完全是新生事物。当时的中国缺少相关技术准备，缺乏相关建设经验，思想认识、组织制度尚未发育成熟。这导致中国钢铁产业经历漫长的探索历程。

一、军工企业对钢铁生产加工活动的尝试

　　洋务运动兴起后，清政府创办一批军工企业，常涉及钢铁材料加工。许多企业建立钢铁生产加工车间，并添置了相关机器设备。严格来讲，这

些厂房和机器设备并不能称为钢铁产业，因为它们仅具有来料加工性质，没有钢铁冶炼能力，且钢铁制品不是其终端产品。但伴随这些企业的建立，中国已出现用机器生产方式生产加工钢铁的能力，有一定的历史意义。

(一) 福州船政局锤铁厂和拉铁厂

国人从"天朝上国"迷蒙中惊醒，缘于西方新式舰船和大炮的打击，清政府对西洋的"船坚炮利"感触尤深。接受多次战争教训，清政府逐渐认识到，中国必须拥有自己的新式军舰，方能拱卫海疆，确保太平。1863年，经过"阿思本"事件，清政府意识到通过购买舰队方式不能达到一劳永逸效果，遂产生自造舰船的想法。左宗棠认为："欲防海之害而收其利，非整理水师不可；欲整理水师，非设局建造轮船不可。泰西巧而中国不必安于拙也，泰西有而中国不能傲以无也。"①太平天国战争结束后不久，时任闽浙总督的左宗棠马不停蹄地筹备大型造船厂。1866年6月25日，他上奏清廷，请设造船厂，7月14日，设厂请求被批准。次月，福建马尾被选定为厂址。这就是著名的福州船政局(简称"闽局")。

恩格斯指出，"现代的军舰不仅是现代大工业的产物，同时还是现代大工业的样板，是浮在水上的工厂"，它的制造"借助于经济力量，即冶金术的高度发展，对熟练技术人员和丰富的煤矿的支配"。②当时的中国，蒸汽机才刚刚在古老的中华大地轰鸣，中国近代工业才刚刚冒出一点嫩芽。闽局是在缺乏基础工业支撑的情况下开始建设的，诞生于工业经济的荒漠中。为解决造船所必需的原料、燃料等问题，闽局不得不通过加强自身建设弥补此缺陷。

1. 福州船政局所属锤铁厂和拉铁厂的创办

福州船政局最初规定的生产任务是：一是为中国制造作战和运输的船舶；二是训练制造和驾驶近代兵商轮船的人员；三是利用福建的资源，开采煤、铁，供应船政局需要。③ 关于炼铁事务，左宗棠草创闽局伊始，就明确提出要讲求炼铁之法，闽局后来也有过开采福建铁矿的打算，但由于种种原因，一直未能成功。虽然炼铁事业没有突破性进展，但现代造船厂需要

---

① 福建船政总局编：《船政奏议汇编》卷1，光绪十四年雕本，第2页。
② 中共中央马克思恩格斯列宁斯大林著作编译局编译：《马克思恩格斯文集》第9卷，北京：人民出版社，2009年版，第180~181页。
③ 林庆元：《福建船政局史稿》(增订本)，福州：福建人民出版社，1999年版，第85页。

根据不同型号加工大量钢铁,这是必不可少的生产环节。① 正如闽局提调夏献纶所言:"厂中所用铁条、铁片皆须购自外洋,如能拉铁,则厂中可以自制,为一劳永逸计也。"② 为此,船政局建立了锤铁厂(锻造车间)和拉铁厂(轧材车间),使用蒸汽动力,采用机器进行钢铁压延加工。

两厂于1871年完工,建造费用合计17.6万两。③ 占地面积4190平方米,锻造机器包括:单锻压为7000公斤的汽锤1个,双锻压为6000公斤的法尔簧式汽锤1个,单锻压为2000公斤的汽锤1个,以及1个单锻压为1000公斤和2个300公斤的汽锤;有16个用于重件的锻铁炉和6个再热炉。轧材机器主要为4台轧机,其中1台轧制板材,1台轧制重型铁件和角铁,1台轧制小型铁件,1台轧制铜件。4部轧机均由1台100马力的蒸汽机带动,轧制的铁管厚度在15毫米以下,圆管和方管的直径从6毫米到120毫米不等。拉铁厂的生产能力为最多可年产3000吨轧材。④ 这是建厂之初的设备情况,随着时代发展,对所造船只的要求也不断上升,船政局亦不断扩充设备,以适应制造更现代的船舰。特别是到1880年代中期,船政局开始设计制造钢甲舰,配套的机器设备也相应增添,在轧钢机器方面,包括有刨钢机一副(2200两)、碾钢机一副(2100两)、拗铁平床一座(3600两)、开钢铁圆孔手机一副(100两)、8马力铁水缸一副(1700两)、拉铁碾轮3台(900两)等。⑤ 由于磨损折旧,陆续有废弃与添加的设备。

闽局下属锤铁厂和拉铁厂类似于今天钢铁加工企业。这种企业以钢铁加工为主,没有其他钢铁生产工序。另外,它们为闽局下属分厂,并非独立的生产单位,其地位类似于现代企业的生产车间。在闽局,中国诞生了第一批操作机器的钢铁技术人员。据日意格记载,这些工人最初为闽浙地区的铁匠,经过培训,大致能看懂图纸。1873年6月,中国工匠开始独立制造2台150马力蒸汽机的锻件,"难度最大的两根曲轴都造得很成功"。⑥

除供应造船及工程需用的钢铁料件外,闽局所属锤铁厂和拉铁厂有时

---

① 对于这一时期造船过程中的金属加工环节,可参见[英]C.辛格《技术史》第五卷(上)第16章第5节"铁船中的金属加工"(陈凡译,东北工学院出版社,1993年版,第458~462页)。
② 福建船政总局编:《船政奏议汇编》卷7,第11页。
③ 福建船政总局编:《船政奏议汇编》卷11,第10页。
④ 林庆元:《福建船政局史稿》(增订本),第88页。
⑤ (清)福建船政总局编:《船政奏议汇编》,卷36,页23。
⑥ 林庆元:《福建船政局史稿》(增订本),第94页。

也承担社会上钢铁料件的轧制任务。如1881年底,船政局因快船铁料尚未购足,生产较闲,拉铁厂却为督造台湾铁桥之铁笼,"日夕赶工,几无暇晷",其铁料由岑春宣从香港购进。① 这种情况仅限于船政局工期较闲时,总体上看,拉铁厂主要还是满足船政局内部生产需求。

2. 福州船政局对钢铁冶炼事业的诉求及失败

闽局虽可轧制钢材,但并不具备钢铁冶炼能力。造船需要大量钢铁,或进口,或自产。闽局所用钢铁主要依赖进口,但一直未放弃自产计划。从左宗棠到甲午战争后的裕禄,多任船政大臣都提出自炼钢铁的想法,但均未能付诸实践。闽局对钢铁冶炼事业的追求,是晚清中国探索钢铁工业建设的重要组成部分。其实践结果回答了这样一个问题:在一个钢铁材料不可缺少的企业里面,在主管官员的极力提倡下,为什么始终无法实现钢铁材料的自我供应?

闽局创办伊始,左宗棠就十分留意造船厂的原料来源问题。1866年12月,左宗棠在《详议创设船政章程折》里确立十条政事,其中包括"宜讲求采铁之法":"轮机水缸需铁甚多,据日意格云,中国所产之铁与外国同,但开矿之时,熔炼不得法,故不合用。现拟于所雇师匠中择一兼明采铁之人,就煤铁兼产之处开炉提炼,庶几省费适用。此事须临时斟酌办理。"② 但因当时闽局厂基初肇,尚无暇分散精力从事开矿炼铁工作。另外,在1870年代中期以前,闽局主要制造木壳兵轮、商船,消耗钢铁相对较少,缺乏足够的需求动力。

1870年代以后,世界钢铁工业的快速发展推动钢铁材料大量运用于轮船制造,闽局对钢铁总量及质量的需求日益提高。1875年12月,闽局兴建铁胁厂,次年7月完工,开始制造铁胁木壳轮船。③ 1877年,法国建成世界上第一艘钢船。这种用钢作为装甲及主要部件的舰船就是李鸿章等人梦寐以求的"铁甲舰"。它很快影响到中国政府购买及建造舰船的决策。1881年,清政府在德国伏耳铿造船厂订造"定远""镇远"铁甲舰,1883年相继竣工,两舰船大量使用钢铁材料。其中,定远舰水线下采用全钢甲,镇远舰则因钢料价格上涨改为熟铁装甲。对当时英、德等国建造的新式快舰,李鸿章曾描述道:"皆用二三寸厚铁甲,名曰穹面钢甲快船……其机舱等钢

---

① 《赶造铁笼》,《申报》1881年12月4日,第2版。
② 福建船政总局编:《船政奏议汇编》卷1,第7~8页。
③ 林庆元:《福建船政局史稿》(增订本),第166~167页。

面约厚三寸半,炮台周围则有厚十寸之钢甲面,足可与铁舰相辅而行,实为海上战巡利器。"① 这些新式军舰大量采用钢铁材料,性能大大优于旧式兵舰,代表着舰船制造的发展方向。

为在短期内获得这种钢甲快船,李鸿章主张通过购买的方式。但左宗棠等人不甘于长久依赖于国外购买,主张自己仿造。1885年,裴荫森接替张佩纶出任船政大臣。鉴于马尾海战的教训,他借用沈葆桢的话:"有铁甲而兵轮乃得用其长,无铁甲而兵轮恐致失所恃。"他指出马江之败,"要皆无铁甲而兵轮所失恃之明证"。为惩前毖后,他主张,"整顿海军,必须造办铁甲,时势所趋,无庸再决",拟请添款仿造法国新式双机钢甲舰3艘。② 该请求得到清中枢的支持,准予拨款兴办。但李鸿章对造舰计划不屑一顾,坚持购舰主张。其反对理由大致为,自造舰船各方面的性能不如购买之舰,"不合海面交锋之用";自己建造,开采铁矿,仿铸大炮,需要巨款,"似难遽有把握"。③ 在李鸿章的反对下,清廷决定试造一艘,以观后效。1885年11月8日,清廷谕旨:"前据左宗棠等奏,中法议约已成,恳由船政试造钢甲兵船一折。据称法国现在创造双机钢甲兵船,虽较铁甲稍逊,而驾驶较易,费用较减,每船估需工料银四十六万两。闽省拟请试造三数号等语。现当创办海军之际,洋面兵船自应次第筹备,以资操练,著裴荫森即将新式双机钢甲兵船先行试造一号,如果试验合用,将来再行奏明,陆续添造。"④ 该钢甲舰即历史上的平远舰。该舰以"钢槽为胁,钢板为壳,外护以钢甲。船身、船桅并配件以及锅炉机器,纯以钢为之,其钢料皆选外洋所产最上等者,派员定购,运厂运用"。⑤ 这是近代中国建造的第一艘钢甲战舰,排水量2100吨,后编入北洋舰队。此后,福州船政局又陆续制造排水量为850~1030吨钢质鱼雷舰、练习舰数艘。⑥ 较以前的木壳船,钢船的钢铁消耗量剧增,自然会增加钢铁原料供应压力。

闽局建造铁胁船以及试造钢甲船,需要消耗大量钢铁材料。开矿炼铁受到管理层的重视。1875年11月5日,船政大臣丁日昌鉴于造船厂的煤铁供应大部分依靠国外的现实,极力主张开炼煤铁,"尤须在中国距水相近

---

① 顾廷龙、戴逸主编:《李鸿章全集》奏议十,第158页。
② 福建船政总局编:《船政奏议汇编》卷27,第7~10页。
③ 顾廷龙、戴逸主编:《李鸿章全集》信函五,第519页。
④ 中国第一历史档案馆:《清实录》(第54册),北京:中华书局,1987年版,第1046~1047页。
⑤ 张侠、杨志本、罗澍伟等合编:《清末海军史料》(上),第115页。
⑥ 王志毅:《中国近代造船史》,北京:海洋出版社,1986年版,第110页。

之处,自开煤铁,先学炼铁、炼钢之法,方能取不尽而用不竭。自用有余,即以发卖,每年总可盈余二三百万金。否则彼一闭关绝市,无煤则轮船寸步难移,虽有多船,将安用之?无铁则有炮无子,何以击敌?虽有多炮,将安用之?是制造之于煤铁,犹水母之目虾,不可须臾离者。今不急图开炼煤铁,而但图制造,是灯无膏而求其明,木无根而求其茂也"。① 他将自开煤铁的重要性上升到决定经济根本的高度。此议上后,在李鸿章等人的支持下,清政府有在台湾、湖北和直隶试办新式煤铁矿之举。

1884年,船政大臣何如璋提出整顿船政局方法,再次强调要"开办铁矿",拟重点开发福州穆源铁矿,以求"钢铁取诸域中,漏卮可塞"。据陈述,该矿前经船政大臣黎兆棠遣西洋矿师勘验,"苗砂甚旺",因销路不广,举办维艰。何如璋认为,若"由闽厂划拨官本,招商开采,所出矿砂悉以西法提炼,先尽闽厂购用,次及南北洋机器各局,从此资给不竭,又可设局制炮,供各省海陆军炮台之用,庶财源不致外溢,军实亦可日精,此铁矿之应筹开办者也"。② 据此可知,前任船政大臣黎兆棠也曾提出过炼铁计划,但因市场有限而作罢。但何氏此议同样未见实际效果。

中法战争中,福建海军遭受重创。1885年战争结束后,时任署理船政大臣福建按察使裴荫森建议拨款添造钢甲战舰,加强海防,钢材成为造舰的重要原料。他警告说:"欧洲大局已成连横之势,中国若再拘于成见,情形岌岌可危。除制炮、造船、教将、练兵别无自强之道。然不开矿炼铁,购机造炉,事事购自外洋,财源溢出,军火之费较之洋药,漏卮尤为繁巨。"③ 但除购买一些钻探设备,派矿务学生探觅矿苗等准备活动外,未见更进一步的行动。④

甲午战争后,地方矿产资源开发活动得到中央的积极提倡扶植。闽局也百弊纠缠,急需整顿。1896年春,船政大臣边宝泉考察船政情形后指出:"厂中制船一切需用料件,均系购诸外洋。纹银易镑,经手分肥,运脚包险,费用浮滥,名为造船,实与买船无异。查船工以煤铁为先,闽省矿务现已遵旨委查,一经兴办,当可就地取资。至于炼钢熔铁大小机器,必须潜心考究,依法仿造,自成机杼,不常仰给于人,则权自我操,而财不外溢矣。"⑤

---

① 台北"中央研究院"近代史研究所编:《海防档》乙,福州船厂(下),第626~627页。
② 福建船政总局编:《船政奏议汇编》卷24,第3~4页。
③ 福建船政总局编:《船政奏议汇编》卷27,第10页。
④ 福建船政总局编:《船政奏议汇编》卷33,第24页。
⑤ 福建船政总局编:《船政奏议汇编》卷46,第10页。

总理衙门议奏:"查一船价值,料居七,工居三。各料之中,如煤铁土木之类为生料,有产自中国者,有不产自中国者。如钢甲、铁甲、帆缆之类为熟料,有中国现能自制者,有必待雇匠、添机、拓厂而后能自制者,应由船政大臣督同洋员学生,随时考究奏明办理。至煤铁各矿,虽经该督委查,将来兴办能否速效应用,尚无把握,应请饬下该督,不准猾吏蠹役土豪劣绅阻挠扰乱,以期刻日课功。"①7月28日,裕禄接替边宝泉出任船政大臣,在任命上谕中,中枢强调必须"从速兴办"煤铁业:"内地煤铁各矿业经该督委员查勘,即著从速兴办,不准猾吏劣绅等阻挠,以收实效。"②闽局开采煤铁事宜作为整理船政的重要举措,已受到中央重视。

  裕禄为整顿船政,着手推进炼铁厂计划。他聘请5名法国工程技术人员,内含1名制炼钢铁矿务监工,计划趁港口水浅工务较闲时"推求制铁之法,帮同创设锤铁钢厂",以供船政要需。③ 在聘任合同中规定:"推究制铁之法,若欲再求制钢之益,并可开采福建铁矿,创设锤铁钢厂,以供船政之用。"④对中枢,裕禄奏报:"开矿务以期物料有资。"船厂以制造钢甲船为目标,制船物料现以钢铁为大宗,"福建船厂所用煤铁,向皆购自远方,费重运迟,功用迥难与比。近年木质轮船已成旧式,防海不适于用,若制新船,必须专意于钢铁快舰。一经推广制造,则需用钢铁更多,购运之费益巨。若不亟筹变通,即匠徒讲求新式学习有成,而物料犹待外求,漏卮莫塞,则仍治标而未及本,与从前之未能扩充者无异。是开采煤铁,实为船工之本原,而制铁炼钢尤为整顿之要务"。⑤ 他选定福建侯官县属之穆源铁矿作为厂址,据估算成本至少需数十万两。1897年初,法国技术人员抵达船政局。针对闽局冶炼钢铁的想法,洋监督杜业尔指出,"开办此项钢铁厂,必须煤铁所产应手,尤须销路畅旺,方有成效可观。按现在厂中所用机器,只能制造小号、中号之船,需用钢铁犹不甚多,若购机提炼,其一年出数,必远浮于所需,如但就本厂所需炼用,必致或作或辍,不特空费重本,抑且多有靡费,转不若采购制造较为合算"。⑥ 单炼铁机器就需银约25万两,尚不含采矿

---

① 《总理衙门议复福建船政局折》,《时务报》第19册(光绪二十三年二月初一日),第7页。
② 福建船政总局编:《船政奏议汇编》卷46,第28页。
③ 福建船政总局编:《船政奏议汇编》卷47,第10页。
④ 《福州船政局订请法国造船监督合同》,《时务报》第21册(光绪二十三年二月二十一日),第4页。
⑤ 福建船政总局编:《船政奏议汇编》卷47,第21~23页。
⑥ 福建船政总局编:《船政奏议汇编》卷48,第27页。

机器及安装等费用。而船政局全年经费为闽海关供给的税银60万两，且常欠解，铁厂建设费用远超出闽局所能负担的范围。船政局至此放弃了钢铁厂建设计划。

胪陈上述史实，不难发现，闽局炼铁计划几乎是历任船政大臣的共识，其目的是减轻对国外原料的依赖和减少财源外溢。但钢铁冶炼计划面临诸多困难，资金不足是首要难题，原料、燃料能否足额供应有待深入论证，企业自身的钢铁需求不能提供足够的市场张力。凡此种种，皆使闽局的炼铁计划难以实现。

既然不能自炼，船政局钢铁来源主要依赖进口："制船以钢铁为大宗，闽厂所用，除购洋产外，兼资古田。第古田之铁取炼未能如法，价本较昂。"①这种来料方式不时影响到船政局的生产。如1881年，闽局拟造2400马力快船，"绘图三年，办料一载"，迟迟不见开工，缘于造船用之铁龙骨仅运到原计划的十分之一。②1882年春，"铁胁、铁板已来，故铁胁厂之工程甫急"，③不料，"各铁件虽陆续由外洋运来，但先用者后至，后用者先至，颠倒错乱，并无次序可循，故至今仍未钉完铁胁。续因正月开工后，其剪铁胁之剪刀忽于剪铁槽时折断，当于二月初饬交铸铁厂照样制造，刻下尚未制毕。故虽有铁槽、铁胁，不能剪胁，虽有巧工妙□不能装钉，惟有坐待剪刀完善方可以奏制造之功"。以至于《申报》批评道："似此因循，从绘图到成船，非五年不能了事，这与外国代造铁甲船，十一月即完工下水，速度相较，有着天壤之别。"④这是在基础原料工业落后的情况下发展制造业所无法回避的难题。

闽局虽屡次兴议开办炼铁厂，但最后都沦为具文。这固然有许多客观原因，但根本原因在于晚清政府专注于钢铁下游产业的建设，不能破除万难，加强基础工业建设，从而形成系统全面的工业化发展方案。其结果是整个造船企业缺乏稳固的发展基础和前进动力。

(二)江南制造局炼钢厂

江南制造局(简称"沪局")是曾国藩、李鸿章主持建设的军工企业，兼及造船事业。该局于1865年经曾国藩倡导，由容闳赴美国购办部分机器

---

① 福建船政总局编：《船政奏议汇编》卷24，第3页。
② 《船局近闻》，《申报》1881年11月12日，第2版。
③ 《船局琐闻》，《申报》1882年3月25日，第2版。
④ 《制造延迟》，《申报》1882年4月20日，第2版。

在上海虹口开办,次年夏移入城南高昌庙。最初,先后分设机器厂(1867年)、木工厂(1867年)、铸铜铁厂(1867年)、熟铁厂(1867年)、轮船厂(1867年)、锅炉厂(1867年)、枪厂(1867年)、炮厂(1869年)、火药厂(1874年)、枪子厂(1875年)、炮弹厂(1879年)等。

铸铜铁厂建成时,具备翻砂、造模、熔铸铜铁的能力,主要设备包括:磨砂机器1部、熔铜炉2座、熔铁冲天炉3座、地风箱2具、地窨铁桶3个、起重架大小4具、盛铁汁滚炭铁桶15个、翻砂模箱107个。熟铁厂具备生产各厂、船应用熟铁器具的能力,主要设备有:20匹马力汽炉1座、30匹马力汽炉1座、进炉水抽2具、大小汽锤3具、起重架5具。①

在很长一段时间里,沪局所用精钢完全从国外购买。1878年8月,盛宣怀请求沪局与湖北开采煤铁总局合办炼铁厂。沪局会办李兴锐、郑藻如婉言谢绝,指出,"以各省官厂而论,岁需生铁当在五千吨上下",钢铁的炼制过程工序复杂,控制严格,而且铁矿、煤矿必须相距不远,既省运费,又省去产品运售之苦。同时,外国铁价十分便宜,炼铁的利润很低,他们认为,要建造熔铁厂,首先"宜问铁苗之旺与不旺,矿质之佳与不佳,取煤之近不近",沪局"款项支绌",兼由"相距产铁、产煤之地太远",不能承办熔铁厂计划。② 此议遂无果而终。

历经20多年的生产实践,沪局认识到自炼钢铁于军工生产安全的意义非比寻常。1890年秋,沪局总办刘麒祥③认为:"造炮所需之钢料钢弹,造枪所需之钢管必须购自外洋,其价值运费已不合算,且平时购运往来虽尚称便,诚恐一旦海上有事,海程梗阻,则轮船不能抵埠,而内地又无处采买,势必停工待料,贻误军需,关系实非浅鲜。"他建议设炉炼钢以实现原料进口替代。该计划得到南、北洋大臣曾国荃、李鸿章的支持。李鸿章建议先进行小规模试办,等"将来办有成效,再行推广添机多造。他省机器局需用钢件亦可备价向该局购用,借免取资外洋。果能炼造得法,逐渐扩充,于制造军火事宜大有裨益"。④ 是年底,沪局启动炼钢厂建设计划。1890年11月24日,薛福成日记记载:上海制造局"近议添设炼钢一厂,自卷枪筒,

---

① 魏允恭:《江南制造局记》卷二,建置表,1905年编印本,第3~4页。
② 陈旭麓、顾廷龙、汪熙主编:《湖北开采煤铁总局》,第336页。
③ 刘麒祥,1890年3月至1895年9月继聂缉椝担任江南制造局总办,系湘军著名将领刘蓉之子。1880年曾充曾纪泽(刘麒祥姐夫)秘书,赴俄交涉伊犁争端。1883年,任驻俄使臣曾纪泽的二秘。回国后曾担任福州船政局总办。
④ 魏允恭:《江南制造局记》卷二,建置表,1905年编印本,第35、37页。

即数十磅子之炮筒,亦可自卷。派洋匠柯尼斯赴阿姆斯脱郎等厂,考究炼钢造炮等事"。①

炼钢厂第一期规模较小,设有 3 吨炼钢炉一座,向英国购买机器,费银 1.2 万两。厂房建筑费数千两。每日可出钢三吨,枪管一百枝,以供总局造枪造炮之用。钢厂 1891 年投产,当年产钢不足 10 吨。1894 年,炼钢厂第二座 15 吨炼钢炉投产,并添购大量钢铁加工设备,钢铁产量有了很大提高,并可轧制出方钢、圆钢、角钢、扁钢等型材和钢板、钢片等板材。全厂员役额定 275 人。据估算,在经费充裕情况下,炼钢厂每年可出快炮管、快枪管及枪炮机件、炮架器具等钢料约 2000 吨。② 从钢铁生产流程看,沪局炼钢厂是一个炼钢企业,以炼钢为主,没有采矿、炼铁等工序。

炼钢厂使用蒸汽动力,采用西门子平炉炼钢技术。为生产武器配件,钢铁加工能力相对较强。产品主要包括枪炮钢料、机件钢料、汽炉板等。1905 年前,其主要设备如表 25。

表 25 晚清江南制造局炼钢厂设备简表

设备类别	主要设备
动力设备	2000 匹马力汽炉 2 座;1000 匹马力汽炉 2 座;56 匹马力汽炉 1 座;2000 匹、1000 匹双筒汽机各 1 部;30 匹马力双筒汽机 1 部;20 匹马力双筒汽机 2 部;56 匹、20 匹、10 匹马力单筒汽机各 1 部;20 匹马力 3 筒汽机 1 部等。
加工设备	剪冷钢板机 2 具;剪热钢板机 1 具;辊轮机、轧钢条弹簧机共 6 具;滚轮机 2 具;水力机 7 具;压钢、铁机各 1 台;打钢机 1 具;轧钢坯机 2 具;锯钢轮机 1 具;锯钢条机 3 具;刨床 5 具;钻炮膛机 2 具;锄床 2 具;钻眼床 2 具;轧辊车床 1 具;拉钢绞车机 2 具等。
炼钢设备	3 吨炼钢炉 1 座,15 吨炼钢炉 1 座;煤气炉 7 座;化铁炉 2 座;烘砂炉 2 座;烘模炉 2 座;炼罐子生钢炉 1 座等。

资料来源:魏允恭:《江南制造局记》卷二,建置表,第 10～11 页;卷十,炼钢略,第 9～10 页。

关于炼钢过程,沪局作过详细记录:"进炉先进生铁,次进碎钢,再加进卡母尼矿石,炼至十二点钟久,即以铁杓勺钢汁,倾地入水,浸冷锤之,而其边开裂,则必加进矿石,锤而无裂,则其钢将成,即以锤过之钢片刮取其屑,用化学天平平准十分格兰姆之一,倒入玻璃器内,以有分寸之玻璃吸管吸取净硝强水一个半立方生特迈,当倒入玻璃器内,以化钢屑,再以热水蒸

---

① 薛福成:《出使英法义比四国日记》,长沙:岳麓书社,1985 年版,第 244 页。
② 欧阳辅之:《刘忠诚公遗集》,宣统元年刻本,卷 26,第 31 页。

器,其钢屑即化成黄色之水,察其水色,即知炭汽之多寡,多者色浓,少者色淡。然必先将钢样化作比例,无比例即无准式。察准之后,视钢质含炭气若干,再酌配锰、矽等料。"①由于沪局炼钢厂生产的钢料主要用来制造枪、炮管,使得它对产品的质量极为关注。当时江南制造总局从英国引进钢料的检验标准与方法,如《英国海部试钢章程》和英国啰耳特总保险公司试钢定例等检测标准,有拉试、弯试、扭试、锤试等检测方法。② 这对于保证钢铁产品的质量有重要意义。

沪局炼钢厂也曾面向民用钢铁市场开展生产活动。1904年,沪局总办赵滨彦称:"查钢料为用最广,沪局创办已久,出钢日多,除本局自用外,商厂购办,纷至沓来。盖以上海地方,机厂林立,独无炼钢之厂。从前均向外洋购买,自制造局创办炼钢之后,沪上商厂,同声称便,制造局亦借此收回工料,以资周转,此开利源之一大端也。局中各厂礼拜日一律停工,该厂工作较繁,昼则预备本局所需,夜则兼为商厂制造。"③据张士珩统计,自1891年开炉到宣统元年九月,沪局炼钢厂共炼成各种生熟钢及钢盂等料,共约2561万磅,其中,拨发各厂应用及各省官局商厂购用者,共2231万磅,内分枪钢、炮钢、机器钢等,约值银265余万两。④

沪局炼钢厂是近代中国第一个新式炼钢企业,但如同襁褓中之婴儿一样,其生产经营存有诸多不足。

首先,生产效率很低,产量较小。1892年夏,两江总督刘坤一奏报:"现只钢炉一分,年需生铁、矿石各八百吨。并向外洋添购大炉一具,以图扩充,每年约需矿石、生铁各三千吨。"⑤康念德描述炼钢厂的生产状况为:"仅只一个熔炉运行使炼钢的效果差、消耗大,熔炉所需的温度要使熔炉加热两周才能达到,之后铁砂方可加入。在生铁出炉后,又需两周时间冷却。如果需要,还得检修熔炉,最后才可提炼生铁。生产三吨钢需要一个多月。在熔炉冷却期间,工人在一边悠闲地坐着拿工资。尽管如此,1893年毕竟

---

① 魏允恭:《江南制造局记》卷十炼钢略,第2页。
② 魏允恭:《江南制造局记》卷十炼钢略,第7页。
③ 《江南制造局移设芜湖各奏稿》,第80页。转引自徐泰来:《洋务运动新论》,长沙:湖南人民出版社,1986年版,第30~31页。
④ (清)甘厚慈辑;罗树伟点校:《北洋公牍类纂正续编》(4),天津:天津古籍出版社,2013年版,第1830页。
⑤ 欧阳辅之:《刘忠诚公遗集》卷20,第24页。

在江南制造局开创了国内生产枪炮管的记录。"① 据1909年张士珩禀文，江南制造局炼钢厂的机炉"充其能力，大炼钢炉，每日能炼钢十四吨，钢板每日能成五吨，钢条每日能成三吨，罐钢炉每日能成净生钢一百三四十磅。"② 因产量甚低，多数年份的实际钢产量仅数百吨（见表26），故其社会影响较为有限。

表26　1891—1904年间江南制造局炼钢厂钢产量表

（单位：吨）

年　份	产　量	年　份	产　量	年　份	产　量
1891	9.84	1892	62.58	1893	36.67
1894	341.80	1895	320.63	1896	348.97
1897	2058.55	1898	747.03	1899	673.84
1900	564.24	1901	387.23	1902	558.74
1903	1569.13	1904	314.19		

资料来源：魏允恭：《江南制造局记》卷十炼钢略，第18页。注：表中数字系根据1磅≈0.4536千克将原始资料转换。

其次，因质量、价格等方面的原因，炼钢厂并不能完全满足沪局所需钢料。如该局曾奏报："沪局历年所造大炮，其炮管皆自外洋购来，并非自炼。沪局炼钢厂止能炼西门马丁钢，尚非极精之品，若再添设炼灌钢厂，则所费过巨，势难猝办。拟令新厂制造枪炮则用湖北灌钢厂之钢，钢料来自上游，不虞梗阻。其制造次等钢料之件则用沪局自炼之西门马丁钢。俟将来经费充裕，自应于新厂自设灌钢厂，以臻完备。"③ 当然，技术的改进是一个过程，经过多年摸索试验，沪局也曾取得一些进步。1909年，据张士珩报告，"大小各炉所出生熟各钢及钢板、钢条各料"，"均能如法铸造"，经各处官商厂坞、公司购用，"亦称合宜"。特别是"枪炮两项钢料造成枪炮，历经洋员哈卜们考验，枪试两年六百余出，炮试四五十出，药膛内外并无丝毫走动"，"钢质之精，实已确有把握"。④ 虽钢料质量日有进步，但生产成本过高，反不如从市场购买合算。对此，张士珩也承认，其钢铁产品"成本较重，销路不广"。

---

　① [美]T.L.康念德著，杨天宏、陈力等译：《李鸿章与中国军事工业近代化》，成都：四川大学出版社，1992年版，第151～152页。
　② （清）甘厚慈辑；罗树伟点校：《北洋公牍类纂正续编》(4)，第1829页。
　③ 魏允恭：《江南制造局记》卷二，建置表，第50页。
　④ （清）甘厚慈辑，罗树伟校：《北洋公牍类纂正续编》(4)，第1830页。

另外,炼钢原料无法自主。炼钢厂只是沪局的附属企业,缺乏炼铁设备。炼钢所需生铁、矿石等主要向外国购买,兼用中国土铁。如其炼钢原料的配料情况为,"以海墨太生铁或湖南紫口生铁七成,西门士碎钢或本厂之碎钢三成亦不等"。① 有鉴于此,1897 年,荣禄因沪局所处之地不产煤铁,"采买炼制所费不赀,以致开炉日少,似宜设法移赴湖南近矿之区,以便广为制造"。② 虽然沪局可以从国内获得生铁,部分解决炼钢原料问题,如枪管钢料等可以用湖南生铁自炼,但其重炮所需钢料要求很高,必须掺用瑞典生铁。③ 1909 年,张士珩估计,炼钢厂历年炼成销用的钢料,用内地材料约十之五六,外洋材料约十之四五。

历史上,沪局炼钢厂存在的时间很长,部分机器设备甚至沿用至建国后。当然,其间曾先后附属于不同的企业,如在北京政府时期,隶属于上海兵工厂,1926 年改称上海钢铁机器股份有限公司。1929 年改称上海炼钢厂,全面抗战爆发后,许多机器内迁,1938 年 4 月 11 日,改为"军政部兵工署第三工厂",1939 年 9 月 15 日,归并钢铁厂迁建委员会。1949 年 3 月,更名为兵工署第 29 工厂,建国后改建为重庆钢铁公司。

(三) 其他军工企业的附属钢铁厂

同治年间,与南方的江南制造局、福州船政局相呼应,清政府希望加强北方特别是京畿地区的防务能力。1867 年 5 月,三口通商大臣崇厚在天津创办军火机器局。1870 年,李鸿章任直隶总督后,接办该局,改称天津机器局(简称"津局")。该局以津海关、东海关四成洋税为常年开办经费,后又从北洋海防经费中增拨。

光绪十五年(1889)五月,津局将铸造钢弹列入生产计划,得到李鸿章的支持。他认为:"现在讲求海防利器,外洋长式钢质炮弹为后膛钢炮所必须,中国无铸钢机器,不能铸造,无以供操防之用。此项机器必应添置仿造,以备缓急。"④但因该套机器设备的运脚保险费用超过总价一成五的惯例,该计划当时在中枢未被通过,迟至 1891 年才得到同意的批示。津局从英国新索斯盖特公司(New Southgate Engineering Co.)购进一座西门子

---

① 魏允恭:《江南制造局记》卷十,炼钢略,第 2 页。
② 魏允恭:《江南制造局记》卷二,建置表,第 38 页。
③ 孙毓棠编:《中国近代工业史资料》第一辑(上),第 297 页。
④ 李鸿章:《奏为天津机器局订购英国铸钢机器各项重大物料请敕部立案事》,中国第一历史档案馆藏朱批奏折,档号 04—01—36—0117—044。

马丁炼钢炉的全套设备,于 1893 年建成开工。① 据 1893 年 5 月 19 日《捷报》载:炼钢厂的兴建由该局总工程师司图诺(James Stewart)细心筹划,所有机器设备已经安装起来,所有的专门技师、熔铸师、化验师,都已到达,工厂即将开工。一开始,只打算制造钢弹,但估计不久即可铸造六吋口径的小钢炮了。② 该炼钢厂同样也没有炼铁设备,影响也较小。

关于该炼钢厂的更多生产情况及发展沿革史实,因史料阙如,难以详述。

1891 年,张之洞在筹办湖北枪炮厂时十分关注精钢的生产事宜,认为"机宜新式,钢贵自炼,二事并重",为此曾致电驻德使臣许景澄留意德国枪炮用钢的制钢法,并决定"先购洋钢、无烟药学制,一面讲求炼钢"。③ 1897 年,张之洞创建湖北钢药厂。2 月 10 日,他请许景澄代聘工师并购买设备:"鄂厂添机自造十二生长快炮,必须自炼罐子精钢,方能胜涨力,且免仰给外洋。请询著名钢厂代配每日炼罐子钢三吨之机炉全副,并选荐好手工师来鄂包炼,务合长快炮用。"后张之洞向德国礼和洋行订购炼罐子钢机器全副,生产能力为每日产罐钢二三吨,耗资 13.3 万马克。湖北钢药厂钢厂下设十个分厂,包括灌钢厂、压钢厂、拉钢厂、夹钢板钢皮厂、拉钢丝厂等。灌钢厂直到 1903 年暮春才开工,实际每日仅能炼生钢一千六七百磅。但 1905 年以后,因为经费支绌,拉钢厂一直未能完全建成,灌钢厂所炼钢材,"无从拉成钢条,不适于用",再加上"所炼之钢,多有夹灰及拉力不足之弊,且每炉、每罐所出钢质均不匀纯,旋即停罢",④所以钢厂仅维持了一年就停炉。

洋务运动是在外力推动下起步的,从一开始就带有很浓的功利色彩和急于求成的心理,突出表现为,力求在最短时间内生产出最有利于维护王朝统治的军工产品。这种功利性思维导致清政府过度关注工业制成品的生产,而忽视了生产成本以及工业原料的开发。这种危机应对方式显然不利于清政府预先规划基础工业。洋务运动期间,清政府始终对武器生产十分重视,通过引进外国技术设备,兴建了一批近代军工企业,希望借此实现"制夷""自强"的目标。这使清政府将大量资金投向军工领域,削弱了对其

---

① [美]T. L. 康念德:《李鸿章与中国军事工业近代化》,第 160 页。
② 孙毓棠编:《中国近代工业史资料》第一辑(上),第 365~366 页。
③ 孙毓棠编:《中国近代工业史资料》第一辑(上),第 528 页。
④ 本书编委会:《中国近代兵器工业档案史料》第一册,天津:兵器工业出版社,1993 年版,第 263、353、551 页。

他经济部门的投资能力。这些兵工厂"不作任何营业,这种投资就成为永远的捆注,自无利润,也无累积资本,一切是无休止的消耗。就国防言,自有它的意义;就工业建设言,则是全般工业的重负,它不但吸收了资本,也争夺去工具和原料,更占据了不少技术工人"。① 由于缺乏最基本的科技研发能力,清政府于19世纪六七十年代建造的这批军工企业很快便落后于世界发展水平,其产品在与外国新式武器的较量中明显处于下风。其中,源自材料性能的差距是十分重要原因。清政府在19世纪80年代后逐渐意识到该问题,陆续投资购办一些钢铁生产加工设备。换句话讲,当时推动清政府进行钢铁资源开发的动力主要源自军事工业需求。这种需求张力存在明显缺点:从需求总量衡量,军工生产所需钢铁数额十分有限;就质量而言,军工生产消费的钢铁有严格标准,技术含量较高,难于生产。这也是许多军工企业有兴建钢铁厂的诉求,但迟迟无法付诸实践的重要原因。随着钢铁消耗额的增加,特别是战争时期洋铁来源断绝的风险加剧,一些兵工厂陆续附设小型炼钢设备,但总体上看,行业影响有限。它们产量少,成本高,生产环节单一,且自产自用,不能兼顾民间钢铁需求。但我们绝不能忽视这部分需求的诱致性影响。抵御外侮,维护王朝统治是清政府要解决的首要问题,而战时军工企业的原料供应问题势必牵动着清政府的神经。这成为诱致政府投资钢铁业的重要推手。

二、部分煤矿企业提出的炼铁厂建设计划

煤和铁是近代工业社会里最重要的两种资源。它们的结合有非同一般的意义。在工业化起步、发展阶段,对煤铁资源的开发利用程度反映出一国实现工业化的决心和能力。洋务运动启动后,由于近代产业经济的连锁反应,最早一批煤矿企业顺应工业化发展趋势,意识到钢铁工业在近代社会的重要性,遂提出开发钢铁资源的要求,并制定有相关计划,但最终都先后流产。

(一)湖北开采煤铁矿总局炼铁计划的筹议和流产

1. 湖北开采煤铁总局炼铁厂建设计划的提出

1874年的台湾事件使清政府大为震惊,意识到十余年的自强运动并无自强之实:"本年日本兵踞台湾番社,虽迭经饬令各疆臣严密筹防,自问

---

① 王尔敏:《清季兵工业的兴起》,台北"中央研究院"近代史研究所,1978年发行,第148页。

殊无把握,若再不切实筹备,后患不堪设想。"①经过同光之际海防筹议,清政府对如何加强海防建设有了更深的认识。战时煤铁原料供应事关国家安全,必须预先谋划。李鸿章提出开发直隶磁州煤铁矿的请求,得到清政府的允准。但因磁州"矿产不旺,去河太远",而靠近长江的湖北广济(今武穴市)阳城山经盛宣怀派人查勘,据闻"真属产煤处所,随处多有,开挖亦易",②开发地点遂改在湖北。1875年7月,湖北开采煤铁总局在广济盘塘成立,盛宣怀任督办,获清政府拨款30万串。③该局是近代中国创建的第一个新式煤铁开发企业,早于次年成立的开平矿务局。学者多以开平矿务局为中国近代矿业之滥觞,④笔者认为,不能因开平矿务局后来经营成效卓著而否定湖北开采煤铁总局的首倡性。如外国技术人员最初称总局为"帝国政府矿山(湖北)"(The Imperial Government Mines, Hupeh),⑤也凸显出其经济地位。

关于广济的煤藏分布,由于缺乏科技勘探手段,总局成立前的查勘结果并不准确。后经洋矿师马利师(Samuel John Morris)多方勘测,在广济一直没能发现适合机采的煤藏。因勘矿效果不佳,总局更换洋矿师。在此过程中,李鸿章一直关注着炼铁计划,他指示:"马利师于铁事未经办过,则煤铁兼谙之洋人亟应雇觅,以便比较本领,分优绌而定去留,且为推广采铁地步。"1877年初,他又提醒盛宣怀:"蕲、黄二州宋代有回岚、瓷窑、龙阪、安乐、大云等六铁场。阁下所办皆昔人采铁故处,以洋法炼铁必无矿少之患,应俟赫德所雇洋师到后遍察矿产,斟酌兴办。"⑥同年5月,总局新聘请的英国矿师郭师敦(Andrew White Crookston)抵达盘塘,随即对广济、兴国(今湖北阳新县)附近地区进行勘查,结果显示"此处不产多煤,并所出之煤又不合机器以及大宗烧用",在此地开井,"定不见益,惟低煤而已",建议

---

① 顾廷龙、戴逸主编:《李鸿章全集》奏议六,第167页。
② 陈旭麓、顾廷龙、汪熙主编:《湖北开采煤铁总局》,第4页。
③ 关于为何选定湖北广济作为办矿地点,有人认为,除了自然地理条件的相对适宜外,还有出于对湖北人事条件与长江通商条件的考虑。参见徐元基:《洋务派经办湖北开采煤铁总局的几个问题》,《江汉论坛》,1981年第5期。
④ 丁文江《五十年来中国之矿业》(载《最近之五十年(下)》,文海出版社,2000年版)认为"开平矿务局为近代矿业之嚆矢"。孟世杰亦赞同以开平矿务局为"吾国以西法开矿之始"(孟世杰:《中国近百年史》上册第二编,百城书局1932年版,第134页)。王玺也指出:"开平煤矿,为我国近代实业之权舆。"(《中英开平矿权交涉·绪言》,台北"中央研究院"近代史研究所,1978年版)
⑤ 陈旭麓、顾廷龙、汪熙主编:《湖北开采煤铁总局》,第41页。
⑥ 陈旭麓、顾廷龙、汪熙主编:《湖北开采煤铁总局》,第93、145页。

另择他处。① 总局在广济、兴国滨江地带开采煤矿的希望破灭。

但郭师敦在调查过程中发现,有铁矿矿苗从隔江相望的大冶延伸而来。来华前,他通过外国人游华日记得知黄石港一带产煤,故请求前往大冶县属一看。盛宣怀当即查阅《大冶县志》,据记载,大冶县北铁山、白雉山皆产铁,遂与郭师敦约定,派其先勘验大冶地界是否有上佳铁矿,然后再赶赴荆州、宜昌等地继续勘探煤矿。1877年7月,郭师敦前往大冶县属调查铁矿,结果发现了著名的大冶铁矿。据其报告:"所看县北四十里之铁山,铁层平厚,一如煤层,毋庸打签,可决其足供数十年采炼,且邻境俱属富有铁矿,机器熔炼必无矿少之患。"②经化验,铁矿铁质含量高达61.88%,"矿之佳者推此为最,以熔生铁,洵称上等"。同时,在附近兴国州又发现上等锰矿,品位达11.29%,若与大冶铁矿联合,即可炼上好生铁及精钢。这一发现在中国钢铁产业发展史上具有重大意义,影响后来中国钢铁产业布局。当时,远在异国他乡的郭嵩焘也对该发现欢欣鼓舞。其在日记中写道:"洋人郭师敦勘明湖北矿产。大冶、武昌二县铁矿,开采应用可至百年。大冶之铁山铁门坎,距黄石港约十余里。武昌自樊口至县,距江尤近。湖北矿务其将兴乎?此足以为始基矣。"③

1877年10月,郭师敦在宜昌勘探煤矿期间草拟了中国第一份新式炼铁厂建设计划。④ 该计划拟采用西方钢铁冶炼技术冶炼大冶铁矿。计划书包括厂房设置、建厂费用、炼铁成本和佣工工资等内容,拟安装生铁炉一座,以及配套的机器设备和厂房码头,共计约需银12万两。投产后,每年可产生铁1.2万吨。扣除各项开支,每年约可盈余银10万两。为便于运输,拟建一条铁路从铁厂直通临江的黄石港。很明显,该计划从冶炼到运输的各个环节均完全区别于传统的土铁业。

盛宣怀对该计划经历了从徘徊犹豫到极力赞同并推动实施的转变过程。因燃料供应是建设炼铁厂的必要条件。所以,大冶铁矿发现之初,盛宣怀表示:"查洋法熔铁,另需一种好煤去烟存质,名为焦炭。本身觅得此煤,免向远处采办,尤为合算,故仍以煤为铁之先筹。"郭师敦当然清楚,要使总局接受该计划,首先要解决燃料供应问题。1877年11月,他在宜昌、

---

① 陈旭麓、顾廷龙、汪熙主编:《湖北开采煤铁总局》,第197页。
② 陈旭麓、顾廷龙、汪熙主编:《湖北开采煤铁总局》,第204、210页。
③ 郭嵩焘:《伦敦与巴黎日记》,长沙:岳麓书社,1984年版,第1014页。
④ 陈旭麓、顾廷龙、汪熙主编:《湖北开采煤铁总局》,第237页。

荆门一带勘探煤矿,结果显示,荆门窝子沟煤矿勉强符合炼铁的煤质要求。12月,郭师敦会同盛宣怀亲自查勘大冶、武昌等地铁矿分布情形,进一步明确该矿区的矿藏含量、矿质、矿脉走势等情况,并在大冶县属之黄石港发现炼铁所需之灰石矿。① 通过这次勘查活动,盛宣怀对大冶、武昌等地铁矿储量之丰富、矿质之精美、运输之便利有了直观认识,并对设厂地点进行了甄选。此后,他对炼铁计划表现出浓厚兴趣。1878年元月,他迫不及待地向李鸿章建议,"熔炉机器订购宜早",并携郭师敦赴上海,将大冶等处之铁矿石交由江南制造局试炼,并同该局商议购买炼铁机器事宜。4月,盛宣怀请求李鸿章支持炼铁计划:"武、冶铁矿业经炼有铁样,其铁质之佳,矿质之旺,众所共见。尤难在兴国锰矿近在咫尺,可为炼钢地步。""湖北矿务当以铁为正宗,而采煤不能不一以贯之也。中国试办各矿,尚无一处得手。……但有此地产,有此矿师,有此开办之端倪,如竟畏难中止,尽废前功,亦非职道所敢自言,惟有仰乞宪台钧裁定夺,俾有遵循"。他提出,由直隶拨款15万串,湖北提供10万串,用于炼铁厂建设,不足部分由他募集。② 从"以煤为铁之先筹"到"湖北矿务当以铁为正宗",反映出盛宣怀的思想已发生转变。5月,他再次致函李鸿章,提出先行试办炼铁厂:"武、冶铁质之佳、矿产之旺,确有把握,请先开生铁炉一座,逐渐推广;荆当煤质坚好,一无硫黄夹杂,尤为炼铁所宜。"除此之外,盛宣怀希望江南制造局参与炼铁厂建设,但被婉言谢绝。③

资料显示,盛宣怀为建设炼铁厂积极开展准备工作。他曾嘱咐郭师敦将生铁炉图样寄送英国评定价格,待熔铁厂择定厂址,即将定金寄送英国。英国方面很快传来设备估价的消息,机器造价、火砖、水脚以及保险安装等费用核计共需英洋74949元。④

2. 总局炼铁厂建设计划的夭折

光绪初年,盛宣怀所能调动的资源十分有限,与甲午战争后"一只手捞十六颗夜明珠"的顶峰状况不可同日而语。李鸿章的态度是炼铁计划能否付诸实践的关键所在。从1878年初开始,盛宣怀不断向李鸿章请示,建议筹集资金,速购熔炉机器,先行试办。

---

① 陈旭麓、顾廷龙、汪熙主编:《湖北开采煤铁总局》,第210、262、278页。
② 陈旭麓、顾廷龙、汪熙主编:《湖北开采煤铁总局》,第282、287页。
③ 陈旭麓、顾廷龙、汪熙主编:《湖北开采煤铁总局》,第293~294、336~338页。
④ 陈旭麓、顾廷龙、汪熙主编:《湖北开采煤铁总局》,第291页。

但李鸿章对总局炼铁计划经历了从犹豫不决到最终否定的思想转变过程。在他看来，"先煤后铁"这一原则不能违背。他对总局的规划是"专望鄂煤得利，渐次推拓，以为开铁张本"，即在煤矿的建设取得一定成效之后再开炉炼铁。李鸿章最初对在湖北设铁厂是支持的，但是总局办理煤务的成效不佳让他采取了审慎的态度。1877年8月，即总局发现大冶铁矿之初，他提醒盛宣怀，湖北矿务"中外具瞻，成败利钝，动关大局，一涉颓沮，势必旁观窃笑，后来裹足"，"自应在鄂得手，方为办理有效"，"其应购开铁机器亦止有就已拨之款指用，饷项奇绌，碍难另筹经费。前亏已及三万金，目下煤铁势难兼营，似应收窄局面，专力开煤，俟洋法得手之后，再图大举，较有把握"。① 这是李鸿章对炼铁计划的最初反应，即主张先专注于煤务。后因广济、兴国经勘探，显示没有适合机采的煤藏，李鸿章对总局炼铁计划更趋保守。10月，针对炼铁厂建设方案，李鸿章表示"此项机器汽炉需款甚巨，目前商股既未能招集，练饷亦无可添拨，只可暂作缓图"，明确表示反对。1878年2月，针对盛宣怀提出购置炼铁设备的请求，他批示：此次在湖北经营矿务，"本非缘木求鱼，苟能事事脚踏实地，不急近功，务期实效，或可如愿以偿，勉之慎之"，要求在各方面准备妥当后再图进取。② 这样，炼铁计划能否实施的关键归结到煤务经营情形上，而这又取决于荆门到底是否有适合钢铁冶炼的煤矿。此外，李鸿章态度的转变还与其矿业开发重点的转变不无联系。在湖北开采煤铁总局开办后，唐廷枢受李鸿章委派在直隶成立开平矿务局，经营开平地区的煤铁矿务。直隶的经营环境，特别是煤炭资源储量要明显优于湖北。在比较权衡后，李鸿章"移南就北"，最终将重点选在了其管辖范围内的开平。③ 这必然影响到他对总局炼铁计划的支持力度。

1878年9月，总局总办李金镛、提调周锐随郭师敦再次赴当阳钻探，以最后确定该地煤矿是否真的具有开采价值。对此次勘矿活动，盛宣怀寄寓厚望："中国矿务必可望阁下先得首功，余日望之！"并认为直隶开平在煤铁质地及运输条件方面，均不及湖北。然而，勘探结果却令盛宣怀极度失望。虽然郭师敦极力掩饰当阳煤矿的不足，但此处煤矿储量少、煤层薄、分

---

① 陈旭麓、顾廷龙、汪熙主编：《湖北开采煤铁总局》，第212页。
② 陈旭麓、顾廷龙、汪熙主编：《湖北开采煤铁总局》，第244、283页。
③ 袁为鹏：《中国近代工矿业区位选择的个案透视——盛宣怀试办湖北矿业失败原因再探讨》，《中国经济史研究》，2002年第4期。

布分散、质量低劣、道路艰险等不利因素还是在勘矿报告书上得到反映。①针对这种情况,本已决心动摇的李鸿章对湖北设厂炼铁事更不看重,下定决心搁置总局炼铁计划。在致盛宣怀信函中,他指出:荆煤"究嫌单薄","单炼生铁恐无销路,兼炼熟铁难筹巨本。秋亭(李金镛——引者)能否招股办成铁冶?但虑煤铁相去过远,水脚成本既重,未必获利,将来或专办煤矿,或兼办铁冶,或煤铁均难如愿,应俟执事与秋亭察度情形,从长计议"。②对此,盛宣怀亦十分泄气,对郭师敦继续请求设立熔铁厂的主张,他告诫"谋定后动,未可造次"。

1879年3月,鉴于荆门煤务不能令人满意,为免靡费,盛宣怀通知郭师敦等人停止探矿,赶赴上海汇报情况。湖北开采煤铁总局设立炼铁厂的计划就此成为泡影。郭师敦临走前曾云,如果中国政府不在湖北设炉冶铁,他即招洋股开办。当时,外资尚未获准在华办矿,郭氏所言显系空谈。郭氏炼铁厂建设计划流产后,总局曾计划暂用土法冶炼大冶之铁,"一俟集有成效即行开办大冶铁矿,以免他人觊觎",但亦未见施行。由于湖北开采煤铁总局的办矿效果不佳,5月,经李鸿章批准,荆门矿务总局成立,"前领官本,必须一律截止",同时招集商股,续办荆门、兴国、大冶等地煤铁矿。6月,署两江总督吴元炳建议总局招商承办。③ 1877—1879年间,湖北开采煤铁总局共计耗费制钱147645串(见表27)。

表27 湖北开采煤铁总局费用统计表

(单位:制钱串)

时间 项目	光绪三年		光绪四年		光绪五年	
	正月至十二月	合计%	正月至十二月	合计%	正月至五月	合计%
勘矿费用	13523	27.13	16236	27.61	17818	45.69
生产费用	22193	44.52	5230	8.89		
行政费用	11664	23.39	11864	20.18	4699	12.05
销售费用	2475	4.96	25467	43.32	8839	22.67
合计	49855	100	58797	100	38993	100

资料来源:《湖北开采煤铁总局》附录二:表九、十、十一。注:1.光绪四年无生产费用,应为收煤费用。2.清代制钱以文为单位,法定一千文为一串,合银一两。

荆门矿务总局成立后,仍不忘冶铁计划。《荆门矿务总局续行招股启

---

① 陈旭麓、顾廷龙、汪熙主编:《湖北开采煤铁总局》,第341、363~365页。
② 陈旭麓、顾廷龙、汪熙主编:《湖北开采煤铁总局》,第368页。
③ 陈旭麓、顾廷龙、汪熙主编:《湖北开采煤铁总局》,第385、387页。

事》规定:"现当筹备边疆,所有铁路铁船,难免不创行建造,此项铁山自应设法预筹试办。现拟专派妥友一名,访明本地炼铁各工费,雇用化匠一、二名,试设小土炉一座,略化矿石数担,以核算土法成本,如果不致亏折,即可先以土法试办,由渐求精,若不合工本,即此中止,亦所费无多,不致有累各商股本。"①荆门总局的熔铁炉不完全用土法,部分配套设备拟采用西洋机器。1881年6月,盛宣怀等致函驻德使馆徐建寅,谈到拟在大冶花三、五万金设立小高炉,仅用来炼生铁,每日出铁10吨,请其代为购置合宜的煽风机器、火泥、盛水铁箱和碎石机等设备。然该计划未及实施,荆州府台蒋铭勋就向湖广督臣李瀚章告发荆门矿务局,认为其"堆存沙市之煤零星出卖,当民煤连樯而至,骤落其价","与编户微氓夺蝇头之利","该局采运本意,原期敌洋煤进口之利,乃不以敌外人之利而转以攘乡民之利,揆诸设局初心,亦有不合"。李瀚章为此致函李鸿章,称:"荆门矿煤久经土民办运,该局名为开采,实则收买民煤转售牟利。该处煤色即使能抵洋煤之用,而收民煤以转卖,焉用此局为耶?""查矿局之设,原欲开中国未兴之地利,收外人已占之利权。荆煤本小民素有之生计,官家攘夺,已非设局之本意,况又垄断以罔利乎"。"今上损国税,下碍民生,而于洋煤无毫末之损,于公亏无涓滴之益,若不早变计,恐至不可收拾,悔之无及也"。② 1881年8月21日,李鸿章对盛宣怀进行严厉申斥,勒令裁撤荆门矿务局:"查煤矿之举,原欲开中国未兴之地利,收外人已占之利权,是以借发官帑,疏通运路,免厘减钞,曲加体恤。该员等极应激发天良,谋定后动,处处脚踏实地,乃该局前办武穴煤矿数年,既无丝毫成效,反多亏累官帑。此次开采荆煤,未几交金董接手,皆官气太重,事不躬亲,一任司事含混滋弊。所运之煤竟买自民间,并非自行开采。又不恪遵定章,运赴下游各口出售,转复堆存沙市,任意增减价值,一味攘夺民利,以致怨讟迭兴。实属办理荒谬,亟应赶紧查明,先行停止买运,以苏民困。荆煤既无可采,应即将该局裁撤,免再糜费。"③湖北开采煤铁总局和荆门矿务局的活动历史就此画上句号。盛宣怀首次主持办理的矿务实践铩羽而归。

虽然湖北开采煤铁总局没能实现炼铁计划,但在中国钢铁工业发展史上仍应留下浓重的一笔。首先,19世纪70年代,以"煤铁"命名一家官办

---

① 陈旭麓、顾廷龙、汪熙主编:《湖北开采煤铁总局》,第428页。
② 陈旭麓、顾廷龙、汪熙主编:《湖北开采煤铁总局》,第442、444、446页。
③ 陈旭麓、顾廷龙、汪熙主编:《湖北开采煤铁总局》,第448页。

企业,并提出炼铁厂建设计划,本身凸显了煤铁资源在当时中国的重要性已开始为人所重视,这是一个时代观念的巨变。其次,大冶铁矿的发现为日后汉阳铁厂的发展建设奠定了原料基础,影响到近代中国钢铁工业的生产布局。另外,总结炼铁计划的夭折,为今人反思洋务运动初期钢铁工业的发展困境提供了的样本。

(二)开平矿务局炼铁计划的兴议和废止

当湖北开采煤铁总局尚在四处探矿时,李鸿章将开发煤铁矿务的重点转向其直接管辖的直隶地区,督员在唐山开平镇成立开平矿务局,作为经办煤铁矿务的机构。从煤铁资源禀赋考量,河北较湖北有明显优势。截至1990年,河北赋存在2000米以上的含煤面积为7957平方公里,占全省总面积的4.26%,预测煤炭总储量500余亿吨,累计探明储量169.9亿吨(其中,炼焦用煤107.9亿吨)。① 相比之下,同年湖北煤炭资源累计探明储量仅8.4亿吨。② 河北为环太平洋成矿域的一部分,铁矿资源丰富。到1985年底,共探明铁矿67.2亿吨。③

开平矿务局最初亦计划兼办煤铁。1876年9月,轮船招商局候选道唐廷枢受李鸿章指派,前往勘察开平矿产。结果显示,开平地方不仅煤炭资源丰富,而且铁矿随山根而生,"取之无穷,用之不竭。铁根之旁另生灰石。铁根之下亦有煤块,可谓天造地设,以为人生利用"。唐廷枢认为"煤与铁相为表里,自应一齐举办",建议采用西法炼铁,估算采煤、炼铁和修铁路三项,总计约需银80万两,投产后,单炼铁一项每年可获利银10万两。随后,他将开平的煤铁矿样送交外国化学师化验,结果显示:"开平煤铁身骨虽不能与英国最高之煤铁相比,但其成色既属相仿,采办应有把握。矿磷酸乃铁所忌,硫黄乃煤所忌。今验开平所产,其铁既无磷酸,其煤又无硫黄,却是相宜之事。"④

1877年9月9日,唐廷枢提出矿务局经营方针:"煤铁乃富强根基,极宜开采",较之国外,矿局在工价和资源上面有优势,兼采煤铁必能盈利。

---

① 《中国煤炭志》编纂委员会编:《中国煤炭志·河北卷》,北京:煤炭工业出版社,1997年版,第8、53页。
② 《中国煤炭志》编纂委员会编:《中国煤炭志·湖北卷》,北京:煤炭工业出版社,1999年版,第3页。
③ 河北省地方志编纂委员会编:《河北省志·地质矿产志》,石家庄:河北人民出版社,1991年版,第159页。
④ 孙毓棠编:《中国近代工业史资料》第一辑(下),第617~623页。

根据其计划,若办铁厂,连盖造炉厂和修造小铁路数里,需银30万两。李鸿章对此表示支持,批示道:"自宜赶紧设法筹办,以开利源而应军国要需",并委派前天津道丁寿昌、津海关道黎兆棠会同督办。① 9月底,唐廷枢等人草拟《直隶开平矿务局章程》,炼铁事业被明确写入章程第一条:专为开采开平一带煤铁等矿,并就地熔化生熟铁等事。余外生意概不掺越,以专经营。

唐廷枢最初对炼铁事业表现得信心十足。但矿局开办后,商股难招,影响炼铁计划的实施。到1880年秋,只招到股本30万两,离80万两的目标相去甚远。此外,工程建设大大超出预算。按原计划,开采煤矿仅需资本银10万两。唐廷枢自叹,"三年以来,工程太巨,经费浩繁。机器脚价一端,尤为不赀之款。总连建造开井,已需用四十万两之多",但仍没有煤炭出产。② 炼铁计划更遥不可期。李鸿章和唐廷枢感到兼营煤铁,力不能支,只能专力于煤务,待费用充裕后再续筹炼铁事务。

1881年,开平煤矿开始出煤。炼铁计划被提上议事日程。李鸿章因煤铁兼营,工程浩大,须大员常川驻厂,督率经理。而唐廷枢忙于招商局事务,会办郑藻如忙于津海关政务,遂先后调派徐润和吴炽昌会办局务。但李鸿章议开铁矿的奏折甫上,礼部右侍郎祁世长密上封奏,以畿辅奥区,有碍陵寝重地之说,坚决反对。1882年,李鸿章奉旨派人调查,报知开平开采铁矿与陵寝风脉无碍。但自此以后,开平采铁计划"嗣后已寂然无闻",推延其故,均无资料可循。③

根据最新出版的《李鸿章全集》披露的相关资料,"寂然无闻"的原因似乎是李鸿章自己对矿局的炼铁计划不再乐观所致。1887年,开平矿务局比利时籍监工沙德温禀请扩充矿局,添招股份,建造大炉熔铁制钢。矿局和李鸿章分别以"市面萧条,无人附股""库储支绌"回绝了该请求。④ 而实际上,资金问题对矿局而言绝非不可解决的难题。就在当年,为修建津沽铁路,矿局还投入资金130余万两。笔者以为,李鸿章在1880年代中后期对炼铁事务不再如从前积极,详论见第二章。这是开平矿局炼铁计划无果而终的重要原因。

---

① 孙毓棠编:《中国近代工业史资料》第一辑(下),第628页。
② 孙毓棠编:《中国近代工业史资料》第一辑(下),第640~641页。
③ 王玺:《中英开平矿权交涉》,台北:"中央研究院"近代史研究所,1978年版,第34~35页。
④ 顾廷龙、戴逸主编:《李鸿章全集》诗文,第253~254页。

历史上,开平矿务局自始至终都未能设立一座炼铁炉,一直以煤炭企业闻名于世。但其炼铁计划的兴议与废止却能从侧面反映出中国近代钢铁工业的艰难起步。

(三)部分煤矿企业炼铁厂建设计划流产的反思

洋务运动时期,除湖北开采煤铁总局和开平矿务局之外,还有其他煤矿企业也不同程度地议及炼铁计划。如1877年,池州煤矿即有招商开采安徽池州府贵池县贯口诸山煤铁之议。但因资源、技术、市场、资金条件所限,最终未能付诸实践。该矿聘请的美国矿师兰多对此曾分析道:"牛栏冲矿产虽系广大,惟质不净,察此矿脉,似系狮形洞矿脉透到于此。……即使此铁矿成数高而矿净,煤价贱,转运又便,中国亦未得称为出铁之国,其能与英美两国争铁利乎?英美两国产矿最旺,用铁甚广,销路极大,铁路各事,悉皆妥善。铁矿一事,即使从小而做,所置办各机器,用去一百数十万,甚为容易。且中国铁之销路,未得着实,销售大宗为何项之用,尚无把握。运铁运煤,要铁路转运,现尚未备,拟欲仿泰西开办铁钢,则不可也。既论此铁钢等,一切尚未舒齐,不宜举办。"①洋务运动时期的煤矿企业无法拓展业务范围,兼及钢铁冶炼,原因是多方面的。

首先,钢铁产业的准入门槛很高,普通投资者很难进入。钢铁工业在19世纪下半叶可谓集技术密集型、资金密集型和劳动力密集型产业于一体,而且,它具有很强的产业关联度,需要处理各种复杂的社会关系。在后发工业化国家中,除非获得政府的大力支持,普通厂商往往难以逾越发展屏障。这些挑战对清政府而言都不同程度存在。

其次,当时国内钢铁市场空间较小。市场需求是拉动钢铁产业发展的最大推手。19世纪70年代,中国工业化虽已开展,但力度和深度均有限,钢铁需求量并不大。如1867—1876年间,每年全国钢铁进口量一般不超过2万吨。② 铁路是当时耗用钢铁最多的经济领域。当铁路建设在中国兴起之前,在大量土铁与廉价洋铁包围下,晚清钢铁工业始终缺乏足够的市场张力,使政府迟迟不能下定最大决心,从事钢铁资源开发。

最后,它与当时清政府的工业化制度设计密切相关。19世纪80年代中期以前,中国工业化呈现出来的是以军事工业为核心的发展路径,其中李鸿章的经济思想最具代表性和影响力。虽然李鸿章已经认识到钢铁工

---

① 台北"中央研究院"近代史研究所编:《矿务档·安徽江西湖北湖南》,1960年印,第2091页。
② 彭泽益编:《中国近代手工业史资料》第二卷,北京:中华书局,1962年版,第164页。

业的重要性，但在实践上，他要求集中有限的资源，尽快生产出能够拱卫王朝统治的军工产品，以应付接连不断的内外挑战。所以，以他为代表的清中央政府未能切实支持钢铁工业建设活动。

没有钢铁工业作基础，就不可能形成一种科学、合理的工业化方案，也注定无法行久致远。其结果势必如丁日昌所描述的那样："不急图开炼煤铁，而但图制造，是灯无膏而求其明，木无根而求其茂。"①

如何理性看待洋务运动时期中国发展钢铁工业所面临的困难和挑战，笔者以为，这需要用辩证思维处理这一问题。

诚然，如李鸿章所抱怨的，交通不便、资金不足、经验缺乏、市场狭窄等因素，都对中国钢铁工业发展造成重重障碍。但是，这些困难是工业化过程中无法回避的问题，它们应该是主动挑战的对象，而不应是消极躲避的借口。对比近邻日本，19世纪下半叶，日本钢铁工业所遇到的困难丝毫不亚于中国。铁矿石不足、燃料紧缺、资金有限，相较中国，有过之而无不及。但其钢铁工业正是在无数次碰壁和无数次奋起后才全面起步的，而这一切根源于日本政府认识到将来世界必为"铁的世界"，并在此基础上确立全盘的工业化计划。② 有学者指出：李鸿章是在"唯兵之为务"的思想指导下搞"制造"，疏于基本工业之建设，不仅缺乏总体设计，产业部门不配套，而且连最切于民生日用、被英国等先行工业化国家作为产业革命中心的纺织业，也受到不应有的忽视。可以说，李鸿章的产业政策是一种缺少近代经济灵魂的中心错位的产业政策。③ 该评价可谓切中肯綮。

作为一个系统的工业化方案，钢铁厂的建设必不可少，由此所产生的诱致性影响是巨大的，它将对矿产资源的勘探、技术人才的培养、铁路交通的兴建以及机器设备的生产等产生巨大的推动作用。因乎此，钢铁工业建设才成为工业化最核心的环节。如果清政府有"功成必定在我"的决心，面对大冶有铁无煤的局面，为解决炼铁的燃料供应问题，他不应将目光局限在荆门或者湖北，而是应该扩大调查范围；为解决开平煤矿面临的资金不足问题，可借用银行、金融、债务等手段。总之，尽可能地克服困难，创造条件，实现煤铁的聚合。但很可惜，李鸿章代表的官方力量放弃了这一计划，

---

① 台北"中央研究院"近代史研究所编：《海防档》(乙)，1957年印，第627页。
② [日]小林正彬：《八幡製鉄所》，东京：教育社，1977年版，第78页。
③ 刘学照：《论李鸿章和伊藤博文——19世纪中日近代化轨迹的投影》，《近代史研究》，1994年第3期。

一切后续效应也就无从谈起。

煤炭企业本应是钢铁生产活动最有利的探索者,但19世纪七八十年代,中国煤矿企业的炼铁计划先后流产。当时,世界钢铁工业方兴未艾,中国钢铁工业面临难得发展机遇。这是中国钢铁产业发展史的重大损失,它使中国错过了难得的探索实践的机会。相比之下,在此前后的数十年间,日本政府在近代钢铁生产方面不懈探索,积累了宝贵经验。中国钢铁工业以汉阳铁厂的创办作为全面起步之标志,而这基本上也是中国钢铁工业积累实践经验的开始(此时青溪铁厂还未投产,基本没有经验可供汉阳铁厂参考)。换句话说,中国钢铁工业建设的第一个试验品就是以规模庞大著称的汉阳铁厂,这极大地增加了经营风险。

此外,炼铁计划一次次流产回避了钢铁产业发展中的燃料问题,并最终将该问题留给了汉阳铁厂,影响到日后汉厂的建设。张之洞筹建汉阳铁厂,实际上是新形势下湖北开采煤铁总局炼铁计划的变体。1878年,该计划因煤炭没有着落而胎死腹中,汉阳铁厂同样面对此问题。为勘查煤矿,汉阳铁厂派人调查的地域涉及四川、贵州、湖北、湖南、江西、安徽、陕西、山东等地,为燃料供应问题绞尽脑汁。这成为汉厂生产发展的致命威胁。

三、第一家钢铁联合企业——青溪铁厂的兴废

中法战争以前,中国没有一家兵工企业具备近代钢铁冶炼能力。在此前后,随着钢铁技术的快速发展,钢铁材料的重要性日益突显,需求量日渐增大。清政府开始推动地方开矿炼铁,真正意义上的钢铁冶炼工业在中国诞生。

较诸其他洋务派大员,青溪铁厂的主持者潘霨在晚清史上并不算赫赫有名。"咸丰年间,潘霨以捐纳获九品衔,初涉仕途,隶官卢沟桥典史,补昌平州。他发迹于第二次鸦片战争期间,时英法联军攻陷北京,咸丰及两宫逃亡热河。沿途潘霨传递文报,并亲率兵勇日夜巡查,土匪、外人惊戒不入州境。战争结束后,潘霨在官场一路升迁,历任天津知府、山东登莱青道、两浙盐运使、山东按察使、福建布政使及湖北、江西、贵州巡抚"。[①] 创办青溪铁厂前,潘霨曾经手租借通商以及台湾海防等洋务事宜,未见有经办新式工业的记载。

---

① 曹允源等:《(民国)吴县志》列传四,苏州文新公司,1933年版,第79～80页。

1885年12月6日,署贵州巡抚潘霨奏准:贵州地瘠民贫,矿产极多,煤铁尤盛,历年以来,各省机器局及轮船需用煤铁甚广,近又设立海军,制造铁甲,煤铁需用甚多。此二项为贵州地产大宗,开采易见成效,为免重价购自外洋,以求裕国阜民,奏请调查开采。① 次年4月22日,潘霨设立贵州矿务总局,动支协饷、厘金二万两作为开办经费,同时派人在上海等地招集商股。以银100两为一股,外商不得附股,只准在勘办矿苗时酌雇洋人,以资臂助。潘霨经营包括冶铁业在内的矿务活动,主要目的有二:一是解决军事工业面临的原料问题,二是为地方开辟利源,借以养民。他指出:"黔省尤系瘠区,每岁度支,全赖各省协济。本省田少山多,出谷无几,惟水深土厚,开产五金。""如果经理得宜,以天地自然之利,借补饷项之穷,虽未敢侈说富强,而民间多一生计,即公家多一利源,以之拨供邻省海防之需,亦属彼此两利"。②

贵州矿务总局是潘霨矿务计划的经办机构,它从炼铁为入手,拟俟铁务获利,再扩充开采其他矿产。对炼铁事业,总局明确指出采用西法炼制。在销售区域上,以上海为重点,汉口次之,其余内地由此两地分销。产品产量"不求多制,以免滞销",先从小处入手,以日夜出铁300余担为度。③ 对贵州的交通闭塞,潘霨深有体会。他计划在道路可以直达江边的地方设立分局,将生铁装船,顺流而下,再附搭商轮,由汉口至上海;上海设分局,购置外国机器,仿照洋式铸成铁板、铁条。④ 对此,笔者以为显然缺乏可行性。外国钢铁产品以极低廉的价格很早便占据了沿海沿江市场,即便在贵州生产的生铁成本较外洋为低,若长途转运,至上海再进行再加工,运费势必惊人,很明显是得不偿失之举。由于后来青溪铁厂经营失败,这一做法当然也没有付诸实践。产品销售方面,潘霨主张"商办官销",希望清廷饬令各省督抚,每省认销若干,定价若干,先行咨复,以便分投运销。⑤

1886年农历五月,潘霨派人赴上海购置设备,当了解到上海没有现成设备时,于十月间筹资八万两白银,派员自往外埠购办。⑥ 终由潘霨之子

---

① 中国史学会主编:《洋务运动》(七),上海:上海人民出版社、上海书店,2000年版,第169页。
② 刘显世、谷正伦修,任可澄、杨恩元纂:《(民国)贵州通志》前事志40,第44页。
③ 孙毓棠编:《中国近代工业史资料》第一辑(下),第677~680页。
④ 中国史学会主编:《洋务运动》(七),第176页。
⑤ 刘显世、谷正伦修,任可澄、杨恩元纂:《(民国)贵州通志》前事志40,第45页。
⑥ 潘霨:《奏为查明都匀青溪等处造铁厂运销情形事》(光绪十二年十二月二十三日),中国第一历史档案馆藏录副奏折,档号03-9427-029。

潘志俊向英国谛塞德厂(Tee Side Co.)订购炼铁、炼钢和轧钢各机器,总价值12610英镑(约合银50440海关两)。① 其中,熔炼铁矿机炉全副,计价6835镑;炼贝色麻钢炉,价1927镑;轧造钢铁条板机床,价1475镑;轧造钢铁条板所用汽机,价2373镑。②

1886年底,经云贵总督岑毓英奏准,潘霨之弟候选道潘露③赴黔经办铁厂事宜。经潘露勘察,最终将铁厂厂址选在青溪县之小江口,并在此安设厂局。1888年初,青溪铁厂购置的炼铁机器设备运抵上海,共重1780余吨。潘露从上海聘请由法国人罗克莱领队的英法工程师五人,并雇请技师和工匠多人。

青溪铁厂设备的转运和装机过程为今人呈现了一幅奇异的工作图景。机器设备的运输与安装历尽艰辛。在今天看似极简单的一些问题,在当时却经历了令人难以想象的困难。据1888年11月1日潘霨奏称,炼铁机器分三批起解,"由沪雇船装运前来,均须立架,按件起重,由湖南常德而上,滩高水浅,又须按件起驳"。直到该年秋天,第一批始运到青溪,尚有二三批有待转运。④ 当运送机器的船只经过湖南地界时,该处乡民认为外洋之物,必有洋人在内,用武力霸阻,不准航行。⑤ 次年8月31日,潘霨再次奏报,表示机器设备年内仍无法运齐,只好先行安装已到小炼铁炉。铁厂装机过程又充满波澜:"原限各匠八月内一律竣事,奈地方过于荒陋,砖瓦木植采办稽延,添雇人夫亦非随招到。兼以运机船只又屡屡失事,虽随报即日雇船分匠前往捞摸不致沉没,但一件不到,即一器不至,艰难迭出,致延时日。然通盘筹划,约至八月可期工竣,开炉制造一切铁件。不意五月后,大雨连朝,于二十三日三更后,河水陡涨,该道(指潘露)冒雨出局,查看汪洋一片,河岸不分。迨至黎明将起重码头铁路石岸泥土冲刷成河,局房三进,头二层地势稍低,概被水淹,后进最高,院中亦有水进,幸至巳刻,水势

---

① 孙毓棠编:《中国近代工业史资料》第一辑(下),第684页。注:白银比价按照1886年中国海关银1两约等于英金5先令计算而来。(参照杨端六等《六十五年来中国国际贸易统计》表24"六十一年来海关两与各国货币比价表",国立中央研究院社会科学研究所专刊第四号,1931年版)

② 薛福成:《出使英法义比四国日记》,长沙:岳麓书社,1985年版,第202页。

③ 潘露(1827—1890),字敬如,19世纪70年代初,曾在广东批验所、广东军装机器局、广州火药局任职,左宗棠尝称赞其"天赋异能",于1883年将其调任江南制造局和金陵制造局总办,令其制造炮台用炮。中法战争期间,潘露赴福州牵线,奉命制造水雷。

④ 中国史学会主编:《洋务运动》(七),第180页。

⑤ 孙毓棠编:《中国近代工业史资料》第一辑(下),第680页。

消退,所存砖灰焦炭土石木植等项多被冲失。"①这严重影响了工程进度。

迟至1890年7月17日,潘霨才奏报青溪铁厂告成。与后来的汉阳铁厂相比,青溪铁厂规模很小。但麻雀虽小,五脏俱全。全厂包含了从采矿到轧制的全部钢铁生产环节,是中国第一家钢铁联合企业。该厂分为炼铁、炼钢和轧钢三部。炼铁厂拥有高炉1座,高5丈,内径最宽处为1丈6尺,吊矿煤机架高7丈。每日夜消耗焦炭40吨,铁矿50吨。有汽炉5座,大风机2座,热风由4座热风炉加热至1000℃,高炉每日夜可熔炼生铁25吨。炼成生铁后,入"捍铁庐",用人工捍抄翻动,使之变韧,再用汽锤捶打,挤出渣滓,成为条板之胚,最后入轧轴。炼钢厂设有容量为1吨的贝色麻炼钢炉2座,风机2座,起重力为2吨的起重机1架,熔生铁炉1座,炭铁炉1座,两心风扇机1座,双火门钢板汽炉1座,以上机器炼熟铁和贝色麻钢。轧钢厂有双大门钢板大汽炉2座,运动双汽筒大机器1付,其左连接轧板轴机器,其右连接轧方圆扁各种型材的条轴机器,左右总长50尺,"欲铁成何种样式,即换何轴"。此外,还有剪床、锯床、水机各1座,通过喷水给各轴降热轧铁。②

青溪铁厂的资金来源,除了潘霨通过上海绅商召集商股外,一部分由厂矿经手人员向各商号挪借,或在厘斤项下借拨。从1886年筹办到告成,共耗银约27.6万两,其中公款19.2万两。另外,根据铁厂的生产周期,约需六七万两流动资金,尚无着落。对于公款,潘霨希望能作正项开支,得到中央的批复:"责令自行筹款,不准报销。"③这样一来,实际上,中央财政对青溪铁厂就不曾投入一两银子,这与汉阳铁厂所获支持不啻天壤之别。既然挪借正项资金无法报销,流动资金又无着落,商股更是纸上画饼,无从筹措。潘霨只好寻求外资,向法国泰来洋商借规银30万两,先归还全数公款,余作青溪铁厂周转之用。该债款本息由青溪铁厂清还。

青溪铁厂建成后不久,生产即出现严重故障。清末乐嘉藻曾记述:"青溪铁厂创始于潘伟如中丞,督办者为其弟俊如观察。开炉后因本厂所炼枯煤锻枯煤,质力脆弱,不能胜铁矿之重,以致积压甚紧,铁汁不能出,和煤渣凝塞炉窍,于是停煅,别求佳煤,迄无合用者。"④忧急之下,8月30日,总理

---

① 中国史学会主编:《洋务运动》(七),第181页。
② 刘显世、谷正伦修,任可澄、杨恩元纂:《(民国)贵州通志》前事志40,第51页。
③ 中国史学会主编:《洋务运动》(七),第182页。
④ 刘显世、谷正伦修,任可澄、杨恩元纂:《(民国)贵州通志》前事志42,第5页。

建厂及生产事宜的潘霨病故。① 此一变故顿时使青溪铁厂处于"无人督理"的状态,所借洋款,无力担当。矿局请求"退还洋款,暂行停工",并建议青溪铁厂将"所存机器、煤铁矿料、房产等项,抵还公项,有赢无绌;或广招富商集股接办,务期公私有裨",潘霨亦赞成此请。② 此举实际上就是变卖机器厂房,归还公项开支。主管官员对青溪铁厂已然丧失信心。

青溪铁厂机器最终未能成功变卖。1890年底,原矿局汉口分销局会办三品衔候补知府曾彦铨接办铁厂。经新任贵州巡抚崧蕃奏准,在正项下再拨四万两,作为周转资金。③ 曾彦铨在浙江办矿多年,他接手青溪铁厂时,桑榆已晚,后效难图。他尝试用土法炼铁,亦无进展。青溪铁厂并未有转机,反而使公款亏欠加大。光绪二十一年十二月,清廷谕旨:曾彦铨接办青溪厂矿务,承领公款银4万两,除缴还一万五千两外,尚欠二万五千两,连前借公款、应还历年本息银两,迭催未缴,实属玩延。贵州后补知府曾彦铨着即行革职,勒限严追,以重库款。④ 围绕铁厂的机器厂房,之后又有陈明远续办一节。据闻,他结交外商,打着经办铁厂的幌子,行开采万山、丹寨、开阳等地汞矿之实。青溪铁厂机器设备亦在这一时期损失殆尽。

青溪铁厂是中国第一家新式炼铁厂,它不同于此前创建的福州船政局所属铁厂,而是一个独立的生产个体,具备钢铁生产的完整流程,以冶炼钢铁为主要生产目标。铁厂落户贵州,毫无疑问是因潘霨倡导的结果,可以说是必然中的偶然。用钢铁厂的选址标准去衡量,当时贵州绝非上选之地:交通不便,市场狭窄,资金紧缺,地方贫瘠等,加上中央漠视,使得青溪铁厂建设过程异常艰难。竣工后,其产品质量也难以让人满意,所产铁件曾交天津机器局化验,生铁不合用,熟铁较好。⑤

青溪铁厂的失败固然有诸多客观原因,但其失败,甚至于说建厂本身,都反映出以潘霨为代表的清政府官员在钢铁产业建设方面极度缺乏经验。近代钢铁工业必须以充足的原料燃料供应作基础,并以便利的交通运输条件和靠近市场销售区域作为前提。稍具经验常识的人都不会将一家近代化的钢铁企业设置在内陆的贵州地区。回看青溪铁厂创办时潘霨对黔省

---

① 据杨德桑记载,潘霨因铁厂经办历年,久无成效,同僚诟病,家人诽笑,气愤之下,吞金自杀。(《青溪铁厂史略》,《贵州文史丛刊》,1988年第4期)。
② 中国史学会主编:《洋务运动》(七),第183页。
③ 中国史学会主编:《洋务运动》(七),第185页。
④ 刘显世、谷正伦修,任可澄、杨恩元纂:《(民国)贵州通志》前事志41,第22页。
⑤ 陈旭麓、顾廷龙、汪熙主编:《汉冶萍公司》(一),第42页。

的铁矿与交通条件的描述——"黔省跬步皆山,处处产煤、产铁",镇远、思州、铜仁、都匀、黎平等地均具有近水之便,"设法挽运,均可下达长江"。①这一"处处"显然流于盲目,而其计划销售的市场为长江流域乃至沿海一带,千里转运,也明显与笨重的钢铁运输不符。就煤、铁资源分布而论,青溪铁厂在选址方面也存在致命缺陷。据陈明远记述,青溪铁厂距离湾水产煤之地有三百里崎岖山路,运煤费用昂贵,然"舍湾水之煤,又无可炼焦炭,即不能炼熟铁。此则病成绝症,几不能挽回",后在湾水发现苗河一道,直通湖南黔阳。而青溪之铁外销本取道黔阳而达汉口,潘露遂与洋矿师戴玛德筹商,拟在青溪老厂用木炭先熔生铁,运至黔阳,再在该处设分厂,就湾水之煤熔炼熟铁,然"黔中大府畏难,不允办"。②

在资金准备方面,潘霨等人也缺乏清醒的认识。中国传统冶场相对而言,并不需要太多的资金。李希霍芬描述晚清山西冶铁业:"中国在这里能够不需用什么材料就建立起来一个完备的熔冶厂。他们找到一个黄土形成平整的两道或三道梯坝的地方。除了这平坦的地皮之外,他们只还需要在立土壁上挖几个窑洞——而这是可以轻而易举的自己来挖的。这样,这个厂子就算是建筑成功。一注一百马克的资本就足以开动起来熔冶业务。"③对于近代钢铁企业的资金用度,潘霨没有充分心理准备,其主持创办的矿务局经营范围包括铜铅煤铁硝磺,地域几乎遍及贵州全省,根本无足够资金满足此用度。

作为国人尝试建立的第一家钢铁联合企业,青溪铁厂的建设活动开贵州近代工业发展之先河,具有十分重要的意义。晚清外交官陈季同曾作诗《到青溪矿局》记载青溪铁厂事:"炉锤陶冶费经营,一篑功亏九仞倾。泉府莫流源屡涸,山灵应笑宝空呈。浑如铸错频搜铁,为欲酬恩已竭精。毕竟苦心天不负,请看大器晚终成。"④但是,其迅速失败的经历也影响匪浅,《(民国)贵州省志》称,潘霨创办青溪铁厂,"实为黔工业界首要之图,铁厂规模之大,在当时全国中亦为仅见。惜以煤质不佳,致成停废","黔实业界经此挫折,乃多年不能复振"。对中国钢铁工业建设而言,青溪铁厂营建之

---

① 中国史学会主编:《洋务运动》(七),第171页。
② 刘显世、谷正伦修,任可澄、杨恩元纂:《(民国)贵州通志》前事志40,第50页。
③ 彭泽益编:《中国近代手工业史资料》第二卷,第141页。
④ 陈季同著,沈岩校注:《清代陈季同〈学贾吟〉手稿校注》,北京:国家图书馆出版社,2011年版,第18页。

艰难,经营者的苦难遭际刻骨铭心,《(民国)贵州省志》对此评价道:潘霨因青溪铁厂经营失败而去职,"其对陈明远言,在黔创办铁厂,用帑三十余万而未见效,黔中同僚诟病,家人亦非笑。当时之艰阻可知。而潘露以忧死,曾衡甫亦以劳死沪上,谋始之难如此"。① 但青溪铁厂为日后汉阳铁厂的建设积累了宝贵经验。汉阳铁厂创办前夕,张之洞曾致电潘霨,问询青溪铁厂经营状况。潘霨在复电中坦言:"现当开创之始,黔省无一识者。"② 青溪铁厂的教训是启发张之洞大量聘用外国技术人员的重要原因。

四、全面起步——汉阳铁厂的创建

汉阳铁厂创办前,洋务运动已经进行了20多年,中国工业化在艰难中起步,在痛苦中做出一个又一个抉择。与几千年漫长的传统社会相比,中国在这20年所发生的变化不可谓不夥,所取得的成果也不可被忽视。但是,这个时期也是世界资本主义文明发展的黄金时代,欧美列强包括近邻日本无不利用两次工业革命的契机发展自己,世界经济进入高速发展阶段。当铁路已经在世界其他国家纵横密布时,中国还在纠缠于要不要、能不能造铁路的问题中;当1880年世界生铁产量接近2000万吨时,中国还没有一家炼铁厂。在这场赛跑中,中国拉大了与世界强国的差距,这是一种日趋严重的"落后的增长"。

实践是认识发展的动力,不经过实践的历练,光靠纸上争辩,无法解决思想认识、人才技术以及建设经验等多方面的问题。晚清钢铁工业亟待实践锻炼,国人也需要一个从实践中学习成长的机会,这是中国钢铁工业建设的必经阶段。汉阳铁厂建成之前,福州船政局锤铁厂和拉铁厂不具备冶炼能力,产品基本不进入市场流通,青溪铁厂建成不久即停止生产,江南制造局、天津机器局下属炼钢厂也不具备炼铁能力,产量低,规模较小,生产的钢料主要满足局内需求。从对全国经济的影响而言,以上几家企业的作用十分有限。汉阳铁厂是中国钢铁工业的摇篮,在其存续的半个多世纪里,对中国钢铁工业发展和工业化进程产生重要影响,其创建是中国钢铁工业全面起步的标志。

---

① 刘显世、谷正伦修,任可澄、杨恩元纂:《(民国)贵州通志》前事志40,第50页。
② 苑书义、孙华峰、李秉新主编:《张之洞全集》卷181,电牍12,石家庄:河北人民出版社,第5410页。

(一)创办缘起

作为后期洋务运动的殿军主帅,张之洞对钢铁工业之价值有较为深刻的认识,视其为"振兴工艺商务之始基"。1889年,他实施酝酿多年的炼铁计划。4月9日,他分别致电清政府驻英法意比公使刘瑞芬和驻俄德奥荷公使洪钧:"粤多铁矿,质美价廉,惟开采煎炼未得法,故销路甚隘。请查开铁矿机器全副,需价若干,将生铁炼熟铁,将铁炼钢,兼制造钢板、钢条、铁板、铁条及洋铁针,并一切通用钢铁料件,需用机器约价几何?粤拟设炼铁厂,请详询示复。"①从此电文看,张之洞通过兴办炼铁厂抵制国外钢铁产品、减少漏卮的意图非常明显,以至于连大量输入中国的"洋铁针"的仿制生产都考虑进去。

在以后的几个月里,围绕着设备价格、熔炉生产能力、机器运输等问题,三方电函往来。由于从未有过兴办钢铁企业的经验,张之洞借鉴贵州青溪铁厂经验,向位于英国米德尔斯伯勒(Middlesbrough)的谛塞得公司(Tee Side Co.)订购了炼铁高炉设备。光绪十五年(1889)九月,刘瑞芬与谛塞得公司签订订购机器合同,张之洞动用广东闱商报效银预付了131670两白银的订金。如果没有后来关于津通铁路问题的争论,张之洞将在广东创办一大型钢铁企业,其炼铁厂建设计划也不可能与铁路建设密切联系在一起。

在工业化社会中,经济运行是动态的,劳动力、工业原料以及生产产品必须以近代的交通运输方式为载体。铁路给世界交通运输带来了革命性的变革,大大缩短了物品交流的空间距离。同时,铁路对钢铁产业的发展也具有举足轻重的作用,是钢铁工业最重要的市场销路之一。然而,中国社会对铁路交通技术的反应迟钝,迟迟未能形成正确的思想观念。

开平煤矿建成后,为解决煤炭运输问题,经李鸿章力争,建成从唐山至胥各庄、全厂9.2公里的唐胥铁路。这是中国第一条留存下来的铁路。该路最初用骡马牵引,效率很低,开平矿局的洋工程师不得已自己组装一台机车,牵引煤车,效果显著,但不久即遭到清廷申饬停驶。中法战争前夕,各地方需煤紧张,清政府不得已解除禁令。从此,开平煤矿使用铁路机车运煤,堵住了顽固势力衮衮诸公的封禁之口。中法战争之前,李鸿章就希

---

① 王树枏编:《张文襄公全集》卷132,电牍11,第4页。

图借助铁路来抵制外敌侵凌:"火车铁路利益甚大,东、西洋均已盛行,中国阻于浮议,至今未能试办,将来欲求富强制敌之策,舍此莫由。倘海由铁舰,陆有铁道,此乃真实声威,外人断不敢轻于称兵恫吓。"①战争结束后,清政府认识到铁路对军队及武器转运的重要性,同时,吴淞铁路、唐胥铁路的教育示范作用也推动了清政府态度的转变。② 在左宗棠、李鸿章、曾纪泽、刘铭传等人的推动下,清政府对修建铁路的态度渐趋积极。1885 年 10 月,清政府成立海军衙门,醇亲王奕譞总理其事。经李鸿章奏准,海军衙门兼管铁路建设。李鸿章与奕譞过从甚密,在海军衙门的支持下,中国铁路建设开始兴起。1886 年,为改善运煤线路,唐胥铁路延展至芦台,是为开平铁路,全长 32.2 公里。开平铁路公司负责管理该路。次年,开平铁路继续向天津延展,1888 年竣工。该路从芦台至天津,长 75 公里,称津沽铁路,总造价银 130 余万两,其中外债 107.6 万两。

  1888 年,津沽铁路完成后,李鸿章计划修通天津至通州的津通铁路,以加强北洋防御,并便利直隶矿务发展。与此前兴议的铁路不同,该路因毗邻京师,所遭受的阻力也非常之大。该路先经谕旨允准,后由于御史余联沅等奏请停办,清廷遂发交各地督抚讨论。1889 年 3 月 9 日,刘铭传递交《复陈津通铁路利害折》,驳斥了铁路"资敌、扰民、失业"三条停办理由,指出铁路对于"遏敌""卫民""厚民生"有重大意义,断定"铁路一事,为安内攘外刻不容缓之急图",铁路建设"非一隅之利,乃四海之利;非一时之利,乃万世之利;非一二人之私利,乃千万人之公利"。③ 李鸿章对此折大加赞赏,称:"痛快未曾有,佩甚。各省如卞、陈、奎迂谬,曾、黄、王、裕、崧、德调停其词。张即到,想亦谓然。邸谓决理易、靖嚣难,盖指枢垣讲幄而言,可慨。"④此时,李鸿章猜测张之洞也会"调停其词"。

  1889 年 4 月 2 日,两广总督张之洞递交了著名的《请缓造津通铁路改建腹省干路折》。在奏折中,他驳斥了反对兴建铁路的谬论,对建铁路之举表示明确支持,认为"泰西创行铁路将及百年,实为驯致富强之一大端"。

---

  ① 顾廷龙、戴逸主编:《李鸿章全集》信函五,第 241 页。
  ② 吴淞铁路在 1876 年 12 月 1 日至 1877 年 8 月 25 日运营的时间里,共运送旅客 16 万多人次,平均每周每英里可赚 27 英镑。(参见李占才主编:《中国铁路史(1876—1949)》,汕头大学出版社,1994 年版,第 65 页。)
  ③ 刘铭传著,马昌华、翁飞点校:《刘铭传文集》,合肥:黄山书社,1997 年版,第 46 页。
  ④ 顾廷龙、戴逸主编:《李鸿章全集》电报二,第 469 页。

但与海军衙门强调津通铁路"迅海防,省重兵,便转运,通货物,兴矿产,利行旅,速邮传,捷赈济"的目的不同,张之洞以为,"铁路之用,尤以开通土货为急",主张"先择四达之衢,首建干路以为经营全局之计,以立循序渐进之基","宜自京城外之卢沟桥起经行河南,达于湖北之汉口镇,此则铁路之枢纽,干路之始基,而中国大利之所萃也"。张之洞详细列举兴建此路的八大利,大抵包括无资敌之患、易勘察、避开坟茔、便利商务、增添饷源、便于镇压内乱和弥补河运不足等内容。除此之外,张之洞还详陈这条铁路的建设计划、预算经费以及材料来源等内容。该折得到慈禧高度赞赏,对晚清铁路建设产生重大影响,卢汉铁路因此被提上建设日程。张之洞亦因此主张而于1889年8月8日调补湖广总督,督办卢汉铁路。①

之前包括津通铁路在内的几条铁路,其设计长度都不长。修建铁路所用的材料都从国外购买,材料购置费用相比之下不是很多。而卢汉铁路途经直隶、河南、湖北三省,全长1000多公里,材料费用将是一个庞大数字。为减少利源外流,张之洞主张修造铁路,先要"储铁",炼钢造轨,以塞漏卮。在得知调任鄂督后,1889年9月20日,他赶在离任之前递交《筹设炼铁厂折》。他从"开辟利源,杜绝外耗"的角度出发,提出建设炼铁厂的必要性。鉴于此前他建议的除铁禁、免税厘、免炉饷、任便煽铸等措施均不能改变洋铁畅销、土铁日绌的状况,张之洞总结"因其向用机器,锻炼精良,工省价廉","华民习用之物,按其长短大小厚薄预制各种料件","凡有所需,各适其用"。至于土铁,"工本既重,熔铸欠精,生铁价值虽轻,一经炼为熟铁,反形昂贵",故而必须设厂购置机器,用洋法精炼,才能杜绝外铁之来,减少白银外流。从中不难发现,虽然清政府已决定大规模修造铁路,但张之洞在广东拟建的炼铁厂却并非专门针对铁路建设材料,其目的主要是仿造国外的钢铁制品,以减少漏卮。换句话说,张之洞在广东筹办的炼铁厂并不计划专门供给轨道材料。

为了供应轨料,张之洞在其他省份有另立炼铁厂的打算。在致洪钧电文中,他提到,山西设铁厂为"详筹必办之事""固为铁轨"。② 对此,李鸿章

---

① 清政府的铁路政策摇摆不定,在定议修建芦汉铁路不久,因俄国计划修建直通中国东北的西伯利亚铁路,威胁清朝寝陵重地,1890年4月,在李鸿章的倡议下,清政府决定缓建芦汉铁路,改建从林西经沈阳至吉林的关东铁路,到1894年春,关东铁路关内段基本修通,全长约190多公里。芦汉铁路直至甲午战争后才动工兴建。

② 王树枏编:《张文襄公全集》卷133,电牍12,第6、11页。

反对广设铁厂,指出"筹画开矿炼成钢条,器款甚巨,岂能各省同开?"①但直至清廷同意广东炼铁厂迁移的前夕,张之洞依然未放弃另建新厂的想法。1890年1月15日,他致电洪钧:"开煤铁矿机器未蒙筹及,并望速查示。"②后因广东炼铁机器设备的迁移,使得此计划未能付诸实践。

1889年11月14日,张之洞交卸两广总督职务。12月5日,新任粤督李瀚章上奏,请将广东炼铁厂"量为移设"。18日,张之洞接湖广督篆任事。1890年1月17日,总理海军事务衙门就铁厂移置事情征询张之洞意见,1月20日,张之洞致电海署及北洋大臣李鸿章,同意铁厂移设湖北:"两广李督既不欲在粤置机采炼,且此机内本兼订有造铁轨机器,自以移鄂为宜。正拟上陈,适奉钧电,谨当即电使英刘大臣,将此机运鄂,将来大冶煤便,即置大冶,若大冶煤艰,湘煤湘铁尚合算,即设武昌省城外江边,要之在鄂,总有大用。"③3月19日,海署会同户部奏准将炼铁厂"量为移置"。

广东炼铁厂移设湖北,使张之洞得以继续完成这一未竟的事业。更重要的是,它使我国第一个大型钢铁企业的规划创办从此与铁路建设紧密联系在一起。铁路建设是当时钢铁需求量最大的建设事业,二者的结合,对推动日后汉阳铁厂的发展发挥巨大作用,它初步解决了近代钢铁厂生存所必需的市场空间问题。

(二)工程建设与早期经营

张之洞最初在广东设立炼铁厂,旨在仿制西方的铁针、农具、铁锚、缆钉、铁丝、铁管、螺丝等物品,借以抵制洋货、减少漏卮。对其生产能力与产品种类,他规定:"每日百吨以上,炼熟铁及钢各半,铁钢条方圆尺寸,即查外洋历年来来华多销式样,照订能兼备铁路用者尤佳。"④炼铁厂迁至湖北后,其功能发生巨大变化,主要用于生产铁路轨料,产能亦进行大幅度调整。在张之洞的要求下,汉阳铁厂新增大批机器设备,主要为炼钢及轧钢设备。炼铁设备最初由张之洞在督粤期间通过刘瑞芬订购,日出铁100

---

① 顾廷龙、戴逸主编:《李鸿章全集》电报二,第546页。
② 湖北省档案馆编:《汉冶萍公司档案史料选编》(上),第64页。
③ 王树枏编:《张文襄公全集》卷133,电牍12,第39页。注:袁为鹏认为,铁厂由粤迁鄂主要是清廷中枢为了抑制势力过分膨胀的李鸿章政治集团,有意"扬张抑李"而做出的决策,而并非张之洞、李瀚章两人凭个人意愿而导致的移交行为。参见袁为鹏:《张之洞与湖北工业化的起始:汉阳铁厂"由粤移鄂"透视》,《武汉大学学报》(人文科学版),2001年第1期。
④ 王树枏编:《张文襄公全集》卷132,电牍11,第24页。

吨。张氏移督两湖后,与新任驻英使臣薛福成商酌,增加设备,改为炼铁炉 2 座,日产生铁合计 200 吨。1890 年 5 月 17 日,张之洞致电薛福成:"前定炼铁炉机日出百吨,今欲赶办钢轨,日出二百吨,将已定机炉参合添配,应加炉座、卷轨机各若干,价值连运保共几何?"①这批机器主要是增加了日产 100 吨的炼铁炉以及配套炼钢、轧钢的设备。广东炼铁厂设备移置湖北后,铁厂规模大为扩充,无形中增加了建厂和生产管理的难度。这对于几乎没有任何经办大型钢铁企业技术经验的国人而言,是一个巨大的挑战。故有学者认为,要是张之洞建立的是一个小型或中型钢铁厂,那么,生产的安排便容易得多,资金也会充裕,原燃料以致技术的掌握可能会快一点,生产可能比较顺利。②

张之洞创建汉阳铁厂,立下宏愿:"务期将中国开辟煤铁利源风气一事,必使办成为度,总使民足以兴利,官足以济用。"③1890 年 6 月 3 日,他在武昌成立铁政局,颁发"湖北铁政局之关防",委派湖北布政使、按察使、盐粮道和候补道蔡锡勇总办局务,蔡锡勇为驻局总办,处理日常事务。④张之洞指出,"炼铁厂应即于省城武胜门外塘角地方,近江处所择地建造",规定"自五月起,务须于一年之内造成铁厂,以便安炉炼铁,赶造钢轨"。从一年的期限可看出张之洞造轨之心切。从此,"汉阳铁厂"(官办时期正式称谓为"汉阳铁政局")走入世人的视野。

为解决建设资金问题,海军衙门与张之洞约定,将 1890 年的铁路建设经费 200 万两全部移充汉阳铁厂建设费用,这是清中央政府为筹建钢铁厂拨付的最大单笔款项。汉阳铁厂官办时期,创建、运营费用共计库平银 5 829 630 两,约占到洋务运动期间清政府对民用工业投资的 1/3。⑤ 其中,除 200 万两由户部拨用外,其余大部分均靠张之洞奏拨挪借而来。

---

① 湖北省档案馆编:《汉冶萍公司档案史料选编》(上),第 105 页。
② 郑润培:《中国现代化历程——汉阳铁厂(1890-1908)》,香港:新亚研究所 2002 年版,第 143~144 页。
③ 王树枏编:《张文襄公全集》卷 134,电牍 13,第 26 页。
④ 湖北省档案馆编:《汉冶萍公司档案史料选编》(上),第 74 页。
⑤ 据学者估算,洋务运动期间,清政府对民用工业的投资,"不会超过 1500 万两"。参见周育民《晚清财政与社会变迁》(上海人民出版社,2000 年版),第 302~307 页。

表 28　汉阳铁厂官办时期实用款项一览表

来　源	数目(库平银)	备　注
广东闱姓商人订银	131670 两	炼铁机器订金
户部拨款	2000000 两	关东铁路建设款
鄂省盐厘	300000 两	
湖北省盐粮道库银	400000 两	
湖北省海防捐	28552 两	勘矿费用
湖北枪炮厂经费	1564622 两	
借拨湖北织布局股本银	278762 两	此系实用之款
收铁厂产品价银	24825 两	
借拨江南筹防局	500000 两	
借拨两淮商捐	500000 两	
各厂及商号欠款	101199 两	
实用总计	5829630 两	该款项为从铁厂筹建至改归商办期间实际所用

资料来源：湖北省档案馆编：《汉冶萍公司档案资料选编》(上)，第 137 页。

汉阳铁厂建设工程包括高炉设备安装,大冶铁矿的矿山开采和运矿线路,以及王三石、马鞍山煤矿的建设。铁厂主体工程于 1890 年底开工,主要包括兴筑防洪堤、填筑夯实地基、购买民宅地基、添购设备、安装机炉等环节。所有工程包括大小十厂,1893 年春以来先后竣工,按完工先后顺序,计:炼贝色麻钢厂、炼熟铁厂、炼生铁厂、机器厂、铸铁厂、打铁厂、西门士钢厂、造钢轨厂、造铁货厂及鱼片钩钉厂,11 月 29 日,张之洞奏报汉阳铁厂全厂告成。1894 年 2 月 15 日,汉阳铁厂开炉试炼。① 6 月 28 日,举行试产典礼,炼铁炉、熟铁炉、炼钢炉和轧钢厂同时开工。

汉阳铁厂炼生铁厂的 2 座化铁炉设备来自英国北部地区米德尔斯伯勒提斯河畔的谛塞德公司(Tees-side Engine Company of Middlesbrough)。机器厂、铸铁厂、打铁厂设备也向该公司购买。另,鱼片钩钉厂设备也由英国厂家提供,但不确定具体厂家,1892 年春订购。贝色麻炼钢厂以及造钢轨厂的设备来自英国,据薛福成日记,供应商为"英国斯大福省浑司伯里地方贝丁沙甫阿克司尔滴里公司"。② 马丁钢厂以及炼熟铁厂设备来自比利时科克里尔厂。其他一些附属设备,如码头机械、车辆、起重机等从比利时

---

① 湖北省档案馆编：《汉冶萍公司档案史料选编》(上),第 109、110 页。
② 薛福成著,蔡少卿整理：《薛福成日记》,长春:吉林文史出版社,2004 年版,第 613 页。

购买，炼焦炉等从德国购买。19世纪末，英国钢铁工业的整体技术水平已被德国、美国所超越。张之洞向英国和比利时采购设备，应该讲，未经过科学的技术比较和论证分析。这一结果与当时清政府驻外使臣的个人态度和决策有密切关系。当时的驻英公使薛福成对西方工业文明十分重视，特别是对欧洲的钢铁冶金技术十分关注。相比之下，驻德公使洪钧则不如薛氏开明。虽然可以断言，薛福成对包括德国在内的欧洲钢铁技术应该有所了解，但其关系往来显然更多集中在英国（其日记中就有英国钢铁设备厂商主动联系其本人的记载）。这或许对张之洞的技术选择有更大的影响。

大冶铁矿建设工程主要包括安装新式开掘机器设备，以及修筑铁山矿区至滨江的石灰窑铁路一段。汉厂官办时期，张之洞曾要求大冶每日能供给矿石200吨。至1894年初，每日可运铁矿100吨，石灰石20吨。① 这并非大冶铁矿无法提高产量。主要是因汉阳铁厂建成后，拘于燃料不足，产能未能充分发挥。随着汉阳铁厂钢铁产量的增加，以及日本从大冶输入铁矿石，大冶铁矿规模不断扩大。其运矿铁路全长约31公里，这是湖北省乃至华中地区第一条铁路。铁路工程由补用知县林佐督办，德国工程师时维礼设计监修。路工材料从德国购买。1890年1月开始勘测建筑，1892年秋基本完成建设。它对于大冶铁矿以及当地社会经济发展意义重大。

汉厂的燃料开发效果并不理想。1890年以来，张之洞曾多次差人查勘煤矿，足迹遍及湘、鄂、赣、川、陕、黔等地，综合考虑运输和煤炭质量等因素，没有发现合适的矿藏。最后勉强定址于邻近汉阳的大冶和武昌地区。大冶王三石煤矿因矿层断裂，井内水势过大，最后不得不放弃；武昌马鞍山虽经见煤，并购置洋炉炼焦，但煤质含磺过重，非掺用开平煤焦不能用以炼铁。燃料缺乏成为影响铁厂初期生产的关键因素。

1894年夏，汉阳铁厂试产典礼后，全厂正式进入生产阶段。但因无法源源不断地获得质优价廉的燃料供应，被视为"中国制造之权舆""外人观听之所系"的汉阳铁厂常常陷于停炉待焦的尴尬境地：从1894年初到1896年6月，大部分时间处于停业状态。1894年6月28日，铁厂正式开炉后，以每吨银20两的高价从德国购买焦炭5000吨，后不得不掺用土焦或无烟煤。该生产阶段仅维持了102天，产铁4635.9吨。经过试生产，发现生铁炉质量不合要求，"炉体竟形成一个不均匀的圆体"。后停产一年多，1895

---

① 湖北省档案馆编：《汉冶萍公司档案史料选编》（上），第110页。

年7月25日,张之洞致电蔡锡勇:"若炉久不开,每月徒有工费而无出货,成何事体?每月总需七八万金,以后用款无从罗掘,以前欠债无从筹还,鄙人实无颜再向朝廷请款,亦无词以谢谗谤之口,是死证矣。"① 经过维修,1895年9月16日,铁厂才第二次开炉炼铁。同样因焦炭缺乏,在生产93天、4360.3吨铁后又封炉。1896年初,利用马鞍山、开平和日本焦煤,铁厂第三次开炉。② 由于长期停产,设备利用率极低,加上机构臃肿,人浮于事,日常开支浩繁,清中央政府早已停止对铁厂进行接济。1896年5月,汉阳铁厂交由盛宣怀招商接办。

不论有怎样的缺憾,汉阳铁厂作为近代中国乃至东亚地区第一家大型钢铁联合企业开始屹立于世界舞台。在此后的近20年时间里,它是中国境内唯一的大型钢铁联营企业,因其规模庞大,地位特殊,曾被外国人称为"国家钢铁厂"。③ 相比以前的钢铁企业只具备轧钢或炼钢生产环节,汉阳铁厂拥有采矿、炼铁、炼钢和轧钢机器设备,同时兼具采煤、炼焦等生产能力,生产流程完整。

(三)汉阳铁厂工程建设的评价

针对汉阳铁厂建设工程,后人多有訾议,认为埋下日后经营失败的隐患。特别是对张之洞的种种颟顸做法,批评尤多。大多认为他缺乏常识,盲目决策,不作实地调查,不顾经济效益,不对市场情况、工艺技术、工程条件(包括资源储量、原材料来源)等进行可行性研究,管理方式落后,铺张浪费,糜费惊人等,相关评论时至今日仍不时出现。应该讲,这些指责都有一定依据。但是,评价历史人物和历史事件要从具体的历史情境出发,切不可用今人的眼光和标准衡量过去。比如,汉阳铁厂是作为铁路建设的附属实业创办的,当铁路兴工在即时,张之洞显然没有足够多的时间和技术力量去进行大面积的资源勘查和比较甄选等工作;技术储备方面,当时整个国家的科技人员都稀缺,这不是个人在短期内所能改变的问题。这些都是不能回避的客观现实。

姑且将这些失误暂置不论。笔者认为,单从张之洞一手缔造汉阳铁厂的事件本身来讲,他推动中国钢铁工业由思想讨论向实践探索层面的转

---

① 王树枏编:《张文襄公全集》卷147,电牍26,第12~13页。
② 陈旭麓、顾廷龙、汪熙主编:《汉冶萍公司》(二),第105页;湖北省冶金志编纂委员会编:《汉冶萍公司志》,第13~14页。
③ 陈旭麓、顾廷龙、汪熙主编:《汉冶萍公司》(一),第755页。注:在该电报中,郑观应以"向来洋人所用信纸皆印有国家钢铁厂字样",铁厂既改为商办,似易名,请用"汉阳钢铁厂公司"名称。

变,用"开拓始基"①来形容其对中国钢铁工业的贡献,并不为过。1876年,李鸿章曾预言道:"中国积弱由于患贫,西洋方千里数百里之国,岁入财赋动以数万万计,无非取资于煤铁五金之矿,铁路、电报、信局、丁口等税。酌度时势,若不早图变计,择其至要者逐渐仿行,以贫交富,以弱敌强,未有不终受其敝者。……此事迟之数年或数十年,必有破群议而为者。"②其预言不可谓不精准,但是,这个"破群议而为者"不是他本人,也不是沈葆桢、丁日昌、左宗棠、刘坤一等早期洋务重臣,最后却由洋务后起之秀张之洞来担此重任。

通过第二章的分析,可以看出,张之洞创办汉阳铁厂绝非一时心血来潮,而是建立在对钢铁工业重要性深刻认识的基础上。在"钢铁时代"降临、钢铁产业经济深刻影响人类文明进程的时刻,张之洞此举顺应了现代工业经济发展方向,适应了经济发展要求。汉阳铁厂的创建,使得国人谈论钢铁工业建设不再只是纸上谈兵,而是开始探索和积累的实践经验。③从此以后,国人关注的焦点不再是要不要发展钢铁工业,而是如何发展壮大我国钢铁工业。无论是成功的经验,或者是失败的教训,它们都对以后中国钢铁工业建设提供了最为直接的感性认知,深刻影响着后来的建设实践。

评价历史,应有理解之同情。在当时进行矿产资源开发,绝非想象中那么容易。矿业投资变数多,风险极大,准入门槛极高。包括当时发达国家在内,开发失败的例子并不少见。据王宠佑称:19世纪末20世纪初,南非洲每52个矿区,仅有一个矿区由成功之望。1904—1914年,有464个矿山有开采价值,结果仅20处可以获利,2处有成功之可能,6处在成败之间摇摆,足见开矿成功之难。英国矿业公司在1880—1904年共注册9221家公司,结果仅三分之一获利。④ 汉阳铁厂本身就是一个大炼炉,在以后数十年时间里,将走出一批又一批冶金技术人员和钢铁产业工人。这些都是无法估量的宝贵财富,花再多金钱也换不来。认清这一点,是理性地评价张之洞创办汉阳铁厂的前提与基础。况且像汉阳铁厂这样的大型钢铁企

---

① 陈真编:《中国近代工业史资料》(第三辑),第406页。
② 顾廷龙、戴逸主编:《李鸿章全集》信函三,第489～490页。
③ 在汉阳铁厂之前,包括贵州青溪铁厂、江南制造局等企业已开始尝试发展钢铁工业,但其规模与影响显然无法与汉阳铁厂比肩,影响有限。
④ 王宠佑:《中国矿产在世界上之地位》,《工程》(中国工程师学会会刊)1934年第1号,第13页。

业,如张之洞事后所感慨的,"工程之艰巨,实为罕有","事属创始,计虑难周",这不能简单视为办理不善的托词,而部分地确为当时发展钢铁所面临困难的真实写照。

甲午战争后,近邻日本开始大规模发展钢铁工业,而清政府的财政陷于破产。从这个角度分析,1890年张之洞创办汉阳铁厂,实为晚清发展钢铁业最后一次大规模实践机会。继汉阳铁厂之后,近代中国政府再也没有力量建成这样大规模的民族钢铁企业。民国初年,北京政府曾评价张之洞创办汉阳铁厂的功过是非,称其功在为人所不敢为,造兹伟业;而其过在为人所不能为,遗此弊数。① 笔者认为此论颇为客观。总之,"判断历史的功绩,不是根据历史活动家没有提供现代所要求的东西,而是根据他们比他们的前辈提供了新的东西"。② 凭借开榛辟莽、草创铁厂之功,张之洞无愧于中国钢铁工业之父的称号,其业绩亦将彪炳史册。

但不得不承认,由于个人识见和能力的缺陷,加上中国地质、矿冶工程技术的落后,张之洞所完成的汉阳铁厂建设工程是名副其实的"劣质工程",遗患重重。

第一,燃料工程建设无果而终。这固然受制于晚清中国地质勘探工作的滞后,但与张之洞的盲目自信不无关系。若说张之洞对于近代冶金企业的设厂要求完全不知,似与事实不合,但是他根据中国传统钢铁生产经验去规划相关问题,不了解近代钢铁冶金企业的燃料消耗能力和质量要求,使得汉阳铁厂从一开始就面临无煤可用的尴尬局面。

张之洞最初对燃料问题较为乐观,曾考虑收买民间土煤作为权宜之计:"湖北之荆门、兴山、归州,湖南之邵阳、耒阳、常宁、浏阳、永州,四川之奉节、巫山皆出白煤,合计灰少合用者二三十处。目前收买为便,明示招徕,必可争开争贩,当不至太贵。"③1890年12月17日,他向朝廷奏报:"至炼钢炼铁以白煤、石煤为最善,或用油煤炼成焦炭亦可。湖北之荆门当阳产有白煤,兴山、归州、巴东亦产白煤,为数较少。湖南之宝庆、衡州、永州三府所属各县地方,及接界之四川、奉节、巫山、江西萍乡所产白煤、石煤、油煤、焦炭尤为旺盛,均为一水可通。……湘鄂各煤合式可用者共有二十

---

① 工商部:《呈大总统缕陈汉冶萍公司实情文》,《民国经世文编》实业(三)。
② 列宁:《列宁全集》第二卷,北京:人民出版社,1984年第2版,第154页。
③ 湖北省档案馆编:《汉冶萍公司档案史料选编》(上),第74页。

余处。"① 但实际上,汉厂"一炉岁需焦炭三万六千吨,两炉同开即倍之,化钢、炼轨之焦煤尚不在内"。② 这个消耗量对于仅有土法炼铁经验的人而言是无法想象的。另外,煤焦的质量要求与转运输送等问题也远远超出张之洞的预估。

在创建铁厂过程中,张之洞曾派遣大批属员四处勘查、开采、运输煤炭,如候选道徐建寅、湖北试用知县欧阳炳荣等赴湖南衡州,矿务委员守备池贞铨、湖北候补知县高培兰等往赴湖南宝庆一带,知府札勒哈哩、候补同知盛春颐等赴荆门、当阳等州县。到1891年初,汉阳铁厂确定重点开采大冶王三石及武昌附近马鞍山、龙王庙等处煤矿。大冶煤矿据徐建寅勘查,显示"确系真煤层,必产佳煤无疑"。③ 但实际开采结果很不理想。王三石煤矿后因水势过大,废弃不用,徒耗数十万两白银。马鞍山虽投入巨资,开挖出煤,设炉炼焦,但煤质含灰、磺过多,必须掺用开平煤焦才能使用,铁厂化铁炉曾用使用该矿生产的焦炭而损坏。④ 作为中国唯一的新式煤炭企业,开平煤矿出产较丰,但与湖北相距遥远,其焦炭每吨正价连杂费麻袋装工水脚,到铁厂需银有时高达16、17两,道远价昂,且不能随时运济。

在辽阔的长江流域,竟找不出一座适合钢铁冶炼的大煤层,这恐怕是张之洞事先所未曾料到的。而他对此问题的极度自信几乎葬送了汉阳铁厂。这种自信部分地源于传统的矿冶生产经验形成的错误认识。据化铁工程师吕柏(Eugen Rupper)追述,铁厂开炉之前囤积了大约5000吨焦炭,在中国人开来,"可以用至十余年之久",及至开炉冶炼后,"华人始知化铁炉用炭之多,而炼炭又必须有合用之煤,异常慌张,毫无主见"。⑤ 燃料问题在铁厂官办时期始终未能解决,成为影响铁厂生存发展的致命问题。

第二,核心设备工程质量低劣。晚清中国钢铁冶金工程几乎为"零技术"状态,为发展钢铁工业,就不得不倚重外国技术人员。主持贵州青溪铁厂建设事宜的是中国自己的工程技术人员,由于成效不理想,张之洞创建汉阳铁厂时改为倚重洋人,机炉设备安装在外国技术人员指导下完成。从技术引进角度上讲,这无可厚非。但是由于中国缺乏本土技术人员和必要的管理经验,对所聘外国人的技艺专精程度无法评判,也无法有效监督他

---

① 王树枏编:《张文襄公全集》卷29,奏议29,第21页。
② 盛宣怀:《愚斋存稿》卷1,第42页。
③ 陈旭麓、顾廷龙、汪熙主编:《汉冶萍公司》(一),第18页。
④ 陈旭麓、顾廷龙、汪熙主编:《汉冶萍公司》(一),第89页。
⑤ 陈旭麓、顾廷龙、汪熙主编:《汉冶萍公司》(二),第101页。

们的工作，一切技术层面的事务几乎全由外国技术人员作主。在高薪的驱使下，这批技术人员鱼龙混杂，滥竽充数者有之，敷衍塞责者有之，极大影响工程建设质量以及以后铁厂的正常生产经营。

汉阳铁厂炼生铁厂有化铁炉两座，为汉厂关键设备。洋匠对铁厂建设不尽职尽责，敷衍塞责，导致化铁炉建筑质量非常差。吕柏曾记述："缘西历一千八百九十年起造时，系英国泥水工程师，并另有梯赛特厂荐来三人监造，并未按同古法，听凭中国泥水匠砌成，是以地盘及炉脚均未坚固。而炉身之工程尤劣，砖多剥蠹，砌多裂缝有十至二十密里美得者，尽用火泥涂抹，一经阴雨淋漓，而所涂之火泥尽皆剥落，则甲字炉恐有斜倾下陷之虞。况炉砖有一定位置，尤多差错。吕曾询及中国泥水匠目如何建造，该匠目复称，英工程师并未指点有何方法，故仅照盖房屋工程耳。"① 这两座化铁炉设计能力为 100 吨，但每座平时日出铁仅 50、60 吨，且时常熄火修理。1905 年，经李维格等人修缮后，两炉日产铁可达 250 吨，比从前提高了一倍。1909 年，汉冶萍公司生铁产量超过 7 万吨，就是依靠这两座化铁炉。而汉阳铁厂正式开炼后的两年时间里，仅炼生铁约 1.2 万吨。② 前后对比，可看出铁厂初建时生铁炉质量之低劣。

其他炼钢、轧钢设备也不同程度存在类似问题。1905 年，李维格言，旧厂只有"轨轮一副，条板虽亦有轴，具体而微，尺寸略大之件即不能拉造"。③ 日后这均成为改良的重点。

第三，计划不周以致糜费巨额资金。作为一名受传统文化教育熏陶的官员，张之洞缺少经办钢铁企业所必需的知识与经验，对铁厂始终没能形成一个缜密科学的建设规划，这在铁厂的资金使用上表现得非常明显。汉阳铁厂建设需要多少钱，怎样使用这些资金，张之洞心中始终没有一个清晰的认识。为满足铁厂建设及维持生产的资金用度，张之洞不断追加投资，耗费了巨额资金。1890 年 12 月 17 日，他首次提出汉阳铁厂建设所需经费总额，约为银 240 余万两。④ 1892 年 3 月 25 日，张之洞第一次申请续增拨款 32.46 万两，合原估 246.8 万余两，共计 279.2 万余两。他表示："此次续估之后，断不至再有请添之款"。⑤ 1893 年 4 月 11 日，张之洞第二

---

① 陈旭麓、顾廷龙、汪熙主编:《汉冶萍公司》(二)，第 101～102 页。
② 陈旭麓、顾廷龙、汪熙主编:《汉冶萍公司》(二)，第 105 页。
③ 湖北省档案馆编:《汉冶萍公司档案史料选编》(上)，第 168 页。
④ 王树枏编:《张文襄公全集》卷 29，奏议 29，第 25 页。
⑤ 王树枏编:《张文襄公全集》卷 31，奏议 31，第 29 页。

次申请续增拨款,表示这是筹集开炼经费,有别于此前的建厂经费,称"此乃出货成本,与造厂经费两不相涉"。① 1894 年 8 月 24 日,他在汉阳铁厂正式投产后第一次上奏筹款,表示添购机炉工料、添募开炼洋匠、添补不全机器等,"皆为原估约计所难周悉",请于湖北厘金、盐厘两项每年匀拨 10 万两。② 这时,张之洞委婉承认计划不周。1894 年 10 月 30 日,他又一次筹措开炉经费,请准挪用湖北枪炮厂常年经费 30 万两,合计 80 万两。③ 1895 年 7 月 19 日和 10 月 16 日,张之洞利用署两江总督的机会,先后从筹防局④和盐务局⑤各挪借白银 50 万两,全部充当铁厂开炼经费。1896 年 3 月 11 日,张之洞卸署两江总督,回湖广总督本任。6 月 26 日,他正式提出铁厂交由商办,坦承:铁厂"开办以来,巨细万端,而皆非经见,事机屡变,而计难周全,经营积年,心力交困"。虽然各种制造及运道都已"灿然大备"。但"经费难筹,销场未广,支持愈久,用款愈多。当此度支竭蹶,不敢为再请于司农之举,亦更无罗掘于外省之方",惟有奉旨招商。⑥ 至此,张之洞承认自己已无力再支撑下去,请求招商经营,实际上,也变相承认自己缺乏经营管理一家大型钢铁企业之能力与经验。

1896 年,日本创建八幡制铁创办。其规划是:厂房须本年四月动工,1899 年告竣。地价准 30 万元,填地 10 万元,房价约 56 万元,分四年拨用,厂中准派官员 82 名,每年薪水共 45000 元,工匠等工价共 464070 元。该厂初开可出货 6 万吨。再此业尚须派博士前赴外洋学习,并购办机器,将来四年经费计 4095793 元。⑦ 总投资几百万元的项目,经费预算竟精确到几元钱,仅此一点就反映出汉阳铁厂与八幡制铁所在建设规划方面的差距。作为一项前无古人的创举,我们不能苛求张之洞,要求他做到尽善尽美。但在铁厂兴工几年后,对整个工程建设尚如堕烟海,抓不住症结所在,没有一个科学规划和重点,不能最大程度发挥资金的作用,则难称人意。面对这样一种生产状况,张之洞无计可施,只是一味追加资金,重金购买燃料,数百万资本顷刻之间化为乌有。这个教训是十分惨痛的。

---

① 王树枏编:《张文襄公全集》卷 33,奏议 33,第 4 页。
② 王树枏编:《张文襄公全集》卷 34,奏议 34,第 27 页。
③ 王树枏编:《张文襄公全集》卷 35,奏议 35,第 9~10 页。
④ 王树枏编:《张文襄公全集》卷 38,奏议 38,第 11 页。
⑤ 王树枏编:《张文襄公全集》卷 39,奏议 39,第 15 页。
⑥ 王树枏编:《张文襄公全集》卷 44,奏议 44,第 2 页。
⑦ 《时务报》第 1 册(光绪二十二年七月初一日),第 17 页。

第四，门户之见影响布局与建设。汉阳铁厂作为一家大型钢铁联合企业，它的布局规划是一个技术问题，必须充分考虑原燃料供应、厂址地质状况、产品运输及销售等问题，并以此作为铁厂布局分布的衡量标准。但汉阳铁厂的定位极大受制于张之洞、李鸿章等人的派系斗争，而且彼此间的这种隔阂进一步影响到铁厂的后期建设。

大冶铁矿系李鸿章经办洋务事业的干将盛宣怀所发现。铁厂兴议伊始，盛氏极力主张大冶设厂，并插手铁厂的筹建工作，颇"有慨然自任之意"。张之洞根据大冶铁矿储量丰富的事实，也同意李鸿章、盛宣怀等人的意见，"运煤就铁"，决定将炼铁厂设在大冶。大冶设厂无疑有利于维护双方关系，将来铁厂也将处于两个利益集团掌控之下。

但张、李二人围绕铁路建设的分歧显而易见。首先，在津通铁路建设问题上，张之洞横生枝节，致使清廷做出缓建津通、改修卢汉的决定，使得李鸿章对此一直愤愤不平。1890年，清政府"移缓就急"，决定改建关东铁路，缓建卢汉路，同时，决定将该年铁路建设经费200万两白银用于建设铁厂。张之洞也坦然接受这一变化，将自己定位为炼铁制轨的角色。

其次，关于铁路建材料的来源问题。在张之洞看来，钢铁工业建设是发展近代交通运输业起点，铁路建设的目的是"销土货"，"若因铁路而先漏巨款，似与此举本意未免相戾"。① 他不能接受因建铁路而大量购买外洋钢轨的做法。而李鸿章对刚刚起步的国内钢铁工业持轻视态度，坚持通过竞标方式获取轨料。围绕关东铁路建设材料问题，经张之洞再三追问材料来源，1890年5月21日，李鸿章复电："鄂省机炉到齐，盖厂、安设、运煤、开铸计尚需时，似一年后未必能造成合用钢轨。"李鸿章并举印度建铁路不用本地产，而远购于英国之例，"鄙意俟铁厂成轨取样比较，如果合用，即价略昂必当自用自物，况如尊论较洋轨为廉耶"，②临末还不忘揶揄张氏一番。由于李鸿章坚持从国外大量订购轨料，不承诺将来用料必定使用铁厂产品，招致张之洞的极度不满，直接导致大冶落选铁厂厂址。③ 5月26日，张之洞致电盛宣怀，认为"铁厂宜设武昌省城外"，而在此之前的5月17日，他还曾致电海署和李鸿章，谈及大冶设厂的好处。④ 显然，大冶厂址被否

---

① 王树枬编：《张文襄公全集》卷27，奏议27，第10页。
② 顾廷龙、戴逸主编：《李鸿章全集》电报三，第56页。
③ 袁为鹏在《清末汉阳铁厂厂址定位问题新解》(《中国历史地理论丛》，2000年第4期)中有详细论述。
④ 《致海署天津李中堂》(光绪十六年三月廿九日发)，《张文襄公全集》，卷134，电牍13。

决是张、李二人矛盾激化的产物。虽经盛宣怀、李鸿章等人极力劝说，张之洞最终还是将厂址确定在湖北汉阳县大别山下。

钢铁厂厂址的选择是钢铁企业建设中最重要的环节之一，我们暂且不论铁厂设址于大冶和汉阳各自的利弊如何，仅就短短数天之内，在缺乏科学论证的情况下，一座大型钢铁企业的厂址就这样任意变更，这种处事态度和方法应受到批评。①

作为当时中国最具影响力的重臣，张、李的矛盾分歧必然影响到后来汉阳铁厂的建设。铁厂在建设过程中资金紧缺，1892年底，张之洞向李鸿章预借轨本50万两，提出以路轨和天津机器局所需的精钢偿还。作为交换，他隐晦地提出，汉阳铁厂由盛宣怀招集商股数十万，"缴鄂省挪借官本，以为归还鄂省暂挪枪炮厂等项之用，即可付之承领"，"厂事当一切皆与公会奏商办"。张之洞还表示："今日铁务，非公大钧宏远一力维持，恐无他妥善之策。若能照议举行，从此风气大开，兵、农、工、商各事取用不竭，有裨富强大计，则中国铁务虽鄂省经理之，实台端主持创成之耳。"②很明显，这是张之洞寻求和解与合作的讯号，他希望能与当时主持铁路建设的李鸿章联手，共同创建并经营汉阳铁厂。这一联合若能实现，无疑会对汉阳铁厂发展起到积极作用。但很可惜，从成本及市场销路等角度考虑，李鸿章不相信汉阳铁厂能获得成功，表示不愿"慕利不外耗之名，而受暗亏帑项之实"，并劝诫张之洞"设法以善其后，勿以不才为念"，③拒绝了张之洞的合作想法。

张之洞的铁路建设思想以自炼钢轨、抵制钢铁进口为首要出发点，较

---

① 关于铁厂落址于汉阳是否得地利，或者说其后果是否极为严重，代鲁先生根据日后汉阳铁厂依赖萍乡煤焦的客观现实，认为设厂汉阳导致"运费太贵"之说未必尽然。官办时期，汉阳铁厂无法维持，与厂址的关系并不大。笔者认为此说不无道理，这是根据铁厂以后生产的客观情形得出的结论，张之洞设厂汉阳包含着"歪打正着"的成分。但先生认为，"张之洞在厂址选定上是经过多方勘查和反复比较的"，其"态度也是较为审慎而绝非草率从事的"，笔者不赞同此观点。（参见代鲁：《张之洞创办汉阳铁厂的是非得失平议》，《中国社会经济史研究》，1992年第2期）实际上，根据当时张之洞得到的煤铁储藏报告，大冶是首先之地。大冶铁矿储量丰富毋庸置疑。煤炭方面，据徐建寅报告，大冶地界"必产佳煤无疑"，"极合炼铁之用"（陈旭麓、顾廷龙、汪熙主编：《汉冶萍公司》一，第18页。但很可惜，该报告并不准确）。所以张氏后来投入巨资开采大冶王三石煤矿。如果张之洞真是经过"审慎"地勘查和反复比较，根据这些报告，煤铁聚于一处，没有理由不选择大冶设厂。所以笔者认为，铁厂落户汉阳更多的是张、李二人意气之争的结果，而不是综合各种资源进行科学论证的结果。

② 陈旭麓、顾廷龙、汪熙主编：《汉冶萍公司》（一），第28页。
③ 陈旭麓、顾廷龙、汪熙主编：《汉冶萍公司》（一），第42页。

少考虑生产成本,笔者认为,从国家扶植年幼的钢铁工业的角度而言,此举有其必要性;李鸿章则坚持铁路建设成本最低原则,坚持购用外国廉价钢轨,从眼前看,有看得见的经济利益,不无合理之处。两人在铁路建设思想方面的分歧使得他们在钢铁厂建设问题上无法实现通力合作。

汉阳铁厂的工程建设问题重重,有个人主观方面的原因,也有客观历史环境所决定的必然性。由于近代中国国弱民贫的现实以及钢铁工业在近代产业经济中的重要性,中国走向钢铁强国的道路注定是不平坦的。重要的是,我们在甲午战前迈出了这关键的第一步。清政府创建汉阳铁厂时,薛福成有过一段极精彩而又富于预见性的议论,他说:"炼铁必与开矿相济为用,若数端并举,事体宏巨,恐非一省之物力、才力所易集事,想朝廷必已默操至计,允为始终主持。然如厂屋尚待卜筑,工匠尚须募练,运器水脚难省、添制之零件犹多,固非旦夕所能动工,而外洋各国每兴一利源,其初不免耗折,赖有坚忍之力以持之。中国始基初立,用帑较巨,势难中止。伏惟圣明洞烛时势,创建宏规,不以疆臣易任为作辍,不以浮议稍兴为疑沮,俾内外合力,妥慎经营,十余年后当有成效可睹。"①他对中国钢铁工业起步阶段困难的认识可谓入木三分,对未来的预见不可谓不精准。官办时期的汉阳铁厂犹如一条全新的巨轮,虽然表面光鲜,气势宏伟,但实际上,尚未启航就已经千疮百孔,危机四伏。其要想乘风破浪、扬帆远航还需后来者不断修缮完备。

第二节 清末的"汉冶萍时代"

中日甲午一役,清政府的软弱可欺暴露无遗,国际地位一落千丈。列强掀起瓜分中国的狂潮,"救亡图存"成为举国上下的共同呼声。为挽救王朝统治,清政府适应国内外形势变化,"以筹饷练兵为急务,以恤商惠工为本源",对经济政策进行了较大幅度的调整,路政和矿政成为国之要政。当时,世界资本主义已进入帝国主义阶段,列强纷纷在华划分势力范围,抢占矿山,修建铁路,向中国输出资本。《马关条约》赋予列强在华设厂的权力,各国侵华的触角逐渐渗入中国腹地。抢占铁路修筑权,掠夺矿产资源,成为此时期列强侵华的重要手段。处此时代大变局之中,清末汉冶萍公司一

---

① 薛福成:《出使奏疏》卷上,光绪甲午刻本,第18页。

枝独秀,作为中国唯一的大型钢铁联合企业,一直延续到民国初年,开创了我国钢铁工业的"汉冶萍时代"。

一、汉阳铁厂的招商承办与经营形势

工业化过程中,资本形成的机制分为财政主导型和市场主导型。前者以国家财政主导资本形成,后者则以金融市场来组织资本形成。甲午战败后,清政府财政入不敷出,濒于破产。此时的汉阳铁厂问题堆积成山,特别是由于没有适合炼铁的煤炭资源,铁厂到处重金购买煤焦,尚不能满足生产所需。再加上管理混乱,人浮于事,糜费惊人,使得铁厂如无底的资金黑洞,投入无数资财,但转瞬间即消耗殆尽。1895年,给事中褚成博奏请招商承买各省机器局,经户部议奏:湖北枪炮、炼铁各局厂,经营数载,糜帑已多,未见明效,如能仿照西例改归商办,弊少利多。8月11日,光绪谕旨:中国原有局厂,经营累岁,所费不赀,办理并无大效,亟应从速变计,招商承办,方不致有名无实。汉阳铁厂启动招商承办工作。1895年10月16日,力已不支的张之洞同意招商承办。

盛宣怀很早就有涉足钢铁业之想法。光绪初年,其湖北炼铁计划铩羽而归。1890年前后,时任山东登莱青道的盛宣怀谋划在徐州建立利国铁厂,以与汉阳铁厂抗衡,但"因沅帅江督曾国荃去世,恐岘帅(指继任两江总督刘坤一)不愿办,故中止"。① 汉厂拟招商承办的消息传出后,他密切关注事态进展,积极运作。1896年,盛宣怀联络在张之洞身边当差的乡党恽祖祁、恽祖翼,通过他们向张之洞表达反对华洋合办铁厂之议论,同时,积极建言献策,认为"钢铁非推广非大举不能为功,而推广炼炉非另筹佳煤无可为力",②大有慨然自任之意。1896年4月27日,他致电直隶总督王文韶③:"鄂厂已糜五百万,但可设法补救,宣系创始得矿之人,颇愿为之区画。特恐自用道谋,难竭智虑耳。"④张之洞也认定盛宣怀为接办铁厂之不二人选,对其有此评价:"环顾四方,官不通商情,商不顾大局,或知洋务而不明中国政体,或易为洋人所欺,或任事锐而鲜阅历,或敢为欺谩,但图包

---

① 夏东元著:《盛宣怀传》,第176页。
② 夏东元著:《盛宣怀年谱长编》(下),第507页。
③ 王文韶(1830—1908),字夔石,浙江仁和人,1895年8月,云贵总督王文韶继李鸿章之后担任直隶总督,直至1898年6月。
④ 盛宣怀:《愚斋存稿》卷24,第19页。注:盛宣怀与王文韶有师生之谊,甲午战争后,盛宣怀因承办军粮事被参劾,王文韶代为说情,方免于难。

揽而不能践言,皆不足任此事。该道无此六病,若令随同我两人总理此局,承上注下,可联南北,可联中外,可联官商。"①4月30日,盛宣怀受张之洞之邀参观汉阳铁厂,随后又赴大冶、马鞍山考察。这次会晤之后,张之洞抱定决心将汉阳铁厂交由盛宣怀接办。

1896年5月14日,张之洞札委盛宣怀督办汉阳铁厂。盛宣怀接手汉厂前后,还获得一系列重要职务:政治上,先后被授予太常寺少卿、大理寺少卿衔。经济上,1896年10月,盛宣怀开去直隶津海关道职,改以四品京堂候补督办铁路总公司事务,获得专折奏事权;11月,他受命选择殷商,招集股本,筹办中国通商银行;加上他在轮船招商局、中国电报总局的影响力,盛宣怀可以调动大量资源,投入汉阳铁厂的建设。其日后坦言:"从前敢于冒昧承办(汉阳铁厂——引者),所恃招商、电报、铁路、银行皆属笼罩之中,不必真有商股,自可通筹兼顾,故支持铁厂,余力尚能凭空起造一上等煤焦矿。"②

1896—1904年间,盛宣怀督率汉厂员司,创办萍乡煤矿,初步解决燃料供应问题;利用汉厂设备,完成卢汉、萍株等铁路轨料轧制任务。但是,汉厂的经营困局并未从根本上改变。其面临的突出问题主要包括以下几个方面:

第一,高炉质量窳劣,出产效率低。汉阳铁厂一、二号生铁炉建筑质量差。1903年后,汉厂燃料问题逐步缓解,但高炉出产率仍不高。1903年3月4日,汉厂两炉齐开,此后两个多月,总共出铁7250余吨。③照此计算,期间每座高炉日产不足60吨。

第二,炼钢产能过低,产品结构单一。汉阳铁厂炼钢产能十分有限,仅有10吨马丁炉一座(一说实际只能出钢8吨),5吨容量的贝色麻炉2座。④钢铁制品除钢轨外,其他几乎都无法制造,如盛宣怀所言,汉厂"炉座既少,机器亦小,每月仅能造轨二千吨左右,他货均不能造,且专恃销轨,处处为人所挟"。⑤1896年8月,江南制造局曾报告:钢板厂所制钢板只有4尺宽,最厚只有5寸,应用范围较窄;钢条只能造12分和14分径,过于呆

---

① 盛宣怀:《愚斋存稿》卷89,补遗66,第8页。
② 陈旭麓、顾廷龙、汪熙主编:《汉冶萍公司》(二),第539页。
③ 陈旭麓、顾廷龙、汪熙主编:《汉冶萍公司》(二),第321页。
④ 陈旭麓、顾廷龙、汪熙主编:《汉冶萍公司》(一),第32～34页。
⑤ 陈旭麓、顾廷龙、汪熙主编:《汉冶萍公司》(二),第399页。

板;中国极薄钢片销路颇广,然汉厂不能制造。① 1901年,李维格就指出"货呆"之病,称:"铁厂除钢轨、生铁外,别无可售,以致销路阻滞。"②

第三,产品质量低劣,积压严重。汉阳铁厂因炼钢设备不能去除磷质,致使钢材磷质含量过高,容易断裂。早在1897年,汉阳铁厂就积压大批不合格钢轨,由于数量太多,无地可放,竟差点使全厂停工。1904年4月,盛宣怀收到报告,称:"汉厂所炼生铁含磷过重,竟无一吨可供炼钢。卜聂向系暗用马丁钢炼轨,朦混锤验,故敷衍至今。"当年,铁厂共炼贝色麻钢轨8900余吨,因钢质不纯,沪宁等铁路不肯购用,所造之轨压积厂中,无人过问。③ 20世纪初,随着大量低磷铁矿石被运往日本,加上萍矿煤焦含大量磷质,使得产品质量问题日益严重。截至1905年4月24日,汉阳铁厂积存钢铁产品价值为洋例银832942两,其中新钢轨364408两,生铁189431两,方扁钢94,853两,次钢轨75953两。④

第四、钢铁产品成本高昂。汉厂主要的终端产品为钢轨。1896年,据洋总监工德培云,汉厂钢轨每吨价格约50两,而同期外洋每吨价值35两;汉厂生铁每吨25两,外洋每吨15两。价格相差悬殊。成本高昂的原因很多,燃料是重要因素。由于焦炭供应不足,"无焦炭则不得不熄火,一熄火必须修炉旷日,靡费甚巨"。⑤ 另外,炼铁焦比过高,导致燃料消耗过多。据李维格统计,1902年汉厂炼铁焦比为1.54,1903年为1.65,1904年为1.75。另外,生产工艺不完善也是重要原因。如汉厂贝色麻钢炉炼钢,往往使用冷却状态的生铁,通过焦炭重新加热至熔融状态。这种方法浪费了大量燃料。

汉阳铁厂自招商承办至1905年春正式启动改良计划,总计亏银197.6万两。盛宣怀分析缘由为:"由于虚本实利、出货少、成本重、销路滞,所售路轨生铁,半为欧西大厂铁价相挤。"李维格认为:"一因生铁炉用焦太多,二因炼钢炉出钢不多,难造钢板,三因铁路未成,煤焦价贵,四因股本太少,欠款利息过重。"⑥ 故其改良扩充势在必行。

---

① 湖北省档案馆编:《汉冶萍公司档案史料选编》(上),第148页。
② 陈旭麓、顾廷龙、汪熙主编:《汉冶萍公司》(二),第237页。
③ 陈旭麓、顾廷龙、汪熙主编:《汉冶萍公司》(三),第595、414、148页。
④ 《收发钢铁实存各项目清折》(光绪三十一年三月),上海图书馆藏盛宣怀档案,档号006800。
⑤ 陈旭麓、顾廷龙、汪熙主编:《汉冶萍公司》(一),第208、135页。
⑥ 陈旭麓、顾廷龙、汪熙主编:《汉冶萍公司》(二),第538、487页。

二、萍乡煤矿的创建与发展

汉阳铁厂官督商办后面临的首要问题是燃料不足。张之洞投巨资兴建的王三石、马鞍山煤矿均未能奏效。盛宣怀甫接手铁厂时,曾用马鞍山煤三成掺和其他煤炭炼焦,化铁炉就因炭渣堵塞,引起水箱爆炸。化铁师吕柏建议:"马鞍山焦炭最好不用最妙,万不获已,只可掺十分之一。"①当时,汉阳铁政局每月需银7万余两,单购煤一项就需银一万数千两。② 资料显示,1896年7月,据铁厂司员查核,铁厂只开一座化铁炉,全厂实际每月需焦炭2300吨、块煤3000余吨。1897年6月,据铁厂洋匠和司员核算,铁厂每月实际需消耗焦炭3401吨、煤2100吨。③ 可确定的是,汉厂若只开炼一座化铁炉和配套设备,每月至少需要消耗5000吨的煤和焦炭。

为维持生产,铁厂只得面向社会广泛收购煤焦。如1896年,铁厂同萍乡煤商签订包售合同,每月1000吨,从开平调运煤焦,每月商定1200吨,另外还从国外进口煤炭试炼。然其弊端显而易见:一是价格昂贵。开平煤焦价格连同运费、折耗往往在每吨十五六两,国外进口焦炭价格甚至超过20两/吨。煤焦价格昂贵,部分由于煤商居奇抬价,也与运输成本太高有关。二是时常不能按时供给,且破损严重。萍乡、开平煤焦均千里转运而至,受自然环境影响,不能按时供应。钢铁冶炼需要源源不断补充燃料,一旦因燃料不济而熄火,重新开炉会加大燃料消耗,增加冶炼成败。三是成分极不稳定,极易损坏冶炼设备。这与煤焦来源渠道之杂有关。同时,煤焦在运输过程中,运户沿途掺杂,也导致质量参差不齐。对此,铁厂总办郑观应有切身体会:"窃谓炼焦炭,宜就产煤之处开炉炼烧。若运郴州、萍乡以及日本目尾之煤到马鞍山或汉阳开炼,其弊有三:一则上下脚力运费过多;二则远处运来,风吹、日晒、雨浸,油质必损;三则船户中途盗卖、掺和难免。"④

解决汉阳铁厂燃料紧缺问题的根本方法只有另辟新址,建设稳定的燃料供应基地。盛宣怀起初寄厚望于沿江近水地带,期望发现合适煤藏,以便于转运。特别是期盼能在大冶及其附近地区发现适合的煤矿,以实现将

---

① 陈旭麓、顾廷龙、汪熙主编:《汉冶萍公司》(一),第186页。
② 湖北省档案馆编:《汉冶萍公司档案史料选编》(上),第129页。
③ 陈旭麓、顾廷龙、汪熙主编:《汉冶萍公司》(一),第96、553~554页。
④ 陈旭麓、顾廷龙、汪熙主编:《汉冶萍公司》(一),第174页。

铁厂与煤铁聚集一处的愿望。故一开始他将勘煤重点放在安徽东流、江西彭泽、湖南宁乡苦竹寺以及湖北大冶、康中等地。然而,长江沿岸的探矿成果很不理想,不是煤质不合钢铁冶炼之用,就是煤层太薄,无机器开采之价值。

萍乡在长江中游各产煤区中脱颖而出,是盛宣怀经过再三比较后的结果。早在汉阳铁厂创建之初,萍乡煤炭资源就已进入管理层的视野。1893年夏,欧阳柄荣曾奉张之洞之命赴萍乡设局采买煤焦。① 铁厂招商承办伊始,盛宣怀也委派矿师马克斯赴萍乡勘查煤层、运道情况。② 1896年底,马克斯提交勘探报告,认为萍乡煤炭资源量多质优,可供机器开采。但当时,盛宣怀仍对鄂、赣、皖沿江区域心存希望。1897年11月,汉厂聘请之矿师谷克仍在江西东流钻探勘煤,但效果不佳。③ 1898年9月26日,汉厂提调张赞宸告诫盛宣怀:"东流、康中无效,不自今日始,赞去年曾力陈钧听。萍矿既已派定,似不宜迟疑。"④ 随着沿江采煤的希望陆续破灭,盛宣怀逐渐倚重萍乡。

萍乡煤炭资源丰富,有"江南煤都"之称。1896年,德国矿师马克斯估计至少有2亿吨。⑤ 但大规模开发萍乡煤炭资源将面临的挑战显而易见:距离遥远,道路阻隔,转运艰难。萍乡深处内地,先前煤焦一般由民船从渌江转湘江、经洞庭湖入长江,千里水程,极称不便。此外,当时萍乡地区较少接触工业文明,乡民思想守旧,地方风气未开,民风彪悍。为筹办萍乡煤务,张之洞尝派员查勘萍乡煤业情形,得到的报告是,萍地"风气未开,恶闻洋务"。为反对机器采煤,当地士绅发布匿名揭帖,指出开矿七害,如损害萍邑精华元气、萍地煤根净尽、有碍田园庐墓、洋人作恶乡里以及男女混杂破坏风俗等谬论。为保证洋人探矿工作的顺利完成,官府竟派兵勇差役百数十人小心防范,"沿途民人素未经见洋人,拥挤观看",甚至有殴击洋人的事情发生。⑥

但迫于严峻的生产形势,铁厂管理层不得不下定决心,全力支持萍乡煤炭资源开发。1897年6月,盛宣怀令张赞宸筹建萍乡煤矿局。次年春,

---

① 苑书义、孙华峰、李秉新主编:《张之洞全集》(第四册),第3145页。
② 陈旭麓、顾廷龙、汪熙主编:《汉冶萍公司》(一),第749、754页。
③ 陈旭麓、顾廷龙、汪熙主编:《汉冶萍公司》(二),第700页。
④ 陈旭麓、顾廷龙、汪熙主编:《汉冶萍公司》(二),第732页。
⑤ 陈旭麓、顾廷龙、汪熙主编:《汉冶萍公司》(一),第277页。
⑥ 湖北省档案馆编:《汉冶萍公司档案史料选编》(上),第178~179页。

盛宣怀正式奏准采用西方采煤技术开办萍乡煤矿,并决定修建运矿线路:"铁厂利钝之机,全视萍煤为枢转,现已购办机器,运萍大举,一面勘明运道。定议先就该县黄家源地方筑造铁路一条至水次,计程三十余里,路成之后,再筹展至长沙与干路相接,并先于沿途安设电线,消息灵通,转输便捷,繁费在一时,收利在永远,此后取之不尽,用之不竭,汉厂即可并开两炉,大冶亦可添设炉座。"①在资金分配方面,盛宣怀告诫局员,"此后土矿不宜再挪巨款"。在工程技术方面,他对德国籍总矿师赖伦委以重任,表示"我看萍事极重,盼成功亦极急,故诸事概不掣肘",②并将马鞍山煤矿相关机器设备拆运至萍乡。

创建初期,萍矿先后招股100万两,轮船招商局、电报总局以及汉阳铁厂为大股东。

表29　萍乡煤矿创办资本构成

投资者	数额(库平银,两)			占总额%
	首次入股	二次入股	小计	
汉阳铁厂	200,000		200,000	20
轮船招商局	150,000	80,000	230,000	23
铁路总公司	150,000		150,000	15
电报局		220,000	220,000	22
香记等商户	100,000	100,000	200,000	20
总计	600,000	400,000	1,000,000	100

资料来源:《张赞宸:奏报萍乡煤矿历年办法及矿内已成工程》,《汉冶萍档案》(上),第204页。

此外,萍乡煤矿还向德国和日本订借巨款。1899年4月,萍矿向德国礼和洋行借款400万马克,以轮船招商局作保,这是汉冶萍厂矿的第一笔大额外债,其中300万马克以机械设备的实物价值支付,对萍矿建设发挥重要作用。③ 1907年5月,日本大仓洋行借与萍矿200万日元。④ 另外,铁路总公司、招商局等企业还多次向萍矿借贷。从1898年萍矿创办到

---

① 盛宣怀:《愚斋存稿》卷2,第13~14页。
② 陈旭麓、顾廷龙、汪熙主编:《汉冶萍公司》(二),第76、86页。
③ 陈旭麓、顾廷龙、汪熙主编:《汉冶萍公司》(二),第96页。注:1902年8月,萍乡煤矿曾再向礼和借款400万马克(见前书第282页),该借款不见于以后厂矿借款统计,估计为草合同,实际并未执行。
④ 陈旭麓、顾廷龙、汪熙主编:《汉冶萍公司》(二),第588~589页。

1905年,萍矿建设共耗资507.9万两。①

萍乡煤矿选址于萍乡县治东南14里之安源地区,先后添购田山1300余亩。因当地百姓多以煤为生,各山土井林立,窑如蜂房,严重威胁萍矿机械化开采作业。经盛宣怀奏准,萍乡地区禁止另立煤矿公司,土窑采出之煤,由萍乡煤矿照时价收买,不准向他商争售。② 1901年,经两江总督、江西巡抚批准,援照《湖南奏定矿务章程》之规定,萍矿取得安源矿区大片矿地的专有开采权:大矿以机器开采者,四至依脉10里内,无论何人之业,均不准另开窿口;小矿以人力开采者,四至依脉3里内,也不许另开窿口。萍乡煤矿局据此规定,乃将各商厂归并,自此以后,无论矿局开挖与否,其井口四至3里内,无论何人之业,俱不得另开窿口。自此,萍矿除安源机矿外,周围数十里内的煤井一概收归管理,基本垄断当地采煤业。③

萍乡煤矿建设工程主要包括两大领域:

1. 采煤、炼焦工程建设。据1904年底萍矿总办张赞宸报告:矿井工程主要有上、东、西平巷三条、直井一口,每日合计产煤600~700吨。一、二号洋式炼焦炉(分别为24格和30格)每日炼焦60余吨。三号炼焦炉(60格)在建,建成后可日炼焦炭100吨。机矿土炉50余座,每月炼焦3000吨,此外,各途井场每月额炼焦炭5000吨,合并计算,每月可炼焦炭1.3万吨。矿外安装矿轨、煤车、电车、钢缆、起重、打风、抽水、砧石等大批机器,另有矿山基地、总局与各厂栈办公住宿房屋,以及大小机器制造厂、大小洗煤机、洋式炼焦炉、造火砖厂、电灯、电话等设备;矿外置有栈房、码头等设施。

到1907年底,萍乡煤矿的开发基本上完成。采煤方面,1908年2月7日,盛宣怀接萍矿报告:"小坑大槽今晨已通,恭贺崇禧,现在每日可出二千至三千吨,专候钧谕即可照办。"④可以看出,萍矿开发建设完成时最高采掘能力日产原煤3000吨左右。炼焦方面,1908年春,萍矿有炼焦炉四座,共194格。计划待新洗煤机成后,再添一座,计60格。同年10月14日,萍矿总办林志熙报告,萍矿就现有洗煤机、炼焦炉,每月可出焦炭1.5万吨。⑤若待洗煤机和炼焦炉建成,每月最高可炼焦炭3万吨。这已大大超

---

① 汪敬虞编:《中国近代工业史资料》第二辑(上),第495页。
② 盛宣怀:《愚斋存稿》卷2,第16页。
③ 湖北省档案馆编:《汉冶萍公司档案史料选编》(上),第209页。
④ 陈旭麓、顾廷龙、汪熙主编:《汉冶萍公司》(二),第1356页。
⑤ 陈旭麓、顾廷龙、汪熙主编:《汉冶萍公司》(三),第1033、1074页。

出当时汉阳铁厂的燃料需求量。

2.交通运输路网建设。煤焦运输是制约萍矿发展的重要环节。萍乡至汉阳,水、陆程500多公里,自然交通运输条件极为不便。萍矿建设过程中,盛宣怀注重以"铁路＋水路"的路网建设。1898年,他在奏请开发萍乡煤炭资源时,就决定修建铁路,直通湘江,以利煤焦转运。次年8月,经张之洞、盛宣怀奏准,铁路总公司动用官款修筑萍株铁路,1905年12月12日,全线通车,全长83.6公里。① 此后,萍矿煤焦一般在株洲卸车,装船经湘江顺流直达武汉。萍株铁路建成后,该路继续向北延伸。1911年1月,株洲至长沙段全线竣工,1918年9月,粤汉铁路长沙至武昌段通车。② 这对萍煤运输为利好消息。从理论上讲,萍煤至此可从萍乡直运长沙或武汉。

水运在萍矿煤焦运输中占有十分重要的作用,萍矿为此投入巨资。1904年底,萍矿有深水、浅水轮船各4艘,钢驳船4艘(每艘载重400吨),大木驳船2艘(每艘载重300吨),小木驳船17艘(载重30~100吨)。③ 截至宣统三年十二月底,萍矿有拖轮15艘,总成本洋例银41.2万两,每船载重从300~1000吨不等;另有钢驳24艘,每艘载重350吨;木驳船164艘,每艘载重100~300吨不等。上述钢、木驳船成本总计94.4万两。④

正如汉冶萍运管人员所指出的,"转运煤焦,半恃轮驳,半恃民船",民船在萍矿煤焦运输中发挥过重要作用。⑤ 其中,一个有利条件是利用盐船空驶回程的机会,将煤焦运赴长江中下游各埠。1909年,《东方杂志》刊文介绍萍矿煤焦的运输方式。根据水道深浅不同,分三段运输:第一段从株洲至芦林潭110英里,有浅水轮6艘:萍元、萍亨、萍利、萍贞、萍安、萍顺;第二段从芦林潭至岳州城陵矶65英里,用吃水较深之拖轮萍富、萍强运输;第三段从城陵矶经长江达武汉125英里,以吃水更深之拖轮萍福、萍寿、津通运送。在武汉,另有小拖轮振源、祥临分送中外各栈厂。管理运输

---

① 该路最初计划修至今湘潭市昭山地区,后因湖南乡绅力争株昭铁路建设权,结果延误该路段建设,1910年10月,株洲至昭山段试车。详细经过参见朱从兵:《晚清铁路产权争议中的社会、企业与政府——以株昭铁路的筹建和建设为例》,载《近代史学刊》,2016年第15辑。
② 湖南省地方志编纂委员会:《湖南省志》第十卷交通志(铁路),中国铁道出版社,1995年版,第24、28页。
③ 湖北省档案馆编:《汉冶萍公司档案史料选编》(上),第204页。
④ 孟震:《萍矿过去谈》,载《近代史资料》总102号,第141页。
⑤ 湖北省档案馆编:《汉冶萍公司档案史料选编》(下),第631页。

由萍矿总矿师赖伦调度。此外，为供应长江中下游各埠，公司还有自制容积为 1000 吨之汉平拖轮一艘。该轮一月往返上海—武汉三次，从武汉搭载煤铁，从上海回程时揽载各项杂货。"轮船之外，历年雇用民船分运，水旺风利，直达武汉。冬令水涸，以载轻者运至岳州城陵矶上栈，另一大船转驳来汉。愿充运船者，不下一二百艘，其中以回空盐船承装煤焦，直送扬、镇、宁、芜为尤便"。①

相对于汉阳铁厂的燃料需求而言，萍矿建设成效显而易见。1903 年，萍矿供应供应铁厂用焦已经绰绰有余。为此，张赞宸曾抱怨："始患焦少，现患太多，若不赶添化炉，萍矿反受巨累。"赖伦也称："现在汉厂要好煤好焦，无论若干，矿上尽可供应。""汉厂历年来并未起色，而销焦炭仍不较五年之前更多"，"此种厂工应早办成赚利，用以整顿扩充，而至今仍然如故。萍矿反受其累，因不用焦炭故也"。1906 年 10 月，安源总平巷穿通，萍乡煤矿显现兴旺之势，各土炉一律停炼停挖，焦炭炼制全部采用外国焦炉，炼制工艺经过摸索，品质逐渐提高。特别是在 1907 年春，打通紫家冲大煤槽后，萍乡煤矿实际日产量可达一千六七百吨，致使矿区煤焦严重堆积。盛宣怀只得指示萍矿："暂勿尽量采挖，每日以出煤一千一、二百吨为限。"②萍矿出产之丰富，可见一斑。汉阳铁厂至此基本解决了燃料供应问题。

自 1896 年 5 月到 1905 年春，汉阳铁厂为燃料所支付的总费用为洋例银 6332708 两，占这一时期铁厂总支出的 49.1%，不包括运输费用。③ 自 1898 年创建至 1904 年底，萍矿共向汉阳铁厂运输焦炭 32.1 万吨、煤 19.1 万吨，仅焦炭一项，与之前开平焦价相比，即可为汉厂省银一百六七十万两。④ 萍乡煤矿对铁厂实行特价，初定焦价为每吨 12 两，1906 年后减至 9 两，生煤减至 5 两 8 钱左右。1906—1911 年，萍矿对铁厂减价共计 103 万两有余。⑤ 可见萍乡煤矿的建成投产对汉阳铁厂具有重要意义，它为 1905 年后汉阳铁厂的改良、扩张事业奠定坚实基础。

---

① 《调查：汉冶萍煤铁路矿厂概略》，《东方杂志》，1909 年第 6 卷第 8 期，第 19~20 页。
② 陈旭麓、顾廷龙、汪熙主编：《汉冶萍公司》（二），第 955、322、584 页。
③ 《湖北铁厂账册》（光绪 31 年 11 月），上海图书馆藏盛宣怀档案，档号 012246。注：该费用具体包括支付萍乡、外洋、开平焦炭的支出，以及购买萍乡、日本、开平、湖南等处烟煤的支出。
④ 湖北省档案馆编：《汉冶萍公司档案史料选编》（上），第 207 页。
⑤ 孟震：《萍矿过去谈》，《近代史资料》总第 102 号。

三、汉阳铁厂的改良活动

盛宣怀在接办汉阳铁厂后，确定总的经营步骤为"先支持后开拓"①，即先维持铁厂的日常生产，然后再扩张生产规模，提高产品质量。严格来讲，1896年后的汉阳铁厂一直处于改良状态中，但在1905年前，主要集中在人事管理、煤焦收购、产品销路等领域，涉及钢铁冶炼产能的改良活动基本没有展开。

汉阳铁厂的改良事业是在李维格的主持下实施的。李维格青少年时即接受西学教育，并有长期出使游历海外之经历，思想趋新，眼界开阔，志趣淡泊，勇于任事。1896年，他进入汉阳铁厂担任翻译通事，从此与汉阳铁厂结下不解之缘。在厂期间，他一直以改革派面目出现，多次提出改良方案，逐渐获得盛宣怀等人的赏识。1904年，李维格出洋考察，作为改良、扩张铁厂之准备。期间，他化验矿质产品，订购机器，了解国外钢铁行情，回国后，受命主持汉阳铁厂改良、扩张事宜。其主持阳铁厂改革，推动企业管理本土化，改善冶炼技术，提高产出效率，优化产品结构等方面，使铁厂焕发勃勃生机。

（一）起用华人总办，推动本土化管理

晚清中国缺乏谙熟钢铁企业管理人才，同机炉设备一样，必须依靠外部力量。从筹办汉阳铁厂时起，贺伯生（Henery Hobson 英国籍）、白乃富（Emils Braive 比利时籍）、德培（Gust Toppe 德国籍）、堪纳第（Kennedy 美国籍）和卜聂（比利时籍）相继充任洋总管（或称总监工）。为此，汉厂不仅花费巨薪，而且授予其很大的权力，几有喧宾夺主之势。按照合同规定，除了督办盛宣怀外，在铁厂内部，几乎无人能够管束洋总管。②

洋总管权力过大，管理极为混乱。早期铁厂外国工师有数十人之多，来自不同的国家，由于国别不同，易形成畛域之见。一旦某国人充当总管，一般就重用本国的工程技术人员。不同国籍技术人员钩心斗角、挟私报复的现象时有发生。

一些洋总管本身不具备总管之才。他们一般由外国钢铁厂或驻华外交人员推荐，至于是否具有真才实学，铁厂事前没有能力判断，只能根据他们进厂后的表现。如德培在德国原为一炼钢厂匠目，此前从未主管大型企

---

① 陈旭麓、顾廷龙、汪熙主编：《汉冶萍公司》（一），第67页。
② 陈旭麓、顾廷龙、汪熙主编：《汉冶萍公司》（一），第80页。

业,凭着克虏伯厂的一纸荐书当上了汉阳铁厂洋总管。此人办事粗心,脾气暴躁,厂事稍不如意即以停工相威胁,以至于张之洞曾托许景澄转告克虏伯厂代为电诫。① 盛宣怀忍无可忍之下,不得不向克虏伯厂告状,抱怨所荐非人。② 今天我们回观历任洋总管,实际上,他们一般为具有某种专长的技术人员,并没有独立管理冶金企业的从业经历。他们对中国经济社会的了解十分有限,很难适应中国社会的处事原则,对铁厂事务也提不出切实可行的改良计划。

部分洋总管的独断专行与飞扬跋扈招致中国办事人员的不满。郑观应认为铁厂管理状况是:"总监工握其大纲,提调总其稽核,总办已成虚设,徒尽画诺而已。"③铁厂管理模式已到非改革不可的地步。然而,要改变现状,中国自己必须要有懂得钢铁企业管理的人才。李维格有长期的海外求学以及任职经历,眼界开阔,再加上长期担任洋监工的翻译,使得他对铁厂的弊端了然于心,为其总办铁厂奠定了基础。

1904年,盛宣怀下定决心,委任李维格为汉阳铁厂全权总办,总司铁厂改良扩张事宜。李维格出任总办,改变了由外国人长期把持汉阳铁厂生产事宜的局面,为其实施改良计划提供了事权保障,同时也为我国培养自己的冶金技术管理人员创造了条件,有利于钢铁生产管理的本土化。

中国近代冶金技术落后,不得不借材异域,所以处理好中外技术人员的关系,对铁厂发展也十分必要。李维格减少外国技术人员的聘用,对其不再授予管理厂矿事务的全权,侧重于发挥其技术优长,以备顾问咨询。根据多年的观察了解,他重用吕柏、赖伦等人。另外,他十分注意厂矿外国技术人员的团结。实践证明,其用人策略十分成功,对铁厂和萍乡煤矿建设发挥了重要作用。

以李维格改良铁厂为契机,汉、冶、萍三大厂矿的管理模式也进行了大调整。厂矿均由华人总办全权负责,其上设总局,以加强厂矿之间的沟通协调。厂矿财务由总局选派专人管理,运输线路的关键节点设局管理,均由华人主持其事,总局事务也完全由华人经管。汉冶萍厂矿此次管理机构调整为1908年汉冶萍公司的组建打下基础。

---

① 王树枏编:《张文襄公全集》卷148,电牍27,第22页。
② 陈旭麓、顾廷龙、汪熙主编:《汉冶萍公司》(一),第474页。
③ 陈旭麓、顾廷龙、汪熙主编:《汉冶萍公司》(一),第611页。

(二)改善冶炼技术,提高产出效率

汉阳铁厂的钢铁冶炼主要面临两大难题:一是产品质量问题;二是高炉产出效率不高问题。关于前者,最为公众所熟知的莫过于贝色麻酸法转炉(Bessemer Converter Furnace)和马丁碱法平炉(Martin Furnace)炼钢孰优孰劣的问题。在汉厂发展过程中,钢质含磷高是影响产品质量的重要原因。去磷技术成为汉阳铁厂改良的重点。

铁厂管理层很早就意识到产品磷重的问题,绝非到1904年李维格出洋化验样品后才意识到此问题。如1899年盛宣怀在信函中说:"厂轨磷重,并非外人有意诋毁。"① 社会上的用铁单位也注意到此问题,如江南制造局反映:湖北一号生铁,"每万分含磷十四分之多,故尚不合炼上等钢之用。若能提尽磷质,或亦可用。现不敢臆断"。②

20世纪初,钢铁冶炼的去磷技术在欧洲已经比较成熟。1878年,英国人S.G.托马斯(S. G. Thomas)用经过焙烧之白云石,混以石油,涂布炉壁,制钢时加入石灰,可利用磷做燃料,并去除磷质,此系改进之贝色麻炼钢法。汉厂一些技术管理人员很早就提出类似改进意见。如1897年,张赞宸建议:"卑职闻外国炼钢,本有去磷之炉,容俟考究底蕴,再行禀达。乞宪台一面函询金达详细情形,如果添去磷钢炉,价不甚昂,出钢成本或能减少,便可多用萍焦。"③ 但很可惜,该建议未见回应,无果而终。1900年,赖伦也曾向张赞宸提到:"欧洲矿石焦炭亦磷重者多,苦于汉厂不肯考究,坐误大局。大冶、萍乡两矿均极佳,所不足者磷皆稍重,只须将炼钢炉略改,便可造上等多麻钢,较现在钢轨好得多,售价亦可昂。大冶、萍乡历年搁废磷重矿石、焦炭尽可用炼好钢,此法有书可凭。"④ 但未见付诸实际行动。

对待产品磷质过重问题,长期以来,铁厂未能予以根本解决,而是消极地挑选含磷相对较低的焦炭和铁矿。遇产品验收,则以次充好,欺瞒蒙混。1903年,卢汉铁路局报告所用钢轨经常断裂,调查下来,铁厂制钢匠目卜聂坦白:"外洋轨质含磷只0.05,汉厂所拉之轨含磷皆0.12不等。历年皆伊设法,另用马丁钢炼成样轨,就铁路洋工师考验。此次验轨之洋人,闻北轨有断,颇觉认真。此后即难蒙混。"为维护声誉,卜聂拟向路局解释,铁厂

---

① 陈旭麓、顾廷龙、汪熙主编:《汉冶萍公司》(二),第100页。
② 魏允恭:《江南制造局记》卷十,炼钢略,光绪三十一年石印本,第4页。
③ 陈旭麓、顾廷龙、汪熙主编:《汉冶萍公司》(一),第399页。
④ 陈旭麓、顾廷龙、汪熙主编:《汉冶萍公司》(二),第786页。

代总办宗得福得知后,"当即开导,此信断不可写,此帐[账]尤不可认。此次北轨之断,必由天冻钢缩,再加唐沽水浅,一再盘驳,致有此事"。按照当时铁路钢轨试验章程,卜聂直言,"汉厂所炼生铁,竟无一吨可供炼钢"。这种敷衍塞责的态度导致产品质量问题长期存在,极大影响产品价值的转化。1903年12月,汉阳铁厂存有卢汉铁路剔剩之轨19000余条,合重6000余吨。① 沪宁铁路则因质量原因,不愿使用铁厂钢轨。

1904年,李维格出国考察,见识了当时世界最先进的钢铁冶炼技术,发现汉厂钢铁冶炼的症结不在原燃料的品质,而在设备性能。在美国,他参观了多家钢铁厂,"所看各厂无一有剔焦剔矿之事,块末同装入炉","炼铁一吨亦无有用焦逾一吨者,焦中含灰多者亦有百分之十三分半,未必甚优于萍、汉厂之挑剔苛而用料多"。② 在伦敦,李维格将厂矿产品样品交给英国化学家史戴德化验,所带轨道零件系马丁炉所炼,质量优良。而钢轨则不合要求,原因在于这些钢材系贝色麻酸炉所炼,不能去除生铁中的磷质。李维格当即接受史戴德的建议,废弃贝色麻酸法,改为马丁碱法炼钢。他在原有2座小型炼钢平炉基础上,添置30吨容积的马丁平炉2座。该炼钢炉能去除铁水中的磷质,适用于磷质含量高的生铁。此举一方面提高了铁厂钢材的质量,另一方面也扩大汉阳铁厂原、燃料的适用范围,使得大量高磷铁矿石和焦煤能够被利用。

除去磷技术外,为节约炼钢成本,降低热耗,李维格早在1902年9月就提出"烘炉加装汽锅"和"生铁炉径送铁水"两项改进方法。据其估算,这样做,可以利用烘炉产生蒸汽,省去蒸汽锅炉,每日可省煤20吨;生铁水直接炼钢,节省大量焦炭消耗,每月约银4000两。③ 1905年,赖伦也建议:"汉厂第一要务,是使钢铁但经火一次即行拉成工字桥料、钢板、钢铁货等,以免如从前之用冷生铁炼钢,迨炼成钢后又须复烘,然后拉成钢货,致有耗费之虑。"④李维格出洋采购的机器设备中,包括150吨调和铁汁炉⑤一座,

---

① 陈旭麓、顾廷龙、汪熙主编:《汉冶萍公司》(二),第311～312、378、415页。
② 陈旭麓、顾廷龙、汪熙主编:《汉冶萍公司》(二),第435页。
③ 陈旭麓、顾廷龙、汪熙主编:《汉冶萍公司》(二),第291－294页。
④ 陈旭麓、顾廷龙、汪熙主编:《汉冶萍公司》(二),第497页。
⑤ 即混铁炉,在铁水被倒入炼钢炉以前,经混铁炉混匀,可以为炼钢炉提供均匀的铁水,还能除去部分杂质。1873年英国人W.戴格顿获得该技术专利。1889年,美国匹兹堡埃德加·汤姆森钢铁厂首先采用该技术设备。(参见续军:《世界采矿冶金大事记》(十一),《金属世界》,1996年第4期)

铁水从炼铁炉流出后,储存在调和铁汁炉中,然后分送各个炼钢炉中,节省了大量燃料,降低了生产成本。

在旧生铁炉改造方面,李维格等人通过"加大总风管,加多炉膛进风管,开用新风机,添造热风炉",①提高了两座旧炉的生产效率。两座生铁炉设计容量为100吨,改良前每座日产量一般不超过60吨。改良后,两炉每天可出铁250吨,汉厂生铁产量急剧增加(见表30)。与此同时,焦比大大降低。1907年6月,汉厂炼成生铁5585吨,共用焦炭6387吨,平均每吨生铁耗焦1.143吨,大大低于改良前1.75吨的标准(见表格23)。该年生铁成本仅为27.61元,②较以往大大降低。这足为改良成效大著之证据。

表30　1894－1927年间汉冶萍公司主要产品产量一览表

(单位:吨)

年份	生铁	钢	铁矿石	煤	焦炭
1894	4636	680	10000	—	—
1895	4360	680	10000	—	—
1896	11055	1236	15933	—	—
1897	24022	8418	20545	—	—
1898	20490.5	22506	36558	10000	29000
1899	25483	20257	24765	18000	32000
1900	25892	22134	57201	25000	43000
1901	28805	12451	109215	31000	63000
1902	15825	22906	84036	56000	82000
1903	38875	—	107794	122000	93000
1904	38771	—	106378	154000	107000
1905	32314	—	151168	194000	114000
1906	50622	—	185610	347000	82000
1907	62148	8538	174630	479166	125565
1908	66410	22626	171934	402160	105281
1909	74406	39000	309399	561527	118435
1910	119396	50113	343097	641450	176995

---

① 湖北省档案馆编:《汉冶萍公司档案史料选编》(上),第169页。
② 湖北省冶金志编纂委员会编:《汉冶萍公司志》,第29页。

续表

年份	生铁	钢	铁矿石	煤	焦炭
1911	93336	38640	359467	600994	166061
1912	7989	3321	268685	243923	29834
1913	67512	42637	416342	693411	176824
1914	130846	51252	488258	687956	194413
1915	136531	48369	546789	927463	249164
1916	146624	45045	550810	992494	266418
1917	149929	42653	542519	946080	239797
1918	139152	26996	629089	694433	216012
1919	166096	4851	696935	794999	249015
1920	124947	38760	824490	806331	244919
1921	124360	46300	384286	772971	206087
1922	149525	185	345631	827870	254973
1923	159896	停产	486631	666739	208918
1924	179128	—	448921	648527	190100
1925	53482		315410	409660	96400
1926	停产		85732	75715	11400
1927	—	—	243632	183349	8000

资料来源：生铁、钢产量参见：湖北省档案馆编：《汉冶萍公司档案史料选编》（下），第444页；铁矿石产量参见湖北省冶金志编纂委员会编：《汉冶萍公司志》，第50~51页；煤和焦炭产量参见李海涛：《清末民初萍乡煤矿的市场角色转换及其历史启示》，《中国经济史研究》，2018年第1期。

（三）添置机器设备，优化产品结构

钢铁生产包括采矿、炼铁、炼钢和轧钢四个主要环节，各环节的产能是否配套协调，是衡量一家钢铁企业生产结构是否合理的重要依据。改良之初，汉阳铁厂原计划将所炼生铁一半用于销售，一半用于炼钢。但因钢轨供不应求，炼钢能力持续扩大。1909年，生铁三分之一直接销售，其余用于炼钢。① 辛亥革命前，汉阳铁厂先后建成容积为30吨的平炉6座。理论上讲，若炼钢产能被全部利用，可满足所有生铁的炼钢需求。

1905年前，汉厂钢铁制成品除钢轨外，其他制品出产能力较低。之

---

① 陈旭麓、顾廷龙、汪熙主编：《汉冶萍公司》（三），第29页。

后,汉厂花费巨资,添置钢坯机、工字桥料机、钢板机、钢轨机等大批轧钢设备,"务使无论何种式样、何种尺寸之货件,均可拉造"。具体包括各种类型的起重机4架,可轧制不同型号钢坯、线材和板材的轧机3架,以及7554匹马力和11708匹马力的蒸汽机各1架,另有许多配套设备。① 到1909年春,汉厂钢铁加工设备计有轧胚机一座、钢梁机一座、拉轨机一座及拉钢板机一座,"此皆系新式样之新机",另有旧拉钢铁机一座,拟添置大钢条机一座、钢片机一座、钢丝机一座,均以电力掣动。轧材机器如果全力工作,每日可出钢料750吨,添置新机后,每日可出货1000吨。②

生产结构的完善带来的是产品结构的优化。改良后的汉阳铁厂,除了能轧制各种型号的铁路材料外,还能生产各种型号的钢锭(2.5~4″,5~12″)、板坯(宽4~12″,长24~49″)、方钢(0.31~4″)、圆钢(0.31~4″)、扁钢(厚0.5~1.3″,宽4~9″)、等边角钢(3~6″)、不等边角钢(3×2″~6×36″)、工字钢(4×3″~12×6″)、槽钢(6×25″~12×4″)、丁字钢(3/8×1/4″,3×3″,3×6″)、八角钢(1/2~1/8″)和钢板(长24~40″,宽2~7″,厚0.25~1.5″)等。③ 这部分产品在汉阳铁厂产品中占有相当比重。

汉厂改善产品结构的另一个手段是支持发展钢铁下游产业,入股扬子机器制造公司。1907年,该公司由商人宋炜臣、顾润章等集资40万两,以李维格名义在汉口谌家矶创办。汉厂以旧机器作股银5万两。该厂以制造铁路桥梁、车辆、车轨为主,所用材料,悉来自汉阳铁厂。④ 李维格在该公司第一次股东大会上叙述创建缘由,提到各铁路公司曾向汉阳铁厂订购桥梁、车辆等,因铁厂不能制造,只能将此生意交于外商,万分可惜。⑤ 为弥补汉冶萍公司在机器设备制造方面的不足,遂另立扬子机器制造公司,拓展钢铁销路。

汉、冶、萍三大厂矿经过改良整顿,到1907年逐渐显示出巨大发展潜力。汉厂钢铁产量快速提高,成本大幅度降低。萍株铁路作为萍矿运输大动脉的作用充分展现。1907年冬,萍乡煤矿打通紫家冲大煤槽,"如入煤海"。正如盛宣怀所称赞的:"试看汉厂从前新机未到,萍矿石桥未通,无问津者。今者游汉厂者莫不称厂,游萍者莫不称萍矣。"1907年秋,盛宣怀视

---

① 湖北省档案馆编:《汉冶萍公司档案史料选编》(上),第167~171页。
② 陈旭麓、顾廷龙、汪熙主编:《汉冶萍公司》(三),第62页。
③ 湖北省冶金志编纂委员会编:《汉冶萍公司志》,第25页。
④ 湖北省冶金志编纂委员会编:《汉冶萍公司志》,第101页。
⑤ 陈旭麓、顾廷龙、汪熙主编:《汉冶萍公司》(三),第6页。

察汉阳铁厂和萍乡煤矿,在朋僚函电中,对厂矿大加赞赏:"钢厂都已开工,秩然大备,声名大噪,洋人尤艳羡"。"电机之神速,钢质之精美,东西人阅厂者叹为观止,英美报章惊为意外","汉厂正在苦尽甘来","实业中第一实业"。他夸口:"三年内日可出钢铁一千吨,十年内可与克虏伯新钢厂相颉颃。"①12月1日,在向清廷奏报时,他丝毫不掩饰内心的欣喜之情:"宣怀此次驻汉亲验新炉,所炼精钢甚旺甚佳,不特足供中国造路、造船、造枪炮之用,并可溢销日本、美洲,成效已见。"②1908年,汉冶萍公司招股章程称:"上海翻砂厂全用汉阳生铁,已无外铁进口。"③

汉阳铁厂的改良活动提高了华人管理钢铁企业的能力,增加了产品产量,增强了产品竞争力,使汉冶萍厂矿焕发勃勃生机。这是近代中国民族钢铁工业最富开拓进取精神的一段历史时期。

四、汉冶萍公司的组建与规模扩张

(一)汉冶萍公司的成立与资金募集

1. 汉冶萍公司的成立

经过改良,汉冶萍三大厂矿的生产状况较以前有了巨大改观,但财务状况亦已耸人听闻。1905年,李维格主持铁厂时,资金不足的形势就已十分严峻,"官商资本仅八百余万,炉座既少,机器亦小,每月仅能造轨二千吨左右,他货均不能造,且专恃销轨,处处为人所挟"。④ 从1896年到1905年,厂矿共用银约543万两,其中除轮、电两局交纳50万两股银外,其余均系挪借之款。1907年7月,李维格估计,欲求运道通、新炉完备,必须再增加200万两之投资,方可造就。⑤ 1907年8月,盛宣怀统计,厂矿已用款1300余万两,"商股仅集二百五十万两,除预支日本矿价、预支京汉轨价两项,合银三百万两外,已借商款七百余万两,常年赔利六七十万之巨,近并重息亦借不到"。⑥ 当时铁厂扩张计划实施的工程中,盛宣怀寄寓厚望的250吨化铁炉依然未完工,需要资金接济。在盛氏等人看来,此炉为全厂之转机:"铁路之借钢轨,美日之销生铁,十年内不患不畅,所苦者化铁炉不

---

① 陈旭麓、顾廷龙、汪熙主编:《汉冶萍公司》(二),第602、1320、644、646、650页。
② 盛宣怀:《愚斋存稿》卷23,第25页。
③ 陈旭麓、顾廷龙、汪熙主编:《汉冶萍公司》(三),第27页。
④ 陈旭麓、顾廷龙、汪熙主编:《汉冶萍公司》(二),第399页。
⑤ 陈旭麓、顾廷龙、汪熙主编:《汉冶萍公司》(二),第601页。
⑥ 湖北省档案馆编:《汉冶萍公司档案史料选编》(上),第174页。

能速成耳。鄙见一求大化铁炉限期赶造以出铁,二求大驳船限期赶造以运焦,所谓自立之道在此。"①另外,期短息重的借款期票亟待筹款接济。1909年,公司债务中,盛宣怀经借的869万两系最重之债。多为内债,利息长年约1分。其利息对厂矿是一个沉重包袱。如盛宣怀所言:"十余年来,其中亏折尤巨者实为利息一项。盛、张任内原亏一百九十七万余两,大半利息。"②仅1908年,汉冶萍公司为支付股息和借押各款的利息就高达洋例银131万两。③ 这种局面迫使厂矿通过招股弥补资金不足,并以股权代替债权,以减少债息支出。

汉冶萍三大厂矿虽然实行独立的经济核算,但在各自发展中,有无互济,相互依存,早已成为不可分割的整体。从李维格改良铁厂时起,盛宣怀即在上海设立总局管理三大厂矿。1908年前,萍乡煤矿焦炭销售约12万吨,其中汉厂占8.4万吨,占总量的70%。④ 再加上厂矿间盈利状况并不一致,萍矿成绩较佳,汉厂不甚理想,"若将铁厂、萍矿分招,则萍矿招足甚易,汉厂人皆震惊于旧亏太巨,成本过重,虽老股亦不肯加本,新股更裹足不前","若不将萍矿归入铁厂,商情仍复迟疑,故归并之举刻不容缓"。⑤ 这样,汉冶萍厂矿的联合势所必然。1907年5月14日,盛宣怀向张之洞透露,拟将汉冶萍三大厂矿合并为一大公司。⑥

1908年3月,汉冶萍公司向农商部注册,注册资本2000万元,全称为"汉冶萍煤铁厂矿有限股份公司"。3月13日,清廷谕旨:着责成盛宣怀加招华股,认真经理,以广成效。⑦ 汉冶萍公司正式宣告成立。4月,《商办汉冶萍煤铁厂矿有限公司推广加股详细章程》颁布,⑧对公司的权力组织结构进行了规定。

通过该章程,我们可以发现,汉冶萍公司成立初期的制度安排,虽具近代公司制度的外表,但其内质的不足之处十分明显,体现出汉冶萍公司的制度建设尚不成熟。

---

① 陈旭麓、顾廷龙、汪熙主编:《汉冶萍公司》(二),第598~599页。
② 陈旭麓、顾廷龙、汪熙主编:《汉冶萍公司》(三),第73页。
③ 湖北省档案馆编:《汉冶萍公司档案史料选编》(上),第559页。
④ 《萍乡煤矿光绪三十四年以前焦炭销路》(1908年),上海图书馆藏盛宣怀档案,档号038200-3。
⑤ 陈旭麓、顾廷龙、汪熙主编:《汉冶萍公司》(二),第616页。
⑥ 盛宣怀:《愚斋存稿》卷72,第19页。
⑦ 中国第一历史档案馆编:《光绪宣统两朝上谕档》(第34册),第32页。
⑧ 湖北省档案馆编:《汉冶萍公司档案史料选编》(上),第236~239页。

首先,汉冶萍公司的运作体制不符合近代公司制要求。公司制是西方近代文明发展的产物,它不仅是一种有效的筹资方式,而且是一种有效的企业管理形式。然而,对于汉冶萍公司而言,创建者似乎只注重股份制的集资功能,有意无意地忽视了制度建设和管理职能,忽视了权、责、利的分野。这正如李玉所分析的那样,"除了在募集资本方面具有近代西方公司股份均一的特征外,在公布账目、召集股东会、分配股息、经营管理和法人资格等方面,同近代公司制的要求尚有一定的距离"。① 比如,根据现代公司制度的规定,董事是股东的代表,由他们组成的董事会应是公司的最高决策机关,决定公司生产经营的大政方针和发展战略。经理人受董事会委聘,根据董事会决定的方针、战略具体执行管理公司的权力,独立处理日常事务。他们之间应是一种委托——代理关系。而《推广加股详细章程》规定,"董事须常川到本公司与总协理会议随时应办实践","总、协理会同董事议决事务","总、协理之任期由股东会议决",董事会无权决定。按照通行做法,总公司及厂矿各高级行政人员原则上应由总协理选聘,报董事会批准,但《推广加股详细章程》规定其应由"董事局公举"。他们不是对总协理负责,而是"如有重大事件不欲担承","随时报告董事局会议"。

汉冶萍公司的组建只不过在形式上确认了本已密切联系着的厂矿关系,在管理制度上只对以往进行了微调,董事会的权力并不大,汉冶萍主要管理人员几乎全为此前厂矿主要办事人员。如汉阳铁厂督办盛宣怀身份改为汉冶萍公司总理,总办李维格则担任公司协理,继续负责改良事宜。这种人员安排是盛宣怀一手操纵的结果。盛宣怀等人组建汉冶萍公司,主要目的是招集股金,而非变动管理体制,很难按照近代公司制的管理原则运营。

其次,汉冶萍公司对官利制度表示认可,不符合现代公司制度运营规则。根据现代股份制度的规定,股东入股不是一种放债行为,而是一种投资活动,其入股资金具有不返还性,投资者必须承担经营失败所造成损失的风险。而在近代中国股份制发展过程中,官利制度长期存在。在这种制度下,不论公司盈利与否,不论股金是否已用作资本投入运营,股东自交付股金后,一定时期后,按照约定,均可享受所出资金的息金收益,即官利。官利制度置股东于投资者和债权人的双重身份,公司的利润也就变成扣除

---

① 李玉:《晚清公司制度建设研究》,北京:人民出版社,2002年版,第2页。

官利利息的所得。它是中国传统社会投资习惯在近代的延伸,将股东对公司的入股视作转让资本的使用权,所以理所应当获得固定无风险的回报。① 官利制度在晚清社会普遍存在。汉冶萍公司按照通行做法,每年也必须支付股金的使用费。公司对股东承诺的是,"不论优先普通,长年官息八厘,均于次年三月给发",即不论是否盈利,每年必须支付股东八厘的官息。公司的官息同债息一样,加重了公司资本的使用成本。李维格曾直陈其弊:"事未成,何有息。外洋各国本无官利,事成然后盈亏照派,而本公司则自初迄今,无一日不算官利,以致日积月累,官利一项亦滚成巨款。"②

2. 汉冶萍公司的资金募集

汉冶萍公司成立后,希望通过招股募集建设资金。根据计划,公司拟招股本2000万元,分40万股,每股银元50元,其中优先股和普通股各1000万元,优先股又划分为头等优先股和二等优先股。头等优先股为铁厂、萍矿原收股份库平银200万两,添款计合成银元300万元,一律换给头等优先股;二等优先股系厂矿创始后推广加股,以700万元为额。另续招1000万元为普通股。关于红利分发,规定以红利作三十成开派,一成五为头等优先股报酬;一成五为二等优先股报酬;二十一成不论优先普通按股均派,余作公积金和办事人员酬劳。公司只收华股,不收外国人股份。③汉冶萍公司招股的途径主要包括三种:

第一,吸纳官股。这首先体现在对收赎电股风潮事件的处理上。在公司被批准成立的次日,即3月14日,清廷将电报局收归邮传部管理,并派于9日刚出任邮传部右侍郎的盛宣怀劝导电商入股汉冶萍。对此时间上的巧合,有学者推测,这些事件之间有某种必然联系,盛宣怀极有可能推动清政府实行电报收赎政策,并引导电商资金的流向。④ 资料显示,盛宣怀确实乘机怂恿电商购买汉冶萍公司股票,谓"汉冶萍煤铁现已发达,其利之溥必更胜于轮电"。⑤ 邮传部也劝令电商改入汉冶萍股份,认为"众商得此机会,尽可收回票价,一转移间受益实多"。经此电股移入公司者不在少

---

① 关于官利制度的详细论析,参见张忠民《艰难的变迁:近代中国公司制度研究》,上海社会科学院出版社,2002年版,第387~407页。
② 《报告汉阳铁厂出货、销货、工程预算、钢铁成本表(1910年)》,上海图书馆藏盛宣怀档案,档号006315。
③ 湖北省档案馆编:《汉冶萍公司档案史料选编》(上),第236页。
④ 李玉勤:《晚清汉冶萍公司体制变迁研究》,复旦大学2008年博士论文,第121~122页。
⑤ 《致温佐才再启》(1908年5月19日),《愚斋未刊信稿》,第105页。

数,"收电股而来入厂矿约有十之三四"。① 据盛宣怀1908年8月9日信函,电商"请附汉冶萍股份者,数日以来已有四千余股"。②

盛宣怀还直接向政府申请加入官股。这主要是以公司对政府旧欠改作股金。1908年3月,经盛宣怀奏准,厂矿原先积欠公款作为国家股份入股。这些公款包括:一系从前铁路总公司实存库平银916530两,为铁厂所预支;一为创办萍乡煤矿时,铁路总公司股分银15万两,又附入尾款规银3897两;一系萍乡入股后,铁路公司应派得息股银9万两。以上共计库平银116万两,核作银圆174万元。③ 该股份充作公股,由清政府农工商部持有。

第二,动员朋僚入股。这是盛宣怀、李维格招集社会资金的一个重要手段。通过寄送信函的方式,盛宣怀、李维格等人极力鼓吹汉冶萍公司良好的发展前景,怂恿朋僚购持公司股票。如大纯、华盛两厂存天津广仁堂银4万两,曾经议定不提成本,生息备用。经盛宣怀活动,从其中提洋5万元,作为汉冶萍股份。④ 沪商何伯梁经盛宣怀动员,入股20万元。⑤

盛、李与江浙、两广一些著名的绅商人物,如汤寿潜、郑孝胥、聂云台、沈敦和、郑观应等人私交甚厚。1907年10月,盛宣怀在上海做招股演说时,郑孝胥等人帮同联络,"劝约同志十余人预商赴汉阳拟办之政策"。10月6日,在立宪公会,郑孝胥就汉冶萍公司招股事发表演说。该号召得到张謇、汤寿潜等人的积极响应。后郑、汤等人曾亲赴汉阳与盛宣怀谈招股事宜,并参观汉阳铁厂。1907年11月17日,郑孝胥至立宪公会,"邀集上海诸商补签汉厂议单"。⑥ 对两广地区,盛宣怀嘱托郑观应为汉冶萍公司招徕股份,动员粤商和华侨入股。⑦ 关于各商具体入股的情况不得而知,但从公司第一次股东大会的股东名单上看,来自东南沿海省份500股以上

---

① 《致山东袁中丞函》(1908年8月7日),《愚斋未刊信稿》,第119页。
② 陈旭麓、顾廷龙、汪熙主编:《汉冶萍公司》(三),第19页。
③ 盛宣怀:《愚斋存稿》卷14,第21页。注:此174万元数目与公司以后实际呈报的数字不同,如1908年8月,盛宣怀统计股款时,有"商部164万元"之说(见陈旭麓、顾廷龙、汪熙主编:《汉冶萍公司》三,第25页)。在表3—5中,又写为138万元,其中原因有待笔者掌握更多资料后进一步查询。
④ 陈旭麓、顾廷龙、汪熙主编:《汉冶萍公司》(三),第5页。
⑤ 陈旭麓、顾廷龙、汪熙主编:《汉冶萍公司》(三),第25页。
⑥ 中国历史博物馆编:《郑孝胥日记》第二册,北京:中华书局,1993年版,第1110、1115页。
⑦ 易慧莉:《郑观应评传》,南京:南京大学出版社,1998年版,第662页。

的大股东不在少数。① 可见对这部分人招股有一定成效。

第三,吸纳社会散资。其做法是选择在公开场合演讲,呼吁公众投资。李维格建议招股要突出重点城市,"以上海、汉口、京、津、厦门、香港、广州为总要之区",另"派善于辞令者分投运动,集众演说",要使民众觉得"此事为非常之举,绝大之利"。1908年秋,李维格身先士卒,在汉口商会上作了激情洋溢的招股演说,他呼吁,"今日汉冶萍三大业,即中国挽回利权,抵制洋货之根本也",号召国人"眷顾大局,集腋成裘,千钧之系一发,勿任危悬九仞之山一篑","助力翻东半球阒茸之旧局,作西半球灿烂之奇观,群策群力,齐向煤铁世界展动地惊天之事业"。② 此外如编印公司图册,各处分送,刊发有利于公司的相关文章,借以证明公司前景光明等。

汉冶萍公司最大的股东为盛宣怀本人,他在汉冶萍公司投入巨额资金。1916年,他去世时,其家族共占有汉冶萍创字股34001股、优字股62029股以及普字股37960股,每股票面价值均为50元,总计6700500元。③ 这是盛氏家族日后能左右公司事务的经济基础。

尽管汉冶萍公司为招股花费了相当大精力,但与巨额招股计划相比,其结果并不十分理想。相对于其他经济部门,钢铁工业建设周期长,风险高,加上投资门槛较高,对一般工商阶层没有太大吸引力。到1913年,公司实际股本约为1533万元。这主要由两部分组成,一为铁厂、萍矿老股和老股股息以及预支农工商部部款,此系已用之本;另外就是新招股本和新股股息。汉冶萍公司股本看似数额庞大,实际上大部分已被耗用。根据表31,从1907年开始招股到1911年辛亥革命爆发,公司招到的实际可用股本为7103805元。这与该时期的资金投入极不成比例。1908年,公司投资总额达洋例银349.6万两,按照洋例银1两=1.5元的比价换算,该年公司固定资产投资即高达524.4万元。④ 1910年,公司固定资产投资总额为洋例银372.1万两,合558.2万元。⑤ 这说明公司五年间招收的股金满足不了1908、1910年两年的投资需求。而根据1910年初李维格的计划预算,汉阳铁厂添置拖轮、铁驳、铁趸船、龙头等约需银96.5万两。汉阳铁厂再投入银150万两,可日出钢400吨,每月可出钢货七八千吨。若投入300

---

① 陈旭麓、顾廷龙、汪熙主编:《汉冶萍公司》(三),第89页。
② 陈旭麓、顾廷龙、汪熙主编:《汉冶萍公司》(三),第23、33页。
③ 丁士华整理:《盛宣怀遗产分析史料》,中国社科院近代史所编:《近代史资料》总第111号。
④ 湖北省档案馆编:《汉冶萍公司档案史料选编》(上),第560页。
⑤ 湖北省档案馆编:《汉冶萍公司档案史料选编》(上),第566页。

万两,完成第四号大化铁炉及配套工程设备,则每日可出钢 800 吨;大冶铁矿添置车辆、龙头,修理铁路、汽钻机器,布置码头,约需银 100 万两;萍乡煤矿购买轮驳、布置码头约需银 300 万两。① 巨额资金需求远非时人所能想象。

汉冶萍公司的资金需求量如此之大,很大程度上源于中国工业化水平整体落后,企业承担大量的非生产性开支。譬如,其相当大的资金用于修建码头、铁路,购买轮舶、机车。在工业化发展程度较高的国家,这些社会基础设施为公共产品,一般由政府提供。

表 31　1898—1913 年汉冶萍公司股本进账一览表

年份	银元	年份	银元
1898	504 750 元	1908	新招股本 1 631 583 元
1899	375 000 元	1909	新招股本 3 155 836 元
1900	381 150 元	1910	新招股本 1 226 835 元
1901	225 000 元	1911	新招股本 89 552 元
1903	503 852 元		湖南公股 724 800 元
1904	120 000 元		股息入股 627 754 元
1905	440 250 元	1912	股息入股 386 614 元
1907	450 000 元	1913	股息入股 1 135 311 元
	老股增股 1 000 000 元	总计	股本 15 326 702 元（约合洋例银 1129 万两）
	公股 1 380 000 元（预支轨价）		
	老股股息入股 988 418 元		

资本来源:湖北省档案馆:《汉冶萍公司档案资料选编》(上),第 577 页。

（二）汉阳铁厂产业规模的继续扩张

钢铁生产是一种规模经济活动,适度扩大生产规模对于降低企业生产成本十分必要。汉冶萍厂矿的技术改良与规模扩张同步进行。盛宣怀、李维格等人秉持的经营理念是要"出货多、销路通","出货愈多,其利愈厚,必须竭力向此做去"。② 要想弥补损失,降低成本,扩大影响力,必须增加出货,提高产量。

张之洞遗留下来的汉阳铁厂,就生产规模而言,稍嫌狭小,产能有限。

---

① 李维格:《预算汉阳铁厂设备购买银两表》(1910 年 1 月 2 日),上海图书馆藏盛宣怀档案,档号 006672。
② 陈旭麓、顾廷龙、汪熙主编:《汉冶萍公司》(二),第 493、495 页。

盛宣怀很早就酝酿扩张汉阳铁厂。1896年6月,《招集湖北铁厂股东公告》称,计划将来"在大冶江边另添生铁炉数座,就近化铁"。① 1899年秋,盛宣怀强调,要推广钢铁厂以资制造:"查各国之钢铁厂,资本皆以数千万计,化铁炉、炼钢炉皆以数十座计,鄂厂化铁仅有两炉,而一炉尚须拆改,现只有一炉可用,每日出铁不及一百吨。货出愈少,则合价愈贵,故钢铁精美一如洋产,而资本尚较重于外来。盖煤矿不成,虽管子再生,无能为力。拟俟萍乡铁路告成,煤炭可以畅运,臣当设法借筹资本,添置化铁炉炼钢炉,每日能出数百吨,方足供用,方能获利。"②但囿于燃料、资金、技术、管理等方面的问题,扩充炼铁产能的计划迟迟未能展开。

汉阳铁厂启动改良工程后,着手谋划扩充产业规模。1905年9月8日,李维格致函盛宣怀,谈及汉厂仅有两座炼铁炉,生铁产能有限,"勉敷新钢炉两座炼钢之需",假设有一生铁炉出现不测,需停炉检修,钢炉也必须停工,从而影响产品销售。他指出:"汉厂生铁用者年多一年,已通销路,弃之可惜,而两座旧炉所出只有此数,如何可以兼顾肆应?"根据现有设备,特别是风机较多的情况,他主张:"腾出新风机,添一日出二百吨新炉,新旧三炉日出铁三百数十吨,再添钢炉两座,先后四炉,调和铁汁炉一座,先后两座。若生铁全以炼钢,则可月出钢坯万吨,钢货七八千吨。"③这说明李维格对扩张汉厂产能早已通计熟筹。

1908年前后,汉阳铁厂改良成果逐渐显现,外部形势对汉厂扩张规模亦十分有利:

第一,盛宣怀政治生涯步入巅峰时期,为汉冶萍争得有利的规模扩张时机。1908年3月9日,盛宣怀出任邮传部右侍郎,1911年1月6日,担任邮传部尚书一职。凭借盛宣怀的个人影响力,铁厂的融资环境和市场环境大为改善。1908年5月,汉冶萍公司从四川铁路公司预支洋例银100万两;1911年7月,又从邮传部预支洋例银200万两。另外,1908年3月,盛宣怀曾透露,交通银行拟向汉冶萍公司入股700万两。④ 交通银行入股之事最终虽未能坐实,但对铁厂作出启动扩充工程的决议恐不无影响。

---

① 陈旭麓、顾廷龙、汪熙主编:《汉冶萍公司》(一),第77页。
② 盛宣怀:《愚斋存稿》卷3,第66页。
③ 陈旭麓、顾廷龙、汪熙主编:《汉冶萍公司》(二),第520~521页。
④ 陈旭麓、顾廷龙、汪熙主编:《汉冶萍公司》(二),第1369页。

第二，市场销路逐渐打开。1907年后，随着铁厂产品质量的改善，加上盛宣怀个人影响力，订单纷至沓来，颇有应接不暇之状。据1907年1月19日李维格电:仅皖浙、汴洛就定轨16000余吨，厂方因工期紧张而不愿承接正太路3000吨订单。次年3月16日，他又电:"广九轨件全路厂造。津浦不久开工。沪杭甬亦必全路厂造。各处要钢轨等料者纷纷，若不赶紧大加扩充，如何肆应。正千载一时。"①市场需求大增是推动铁厂扩张的重要原因。

第三，萍乡煤炭供应呈井喷之势。1908年2月7日，盛宣怀接萍乡煤矿报告:"小坑大槽今晨已通，恭贺崇禧，现在每日可出二千至三千吨，专候钧谕即可照办。"②这使得萍矿煤炭产量剧增，1908年达到70.2万吨，较上年增加30万吨。萍矿建设成效大著，其煤焦供应能力远超汉厂需求，急需扩张销路。在此背景下，扩充铁厂，增加钢铁产品供应，成为铁厂管理层的共识。

汉阳铁厂的产业规模扩张，核心设备是第三号250吨炼铁炉。炼铁是整个钢铁生产过程的关键环节。扩大炼铁规模，会推动矿石、燃料、运输、炼钢、轧钢等产能供应，可谓牵一发而动全身。对该化铁炉，铁厂上下寄寓厚望。盛宣怀曾多次声称:"厂之转机，全在二百五十吨新化铁炉之迟早。""鄙见一求大化铁炉限期赶造以出铁；二求大驳船限期赶造以运焦，所谓自立之道在此。""新厂成只有小起色，化铁新炉成方有大起色"。③

1908年夏，第三号化铁炉主体设备运抵武汉。其主体工程在1909年底完工。当年12月9日，李维格报告:"新化炉均已完工，新打风机今日开机试打，旧炉、高百炉早已开烘，须一一试高，无可造次。现正赶新大桥、新平台、新水管，如无雨雪，一切零星年内赶竣。"1910年5月5日，第三号化铁炉正式出铁。④

炼钢方面，受市场需求刺激，汉阳铁厂大力扩充炼钢设备。1908年春，李维格向盛宣怀报告:"各路已定轨五万吨，川汉、津浦如用厂轨，亟应

---

① 陈旭麓、顾廷龙、汪熙主编:《汉冶萍公司》(二)，第1233、1368页。
② 陈旭麓、顾廷龙、汪熙主编:《汉冶萍公司》(二)，第1356页。
③ 陈旭麓、顾廷龙、汪熙主编:《汉冶萍公司》(二)，第598~599、1278页。
④ 陈旭麓、顾廷龙、汪熙主编:《汉冶萍公司》(三)，第1169、1216页。

扩充马丁钢厂。"对此,盛宣怀电复,赶紧向外洋购办。① 到辛亥革命爆发,汉厂共建 30 吨马丁平炉 6 座。其第三号马丁炉在 1908 年前就已经订定。四号马丁炉在光绪三十四年四月订购,宣统元年九月,该炉投产。第五号炼钢炉设备在宣统元年闰二月已大部分运抵武汉,②其投产时间以及第六号炼钢炉建造经过缺乏档案记载,无从详细考证。据 20 世纪 20 年代成文的《汉冶萍公司事业纪要》介绍,第五炉于宣统二年八月投产,第六炉于宣统三年三月建成投产。③

1910 年,汉冶萍公司提出汉阳铁厂"结束办法":第一步为"小结束",具体为在第三号 250 吨大化铁炉建成的基础上,"再添大钢炉一座,小钢炉一座,扩充钢轨、钻刮厂、添置电机、小铁货轧轴,共约需银五十万两,每年约可多出钢三万吨,造成钢货二万四千吨,每年约可多余银二十余万两,统共约可余银一百三十万两之谱"。此谓"小结束",即实现该目标后,暂时停止扩充。该目标计划在 1910 年上半年完成。完成后,汉冶萍每年约可出生铁 14 万吨,钢 7 万吨,钢货 5.5 万吨,废钢 1.5 万吨。第二步为"大结束",其准备条件是"俟款项充足,销路大畅",主要为添造第四号化铁炉,并扩充配套设备。④ 对照该计划,很明显,至 1911 年,汉厂已经完成"小结束",部分生产环节(如炼钢)已超额完成计划。

五、汉冶萍公司初现改革成效

1909 年 5 月,汉冶萍公司召开第一次股东大会。公司办事员杨学沂认为,欲获大利,须"出货多,成本轻,销路广",汉冶萍公司上下以性命与煤铁相搏,所言九字竟一字一字做到,遂成就中国独一无二之实业。⑤ 此虽系宣传鼓动之言,但亦非无稽之谈。

首先,产品产量急剧增长。张之洞留下来的两座旧炼铁炉经过改造,产量翻一番。1909 年,铁厂 250 吨化铁炉尚未投产,而当年生铁产量超过 7.4 万吨,是 1904 年的两倍。被公司上下寄予厚望的 250 吨化铁炉在

---

① 王尔敏、吴伦霓霞:《盛宣怀实业函电稿》(下),第 840 页。
② 陈旭麓、顾廷龙、汪熙主编:《汉冶萍公司》(三),第 1029、1157、1121 页。
③ 湖北省档案馆编:《汉冶萍公司档案史料选编》(上),第 22 页。
④ 《汉阳铁厂〈结束办法〉》(1910 年),上海图书馆藏盛宣怀档案,档号 006681。
⑤ 陈旭麓、顾廷龙、汪熙主编:《汉冶萍公司》(三),第 79 页。

1910年春投产,这是时隔16年后,汉阳铁厂建造的第三座炼铁炉。它以容量大、技术新、出产率高而赢得社会广泛关注,投产当年就使公司生铁产量接近12万吨。炼钢方面,至1911年4月,汉阳铁厂拥有西门马丁炼钢炉6座,容积均为30吨,每8小时出钢一次。考虑设备添置情况,从表30可以看出,1908—1911年这段时间也是汉阳铁厂设备利用率最高的时期。

其次,产品切实做到了"质优价廉"。经过改良的汉冶萍公司,产品质量有了极大提高,而成本大幅度降低,面对市场竞争显得极为自信。如川汉铁路购轨合同中,公司承诺钢轨担保五年,"于此五年内如有断裂,即以新轨易换","如铁厂货不合用,或价值太昂,川路公司应将所付与铁厂之银,概行收还","川路公司需用钢轨及配用各料件,所有价值比较欧美最近厂价及各省已定轨价,酌中核定"。这种自信心来自改良扩张的显著成果,所以盛宣怀敢于向张之洞保证"货美价廉",①请张之洞大胆推销公司产品。公司钢铁产品质量也得到外商的认同。如津浦路北段路轨经德国工程师验收后认为"德厂无此好轨"。② 1908年秋,美国印第安纳州阿兰托城钢铁锡板公司总理马尔根参观汉阳铁厂,曾记述粤汉铁路验收钢轨方法:"先将八十五磅轨之二端置于三英尺六寸相离之二架上,若轨能支持四大吨之重,压有五分钟之久而不弯至一英寸之十六分之三,则可作为良美之轨矣。然后再将二千二百磅之锤,由二十五英尺之高处,任其自行掷于轨上,倘受掷之轨弯曲不外二英寸半,则可作为可纳收之轨矣。""如此严试而断者竟无。"③1914年1月,汉冶萍公司参加罗马世界博览会,提交的铁矿石、煤、钢铁制品均获最优等奖。足见其质量优良。

在"价廉"方面,汉厂改良扩张以来,生铁和钢的成本实现较大幅度下降。生铁从1905年的24两/吨下降到1910年的18两5钱,1907年钢的生产成本比1910年下降10两多。

---

① 陈旭麓、顾廷龙、汪熙主编:《汉冶萍公司》(三),第97页。
② 陈旭麓、顾廷龙、汪熙主编:《汉冶萍公司》(三),第188页。
③ 《中国汉阳钢铁厂煤焦铁矿制钢记略》,《东方杂志》第6卷第9期。

表32 汉阳铁厂钢铁生产成本表

(单位:吨)

年份	成本(洋例银)	
	生 铁	马丁钢
1905	24两5分7厘	
1906	22两6钱9分4厘	
1907	19两6钱8厘4毫	41两
1908	19两9钱2分6厘4毫	38两2钱5分4厘
1909	19两9钱1分4厘	
1910	18两5钱4分1毫ª	30两4钱8厘ᵇ
1916	25两4钱8分	
1918	29.02元	
1920	50.69元	
1921	47.44元	
1923	47.54元	

资料来源:(1)李维格:《报告汉阳铁厂出货、销货、工程预算、钢铁成本表》(1910年),上海图书馆藏盛宣怀档案,档号006315。(2)1916年生铁数据参见湖北省档案馆藏:《汉冶萍公司遴派工司学生出洋联系事之函》,档号LS56-2-148。(3)1920年、1921年数据参见湖北省档案馆编《汉冶萍公司档案史料选编》(下),第7、63、72页。(4)1918年和1923年数据参见湖北省冶金志编纂委员会编:《汉冶萍公司志》,华中理工大学出版社,1990年版,第29页。注:a为宣统二年(1910)四月成本,b为宣统二年二月成本。

另外,市场空间大大拓宽。路轨材料是公司产品最主要的销售对象。1910年,公司钢轨销售比重超过50%。1909年,公司商务长王阁臣报告:除造成货件已运交不计外,本年尚应赶造浙路、苏路、闽路、广九、南浔、京汉六大路钢轨零件32105吨。二月以后,又揽定粤汉铁路钢轨8000吨,津浦铁路钢轨零件18404吨,综计揽定之货58509吨,每吨通扯50两,可得货价银300万两(售铁价在外),虽不尽限年内交货,然本年钢厂钢炉实无片刻休息。① 据不完全统计,公司钢轨销售量,1908年为14942吨,1909年为31220吨,宣统二年(1910)一月至十月为28762吨,宣统三年(1911)一月至八月为23491吨。② 公司对外国钢铁制品起到抵制作用,有报章统计,1906年中国进口铁106613担,1907年骤缩至51614担,可为铁厂抵制

---

① 《汉冶萍煤铁路矿厂概略》,《东方杂志》,1909年第6卷第8期。
② 湖北省冶金志编纂委员会编:《汉冶萍公司志》,第31页。

洋铁之明证。①

表33显示,汉阳铁厂在辛亥革命以前,生铁在钢铁产品总销售额中的笔者日趋下降,而钢轨、钢料等的比重日渐上升。当时,汉冶萍公司在经营理念上并不满足于出售原料及生铁,而主要以钢铁制成品为主,各个环节的生产能力基本配套,产品结构较合理。这是铁厂生产形势趋于好转的表现之一。

表33 1908—1918年间汉阳铁厂产品销售比重变化表

（单位:%）

年份	销售额	钢轨销售比重	生铁销售比重	钢料销售比重	其他产品比重
1908	100	37.5	43.2	3.8	15.5
1909	100	49.5	37.7	4.7	8.1
1910	100	51.5	36.1	3.0	9.4
1911	100	35.0	52.0	0.2	12.8
1912	100	11.3	24.0	10.2	54.5
1913	100	20.2	51.5	5.3	23.0
1914	100	35.3	41.0	3.4	20.3
1915	100	27.3	41.4	9.4	21.9
1916	100	20.7	41.3	26.4	11.6
1917	100	15.5	42.3	31.9	10.3
1918	100	5.9	66.0	21.8	6.3

资料来源:湖北省冶金志编纂委员会编:《汉冶萍公司志》,第31页。

从汉冶萍公司盈利状况看,1894—1927年间,只有7年盈利,其中1916—1919年受有利国际环境影响,是特殊经济环境所致。若摒除这种有利环境因素,公司实际只有1908—1910年这三年实现盈利。虽然数额不大,但这是在公司改良扩张工程尚未完全竣工的情况下实现的,具有非同一般的意义。

---

① 《汉冶萍煤铁路矿厂概略》,《东方杂志》,1909年第6卷第8期。

表 34　1896—1927 年汉冶萍公司盈亏净数表

（单位：银圆）

年　别	届　别	盈　余	亏　损
1896—1907		1896—1906 年,汉阳铁厂亏损 245.1 万余两。萍乡煤矿从创办至光绪三十二年(1906)闰四月底,共盈余湘平银 35.9 万两。1907 年盈洋例银 20.3 万两。	
1908	第一届	61883.50	
1909	第二届	15400.53	
1910	第三届	64151.71	
1911	第四届		2301500.85
1912	第五届		2872075.52
1913	第六届		1538389.82
1914	第七届		100967.97
1915	第八届		388105.93
1916	第九届	1878496.83	
1917	第十届	2801872.20	
1918	第十一届	3779904.47	
1919	第十二届	2918463.63	
1920	第十三届		1279588.44
1921	第十四届		511835.03
1922	第十五届		3666876.36
1923	第十六届		2952609.86
1924	第十七届		4034736.00
1925	第十八届		3181301.00
1926	第十九届		2901092.00
1927	第二十届		2985606.00

资料来源：1896—1906 年间,汉阳铁厂(含大冶铁矿)数据参见陈旭麓等主编:《汉冶萍公司》(二),第 600 页,萍矿数据参见孟震:《萍矿过去谈》,《近代史资料》(总第 102 号)。《汉冶萍煤铁厂矿有限公司商办第十二届帐略》,上海市档案馆藏,编号 Q322－1－176,第 145 页；湖北省冶金志编纂委员会编:《汉冶萍公司志》,第 125 页。

改良扩张后的汉冶萍公司规模庞大,张謇在 1910 年底曾参观汉阳铁厂,称"导观各厂,比十年前扩张多矣",铁厂人员众多,有"长工近二千,小工三千,欧工七八"。① 其厂貌蔚为壮观,据1908年李维格描述:"今日现于地面,则厂屋连云;深入山腹,则煤巷如市;电车汽车之纷扰,轮船驳船之挽运,其如荼如火之观,外人之到此者,盖无不惊叹也。"②美驻汉口领事游历改造后的铁厂后感叹:"烟囱凸地,插入云霄;屋脊纵横,盖于平野,化铁炉之雄野,碾轧机之森严,汽声隆隆,槌声叮叮,触于眼帘,轰于耳鼓者是为中国二十世纪之雄厂耶?"为今人提供了汉厂改良扩张后生产情形的绝妙描述。他对主持改良的中国人感到由衷敬佩:"观于斯厂,及知研究西学之华人,经营布置,才华不下西人也。"③

张国辉先生对汉冶萍公司在辛亥革命前10年的经营成绩给予较高评价,认为这段时期是公司发展过程中"比较顺利进展"的时期,取得一些令人信服的成就。这期间,厂矿的主要负责人,如李维格、张赞宸,面对社会殷切期望和责难,专心锐意为扭转铁厂的危局作了尽心的努力,使之逐步转上正常生产的轨道。在公司发展的全部历程中,"这一时期可说是最具生机、最富活力的岁月"。④ 在评价汉冶萍公司发展历史时,我们不应以结果来否定过程,不应以汉冶萍后期历史的衰败来否定前期的成绩。

第三节 民国初产业发展的失控与变异

民国成立后,民众实业建国的热潮被激发出来,民国政府也采取积极的政策鼓励发展矿业经济。特别是首届全国工商会议和张謇"棉铁主义"经济政策出台后,钢铁产业发展成为国家意志,受到广泛关注。伴随"一战"期间铁价暴涨所形成的有利市场环境,以及近邻日本对钢铁资源的巨大需求,中国钢铁产能迅速扩张。然而,"繁荣"的背后充斥着各地钢铁企业的投机活动,以日本为主要代表的列强插手中国钢铁资源开发的行为,导致民初钢铁资源开发活动陷入混乱状态,生产结构严重失衡。北京政府基本丧失了对钢铁产业发展的管控。民初钢铁产业其兴也勃,其败也忽。

---

① 张謇研究中心、南通市图书馆:《张謇全集》第六卷,南京:江苏古籍出版社,1994年版,第643页。
② 陈旭麓、顾廷龙、汪熙主编:《汉冶萍公司》(三),第34页。
③ 《上海万国商业月报译西报〈论汉阳铁厂装运钢铁出口将为欧美二洲实在之中国黄祸〉》,《东方杂志》,1910年第7卷第7期。
④ 张国辉:《论汉冶萍公司的创建、发展和历史结局》,《中国经济史研究》,1991年第2期。

一、民初钢铁产业发展概貌

民初中国钢铁产业的产能扩张不是在中国政府统筹协调下实现的,它缺乏国家层面的组织规划。其动力主要有二:一是市场利润的刺激;二是殖民经济推动所致。产能扩张主要集中在铁矿开采和生铁冶炼领域。

(一)新钢铁企业的陆续建立

新出现的钢铁企业主要为新式铁矿企业和钢铁冶炼厂,经营形式包括官办、官商合办、商办以及中日合办。在这些企业背后,日本势力的魅影不时闪现,产品大部分流向日本。

1. 铁矿生产企业

铁矿是炼铁的主要原料,本身并没有任何使用价值。在1915年本溪湖煤铁公司炼铁之前,中国只有汉冶萍公司一家钢铁联合企业。汉冶萍公司依托大冶丰富的铁矿资源,基本不需要外部的铁矿石。在日本大肆鲸吞中国铁矿资源之前,除了土法炼铁使用少量铁矿外,新式铁矿业基本没有发展的市场空间。"一战"期间,铁价暴涨。据时人分析,假定1914年世界铁价为100,则欧战期间即为400左右,至1919年战事结束,市价渐次低落。① 战争期间,日本钢铁业快速发展。1913年,日本生铁产量约为24万吨,钢25.5万吨,至1918年,对应的产量激增至58.3万、53.7万吨。② 这导致日本国内对铁矿石需求量极大。生铁价格上涨和产量增加使经营铁矿变得有利可图。1916年1月,安徽裕繁铁矿公司与中日实业公司约定,裕繁公司除去采矿、运输、出口税等成本支出外,中日实业公司保证其"应得之净利每吨上海规银一两",另加裕繁公司办事费及一切接费,"每一吨不得过洋一元"。③ 铁矿业获利之丰厚可见一斑。

1912—1914年间,中国出现一个请领铁矿探采权的高潮,大量铁矿区被请领开采。1914年底,北京政府虽然出台"铁矿国有"策,将铁矿开采经营权收归国有,但并未阻止该势头。这一现象的背后,与日本势力介入铁矿资源开发存在紧密联系。

---

① 刘家璠:《世界之铁产额及其价格之将来》,《农商公报》,1921年第7卷第10期,第25~28页。
② Yonekura Seiichiro. The japanese iron and steel industry:Continuity and discontinuity, 1850—1970. Cambridge:Harvard University, 1990:pp108-112.
③ 马鞍山市地方志办公室:《马鞍山市志资料》第一辑(内部资料),1984年印行,第4页。

表35 1912－1920年间中国铁矿探采情形一览表

时间	采矿				探矿		矿产价值（单位:圆）	
	开采		停采					
	区数	亩数	区数	亩数	区数	亩数	原产品	制炼品
1912	481	40926	1	117	35	41,380	419,552	777752
1913	454	55843	15	1366	43	6,366	1157656	2478862
1914	404	52983	91	16529	32	3,569	1356141	861362
1915	348	49491	96	2847	26	4,126	842716?	479986?
1916	186	14642	5	55	19	76	712,302	375031
1917	237	69436	55	?	14	577	2547361	1515041
1918	150	66723	12	30	35	3,192	1078617	2503306
1919	233	27703	12	9390	8	2,012	578359	9549078
1920	210	34429	1	9360	7	不详	686890	2198438

资料来源:农商部总务厅统计科编纂:《中华民国第九年第九次农商统计表》,1924年版,第421、431、437页。

北京政府时期,中国采用近代机器开采技术的新式铁矿公司纷纷出现,主要企业的相关情况参见表36:

表36 1912－1927年间中国主要新式铁矿企业简表

公司名称	性质	经营状况
大冶铁矿	中国商办	中国最早的新式铁矿企业,1890年由张之洞开办,地处湖北大冶,包括得道湾、铁山等矿区,隶属于汉冶萍公司,产品主要供给汉冶萍公司及日本八幡制铁所。
湖北官矿局	中国官办	领有大冶象鼻山矿区,与汉冶萍公司所属之矿山一脉相连。1915年9月26日湖北官矿公署成立,有铁路从象鼻山至沈家营。1920年6月开始生产,其矿石以供给汉冶萍公司及日本三菱公司为主,又在1924年与扬子机器公司订有供给6万吨至7万吨矿砂之合同。1926年,湖北官矿公署改为象鼻山铁矿局。
安徽裕繁铁矿公司	中国商办	以安徽繁昌桃冲、长龙山等矿区尤为重要,年产矿石十余万至三十余万吨。公司创办于1913年,至1918年铁道码头等工程相继竣工,规模宏大,一度为中国境内产额仅次于大冶铁矿的矿石生产企业。全矿工人2400余名。从矿区至江边建有轻便铁道,采矿成本约一元三角。开办之初,限于资本,乃与日本订立借款合同,故所采矿石,全部由中日实业公司转销日本,以供东洋制铁所及三井、三菱两株式会社之用,其条件与汉冶萍公司大致相仿。

续表

公司名称	性质	经营状况
安徽宝兴、益华、福利民等铁矿公司	中国商办	均在安徽当涂县境,矿区甚多,由宝兴、益华、利民、福民、振冶等公司开采,成立时间在1914年左右,其中,宝兴及益华两公司产额最多。宝兴年产约六万吨,自矿地至江边之马鞍山筑有运矿轻便铁路。采矿成本每吨合洋三元五六角,所产矿石一部输至日本,一部则售与上海和兴钢铁厂。益华公司年产约1.5万吨,至1926年共产铁矿13万吨,是年停业。福利民公司年产约2万吨,由日本人监督开采,1925年后营业式微。
鲁大公司	中日合办	即金岭镇铁矿,最为先德国控制,"一战"期间为日本接收,竭力经营,始于1919年正式采矿,1920年产额达12.8万吨,全部运至日本。自华盛顿会议后,日本在山东之矿权须移交于中国,即由中日合办之鲁大公司接收办理,后停工。
本溪湖煤铁公司	中日合办	公司兼营煤铁矿事业,在清末获得开采庙儿沟铁矿的权利。中日"二十一条"签订后,经北京政府特准,该公司又获得本溪湖附近十二个铁矿区的权利。
振兴公司	中日合办	1914年7月成立,在奉天辽阳鞍山站一带开采铁矿,炼铁事业则由南满铁道株式会社经营,矿工2500余名,采矿成本每吨日金五元四角。共设有东鞍山、西鞍山、大孤山、樱桃园和王家堡等采矿所数处。

资料来源:农商部地质调查所:《中国矿业纪要(1918—1925年)》,农商部地质调查所,1926年印行;《中国矿业纪要(1925—1928年)》,农商部直辖地质调查所1929年印行;武钢大冶铁矿矿志办公室编:《大冶铁矿志》第一卷(上)(内部资料),第74页;《本钢史》编写组:《本钢史(1905—1980)》,辽宁人民出版社,1985年版,第26页。

以上所列为北京政府时期中国主要新式铁矿企业,主要特点有:第一,从数量上看,改变了自清末以来大冶铁矿一枝独秀的局面,各地机采的新式铁矿迅速崛起。第二,所有企业无一例外地均与日本存在或多或少、或深或浅的关系,而且地区之间存在明显的地域差别。第三,各企业基本上均处于交通便利地带,广大内陆地区没有新式铁矿企业,交通便捷与否在民国铁矿资源开发中处于至关重要的地位。第四,中国商办的企业多纯为矿业企业,不具备冶炼能力,主要为对外提供矿石原料。

上述铁矿企业在生产运输环节大多采用近代技术,产量较高,其在1918—1927年的产量见表37:

表37 1918—1927年间中国主要新式铁矿企业产量表

(单位：吨)

公司名称	1918	1919	1920	1921	1922	1923	1924	1925	1926	1927
汉冶萍公司	684756	751442	824491	384285	345631	486631	468922	315606	85732	243632
湖北官矿局	—	—	53945	151236	46184	156781	192110	214272	103822	76629
宝兴公司	97000	41290	44389	8000	34583	74190	55840	49900	61240	52990
裕繁公司	24364	90270	61810	160760	267470	301650	348755	309730	204080	167450
鲁大公司	—	178847	128164	88204	26335	7618	—	—	—	—
本溪湖煤铁公司	104578	109671	90434	—	—	25513	65000	62407	93000	91000
振兴公司	88304	165519	151030	160164	139528	188218	155105	140927	472985	539604
共计	974698	1361230	1365985	962988	1059416	1233226	1265732	1092842	1020859	1171305

资料来源：农商部地质调查所：《中国矿业纪要(1918—1925年)》(农商部地质调查所，1926年印行)，第124~125页；《中国矿业纪要(1925—1928年)》(农矿部直辖地质调查所1929年印行)，第296~297页。注：相同企业同一年份的数据不同时，以后一次《纪要》为准。

就全国而论，全国铁矿总产量在短期内迅速增加，到1919年超过180万吨。剔除土法铁矿每年50万吨的产额，该年新式铁矿产量是1913年的3倍。其后随着国际钢铁市场行情的低落，全国铁矿产量有所降低，但依然维持在150万吨以上的高位。

2. 钢铁冶炼企业

受"一战"影响，作为重要战略物资的钢铁价格暴涨，中国兴起一股兴办钢铁厂的热潮。如1918年汉阳铁厂一号生铁在日本售价为每吨435日本银圆，而在战争结束后仅为60多圆。① 战前国内生铁每吨约二三十两，1918年四五月间，国内钢铁用户以欧战和议尚遥不可期，纷纷争购汉冶萍钢铁产品。当时，汉冶萍生铁实际售价每吨高达110两，钢板每吨480两，槽钢、角钢每吨140两，公司"获利之丰，得未曾有"。② 1918年日本钢铁价格最高点时，生铁平均价格为496日元/吨，钢834日元/吨。而1921—1926年间，生铁价格在58~78日元/吨，钢的价格在111~149日元/吨。③

---

① 农商部地质调查所：《中国矿业纪要(1918—1925)》，第135页。
② 湖北省档案馆编：《汉冶萍公司档案史料选编》(下)，第11页。
③ Yonekura Seiichiro. The japanese iron and steel industry:Continuity and discontinuity, 1850—1970. Cambridge:Harvard University, 1990:pp108—112.

日本帝国主义对华资本输出,直接生产、掠夺钢铁产品,也助推这股热潮的出现。

表38　1912—1927年间中国主要钢铁冶炼企业简表

公司名称	性质	产业设备简况
汉冶萍公司	中国商办	下属汉阳铁厂和大冶钢铁厂具备钢铁冶炼能力。汉阳铁厂第四号容量为250吨的炼铁炉于1915年6月12日建成投产,至此炼铁产能计有设计容量为100吨的高炉2座、250吨高炉2座;炼钢方面,截至1917年4月,有设计容量为30吨的平炉7座。大冶钢铁厂为汉冶萍公司在民国初年新建,1917年正式破土动工,主体设备为设计容量为450吨的高炉2座,1922年6月,第一化铁炉才建成,次年4月,第二化铁炉投产。
本溪湖煤铁有限公司	中日合办	日俄战争期间由日本财阀大仓组攫占,1911年1月改为中日合办,同年底,经营范围扩展至制铁事业。公司有日产生铁130~150吨的高炉2座,分别于1915年初和1917年底投产。1918、1919年先后建成20吨小炼铁炉2座。
鞍山制铁所	日资	由日本殖民开发机构"满铁"投资兴建,最初称为立山工厂,1917年3月改名为鞍山制铁所。工程于1917年初动工,主要设备为年产15万吨的炼铁高炉两座及附属设备,1919年4月和1921年12月,一号、二号高炉点火。
龙烟铁矿公司	官商合办	1919年成立,建有设计容量为250吨的炼铁高炉1座。因资本不足和铁市低迷,从1922年底起,公司基建工程相继停顿。
保晋公司炼铁厂(1)	中国商办	1918年开办,1921完工,隶属于保晋公司。主要设备有化铁炉1座,每日能炼生铁15至20吨。
太原育才炼钢厂(2)	中国官办	该厂以"培养炼钢人才,实施炼钢为宗旨",隶属于山西省长公署,位于太原工业实验所内,1923年,由山西省投资32万元设立,有15吨炼钢炉一座。原料向直、鲁、陕、豫等省收购,并由保晋铁厂供给生熟铁。每月产量约四五十吨,产品主要充作工业实验所原料。
六河沟铁厂	中国商办	1919年,扬子机器公司投资100万元在湖北汉口谌家矶兴建日出铁100吨的高炉一座。1920年6月出铁。之后,扬子机器公司为债息所累,不能充分供给原料,炼铁厂旋开旋辍,1922年交由六河沟煤矿公司接办。

续表

公司名称	性　质	产业设备简况
上海和兴钢铁厂	中国商办	1913年创办,厂址设于上海浦东周家渡西村,最初建有日产10吨(一说12吨)化铁炉1座,1918年8月正式开工生产。1920年,增资至100万两,兴建日产25吨化铁炉1座。后因铁价跌落,公司调整战略,与德商合作,拓展炼钢、轧钢业务,有熔钢炉2座,每座能熔10吨钢铁。轧钢厂可轧制钢轨、竹节钢条、元钢条、方钢条等。
上海兵工厂炼钢厂	中国官办	系从晚清江南制造局炼钢厂改建而来。原有3吨炼钢炉1座,15吨炼钢炉1座;煤气炉7座;化铁炉2座;烘砂炉2座;烘模炉2座;炼罐子生钢炉1座等。1927年前,设备损毁严重。

资料来源:(1)农商部地质调查所:《中国矿业纪要(1918—1925年)》,第130、56页;《阳泉铁厂调查》,《大公报》,1933年8月25日。(2)农商部地质调查所:《中国矿业纪要(1925—1928年)》,第72页;《山西育才炼钢厂章程》,《晋民快览》,1925年第4期,第105页。(3)其余未注明者,请参见下文相关章节。

　　除上述规模较大之钢铁厂外,尚有附设于各水泥厂或兵工厂内之电钢炉或浇钢炉,产量较低,或供本厂之用,或者专销附近一带。这类钢厂约有五处:一是启新洋灰公司附设之浇钢炉。二是江南造船厂附设之电钢炉。三是奉天兵工厂附设之电钢炉。四是巩县兵工厂附设之电钢炉。五是河南新乡设有小铁炉。以上奉天、巩县两厂系炼制特种钢,如镍钢、铬钢、钒钢等,以供制造枪炮之用。这些小炼钢厂虽然不能改变中国钢铁工业发展落后的总体格局,但在小范围内,弥补了地区及企业用钢需求,"故凡以小规模设厂炼钢者,事既轻而易举,无不获利倍徙"。[1] 另外,报章道还报导了部分计划筹组的钢铁公司。虽最后未能成议,但亦可借此窥知当时中国社会投资钢铁业之热情。如1919年7月,孙尧卿在湖北发起成立民生钢铁公司,计划招股50万元。[2] 1919年8月,任鸿隽在四川拟设钢铁厂,并从美国订购重要机件300余件、价值18万美金。[3] 同年9月,上海浦东有

---

[1]　农商部地质调查所:《中国矿业纪要(1918—1925年)》,第131页。
[2]　《鄂民生钢铁公司之发起》,《申报》,1919年7月25日。
[3]　《川省筹办钢铁厂》,《申报》,1922年6月16日,第4版。注:任鸿隽在康奈尔大学的同学周仁(康奈尔大学冶金学硕士)受邀担任四川钢铁厂总工程师,于1919年冬赴美购买电炉设备,"经过一年多的努力,全部设备运到了四川,然而由于政局的变化,使建厂计划不得不停顿告吹"。(周佩德:《周仁传略》,《中国冶金史料》,1987年第2期,第71~79页)

设立炼钢厂之动议,利用安徽铁矿资源,资本由皖浙沪官商筹集。①

截至1927年,中国钢铁企业主要设备及产能情况参见表39:

表39　1927年中国各钢铁厂钢铁冶炼设备产能大略表

	名称	企业创始年	所在地	高炉数（座）	日产量（吨）	年最高产量
炼铁厂	龙烟铁矿公司	1919年	北京西	1	250	90,000
	汉阳铁厂	1890年	湖北汉阳	4	650	234,000
	大冶钢铁厂	1914年	湖北大冶	2	900	324,000
	六河沟炼铁厂	1919年	湖北汉口	1	100	36,000
	和兴钢铁厂	1913年	上海浦东	2	45	16,200
	保晋公司炼铁厂	1918年	山西平定县	1	20	7,200
	本溪湖煤铁公司	1905年	奉天本溪湖	4	320	115,200
	鞍山制铁所	1916年	奉天辽阳	2	500	180,000
	合计			17	2,785	1,002,600
炼钢厂	汉阳铁厂	1890年	汉阳	7	210	75,000
	和兴钢铁厂	1913年	上海浦东	2	100	36,000
	合计			9	310	111,600

资料来源:《满铁史资料》第四卷(三),第1222页。注:该文原载英文杂志《中国经济》,1928年第1期。其对各钢铁厂相关设备的产能估算不一定准确,录此仅供参考。

这一时期,中国钢铁厂钢铁生产能力较诸清末汉冶萍时代有较大提升,铁矿石生产能力增长较为明显,出口量连年增加。生铁产量在1919年达到446588吨(含土铁的假定产额17万吨,见表40),为1927年前最高值。值得注意的是,大冶钢铁厂和鞍山制铁所的大型高炉均在20世纪20年代投产,但国内生铁产量并未再上一个台阶,反映出中国机制生铁产能长期得不到充分发挥。在产能分布方面,除华中地区外,东北、上海地区的一些钢铁企业陆续建成投产,改变了中国钢铁产能的空间布局。由于日方的大力经营,短时期内,东北取代华中地区成为中国最大的钢铁生产中心,至今仍影响着中国钢铁工业布局。民初钢铁生产企业大多趁"一战"铁价暴涨时机兴建,设备费用过高,技术水平较为落后。规模较小者在"一战"期间即已投产,获利较丰,而规模较大者,因建设周期较长,未能抓住发展良机。

---

① 《浦东设立炼钢厂之动议》,《申报》,1919年9月6日。

表40　1912－1925年间中国铁矿、钢铁输出入及消费量表

（单位：吨）

| 时间 | 铁矿 | | | 国内消费量 | 钢铁 | | | | | | | | 国内消费量 |
| | 产额 | 输出 | 输入 | | 产额 | | 输出 | | | 输入 | | | |
					生铁	钢	非制造品	制造品	共计	生、废铁	制造品	共计	
1912	721280	203165	141	518256	177989	2521	8041	4458	12499	39510	111766	151276	316766
1913	959711	271810	96	687997	267513	42637	64282	2804	67086	46236	195503	244739	445166
1914	1005140	297059	10672	718753	300000	55850	59476	2535	62011	44919	186632	230551	468540
1915	1095555	306521	4846	793880	336061	48367	95771	6352	102123	29576	96082	125658	359596
1916	1129056	280784	29743	878015	369160	45043	143527	11218	154745	28789	117058	145847	360262
1917	1139845	306791	27812	860866	357635	42651	145974	17309	163283	20412	102856	123268	317620
1918	1474698	375664	15482	1114516	354144	56996	168241	20844	189085	14085	135032	149117	344176
1919	1861230	635362	36871	1262739	446588	34851	162614	3810	166424	53950	271208	325158	635322
1920	1865985	677544	19942	1208383	427648	68260	183922	12885	196807	68204	298418	366622	627463
1921	1462988	511030	5947	957905	402787	76800	158886	3804	162690	30265	242517	272782	542879
1922	1559416	667183	1270	893503	393694	30000	201752	7857	209609	68257	296618	364875	578960
1923	1733226	733603	3084	1002707	343442	30000	201498	12041	213539	44478	265339	309817	469720
1924	1765732	846833	1574	920473	330521	30000	263367	6337	269704	54520	439104	493624	584441
1925	1519021	815913	—	703108	369617	30000	158697	2632	161329	59441	345825	405266	643554

资料来源：农商部地质调查所：《中国矿业纪要(1918－1925年)》，附表十四。注：1、土法铁矿之产额假定为每年50万吨(据1916年约计)；2、土法生铁之产额假定为每年17万吨(据1916年约计)；3、从1918年起，和兴钢铁厂及其他电气炼钢炉之钢产额一并计入，暂假定为年约3万吨；4、钢产吨数(和兴等厂除外)不列在消费量内。

（二）汉冶萍公司产能持续扩张

1. 汉阳铁厂的产能扩张

辛亥革命以前，汉冶萍公司有容积为100吨的炼铁炉2座、250吨炼铁炉1座、30吨西门马丁炼钢炉6座，以及相关配套设备。根据盛宣怀、李维格等人的"大结束"计划，在汉阳铁厂再兴建250吨炼铁炉1座和相关配套设备，方达到建设的最终目标。同时，在靠近铁矿产地的大冶设炼铁炉一直是盛宣怀的梦想。1910年5月，随着汉阳铁厂250吨炼铁炉的建成投产，加上公司经营形势日趋好转，盛宣怀雄心勃勃地提出："拟再加炼铁大炉二三座，炼钢炉及各种制造机器依比例照加，每年约炼铁三四十万吨，除

供应各省路轨外,余均运销外洋,每年可为中国生利一千数百万两。"①但是继续扩张需要巨额资金投入,为此,公司不得不继续向日本借债。1911年3月,汉冶萍与日本制铁所签订售购生铁合同,议定在未来15年内,向制铁所出售大批生铁。与此同时,为扩张生铁产能,4月19日,汉冶萍、日本制铁所、正金银行三方签订了《预借生铁价值正合同》②,正金银行借予公司600万日元,借期15年,以制铁所购买公司生铁价值还本付息。依靠这笔资金,公司计划兴建汉阳铁厂第四号250吨炼铁炉。

经此一役,盛宣怀因主张铁路国有,受到通缉。汉冶萍公司元气大伤。一方面,机炉设备严重受损,迟迟未能修复;另一方面,地方及中央趁机攘夺,无不想从中分得一杯羹,使得生产管理迟迟不能进入正轨。如对公司制钢事业关系重大的湖北阳新银山头锰矿,当清之世,一直被汉阳铁厂开采。武昌起义爆发后,当地人"将窿口封闭,厂屋机器运物铁道一概拆毁",且力争该矿山系民产,"控省控京,毫不让步。事逾三年,未能开采","停搁数载,损失五十余万元"。③ "公司营业系合厂矿船埠各种机关组织而成,如机器然,一轮不动即全机失用。自去年八月军兴后,各种机关破坏,营业即无从着手"。④

据调查统计,辛亥军兴,汉冶萍公司损失高达银372.48万两。⑤ 1913年春,盛宣怀出任公司董事会长,重新控制经营大权,恢复了公司原先的发展方案:"拟借一宗轻利巨款,还清重利各债,即在大冶添造四炉,以省运费(萍焦运往大冶,带回铁石赴汉),专供国内、国外生铁销路(每吨成本不过十三四两,现价可售二十七八两),汉厂化铁炉四座专供钢厂造轨制器之用(每吨钢货成本不过三十两左右,现价可售五十余两)。"5月20日,公司股东会一致通过了上述主张:"汉厂全行炼钢,大冶另设铁炉。筹借轻息大宗款项,圆活金融机关。"⑥

扩张生产规模,资金依然是最棘手的难题。7月24日,汉冶萍公司经

---

① 陈旭麓、顾廷龙、汪熙主编:《汉冶萍公司》(三),第150页。
② 武汉大学经济系编:《旧中国汉冶萍公司与日本关系史料选辑》,第183页。注:因制铁所与汉冶萍签订《售购生铁正合同》为3月31日,应汉冶萍公司建议,该合同文本上也写作同样日期,实际签字日期应是4月19日。
③ 季啸风、沈友益主编:《中华民国史料外编——前日本末次研究所情报资料》(中文部分)第二册,桂林:广西师范大学出版社,第716页。
④ 陈旭麓、顾廷龙、汪熙主编:《汉冶萍公司》(三),第318页。
⑤ 陈旭麓、顾廷龙、汪熙主编:《汉冶萍公司》(三),第851页。
⑥ 陈旭麓、顾廷龙、汪熙主编:《汉冶萍公司》(三),第446~447、516页。

理李维格提交了厂矿扩充经费预算,总计约需银937.4万两,其中汉厂第四号炼铁炉约需60.6万两,改良工程需189.8万两,新建大冶铁厂约需450万两,其余为改良大冶铁矿和萍乡煤矿费用。① 对此巨款,公司除了借款,别无他法。12月初,汉冶萍与日本制铁所、横滨正金银行签订1500万日元大借款,此为汉冶萍发展史上最大一笔借款。② 其中,900万日元为扩充工程借款合同,用途"为湖北省大冶地方新设熔矿炉二座,且扩张改良湖北汉阳铁厂、大冶铁路并江西省萍乡煤矿电厂、洗煤所等项"。600万日元为偿还短期欠款或善后借款合同。作为交换,汉冶萍同意:借款以公司现有及因本借款公司所添置之动产、不动产、一切财产、并将来附属此等财产之所有财产作共同担保,抵押于正金银行;以制铁所所购矿石、生铁价值还本付利,不足者以现款补足;公司聘用日本人为最高工程顾问和会计顾问。合同签订后,汉冶萍公司从此基本丧失了自主发展能力,沦为日本钢铁工业的原料基地。

1914年秋,汉冶萍公司下属各厂矿各项工程预算为:汉厂180.3万两,萍矿67.5万两,冶矿122.1万两,大冶新厂预算于1915年编成,计433.2万两。后因"一战"期间料件价格飞涨,复于1918年修改预算,汉厂为195.5万两,萍矿76万两,冶矿145万两,大冶新厂增至581.1万两。到1921年底,"各处工程,未完工者尚多",汉厂实际用款156万两,萍矿34.9万两,冶矿125.9万两,大冶新厂除历年利息98.7万两不计,计569.2万两。③

汉阳铁厂第四号化铁炉建设工程相对来说较为顺利,自1913年开始建造,到1915年6月12日建成投产。④ 同年,汉厂开始建造第七号马丁炼钢炉,设计容量同样为30吨,1917年4月建成。

"一战"期间,汉冶萍盈利丰厚。据统计,1916年至1919年间,盈利总计1940余万两。其中,用于订购机件500余万两(1920年底前),分派股息320余万两,职员酬劳50余万两,拨还旧债500余万两,经营新矿并投资其他公司150万两,货料较1915年多存350万两,另有200万日元向银行抵押用银。⑤

---

① 湖北省档案馆编:《汉冶萍公司档案史料选编》(上),第481~482页。
② 陈旭麓、顾廷龙、汪熙主编:《汉冶萍公司》(三),第686~695页。
③ 湖北省档案馆编:《汉冶萍公司档案史料选编》(下),第429~430页。
④ 湖北省档案馆编:《汉冶萍公司档案史料选编》(上),第499页。
⑤ 湖北省档案馆编:《汉冶萍公司档案史料选编》(下),第430页。

2. 大冶钢铁厂的兴建

民国初年，汉冶萍公司扩张规模的另一重大举措是在大冶建立新钢铁厂。大冶设厂是盛宣怀在光绪年间就已谋划的计划。1913年，盛宣怀重新出任汉冶萍董事会长后，正式决议大冶另设新厂。大冶新厂正式名称为"汉冶萍煤铁厂矿有限公司大冶钢铁厂"，简称大冶钢铁厂。① 该厂主体设备为炼铁高炉两座，计划全年出铁40万吨，原计划1914年动工，1917年投产。然而，该厂靡费巨资，工程进展异常缓慢，工程质量低劣，堪称汉冶萍几十年发展史上之最大败笔。

大冶钢铁厂原为1913年中日1500万日元大借款所规定之事，但迟至1914年9月底，董事会才委派汉厂坐办吴健携公司日籍工程顾问大岛道太郎赴美查购新式机炉，此时"一战"已经爆发。大冶钢铁厂炼铁炉设备采取向洋商招标的办法，计有英商2家、美商3家参加。1915年7月，公司董事会决定向美国摩尔根公司订购，货价287200美金，其根据是美国没有参加"一战"，交货不受限制，且价格相对较廉。然而美商列德干利公司请与公司业务密切的三井洋行作代理，一再请求公司延缓订约，并对公司提出的要求做出让步，最终在10月底夺得该订单，全价223500美金。② 签约后，列德干利公司以三井并未与其协商为由，提出加价22550美金。公司不允，交涉往返，迁延数月。到1916年5月，国际铁价节节攀升，列德干利公司复要求加价涨至121500美金，经大岛居间协商，允减至8万美金。公司权衡再三，被迫同意，加价由公司和三井各半分担。这样，直到1916年6月，公司才正式签订定造大冶化铁炉合同，距1915年7月的购买方案已近1年。

1917年，大冶钢铁厂两座高炉工程同时破土动工，建筑与安装工程由日籍顾问大岛道太郎设计监督。然当年9月，所订设备仅完成约1/5，而此时美国加入协约国参加"一战"，钢铁制造品禁止输出。公司订购的炼铁设备亦受阻，以致设备完工之期及装运之期邈邈不可期。汉冶萍公司通过北京政府外交部、日本外务省交涉，毫无结果。无奈之下，公司只得将美方已制成之件设法运华，其余之件悉数解约，改请八幡制铁所制造。凡日本不

---

① 据盛铁牛考证，汉冶萍公司在大冶设立炼铁厂正式名称为"汉冶萍煤铁厂矿有限公司大冶钢铁厂"。(《"大冶钢铁厂"厂名考》，《中国冶金史料》，1987年第1期，第85页)

② 湖北省档案馆编：《汉冶萍公司档案史料选编》(上)，第474页。

能造的机件,再在美国重新寻找厂商。① 大冶钢铁厂基建工程因之大受影响。"一战"结束,大冶钢铁厂大部分工程还未完成,甚至尚有许多厂房未动工者。

1921年8月,大冶钢铁厂厂长吴健愤于铁厂水塔倒塌事故,曾向公司董事会陈述新铁厂工程贻误之始末、因果,虽有自我开脱责任之嫌,但亦可帮助今人了解建设工程旷日持久之原委,以及因之所受之损失:"民国三年秋,健同大岛(分别指吴健和公司日籍总工程师大岛道太郎)、彭脱顾问奉派出洋考察。当时健以建造新厂,工程重大,必先规划精详,然后纲举目张,进行有自。遂与专门名家麦奇接洽,拟请代为规画招标,并约同来大冶住居六个月,察勘各切,以为周详之规画,其机件预定六个月之计划已可概见,欣然承揽,索酬仅三万元(查龙烟规画顾问索酬十万元)。比经电陈公司,适盛公病重,某董以索酬过巨,不予照准。此其经过情形一也。规画之策既不见用,于是采招标法在外洋招标,带归请董会选决,其中以摩根厂所投之标单并图样为最精详,孙会长极赞许,已表决,而某董反对,取消议决案,畀之三井介绍之厂家。此又一经过情形也。三井介绍之厂家标单既欠精详,规画复从简略,工作上随意裁减,不按照我之规定,两方争持,工作迟滞,机件竟因欧战阻隔,延至九年迄未交清,价复昂于摩根。此第三经过情形也。""假令此厂早经成立,或如当日麦奇所规画,一年工竣,即可出货,纵延长至二年三年,犹在欧战未停以前,钢铁畅销达于极点,则以两炉日出铁各四百吨计,年可二十五万吨,每吨时价百七十两,除成本约二十五两,一年间可获利三千六百万两左右,合汉厂所盈一千二百万两,以银圆折算,约七千万元,并公司原有成本底值,我公司资本得号称一万万元,以如此雄杰之局面,直与地球各大企业家抗衡,区区之外债,以六百万两清偿足矣。今者费款六百万元,历时至六年久,工程尚未完竣,将来开炼有无发生意外危险,固不得知,惟以此律彼,赢输相隔天渊耳"。②

大冶钢铁厂建设工程旷日持久,沉淀了汉冶萍公司的巨额资金。到1921年底,公司实际投入白银569.2万两,且预估需120.3万两才能竣事。③ 1922年6月,第一化铁炉建成。次年4月,第二化铁炉投产。这距离原建设计划延迟5年多。由于工程建设的延误,大冶钢铁厂没能抓住发

---

① 湖北省档案馆编:《汉冶萍公司档案史料选编》(下),第419页。
② 湖北省档案馆编:《汉冶萍公司档案史料选编》(下),第448~449页。
③ 湖北省档案馆编:《汉冶萍公司档案史料选编》(下),第429~430页。

展良机。大岛言:"此炉早成一日,约有八万利益,是耽搁十日,即公司受八十万之亏损。"①大冶钢铁厂投产后,正值国际铁价低落,各钢铁厂商均亏损严重。

两座高炉炉身采用美国固定式设计,技术较先进,高 27.44 米,容积 796m³,设计能力为日出铁 450 吨,是当时远东地区容积最大的炼铁炉。两炉并列而立,相距 40 米,中间由悬空钢桥连接,各备一套倾斜式上料机。每座高炉各配有热风炉 3 座,全部为德国式三通中心燃烧炉。高炉所产生的煤气有回收装置,可用于鼓风机、发电机的动力,热风炉发生的煤气也能被循环利用。1950 年代,前苏联专家参观高炉旧址,认为在当时能有如此先进的高炉,实属罕见。但高炉工程质量经实践检验,问题重重。1 号高炉准备开炉期间历经数次事故,到 1922 年 6 月 24 日点火,仅出铁 1000 多吨,就在 7 月 5 日炉盖开关失灵,下部铁质凝结而停炼,直到 1925 年 5 月 15 日才重新恢复生产。② 由于开工不足,加上燃料紧张,到 1925 年,两炉完全熄火,总共炼出 258486 吨生铁(其中 1 号炉仅出铁 54482 吨)。

3. 汉冶萍公司规模扩张之平议

钢铁生产过程中,规模经济有其适用范围。某一历史时期内,绝非规模越大越好,"最佳工厂规模"应该受这一时期市场需求限制。③ 清末以来,中国钢铁需求量起伏波动较大,但总体呈上升趋势,钢铁进口价值从 1894 年 285 万两猛增到 1911 年的 1575 万两。④ 粗略估计,清末中国每年需进口钢铁 10 余万吨。民初,该数字在 15 万~30 万吨之间徘徊。⑤ 这一市场容量似乎足以容纳汉冶萍的产品销售,但实际上,因钢铁下游产业极为落后,中国每年进口的钢铁多以制成品形式出现,汉冶萍无力生产各类型终端产品,其能占据的钢铁市场份额极小。据 1923 年汉冶萍称:公司所产生铁,"最近十年统计,国内销数充量年销不过三万吨"。代鲁分析:从清末至 1927 年的 20 余年,中国钢铁的国内市场已经扩大五成多的容量,若孤立地看,它完全可以消纳汉冶萍公司所产而有余,但是,实际上该容量是最大的可能容量,且已被国内同类厂家所产与外国入口同类产品完全占据

---

① 湖北省档案馆编:《汉冶萍公司档案史料选编》(下),第 419 页。
② 冶志:《两座大高炉的坎坷命运》,《中国冶金史料》,1986 年第 1 期,第 99~102 页。
③ [美]小艾尔弗雷德·D. 钱德勒:《企业规模经济与范围经济:工业资本主义的原动力》,北京:中国社会科学出版社,1999 年版,第 31 页。
④ 庞淞:《中国商战失败史(1876—1915)》,台北:文海出版社,1982 年版,第 26~29 页。
⑤ 《中国矿业纪要(1918—1925)》,北京:农商部地质调查所,1926 年印行,附表十四。

而达到饱和程度。①

汉冶萍公司在民国初年的规模扩张实际上是不得已而为之,而非市场需求推动的结果。由于经营不善,加上社会动荡的冲击,公司债务一步步加重,而依靠现有生产规模又不能济事,只能寄希望于扩大规模、增加盈利,以改变被动局面。所以,公司为摆脱困境,不得不大举借债;为还债,又不得不扩大规模;而最后为完成扩张工程,往往又不得不再次举债,以至形成恶性循环。企业规模越大,需要协调的事务将会不断增加,适应力将会越差,如果决策失误,加上外部环境干扰破坏,极有可能对企业造成巨大损失。当然,如果经营得当,还是可以充分发挥这些债款的价值的,如同清末汉冶萍公司的改良扩张。

民国初年汉冶萍公司的规模扩张轻视了燃料供应环节。历史上,燃料问题曾极大制约汉阳铁厂生产。民国成立以后,随着汉冶萍公司钢铁冶炼产能的不断增加,萍乡煤矿的生产能力相对而言增产有限。1916年,萍矿向汉冶萍董事会报告:1915年,萍矿出产原煤927463.5吨,较1914年增加236237吨。据估计,1916年,萍矿必须出产原煤100万吨,"方可供足汉厂及外销之数,然照目前力量,如无意外之事,定可如数"。1917年增产至112万吨,"似亦可望办到",但1917年之后,"殊无把握,因目前易挖之煤业已可取尽取,故必须赶紧添造新工程,为将来之后盾,万一现采之地段或出额不丰,则此项新工程早已预备,大可有恃无恐,不至有缺额之虑也。"②历史实践证明,公司上下显然未能未雨绸缪,始终确保煤炭的稳定高产局面。1921年,汉冶萍公司大冶钢铁厂即将投产,萍乡煤矿燃料生产能力不足的局面开始出现,有人担心,"冶厂开炉,煤焦之需要恐难有充分之供给",然而,公司各方集议,"采煤足供炼焦之用"。③ 但萍矿优质煤炭出产不足的问题很快显现。1923年3月,汉冶萍公司经理夏偕复等人向董事会报告:公司各厂矿月支经费,以萍矿最多,"而现时出煤,额不加增,质尤不净,灰分几占十分之五","迭饬该矿注意选采,迄未照办"。1924年,萍矿矿长黄锡赓报告:萍矿"窿内采煤之地段好者已罄,仅余残质,即现之半煤半壁,亦难久供开采,故成色更无从补救。所以然者,因历年应办之扩充工程未经矿师照通常之规例,权衡缓急筹画而布置之故。今日之窘状,其

---

① 代鲁:《汉冶萍公司的钢铁销售与我国近代钢铁市场》,《近代史研究》,2005年第6期。
② 湖北省档案馆编:《汉冶萍公司档案史料选编》(下),第483页。
③ 湖北省档案馆编:《汉冶萍公司档案史料选编》(下),第487页。

所由来者渐也。今若从事补救,至少至有数十万之资金及三五年勤奋之工作,方能有济"。①

据公司账册,截至 1908 年,萍矿存安源机矿成本为洋例银 5397798 两,1911 年达 5648231 两,1916 年,该数字为 6581250 两。② 也就是说,汉冶萍公司成立后的 8 年时间,萍矿核心生产设备的价值仅增加约 120 万两。与之形成鲜明对比,汉冶萍公司钢铁冶炼设备的价值在此期间飞速增加。1908 年,汉阳铁厂新添冶炼设备价值约为洋例银 5417331 两(仅含新炼钢厂和新化铁炉的成本,旧炼铁设备以及铁厂基地、房屋、车路、轮驳、机器等价值不计入,下同),1911 年,该数字增至 10829653 两,1916 年达 12415159 两。8 年时间,铁厂新添冶炼设备价值约净增 700 万两。

汉冶萍公司在"一战"期间,完全有能力扩张煤焦产能。即便是在 1919 年,公司财务状况亦十分可观。据公司账略,在扣除各项费用前,1919 年,汉冶萍盈利 6546744.32 元,提留法定公积金 1309348.86 元、特别公积金 190651.14 元,以备公司扩充计划之用,另外,派发股息,余下净数提十分之一作为办事人酬劳,尚剩余 2918463.63 元,加上往届结余的 1338785.65 元,总计结余 4257249.28 元。而且,当时汉冶萍管理层已经注意到市场不景气可能带来的危机:"欧战停后,钢铁市价,一落千丈。本公司所受影响至巨。幸八年所售各货,多在七年抛出,其中虽有减价退盘,类皆认罚偿亏,故本届尚能盈余此数。现在时机已过,下届可能无亏,虽无把握,然已多储盈余,以为培植根本之计。""至此后多求出货,力节靡费,减轻成本,扩充销路,凡可以资为补救者,自当督率办事人黾勉图之,以维中国唯一之实业。"③ 历史实践证明,汉冶萍公司并未在决定全局的燃料问题上投入足够多的精力和资财。④ 由于萍乡煤矿产能迟迟未能扩大,可以肯定,若没有 20 世纪 20 年代的社会动荡影响煤焦运输,汉冶萍公司的燃

---

① 湖北省档案馆编:《汉冶萍公司档案史料选编》(下),第 490、494 页。
② 湖北省档案馆编:《汉冶萍公司档案史料选编》(下),第 560、571、703 页。
③ 《汉冶萍十二届帐略报告书》,《申报》,1921 年 6 月 7 日,第 4 版。
④ 汉冶萍公司高层放弃在萍矿投入巨资,可能与认为萍矿存在诸多问题、积重难返的认识有关。1922 年初,报章披露,汉冶萍公司职员会议拟将汉阳铁厂、萍乡煤矿停工三月,"即于冶矿矿旁设炉,专力整顿。汉阳铁厂现在出铁,成本甚大,即做煤一项,每吨已须银十四两,故制铁实无利可获。至萍乡一处,实为各厂开销之最大,闻其米油木三项,年须七十万元,故不得不出于停顿之一途。好在现在所积煤焦,尚可供四月余之用,故于炼铁事业,无妨碍也。闻此项决议,不日即可实行。至总理夏偕复及汉厂长吴健,闻均须去职。"《汉冶萍停工已决议》,《申报》,1922 年 11 月 23 日,第 5 版)

料供应仍是十分棘手的难题。

（三）民初钢铁产业扩张的特点

第一，生产技术参差不齐。近代中国钢铁生产技术发展水平，各生产环节并不均衡，"采矿子系统的技术是落后的，炼铁技术比较先进，炼钢系统次之，轧钢技术则是最不发达的，从而导致中国近代钢铁技术发展的不平衡性"。① 造成这种现象的原因在于，中国劳动力资源丰富，价格低廉，使得采矿生产环节主要依靠人力劳动。相比之下，由于中国必须不断向日本增加生铁的输入量，炼铁技术在矿石处理及炉座容量等方面较为先进，当然这是相对于国内钢铁生产的其他环节而言。在炼钢和轧钢技术方面，设备陈旧，设备长期得不到更新。

采矿方面，汉冶萍公司所属大冶铁矿是国内最早、规模最大的铁矿。但一直到民国初，采场开采多用炸药爆破、手工掘凿岩石的方式，将大块矿石凿碎，以便运输，直至1915年后才购置汽压凿岩机数部，用蒸汽动力代替手工凿岩。1919年，大冶铁矿采用电力动力，装备400匹马力气压机数部。② 这在当时是比较先进的开采技术。其余一些企业则大量采用人力作业方式。如保晋铁厂，其铁矿由本地乡人包采，公司以每吨6元左右的价格收买，开采方式完全依靠土法。另外，安徽当涂县铁矿基本依靠当地廉价劳动力手工开采，没有采掘机器。但在运输方面，大多修有铁道。

炼铁技术的先进性主要体现在熔炉的容量方面，汉冶萍公司所属大冶铁厂拥有450吨化铁炉2座，其容量在当时远东地区是最大的，在近代中国也绝无仅有。另外，龙烟铁厂有250吨化铁炉一座，由美国贝林·马歇尔公司（Perein Marshall & Co）设计，其炉座构造较为合理，考虑废气的回收利用，在当时亦属先进技术。但与之形成鲜明对比，土法炼铁依然见诸各地。如1918年，江苏新丰铁矿公司向农商部注册，设总事务所于南京，资本20万元，先期资本金5万元收齐，拟定营业计划，"先行开采矿砂，以半西式土法炼铁"。③

就炼钢和轧钢技术而论，国内只有少数钢铁企业具备炼钢、轧钢能力。汉冶萍公司为其主要代表。公司共有炼钢炉7座，均为西门马丁式平炉，

---

① 吴熙敬主编：《中国近现代技术史》（上卷），北京：科学出版社，2000年版，第121页。
② 武钢大冶铁矿矿志办公室编：《大冶铁矿志》第一卷（上）（内部资料），第200～209页。
③ 中国第二历史档案馆藏：《农商部有关江苏新丰铁矿股份有限公司注册》，全宗号1038，案卷号2334。

容积 30 吨,每炉 8 小时出钢 1 次。其中 6 座都是在清末建成。第 7 座建于 1915 年,1917 年 4 月开炼。① 此后再无新的炼钢炉出现。公司轧钢设备大体亦如此,主要在清末添置,到 20 世纪 20 年代,汉冶萍公司炼钢、轧钢设备已较为陈旧。其他诸如上海炼钢厂、和兴钢铁厂以及育才钢铁厂规模较小,产能有限。上海炼钢厂的两座炼钢炉年代更为久远,系由晚清江南制造局炼钢厂建造。至于附设于一些兵工厂和造船厂中的电钢炉,容量一般为数吨,影响甚微。可以说,北京政府时期中国的炼钢和轧钢技术基本在清末已有的水平上停滞不前。

第二,生产设备利用率低。根据《中国矿业纪要(1918—1925)》统计结果,1925 年后,中国新式钢铁企业的设计产能能够达到每年 100 万吨生铁、11 万吨钢的规模,但"实际所产,生铁不过前额四分之一,钢不及前额三分之一"。② 大冶钢铁厂建成后,汉冶萍公司生铁产能可达每年 55 万吨,但历史上公司生铁产量最高为 1924 年创下的 179128 万吨,尚不足总产能的 1/3。汉冶萍钢产量每年可超过 7 万吨,一段时期内该设备利用率较高,如 1914 年钢产量超过 5 万吨,但到后来急剧减少,1922 年后停止炼钢。

造成设备利用率低的主要原因,是因为当时国内钢铁市场需求较少,加上生产成本较高,与外国钢铁产品竞争时处于下风。另外,社会秩序混乱导致企业时常停产。如位于汉口的扬子铁厂在 20 世纪 20 年代,就因二次直奉战争、张吴联合讨冯战争、北伐战争而多次停产。③ 这也是造成国内钢铁企业生产成本高昂,无法同洋铁竞争的重要原因。

相比之下,日本在中国东北投资创办的钢铁企业的设备利用效率相对较高。如本溪湖公司生铁产能约 11.5 万吨,实际产量在 5 万吨左右。④ 随着技术的改进,企业产品产量节节攀升,如鞍山制铁所发明应用"还原焙烧法"后,年产量超过 16 万吨,接近产能设计极限。

第三,生产结构严重失衡。这主要表现为钢铁生产中矿石、生铁的产量大大超过钢的冶炼需求,中国钢铁生产的原料出口导向特征非常明显。

由于铁矿开采的技术含量相对较低,资金投入较少,且可以直接实现

---

① 湖北省档案馆编:《汉冶萍公司档案史料选编》(上),第 22 页。
② 农商部地质调查所:《中国矿业纪要(1918—1925 年)》,第 133 页。
③ 胡博渊:《三十年来中国之钢铁事业》,载中国工程师学会:《三十年来之中国工程》,1946 年。
④ 《本钢史》编写组:《本钢史(1905—1980)》,沈阳:辽宁人民出版社,1985 年版,第 39 页。

铁矿石——资金的转化,资金周转也较快,所以民初中国出现许多专门出售铁矿石的铁矿公司。中国规模较大的钢铁企业,如汉冶萍、龙烟、本溪湖等,都拥有自己的矿山,基本不需要外部铁矿供给,中国铁矿产出远大于冶炼能力。1927年前,机采铁矿产量最多为1920年的136万吨,按铁矿石品位平均50%计算,可出产约70万吨生铁。但该时段中国生铁产量最高为1924年,仅约31万吨。① 矿石开采规模大大超出炼铁需要。生产结构失衡使得国内矿石企业不得不向国际市场寻求出路。如湖北省官矿局投产后,产量不断增加,从1920年的53945吨迅速增至1925年的214271吨,国内钢铁企业除扬子铁厂外,别无销路,而该铁厂规模较小,需求有限。当国内钢铁冶炼企业纷纷停业后,为维持生产,官矿局不得不受制于日本钢铁企业。正如陈寅恪所言:"以国内炼厂过少,矿砂苦无销路,势不能不以铁砂售于外人,否则有矿而无厂,何贵乎有矿,故矿商之售砂借款,自有苦衷。虽民三有铁为国有之政策,亦不能实行。惟售砂契约,束缚过严,于中国之前途,不无隐患耳。"② 这是矿石—生铁生产结构失衡引发的必然结果。

生铁—钢的产能也严重不匹配。中国生铁产能约为每年100万吨,而炼钢能力仅为每年11万吨,钢与铁的生产能力大约为1:9。国内钢铁企业只有汉冶萍公司、和兴钢铁厂以及上海炼钢厂等少数几家具有炼钢能力。生铁是炼钢的主要原料,这种畸形的生产结构反映出中国钢铁企业的原料供应者角色。

至于轧钢产能则更显弱小,仅少数钢铁企业具备钢铁加工能力。汉冶萍公司规模虽持续扩张,但轧钢产能在民国初年变化不大,设备主要为清末遗物。上海炼钢厂有一定数量的轧钢设备,设备陈旧,主要继承自晚清江南制造局。和兴钢铁厂有500毫米轧钢机一套,能生产硬钢和竹节钢,日产量约30吨,规模较小。③

1900年《绍兴白话报》有一则短文揭示钢铁产品附加值的递增现象,颇值得玩味:美国有人计算铁价,譬如有一块铁矿,值0.75元,炼成铁条,就值5元,做成马蹄铁就值10元,若做成刀叉,又值180元,若做成针,值

---

① 该年汉冶萍公司生铁产量为179128吨,本溪湖公司为51950吨,鞍山制铁所为81594吨。
② 陈寅恪:《中国经济改造》,上海:上海书店出版社,1996年版,第379页。
③ 徐仁秋、陈崇武主编:《三钢人的足迹——上海第三钢铁厂发展史(1913—1989)》,北京:中国经济出版社,第7页。

6800元,做纽扣值3万元,做钟表的发条,值3000万元,倘若作表里面的游丝,就要值4000万元。① 中国钢铁生产从原料到制成品,其产能呈金字塔形分布,各个生产环节的比例关系失调,造成初级产品市场严重依赖国外。

第四,建设资金来源多样。民国成立以来,各钢铁企业纷纷诞生,很大程度上是受战时钢铁生产丰厚利润的刺激。利益驱动使企业、地方政府、个人以及外国财团纷纷投资钢铁行业,造成建设资金来源的多样性。如保晋铁厂资本70万元由保晋公司投资。太原育才钢铁厂则为地方政府投资,由山西省政府出资32万元建成。② 和兴钢铁厂则依靠招集商股的方式。该厂以原和兴化铁厂为基础,主要股东包括安徽益华铁矿有限公司(入股15万两,其中现金4.5万两,余以铁矿石3万吨作价10.5万两)、江南造船厂(入股14万两)以及德国吕桑埠陶蒙城矿务钢铁股份有限公司(入股20万两,以机器设备作抵)。

官僚政客亦有逐利的本性,民初投资实业渐成风气。龚骏分析民元以来"新工业兴起之促机"时指出:"从前我国官吏,存在山西票号及外国银行之款项,近年渐知投资于工商业;又前此狂奔政治上之在野政客,投身实业界,亦有增加之势。"③这些个人资本也成为钢铁建设资金的来源之一。龙烟铁矿公司有商股250万元,其资金主要由大官僚、大军阀和大银行家募集,实际投资者47人,包括段祺瑞(35万元,国务总理)、曹汝霖(22万元,财政、交通总长)、徐世昌(16万元,大总统)、盛恩颐(30万元,盛宣怀之子)、陆宗舆(11万元,币制局总裁)、朱铁林(8万元,金城银行董事长)等,均为当时赫赫有名的官僚、资本家,他们的投资额占商股的95%。④ 以上商股对公司的工程建设发挥了积极作用。

国家资本也参与钢铁企业建设。以上龙烟公司有官股250万元,由交通部和农商部承担,分别为122万元和128万元。但是这些资本很大一部分来自民国政府的对日借款。

日资对中国钢铁业影响很大。如大冶钢铁厂、本溪湖煤铁公司以及鞍山制铁所等几乎全部依靠日资兴建。冶厂以合同形式规定日本借贷资金的用途。本溪湖则打着中日合办旗号,实际全部资金均来源于日本。鞍山

---

① 《铁价》,《绍兴白话报》,1900年第74期,第5页。
② 《中国矿业纪要(1925—1928年)》,农矿部直辖地质调查所1929年印行,第56、72页。
③ 龚骏:《中国新工业发展史大纲》,商务印书馆,1933年印行,第93页。
④ 郑连明:《龙烟铁矿公司创办始末——北洋官僚资本个案剖析》,《近代史研究》,1986年第1期。

制铁所则为日本经济殖民机构"满铁"直接投资兴建。

虽然钢铁工业在民国初年被当作基本工业,但是各派系军阀整军经武,相互攻伐,社会动荡不休,中国国内能用于钢铁工业建设的资金十分有限,政府根本无力投入巨资发展钢铁工业。北洋政府在龙烟铁矿公司的投资是官僚资本集团凭借权势,利用国家力量弥补自身资金不足之举,其根源在市场利润的驱使。地方政府及企业、个人的投资行为也多系此种目的,这与日本政府对东北及汉冶萍的投资借贷有明显区别。后者的投资行为建立在对钢铁行业的极端重视基础上,旨在将这些企业的生产行为纳入日本钢铁生产体系中,其投资力度与中国企业有霄壤之别。

第五,市场严重依赖日本。民初中国新式铁矿业迅速发展,并非源于自身钢铁工业的发展需要。中国的铁矿生产已经纳入日本钢铁生产体系,成为日本钢铁工业的重要原料基地。时人评论:"近年来新式矿业逐渐发达,其无力自设炼厂者,无不以日本为惟一之销售地。故自光绪二十二年以迄今日,所产铁矿总额一千余万吨中,约五百六十万吨皆输至日本冶炼。夫冶炼钢铁,制成各种有用物品,其利益之大,诚非开采铁矿所获戋戋之数所可比,乃国人不此之图,坐弃厚利,甘博蝇头,反使日人得任意操纵其间,故现在铁矿中百分之九十皆与日本有多少之关系,甚可慨也。"[①]20世纪20年代中期以后,中国民族钢铁企业纷纷停产,国内机采铁矿石基本上以日本及其在华控制的企业为销售对象。

中国生铁作为炼钢的原料,也大量输出。1915年,中国输出生铁超过10万吨,1924年接近27万吨,其中"输出之部以售往日本者为大宗,约占全额百分之九十以上"。[②] 这种局面正如翁文灏所言:"与中国铁业关系最为密切者,厥为日本。今日之势,国内重要矿业、冶业,莫不与日本有直接或间接之关系,而实际上矿砂、生铁亦殆除日本外,无他销路。"[③]

平心而论,铁矿石以及生铁并非不可以作为国际贸易的商品,但如此高比例的输出量反映出中日钢铁生产中的主从关系。而且这种交换并非随着钢铁市场价格波动而同步、同等程度调整。1918年日本生铁价格是战前的8倍,上涨357日元,但是中朝铁矿石均价仅增加了19日元。[④] 八

[①] 农商部地质调查所:《中国矿业纪要(1918—1925年)》,第134页。
[②] 农商部地质调查所:《中国矿业纪要(1918—1925年)》,第134页。
[③] 翁文灏:《远东铁矿之供给》,《中华工程师学会会报》第十卷第9、10合期。
[④] 彭维基:《铁》,上海:商务印书馆,1930年版,第128~129页。

幡制铁所1911年赢利1546286日元,而1918年竟然高达57727296日元！① 按照该年矿石均价计算,1918年中国输往日本铁矿石的价款总额仅为8770599元,除去成本开支,再扣除日元贬值的影响,②盈利甚微。

日本大肆掠夺中国钢铁资源,逐步确立对中国钢铁业的控制地位。日本钢铁业兴旺发达,会带动中国钢铁原料工业的发展,此如翁文灏所言："欧战期间中国铁业所暂享空前之盈利,亦大部分取之于日本市场。"③反之,日本钢铁业的萧条也会对中国造成直接影响。20世纪20年代初,国际铁价暴跌,日本钢铁业面临困境,进而影响到中国。如时评所分析的："近来中国生铁市场衰落,原由世界商业之不振,而日本二年前之恐慌,所受影响尤巨。吾以为中国现状至少可用十万吨,其余当待日本销路,以日本间接控制中国市场也。"④中国钢铁业对日本市场的依赖可见一斑。

民初钢铁产业发展表现为典型的追逐市场利润的投机行为。面对有利时机,中国政府没能很好把握,以奠定自晚清工业化启动以来就欠缺的钢铁工业基础。中国钢铁产业虽然出现扩张现象,但并非在政府组织协调下实现,缺乏统一的发展规划,呈无序发展之状态。在此期间,日本利用多种手段成功地将中国钢铁业纳入其工业化进程,建立稳固的原料供应基地,日本钢铁工业趁机发展壮大。总之,民初中国钢铁业发展落后的现实并未改变,较之晚清,甚至更多了一层无序与混乱。

二、日本对中国钢铁资源的大肆掠夺

日本在明治维新改革后,步西方国家后尘,在殖民扩张道路上愈行愈远。为实现帝国主义的迷梦,日本统治阶级深知,天然资源缺乏是其发展前途中之致命阻力。因此,殖民掠夺中国成为日本资本主义发展的必要条件之一。为解决钢铁原料供应问题,日本政府奉行所谓的"日中两国一体化的铁矿自给策",打着中日经济提携的幌子,利用中国混乱的社会局势,浑水摸鱼,大肆掠夺钢铁资源。其掠夺对象由点而及面,手段由单一趋向多样。

---

① 《日本之钢铁工业》,《矿业联合会季刊》,1923年第2期(1923年6月31日出版)。
② 注:1914—1919年日元兑换银元的汇率(全年平均100日元合现银)为:1914年82.38元,1915年88.77元,1916年72.20元,1917年58.11元,1918年46.92元,1919年41.09元。(见湖北省冶金志编纂委员会:《汉冶萍公司志》,第54页)
③ 翁文灏:《远东铁矿之供给》,《中华工程师学会会报》第10卷第9、10合期。
④ 正华:《中国之钢铁工业》,《总商会月报》,1924年第4卷第4号。

（一）确立对汉冶萍公司的控制权

1897年，八幡制铁所创建，1901年2月投产。其建成投产被日本史家誉为"划时代的事件"。[①] 然日本政府倾全国之力创办的钢铁企业，面临铁矿石供应不足的严重问题。19世纪末的远东地区，大冶铁矿是唯一一家机采铁矿石企业。1898年，日本前内阁总理大臣伊藤博文访华，期间会晤湖广总督张之洞，提出以日本之焦炭交换大冶铁矿。当时，汉阳铁厂苦于燃料无着，双方一拍即合。1899年4月7日，八幡制铁所与汉阳铁厂签订《煤铁互售合同》，议定汉阳铁厂每年至少向日本提供五万吨铁矿石，汉阳铁厂及轮船招商局等企业向日本订购煤，每年至少以三四万吨为度。1903年，日本政府确立由大冶铁矿供应八幡制铁所铁矿石的方针："在于使其（指大冶铁矿）与我制铁所关系更加巩固，并成为永久性者；同时又须防止该矿落入其他外国人之手。此乃确保我制铁所将来发展之必要条件。"[②] 此后，通过一系列借款合同，日方逐步建立了与汉冶萍密不可分的关系。但直到辛亥革命爆发，日方尚不足以完全控制汉冶萍的生产经营，特别是公司产业的贷款抵押权并未获得。

1913年，汉冶萍公司股本仅15326702元，约合银10217801两。而债务资本是股本的2倍多。表41中，两笔最大的借款——产业抵押借款和预收生铁价，绝大部分由日本提供。

表41 1913年汉冶萍公司借款总数该表

（单位：规银两）

名目	数额	名目	数额
产业抵押借款	13166234	预收钢轨价	3202097
煤焦、铁抵押借款	526800	应作股票款	1700156
预收生铁价	4500000	钱庄行号款	2127976
预收矿石价	123711	总　　计	25346975

资料来源：《汉冶萍公司借款总数单》（1913年），上海图书馆藏盛宣怀档案，档号054739-2。注：1."产业抵押借款"，除道胜银行、东方汇理银行借款合计100万两和东方公司借款205万两外，余皆为日债。2."预收生铁价"，即1911年4月正金银行600万日元借款，合规银450万两。3."应作股票款"，系武昌起义前清政府官办银行、官钱局的借款，后充作公司股份。4.1日元＝0.75规银两。

[①] [日]井上清著，姜晚成译：《日本军国主义》第三册，北京：商务印书馆，1985年版，第145页。

[②] 武汉大学经济系编：《旧中国汉冶萍公司与日本关系史料选辑》，第9～13,44～45页。

受辛亥革命影响,汉冶萍公司损失惨重,日方加紧对汉冶萍的攫夺。面对内外交困局面,人为刀俎,我为鱼肉,汉冶萍只能束手待毙。1913年春,形势稍定,为筹集恢复生产资金,汉冶萍董事会和股东会通过对日借款计划,委任日本人高木陆郎赴日商洽借款事宜。为保证借款成功,公司主动提出出让部分管理权,同意聘请日籍工程顾问和会计顾问各一人,借款总额初定为2000万日元,分预借生铁价值借款和善后借款名目,年息六厘,期限20年,以生铁及钢轨售价偿还。①

为获取汉冶萍公司的控制权,日本政府积极动员,准备最后一击。1913年10月14日,日本内阁会议确定对汉冶萍借款计划:"一、事业改良及扩充费为九百万元,高利旧债转换新债费为六百万元,均分三年支付;二、本利还清,主要以铁矿及生铁购价充当,约四十年还清;三、以公司之全部财产,作为担保品;四、日本政府推荐日本人为采矿技术顾问(一名)及会计顾问(一名),由公司聘请,以监督公司事业及会计事务。"②该合同计划是日本多年来谋求汉冶萍权益的集中体现。

1913年11月28日,汉冶萍公司经理叶景葵受北京政府召唤,前往北京。因担心北京政府电令中止借款合同,12月2日,汉冶萍公司召开董事会及股东大会,宣布接受日本提出的借款要求。公司迅速与日方签订一系列合同,借款总额为1500万日元,至12月10日,各种语言合同文本全部签字完毕,但签字时间统一写作12月2日。③

1500万日元大借款分甲合同(九百万扩充工程借款合同)和乙合同(六百万偿还短期欠债或善后借款合同)两份。甲合同借款主要用于湖北大冶新设熔矿炉二座、扩充改良汉阳铁厂、大冶铁路并江西萍乡煤矿电厂、洗煤所等项。乙合同借款用于偿还短期重利旧债。其内容主要包括:

偿还办法:以矿石生铁价值归还,以四十年为限。"惟如公司以中国自有资本确实招得新股,该股款内拨支所需经费,并偿还新旧一切债款尚有余款,或公司所获利益金内扣除相当官红利及公积金尚有余款,公司原将本合同借款之本利金数或未经偿还之款全数付还银行时,银行可允照办,惟公司须于六个月前预先知照银行"。

借款利息:从合同订立之日起到第六年,年息七厘。此后,"每年利息

---

① 武汉大学经济系编:《旧中国汉冶萍公司与日本关系史料选辑》,第398~399页。
② 武汉大学经济系编:《旧中国汉冶萍公司与日本关系史料选辑》,第408页。
③ 武汉大学经济系编:《旧中国汉冶萍公司与日本关系史料选辑》,第452页。

最低以周年六厘为度",由公司与银行斟酌市面情形,协商决定。

抵押担保:应以公司现在所有及因本借款可添之动产、不动产一切财产,并将来附属此等财产构成其一部分之所有财产为借款担保,抵押与银行。

日本顾问权限:由日本制铁所和横滨正金银行分别代公司聘定顾问工程师及会计顾问各一名。"公司于一切营作、改良、修理工程及购办机器等事,应允与前款所载最高顾问工程师协议而实行。至于日行工程事,顾问工程师可随时发表意见,关照一切","公司一切出入款项应允与会计顾问协议而实行"。

其他:"公司如欲由中国以外之银行资本家等商借款项及其他通融资金之时,必须先尽向银行商借。如银行不能商借,公司可以另行筹措"。

关于本合同的影响,如高木所言:"确使十数年来具有密切关系之汉冶萍公司同日本制铁所和贵行(指横滨正金银行——引者注)交谊进一步加深,可以说形成不可分离之关系。"[1]日本借此基本完成对汉冶萍公司特别是大冶铁矿的控制。1914年6月,汉冶萍公司债务高达规银2762.4万两(合洋例银2696.7万两)。若加上当时已签约但尚未支付的900万日元,则为规银3437.4万两(合洋例银3355.6万两)。[2] 其中,日债达3530日元,约合洋例银2584.5万两,占债务资金总数的77.0%,占公司全部资金来源的54.3%。[3] 而同期公司股本仅洋例银1129万两!

受借款合同束缚,汉冶萍公司丧失独立自主发展能力,在资金用途、经营管理、产品价格及销路等方面均不同程度受制于人,实际上沦为日本的钢铁原料基地。日方曾要求公司应逐年交付的生铁、矿石数量分别为:1919年生铁7万吨,铁矿石27万吨;1920年生铁16万吨,铁矿石28万吨;1921年至1933年间每年生铁21.5万吨,铁矿石32万吨,到1936年应交付生铁31.5万吨,铁矿石为42万吨,此后维持该额度。到1953年,总计应交生铁800万吨,铁矿1521万吨。[4] 公司生铁最高年产量为1924年,计179128吨,若按规定,当年公司须将全部生铁交给日本。公司实际上成为日本制铁所的原料输出地。

---

[1] 武汉大学经济系编:《旧中国汉冶萍公司与日本关系史料选辑》,第452页。
[2] 湖北省档案馆编:《汉冶萍公司档案史料选编》(上),第578~579页。
[3] 湖北省档案馆编:《汉冶萍公司档案史料选编》(上),第367页。
[4] 武汉大学经济系编:《旧中国汉冶萍公司与日本关系史料选辑》,第677~678页。

合同签订后,日本政府开始公开插手公司事务。如1914年3月7日,汉冶萍公司将召开股东大会,2月14日,正金银行上海分行副经理水津弥吉致函盛宣怀,要求"将预备在该会提出之条件,详为示悉",①其对公司事务的干预不再遮遮掩掩。

然令日本方面担心的是,围绕汉冶萍问题,双方的协议自始至终都未得到中国官方明确认可。1915年前,在汉冶萍问题上,中日交议双方主要是日本制铁所和横滨正金银行代表的日方(当然幕后有日本政府的支持),以及汉冶萍公司代表的中方。前者为日本官办企业,而严格意义上讲,汉冶萍公司只是一家民间企业。但中国政府曾在汉冶萍投入巨资,与汉冶萍关系密切,又有充足的理由干涉公司的经营管理。长期以来,汉冶萍与日方的绝大部分协约、合同均未经中国政府备案、批准,而其内容又牵涉到中国政府的产业投资安全和行政管理权。故这些合同约定到底有多大效力,不免让人置疑。正如日方在汉冶萍的联络人高木陆郎所担忧的:"最近十余年来,日本向公司所投之资本实已不少,特别是去年末借款合同成立,更使之倍增。但中国政府迄今未予以承认,从而使该项合同不免处于不稳之地位。"②

1915年1月,为打破列强在华势力均衡局面,确立对华优势地位,日本政府向北京政府提出"二十一条"要求,其第三号条款即专门针对汉冶萍问题。经过旷日持久的交涉,5月9日,在日本军事外交压力下,袁世凯政府屈服。5月25日,北京政府外交部发出《关于汉冶萍事项之换文》,声明:中国政府因日本国资本家与汉冶萍公司有密接之关系,如将来该公司与日本国资本家商定合办时,可即允准;又,不将该公司充公;又,无日本国资本家之同意,不将该公司归为国有;又,不使该公司借用日本国以外之外国资本。③ 这一结果划定了中日政府日后在汉冶萍问题上的基本活动原则,对中日汉冶萍问题交涉产生重大影响。对中国而言,北京政府公开整顿汉冶萍公司、将公司收归国有的做法被禁止;对日本而言,该换文实质上迫使北京政府接受了以往汉冶萍对日借款合同,承认其既得利益,并使日本"合法"地取得了"合办"汉冶萍的资格。

有学者认为,汉冶萍公司事业在"一战"期间达到发展顶峰。其实,无

---

① 武汉大学经济系编:《旧中国汉冶萍公司与日本关系史料选辑》,第510页。
② 武汉大学经济系编:《旧中国汉冶萍公司与日本关系史料选辑》,第544~545页。
③ 黄纪莲编:《中日"二十一条"交涉史料全编》,第189页。

论从生产还是管理层面,汉冶萍在1915年后已经面临全面危机。生产方面,按已有合同约定,最高峰时汉冶萍每年要向日本运交生铁31.5万吨。只不过按照合同规定,在1919年前,每年只需交给日本生铁7万吨,借款合同的副作用暂时未显现。另外,"一战"期间,受铁价上涨影响,汉冶萍公司盈利颇丰,也暂时缓解了危机局面。管理方面,经过"二十一条"交涉,日本与汉冶萍的特殊关系实际上已得到中国政府的正式认可,在现有政治体制框架下,汉冶萍已无法摆脱日本的控制。

中日"二十一条"交涉后,因种种阻力,日方虽未将汉冶萍"合办"计划转为现实,但在事实上,日方已牢牢控制汉冶萍的经营权以及产品流向。对日本而言,保障廉价原料的稳定供应是其在汉冶萍问题上寻求的最终目的,"合办"只是解决问题的一种手段。强制实行"合办"计划会刺激中国社会,从而危及汉冶萍生产经营,进而影响公司对日本的原料供应。北京政府也会将合办的责任推给汉冶萍,在这种情形下,政府对公司经营制造种种障碍,也会赢得全国舆论的支持。所以一些了解内情的人权衡利益得失,认为"合办"条件并不成熟。如汉冶萍日籍顾问高木陆郎认为"关于汉冶萍日中合办事,盛宣怀之意见和希望,在于北京政府之决心;不然则与其流于形式,还不如向实质上之合办迈进为妥",即在公司多聘用日本人,"在日中人员联合任职下,即可达到事实上之日中合办"。① 高木等人的意见最终被日本政府采纳。1916年后,日本政府暂时搁置了汉冶萍"合办"计划。当年,汉冶萍公司修订的章程重申:"本公司专集华股自办,不收外国人股分,凡附本公司股分者,不论官商士庶,均认为股东,一律看待。"②实质上否定了"合办"计划。而事后,中国社会舆论也认识到日本追求实际权利的危害性远远大于条约本身,如1926年一篇名为《汉冶萍与日本》的文章分析指出,日本通过向中国暗中借款的方式,霸占了中国铁矿石和煤炭产额的90%和27%,惊呼:"吾人毋徒事于二十一条要求之奔走绝呼,要知日人之暗中借款于中国,其计实较毒于二十一条之要求也。"③

汉冶萍至此成为日本钢铁工业稳固的廉价原料基地。受借款合同束缚,汉冶萍对日出售的铁矿石、生铁价格被限定,无法随行就市,自主定价。

---

① 武汉大学经济系编:《旧中国汉冶萍公司与日本关系史料选辑》,第624页。
② 《商办汉冶萍煤铁厂矿有限公司修正章程》(1916年),上海档案馆藏盛宣怀档案,档号Q322-1-176。
③ 《汉冶萍与日本》,《太平导报》,1926年第24期。

这在"一战"期间使汉冶萍遭受巨大损失。期间,国际铁价暴涨,汉冶萍管理层多次赴日交涉,要求提高售价。1918年铁价跃至最高点,日方才应允将生铁售价每吨增至120日元,铁矿石增至每吨3.8日元。① 表面上看,这较之双方最初议定的价格提高不少,但与当时日本市面上生铁每吨近500日元的价格相比,公司所遭受之隐性损失可谓惊人。

20世纪20年代,公司经营形势日趋恶化,经济状况亦每况愈下。特别是公司原计划投资900万日元的大冶钢铁厂建设工程,因经营失误、战时机器设备价格上涨、日金汇率持续走低等因素影响,资金远远不能满足要求。据1918年估计,缺少470多万两。为完成扩张工程,公司不得不重新对日举债。1922年7月,汉冶萍公司向日方提出追加借款,总数为500多万两。② 对此借款,日本政府派出以大藏省理财局局长小野为首的调查团,对公司生产经营、财务状况、矿产资源以及成本费用等进行调查,可以说,公司机密事务已对日本完全公开。

1923年9月,日本关东地区发生强烈地震,经济损失严重。汉冶萍经理向董事会报告:"自日本震灾之后,借款无从再商,而公司到期借款及经常经费在在不能少缓。"③面对汉冶萍公司不断的借款要求,日方亦感难以支撑。1924年11月,日本外相币原喜重郎言:"我国根据几次借款合同贷与公司之金额已达三千四百万元之巨,此次又应允续借八百五十万元,鉴于我财政状况,实极痛苦。"但是为了满足日本钢铁工业的发展需要,若听任汉冶萍公司陷于不可救药之境地,则"从本国制铁政策上看,从债权收回之观点上看,无论如何不能容忍"。④ 经过三年的调查谈判,1925年1月,汉冶萍公司同日方签订《推广改良工程事业资金续借合同》,借款总额为850万日元。

除了抵押担保和偿还条件基本与1913年1500万日元大借款相同外,此次借款合同明确要求汉冶萍公司"应将嗣后施行工程设计书,预算书及图样,迅速提交制铁所及银行",并规定工程竣工的日期。⑤ 这笔850万日元借款(约合银500万两),300万两用于公司垫款,200万两用于未完成之工程。该借款并非一次性拨付,日方明确要求,"务必根据确实生产而立收

---

① 湖北省档案馆编:《汉冶萍公司档案史料选编》(下),第12页。
② 武汉大学经济系编:《旧中国汉冶萍公司与日本关系史料选辑》,第782~783页。
③ 湖北省档案馆编:《汉冶萍公司档案史料选编》(下),第23页。
④ 武汉大学经济系编:《旧中国汉冶萍公司与日本关系史料选辑》,第805~807页。
⑤ 武汉大学经济系编:《旧中国汉冶萍公司与日本关系史料选辑》,第816~818页。

支计算办理"。但当时,汉冶萍上下并无整顿公司的切实有效计划,虽然签订借款合同,但仍无法从日本人手中套取全部资金。合同签订不久,汉冶萍公司即在内外交困中停止生铁冶炼。汉冶萍总经理盛恩颐不得不于1926年1月向日本乞求援助:"由于中国新春佳节即将来临,我们迫于无奈,只得再次向阁下作出请求给予经济援助之呼吁……我们总公司及工厂职工已有数月领不到薪金和工资,更谈不到随时应付到期之账目及其他到期借款。这些债务为数巨大,我们完全无力偿付,所有中国之银行深知我们经济情况,均不肯为我们垫款,因此唯一办法只有向阁下求援。"其摇尾乞怜之状显露无遗。1926年4月,该大借款实际拨付645万日元,其中,253.5万元系偿还正金银行此前的短期借款,105.1万日元为从日本购置焦炭费用,实际用于工程建设者120万日元。①

1927年前,对汉冶萍公司,日本的贷款总数高达41179192日元。② 通过这些贷款,日本政府牢牢控制汉冶萍公司,使之成为向日本钢铁工业提供铁矿石、生铁原料的基地。

(二)攫取中国东北地区钢铁资源的经营权

1. 铁矿开采权

中国东北地区是中国铁矿石的主要集中地,尤其是辽宁省探明铁矿资源十分丰富。20世纪30年代勘探结果显示,辽宁铁矿藏量不下七亿吨,而当时日本连同朝鲜的铁矿探明储量也不过一亿两千多万吨。③ 辽宁铁矿的储量约占全国78.7%。④ 其重要性可见一斑。

掠夺中国东北铁矿资源是日本政府推行殖民扩张政策的产物。在日本政府的支持下,日本各界很早就派人调查中国东北矿产资源。日本财阀大仓组扮演了急先锋角色。1904年,日俄战争爆发。还在战争如火如荼进行时,大仓组就派人冒着硝烟,沿安奉铁路勘查资源,发现本溪湖煤矿和庙儿沟铁矿具有开采价值。战争刚结束,大仓组利用日军在东北实行军管的机会,向驻辽阳的日本殖民军政权——关东总督府⑤提出开采本溪湖煤

---

① 武汉大学经济系编:《旧中国汉冶萍公司与日本关系史料选辑》,第844~845、847页。
② 武汉大学经济系编:《旧中国汉冶萍公司与日本关系史料选辑》,第857页。
③ [日]藤冈启著,汤尔和译:《东省刮目论》,上海:商务印书馆,1930年版,第90页。
④ 张其昀:《东北失地之经济概况》,南京:钟山书局,1933年版,第37页。
⑤ 日俄战争后,日本政府为经营控制南满地区,设立了若干殖民侵略机关,主要包括关东都督府(1906年8月由关东总督府改称)、南满洲铁道株式会社和日本领事馆,史学界称其为"三头政治"。

田的申请。1905年12月18日,申请获批,"本溪湖大仓煤矿"成立。

对大仓组在本溪湖的采矿行为,1906年9月,盛京将军赵尔巽曾照会日本领事,要求其停止开采,将煤矿交还中国。经中方多次力争,1910年5月22日,奉天交涉司韩国钧与日方签订《中日合办本溪湖煤矿合同》,双方约定,该合同得中国政府批准后,本溪湖煤矿即作为中日两国商人合办事业,并定名为"本溪湖商办煤矿有限公司"。公司股本为200万银元,中日各半。自光绪三十一年至宣统元年闰二月底止,大仓独力开采本溪湖煤矿时所投入之一切款项,中国政府准予作股本100万银元,作为大仓名下交付公司之股本。① 1911年元旦,本溪湖煤矿改为中日合办,更名为"本溪湖商办煤矿有限公司"。在合办开采煤炭的同时,大仓组积极筹划炼铁事宜,它向清政府提议,本溪湖是"历史上有数的制铁之地",铁矿资源丰富,又有炼焦的好原料,建议由公司开采庙儿沟铁矿和举办炼铁事业,"将来与他处之争,必能占优胜之地位"。清政府大为所动。② 10月6日,在征得东三省总督赵尔巽同意后,大仓组同中日各有关机构签订了《中日合办本溪湖煤矿有限公司合同附加条款》,将"本溪湖煤矿有限公司"改称为"本溪湖煤铁有限公司"。公司增加炼铁部,资金北洋大龙元200万元,中日各半,分三年筹缴。虽然规定中日出资各半,但由于增资借债与发行社债的原因,再加上中国总办频繁更换,以及中方技术管理人才缺乏等因素,公司的经营管理权实际上为日本人把持。③ 1912年1月23日,"本溪湖商办煤铁有限公司"正式改名。④ 这样,借"合办"之名,大仓组取得了庙儿沟铁矿的开采权,并开始制定炼铁计划。1931年10月,在关东军的介入下,日本撕去"合办"的伪装,实现了独霸本溪湖煤铁公司的野心。

日本掠夺东北铁矿资源的主力军是南满铁道株式会社,简称"满铁"。该机构仿效英国东印度公司的殖民开发模式,经日本天皇批准,由日本政府以政令形式召集三井、三菱等大财阀组建股份制"国策公司",1906年11月成立。它既是以垄断经营南满铁路交通为主的营利企业,又是进行多方

---

① 尹寿松编:《中日条约汇纂》,上海:中华书局,1924年版,第122~125页。
② 李鸥:《本溪钢铁公司大事记》,《中国冶金史料》,1986年第3期,第83~92页。
③ 《本钢史》编写组:《本钢史(1905—1980)》,沈阳:辽宁人民出版社,1985年版,第60~61页。
④ 《本钢史》编写组:《本钢史(1905—1980)》,沈阳:辽宁人民出版社,1985年版,第11、18、21页。

侵略掠夺活动的半官方殖民机构。①

1909年8月,"满铁"地质调查课职员在辽宁辽阳一带非法勘查,发现南满铁道汤岗子驿西边之铁石山蕴藏大量铁矿石,之后在东西鞍山、大孤山、樱桃园、王家堡子、关门山、小岭子、铁石山、白家堡子、一担山、新关门等地区次第发现极为丰富的铁矿资源。最初,"满铁"指使清和公司②盗买辽阳鞍山和海城的铁矿山。但住民认为矿山是公共财产,"清和公司购采此山之石,身等所种之地难保不冲,实难生活,甚有碍于庐墓田园,决不敢卖之",③致使其阴谋未能得逞。1912年4月27日,清和公司解散。

在直接收买铁矿的计划碰壁后,"满铁"又采取"合办"的方式掠夺辽宁铁矿资源。这与日本一个叫市原源次郎的民间商人有关。此人并无雄厚资财与显赫背景,其行为可能是"通过一些渠道,多少弄到一点利权,然后投靠某一势力,索取一笔可观的报酬"。④ 该人系江湖游商,在中国官商界结识不少重要人物。约在1907年,他开始计划开发中国东北铁矿资源。1911年,市原拟以中日合办的名义开采鞍山铁矿,"最初进行小规模开采,把矿石运往日本内地,同时在当地设立土法的炼铁厂,制造锅、农具等铁器,供应当地需要,待事业基础巩固后,再逐步扩大企业,将来专门冶炼生铁,以满足中国和日本的需要"。⑤ 为此,他主动投靠"满铁",表示以后的行动将随时报告,并请求帮助。为打通关节,市原选择东三省矿政局帮办瑞沅作为合办人,以其作为度支部尚书载泽堂弟、湖广总督瑞澂胞兄的身份联络政界,就此事获得了清政府农工商部"咨行东三省总督饬查复部"的批文。交议过程中,辛亥革命爆发,亲日派张锡銮出任奉天都督,奉天政界一改从前排日风气。北京方面,袁世凯政府"也很愿意协商……中日双方共同有利的实业"。⑥ 鉴于此,"满铁"认为此时是其亲自同中国协商开发铁矿事业的最佳时机,遂指令市原退出"合办"铁矿交涉。

中华民国成立后,日本政府以"满铁"为主、外交机构为辅,压服中国政

---

① 解学诗:《满铁——"国中之国"》,载关捷主编:《日本侵华政策与机构》,北京:社会科学文献出版社,2006年版。

② 1908年11月3日,满铁奉天公所长佐藤安之助拉拢清政府地方官员成立,资本4万元,中日各半。

③ 吉林省社科院、解学诗主编:《满铁史资料》第四卷(三),第942页。

④ 解学诗、张克良编:《鞍钢史(1909—1948年)》,北京:冶金工业出版社,1984年版,第22页。

⑤ 吉林省社科院、解学诗主编:《满铁史资料》第四卷(三),第944~949页。

⑥ 解学诗、张克良编:《鞍钢史(1909—1948)》,北京:冶金工业出版社,1984年版,第24页。

府同意中日"合办"东北铁矿资源事业。其交涉活动从地方政府开始。日方采取提供借贷和直接贿赂收买的方式寻求奉天政界对"合办"计划的支持,结果几乎获得奉天官场的一致同意。1913年2月,日本驻奉天总领事落合谦太郎向奉天都督张锡銮提出由"满铁"和中国的资本家合办辽阳、海城间铁路沿线附近铁矿的要求,获得首肯。同年秋,"满铁"奉天公所佐藤安之助会晤时任二十七师师长张作霖,得到其"为了使这些事业能够办成,本人也将不惜给予相当的协助"的承诺。1914年7月14日,中日双方以华商秦日宣与日商镰田弥助的名义签署《中日合办辽阳海城间之铁矿合同》,公司定名"中日合办振兴铁矿有限公司"(简称"振兴公司"),由该公司开采辽阳、海城间之铁石山、鞍山站、大孤山、关门山、樱桃园等七处矿山,公司先以日金十万元作为试办资本。① 同日,振兴公司向新设立的农商部第二矿区监督署提出申请。

因东北地方政府亲日派官员的支持,日本阴谋得以步步推进。但农商总长张謇正着手整理全国钢铁业,严格控制地方铁矿的审批权,使日方面临巨大阻力。1914年底,铁矿国有政策出台,全国铁矿统一收归国有,由国家专营。收到振兴公司矿业开采申请后,第二矿区监督署以申请文件有不完备之处为由,发还修改。迁延至年底,铁矿国有政策发布,根据规定,监督署拒绝了"满铁"请领辽宁铁矿的要求。② 日本政府转而以北京中央政府为交涉对象,通过军事威胁俄、外交恫吓等手段,强迫北京政府出让矿权。东北铁矿交涉开始上升至外交层面。

1915年1月,日本政府提出"二十一条"要求交涉案,其中第二号第四款涉及南满洲及东部蒙古各矿的开采权。2月26日,日本外务大臣加藤高明致函驻华公使日置益,表示对第二矿区监督署"无视过去既成事实而作出的如此极为不当的处理,无论如何不能默视。关于该铁矿,不仅要求中国当局声明不列入国有之内,而且要迅速对该申请发给批准指令",③态度蛮横。双方经过25次晤商,日本公使于1915年4月26日提出最后修正案,要求获准勘探或开采包括鞍山站一带从辽阳县起到本溪县的铁矿。为迫使北京政府就范,日本政府向大连、济南、秦皇岛等地派驻军队。5月

---

① 吉林省社科院、解学诗主编:《满铁史资料》第四卷(三),第953~955、961~963页。
② 吉林省社科院、解学诗主编:《满铁史资料》第四卷(三),第963页。
③ 吉林省社科院、解学诗主编:《满铁史资料》第四卷(三),第966页。

7日,日本政府向北京政府下最后通牒,"期望中国政府至五月九日午后六时为止,为满足之答复。如到期不受到满足之答复,帝国政府将执认为必要之手段"。9日,在日方压力下,袁世凯表示:照日本政府所交最后通牒加七件之解释,即行应诺。25日,外交总长陆徵祥与日本公使签订"民四条约",其中包括《关于南满洲开矿事项之换文》,日本获得奉天辽阳、本溪一带的铁矿勘探开采权。①

凭借此换文,"满铁"总裁中村雄次郎认为,从辽阳到本溪湖一带的铁矿,应为归日本人经营的指定矿山,并狂妄指出,满铁"拟乘此机会,坚决要单独从事该铁矿的经营,以实现多年的宿愿"。② 言下之意,即踢开作为傀儡的振兴公司,由满铁直接出面经营上述铁矿。但顾及北京政府颁布的《矿业条例》对此所作的相关规定,③以及此前外国人经营中国矿业的惯例做法,"满铁"独资经营的主张并未得到日本外务省的支持。"民四条约"签订后,"满铁"通过豢养汉奸、欺骗中国政府、贿赂主管官员以及交好地方军政实权人物等方式,取得辽阳、海城县内鞍山站一带之铁石山、鞍山,以及鞍山站之对面山、小孤山、大孤山、关门山、樱桃园、王家堡子等八处铁矿区。1916年3月,华商于冲汉和日商廉田弥助签订《中日合办振兴铁矿无限公司合同》,4月17日,农商部批准。合同规定:该公司专营铁矿采掘及其附属事业,资本金14万日元,中日两国商人各募集一半。④ 振兴公司虽名为中日合办企业,但正如《昭和制钢所廿年志》所供认的:"振兴公司创立以来,资金、经营及人事等完全处在满铁控制之下,它和满铁简直可以说是异名同体。"⑤

与此同时,大仓组也利用"民四条约"造成的有利局势,多方运动,攫取了更多权益。1915年7月,除庙儿沟铁矿外,本溪湖煤铁公司得到北京政府的特准,取得梨树沟、卧龙村、歪头山、戴金峪、马鹿沟、青山背、骆驼背子、望城岗、八盘岭、大河沿、通远堡等12处铁矿的开采权。⑥ 中国东北地

---

① 黄纪莲编:《中日"二十一条"交涉史料全编》,第140、149、181页。
② 吉林省社科院、解学诗主编:《满铁史资料》第四卷(三),第973~974页。
③ 1914年《矿业条例》规定:凡与中华民国有约之外国人民,得与中华民国人民合股取得矿业权,但须遵守本条例及其他关系诸法律。外国人民所占股份不得逾全股份十分之五。
④ 尹寿松编:《中日条约汇纂》,上海:中华书局,1924年版,第182~184页。
⑤ 解学诗、张克良编:《鞍钢史(1909—1948)》,北京:冶金工业出版社,1984年版,北京:冶金出版社,1984年版,第36~48、51页。
⑥ 《本钢史》编写组:《本钢史(1905—1980)》,沈阳:辽宁人民出版社,1985年版,第27页。

区大片铁矿经营权至此沦入日人之手。

2. 经营炼铁事业

在东北直接经营炼铁事业是日本既定计划中的关键一步。相比于向日本本土运送铁矿石,在中国东北直接设立钢铁厂,可以利用当地丰富的煤铁资源,节省巨额运输开支。首先行动起来的还是已得先机的大仓组。

1911年9月,大仓财阀首脑大仓喜八郎来华,与东三省总督赵尔巽商议合资经营炼铁事宜,得到批准。23日,本溪湖商办煤铁有限公司召开第一次股东会议,决定发展炼铁事业。1912年初,本溪湖煤铁公司开展炼铁厂建设工作,拟设日产生铁130～150吨的炼铁高炉两座。1914年2月,公司追加了资金投入,炼铁部在原200万元基础上增加一号高炉建设费25万元,新增二号高炉建设费125万元,以及转运费10万元,总计360万元。同时,增加煤矿部的建设费用。同年底,一号高炉竣工,次年元月13日点火。该炉设计能力为每日产铁130吨,系英国Pearsong & knowles所造,实际建造费用约238.5万元。二号高炉于1917年12月10日点火,设备由大连铁工厂建造,造价计221.7万元。后受铁价暴涨刺激,公司建造20吨小高炉两座,分别于1918年12月和1919年5月投产。① 1920年后,因生铁市价大落,公司第二和第一号炼铁炉于1920年2月和1921年9月先后停产。

1915年7月30日,大仓组同日本海军签订《建立低磷铁制造所的协议》,规定两年内,利用庙儿沟铁矿,按海军标准,建成低磷铁制造厂,保证每年产低磷铁1万吨。② 1922年,受华盛顿会议《海军军备条约》限制,大仓组与日本海军关于制造低磷生铁的协议作废。同年全厂停工。1923年7月复工生产。1925年,本溪湖煤铁公司冶炼低磷生铁试验成功。1927年,日本吴海军工厂正式向本溪湖煤铁公司订货。公司的低磷生铁在日本军工生产中占有重要地位。

---

① 《本钢史》编写组:《本钢史(1905—1980)》,沈阳:辽宁人民出版社,1985年版,第19～25页。

② 李鸥:《本溪钢铁公司大事记》,《中国冶金史料》,1986年第3期,第85页。

表 42　1911—1931 年间本溪湖煤铁公司主要产品产量表

（单位：吨）

品种 年度	煤	焦炭	铁矿石		生　铁	
			富矿	贫矿	总产量	其中低磷铁
1911	90352	1441				
1912	185199	2935				
1913	270782	11315				
1914	301014	25508				
1915	275777	45814	51001		29438.87	
1916	322626	69172	71753		49211.49	
1917	438008	92472	99569		37971.23	
1918	374965	99360	89174		44965.89	
1919	416994	150816	79608		78841.29	
1920	439100	82416	85669		48845.40	
1921	338000	59671	56555		31017.92	
1922	285000	11944				
1923	373000	45360	25513		24338.73	145
1924	450000	90864	65000		51950	420
1925	400000	80030	65000		50000	2902
1926	415000	91601	70000		51000	1241
1927	398000	84606	70000		50500	4438
1928	490000	96250	106000		63030	4275
1929	521000	121016	146500		76300	8850
1930	582000	132399	141061		85060	6039
1931	467700	90153	105600		65620	10196

资料来源：《本钢史》编写组：《本钢史》，沈阳：辽宁人民出版社，1985 年版，第 39～40 页。

本溪湖煤铁公司是中国东北第一家大型钢铁企业，它的建成投产结束了汉冶萍公司作为中国唯一一家钢铁联营企业的历史，改变了中国钢铁生产布局。

除大仓组外，"满铁"也急于在中国东北直接设炉炼铁。1915 年 11 月，"满铁"总裁中村雄次郎向日本政府提出投资 2000 万日元建立大型制铁所的《事业计划意见书》，次年 4 月，获得批准。1916 年 8 月，"满铁"向日本政府正式提交呈函及所附计划书,初步计划年产生铁100万吨、钢80万吨。① 10月4日,日本内阁总理大臣大隈重信颁发了由"满铁"经营制铁业的许可证。因厂址位于南满铁路立山与鞍山之间(今辽宁鞍山市),故一般称为立山工厂,1917年3月改名为鞍山制铁所。工程于1917年初动工,主要设备为年产15万吨的炼铁高炉两座及附属设备。1919年4月29日,一号高炉点火,1921年12月16日,二号高炉点火。

与湖北大冶的富铁矿不同,东北的铁矿石主要是品位在30%～35%的贫矿,且含硅量大。这种矿石若直接用来炼铁,要消耗更多的燃料和熔剂。"一战"结束后,铁价下跌,日本钢铁产品滞销,鞍山制铁所产品成本高昂的弊端凸现。20世纪20年代,经过几年摸索,鞍山制铁所成功发明"还原焙烧炉",解决了贫矿处理问题。这种方法使铁矿石经过破碎、选矿和烧结三道工序,得到较高的人造富矿。1922年夏,该方法被成功证明适于实际生产。1923年,"满铁"制定"鞍山制铁所第一期计划事业",拟投资1108.44万元,以两炉同开为目标,增建相应的选矿设备,1926年初完成。1926年7月27日,鞍山制铁所开始两炉共同作业,生产逐渐步入正轨,生铁产量急剧攀升(见表43)。

表43 1919—1927年间鞍山制铁所生铁产量表

(单位:吨)

年份	1919	1920	1921	1922	1923	1924	1925	1926	1927
产额	32128	76098	58107	67492	74467	96022	89676	166054	203444

资料来源:胡博渊:《三十年来中国之钢铁事业》,中国工程师学会编:《三十年来之中国工程》,1946年版。

经营初期,鞍山制铁所亏损严重。据胡博渊统计,截至1927年3月,鞍山制铁所投资总额达4590万日元,共亏损2696万日元。但其建设工程始终得到日本军政界的大力支持。日本军部认为,战时需要的其他资源还比较容易获得,"惟有铁,现在无论如何也必须利用邻国的资源来供应","为扩建鞍山制铁所乃是刻不容缓之急务","建立这一钢铁资源供应地,我国的对满政策必将更放异彩,我国的国策也将因此而确定不移,对中国的外交政策更有了一定的准绳,因此深信为我帝国着想,这实属关系重大之举"。② 不可否认,这种支持是鞍山制铁所走出危机的重要保障。

---

① 郝雨春:《历史上的冶铁业与现实中的鞍山钢铁公司(续三)》,《中国冶金史料》,1993年第3期,第83页。

② 解学诗、张克良编:《鞍钢史(1909—1948)》,北京:冶金工业出版社,1984年版,第111页。

（三）控制皖江地区铁矿资源的销路

皖江铁矿带是中国著名的铁矿区之一，位于长江中下游铜铁硫金成矿带的中段，是环太平洋成矿带的组成部分，在全国和全世界均居重要地位。它主要包括今天的马鞍山、芜湖和铜陵地区的铁矿资源。据20世纪30年代初谢家荣、孙健初调查统计结果，皖江地区主要铁矿体藏量合计19818000吨。① 据20世纪90年代勘探成果显示，该地区铁矿资源占全国探明总储量的4%左右。与国内其他一些铁矿区相比，该铁矿带具有优越的开采条件和便利的运输条件，矿质好、品位高，资源开发优势明显。

皖江地区的铁矿资源较早受到外界关注。1892年《捷报》曾有报道，安徽池州煤铁矿，"发现的矿藏远超过以往所知"，"煤铁矿苗均外露地面；蕴量丰富，品质优良"。② 清末中英铜官山矿案即发生于铜陵。日本势力也较早地觊觎皖江地区铁矿资源。1912年初，趁辛亥革命的混乱局势，日商与安徽都督孙毓筠签订合资开办铜官山铁矿合同，定资300万日元，中日各半。中方以铜官山矿产及机器厂房作价120万日元，另招股30万日元。日方150万日元作为安徽行政费用，以铜官山矿权作抵。但该合同遭到南京临时政府的电令禁止。③

民国初年，皖江地区丰富的铁矿资源被陆续确证。特别是安徽当涂、繁昌的铁矿区濒临长江，运输方便，且为罕见的富矿，一经发现，立刻引起日商的骚动。对皖江铁矿资源的掠夺，日商有别于其他地区，而是采取了低价收购的方式。其手段常为：日商在幕后怂恿和支持中国矿商请领铁矿区，由其借贷资本设立铁矿公司。铁矿公司的申请人大多采取预借矿价的形式，先向日商预领矿石价款，利用这些资金购买设备，修建运矿线路，投产后以矿石抵还。

1. 掠夺繁昌铁矿资源

繁昌铁矿于1911年被外界发现，矿区主要位于繁昌县西二区之桃冲，距离繁昌县城约35里，距长江岸边的荻港镇仅15里，至芜湖水程90里。桃冲铁矿资源禀赋优异。关于其矿量，说法不一，有估计为数百万吨至数千万吨者。1920年，皮名振称其可采之铁矿约1600万吨。④ 铁矿石品质

---

① 实业部地质调查所：《（第四次）中国矿业纪要》，1932年12月印行，第120页。
② 孙毓棠编：《中国近代工业史资料》第一辑（下），第1108页。
③ 《实业部电安徽都督取消与外人订办铜官山矿合同文》，《临时政府公报》，1912年3月22日，第45号。
④ 马鞍山市地方志办公室：《马鞍山市志资料》第一辑（内部资料），1984年版，第35页。

可与大冶铁矿相颉颃。据日方数据,桃冲铁矿的两种铁矿品位在63.90%和61.22%,高于大冶铁矿的60.72%,且硫、磷等杂质含量远低于大冶铁矿。①

日方对繁昌铁矿资源极为关注,日本外务省曾直接出面交涉。该矿经披露后,日本技师益田达、高桥雄治先后进行了实地调查,得出结论是:该处"乃一极有希望之铁山","不但藏有矿份50%以上之良矿石二千万吨",且濒临长江,交通极为便利。② 1916年10月,中日实业公司副总裁仓知铁吉更直白地谈到桃冲铁矿对日本制铁实业的重要意义:桃冲铁矿"在中国铁山中为最优秀者,现时尚未见其匹,且搬运亦甚便利,其比较大冶铁山尤居长江下游,虽在长江减水时期,大船亦能往来无阻,运输绝无困难,可谓得地之利。该矿矿量自山顶至山麓约两千万吨,合之表现在地上者,当在四千万吨以上,即使有年额五十万吨之制铁所出现,亦可供给四十年之久。今日我国所规之东洋制铁所不过年额三十万吨,故纵有别种制铁事业兴起,该矿亦可供给不匮。桃中铁矿之归于日本,实日本制铁事业之福音也"。③

在芜湖的粤商霍守华与安徽人陈梅庭是最早开发经营桃冲铁矿的商人。1913年10月,霍守华集股组织公司,禀请领办桃冲一带铁矿,由繁昌县知事勘明给照。12月,安徽都督兼民政长倪嗣冲批准发给探矿执照。1914年2月,霍守华禀请换给采矿执照,经倪嗣冲转咨农商部。9月7日,裕繁铁矿公司正式在农商部第三区矿务监督署注册开办。裕繁铁矿公司最初注册资本10万元,1918年向日本供应矿石后,增资至60万元。1919年末,注册资本增至100万元,但实际资金和技术主要来自日本。

裕繁铁矿公司在成立之初,与日本人的合作计划即秘密推进。1914年10月,日商森恪与裕繁铁矿公司缔结矿石买卖契约。双方约定,铁矿石受授每日不超过1000吨,以40年为期;在此期限内,裕繁铁矿公司不得将桃冲铁矿之铁矿石供给他人,不得与第三者订立有关铁矿之任何契约;裕繁铁矿公司纯收益为每吨矿石上海两1两;契约成立之日,森恪付裕繁铁矿公司20万银元,裕繁铁矿公司修筑矿石采掘搬运设备、铁道、码头时,经费由森恪充分供给。

---

① 东亚同文会:《支那省别全志》第12卷安徽省,著者刊,1919年版,第650页。
② 马鞍山市地方志办公室:《马鞍山市志资料》第二辑(内部资料),1986年版,第67页。
③ 《仓知铁吉之桃中铁矿谈》,《申报》,1916年11月4日,第2版。

上述契约为森恪以个人名义签订。在此之前,森恪曾寻求与孙中山合作,设立中国兴业会社。二次革命后,中国政局出现重大变化,孙中山流亡海外,袁世凯就任正式大总统。经森恪多方运动,中国兴业会社改为中日实业株式会社(即中日实业公司)。森恪立即将裕繁铁矿公司事业介绍给该会社。于是,裕繁公司与森恪之契约关系,一变而为裕繁公司与中日实业株式会社之关系。1914年底,北京政府提出铁矿国有策。裕繁铁矿公司与日本方面的合作面临巨大压力。1915年1月,日本外务省通过外交手段与北京政府交涉,确定中国政府不妨害中日实业株式会社与裕繁铁矿公司之关系。此后,中日实业株式会社支付裕繁"先付金"20万元,并进行采掘、搬运、贮矿等计划工作,同时提出增拓矿区的请求。1916年1月22日,霍守华与中日实业公司正式签订《售卖铁质矿石合同》,具体内容与1914年10月裕繁与森恪的售矿契约大致相同。① 3月17日,北京政府农商部对中日实业公司与裕繁铁矿公司间缔结之铁矿石买卖契约予以承认。② 5月4日,裕繁铁矿公司领到增区执照,合计矿区面积达1463.8亩。③ 为感谢森恪的牵线搭桥,霍守华决定卖铁矿1吨提银3角,作为对森恪的报酬,并聘请其为公司顾问,月薪2000元。④ 霍氏以日本人作为奥援的用意至为明显。

当时正值铁价暴涨,日本国内制铁事业计划层出不穷。位于福冈县户畑市的东洋制铁株式会社即以桃冲铁矿为基础,经营制铁事业。该会社计划年产生铁17万吨、钢20万吨,中日实业公司从裕繁公司购买铁矿石,供应该会社。东洋制铁株式会社经中日实业公司之手,贷予裕繁公司巨额资金。截至1919年1月,总计224万日元。当年,该会社250吨炼铁炉建成,次年,300吨炼铁炉竣工。而此时,铁价暴跌,东洋制铁产量大幅度压缩,无法按原计划接受裕繁铁矿公司铁矿。而裕繁公司受东洋制铁株式会社经营不振影响,矿石出产与预期相距甚远,亏损严重。霍守华为此多次与日方疏通联络,依靠借债度日。而日方也认为,从长远利益考虑,有保持其关系的必要。为避免丧失桃冲铁矿的独占购买权,同时开辟新的铁矿石供应,以补充大冶铁矿供给不足的局面。1920年,八幡制铁所向日本政府

---

① 马鞍山市地方志办公室:《马鞍山市志资料》第一辑(内部资料),1984年版,第4页。
② 马鞍山市地方志办公室:《马鞍山市志资料》第二辑(内部资料),1986年版,第77页。
③ 陈仲衡:《裕繁铁矿公司之调查》,《矿业周报》,1928年第11期。
④ 马鞍山市地方志办公室:《马鞍山市志资料》第二辑(内部资料),1986年版,第70页。

提出购买桃冲铁矿石的整理贷款请求。经日本大藏省、农商务省协商,决定由大藏省存款部提供资金,由横滨正金银行、中日实业会社贷款给裕繁公司;裕繁公司每年运交八幡制铁所20万吨铁矿石,偿还贷款本息。①

八幡制铁所接收东洋制铁时,裕繁公司借债总额已高达470万日元。1920年12月,日本大藏省提供120万日元,由横滨正金银行、中日实业公司贷予裕繁公司。此后又多次提供贷款。其中,1923年3月,由正金银行存款部经中日实业公司贷款285万日元。② 截至1927年,裕繁公司借债额达到7976219日元,其中大藏省预金部4146747日元,东洋制铁会社250万日元。1933年底,据日本方面统计,裕繁公司债务总额高达15080614.4元,其中,大藏省预金部债务本息合计6100076.72日元,中日实业公司债务本息合计6010203.38日元,浙江银行等债务本息总计2970330.94日元。③

日本方面掠夺繁昌铁矿资源,并非完全采取经济手段。当该手段无法奏效时,随之而来的往往是外交讹诈、军事恫吓。霍守华并非皖人,裕繁铁矿公司依托外国资本、大肆出卖铁矿资源的行为,早已引起皖籍官商士绅的强烈不满。1916年,裕繁铁矿公司与中日实业工业签订售矿合同后,又在桃冲附近添购矿地800多亩,招致安徽地方社会的激烈反对。同年底,北京、上海皖籍同乡纷纷集会,要求将裕繁铁矿收回自办。安徽省议会亦认为:"该奸商(指霍守华——引者)既全无资本,所需悉依赖外人;聘用技师、助手修筑铁路,工程师全又系外人;订立合同,种种限制又悉操之外人。是则卖铁质矿砂者其名,而卖矿权者乃其实也。"裕繁铁矿公司"资本权、用人权、买卖价值权以及出铁吨数,并开采年限,并矿质成分与熔销矿石等项,事事皆由外人操纵,该奸商悉听命焉。谓为自行办矿,不招外股,卖砂合同系买卖性质,非用外人资本,有是理乎?"为此,皖省议会建议:"披露京师、上海各埠皖人全体注意,急应取消该奸商矿照,收回本省矿权;应咨请省长转咨农商部吊销裕繁公司矿照,并咨交通部停止该公司请修专用铁道照;一面饬繁昌县知事禁止该公司开采并购地修路等事,并将该奸商霍守

---

① 郭予庆:《近代日本银行在华金融活动——横滨正金银行(1894—1919)》,北京:人民出版社,2007年版,第266~267页。
② 陈真:《中国近代工业史资料》第2辑,北京:三联书店,1958年版,第391页。
③ 马鞍山市地方志办公室:《马鞍山市志资料》第一辑(内部资料),1984年版,第263~264页。

华、陈梅庭等饬提到案,按例处罚,送交法庭惩治,以戢奸民而保矿权。"①裕繁公司在面临着安徽地方社会的巨大压力。日本方面采取种种手段,为其保驾护航。

1916年春,中日实业公司开始承办裕繁铁矿运矿铁道铺设工程,从日本铁道院购置机车、轨道等材料。因获港并非通商口岸,日方向北京政府外交部和税务督办交涉,税务署"予以特别便宜",在获港施行检查手续;外务部亦"采用特别办法办理",但"今后决不再循例"。同年10月,相关材料于获港卸货。但此举在安徽地方却招致群起反对。

裕繁公司为铺设运矿铁路,曾呈文安徽省政府,并转交交通部。然未获省政府允可。中日实业公司乃直接向北京政府交通部施压,迫使该部于1916年11月14日转知安徽省,谕以许可之意。当此时,上海报纸揭露裕繁铁矿盗卖铁矿及其铁道布设计划,舆论哗然。安徽省议会和芜湖地方人士等群起反对,要求将桃冲铁矿收回自办,取消裕繁铁矿公司矿权,请求省政府"断勿发给许可证"。1917年5月6日,安徽省长倪嗣冲致函日本驻华公使林权助,表示安徽民众群起反对者,为霍守华"并无何等资力而空夺利权",而非裕繁公司与中日实业公司之营业关系,称归皖之后,即将裕繁公司铺设铁道许可证发给。数日后,倪嗣冲又对林权助称:"铁道铺设,务须等待繁昌县知事与皖省议会商讨之后,始能进行工事。"同时,他严饬繁昌县知事,不准裕繁公司进行未得许可证之各种工程,并晓谕地方工人,不准与裕繁公司合作,"否则立即逮捕不赦"。6月6日,北京政府代总理伍廷芳应林权助询问,再次解释不能向裕繁铁矿公司发放运道铺设许可证缘由:裕繁铁矿公司"因行为不正当被取消铁道许可证,自非待查明实情,确定正当办法以后,难再发给,此乃行政上当然之顺序,亦为贵公使所明了者也。且中日实业公司与裕繁公司仅有矿石买卖关系,中日公司在前对我政府亦有在中国营业遵守中国规则之声明"。但中日实业公司所谓的"遵守中国规则之声明"显然是一句空话。在安徽省政府、省议会和北京政府明确表态拒绝发放运道铺设许可证后,日本方面施以赤裸裸的军事手段。森恪与林权助商谈对策,林权助谓:"吾人有交通部之许可已佳,现以本日本公使资格许可之!"铁道材料遂装船溯长江而上,"船既达获港,倪军阻止卸货,森恪乃与该地日本海军当局商借军舰(一艘舰名嵯峨),并恳参谋增田

---

① 《皖省会议撤裕繁矿权》,《申报》,1916年12月12日,第6版。

高赖大佐发令,急行荻港,监视卸货。于是炮口尽露,直指倪军,卸货工作得悠悠竣事"。①

1918年9月,在耗资120万元后,包括运矿铁路、码头在内的基础设施相继建成。10月28日,裕繁公司桃冲铁矿正式开车运矿。②1920年前后,裕繁铁矿有工人4000余名。③裕繁铁矿公司迅速发展成为仅次于大冶铁矿的国内第二大铁矿石生产企业(见表37)。

裕繁公司早年因铁矿矿脉宽厚,每日产量可逾千吨。但长期以来,公司仅知挖取矿石,对于废石之处理,颇少注意,以致开挖越深,废石越厚,常有倾塌之虞。为安全计,裕繁公司许多工人专门从事废石之开掘,导致采掘成本日增,1924年,每吨成本由3.9元增至5.1元,然而对日出售价格仍按原价每吨4.24元购进。为摆脱困境,公司增购机器,计划转入井下开采,以搜寻新的矿源,然因资金短缺和技术困难,井下隧道只掘进200米即止。1926年,霍守华东渡日本,寻求援助。日方从长远考虑,允诺在保证矿石质量前提下,每吨矿石加价0.3元。但这并未使裕繁公司获得转机。到20世纪30年代,矿脉渐深渐狭,公司铁矿产量急剧下滑。④裕繁公司从1918年出产铁矿,至1936年,共产铁矿石约350万吨,几乎全部运往日本。

表44　1918—1927年间裕繁铁矿历年矿砂运抵日本数量表

(单位:吨)

年份	数量	年份	数量
1918年	24364	1924年	348755
1919年	90270	1925年	309730
1920年	81710	1926年	204800
1921年	160760	1927年	159600
1922年	267470	总计	1953309
1923年	305850		

资料来源:《专件:安徽繁昌县之裕繁铁矿公司》,《矿业周报》,1929年第25—48合刊,第584页。

---

① 马鞍山市地方志办公室:《马鞍山市志资料》第二辑(内部资料),1986年版,第72～79页。
② 《申报》,1918年11月10日,第6版。
③ 纪事:裕繁公司几酿风潮,《安徽实业杂志》,1919年第24期,第5页。
④ 张家康、郭珍仁:《从"裕繁"到桃矿——桃冲铁矿山七十年风云录》,繁昌县政协文史资料委员会:《繁昌文史集萃》,1993年印,第113～114页。

2. 掠夺当涂铁矿资源

1912年，当涂采石人张某在平岘岗发现矿石，误认为铜矿，后经安徽省实业科派人调查，始知为铁矿。此后两三年，又相继发现凹山、南山、东山、萝葡山铁矿。① 当涂各铁矿山体相继被发现时，正值日本官商各界在华四处寻觅铁矿，经营铁矿业有利可图。短短数年间，国内外资本纷纷涌向当涂铁矿业。

浙江人章炳如联合安庆富商吴龙元组织的宝兴铁矿公司最先呈请开采当涂铁矿资源。1916年5月，该公司取得当涂县东北乡的大小东山、凹山黄山沿、平岘岗戚山三处矿权。同年，公司经理易云洲、谢耀廷等即着手开采平岘岗铁矿，并自矿山至毛家桥修筑长约四里之轻便轨道。从毛家桥至长江采石矶约12里有小河，每年六月至十二月水涨之时可舟行，每船可装载铁矿二三十吨，每吨运费二角。1918年，宝兴公司增加股本银22.8万两，连同先前资本共计股本银30万两。② 宝兴公司平岘岗矿区自1918年5月开始产矿，至1920年末矿石采尽，共产矿石22万吨。所产铁砂，除少部分运往上海和兴钢铁厂、扬子机器公司等华资企业，其余全部销往日本三菱、三井、北海道各厂。因"一战"期间铁价暴涨，加上铁矿成分颇高，宝兴公司获利70余万元。③ 平岘岗铁矿石采尽之时，适逢铁价大跌，宝兴公司一度暂停营业。1921年，公司决定开采凹山铁矿，当时益华铁矿公司已自江边马鞍山之神龙洲至潘家村修筑有铁道，宝兴公司遂与益华公司合作，修筑潘家村至萝葡山之干线，双方各承担25万元。1924年，宝兴公司又独资修建自黄天坳至大凹山和查村至东山之支路，耗资6万余元。铁路修成后，宝兴公司铁矿出口地由采石矶转移至马鞍山江口。1924年，宝兴公司开采大凹山铁矿，以磷质过高，乃同时开采东山铁矿，互相掺和，以资调剂。1927年10月，因战事发生，矿厂停工。1928年夏，继续开工。

1924—1932年间，公司共计出产铁矿石71.8万吨，全部运销日本。自矿山至马鞍山江口，计程约35里，有轻便铁路直达。运力每日可逾500吨以上。20世纪30年代初，公司采矿工人有300人左右。矿石成本约为

---

① 谢家荣等：《扬子江下游铁矿志》，《地质专报》，1935年甲种，第65页。
② 《农商部训令：令安徽实业厅：宝兴公司续添资本应准备案由》，《安徽实业杂志》，1918年第15期，第2～3页。
③ 《安徽当涂宝兴铁矿调查》，载《河南中原煤矿公司汇刊》，1932年5期，第51～56页。

每吨三至四元,税捐等每吨 1.1 元。

  1918 年,倪嗣冲复任安徽省长兼督军。当时,正值"一战"助推铁价暴涨之时,经营铁矿业者获利丰厚。加之霍守华经营之裕繁铁矿公司引起皖人强烈不满,为谋抵制,在倪嗣冲支持下,益华铁矿公司成立。该公司名为官商合办性质,计划先招商股 100 万元,开采当涂县境之大小马山、老虎山坳、萝卜山、蛤蟆山、栲栳山、龙家山、碾屋山等六区铁矿。此处矿区原由倪炳文(倪嗣冲侄子)、倪幼丹(倪嗣冲长子)、刘兆麟、王敛庵、宁资愚等人请领,益华铁矿公司成立后,各矿悉归公司承办。① 随后,又以刘兆麟名义领得萝葡山矿区。益华公司成立伊始,对德国人毕象贤委以重任。据毕象贤估计,龙家山铁矿矿量约有七八十万吨,萝葡山、龙虎山等矿区约有百余万吨,遂定议修筑轻便铁路,从龙家山至马鞍山,全长 25 里,名为龙马铁路。同时,在龙家山、碾屋山开采矿石,然仅得铁矿石约 1.4 万吨。龙虎诸山试探结果显示矿量更少。毕象贤信用失尽,不为倪嗣冲所用。然而,采矿运输工程并未因此中辍,益华公司决定重点开采黄梅山、萝葡山铁矿。1920 年,公司运矿铁路延伸至萝葡山,全路总计耗资约 50 万元,由宝兴和益华公司各承担一半费用。黄梅山铁矿则由三里长之轻便轨道运至毛家桥,再由小河运至采石矶江口,借用宝兴公司码头装船。益华公司铁矿产出量十分有限。到 1927 年前后,黄梅山共产铁砂十二三万吨(其中许多并不合用),萝葡山仅四万余吨。1926 年底,各处矿山全部停办。②

  福利民公司创办人为当涂人徐国安(字静仁),最初分为福民、利民公司。福民公司建于前,利民公司建于后。两家公司均由徐国安创建,为统一领导,加强管理,合并为福利民公司,额定资本一百万元,为纯粹商办企业。总公司设于上海市南京路民裕里,徐国安为总经理,刘厚生任矿厂经理。创办之初,公司曾与开滦矿务局联合探矿,并聘请农商部顾问瑞典人丁格兰来矿山探矿,并在南山山腰试钻,"深一百呎,在五十呎之下有黄砂十二呎,其他仍是矿床"。③ 因与邻近的振冶公司发生持续年余的诉讼,直到 1916 年,徐国安才正式领得南乡小姑山矿权(92 亩),1919 年,又领得东

---

① 马鞍山市地方志办公室编:《马鞍山市志资料》第一辑(内部资料),1984 年版,第 29~30 页。
② 《益华铁矿调查报告》,《矿业周报》,1929 年第 31 期,第 120~122 页。
③ 高林:《福利民铁矿公司始末》,载马鞍山市政协文史委员会:《近代实业家徐静仁》,北京:中国展望出版社,1989 年版,第 40~59 页。

北乡栲栳山（580亩）、妹子山（160亩）、小凹山（263亩）、戴山（120亩）、扇面山（378亩）、南山（474亩）等矿区。福利民公司于1920年正式开工生产，同年7月即告停工，总计开矿不过四五万吨。① 属于利民公司的南山矿区，在1920年10月用露天法开采。其中，扇面山于1922年由宝兴铁矿公司代为开采，因砂石太多，矿质欠佳，遂行停止。

同其他铁矿公司一样，因国内铁矿石市场狭窄，福利民公司只得依赖日本市场。1918年3月15日，福利民公司与日商小柴商会代表小柴英侍订立售砂合同，双方约定：福利民公司将所领矿区立案图据交日商详细查阅，并由小柴商会派员赴山查勘确凿无误。福利民公司向小柴商会出售铁矿石，每日不得超过500吨。自签订合同后交付实足定银之日起，以五年为限。铁砂价格每年按照市价协议一次。② 合同签订之日，小柴商会预付福利民公司30万日元，专为建造码头及铁道之用，年息6厘，日后以矿石价款偿还本息。如有不敷，可再支取20万元。福利民公司承诺雇用日本技师一名，作为总工程师，人员由小柴商会推荐。③ 该合同签订后，日商小柴商会先后交福利民公司90万日元，作为1919—1923年间向日本输送90万吨铁矿之订金。但据徐国安日后陈述："在民国七年曾与日商订立售卖铁砂九十万吨之合同，以交通不便迄未履行。民国十九年始由国民政府农矿部核准，开始交货。"④

振冶公司位于安徽当涂县治东南二十里。1914年，方履中请领姑山（又称孤山）、钓鱼山矿区，因姑山有福民公司租定在先，遂起交涉，经农商部派员划分，始停诉讼。⑤ 之后，方氏陆续领得和睦山、观音山和后钟山等矿区，使矿区面积总计达到600余亩。因与山主利益纠葛不清，加上销路不妥，资本不足，延至1917年，振冶公司还未开工。适逢汉冶萍公司四处觅矿，方履中急于求售，双方遂形成初步合作意向，约定振冶公司所属矿山

---

① 《调查：安徽当涂县福民公司之调查》，《矿业杂志》，1921年第4卷第2期，第1~4页。
② 高林：《福利民铁矿公司始末》，载马鞍山市政协文史委员会：《近代实业家徐静仁》，第40~59页。
③ 马鞍山市地方志办公室编：《马鞍山市志资料》第一辑（内部资料），1984年版，第33页。
④ 苏浙皖区敌伪产业处理局给经济特派员办公处沪叁字第2644号公函附件，安徽省档案馆藏50-1-71。转引自高林：《福利民铁矿公司始末》，载马鞍山市政协文史委员会：《近代实业家徐静仁》，北京：中国展望出版社，1989年版，第40~59页。
⑤ 李良才：《振冶公司兴衰史料》，马鞍山市政协文史资料委员会：《马鞍山文史》第3辑，1985年版，第88~89页。

由汉冶萍公司开采,每出矿一吨,方履中得银洋一元。1918年,汉冶萍公司派人试探,次年底探矿工作完竣。根据探矿结果,汉冶萍公司原拟在1920年4月大举开办,但之后双方磋商具体开采办法,因未能达成一致意见,致各项工程停顿。截至1920年底,汉冶萍公司为试探工作耗资近30万元,产出矿砂近4万吨,皆堆积于沿山附近,运矿线路因开办无期,未能修筑。① 振冶公司最初领取采矿执照时,曾称以旧法化炼铁矿,以期成为中国完全自办之铁业。之后,先是在1918年呈请与日商森恪订售砂合同,理由是:以采出矿砂除先以土法改良化炼外,其余拟量为出售,即以售砂盈余之款,储为发展制铁之资。1921年,振冶公司又与汉冶萍公司订立售砂合同,期限五年。此两项合同是否执行,因振冶公司从未上报,即令国民政府实业部亦无从了解内情。②

在当涂铁矿资源开发过程中,日方虽未像掠夺繁昌铁矿资源一样,直接冲向幕前,但采用的手段没有太大的差别。它们都是以资金为诱饵,利用中国市场铁矿石需求不足的弱点,掠走大量铁矿石资源。

(四)中国沦为日本钢铁工业的重要原料基地

日本自明治维新以来,通过大刀阔斧的全面变革,资本主义经济快速发展。在此过程中,日本跟随西方资本主义国家殖民扩张的步伐,不断向周边国家扩张势力。"到了20世纪初,日本作为帝国主义国家的性质和中国作为半殖民地国家的性质都固定了下来"。③ 中日在钢铁工业生产中扮演的角色最能体现这一关系。

20世纪前20年是日本钢铁工业的确立形成期,取得令人瞩目的成绩。从钢铁产量看,1901年,日本产铁49147吨、钢6033吨。1913年,生铁产量为240363吨,钢材254952吨。④ 即便如此,由于工业化快速推进,日本钢铁需求量极大,钢铁的自给率很低,1913年前,最高年份仅为34%,大量钢铁需要进口。"一战"期间,日本机器工业(包括造船、铁路设备)产值从1914年的1.11亿日元激增至1919年的7.16亿日元,军火工业产值

---

① 愉仲:《安徽当涂振冶铁矿之调查》,《矿业》,1921年第4卷第2期,第12~16页。
② 《命令:实业部指令·矿字第1054号》,《实业公报》,1931年第24期,第33页。
③ [日]依田憙家著,卞立强译:《中日两国近代化比较研究》,北京:北京大学出版社,1991年版,第142页。
④ Yonekura Seiichiro. The japanese iron and steel industry:Continuity and discontinuity, 1850—1970. Cambridge,Harvard University,1990,p60.

从1913年的8.23亿日元增至1919年的30.4亿日元。① 加上战时进口钢铁锐减,日本出现严重的"钢铁饥馑"局面。这为日本钢铁工业创造了有利发展时机。黄忠濬称:"欧战时期,钢货不能出口,致使日本之钢货出产大为增加,因为钢货昂贵,资本家竞分其利,当时即无工业技能之工人亦被雇用,经理人等忙于建筑工厂,新钢工厂昼夜工作,以分战争世界之忙。"② 期间,日本钢铁产量激增。1919年,日本年产59.6万吨生铁和55.3万吨钢。之后,日本生铁产量一度下跌,但1922年后呈现小幅增长态势,1925年产铁67.7万吨,钢产量持续攀升,1925年达到104.3万吨。但其生铁和钢的自给率仍只有60%~70%。③

日本钢铁工业的快速发展需要消耗大量铁矿资源。但日本是一个铁矿资源极度贫乏的国家,据20世纪初日本政府调查,本土铁矿储藏量总计仅约8000万吨,铁矿石紧缺成为制约该国钢铁业发展的重要瓶颈。④ 有人估计,1921年底,按每年330个生产日计算,日本生铁的设计产能约为140万吨,钢178万吨。⑤ 为满足其钢铁生产的矿石原料需求,日本政府将目光转向海外。自清末以来,中国就成为其掠夺钢铁资源的主要目标。20世纪初日本钢铁工业蓬勃发展,很大程度上依靠中国的铁矿石、生铁供应。1919年,日本学者渡边俊雄称,近来日本需铁之量,年约135万吨,本国所产仅三分之一,"将来铁质之来源,当惟中国是赖"。日本国内铁矿颇少,"然频年铁质需要、供求犹能相应,端赖国外生铁运入,藉资接济"。他举例称,1915年,八幡制铁所消耗湖北大冶铁矿砂27万吨,朝鲜铁矿石19万吨,日本国内者仅1万吨,他如北海道娃岭西制铁工场、中日合办本溪湖煤铁矿、南满铁道株式会社等无不利用中国铁矿资源,并有日本著名企业家涩泽荣一等人集资1500万元创办东亚制铁工厂,以安徽桃冲铁砂为原料。⑥

日本从中国获取铁矿石,支付的费用很低,与国际钢铁价格不成比例。

---

① Yonekura Seiichiro. The japanese iron and steel industry:Continuity and discontinuity,1850—1970. Cambridge,Harvard University,1990,p99.
② 黄忠濬:《日本之钢铁工业》,《中华工程师学会会报》第11卷第1、2合期。
③ Yonekura Seiichiro. The japanese iron and steel industry:Continuity and discontinuity,1850—1970. Cambridge,Harvard University,1990:p103.
④ 程文熙:《日本铁矿石之埋藏量》,《中华工程师学会会报》第5卷第12期。
⑤ 《日本之钢铁工业》,《矿业联合会季刊》,1923年第2期(1923年6月31日出版)。
⑥ [日]渡边俊雄:《译丛:日本矿业谈》,《安徽实业杂志》,1919年第22期,第3~7页。

特别是在汉冶萍公司,日本以借款合同所规定的价格为准,低价获得大量优质铁矿石,牟取暴利。据统计,"一战"期间,日本从大冶铁矿的价格差额中牟取暴利达 10787102 日元,将这些铁矿石炼成生铁,在日本市场出售,获利高达 109843111 日元。① 1912—1921 年间,日本钢铁工业的铁矿来源及价格见下表。

表 45　1912—1921 年间日本钢铁工业铁矿石来源及价格表

来源及价格＼年份	1912	1913	1914	1915	1916	1917	1918	1919	1920	1921
日本产(吨)	153070	152950	121500	118940	139950	267590	372790	362940	314850	86980
朝鲜产(吨)	122500	142050	182030	209940	245420	152930	430790	417000	447250	232690
中国输入(吨)	195650	277880	297180	308070	279230	295690	360930	595140	650520	439770
其他(吨)	2590	2210	1690	710	580	1190	1230	25930	11840	138290
日朝消费量(吨)	473700	575250	602540	637680	665160	717410	1171060	1401040	1424480	897730
中朝矿石均价(日金圆)	5.63	5.47	5.21	5.59	5.70	8.10	24.30	24.10	18.20	15.30
生铁均价(日金圆)	…	50.00	49.00	58.00	89.00	215.00	406.00	164.00	133.00	78.00

资料来源:彭维基:《铁》,上海:商务印书馆,1930 年版,第 128～129 页。

近代日本规模最大的钢铁企业是始建于 1897 年的国营八幡制铁所。它全面启动了日本工业化进程,在日本工业化进程中发挥举足轻重的历史作用,集中代表了 20 世纪上半叶日本钢铁工业的发展水平。八幡制铁所在 1901 年建成投产时,生铁和钢的产能分别为 5.8 万吨和 21 万吨,日俄战争后,经过十余年扩张,1913 年,其生铁和钢材产量分别占日本国内总产量的 73％ 和 78％。② 1916 年完成第二期扩张计划后,制铁所每年可产铁 30.5 万吨和钢 54.3 万吨。③ 这种跨越式发展必须以充足的矿石、生铁原料供应为基础,其主要来源地就是中国。中国铁矿石常年占到八幡制铁所铁矿来源的一半以上。

---

①　武钢大冶铁矿矿志办公室编:《大冶铁志》第一卷(上)(内部资料),第 278 页。
②　[日]清水宪一:《官营八幡制铁所の创立》,《九州国际大学经营经济论集》,2010 年第 17 卷第 1 号。
③　[日]长岛修:《官营制铁所の扩张计画——第 3 期扩张工事の经营史的分析》,《立命馆经营学》,2011 年第 49 卷第 5 号。

表 46　1900—1925 年间八幡制铁所铁矿石来源

(单位:吨)

年份	日本国内	朝鲜	菲律宾	马来亚	中国	总计
1900	26220	93	—	—	15000	41313
1901	26454	3396	—	—	70000	99850
1902	3190	946	—	—	50000	54136
1903	—	—	—	—	50000	50000
1904	7757	—	—	—	60000	67757
1905	17788	1439	—	—	72000	91227
1906	32807	12749	—	—	105800	151536
1907	23205	18366	—	—	110000	151171
1908	13102	56931	—	—	127000	197033
1909	9971	99367	—	—	95600	204938
1910	5068	142975	—	—	96210	244253
1911	6971	113341	—	—	121000	241312
1912	12735	127236	—	—	292280	402251
1913	5932	151236	—	—	195000	352168
1914	4839	167281	—	—	250000	422120
1915	5822	212602	—	—	268700	487124
1916	4850	183401	—	—	267610	464411
1917	1131	94094	—	—	300000	395225
1918	131	169589	1623	—	360000	531343
1919	1190	190538	17574	—	446434	675736
1920	563	235173	—	9703	514930	760369
1921	185	186871	—	137353	480507	804916
1922	—	91303	—	169232	574746	835281
1923	—	93891	—	155872	606726	856489
1924	3207	98811	—	255890	682195	1040103
1925	—	115562	—	267472	645580	1028614

资料来源：Yonekura Seiichiro. The Japanese iron and steel industry: Continuity and discontinuity, 1850—1970. Cambridge, Harvard University, 1990. p70.

生铁也是日本急需的炼钢原料。汉冶萍公司的生铁销售中,日本市场也占有相当大的份额。1903—1924 年,汉冶萍公司共产生铁 2258813 吨,运销日本共899785吨,占39.8%。中国东北钢铁工业"从一诞生就被赋予支撑日本经济的使命,而在两次世界大战之间设法达成此任务"。① 本溪湖煤铁公司和鞍山制铁所虽设立在中国的领土上,但它们却隶属于日本钢铁工业体系,是为满足日本国内工业生产和侵略扩张需要而建立的。1927年本溪湖煤铁公司生铁产量为52436吨,其中,近4万吨销往日本及台湾。② 鞍山制铁所的生铁销售中,日本市场始终占绝大部分,占总销量的70%甚至80%以上。③

表47 1903—1924年间汉冶萍公司运销日本生铁情形

(单位:吨)

年份	生铁产量	售日数量	年份	生铁产量	售日数量
1903	38875	138	1914	130846	15000
1904	38771	12334	1915	136531	50936
1905	32314	25130	1916	146624	40950
1906	50622	34326	1917	149929	49684
1907	62148	33326	1918	139152	50000
1908	66410	30890	1919	166096	60000
1909	74406	38713	1920	124947	75460
1910	119396	65362	1921	124360	65400
1911	93336	70875	1922	149525	121252
1912	7989	15752	1923	159896	25011
1913	67512	14800	1924	179128	4446

资料来源:湖北省冶金志编纂委员会编:《汉冶萍公司志》,第33页。

清末民初,日本钢铁工业经历了疯狂的扩张过程,铁矿石在日本的需求量极大,日本各界通过种种手段图谋收买控制我国铁矿,从而酿成众多铁矿交涉案,对此,农商部在一战期间提交国务会议的《筹议日本对铁问题案》指出,"综计近来铁矿之案,几无一不与日人发生关系,即此可知日人需要铁矿之急迫"。④ 早在清末,在言及日本对中国铁矿资源的觊觎时,盛宣

---

① 陈慈玉:《战前中国东北的钢铁业》,载朱荫贵、戴鞍钢主编《近代中国:经济与社会研究》,上海:复旦大学出版社,2006年版。
② 《本钢史》编写组:《本钢史(1905—1980)》,沈阳:辽宁人民出版社,1985年版,第55页。
③ 解学诗、张克良编:《鞍钢史(1909—1948)》,北京:冶金工业出版社,1984年版,第152页。
④ 中国第二历史档案馆藏:《农商部有关对日售铁问题的文件》,全宗号1038,案卷号2515

怀就预言,"将来东人必有大志于我国"。① 十余年后,该预言不幸成为现实。20世纪20年代,日本基本控制了中国铁矿资源的产销,时人惊呼:"二十年来,日本对于中国铁矿,时有揽为己有之野心,其经营结果,至为可惊。现在铁矿中百分之九十皆已入日人之手。东三省铁矿之属日人者无论矣,即大部之接触变质矿,亦皆与日人有多少之关系,近则宣龙铁矿间亦有与日人订立借款条约之议。长此以往,恐不将中华大好宝藏尽付日人不止。吁可叹已。"②中国大量钢铁资源被输往日本,日本钢铁工业抓住机遇,迅速崛起,成为支撑日本近代工业发展的重要基石。

三、民族钢铁冶炼企业的衰败

"一战"结束以后,国际市场钢铁价格骤跌,日本国内生铁价格从1918年的496日元一路下跌至1926年的58日元(见表48)。钢铁企业疯狂盈利的时代一去不复返。中国钢铁企业生产成本高、产品质量差、产品结构单一、资金不足等问题凸显。再加上社会动荡不已,到1927年,民族钢铁冶炼企业几乎停止钢铁冶炼作业,陷入全面衰败局面。

表48 1918—1926年间日本钢铁平均价格

(单位:日元/吨)

年份	生铁	铁条	钢板	年份	生铁	铁条	钢板
1918年	496	390	834	1923年	64	136	137
1919年	164	230	320	1924年	59	115	135
1920年	133	215	294	1925年	59	111	134
1921年	78	131	140	1926年	58	97	111
1922年	69	127	149				

资料来源:Yonekura Seiichiro. The japanese iron and steel industry:Continuity and discontinuity,1850—1970. Cambridge,Harvard University,1990,p112.

(一)汉冶萍公司停止钢铁冶炼活动

伴随铁价回落,汉冶萍公司生产经营中的诸多问题集中暴露出来。譬如,生产成本逐年增长,20世纪20年代,已高于市场售价。1923年,生铁成本高达47.5元/吨,与其31元/吨的预算成本相去甚远。③ 1924年,3

---

① 陈旭麓、顾廷龙、汪熙主编:《汉冶萍公司》(二),第615页。
② [瑞典]丁格兰:《中国铁矿志》,第208页。
③ 武汉大学经济系编:《旧中国汉冶萍公司与日本关系史料选辑》,第799页。

月,汉冶萍生铁在上海售价仅为37~38元,远低于其生产成本。① 公司在大冶钢铁厂投入巨额资金,据估计不下700万两白银,但生铁产能扩张却没能带来规模效益,生产成本反较之前出现大幅度增长,投入与收益极不成比例,损失惨重。

进入20世纪20年代,汉冶萍公司连年亏损。1920—1927年,共亏损21513644.69元(见表34)。为维持运营,公司一意依赖对日借款。每值岁末年终,即向日本告贷。1923年和1924年,公司总经理夏偕复两次亲赴日本,分别求得正金银行短期借款银140万两和160万两,以度年关。同时,经过长期洽商,以1913年汉冶萍公司改良扩充工程补充借款的名义,1925年1月21日,汉冶萍公司与八幡制铁所、横滨正金银行签订850万日元大借款。作为条件之一,日本全面介入公司的工程、财务和管理事务。②

汉冶萍公司的衰败是多种原因共同作用的结果。除了前述萍乡煤矿的产能已无法足额供应日渐增长的煤焦需求外,经营管理不善、社会动乱的冲击、政府政策的打击、市场环境恶化等,都严重冲击公司的生产经营。

经营管理不善体现在许多方面,如公司管理层任人唯亲,机构臃肿,浮费惊人。1923年,八幡制铁所为确保其借款安全,曾向汉冶萍公司董事会指出其管理上之问题:"贵公司之现状并非容易处理,必须以非常之决心整理财政,同时断行经费之削减及生产费之大节约。"③盛宣怀去世后,其姻亲孙宝琦接任公司董事会长。孙氏先后出任北京政府外交总长、国务总理等要职,在政界长袖善舞,但缺乏经办实业经验,常年不在上海总公司处理事务。其经营汉冶萍,成绩乏善可陈。负责公司日常事务的夏偕复、盛恩颐等人,均靠裙带关系上位,成事不足,败事有余,对汉冶萍经营失败负有直接领导责任。孙宝琦曾对日本驻华公使直言盛恩颐能力之不足:"大股东盛宣怀在世时,以其威望与财力,诸事进行顺利。现其子当副经理,近来内外关系远不如昔,弊端不少。"④汉冶萍股东会曾通电农商部,揭露公司经营黑幕:"汉冶萍公司为我国最大实业,自盛前会长故后,由孙慕韩接手,盛孙儿女亲家,倚畀甚殷,理当报称,讵知该会长诸事放弃,大权旁落,任其戚夏偕复为经理,专事铺张,特添产业股、技术课、考工课、统计股、总稽查

---

① 正华:《中国之钢铁工业》,《总商会月报》,1924年第4卷第4号。
② 武汉大学经济系编:《旧中国汉冶萍公司与日本关系史料选辑》,第817页。
③ 武汉大学经济系编:《旧中国汉冶萍公司与日本关系史料选辑》,第789页。
④ 武汉大学经济系编:《旧中国汉冶萍公司与日本关系史料选辑》,第797页。

处等十数机关,以位置私人,按第十二届帐略,董事会、经理处、商务所三机关,年支五十余万元,实足骇人听闻","浪费滥支,合计数年,不下百数十万。公司增一机关,即添一弊薮。查民国初年,总公司只有会计股、商务所、秘书处,开支不过四五万金,应请转饬该董会,规复旧制,将新设各目,一律裁撤,以节经费而维血本"。①

1916年,随着铁价上涨,汉冶萍公司迎来历史上千载难逢的发展良机。但继任者投资、决策一再失误,贻误大局。首先,大冶钢铁厂从规划建设到投产运营,耗时八九年,不仅使公司错过有利时机,且沉淀巨额资金(据统计,到1921年底,共耗银5691905两,且需银1202950两方可竣工)。② 其次,公司忙于扩张钢铁产能,疏于燃料供应的考量。对萍乡煤矿扩建工程重视不够,而在江西鄱乐、湖南永和煤矿等地轻率投资,不仅浪费巨资,且致公司生产全局于极端危险之境地。为开发鄱乐煤矿,截至1928年,汉冶萍共投入2113203元。③ 然该矿煤层薄,矿量少,出产低,1924年最高日产量仅约200吨,且"固定炭素甚少,不宜炼焦"。④ 永和煤矿则更为荒诞,"月支三四千元,而出煤尚不敷自用","终日忙于抽水,结果仅得柴煤二三十吨"。⑤ 另外,管理层不思进取,铺张浪费,靡费无度。汉冶萍1918年获利最丰时,派发股息和办事人酬劳149.7万两,并补发盛宣怀酬劳40万元,甚至在上海投资建盛公祠,铸像竖碑,春秋祭祀。1915—1919年,汉冶萍盈余1940余万两,大量资金被虚耗挥霍,其中仅分派股息和职员酬劳就有370余万两。⑥

1921年底,北京政府变更钢轨制式,对汉冶萍公司造成了沉重打击。11月14日,汉冶萍总公司致电汉阳铁厂厂长吴健,命令解散炼钢厂:"查交部既改轨式,自应俟颁定成式后,再行拉造,以期合辙。但别项钢货,现市亦极疲滞,目下经济困难,已制者尚苦堆积,无法疏销,若再添制,则搁本搁息,亏累愈深。为今之计,应将钢厂一律暂停。制钢人才如工程师、工长,称上选者,应仍留用,暂行分置其他机关;其中下者,概予解散。"⑦公司

---

① 《汉冶萍股东会电请节减经费》,《申报》,1922年11月29日,第5版。
② 武汉大学经济系编:《旧中国汉冶萍公司与日本关系史料选辑》,第782页。
③ 湖北省档案馆编:《汉冶萍公司档案史料选编》(下),第572页。
④ 刘眉芝:《鄱乐煤矿调查报告》,《矿业周报》,1929年第1~24合期,第51页。
⑤ 湖北省档案馆编:《汉冶萍公司档案史料选编》(下),第36页。
⑥ 湖北省档案馆编:《汉冶萍公司档案史料选编》(下),第9、430页。
⑦ 湖北省档案馆编:《汉冶萍公司档案史料选编》(下),第440页。

从此停止炼钢作业。

公司的生铁生产同样未能摆脱厄运。早在汉冶萍公司成立之初,盛宣怀就指出:"厂务以煤焦为命脉,矿务以转输为枢纽。"①没有稳定的燃料供应,公司钢铁冶炼就无法摆脱停歇的命运。随着生铁生产规模的不断扩张,汉阳以及大冶两地钢铁厂对燃料的需求量日益加大。汉冶萍公司的产业地跨数省,其燃料运输线是连贯赣、湘、鄂三省的咽喉地带。而该地区恰是民国时期动乱最频繁的地区。每次动乱均中断汉冶萍的燃料运输,也一次次重创汉冶萍公司钢铁生产活动。抛开辛亥革命、二次革命不论,护法战争期间,正值钢铁价格暴涨,公司钢铁出产多寡决定盈利多少,但战争导致燃料运输中断。战事在湖南爆发后,北军初则征轮舶派供兵差,继则向株洲转运局征拉煤焦夫役。1917年11月,南军占领长沙,禁止煤焦向湖北运输,萍株、萍豹因线路被毁、车辆扣阻而中断。后南、北两军相持于岳州,抢掠商船之事迭见。无奈之下,公司运购开平煤焦,然因运兵之际车辆稀少,亦不能如期而至。1918年3月7日,汉阳铁厂第4号250吨化铁炉"压火",第1、2号化铁炉焦源不济,只能停炼,"汉厂铁炉势将全停,纯由萍矿煤焦不能下运,燃料缺乏所致"。② 1918年,公司对此评论道:是年"欧战正剧,铁价腾踊,遭逢时会,获利独丰。尚惜是年春间,湘赣用兵,煤焦阻运,汉缺燃料,停炉四旬。迨百计斡旋,归复采炼,而欧西战报又遽于十一月十一日签订休战条约,铁市逐步疲软。先本缺货,无以应求,继又定货,不能即出,此尽美未尽善之状"。③ 公司1918年钢铁产量较1917年减产近3万吨,考虑到当时钢铁价格④,损失惊人。

20世纪20年代,汉冶萍公司燃料运输因战争所受之影响更为恶劣。据公司1920、1921年经理报告书:"萍矿自民国以来,迭受军事影响,而以九、十两年为最甚。九年自六月至八月,交通断绝八十余日,客军驻萍,需索百端。铁路又湘赣争权,相持不下,款料无法运济,煤焦无处堆存,不得已减工省料,苦守坚持。一面陈请董事会分电湘赣维持,一面伤矿就近与该两省当道洽商,百计千方,始有通车之望。不料原状尚未全复,十年二月间,退驻袁州张宗昌一师,忽近逼距安源三十五里之芦溪镇,势将进驻安

---

① 盛宣怀:《愚斋存稿》卷14,第25页。
② 湖北省档案馆编:《汉冶萍公司档案史料选编》(下),第640页。
③ 《公司第十一届帐略》,上海档案馆藏,档号Q322—1—176,第123页。
④ 据公司档案,1918年公司售予日商茂木、铃木洋行头号生铁价格为每吨银170多两。(见湖北省档案馆编:《汉冶萍公司档案史料选编》下,第666页)

源,就地索饷;其时赣西方镇守使奉赣督令,带兵迎堵,密商萍矿拨窿工千余名为随军运送夫,窿内工程因之锐减。迨事定,工人陆续回矿,始能照常出货。至八月间,湘鄂战事又起,交通断绝两月有余,又不得不节减工程,为固守计。实业最忌顿挫,况年年兵事,甚至一年两遇,靡有宁时。"①为优先解决钢铁冶炼的煤焦需求,1921年夏,公司决定:萍矿生煤须全数炼焦以供汉、冶两厂。除株萍、武长两路所需生煤有合同关系,仍提留照供外,其厂矿锅炉并火车拖轮应用烧煤均需外购,所有外销各户,无论官厂商号,截至1922年元旦起一律停止交易。长沙分销局名义应即取消,改用转运字样。②

1924年9月,受江浙战争影响,大冶钢铁厂焦炭紧缺。为免熄炉,公司不得已准备在大冶炼制土焦。③ 11月4日,汉阳运输所致电总公司:"因陆军廿五师调防,车辆被扣,何日可通,难以预料。现值湘水奇涸,萍焦来源全恃车运,忽被阻梗,万分焦灼。"总公司为保全大冶钢铁厂,只得于7日下令汉厂停炉。同时,将工人悉数解散。自此以后,汉阳铁厂再无生铁产出。同日,大冶铁厂亦向总公司告急:"冶焦仅能支持两日,东焦已电催叶所长,万一船到较迟,接济不及,只好闷炉,以待东焦。全数到后,亦仅供一星期用。事关大局,乞迅速示办为盼。"④因燃料供应紧张,20世纪20年代,汉阳铁厂钢铁成本支出中,50%以上用于焦煤费用支出。⑤

战争期间,两湖地区是主战场。1926年9月,北伐军进抵江西萍乡,局势纷乱不堪,萍矿正常生产已不可能,只得靠不断借贷苟延残喘。公司的煤焦运输陷于停顿。随着北伐军的推进,"水陆交通因之梗塞,运输事业几乎全停,株洲所存煤焦,除当地及运销长沙外,运汉之货可云绝无"。革命军占领武汉后,"船舶供应兵差,大都不能营业,且当时工会勃兴,不可遏止,无理要求,层出不穷"。⑥ 1927年1月,根据湖北省与公司砂捐纠纷,湖北政务委员会强行扣押公司一切轮舶,运输事务被迫停顿。

1926年底,萍乡煤矿停工已一年多,以至于连办公费和员工伙食费都捉襟见肘。1927年初,萍矿会计处长凌善永致电公司董事会:"工警饷万

---

① 湖北省档案馆编:《汉冶萍公司档案史料选编》(下),第30页。
② 湖北省档案馆藏:《汉冶萍公司萍煤停止外销的函》,档号LS56-1-701。
③ 湖北省档案馆藏:《汉冶萍公司冶厂自炼焦炭》,档号LS56-1-945。
④ 湖北省档案馆藏:《汉冶萍公司焦缺暂停汉、冶炼炉事》,档号LS56-1-956。
⑤ 彭维基:《铁》,上海:商务印书馆,1930年版,第134~135页。
⑥ 湖北省档案馆编:《汉冶萍公司档案史料选编》(下),第656页。

急,萍乡煤矿仍要否,三日内倘仍无电复,不得不通电请国民政府接收。"①1928年11月,萍乡煤矿改由江西省政府接管。

工程设计与建设管理的缺陷也是汉冶萍公司经营状况恶化的重要原因。南京国民政府时期,曾任汉阳钢铁厂化铁炉主任技士的陈廷纪反思汉阳钢铁厂第三、四号化铁炉的质量问题:两座化铁炉"'炉腹'(Bosh)太高,且其内壁倾角(Bosh angle)太坦,以致常发生'炉瘤'(Scaffold)及'脱落'(Slips)等患。又炉顶'漏斗口'(Hopper mouth)过大,且与'小盖'不密切,故常泄漏煤气。炉顶系用'人工装原料'(Hand dumping),工人时受煤毒,遇起风时,则风之所向,煤气尤烈。因之装料势难均匀,是以炉料下降线大受影响,崎岖不平,而所产之铁亦参差不齐,徒耗焦炭"。② 公司对大冶钢铁厂建设工程投入巨额资金,并亟望其尽早建成投产。但建设工期因种种原因,旷日持久,已见前述。工程质量缺陷亦为其迟迟无法投产的重要原因。1921年7月24日,大冶新铁厂水塔先因漏水,继则坍塌,"塔中之水向下倒泻,竟将砖墙冲至五十尺以外","并惨毙工匠多名,修复须四个月之久,致冶厂开炉停滞,受亏甚巨"。1922年3月16日,公司董事会致电大冶铁厂吴健,拟在3月27日公司股东会开会之日,举行新炉点火仪式,并计划邀请大冶当地官绅、中外嘉宾莅临观礼。正当大冶厂方紧锣密鼓筹办典礼时,3月26日晚,铁厂吊矿车突然出轨,次日晚修复完毕,复于3月28日上午再次出轨,厂方不得不"暂缓开炉"。6月24日晚九时,大冶钢铁厂正式开炉,"至次日炉盖练断,不能盖密,煤气因之外散",虽极力抢修,"煤气仍嫌不能盖塞"。一号炉在开炉后仅运行11天,便于7月5日停炉,直到1925年5月15日才恢复生产。③ 然不久全厂停炼。数百万资金构造的炼铁炉,几乎形同虚置。回首思之,令人感喟不已!

汉阳铁厂炼铁炉于1924年11月7日熄炉停产。1925年10月18日,大冶钢铁厂化铁炉也停产,公司从此再无钢铁出产,"自是以往,(大冶厂矿)采而不炼"。④ 到1927年,汉冶萍公司只有大冶铁矿开工生产,矿石全部输往日本,"民初第一实业"名存实亡。

---

① 湖北省档案馆编:《汉冶萍公司档案史料选编》(下),第508页。
② 陈廷纪:《汉阳钢铁厂第三号化铁炉开炼记》,《矿冶》,1928年第2卷第5期,第13~21页。
③ 湖北省档案馆编:《汉冶萍公司档案史料选编》(下),第448、450、453、458页。
④ 湖北省档案馆编:《汉冶萍公司档案史料选编》(下),第477页。

(二)龙烟铁矿公司建设工程半途而废

龙关山铁矿位于河北省龙关县西南二十里龙关山,为储量丰富的赤铁矿。很早之前,当地居民就将铁矿石作为"赭石"染料,采集后到北京售卖。1912 年,采集数量达 70000 斤。丹麦矿师麦西生(F. C. Mathisen)曾化验这种赭石,并到龙关山查勘,得知该地有储量丰富之赤铁矿。1914 年,农商部顾问安特生(J. G. Andersson)来华,在麦西生家中看到矿样,便派助手伊立生(C. F. Erikson)前往勘查,查实龙关、辛窑一带确有极大铁矿蕴藏。之后,安特生携带新常富等人到龙关山复勘,掌握了铁矿的分布情况。龙关山铁矿自此为世所知。据记载:"龙关铁矿其埋藏量约一亿吨,平均品位为 51%。"安特生因发现该矿,受到北京政府三等嘉禾奖章之奖励。①

"一战"期间,随着国际铁价一路攀升,北京政府和国人投资钢铁业的热情高涨。1916 年,总统徐世昌之子徐绪直请领开发该矿。时值国内政局动荡,延宕至 1918 年,钢铁价格攀至最高峰,"政府及国民,鉴于铁价之剧增,深信于彼时创办钢铁厂,当为千载一时之良好机会,于是龙烟铁矿公司,遂应运以生"。② 1918 年春,徐绪直等人组织龙关铁矿公司,拟开采河北龙关县铁矿。中华汇业银行③总办陆宗舆出任公司督办。不久,安特生又在龙关县附近的宣化县发现烟筒山铁矿,储量异常丰富,矿质更佳。宣龙铁矿深得时人赞许,胡博渊曾评价:"中国除奉天弓长岭与河北滦县贫质铁矿外,其铁之集中、矿之丰富,当推龙烟为第一。"④5 月,北京政府将烟筒山铁矿与龙烟铁矿合并办理,成立"官商合办龙烟铁矿公司"(后文简称"龙烟铁矿"),资本总额 500 万元,官商各半。

当时北京政府并无建设资金,交通总长兼署财政总长曹汝霖从吉黑森林大借款 3000 万元中提出 250 万作为官股,其中,农商部占 128 万,交通部占 122 万。曹汝霖通过中华汇业银行集得商股 200 万元。⑤ 因铁价高昂,龙烟铁矿不满足于矿石开发,决定计划发展炼铁和炼钢事业。在炼铁

---

① 关续文:《龙烟铁矿和石景山钢铁厂史话》,《中国冶金史料》,1988 年第 2 期,第 86~93 页。
② 胡博渊:《晓晴斋散记》,第 24 页。
③ 根据 1913 年五国银行团规定,日本不能单独向日本提供政治借款。1917 年,日本政府决定向北京政府提供经济援助,借以控制北京政府,并谋求更多经济政治利益。为避免纠纷,由日本兴业、台湾、朝鲜三家银行组织特别银行团,以兴业银行为主体,联合中方,成立中日合办之中华汇业银行,负责提供秘密贷款。该银行在日本对华经济借款中扮演重要角色。
④ 胡博渊:《晓晴斋散记》,第 24 页。
⑤ 黄伯迻、黎叔翙编:《龙烟铁矿厂志》,南京:南京中华矿学社,1934 年版,第 2 页。

厂建立前,龙烟铁矿借用汉阳铁厂炼铁炉。1918年11月17日,龙烟铁矿与汉冶萍签订代炼铁矿合同,由龙烟供给铁矿石和焦炭,运交汉阳铁厂试炼,试炼期为1919年3月至1920年2月底,利润均分。① 但结果并不理想,实际进行约4个月,出铁2万吨,亏耗近25万元。②

1919年3月,龙烟铁矿公司正式成立。陆宗舆为督办,丁士源为会办。同年春,美国贝林马肖公司派技师来华设计炼铁厂平面图,9月,择定炼铁厂厂址于京西石景山,该厂炼铁炉等主体设备从美国进口。另外,购买石灰石山,采用六河沟煤焦,利用永定河之水,并聘用美国工程技术人员,"颇有一气呵成之势"。龙烟铁矿在直隶宛平县石景山东麓征购土地1162亩,花费58147元,从美国购进大批炼铁设备。1922年,已接近完成之工程包括三处:烟筒山铁矿厂、石景山炼厂和将军岭石灰矿场。铁矿厂1919年正式开采,包括机器修理房、木工房、打铁房、化验室、转运处及宿舍等设施。炼铁厂有日产250吨的钢壳斜桥双罐上料化铁炉1座、考勃二通式热风炉4座、50匹马力立式上料卷扬机1台、2500马力送风机2台、立式水管煤气和煤两用汽炉5座等。将军岭石灰矿场内的烧制及运输设备也大体完备。各厂矿间的铁路线路也已基本完工,与京门(门头沟)铁路相连接。炼铁厂计划在1922年5月投产。当年2月,龙烟铁矿向农商部报告称:"炼铁炉、热风炉、汽炉、矿桥、坠道和烟囱等工程,已次第竣工,到五月即可全厂落成开炼出铁。"③

但龙烟铁矿公司成立后,铁价开始暴跌。加上安福系失势,日资无法源源不断供应。龙烟铁矿生产大受影响,采矿工作先行停顿。炼铁厂因物料均已齐备,工程继续进行,但资金极度紧缺。1921年底,原先募集的资金告罄,舶来设备无钱提货,工程建设被迫停顿。

为实现炼铁炉出铁计划,龙烟铁矿必须继续投入资金,以完成生产准备工作,诸如存储原燃料,准备运输车辆,装置取水、电力传送设备,预存流动资本等。据1923年估计,完成石景山炼铁厂需经费1789270元。④ 为

---

① 湖北省档案馆编:《汉冶萍公司档案史料选编》(下),第559页。
② 黄伯迋、黎叔翙编:《龙烟铁矿厂志》,第21页。
③ 关续文:《龙烟铁矿和石景山钢铁厂史话》,《中国冶金史料》,1988年第2期,第86~93页。
④ 黄伯迋、黎叔翙编:《龙烟铁矿厂志》,第43~45页。

筹集款项,龙烟铁矿想尽办法,但均不见效。① 1922 年秋,仿照汉冶萍公司预支生铁、矿石借款办法,龙烟铁矿与日本东亚兴业公司拟订《销铁垫款合同》,以龙烟铁矿所有财产做担保,借款 180 万日元。龙烟铁矿所有技师、会计聘用日本人稽查,每年需交铁砂 10 万吨,生铁 4 万吨。合同披露后,遭到社会各界的强烈反对,视此举为"盗卖矿产","势必蹈汉冶萍覆辙",该合同最终被废弃。另外,龙烟铁矿还拟向四国新银团垫款 120 万元,亦无果而终。在国内,龙烟铁矿曾向农商部商拨盐余债券 200 万元,后因直奉军阀厉兵秣马,兵戎相见,银行界不敢承担政府盐余借款,此事又成南柯一梦。龙烟铁矿还曾草拟两个筹款方案,包括增加股本 500 万元和发行债票 400 万元。但投资钢铁业的最佳时机已错过,加上军阀混战,社会资本观望不前,无人增股。

由于资金缺乏,从 1922 年底起,各项工程相继停顿。历史上,龙烟铁矿数百万元的投入没有炼出一吨铁,终因资本不敷而前功尽弃。公司总计出产 10 万吨铁矿,除汉阳铁厂代炼 4 万多吨外,其余均堆置在矿区中。石景山炼铁厂设备朽败,多被拆卖,情景凄凉。

龙烟铁矿公司管理层多半为中国政治、实业和金融界举足轻重的人物。1922 年后,公司后续建设资金数额相对来说并不算多,但经多方筹措,竟至无功而返,反映出当时中国钢铁工业建设资金来源已近乎枯竭,确实难以满足大型钢铁厂的资金需求。

(三)其他中小钢铁冶炼企业的衰败

1. 上海兵工厂炼钢厂

上海兵工厂炼钢厂系由江南制造局炼钢厂改建而来。江南制造局在清末能够维持运营,全靠清政府每年巨额资金投入,其经费每年约在 100 万两以上。但该局机构臃肿,管理方式落后,人浮于事,浪费严重。其产品陈旧,不适用,经营成绩不佳,遭到社会各界广泛批评。1904 年 6 月 2 日,《中外日报》曾批评道:"上海[江南]制造局之在今日,已为大而无用之废物,以之糜费公帑则有余,欲其制造有用之枪炮则不足。"② 1910 年 9 月,朱恩绂考察制造局后奏报:"除炮弹一厂办事颇能核实外,其余则糜工费

---

① 参见郑连明:《龙烟铁矿公司创办始末——北洋官僚资本个案剖析》,《近代史研究》,1986 年第 1 期。

② 汪敬虞:《中国近代工业史资料》第二辑上册,北京:科学出版社,1957 年版,第 422 页。

料,内容之复杂,尤以枪、炮、炼钢三厂为甚。"① 这种状况在进入民国后依然没有改观,激起陆军部的强烈不满,斥责该局"每年开支经费百 34 万余,日出枪不过 12 支,12 支之中,口径又歧为二。全国 5 厂之中,该厂用款最多,而出枪最少"。② 因钢铁产品主要供应制造局内部使用,该局整体生产效率的低下影响炼钢厂出产。1904 年,钢产量较之前一年急剧减少,仅有 314 吨,与最初每年 2000 吨的设想更是相去甚远。

1911 年 11 月,江南制造局改名为上海制造局,次年 12 月,因无款接济,包括炼钢厂在内,全厂停工。1914 年 7 月,陆军部确定上海制造局每月经费 5 万元,炼钢厂炼制山炮坯件,另炼毛钢,其余因经费不足,一切停造。③ 1917 年,上海制造局改称上海兵工厂。炼钢厂基本沿用以前设备,因折旧损耗,其设备总数和性能尚不及从前。④ 当时,钢铁价格暴涨,炼钢厂虽然恢复生产,但仅 3 吨平炉可以炼钢,又因经费限制,额定"年炼钢三十炉",出钢仅百吨。⑤

北京政府初期,不断有人提出应重视炼钢厂潜在的经济利益,要求面向市场,增加民用钢铁产品产量。如刘铎等人曾向政府建议,将炼钢厂与军械厂分开,使炼钢厂"专属营业性质",未获结果。1914 年,谭诺森呈整顿上海制造局办法,建议有关方面关注炼钢事业,"务使所出之钢可接济制造枪炮,并供给他处制造局暨全国通常之用","出钢之数须按销路细为决定,或当加增其所出,以之广制钢片、钢条等物",并"尽可旁制他品,供给现筑铁路之用","制钢事业亟宜逐渐推广,俾所出之数供求相应,并冀以后将全局改为专制钢片、钢条,以及上列一切品物,俾在上海成一重要之实业,如此不独免糜国款,且办理得法,可望获利极丰"。⑥ 在军阀割据混战的时代,作为上海兵工厂的下属企业,把持炼钢厂的各军阀穷兵黩武,不会放弃其军事生产功能,转而投入巨资追求钢铁市场利润。此建议未见复文。

1924 年 9 月,江浙战争爆发,上海兵工厂成为交战方争夺重点。炼钢

---

① 本书编委会:《中国近代兵器工业档案史料》第一册,北京:兵器工业出版社,1993 年版,第 349 页。
② 李琴芳:《清末民初的上海制造局(上海兵工厂)考述》,《军事历史研究》,2006 年第 3 期。
③ 张侠、孙宝铭、陈长河编:《北洋陆军史料(1912—1916)》,天津:天津人民出版社,1987 年版,第 370 页。
④ 本书编委会:《中国近代兵器工业档案史料》第二册,第 89 页。
⑤ 《江南制造局炼钢厂的兴衰》,参见上海地方志办公室网站 http://www.shtong.gov.cn/node2/node2245/node4540/node56663/node60570/index.html
⑥ 本书编委会:《中国近代兵器工业档案史料》第二册,第 87 页。

厂设备损毁严重,上海商民苦不堪言。10月,战争结束,福建督军孙传芳控制了上海。1925年1月,应上海商民要求,执政府命令:上海为通商重地,华洋杂处,此后永不驻兵,并不得再设军事机关,所有陆军部直辖之上海兵工厂,亦令即日停止军用工作,俾待招商承领改为实业商工厂,以示奖兴商工之意。2月4日,陆军总长吴光新会同上海总商会将上海兵工厂查封,交由上海总商会接收。厂中旧有管理人员薪水,以及组织保卫团300人所需之饷银、服装和伙食费等暂由上海总商会负担,陆军部负责筹还。另陆军部以上海兵工厂作保,向上海总商会借款27万元。① 至此,原江南制造局炼钢厂脱离军工企业生产系统,开始向民用企业转变。

20世纪20年代,从上海转运内地之钢铁每年有数十万吨。除上海和兴钢铁厂能生产极少的一部分外,其余均从国外进口。1926年春,五省联军总司令孙传芳关注炼钢事业,计划筹建一个大炼钢厂,委派冶金专家胡庶华赴日考察钢铁工程。后因经费紧张,将原上海兵工厂炼钢部分划出,规划扩充,组建一新钢铁厂。② 6月26日,胡庶华抵达上海,被任命为上海炼钢厂筹备处长,以上海兵工厂炼钢设备为基础,筹划炼钢厂事宜。③ 当时,炼钢厂有炼钢炉两座,一损一坏,拟添建新炉一座,每年约能产钢万吨。④ 胡履任后,确立建设计划,以六个月为期限,加紧修理旧厂机器,添置新式机械,并在孙传芳的支持下,筹划生产销售方法。江苏省财政厅拨款5000元作为筹备经费。⑤ 7月24日,胡庶华呈准炼钢厂公司章程,定名为上海钢铁机器股份有限公司,简称上海炼钢厂,以精炼钢铁、制造机器为主。公司股本300万元,以上海兵工厂原有之炼钢厂地基、房屋、机器等项作为官股100万元,其余200万元为商股,优先股50元,普通股150万元。公司股金一次性缴清,年利八厘,由江苏省政府保息。公司设立股东会和董事会,议决处理相关事项。⑥ 为招募股本,胡庶华建议政府以及相关企业参与其事。首先,请政府在应办事业内选择需用钢铁的项目,先行筹款若干,作为上海炼钢厂的订货金,以帮助公司成立。其次,凡国内机器厂、

---

① 本书编委会:《中国近代兵器工业档案史料》第二册,第94、95页。
② 《孙传芳将扩充炼钢厂》,《申报》,1926年6月2日。
③ 《上海钢铁机器公司炼钢厂计划书》,《太平导报》第1年第25期。
④ 农商部地质调查所:《中国矿业纪要(第二次)》(1918—1925年),1926年印行,第131页。
⑤ 《上海炼钢厂筹备计划》,《申报》,1926年7月1日。
⑥ 《苏当局核准炼钢厂公司章程》,《申报》,1926年7月25日。

钢铁厂均邀请入股,便于扩充销路。① 但动荡的时局中断此计划。1927年3月,北伐军东路军进入上海,孙传芳败北。7月,上海炼钢厂因"招股未成,经费支绌,仍旧并入上海兵工厂办理"。②

1929年6月,南京国民政府军政部为实现兵器材料自给,经兵工会议决议,将上海兵工厂炼钢厂改组,正式组建上海炼钢厂,制造军用及民用钢料,由军政部兵工署直辖,委派专员管理。炼钢厂经费由厂长编造预算,呈请兵工署审定,并转呈军政部核准,按月交给。③ 胡庶华被重新委任为厂长。当时因经费支绌,炼钢厂已停产。10月,经胡庶华争取,军政部兵工署每月拨款2万元作为开办经费。利用厂存的500吨英国生铁和废钢,炼钢厂恢复生产。每周(周日歇工)计出钢盂(制枪、炮弹头用)钢4炉、枪钢1炉、炮钢或钢板1炉。为扩张规模,胡庶华还向军政部请拨经费30万元,但未能实现。④ 炼钢厂只能生产少量军工产品,基本上不能提供民用钢铁产品。

2. 上海和兴钢铁厂⑤

和兴钢铁厂的创办人陆伯鸿原名陆熙顺(1875—1937),江苏丹徒人,生于上海南市的一个天主教家庭,精通法语。清末新政期间,他作为上海总商会代表赴欧美等国考察,归国后萌发了实业救国的念头,陆续经营一系列工商交通企业,和兴钢铁厂就是其中之一。⑥

1913年,陆伯鸿听从德籍工程师高龠(E. Hocher)的建议,涉足钢铁业。11月,他以和兴实业公司名义倡议创办和兴化铁厂,号召各界人士踊跃投资。上海商会会长朱葆三、乐振葆等人均入股。和兴钢铁厂开办资本为规银12.5万两(一说8万元),乐振葆任董事长,陆伯鸿任经理,厂址设于上海浦东周家渡西村,占地面积20余亩(后扩充至60余亩)。1917年,和兴钢铁厂从德国购买日产10吨(一说12吨)化铁炉1座,次年8月18日正式开工。期间,适值外洋钢铁难于输入中国,该厂每吨生铁售价高达350元,产品销路畅旺,获利甚巨,开炉三个月即收回投资。1920年,和兴

---

① 《上海炼钢厂招股计划》,《申报》,1926年8月1日。
② 《上海炼钢厂之沿革》,《申报》,1930年2月5日。
③ 本书编委会:《中国近代兵器工业档案史料》第三册,第277页。
④ 《开炉后之炼钢厂》,《申报》,1929年11月23日。
⑤ 徐仁秋、陈崇武主编:《三钢人的足迹——上海第三钢铁厂发展史(1913—1989)》,北京:中国经济出版社,1991年版,第4~8页;农商部地质调查所:《中国矿业纪要(1918—1925年)》,第131页。
⑥ 《陆伯鸿:献身公益的实业家》,载张连红、严海建主编:《民国财经巨擘百人传》,南京:南京出版社,2013年版,第88~89页。

钢铁厂增资至100万两,兴建日产25吨(一说35吨)化铁炉1座,同年12月投产,钢铁产能每月出铁可达1000吨。其矿石燃料分别购自安徽、湖北和浙江等地,产品主要售给江南造船厂、上海兵工厂、明昌机器厂等企业。

"一战"结束后,国外钢铁产品卷土重来,钢铁价格暴跌。和兴钢铁厂因成本过高,难敌洋铁,于1921年6月停止炼铁。陆伯鸿等人调整经营战略,将重点转移到生产钢材上,是年底,筹组和兴钢铁股份有限公司。安徽益华铁矿公司总经理倪道杰以15万两入股,其中现款4.5万两,其余以3万吨铁矿石作抵。① 1922年5月,和兴钢铁厂与德国吕桑埠陶蒙城矿务钢铁厂股份有限公司签署协议,德方入股25万两,占比20%,其中,支付现银5万两,其余部分以10吨炼钢平炉两座及300平方米轧钢机一套、1200马力电动机一台作价。人事方面,经理5人中,应有德籍工程师2人,炼钢部和轧钢部各聘德籍工程师一人。德方有权查询和兴钢铁厂的营业账册。1923年1月,和兴钢铁厂向北京政府注册,登记股本为规银100万两(陆伯鸿占5%),以炼铁、炼钢、轧钢为营业范围,并于1925年春获财政部批准暂免税款至1926年底。

1925年初,和兴钢铁厂炼钢平炉和轧钢机相继投产。据1925年11月《申报》记载,和兴钢铁厂有熔钢炉2座,每座能熔10吨钢铁,每天可出钢四五十吨,常开炼1座,另一座专为预备之用。炼钢原料为马铁和废铁。马铁来自印度,废铁则在上海采购,每天需铁五六十吨。燃料用瓦斯,并加入碱性化学成分,使钢铁变硬。此外,该厂还设有轧钢厂,有烘钢炉、轧钢机、剪钢机等设备,可轧制钢轨、竹节钢条、元钢条、方钢条等。"现上海江海关建筑新屋,所用之竹节钢,闻系该厂出品,亦足见该厂出品之优美矣。"②由于洋铁跌价竞销,加上军阀混战,和兴钢铁厂恢复生产后,销路受阻,到1927年1月,共亏损银35万多两,加上历年借款,负债90余万两。同年2月,面对陆伯鸿的增资建议,响应者寥寥,和兴钢铁厂再次停产。

3. 六河沟铁厂

扬子机器公司1908年成立,由汉冶萍公司协理李维格,连同宋炜臣、顾润章等人集资40万两创办,汉阳铁厂以旧机器作股银5万两。公司厂

---

① 朱镜清:《陆伯鸿创办和兴钢铁厂》,载吴汉民主编:《20世纪上海文史资料文库》(第3辑),第346~348页。

② 《国制钢铁》,《申报》,1925年11月5日,第1版。

房位于武汉谌家矶,主要生产各类型锅炉、轮船、桥梁、屋梁、铁管、水塔、铁柜、铁柱、螺丝、钩钉、铁轨及附属品等,原料来自汉阳铁厂。① 创办以来,规模不断扩张。"一战"期间,受铁价暴涨刺激,公司于 1919 年增资 100 万元在谌家矶建化铁炉一座,容积 248 立方米,可日出铁 100 吨,由美国贝林马肖公司设计。高炉除炉体外,据称全部设施均由汉冶萍公司自行制造。1920 年 6 月出铁。因战争结束,铁价跌落,加上生铁质量较差,成本较高,扬子机器公司为债息所累,不能充分供给原料,炼铁厂旋开旋辍,1922 年交由六河沟煤矿公司接办。

六河沟煤矿公司矿场位于河南安阳,有观台村和台寨场(属河北磁县)两个矿区,跨漳河两岸。1903 年,最初由马吉森、顾瑗等人用土法经营。1907 年,张孝谦等人扩充经营,开凿新井,并筑轻便铁路。因资本告竭,先后与德国、比利时矿商立约合办,直到 1919 年方完全由华商收回。1921 年,观台矿区至丰乐镇支路修成,用新法开采台寨和都党分场,规模渐充。公司煤炭为烟煤,宜炼焦。产品销售市场以平汉路南段为主。②

六河沟煤矿公司接办炼铁厂后,矿石取自湖北象鼻山铁矿,焦炭由公司自身提供。因交通不便,原料运输困难,化铁炉建筑质量较差,再加上历次战争影响,生产屡屡停顿。1926 年 9 月,北伐兴,全厂陷入长期停工状态。

表 49 20 世纪 20 年代六河沟铁厂生产情形表

开炼日期	停炼日期	停炼原因	出铁产量
1922 年 10 月 12 日	1923 年 10 月 14 日	炉腹渗水,重砌砖壁	27975 吨
1923 年 12 月 6 日	1924 年 5 月 9 日	改建炉腹,加厚炉壁	12232 吨
1924 年 8 月 15 日	1924 年 11 月 5 日	二次直奉战起	5831 吨
1925 年 6 月 15 日	1926 年 1 月 26 日	张吾联合讨冯役起	17090 吨
1926 年 6 月 6 日	1926 年 9 月 4 日	北伐军初到武汉	5541 吨
1928 年 10 月 11 日	1929 年 6 月 23 日	讨桂役起,继以阎冯之战	17534 吨
1931 年 11 月 17 日	1932 年 9 月 5 日	炉心渗水,重砌砖壁	23331 吨

资料来源:陈廷纪:《六河沟煤矿公司炼铁厂概略》,《矿冶》,1933 年第 6 卷第 19 期,第 108~117 页。

---

① 《丛录:扬子机器公司工厂调查书》,《中华工程师会会报》,1914 年第 1 卷第 12 期,第 13~18 页。
② 侯德封编:《(第五次)中国矿业纪要》(1932—1934 年),实业部地质调查所,国立北平研究院地质学研究所,1935 年印行,第 387 页。

(四)中国钢铁工业的衰败面貌

1927年前后,中国钢铁工业整体呈现出极度萧条的景象。铁矿开采方面,各大铁矿公司虽维持生产,但受战争影响,减产较多。与之相对应的是,由满铁控制的振兴公司产量大幅度增加。东北地区成为中国铁矿石产量最多的地区,占比达到全国产额的一半以上。

钢铁冶炼企业的生铁生产情形更为惨淡。除由日资控制的本溪湖煤铁公司和鞍山制铁所开工生产外,中国民族资本钢铁企业几乎全部停产(参见表50)。炼钢业几乎全军覆没,据农矿部地质调查所1928年报告:近三年来毫无产额,总计小规模各电钢厂,其年产额亦不过二三万吨。① 中国钢铁工业在1927年前后画上了巨大的休止符!

表50 1927年中国钢铁企业生铁生产情形

(单位:吨)

名 称	产能(吨/日)	1926年产额	1927年产额
龙烟公司	250	停	停
汉冶萍公司	650	停	停
汉冶萍公司(大冶)	900	停	停
扬子机器公司	100	7498	停
本溪湖煤铁公司	320	51000	63224
满铁(鞍山制铁所)	500	162500	165054
保晋公司	20	4800	4000
宏豫公司	25	停	停
和兴钢铁厂	45	停	停
合 计	2810	225798	232278

资料来源:农矿部地质调查所:《中国矿业纪要(1925—1928年)》,第299页。

因国内市场狭窄,长江一带铁矿石十之八九运往日本。东北地区本溪湖和鞍山的生铁成为日本炼钢业的原料,大量输出。与之形成鲜明对比,外国钢铁制品源源不断输往中国,钢铁进口值超过出口值四五倍之多。以1926年为例,中国钢铁产品入超达2899万海关两。其输出、输入对比情形如表51:

---

① 农矿部地质调查所:《中国矿业纪要(1925—1928)》,第301页。

表51　1926年中国钢铁产品输出、输入对比情形

	品别	数量(担)	数值(海关两)
出口	生铁	2835179	4415173
	铁矿石	8687793	1348784
	旧铁、碎铁		107569
	铁制品		233939
	铁器、利器		180220
进口	未镀锌钢铁制品		27283658
	竹节钢	59701	293712
	器具钢、弹簧钢	82442	1042841
	镀锌钢铁制品		5140902
	铁丝网及铁纱	6633	274581
	铁器		1147742
	铁锡屑		90957
	共计		35274393
入超			28988688

资料来源：农矿部地质调查所：《中国矿业纪要(1925—1928年)》，第302页。

人均钢铁消耗量是衡量一国经济发展程度的重要指标。与发达国家相比，自民国以来，中国人均钢铁消费量与发达国家的差距不断拉大。如表52所示，中国每年人均钢铁消费仅1～2公斤，与世界钢铁工业发达国家的差距在不断拉大。如果不计算每年约17万吨的土铁产出，这一数字将更令人惭愧无比。

表52　1913—1930年中国与发达国家人均钢铁消费比较表

（单位：公斤）

国别	1913年	1923年	1925年	1930年
美国	372	468	468	570
德国	261	125	197	280
英国	236	207	200	282
法国	151	170	203	388
日本	9	30	30	47
中国	1	1	1	2

资料来源：谷源田：《中国之钢铁工业》，《经济统计季刊》，1933年2卷3期。

第六章　历史的反思与启示

中国钢铁工业发展至今,已有一百多年的历史。这是一个前后连贯、节次推进的演进过程。晚清民初是中国钢铁工业具有非凡意义的发展阶段。期间,中国社会认识到自身不足,以及与外部世界的差距,在思想、制度、技术层面尝试不断调整改变自己。为实现钢铁强国目标,最早的一代钢铁人高扬自强、自立、救国的旗帜,在钢铁工业建设实践中进行了不懈探索,作出了巨大牺牲和努力。虽然未能抵达梦想的彼岸,但留下弥足珍贵的经验和刻骨铭心的教训,昭示着后来者继续为实现钢铁强国目标而奋进。

第一节　意识形态的刚性束缚

分析制度变迁是理解历史变迁的关键。就经济发展而言,制度的变化是决定性的因素,有效的经济制度是经济增长的关键。作为一种非正式的制度安排,意识形态主要是由观念、传统和习惯构成的文化因素。意识形态的刚性是指意识形态转变的滞后性和一旦形成的不可剥落性。在社会实践中,它会增大制度创新的成本,减少制度创新的收益,使制度创新的绩效滞后或者降低。[①] 后发现代化国家在技术层面有"后发优势",她可以通过支付较低的成本,在技术层面迅速扭转劣势。但是,意识形态的刚性束缚往往成为这些国家在现代化初期面临的最大挑战。围绕钢铁工业建设,在正式的制度安排确立并发挥重要影响之前,意识形态的刚性影响力不容忽视。

一、传统价值观念的负累

在晚清民国初钢铁工业发展过程中,传统价值观念转型的问题是一道无法回避的现实难题。虽然中国政治精英对钢铁工业经济的价值作用逐

---

① 陶一桃:《意识形态的刚性与制度创新的绩效》,《深圳大学学报(人文社科版)》,2003年第5期。

步形成较为科学的认识,但在民间社会,由钢铁工业建设牵发的矿业开发活动往往引起强烈的社会反响,在近代早期尤其如此。它往往会在社会层面形成一股强大的舆论力量,影响甚至左右政府的决策。正如一些学者所总结的:"自强运动,主倡者固极力推广施行,而反对者则无时不在阻挠,而这种势力之大,很为一种雄厚的障碍。"①

中国钢铁生产活动是带着沉重的传统价值观念负累步入近代社会的。在相当长一段时期内,陈腐的旧思想观念令有志于钢铁资源开发者裹足不前。如第一章所述,包括铁冶在内的坑冶之事在古代社会常被统治者视为秕政,与其所能带来的利益相比,开矿炼铁会危及社会治安,冲击农业生产,破坏地方风水等。这种思想顾虑在1861年后在国人的观念中依然普遍存在。

茅海建先生曾讲:"知识给人以力量,愚昧也给人以力量,有时甚至是更大的力量。"②晚清中国社会,面对钢铁资源开发,反对者大有人在。他们受传统思想观念支配,看不到或不愿正视正在飞速发展的外部世界,漠视钢铁工业在其中扮演的重要角色,倾向于宣扬稳定旧有秩序和回归传统社会,形成强大的舆论阻力。

这些守旧人士,或冥顽不化,或空谈义理,或不屑于西洋技艺,如倭仁、于凌辰所言:"立国之道,尚礼义不尚权谋,根本之图,在人心不在技艺。今求之一艺之末,而又奉夷人为师,无论夷人诡谲,未必传其精巧。即使教者诚教,学者诚学,所成就者不过术数之士。古今来未闻有恃术数而能起衰振弱者也。"③"至布置一切防夷事宜,非不简器,但修我陆战之备,不必争利海中也。非不练兵,但固我士卒之心,结以忠义,不必洋人机巧也"。④或愚昧无知,见识浅陋,如刘锡鸿、吴廷栋之流所论:"中国之利在劝农,与彼国之利在通商,形势殊而理则一。"⑤"天下万事,孰不从利根上发出病痛,究竟只落得大不利耳","理财须节流,不得开源。凡有言为皇上开生财之源者,多是剥丧元气耳。而节流须从自身做起。"⑥或墨守成规,胶执于

---

① 王尔敏:《中国近代之自强与求富》,《中央研究院近代史研究所集刊》第9期,第12页。
② 茅海建:《天朝的崩溃——鸦片战争再研究》,北京:三联书店,1995年版,第341页。
③ 宝鋆等:《筹办夷务始末》(同治朝)卷47,第24页。
④ 中国史学会主编:《洋务运动》(一),第122页。
⑤ 赵靖、易梦虹主编:《中国近代经济思想资料选辑》(中),北京:中华书局,1982年版,第414页。
⑥ 方宗诚:《柏堂师友言行记》卷2,页3,京华印书局刷印本。

古法,反对使用机器,如张自牧称:"先王之治天下,使民终岁勤动,而仅能温饱其身,故曰民生在勤,勤则不匮,又曰民劳则思,思则心生;所谓家给人足者,诚欲其勤而得之,非欲其佚而致之也。今举耕织煤铁之事,皆以机器代人力,是率天下之民,习为骄惰,而坐永(拥)厚赀,其有不日趋于淫佚者乎?南亩之农夫,北山之矿工,及挽车操舟者流,数千百万之人,毕生胼胝于其中,一旦为机器所攘夺,失其谋生之业,其有不相聚为乱者乎?泰西机器之行未及百年,而大乱屡见,殆由此也。"①或危言耸听,慑于风水之说,以为不能开矿,如俞樾言:"俗传天地有开辟,有混沌,理固有之。历世久远,菁华衰竭,不能生人生物,是为混沌。收敛闭藏,以为休息。历千百年复能生人物,是为开辟。……是以圣人务为天地爱惜元气。……今彼中人则不然,但知穷极天地之所有,供吾一日之用。语曰:竭泽而渔,明年无鱼。闻彼中用煤无度,产煤之地日益少矣!夫煤者,有形之物也,其消息人得而见。若彼所取诸气,无形之物也,其消息人不得而知。然即煤之一物推之,则知用无度,必有穷时,天地虽大,而不足以供其求。日复一日,菁华衰竭,恐无地块然不能复生人物矣!故曰天地之运将终也。"②总之,各种奇谈怪论杂乱纷呈,然反对趋变求新的立场高度一致。这些思想在近代早期并非个案,相反在中国社会具有相当大的影响力。

如许多地区的乡民受风水迷信等无妄之说影响,极力反对新式矿业。1875年,受李鸿章等札派,盛宣怀遣人在湖北广济阳城山访查煤矿。消息传出,地方群情反对。广济士绅联合江西、安徽、武昌等地方士人联名上书广济知县史醇,认为不可开山挖煤。他们声称,在阳城山煤矿,"从前本地射利之徒私行偷挖,则武穴有回禄之灾。来龙之说本属渺茫,但屡挖屡验,经各宪禁示在案"。他们危言耸听,报告阳城山仅开数日,"即于是数日火已叠烧三次","若日后大兴土木,似此应验,则武穴并沙地一带房屋居民靡有孑遗矣"。③ 在广济勘查矿产的外国技术人员,不断遭乡民围堵、殴打。几乎与此同时,对直隶开平矿务局开办煤铁矿一事,祁世长认为开矿之地距遵化陵寝重地仅一二百里之遥,"山川脉络未必不相毗连","今若于该处设局开采,泄坤舆磅礴之气,必非所宜。幸而铁苗不旺,可期中止"。④ 其

---

① 张自牧:《瀛海论》中篇,载葛士浚辑:《皇朝经世文续编》卷102,上海久敬斋1901年铸印本,页18。
② 俞樾:《春在堂全书》之《宾萌集》卷六,三大忧论。
③ 陈旭麓、顾廷龙、汪熙主编:《湖北开采煤铁总局》,第4页。
④ 顾廷龙、戴逸主编:《李鸿章全集》奏议九,第578页。

对铁矿不旺的幸灾乐祸,活脱脱显现出一个腐儒形象。李鸿章曾私下抱怨道:"目下鸡笼煤矿已有成效,武穴、池州均甫开局,魏温云亦在宝庆、衡州等处试采煤铁,但官绅禁用洋法机器,终不得放手为之。凡此皆鄙人一手提倡,其功效茫如捕风,而文人学士动以崇尚异端、光怪陆离见责,中国人心真有万不可解者矣。"①位高权重的李鸿章一手提倡的新式矿业,功效都"茫如捕风",足见当时创办新式矿业阻力之大。20多年后,萍乡煤矿创办时,地方极力抵制,与之相比,似出一辙。此类事例,在晚清矿业开发活动中不胜枚举。曾纪泽曾说,中国开矿较西方尤难,原因主要为"股本难集"和"风水难避"。② 足见民间习俗影响力之大。

在舆论高压下,许多开明人士的新思想、新主张在当时都无法刊行。首位驻外使节郭嵩焘著《使西纪程》,客观评价西方文明,结果为自己招来横祸。是书奉旨毁版,郭氏被举朝目为"汉奸",称病辞归。冯桂芬《校邠庐抗议》在其成书22年后,才于1883年出版,此时冯氏去世已9年。郑观应所著《盛世危言》在1884年就已草就,彭玉麟"亟劝其刊行问世,以期与海内诸公择而力行之",1892年和1893年,郑藻如、陈炽又分别序之,但该书迟至1894年才奉谕旨刊行面世。郑观应对此解释称:"是书遇事直言,动触忌讳,虽为忠愤所激,究属僭越狂戆,难免获罪当道,是以犹豫未即付刊。不期孙尚书、邓方伯虚怀若谷,虽小善亦必率录,遂蒙进呈御览。旋奉上谕饬译署刷印,分散臣工阅看。"③新思想虽已出现,但却无法传播,可谓民族之大不幸。

19世纪中叶至20世纪初,中华民族迭遭巨难,外部冲击与内部变革相生相随。在民族共同体意识形成的过程中,"求变"逐步上升为各方共识,正所谓"能变则全,不变则亡;全变则强,小变仍亡"。变革成为近代中国历史演进的常态。特别是清末新政和辛亥革命,对中国传统价值观念造成巨大冲击。国人整体的经济认知随着新媒体的风行和新式知识分子群体的壮大,出现汲新除旧的局面。杨度的"金铁主义"论在清末引起各界广泛关注,民元全国工商会议将钢铁工业列为国家基础产业。其背后折射的是一个时代的价值变迁。

C.E.布莱克曾评论:"在中国,传统的生活方式具有强大力量,它控制

---

① 顾廷龙、戴逸主编:《李鸿章全集》信函四,第75~76页。
② 陈旭麓、顾廷龙、汪熙主编:《汉冶萍公司》(一),第9页。
③ 郑观应著,夏东元编:《郑观应集》,上海:上海人民出版社,1982年版,第239页。

了领导人的心灵,使他们在几代人的时间里成功地抗拒现代化。在这种特殊情况下,一个最成熟的传统社会,也就是一个长时期内最不情愿现代化的社会。"① 这种落后保守的思想构成无形的巨大压力,使社会前进缓慢。但"青山遮不住,毕竟东流去"。钢铁工业在近代社会的价值任何人都无法抹杀,其角色是任何行业都无法替代的,其发展是历史的必然。当中华民族生存危机空前加深,挽救民族危亡的思潮足以击碎一切保守的旧思想时,一个新局面往往就会到来。

二、民族主义观念的双重价值属性

近代以来,资本—帝国主义对华侵略引发深重的民族生存危机,推动着中华民族意识的觉醒。在此过程中,民族主义形成一股强大的社会力量,对中国社会的群体价值观念产生巨大影响,深刻影响甚至左右中国政治、经济行为。在外部力量的冲击下,中国被动开启工业化进程。受民族主义观念的影响,中国工业化的理论建构和模式、进程显著区别于西方国家。突出表现为,以救亡图存为目标的爱国主义精神渗透于工业化的指导理论和社会实践中,导致政治诉求时常影响甚至决定经济行为。

民族主义是一种模糊的、不太系统的意识形态和社会运动。一般而言,它表达了一种思想强烈的、通常已经意识形态化了的族际感情。② 在社会实践中,民族主义多表现为一种自发的感性冲动。它是一柄双刃剑,既可以成为整合各种资源、进行社会动员的有力武器,也能成为抛弃外部资源、推行关门主义的工具,"反抗与建设两面实相辅相成而不可分割"。③ 历史上,一些受到帝国主义侵略、压迫的弱小民族国家,怀着对帝国主义的戒备与憎恨,在强调民族独立、民族自主的同时,高扬的民族主义旗帜常将国家发展引向与外部世界对立、对峙的状态,对外来事物缺乏理性的判断,结果走向民族孤立与自闭,使先进国家长期积累的发展经验被抛弃,使外部世界存在的、本可被加以利用的发展机遇统统被视为帝国主义的侵略手段而一概拒绝,最终导致民族国家经济发展的滞后。因此,社会需要的是理性民族主义。

---

① C.E.布莱克:《现代化的动力——一个比较史的研究》,第50页。
② 李世涛主编:《知识分子立场——民族主义与转型期中国的命运》,长春:时代文艺出版社,2000年版,第8页。
③ 罗志田:《乱世潜流:民族主义与民国政治》自序,上海:上海古籍出版社,2001版。

应该承认,在中国近现代史上,民族主义在团结民众反抗外侮的斗争中发挥积极作用,在国家建设的组织动员、资源整合等方面,其作用表现也可圈可点。张之洞、盛宣怀、张謇等人力主发展钢铁工业,挽回国家利权的意图十分明确。张氏将建设炼铁厂作为减少国家漏卮的重要手段。盛氏尝言:"汉冶萍钢铁,成败得失,数十倍于航业,成则钢舰、钢械、钢轨、钢货皆足办,而输出外洋,数必浮于丝茶,不难与美、德争胜,英、法瞠乎其后已。"①他们是近代中国国家主权思想的最早践行者。晚清中国钢铁工业起步的内生动力虽然包含市场利润驱动的因素,但也与经济民族主义者的利权自守意识密切相关。

然而,中国民族主义者在推动国家建设方面亦不乏过激偏颇之举。对此,许多学者展开过深入研究。如姜义华认为,近百年来,中国民族主义不是将重心置于本民族自身的发展,不是将本民族尽早在近代基础上成长为近代民族放在重心地位,结果是民族主体精神发展不足,缺乏必要的自信、足够的勇气和充沛的力量,去批判和摈弃民族机体内于现代不相适应的东西,"民族主义、民族化常常演化为排外主义、保守主义的同义语"。②李喜所也指出:民族主义移植到中国之后,由于外患不断,战乱频发,国人在理解民族主义问题上,偏重对外,而忽略了其关乎民族性改造和民族国家建设的重大课题,而且一般民众所理解的民族主义和学理上所概括的民族主义差异很大,民族主义基本成了爱国主义的同义词,成了单纯的对外问题。这一方面会导致民族自闭或笼统排外,忽视世界潮流;另一方面也会降低对民族自身改造和自立自强的关注,弱化了公民建设和民族国家建设。有鉴于此,应该大力呼唤理性的民族主义。③ 民族主义极易导致排外主义、孤立主义,这是一些学者的共识。

民族主义对近代中国矿产资源开发活动的影响尤为巨大。由于办矿需要面积不小的固定区域,必须雇佣大批工作人员,会输入近代化的生产方法和观念。一处办有成效的矿区,可以很自然地成为一个独立社区。如果该社区被置于外人控制之下,其将发生的后果自非单纯。"所以,外资办矿一事,在实质上,并不仅仅属于投资牟利甚或矿冶技术的范畴,其中实包

---

① 王尔敏、吴伦霓霞合编:《盛宣怀实业函电稿》下,台北"中央研究院"近代史研究所,1993年版,第796页。
② 姜义华:《20世纪中国的民族主义鸟瞰》,《复旦学报》,1993年第3期。
③ 李喜所:《移植与流变:近代中国的民族主义》,《天津师范大学学报(社科版)》,2007年第2期,第24~30页。

含有错综复杂的政治意义"。① 因此,外资在矿业领域的投资更易挑动民众的神经,所受之阻力要远高于其他工业部门。面对外部力量介入中国矿业,民众往往是带着一种本能的排斥与反对,而非理性分析利弊,并采取行动去趋利避害。陈寅恪对此曾说:"国人心里视外人如蛇蝎,每一外人所得矿权,皆认为不正当之攘夺。""外人之投资,每带有政治野心,中国更不能不加限制,以自防卫。"②

在这样一种社会思想环境中,外资(特别是极富侵略性的日资)进入中国钢铁业,往往引起中国民众的警惕和抵制。尤其是"二十一条"要求提出后,中国社会针对日资的抗争意识具有普遍的民意基础。当时,日资加紧了对中国铁矿资源的掠夺,招致中国社会舆论的激烈反对。一些人士甚至从关系民族生死存亡的高度看待这一现象:"日本之专心致志以谋中国铁矿,盖为己国之生死关系起见,有不得不然之势。独中国以大好之矿权,一一断送于强敌,不稍自留余地,岂中华人已自绝望,不作图强想耶?""若再因循坐视,或忍心媚外,押售他国,则此后矿权尽失,制造亦不复自由,受人裁制,万劫不复矣。"③在此舆论氛围下,任何可能与日资发生关系的提议无不遭到举国反对。1914 年,盛宣怀回首汉冶萍的借债之路,尝感叹道:"当今非借款不能办事,而借款必起风潮。"④这在一定程度上揭示了民初民族主义思潮对中国钢铁工业利用外资活动所构成的巨大社会阻力。

在列强享有诸多特权的近代中国,在矿产资源开发活动中,可否利用外资?外资介入是不是必然等同于侵略?外资该以何种方式引入?诸如此类问题,不光时人没有一个准确的定见,在今天很多学者的论著当中,也没有明晰的答案。当然,这是一个十分复杂的问题,很难简单地作出肯定或否定的回答。但有一点可以肯定:单纯凭借民族主义的激情,并不能在近代化的建设中取得实实在在的进步。

三、"利用与被利用"的外债观

"利用与被利用"的外债观,是近代中国对外债所持的两种基本观点。一是肯定外债对中国经济社会发展的价值,认为可以利用。与之相对,认

---

① 李恩涵:《晚清的收回矿权运动·绪论》,台北:"中央研究院"近代史研究所,1978 年发行。
② 陈寅恪:《中国经济改造》,上海:上海书店出版社,1996 年版,第 380 页。
③ 君彦:《中国钢铁之前途》,《东方杂志》,1918 年第 15 卷第 2 期。
④ 陈旭麓、顾廷龙、汪熙主编:《汉冶萍公司》(三),第 818 页。

为外债是列强侵略中国的工具,借用外债只会被外债所利用,应坚决反对。该分歧的产生,在社会实践层面与民族主义思潮的兴起有关,但同时,也是涉及如何正确看待外债价值的理论问题。

"资本不是一种物,而是一种以物为中介的人和人之间的社会关系"。① 资本具有二重属性,即自然属性和社会属性。资本的自然属性是指其从属于商品经济和市场经济的一般属性,其中,最本质的属性是增殖性。资本的社会属性是指资本所反映出的社会生产关系。外资则表现出超越国界的社会生产关系。资本的双重属性决定了其功能价值具有双面性,既是促进生产发展的必备要素,也是不平等社会关系的建构者。列宁指出:"资本输出在那些输入资本的国家中对资本主义的发展发生影响,大大加速这种发展。"②改革开放以来,一些学者对外资的价值进行过辩证地分析,认为外资作为近代化的一大举措,加快了中国近代工业化的步伐;同时,又受到外国资本的压迫和掠夺,付出了沉重的代价,在一定程度上加深了半殖民地化的进程。③

资本是现代工业发展的血液,没有充足的资本,一切建设计划都无从措手。在国家建设过程中,外资若善加利用,是促进发展的宝贵资源。引进外资以补国内资金不足的做法,这在国际上是通行做法,无足为怪。在各国经济发展史上,无论什么性质的企业,依靠借债包括外债补充发展资金的不足都十分普遍,这是资金流动的正常表现,相反,无债经营倒显得不正常。包括日资在内的外资具有资本的一般属性,中国钢铁工业并非不能借用,不能因为其包含某种政治目的而否认资本的自然属性。正如一些日本人士所言:外资之输入中国,迟早必至,于此中国实业商务方能发达。金融之流通有如水,若全恃本国资本,有如无源之水,必至枯涸,故各国无有不利用外资者。④ 而且,从利率上衡量,外资也确有其优势。关于近代中国的债息利率,王亚南曾划分为三个利息基准:第一基准是外人在华银行的利息基准,其放贷利息率在4%~8%;第二、三利息基准分别是中国的银行、钱庄和一般旧式高利贷业的利息基准,它们各自在经验上的变动限

---

① 中共中央著作编译局:《马克思恩格斯文集》(第五卷),北京:人民出版社,2009年版,第877~878页。
② 中共中央著作编译局:《列宁选集》(第二卷),北京:人民出版社,1995年版,第629页。
③ 曹均伟、方小芬:《中国近代利用外资活动》,上海:上海财经大学出版社,1998年版,第21页。
④ 王尔敏、吴伦霓霞合编:《盛宣怀实业函电稿》(下),第936页。

界在 9%～20% 与 24%～300% 之间。① 外资的使用成本远低于本土资本。再加上近代中国金融资本对于工业投资,"恒为短期信用或抵押借款,而极少长期固定之投资"。"银行对于工业之投资向不重视。北京政府时代大小银行几竟以政治借款之投机为务"。② 类似钢铁工业这样的资本密集型产业在国内根本无法筹措足够资金,也使得外资成为钢铁工业建设的必然选择。盛宣怀晚年曾私下言:"华商魄力太小,程度尤浅,三年无利,已经着急,遑论接济。倘无国力提倡保护,恐舍去借款,无他妙法。"③

早在清末,公开呼吁借用外资发展经济的主张已公开见诸报刊舆论之中。梁启超称:"惟内资为能抵制外资,无内资之整备,而徒以口舌笔墨反对外资者,皆无责任之言也。"④有论者批评利权收回运动中的拒债行为,称:"美国经营事业多借外资,曾投莫大之资本以筑铁路,不数年而国民生计及铁路公司两得大利,今且一跃而为世界之富国。倘中国大借外债,投诸生产事业,而国民经济从此日益发达,何致惹外人之监督财政哉?""我国今日民生凋敝,安能毁家纾难乎? 拒债者既不知外人干涉财政之原因,复不量国民经济之能力,只畏外债若蛇蝎而欲争回商办,其热心固可敬,而其愚亦甚矣"。⑤ 到民国成立时,如前所述,利用外资发展经济更成为政府公开的主张。

资本不足是近代中国钢铁企业普遍存在的问题。面对国内资金无从筹措,钢铁工业急需资金接济的局面,借助外资势所必然。笔者认为,近代中国钢铁企业借用外资之举无可厚非。不应将借用外资与"卖国"简单画等号,将利用外资行为作过分的政治化解读。汉冶萍厂矿自创办以来即面临资金供应不足的问题,愈到后期,资金压力愈大。1911 年前,其借用外资行为总体而言值得肯定,从某种意义上讲,也是必须的。历史上,包括日资在内的外资对公司的发展确曾发挥至关重要的作用。它为汉冶萍提供了发展资金,扩大了生产规模,提高了竞争能力。民初时文尝称:"萍乡先借礼和马克,后还礼和,续借大仓一款,非此不能成萍矿;大冶先预支矿石价,非此不能成汉厂。嗣后九江矿借正金一款,又预支正金生铁价一款,非

---

① 王亚南:《中国半封建半殖民地经济形态与新民主主义经济形态研究》,福州:福建教育出版社,1988 年版,第 176～177 页。
② 方显廷:《中国工业资本问题》,上海:商务印书馆,1939 年版,第 54～56 页。
③ 陈旭麓、顾廷龙、汪熙主编:《汉冶萍公司》(三),第 818 页。
④ 中国之新民:《论说:外资输入问题(续)》,《新民丛报》,1904 年第 3 年第 8 号,第 5 页。
⑤ 佚名:《论述:论外资之得失》,《交通官报》,1910 年第 19 期,第 1～3 页。

此不能续成汉、萍两处之扩张。"①就历史事实而言,此评论并非掩过饰非。当时,汉冶萍所借外债,绝大部分都用于工业投资。凭借资源优势,以及较好地利用德、比、日、美等国的竞争关系,公司对这部分资金有较强的支配权,在生产建设实践中,也较好地发挥了它们的价值。从利用效果言,汉冶萍在一段时期内较好地发挥了外资的使用价值,使公司展现出蓬勃的生机与活力,证明外资并非不可触碰之禁脔。② 虽然中方接受了一些苛刻的条件,但在辛亥革命前,从整体上说,外资的积极作用是主要的,公司生产结构也比较合理,日方尚不足以控制汉冶萍生产经营。还不能说汉冶萍"按照日本帝国主义掠夺需要不断改变生产结构和方向,而最后沦为一个十足的殖民地性企业"。我们必须消除这样一个模式化的认识:所有日债都是洪水猛兽,不可触碰;从日资侵入的那一刻起,汉冶萍就已成为日本钢铁工业的附庸,更不应简单地将后来汉冶萍公司的结局归咎于借用日债。公司最后深陷日债泥潭不能自拔的现象背后,包含着复杂的经济、政治原因。1908年冬,公司协理李维格曾对过度借用日资提出警告,认为"不可再借日债",③但因此后中国金融市场紊乱,政局动乱不休,客观上为日资进入汉冶萍创造了极为有利的条件。可以肯定,辛亥革命及其后一系列政治、军事事件的冲击,与汉冶萍受日债羁縻的结局有直接联系。

从经济学上讲,借债数量关键在于企业的吸收能力如何。借债经营必须遵循一定原则,即企业利用债款进行投资的边际收益要超过边际成本,

---

① 陈旭麓、顾廷龙、汪熙主编:《汉冶萍公司》(三),第434~435页。

② 譬如,1904年1月,汉阳铁厂与八幡制铁所、日本兴业银行签订的《大冶购运矿石预借矿价正合同》,订借300万日元(约合226万两洋例银)。长期以来,学术界对此合同多持批评态度。笔者不同意该观点。从资金使用成本衡量,与同时期国内外的借款利率相比,该借款年利率为6%。当时国内资金年利率普遍在8%以上;1899年,萍矿向德国礼和洋行借款400万马克,年利率为7%,日债利率显然较低。而且,预借矿价借款无须现金偿还本息,只需30年内每年提供7—12万吨铁矿石即可。揆诸汉冶萍的条件,这是最有利的偿还借款方式。还有学者认为大冶铁矿售价过低,且以矿山作抵押,对汉冶萍不合理。事实上,在当时,大冶头等铁矿每吨3日元(约合银2.14海关两)的价格并不算低,这比日本最初的报价高出0.6日元。1910年,汉冶萍与美国西方炼钢公司议订生铁及铁矿石合同,商定的铁矿石价格也不过每吨1.5美元(约合银2.27海关两)。且1904年双方约定,十年后,将参照挖矿之深浅和英国铁价涨跌议定价格。至于借款担保,此为资金借贷过程中的必要条件,只要借款者保证债信,不会引发严重后果,无必要做过分解读。须知1899年德国礼和洋行400万马克借款,盛宣怀也以轮船招商局作抵押担保,事实证明,该担保也未影响招商局正常营业。历史上,此300万日元主要充作汉冶萍厂矿的建设资本,而非私人挥霍或其他非建设性用途,它缓解了汉冶萍建设资金不足的问题,推动了汉阳铁厂的改良事业,应该肯定其价值。

③ 陈旭麓、顾廷龙、汪熙主编:《汉冶萍公司》(三),第52页。

只有外债的边际成本小于外债投资所产生的边际收益时,负债经营才有意义。民国建立后,汉冶萍公司卷入无休无止的政治纷争中,债务投资的收益甚微。在此背景下,汉冶萍因种种原因仍继续扩大借债,其行为固然因厂矿亟待资金接济,同时,也包含以公司权益作为代价换取日方支持、保护的意图。1913年的1500万日元借款合同签订后,日债在汉冶萍的资金结构中已占压倒性优势。其殖民侵略性也暴露无遗。汉冶萍公司在财务管理、生产计划、产品流向等方面开始全面适应日资的侵略要求。这种借用外债的行为当然是应当批判的。

外资极可能成为侵略扩张的锋利武器。清末铁路矿务总局对外债的潜在危害有较为深刻的认识:"中国地大物博,路利矿产,外人莫不垂涎,尤虑乘机干预。现在商民来局呈请开办者,往往以借定洋债、中外合办为词,究难知其虚实。准之,则恐启外侵之渐;驳之,则恐阻兴利之机。"[1]如何规避外债带来的负面影响,这是每个政府都在思考的问题。必须正视一个事实,资本从来都是嗜利的,关键在于使用者能否趋利避害,推动它朝着有利于自己的一面转化。如吴景超所说,外资"为祸为福,关键还在中国人的本身"。对于如何利用外资,推动包括钢铁工业在内的经济资源开发,中国社会总体上缺乏冷静、理性的分析,表现为过分强调外资的侵略性,忽视了其作为资本的本质属性,即建设性的一面,导致中国钢铁工业利用外资的实践活动缺乏一个宽松平和的舆论环境。

笔者以为,外债在一国的经济建设中,是如清泉,滋润良田,还是如洪水,泛滥成灾;是利用外债发展经济,还是被外债所利用,首先取决于该国是否享有独立主权,政府能否对外资行使充分管辖权,有制止外人不法行为、贯彻国家意志之能力。

面对近代以来主权沦丧、政府腐败无能的政治局面,一些学者反思,中国矿产资源开发活动在订借外债之先,必须先实行政治改革或革命:实现国家独立自主,使外资无法肆意逞志;造就公忠有为的政府,使外资在使用过程中发挥最大效益。

外资进入近代中国,往往以强权和武力为后盾,携带并执行母国的国家意志。面对列强的淫威,中国政府很难管控外资的不法行径,无力阻止外资的予取予求。如民国初年,为掠夺安徽繁昌桃冲铁矿资源,中日实业

---

[1] 《路矿总局奏陈设立路矿学堂折》,《政艺通报》,1903年第8号,第9页。

公司不顾北京中央政府和安徽省长倪嗣冲的禁令,强行修建运矿线路。1917年夏,铁道材料装船溯长江而上,"既达荻港,倪军阻止卸货,森恪乃与该地日本海军当局商借军舰(一艘舰名嵯峨),并恳参谋增田高赖大佐发令,急行荻港,监视卸货。于是炮口尽露,直指倪军,卸货工作得悠悠竣事"。① 这无疑背离了中国朝野利用外资的初衷。20世纪20年代,英国学者罗素指出,建立"巩固政府"是中国进行矿产资源开发的先决条件——"中国人当以迅速发达矿产为急务","欲行以上之政策,巩固政府之设立,自不可少。苟无此,则任何有力之政策足以抵制外国之侵略者,皆不能行"②。陈寅恪也认为,政府权力未能自主是导致中国矿业被外资控制之原因:"过去对于矿业之特许、合资或借款,自事件发生之始,及其消灭以后,中间之过程,政府无一定计划,任人宰割。特许无论矣,合资亦徒有其名,实权每操于外人。借款开办又必以矿产为抵押,结果之坏与铁路无异。其中得利最大者,厥为日本,利用不正当之手段亦最甚。凡此皆非吾人之所谓特许、合资与借款也。"③国民党政权建立后,亦认为,要充分利用外国之资金与技能,"其最要之根本条件,即为完全无缺之政治上之主权,法律上之管辖权,与经济上之管理权。所谓操之自我即存,操之于人即亡是也"。④

外资的效用得不到最大限度发挥,从内部环境讲,也与政府的不作为、乱作为密切相关。晚清时期,就有人指出,革新政治,造就清廉有为政府乃是借用外资的前提条件。如《国风报》有文章指出:"利用外资,诚为中国今日生计政策之最妙法门,稍有识者所同认也。"问题根源在于,"今日我国政府之假利用外资之名,以号于众者","苟惟名而已"。倘若柄国者非才,"办理失宜",则"转瞬而亏绌以尽",更有甚者,"擅调取其资,以充声色玩好之费"。文章认为:"今日之中国,有形之瓜分不足畏也,所可畏者,乃在外国资本家渐握我生计界之特权,全吸我精髓,以为其利赢,使吾民悉陷于劳动者之地位而永劫不复。""为之导线者,其必在现政府之借债政策矣。准此

---

① 马鞍山市地方志办公室编:《马鞍山市志资料》第二辑(内部资料),1986年版,第72~79页。
② 罗素著,赵文锐译:《中国之问题》,上海:中华书局,1924年版,第238~239页。
③ 陈寅恪:《中国经济改造》,上海:上海书店出版社,1996年版,第379~380页。
④ 秦孝仪主编:《中国国民党历次全国代表大会重要决议案汇编》(《革命文献》第77辑),台北:中央文物供应社,1978年版,第145页。

以谈,则政府果利用外资耶? 抑为外资所利用耶"。① 黄兴也批评政府滥用外债的行为:"我政府专借外债,以消耗于无形,而不谋生产事业,殊甚非计。"②民国建立后,社会秩序混乱,当局动荡不安,所谓的借用外资往往成为军阀获取资金、扩充实力的借口。中国社会深受战乱之苦,对政府借用外资的行为更感不满。董时进认为:"以中国秩序之紊乱,政府之失信,及人民办理实业之劣迹,三者察之,外人借款与中国,对于条件抵押必不肯放松,结果外资开发其名,断送富源其实。借曰一切条件抵押悉可免去。然一观中国人之企业能力与夫已往之成绩,可断言其十九必归失败。失败之后,外人借口要挟,舍将管辖及办理权一切让与外,吾将何法以对付之。""以外资开发富源,流弊甚多,比之借债充军政费,其危险更大而不显。祸害所及,可以使外人握我财源之枢纽,沦国民为马牛。世人以为借资兴业,坐收赢利,实过于看轻世事之梦想也"。③戴铭礼以苏俄为例,指出列宁领导的苏维埃政权最初禁绝外资,数年后施行新经济政策时,"对于外资实有积极取得之计划"。他认为:"利用外资,殆不能绝对屏绝,惟利用时,须有缜密考虑,以决其可与不可,此则为先决问题也。如:一、非生产之外债不借;二、有预约利源行为者不借;三、有苛刻条件者不借;四、有侵略性质者不借。以此四原则为试金石,举凡输入外资时,先验于此,合则受,不合则拒之。舍其短,取其长,其庶几乎可矣。"④其主张实即要求政府应切实发挥外资的功效。还有人公开呼吁打倒现行政府,建立"公忠而强固的政府",以为利用外资创造条件:"中国欲救贫乏,实际非亟谋开发富源不可。欲开发富源,就事实言,终不能不借入外资。但此所谓借入外资,必须先有公忠而强固的国民政府,这种政府,监督一切公私团体,而这种政府与公私团体,又须受国民的监督。外资真能用以开发富源,是有利无弊的。不借外资而因以不开发利源,漏卮的损失将永无挽救之望,其危害实在更多。""在现在的所谓政府之下,我们决不可容许他们用任何名义借款,但这不是说无论如何都不应借款,这是说要赶急打倒现在的所谓政府,要赶急造成一个公忠而强固的政府,以便于利用外资开发富源。"⑤

---

① 沧江:《论说:利用外资与消费外资之辨》,《国风报》,1911年第14号,第1~7页。
② 黄兴著,文明国编:《黄兴自述》(上),深圳:深圳报业集团出版社,2011年版,第187页。
③ 董时进:《通讯:论中国不宜以外资开发富源》,《太平洋》,1924年第4卷第6号,第1~3页。
④ 戴铭礼:《利用外资之先决条件》,《银行杂志》,1925年第3卷第3号,第11~16页。
⑤ 但一:《如何方可利用外资》,《评论之评论》,1924年第6期,第7~8页。

中国社会关于利用外资前提条件的讨论从一个侧面反映出当时政治革命所具有的民意基础。简言之，中国要确立有效地利用外资政策，在社会层面，必须摒弃极端民族主义引发的排外思想，走向理性民族主义，充分认识外部资源的价值；在政治层面，必须寻求国家主权独立，造就有为政府，以规范外资的投资行为，最大限度发挥外资的效用。如此，方可避免"为外资利用而不能利用外资"的局面。①

第二节　制度供给与产业变迁

工业化是十分复杂的系统变革工程，它考验一个国家的资源整合能力。政府在此过程中扮演不可替代的角色。强大的国家动员能力是启动国家工业化的重要条件。在后发工业化国家，钢铁工业的发展对制度供给具有很强依赖性，政府的制度供给很大程度上决定其发展成效。通过与近代早期日本钢铁工业的政策制度进行比较，可以窥见近代中国政府的制度供给存在诸多不足。

一、近代日本钢铁业政策的启示

在钢铁业的制度供给方面，近邻日本给我们树立了很好的榜样。其经验可资比较。G. C. 艾伦曾评价日本政府在八幡制铁所创建中的作用：当日本钢铁工业开始需要以近代面目出现的时候，它的发展将依赖于政府的首创性，并且在很长一段时期内，它的生存取决于从国家所获得的帮助，是政治需要为日本钢铁工业发展提供了动力，而非经济发展要求。②

较诸中国，日本政府较早地介入钢铁生产活动，并积累了宝贵经验。1850年，佐贺藩以荷兰书籍为基础，建成第一座反射炉，随后萨摩、水户、德川等诸藩纷纷仿效。③ 在通过实践活动探索钢铁冶金技术的同时，日本政府积极改革教育制度，培养矿冶技术人才。1871年，工部省设工学寮，讲授采矿、冶金之学术。1877年，废工学寮，改办工部大学，后在此基础上

---

① 方显廷：《中国工业资本问题》，上海：商务印书馆，1939年版，第1页。
② G.C. Allen. *A Short Economic History of Modern Japan.* New York, St. Martin's Press, 1981, pp. 81—82.
③ ［美］T. C. 史密斯著，贺允宜译：《百年前日本政治变迁与工业发展》，台北："国立编译馆" 1982年版，第5～6页。

设立帝国大学,同时,开办专门学堂,设采矿冶金科。① 这为日本培育出最早的一批本土矿冶技术人员,对日本近代钢铁技术的本土化发挥重要作用。其效验之表现为,从1905年起,日本八幡制铁所的技术管理工作完全自立。

1873年后,日本政府引进西方钢铁生产设备,尝试发展官营制铁业。在外国技师的指导下,岩手县的釜石矿山建成第一座现代化的钢铁厂,1878年竣工,1880年9月投产,核心设备有日产铁25吨的洋式高炉2座。该厂原拟使用煤炭燃料,因煤质不合,只得改用木炭。由于燃料供应困难,12月15日,高炉停产,累计出铁1508吨。1882年2月28日,高炉恢复生产,同样因燃料问题,在开工196天、产铁4313吨后,高炉被迫再次停产。1885年,在投入2376625日元后,日本官营制铁业的尝试暂时宣告失败。

日本政府虽暂时中止现代钢铁厂建设实践,但在近代钢铁生产技术方面收获了宝贵经验,且民间矿商并未停止探索活动。1885年初,日商田中长兵卫购买釜石矿区设备,创立釜石矿山田中制铁所。他搁置原有25吨高炉,分散建造了多座日产数吨的小型高炉,同样以木炭为主要燃料,经数十次试验,于1886年10月取得成功。该所1890年产量达3864吨。随着钢铁需求增加,在东京帝国大学教授野吕景义等人的指导下,田中制铁所于1894年恢复了长期搁置的25吨焦炭高炉,首次成功使用焦炭高炉炼铁。当年,田中制铁所产铁12735吨,日本高炉生铁首次超过传统土铁产量。炼钢方面,1882年,日本海军兵器制造所成功利用坩埚制钢法炼钢,是为日本近代制钢事业之滥觞。1890年前后,日本多家兵工厂相继出现酸性平炉。② 不难发现,日本政府在决定投资兴建八幡制铁所前,已积累了较为丰富的实践经验。相比之下,洋务运动时期,面对近代钢铁生产活动,晚清中央政府几乎始终以沉默应对。地方上虽有潘霨、张之洞等少数开明政府官员进行了尝试,但起步时间已大大落后于日本。

日本政府一直未放弃国营钢铁厂建设计划,为此项工作进行了较为细致的论证工作。从1891年日本冶金学者野吕景义方案提出草案,到制铁所官制正式公布,日本政府的调查论证历经5年。1893年,日本政府成立钢铁生产调查临时委员会,反思釜石制铁所经营失败原因,提出发展近代

---

① [日]大隈重信等著:《日本开国五十年史》(十),上海:商务印书馆,1929年版,第104页。
② [日]彼岛秀雄:《高炉技术の系统化》,《国立科学博物馆技术の系统化调查报告》,2010年3月第15集,第90—94页。

钢铁工业的7项标准。对照这些标准,日本在三个方面的问题尤其突出。首先,原材料和能源基本供应计划混乱。其次,对生铁的外部需求相对较小。最后,也是最重要的,日本在更广泛的社会背景下缺乏累积的技术专长。钢铁生产是一种复杂的综合技术。这种专门的技术信息转移需要许多互补的管理技能、组织结构、协调努力以及技术专长。它不仅需要高度专业化的工程师提供广泛的专业知识基础,还需要工头和工人提供实际操作的专业知识。其他配套和支持产业的同步发展也同样必要。①

1897年,以八幡制铁所的兴建为标志,日本政府举全国之力发展钢铁工业。可贵的是,日本政府始终全力支持八幡制铁所的发展,即便制铁所长期处于巨额亏损状态。从1901年建成投产到1909年,制铁所亏损额,总计高达8553458日元(合银五六百万两),但日本政府始终没有放弃对制铁所的挹注。1916年,日本政府在制铁所耗费的资金高达56046880日元,1920年,实际投资高达98754151日元。正是靠着日本政府持续不断的政策支持,八幡制铁所得以克服重重困难,不断扩张规模。1906—1911年,制铁所进行了第一期扩张工程,钢产能由9万吨增至18万吨。1911—1920年,制铁所共进行两次规模扩张,先于1911年开始将产能由年产钢18万吨扩张至35万吨,复于1916年借助良好的发展形势,进行第三期工程扩张,计划将钢产能扩张至65万吨/年。②

日本政府在提倡官营制铁业的同时,鼓励发展私营钢铁企业,并对其角色定位进行合理规划。为向日本海军提供钢材,日本政府支持成立住友钢铁铸造厂、神户制钢、川崎造船钢铁厂、日本精工等企业。这些企业与日本海军和国家铁路局关系密切,不仅提供特别需求服务,而且直接支持相关部门的技术援助、生产机械、实验和教育命令。由于八幡制铁所对私人企业不提供生铁,田中釜石制铁所和北海道煤炭运输公司制铁工场承担向铸造厂和炼钢厂供应原料的任务。面向八幡制铁所不能覆盖的钢铁产品市场,日本钢管株式会社于1912年建立。为获取原料,日本钢铁业界在中国和朝鲜设立企业,获取铁矿石、生铁。③ 在日本,一个以八幡制铁所为核

---

① Yonekura Seiichiro. The Japanese Iron and Steel Industry:Continuity and discontinuity,1850—1970. Cambridge,Harvard University,1990:p32.

② 本目相关数据参阅《清末民初汉冶萍公司与八幡制铁所比较研究》,《中国经济史研究》,2014年第3期。

③ Yonekura Seiichiro. The Japanese Iron and Steel Industry:Continuity and discontinuity,1850—1970. Cambridge,Harvard University,1990:pp76—92.

心的钢铁产业集群很快出现。"一战"期间,日本钢铁产量迅速增加。生铁产量从 1913 年的 24 万吨增至 1919 年的 59.6 万吨,钢产量从 1913 年的 25.5 万吨增至 1919 年的 54.9 万吨。这部分增量主要靠私营钢铁企业完成,日本私营钢铁企业的数量从 1913 年的 21 家发展至 1918 年的 208 家。

日本政府为促进钢铁产业发展,注重加强相关组织机构建设。1916 年,日本政府指导成立钢铁企业调查委员会,制定《钢铁企业促进法》。该委员会由八幡制铁所、国家铁路局、海军、陆军、私营钢铁企业管理者以及专家学者等单位和人员组成。日本农商务省与该委员会协商处理以下事情:调查原材料的产地和供应;根据调查结果确定日本最适宜生产的产品;国营工场和私营工场如何协作;促进工业发展如何作进一步努力。钢铁企业调查委员会是沟通政府与钢铁企业联系的重要桥梁,与中国依靠个人身份以加强官商合作的方式相比,无疑是更为有效的联络机制。《钢铁企业促进法》于 1917 年由日本议会审议通过。这部法律针对生产能力达到 5250 吨/年的钢铁生产商,免除其十年的营业税和所得税。其重要特征是促进钢铁生产商的独立发展,而不是旨在鼓励一体化生产。在日本工业史上,《钢铁企业促进法》的颁布是一个非常重要的事件,它意味着日本政府政策的变化,即从单纯培植国营钢铁企业转向扩大扶助对象,将民营钢铁企业也纳入帮扶范围。它所带来的变化是立竿见影的。1917 年,日本私营钢铁企业生铁和钢产量在全国总产量的比重分别为 32%(14.6 万吨)和 36%(19.3 万吨),两年后,该比重迅速上升至 53%(31.5 万吨)和 49%(27.2 万吨)。①

19 世纪末 20 世纪初,日本工业经济发展迅猛。1887—1902 年,其工业生产年均增长率为 5.5%,这在当时世界上是最高的。1902—1931 年,工业生产年均增长率更高达 6.1%。② 工业化迅猛发展势必导致钢铁需求量激增。20 世纪 20 年代,国人对此评论:"日本之钢铁工业至少须要二倍于现在国内工业与建筑所需要之数量。"③日本政府通过政策手段拓宽钢铁产品销路,极力为钢铁企业创造良好环境。以 1914 年、1915 年为例,八幡制铁所将近一半的钢铁制品由官方机构消纳。

---

① Yonekura Seiichiro. The japanese iron and steel industry:Continuity and discontinuity, 1850—1970. Cambridge,Harvard University, 1990:pp105—109.
② [美]西里尔·E·布莱克等著,周师铭等译:《日本和俄国的现代化》,北京:商务印书馆,1984 年版,第 219 页。
③ 黄忠潜:《日本之钢铁工业》,《中华工程师学会会报》,1924 年第 11 卷第 1、2 合期。

表53 1914—1915年八幡制铁所与汉冶萍公司钢铁制品销售情形比较表

产品去向		1914年		1915年	
		数量(单位:吨)	价额(单位:日元)	数量(单位:吨)	价额(单位:日元)
八幡制铁所	铁道院	44263	3583212	64570	5286403
	陆军	10705	1783828	17426	3912810
	海军	25511	2417207	19263	1871232
	其他官署	12879	1028990	26431	2375861
	官方总计	91359	8813236	127691	13446306
	民间	124941	9196861	147613	13788250
	总计	216300	18010097	275304	27234555
汉冶萍公司	铁路钢轨料价	洋例银1488531两		洋例银1320377两	
	各户生铁料价	洋例银1727568两		洋例银2003836两	
	各户钢料价款	洋例银142041两		洋例银456229两	
	总计	洋例银3358140两		洋例银3780442两	

资料来源:《日本八幡制铁所调查纪略》,《中华工程学会会报》,1917年第4卷第11—12合期;湖北省档案馆编:《汉冶萍公司档案史料选编》(上),第587—588页;《汉冶萍公司档案史料选编》(下),第695~696页。注:洋例银1两,1914年约等于1.23日元,1915年约等于1.15日元。

日本政府针对钢铁业采取的政策是成功的。它在短时间内建立了日本钢铁工业体系,并初步实现了技术自立。面对资源极度贫乏的国情,通过十余年的努力,日本涌现众多钢铁企业,生产实现跨越式发展。"一战"结束后,日本基本建成以八幡制铁所为骨干的钢铁工业生产体系,奠立国家工业化的基础。日本政府的钢铁投资获得巨额经济利益回报。八幡制铁所于1910年实现扭亏为盈后,迅速拉开疯狂盈利的序幕。1911—1915年,其盈利超过3000万日元。"一战"期间,八幡制铁所更赢得暴利,1914—1918年盈利高达1.46亿日元。①

日本钢铁业政策给我们提供了很好的启示:在后发工业化国家,钢铁工业建设实践出现失败的局面并不可怕,关键是政府应该善于总结经验教训,给予产业发展持续支持;政府的制度供给应旨在为企业发展提供各种有益条件,服务于企业发展需要;产业发展初期,政府必须施以种种保护政策,精心培植。总之,政府在钢铁工业建设中必须切实担当领导者、组织者、协调者角色。

---

① [日]長島修:《官営製鐵所の拡張計画——第3期拡張工事の経営史的分析》,《立命館経営学》,2011年第49卷第5号。

二、中国政府有效制度供给的不足

所谓有效制度供给是指政府主动形成主导者的意识,通过出台相关政策,整合全国范围的资源,使关联产业相互配合,协调发展。政府在近代中国经济社会发展中应发挥决定性作用,这是许多学者的共识。刘佛丁等人认为:"中国作为一个经济发展落后的国家,在开始实行工业化时,国内条件尚不成熟,由于人口增长快,人均收入水平低和储蓄率低,所以积累的资金不足。又由于金融机构不健全和金融市场不发达,致使投资不振。在这种情况下,只有通过政府采取积极的措施,制定必要的经济制度,动员社会储蓄,鼓励民间投资,并积极吸引外资,来发展基础设施,改善企业经营的环境,才能推动近代工业的发展。"[1]朱英指出:"在近代中国这样一个丧失主权的半殖民国家中,外国资本不仅实力雄厚,而且享有一系列特权,民族资本则十分稚弱,难以与外国资本抗衡,如果再得不到国家的扶植和支持,缺乏地方官府的保护,更是处境艰难,步履维艰。因此,官商关系处于何种状况至为重要。"[2]严立贤也谈到:"对于后发工业化国家来说,其最有效的工业化模式应当是国家扶持下的自由资本主义,即自上而下与自下而上相结合的工业化。"[3]国家的保护与扶植对经济发展具有不容忽视的重要意义。

钢铁工业的发展需要良好的社会环境、市场环境和技术环境。营造优良的发展环境主要靠政府通过有效制度供给的形式实现。中国近代钢铁工业建设的大规模展开正值内忧外患不断的时代,市场环境极端恶劣,再加上缺乏必要的技术支撑体系,导致钢铁工业在成长阶段就缺乏一个可与之良性互动的社会环境与条件。如果没有政府施以有效的制度,并切实贯彻执行,中国钢铁企业将很难立足。

政府能否输出有效的制度,首先取决于这个政府内部是否形成一个具有现代化改革取向的精英群体。正如一些学者所指出的:"与实现现代化能力有关的前提是,在结构和理论上由前现代时期的经验武装起来的政府,能够发挥新的智能,并罗致数量充裕的有能力、有志向的人才以执行各

---

[1] 王玉茹,刘佛丁,张东刚:《制度变迁与中国近代工业化——以政府的行为分析为中心》,西安:陕西人民出版社,2000年版,第12页。
[2] 朱英:《晚清经济政策与改革措施》,武汉:华中师范大学出版社,1996年版,第17页。
[3] 严立贤:《中国和日本的早期工业化与国内市场》,北京:北京大学出版社,1999年版,第243页。

项任务,这种政府乃是影响现代化变革的关键性条件之一。"①

　　洋务运动时期,推动洋务事业发展的主要为地方开明督抚。在中央,虽有奕䜣、文祥等人的支持,但远没有形成一个可以左右决策的势力集团。相反,中枢保守势力极为强大,许多官员抱残守缺,冥顽不化,仇视外来事物,一遇言办新式事业,立即众口哓哓,极力反对,必扼杀之于萌芽中而后快。更重要的是,由于认识上的局限,洋务派官员只承认中国在器物层面技不如人。他们只是根据眼前需要,在有限的领域引进部分技术设备,几乎没有进行任何市场制度、企业制度、产权制度等变革,故无法承担起制度创新和供给的责任。地方上,经过太平天国之役,地方督抚权限上升。他们掌握一部分地方财权,也有一定的经济决策能力,能够在有限的空间范围内提供少许制度支持。这虽然可以导致这样的局面出现:"在中国全局的现代化受阻于中央无力之时,有一二贤督抚,则一方之现代化尤赖其赐。"②但这种督抚分掌资源、分头行事的制度模式非常不利于国家整合全国资源,制定形成一个全盘的工业化方案。同时,各督抚控制辖区经济资源,其经济活动往往是其个人自发的创业行为。各督抚视其经办事业为禁脔,非经许可,他人不得插手。这种情形导致中央政府在向地方投资时往往斟酌再三,权衡利弊得失。大多数情况下,除非事关军需急用,政府一般不会轻易将大量资源投入某一督抚兴办企业,即便对企业而言,这是发展所必须的。

　　因此,现代化的"关键性条件"在洋务运动时期的中国是不具备的。甲午战争以前,中国近代意义上的矿业行政还处于萌芽状态,清中央政府没有制定任何规范、奖励、扶植矿业的规章制度,也没有建立专门的矿业开发机构,更未主导钢铁工业建设活动。

　　近代钢铁产业的出现和发展奠基于工业文明不断进步的基础上,与市场、技术、管理、制度、资源、经验等因素息息相关,推动钢铁产业发展,需要一种系统思维。钢铁产业关联度极高,其建设事业必须与国家经济发展计划相联系,需要相关产业的密切配合。这要求政府围绕钢铁工业建设,整合全国资源,制定一个系统的发展方案。否则孤立地谈论钢铁工业建设,

---

① [美]吉尔伯特·罗兹曼主编:《中国的现代化》,南京:江苏人民出版社,1988年版,第17、84页。

② 王国平、周新国等著:《江苏经济发展与现代化历史进程研究》,苏州:苏州大学出版社,2008年版,第25页。

势必招致多方面的阻力,未见行动而先被困难吓倒。譬如,钢铁工业依赖煤铁资源聚合,单位产品的运输费用极高,虽没有铁路交通,资源、产品的运输成本之高,但仍足以令人望而却步。没有铁路作辅助的钢铁工业建设,必定不能成功。而洋务运动时期,铁路建设之艰难,见诸前文,不再赘述。

甲午战争后,中国社会发展在阵痛中有了很大转变,现代化步履加快。从清末以迄民初,政府权力核心地带聚集一批具有现代化改革取向的政治精英,他们急切要求变法改制,推进各项制度变革。在此背景下,清末的铁路矿务总局、商部、农工商部,以及民国初年的实业部、工商部、农商部等经济管理机构轮次出现,矿业法律法规也不断完善出台。但是,"皇权和财富的衰落剥夺了任何有中心的和有方向的近代化运动"。① 清末中国社会对现代化的改革方向并未达成共识,伴随中央政权不断被侵蚀,持续变革成为中国社会的常态。学者认为,一个国家开始受现代化影响需具备几个前提条件:第一,一个国家的行政管理实行高度的中央集权,有助于力量的协调和资源的征用以支持现代化进程;第二,高度分权化和专门化的制度的发展,为政治作用的稳步扩大做好准备,这是现代化发展的典型过程;第三,行政体制中的中央、行省和地方三级的接合能为有效率的政治管理作出重要贡献;第四,具备一支干练而熟谙规章制度的行政官员,这种传统对于扩大现代化所必需的政治手段具有决定意义。② 清末民初的国家社会很难形成这些条件。翁文灏曾评价晚清时期经济变革之不足,不无见地。他指出"当时方针,以增强武力为第一目标,以抵抗外货为主要纲领,显见系由外力侵入所感召而起。当时制度,在政府尚无专管经济之机关,亦无专任建设之组织",惟恃少数大员殷勤用力。"在暮气已深的朝廷之下,能有此少数大员,确具毅力,积极前进,可见其觉悟之深与用心之切。但其工作方式,既不设经营专管之机关,又未有民营公司之组织,惟凭少数人力,以为支柱,故良好之环境既不易成立,一般之了解亦不甚明白,后继之人选亦未必贤明,各种事业遂皆不能继续推进。在主持大员诚费甚大之苦心,而中国经济并未能收其应得之效果"。③

---

① [美]费维恺:《中国早期工业化:盛宣怀(1844—1916)和他的官督商办企业》,北京:中国社会科学出版社,1990年版,第16页。
② [美]吉尔伯特·罗兹曼等:《中国的现代化》,南京:江苏人民出版社,1995年版,第78页。
③ 翁文灏:《中国经济革新的回顾与展望》,《资源委员会公报》,1943年第5卷第1期,第51页。

清末以来，中央已无力为国家工业化进行大规模投资。同时，洋务运动时期即已出现的地方势力崛起现象有愈演愈烈之势，到民国初年，随着皇权被打倒以及袁世凯威权政治结束，中国进入军阀割据混战状态。民国初年，国家的分裂，中央权力的衰败，地方主义的盛行，民间社会的活跃，均达到历史上的巅峰。民国后，政府一度出现主导钢铁工业建设之想法，亦有相关举措和计划出台，如确立钢铁业为基本产业，调查铁矿资源，成立矿务监督署，制定钢铁厂建设规划。但历史实践证明，民国政府缺乏掌控局势、整合资源的能力，各政治派系走马灯似的上台、下台，政策缺乏连贯性，有计划的建设事业根本无法实施。特别是在后袁世凯时代，更是如此。威权政治下的中国，常出现人亡政息的现象。

民国中央政府虚弱无能，无力在全国范围内进行有效的制度输出，这从其对财政资源的控制、分配中可窥一斑。1916 年以前，地方应解中央各款基本能源源解送，中央财政大体能措置裕如。袁世凯死后，原来中央应有的收入多被地方截留，国家财政捉襟见肘，罗掘俱穷。1922 年，中央名义上应有的收入包括田赋、货捐、海关税、盐税等，约计 4 亿元。但实际收入仅有关余（关税偿还外债后剩余，数额不定）、盐余（盐税偿还外债所余，约 5 千万元）、山西报解中央 200 余万元及崇文门税约百万元，总计不到 1 亿元，其余均被各省截留。加上中央军政费增加无度，靡费惊人，实业建设经费更无从筹措。1919 年，中央预算支出约 2 亿元，其中，实业经费不到 200 万元，而海、陆军经费超过 1.1 亿。财政经费有海、盐两税作保障，其他部门经费则"除拖欠外，别无应付方法"。①

此外，中央丧失对地方的控制力，各派系军阀割据一方，各自为政，出卖矿产资源甚至矿权的现象屡见不鲜。中央政府虽一再强调其管理权："外商与中国订立各项办矿合同，未经中央批准者，法律上不认为有效"，②但这种虚弱的表态根本没有约束力。政府的腐败和无能使政治权力对民间社会几乎无从控制。在市场利润的刺激下，现代工业文明因子在无序化的状态下自发而成，各因子之间缺乏有组织的相互联系和呼应，很难产生整体效应。"现代变迁在社会各个层面向前推进了，但无论是国内市场还是政治系统都仍然处于分崩离析的状态。社会整合与政治整合迟迟不能实现，新的政治共同体也无从建立，这又在更深的层次上阻碍了现代化的

---

① R.T：《中国财政的出路》，《努力周报》，1922 年 6 月第 8 号。
② 《北京电》，《申报》，1920 年 2 月 4 日，第 4 版。

进一步推进"。①

当国家无力整合各种资源以支持钢铁工业发展时,个人作用便会凸显出来。清末时期,盛宣怀创造各种条件服务于汉冶萍公司的发展,就是很好例证。不考虑具体操作层面的某些措施是否妥当,从总体而言,盛宣怀利用亦官亦商的身份,掌控了轮船招商局、电报总局、铁路总公司、通商银行、邮传部等重要企业和经济部门。他较好地调动各种资源,在能源、交通、资金、市场等方面发挥了本应由政府提供的服务功能,推动了相关产业的整体协调发展,开创了清末汉冶萍公司的黄金时代。但是,这种协作关系是十分脆弱而不稳固的,它不是建立在政府居间协调基础上,并非政府的自觉行为,一旦盛宣怀在权力博弈中败北,这种协作关系将受到很大影响。武昌起义后,盛宣怀失势,甚至一度受到革命政府的通缉,很难再为汉冶萍公司提供发展便利。汉冶萍与政府密切联系的脐带就此被斩断,其利用政治手段调动各种资源服务发展的局面就此终结。

在近代中国钢铁工业建设中,政府有效制度供给不足,还表现在国家对钢铁业的扶持保障措施不够。开展钢铁工业建设,国家的扶植必不可少,它在一定程度上可以弥补资金、市场和技术等方面的不足。对后发现代化国家而言,国家扶植的力度大小将决定着钢铁企业经营的成败。日本钢铁工业也经历漫长摸索时期,损失惨重,但日本政府的扶持政策一如既往。这是考察近代日本钢铁工业发展史时不能忽视的因素。

早在1896年,汉阳铁厂总办郑观应就有此认识:"煤铁二大端,胥关邦国富强之大计,此非可独责之于商,亦未可徒责之于官,而首须国家出全力以维持扶助者也。"②围绕汉冶萍厂矿的发展,张之洞、盛宣怀就多次提出国家应积极保护与扶植钢铁业。应该承认,清政府在矿产资源专利、产品优先采购、资金挪用、官欠入股方面,为汉冶萍提供了诸多便利。若无清政府的支持,汉冶萍在清末不可能迎来一段发展高潮期。但大体上说,清政府对汉冶萍的扶植政策基本上是被动实施的。清朝中央政府缺乏发展钢铁工业的智识经验和管理能力,不能积极主动制定政策和创造条件,推动企业发展,多数情况下,是在张、盛等主事人员的请求下,被动地同意某种做法。而且,这种保护与扶植并未达到应有的效果。民国初年,李维格结合汉冶萍经营史,曾反思中国钢铁工业不能发达的制度性原因:一、"政府

---

① 许纪霖:《近代中国政治变迁中的权力聚散》,《读书》,1992年第7期,第33~38页。
② 湖北省档案馆编:《汉冶萍公司档案史料选编》(上),第154页。

不能保护鼓励"。中国关税税率过低,进口税值百抽五,且铁路材料进口税一概豁免。海关不能起到保护民族工业的作用。二、"无划一之定式",从零部件的标准化生产角度分析,中国"各处铁路,人自为政","路轨车辆式样,杂乱分歧",使承造者穷于应付。他希望政府体念钢铁业关系重要,需"一面祛其障碍,一面鼓励饮助,竭力保养而扶植之"。① 作为当时中国最具钢铁企业管理经验的技术人员,李维格的这一感慨是符合历史事实的。但面对国家主权不能自主的现实,即便抓住问题的症结所在,也往往于事无补。吴鼎昌在首届全国工商会议上认为,国家保护钢铁业积极的做法在海关方面,但也对海关保护之无力表示无奈:"外国运来销售之货物,课以重税,本国出口货物则免之,但我国海关无自主权,增加外国货税,非得外人允许不可,故以海关而行保护政策,势所难行。"②

汉冶萍公司最主要的终端产品是钢轨,虽有官方的庇护,给予"各省凡有应购之钢铁等物及建路铁轨,务须向鄂厂购办"的优待③,但其产品销售依然受到外洋产品的强烈冲击。晚清中国铁路的建造权大部为外国攘夺,外人承造铁路的背后包含为本国工业界推销产品的考虑。加上中国关税主权的丧失,也为外商倾销产品提供了条件。正如凌鸿勋所指出的:"我国初筑铁路之始,一切工业未兴,不得不取材于国外,又因借用外款关系。虽借款合同规定凡中国材料品质与价值适宜者,应尽先购用中国出产,以冀提倡中国工业,惟事实上主要材料仍靠外来。又借款合同中虽多有外洋铁路材料应在公开国际市场中选购,如品质及价值与借款国所供给者相同,得尽先向借款国购买之规定,但借用一国之款,而用以购买他国材料者,究属少数。盖国际银团谋在中国铁路投资者,其背景每为该国之工业界,以推销其产品,扩张新市场,为其投资原因之一。"④

民国政府成立后,不仅未能领导建设新的钢铁企业,反而对旧有产业大肆攘夺破坏,甚至发展到摧残打击的地步。如1912—1913年,地方利益集团围绕汉冶萍公司产业展开激烈争夺,发生诸如湖北省议会决议没收汉冶萍公司、江西省派军队强行接受萍乡煤矿等事件,反映了地方主义盛行的状态下各地方政府的目光短浅、行为乖戾和愚昧无知。1914年,盛宣怀

---

① 李维格:《中国钢铁实业之将来》,《东方杂志》,1913年第10卷第6号,第39~41页。
② 吴鼎昌:《议决案·制铁业保护法建议案》,工商部编:《工商会议报告录》,第323页。
③ 《江督准咨饬购鄂厂钢铁》,《申报》,1906年8月22日,第3版。
④ 凌鸿勋:《中国铁路志》,台北:文海出版社,1982年版,第82页。

对此曾私下大发牢骚:"清朝不过不能相助,而民国之初专事摧残,辄曰此某某个人之事,毋庸帮他,于是某某用十分工夫不能得一分效力。"①对汉冶萍而言,中央政府缺乏主持维护之人,地方势力复又趁机勒索要挟,以致处处束手,难有作为。特别是在后袁世凯时代,社会秩序彻底陷于混乱状态时,所谓的扶植保障政策无从谈起。笔者在湖北省档案馆见到这样一封信,内容是1920年汉阳铁厂厂长吴健写给汉冶萍公司经理的建议:"现皖系失败,叶(叶恭绰——引者)长交通。按梁燕孙、叶誉虎两公皆老交通系,梁以凤昔与盛补公有嫌,迁怒公司,遇事多不我直,叶且随在较量,际此外销无望,专恃国内贸易时代,彼交通系必将徇共同管理洋人之意,尽买外货,则我技穷矣。鄙见对于叶总长或他方面,须谋所以设法疏通,必得其悉泯猜嫌,允予维持方好。"②从这封信中,今人不难揣测出汉冶萍公司所处的险恶环境。1921年,北京政府变更轨制,汉冶萍库存48000吨重轨因不合要求,全部报废,损失惨重。它如在战乱时期各军阀征调运力、强征劳工、敲诈勒索甚至公然抢劫等事情不绝如缕,根本谈不上"扶植"二字。

"一战"期间,顾琅建议国家要将钢铁工业作为特殊行业,以行特殊的保护政策。他认为:"今者为保护政策隆盛之时代也,独对于铁业研究保护,亦非持平政策。况制铁业之保护,决不能专自经济方面研究,须从保存军事独立上着手。盖铁材为兵器之第一原料,亦即为兵器独立之第一要点,断不可等闲视之也。"③然而,这又是一次无声的呐喊。

第三节 技术转移的路径选择

技术扎根于一定的社会环境。技术转移不是一个简单地从技术先进国家向落后国家输出的过程。它必须着眼于技术的消化、普及和创新,需要充分考量技术与环境的适应性。由于国情差异,对任何一个国家的技术转移而言,都存在路径选择问题。中国有悠久灿烂的钢铁冶金文明史,探讨中国近代钢铁技术转移的问题之前,有必要深入思考一下,中国社会在移植西方近代钢铁生产技术的过程中,如何看待传统冶铁技术。在特定的历史背景和经济文化环境之下,应如何处理好彼此关系?在这个问题上,

---

① 陈旭麓、顾廷龙、汪熙主编:《汉冶萍公司》(三),第866页。
② 湖北省档案馆藏:《汉冶萍公司销售钢铁事的函》,档号LS56-1-214。
③ 顾琅:《各国对于制铁事业之保护政策》,《中华工程师学会会报》,1918年第5卷第1期。

近代日本钢铁工业的发展经验能够提供些许启示。

一、近代日本钢铁技术转移的启示

近代钢铁生产技术与中国传统的冶铁术分属于两种不同的技术文化体系，前者建立在科学知识基础之上，后者主要依靠经验知识。西方国家建立近代钢铁技术体系经历了一个漫长的过程，新旧技术在相当长时期内是共存的。它提示我们，传统与近代之间并没有截然分明的界限，并非完全对立冲突的关系。近代日本钢铁技术转移经历了传统与近代融合发展、渐进变革的过程，可为中国提供启示。

日本的钢铁技术变革受外部环境冲击而引发。中英鸦片战争和美国黑船事件对日本社会造成强烈震动，西方的坚船利炮令日本朝野对现代武器有了全新认识。近代日本的钢铁生产需求随着现代武器的需要而来。1850年，佐贺藩以参照荷兰的做法为基础，建成第一座反射炉，随后萨摩、水户、德川等藩纷纷仿效。① 其整体技术水平是前工业革命时期的，使用木炭、水车和冷风进行操作。该反射炉将生铁转变为可锻铸铁（锻铁），产品主要用于制造大炮，因此，生铁的质量和产量显得尤为重要。由于日本传统技术生产的生铁质量不高，除非采用西方的生产方法，否则反射炉将无法稳定发挥作用。当蒸汽动力和焦炭被用于欧洲的高炉时，1854年，萨摩家族同样依靠"兰学"知识建造了第一座高炉，但因缺乏缜密的原燃料供应计划，并未获得成功。萨摩的高炉被设计成使用水车动力和木炭燃料。当时，这种高炉并没有发展成为一种现代化的、大规模的工业技术。但与当时军火市场的生铁需求相比，其设计和规模是适当的。② 重要的是，日本钢铁生产技术获得在实践中探索提高的机会，锻炼了本土技术人才，大岛高任（Oshima Takato，1826—1901）就是其中杰出代表。1840年代，大岛高任在日本的荷兰语学校学习西医，此后兴趣点逐渐转向军事科学与武器，特别是大炮制造，并由此专注于更基础的采矿工程和精炼技术。1855年，日本水户藩聘请他建造了一座炼铁炉，采用铁砂作为原料。通过实践，大岛逐渐了解到以铁砂为原料的局限性，决定开采铁矿石。1856年，他向

---

① Yonekura Seiichiro. The Japanese Iron and Steel Industry:Continuity and discontinuity, 1850—1970. Cambridge,Harvard University, 1990,24.

② Takeshi Hayashi. The Japanese experience in technology. From transfer to self-reliance. Tokyo: United Nation University Press，1990, 93.

南部藩申请获得开发釜石铁矿的许可证。次年,他采用木炭燃料和水车动力,在釜石矿区(今岩手县)建立日本历史上第一座洋式高炉。当年 12 月 1 日,成功出铁。尽管该炉日产量仅为一吨,技术水平落后于欧洲 100 多年,但此举被视为日本近代钢铁生产的开端。1868 年,釜石矿区规模扩张,建造 10 座炼铁高炉,产量达到 2622 吨。①

明治维新初期,日本政府打破了幕府对技术引进的垄断,创造了可以直接从外国工程师那里获得技术指导的环境与条件。1871—1873 年,作为技术官员,大岛高任受明治政府差派前往美国、英国和德国考察钢铁工业,同时,访问了德国弗里堡矿业大学(Freiberg Mining University),对德国矿冶技术留下深刻印象。他的这次访问使日本钢铁工业与德国技术建立了联系。弗里堡矿业大学教授 Curt Netto 受邀执教于日本东京大学,为日本钢铁工业培养了一批杰出的工程师。1872 年,英国地质学家 J. G. H. Godfrey 调查釜石矿区,并向明治政府报告该地富于铁矿资源。政府立即征用了釜石工厂。1874 年,官营釜石制铁所开始创建。建厂计划交由日本政府雇佣的德国工程师 Louis Bianchi 和大岛高任负责。两人分别草拟建设方案。明治政府经过比较,最终 Louis Bianchi 提出的日产 25 吨高炉和利用铁路运输原燃料的计划获得通过,而大岛提议的五座小熔炉(每天 5 到 6 吨)和利用马车运输的计划未被采纳。② Louis Bianchi 于 1877 年 2 月离职,原因未知。釜石制铁所在一名英国工程师和日本冶金工程师山田君安(Yamada Jun'an)的指导下继续工程建造,主体设备从英国进口,包括 2 座日产 25 吨的木炭高炉,12 座精炼炉,7 座加热炉,5 座轧机,以及 15 英里长的铁路,总造价超过 200 万日元。③ 1880 年 9 月 10 日,釜石制铁所投产。初期运行良好。但当年 12 月 15 日,由于木炭燃料不济,加上供应燃料的小川制炭厂发生火灾,高炉停产。1882 年 2 月 28 日,高炉恢复生产,由于燃料缺乏,在开工 196 天、产铁 4313 吨后,高炉再次停产。④ 明治

---

① Yonekura Seiichiro. The Japanese Iron and Steel Industry:Continuity and discontinuity,1850—1970. Cambridge,Harvard University,1990,25—26.
② Takeshi Hayashi. The Japanese experience in technology. From transfer to self-reliance. Tokyo:United Nation University Press,1990,94.
③ Yonekura Seiichiro. The Japanese Iron and Steel Industry:Continuity and discontinuity,1850—1970. Cambridge,Harvard University,1990,31.
④ [日]西川俊作,阿部武司编:《日本经济史——产业化的时代》(上),北京:三联书店,1998 年版,第 33 页。

政府花费5年时间建设釜石制铁所，总计投入2376625日元，然而实际运营仅297天，生产生铁5812吨（产值仅175000日元），从未向炼钢生产过渡。①

尽管如此，日本社会在此过程中积累了极其宝贵的钢铁生产经验，意识到西方钢铁技术在日本转移的适应性问题。釜石制铁所第二次停工后，明治政府派遣伊藤雅次郎（Ito Yajiro）调查经营失败原因。其在报告中提到：传闻釜石地区富于铁矿资源，但经过实地调查，实际暴露出来的铁矿藏大约只有13万吨，而且，大约一半位于陡坡位置，开采运输十分不便。即便能够开发这些资源，也不能获得商业上的成功。此外，如果以木炭作为燃料，两年内，环绕釜石制铁所的森林资源将被消耗殆尽。1893年，日本政府成立钢铁生产调查临时委员会，对日本发展钢铁工业所应具备的资源、市场、技术、产业条件进行了深刻反思。在技术层面，日本政府意识到，作为一种复杂的综合技术，日本在更广泛的社会背景下缺乏累积的技术专长。②

在有限的技术、资源条件之下，如何继续推进钢铁生产的近代化变革，日本社会走出一条传统与近代融合的道路。官营釜石制铁所停产后，日商田中长兵卫以57000日元的价格购买釜石矿区设备，创建田中制铁所。田中制铁所的成功在于其对技术深思熟虑的适应，管理者意识到技术与能力匹配的重要性。③ 他改变经营思路，整合传统与近代技术，经过巨大的试错努力，采取了更接近大岛最初提议的方案。他搁置原有25吨高炉，分散建造了多座日产数吨的小型高炉，以木炭为主要燃料，经过数十次试验，于1886年10月取得成功。1890年，其产量达3864吨，次年，达到5490吨。与此同时，田中制铁所生产的生铁经过大阪兵工厂测试，质量优于闻名于世的意大利子弹铁，使得田中制铁所的生铁在日本军事市场上占有相当大的份额。

19世纪末，日本本土工程师将日本的制铁技术带入了近代：1893年，在东京帝国大学教授野吕景义（Norb Kageyoshi）等人的指导下，田中制铁

---

① Yonekura Seiichiro. The Japanese Iron and Steel Industry:Continuity and discontinuity, 1850—1970. Cambridge,Harvard University, 1990,34.
② Yonekura Seiichiro. The Japanese Iron and Steel Industry:Continuity and discontinuity, 1850—1970. Cambridge,Harvard University, 1990:p32.
③ Yonekura Seiichiro. The Japanese Iron and Steel Industry:Continuity and discontinuity, 1850—1970. Cambridge,Harvard University, 1990:p39.

所重新启动25吨高炉,成功使用焦炭作为燃料。该厂1894年产铁约13000吨,比前一年增加了50%。此后,直到1901年八幡制铁所投产,田中制铁所的生铁产量超过日本传统冶铁工厂的总和。1895年,一台进口的英国式轧钢机在釜石被工人们修复。田中制铁所用自己的生铁制造了钢轨、钢板、圆钢、方钢和扁铁,尽管只是小批量的生产,但经验是宝贵的。40年来,佐贺地区也一直在探索建造反射炉的技术。① 到1897年八幡制铁所创建时,日本已经在近代钢铁冶炼方面不懈摸索了数十年,培养、锻炼了以大岛高藤、野吕景义为代表的最早的一批本土工程技术人才。八幡制铁所在1901年2月投产,最初也遭遇釜石制铁所同样的失败。1号高炉到1902年7月停止炼铁,600多名职工被解雇。其问题主要表现为:铁矿石供应紧张,焦煤质量不合要求,设备产出率不高(不到设计水平的一半),高炉结构存在缺陷,各生产工序衔接不畅,生铁库存积压严重。② 但经过多年的技术积累,加上日本政府在政治、经济上的大力支持,八幡制铁所很快便走出困境,日俄战争后,其生产开始步入正轨。从1905年起,八幡制铁所的技术管理工作完全自立。③ 在近代钢铁生产实践中,大岛道太郎、葛藏治、服部渐等早期本土矿冶技术人才逐步成长。

近代日本钢铁技术的发展除了重视实践探索和生产经验的积累,还通过建立一套系统的钢铁技术教育体系,源源不断地培养、输出冶金技术人才,为钢铁技术的适应性改造提供了重要保障。

日本的矿冶教育几乎始终伴随近代钢铁生产的探索实践活动的全过程,虽然这种活动规模在早期并不算大,但其在技术传播方面的意义不可小觑。早在1877年,日本政府就创办东京大学,下设采矿冶金学科。1910年后,除东京帝国大学外,京都帝国大学、九州帝国大学、北海道帝国大学等高等院校相继开设矿山冶金学科。此外,昭和初期,日本还建有十六所专门从事技术教育的高等工业学校,以及若干所设有采矿冶金科的专门学校。20世纪20年代,东京帝国大学、京都帝国大学等高校已拥有工科硕士、博士学位授予权,培养高级专业技术人才。围绕中等专业技术人才培养,日本形成官立高等专业技术学校为主、私立专业技术学位为辅的教育

---

① Takeshi Hayashi. The Japanese experience in technology. From transfer to self-reliance. Tokyo: United Nation University Press,1990,96.

② 李海涛:《清末民初汉冶萍公司与八幡制铁所比较研究》,《中国经济史研究》,2014年第3期。

③ [日]長島修:《創立期官営八幡製鐵所の経営と組織》,《立命館経営学》,2008年第4号。

体系。在初等冶金技术教育培训上，以公立、私立的初等专门工艺学校或工业学校以及企业开办的职工培训学校为主体的培养系统在20世纪20年代也已形成。1926年，日本颁布青年训练所令，日本各制铁所均设立了青年学校。到20世纪30年代初，日本已经形成包括矿冶学科在内、由帝国大学到高等工业学校组成的较为完整的高等工科教育系统。

随着职业矿冶工程师和钢铁冶金科技人员的增多，1915年2月，日本钢铁协会成立。该会"以钢铁相关的学术、技术及其他一切问题的调查研究，日本国钢铁业的振兴发达为目的"，初始会员达900人。日本钢铁协会是一个囊括与日本钢铁事业相关的各方人员的团体，它的成立是日本钢铁技术和钢铁产业发展到一定程度的必然产物，被日本学术界称为其钢铁技术进入科学化时代的标志。协会成立后，通过发行专业期刊、组织调查研究、推进技术标准化、评选表彰有突出贡献人员等方式，推动日本钢铁技术发展进程。

技术研发机构是推动技术转移，实现技术消化、创新和适应性改造的重要力量，也是衡量技术转移水平的重要标志。早在1907年，日本制钢所就成立室兰制作所实验室。"一战"爆发后，日本众多的钢铁技术研发机构陆续成立，譬如1916年，东北帝国大学钢铁研究所、八幡制铁所技术研究所和东京制钢株式会社技术部宣告成立。这些技术研发机构使日本的钢铁材料技术研发工作进入专业化、科学化阶段。在很短时间内，日本科研人员的相关研究成果甚至处于国际领先位置。如1917年，东北帝国大学钢铁研究所本多光太郎教授发明KS磁石钢（钴钢），是当时世界上强度最高的钢种。[1]

综上所述，同西方国家一样，近代日本钢铁技术转移也经历了传统与近代融合发展、渐进变革的过程。日本在近代早期钢铁技术转移方面的实践启示我们，在近代技术孕育成长的初期，需要充分考虑传统技术的价值，采取一种渐变而非突变的技术演进路径。这可以有效降低或规避强制植入新技术引发的风险。分析近代早期日本制铁史，釜石制铁所代表了技术的建立和运行时期，八幡制铁所代表着纠正、改进和引进新方法和新技术的能力。近代日本钢铁技术转移有一个立足于本国钢铁生产实践、不断摸索、循序渐进的过程。它考虑到技术转移要与整个社会在特定时期的经济

---

[1] 方一兵：《中日近代钢铁技术史比较研究：1868—1933》，第217~235页。

技术发展状况相适应。期间,日本钢铁产业为技术转移提供经济动力,科技教育为技术转移奠立人才基础,学术研发机构在技术转移的适应性改造方面发挥重要作用,推动产业发展、科技教育、技术创新实现良性互动局面。

二、土铁技术在近代中国的适应性

传统与现代技术并存,土铁业长期存续,这是近代中国钢铁生产活动的客观现实。工业化是一个漫长的过程,旧事物的萎缩和消失、新事物的萌发与壮大便不可避免地会出现一个并存期,这是事物新陈代谢的普遍现象。然而,具体到近代中国钢铁生产活动中,这一现象似乎显得有些反常。面对机制钢铁产品的竞争,中国传统土铁业一开始很显然遭到严重冲击,许多地区的土铁业萎缩,只留下较小的生产单位和较少的产量。但是,中国土铁业所遭受的冲击是不均匀的,按 Donald B. Wagner 的说法,重灾区一般只出现在使用最先进技术和资本最密集的区域,因为这些区域往往已形成良好的交通设施,但交通便利的地区也是最先被外国货物渗透的地区。[①] 就全国而言,土铁业依然充满生命力。其存续时间贯穿整个近代。山西制铁业在19世纪下半叶曾受到较大冲击,但民国时期山西的炼铁作坊仍然在热火朝天地忙碌着,平定、阳泉、辽县等地许多炼铁厂都可追溯至晚清时期,历史最长的辽县集玉长铁炉始创于1838年,民国初年仍继续开工生产。[②] 近代山西,煤炭开采和钢铁生产是大部分农民的副业,但似乎也有大片地区,炼铁是唯一的职业。1898年,在山西荫城——一个人口约5000人的小市镇,有人告诉一位游客,"我们吃铁"。[③] 四川因人口众多,区域内交通便利,加上煮盐业需要消耗大量的铁锅,如此便形成一个规模不小的区域钢铁市场。封闭的地理环境导致四川与外部世界的联系较少,因此,当地传统冶铁业所受外界影响相对较小。近代四川的炼铁炉高度甚至有6~9米,接近以木炭为燃料的高炉的最大高度。高炉的原材料是开采矿石、石灰石以及木炭或矿物煤。该技术直到南京国民政府时期仍存在。这说明近代中国钢铁生产中新旧两种生产方式并存的局面长期存续。

---

① Donald B. Wagner. The traditional Chinese iron industry and its modern fate. Chinese Science,12(1995):142.

② 乔志强:《山西制铁史》,太原:山西人民出版社,1978年版,第39页。

③ Donald B. Wagner. The traditional Chinese iron industry and its modern fate. Chinese Science,12(1995):148.

从中国近代土铁业与现代钢铁工业的力量对比看,二者并非过分悬殊。就产量而言,甚至可以说,现代生产方式在相当长一段时期内未能取得对传统生产方式的压倒性优势。民国时期,传统冶铁业在总产量上一直占据相当大的比重(见表54)。如果扣除日本在中国东北的钢铁产量,该比重则更大。

表54　1912—1927年间中国铁矿和生铁的机械生产与土法生产的变动实数

年份	铁矿					生铁				
	产量			百分比		产量			百分比	
	合计	机械开采	土法开采	机械开采	土法开采	合计	机械开采	土法开采	机械开采	土法开采
1912	723430	221280	502150	30.6	69.4	177989	7989	170000	4.5	95.5
1913	961861	459711	502150	47.8	52.2	267513	97513	170000	36.5	63.5
1914	1007290	505140	502150	50.1	49.9	300000	130000	170000	43.3	56.7
1915	1097694	595544	502150	54.3	45.7	336649	165969	170680	49.3	50.7
1916	1131606	629456	502150	55.6	44.4	369815	199135	170680	53.8	46.2
1917	1141995	639845	502150	56.0	44.0	358315	187635	170680	52.4	47.6
1918	1501169	999019	502150	66.5	33.5	328798	158118	170680	48.1	51.9
1919	1851996	1349846	502150	72.9	27.1	407734	237063	170680	58.1	41.9
1920	1838435	1336285	502150	72.7	27.3	429548	258868	170680	60.3	39.7
1921	1511692	1009542	502150	66.8	33.2	399413	228733	170680	57.3	42.7
1922	1361066	858916	502150	63.1	36.9	401844	231164	170680	57.5	42.5
1923	1745376	1243226	502150	71.2	28.8	341487	170807	170680	50.0	50.0
1924	1767882	1265732	502150	71.6	28.4	360804	190124	170680	52.7	47.3
1925	1521171	1019021	502150	67.0	33.0	363836	193156	170680	53.1	46.9
1926	1561911	1033011	528900	66.1	33.9	407222	228352	178870	56.1	43.9
1927	1710135	1181235	528900	69.1	30.9	436815	257945	178870	59.1	40.9

资料来源:严中平等编:《中国近代经济史统计资料选辑》,北京:科学出版社,1955年版,第102~104页。

北洋政府农商部曾对1915年全国钢铁产量作过一调查统计,显示当年全国钢铁产量约为31万吨,其中土铁达14.4万吨,具体分布如下:

表 55　1915 年全国钢铁产量及其分布情形

地区	产量（吨）	备注
湖北	136540	此系汉阳铁厂炼成之铁
奉天	29530	本溪湖煤铁公司所炼
山西	72000	平定、晋城、高平、孟县、湿县等处土法所炼
湖南	26000	宝庆、茶陵等县土法所炼
四川	25000	涪陵、綦江等县土法所炼
云南	11000	镇雄、剑川、嶍峨等县土法所炼
其余各省	10000	均系土法
总计	310070	其中土铁 144000 吨

资料来源：中国第二历史档案馆藏：《农商部关于铁业计划中拟设南北两铁厂的文件》之《拟设南北两铁厂议案》，全宗号 1038，案卷号 2516。

1920 年前后，"全国各处用土法开采铁矿者，犹盛行不替，此种现象，尤以山西、湖南、四川等省最为显著"，土铁年产量约 15 万吨。[①] 土铁技术在近代中国为什么能够长期存在？笔者认为，这主要包括以下几点原因：

第一，简便的生产方法和灵活的作业条件。近代钢铁工业的准入门槛很高。兴办一家近代钢铁企业，需要综合资金、技术、资源、交通、市场等多方面因素，这对近代中国钢铁厂商而言，往往是无法克服的巨大挑战。相比于近代钢铁生产方式，土铁业要简便、灵活得多。以土铁业发达的山西晋城为例，炼生铁时，先用矸土制成矸筒，将铁矿、黑土、引煤搅拌均匀，装入矸筒，置于炭火炉中。数小时后取出矸筒，生铁炼成。炼熟铁时，用柴火将生铁烧软，制成小块，入炉熔化，用铁棍搅拌均匀。俟火候到，错出打成荒铁，再入炭火中，经相当时间取出，制成各种材料。所需原料"均系就地采购，无须仰给于外"，且价格低廉。[②] 由于设备简陋，晋城的民间土铁作坊一般规模较小，资本少的仅 100 元，多的也不超过 3000 元，雇用工人从几人到百余人不等，经营方式灵活，资金的利用率也很高，如晋城县 39 家炉厂中，合计资本数约 38000 元，职工 1591 人，全年产值 348000 元。[③] 相比之下，保晋公司炼铁厂资本为 70 万元，每年产铁 8000 吨，每吨价格 7 元左右，年产值约 5 万元。可见，土铁业还是有其盈利空间的。

[①] 吴承洛：《今世中国实业通志》（上），上海：商务印书馆，1929 年版，第 73～75 页。
[②] 实业部国际贸易局编：《中国实业志（山西省）》第六编工业，1937 年版，第 481～482 页。
[③] 实业部国际贸易局编：《中国实业志（山西省）》第六编工业，第 478 页。

第二，交通隔绝造成的孤立小市场。钢铁原燃料和产品的运输成本十分高昂。若依靠传统运输方式进行长距离转输，其成本是消费者所无法承受的。一些临江滨海的省份可以借助自然运输条件，内地地区则无此优势。面对相对封闭的孤立市场，内地地区劳动力成本低，从外部引进的产品运输成本高，平衡了传统技术固有的低效率。传统冶铁技术在这些地方仍具有生存的空间。如1908年，陕甘总督升允奏报："五金为民生利用，而铁之为用尤多。甘省矿产虽富，向失讲求。民间需铁仰给邻境，购运甚艰，当经奴才督饬农工商矿局周历调查，于三十二年冬间查有河北皋兰县属铁石山矿苗颇旺，亟应设法开采。惟甘肃地僻款绌，如用西法，既须借材异地，更须购置机器，需费不赀。因令该局所聘矿师德人贺尔慈督同华匠，先用土法。化验得铁在四成以上，当即购地建筑官铁厂一所，安炉装炭，如法采炼。半年以来，渐著成效。该厂所需经费，暂在改办税捐长收项下开支，一俟成效大著，获有余利，或再招商承办，抑或另筹官本，以期扩充而图经久。"①1917年，瑞典人埃里克·托尔斯滕·尼斯特罗姆（Erik Torsten Nystrom）在大别山区河南地域调查发现，当地至少有100座炼铁炉，每年生产大约14000吨生、熟铁。②

土铁与机制钢铁在孤立的小市场也存在竞争关系，其优势甚至体现在价格方面。如民国初年，"各省旧式铁业衰落甚速，而山西铁业则尚甚兴盛"，其质量固然无法与新式钢铁业媲美，但恰因其含磷过高，易做铁片，亦可满足特殊市场之需求。而且"炼铁成本之低，犹为世界所无"，生铁成本每吨12.5元，新法生铁价格至少在二倍，"以泽州生铁运至清化，价犹不过汉阳生铁三分之一（指民国四年情形言）"。③

地质调查所统计，1916年，全国土铁总产量为170850吨，其中，产额最多的省份分别为：山西省（70000吨）、湖南省（35000吨）、四川省（23700吨）、河南省（14400吨）以及云南省（9300吨）。而至1927年左右，土铁主要产出省份依然为山西省（69000吨）、湖南省（30000吨）、四川省（23700吨）、云南省（20000吨）以及河南省（14000吨）。④ 它们一个共同的地域特

---

① 升允：《奏为甘肃官铁厂土法採炼半年卓著成效请饬部立案事》，中国第一历史档案馆藏录副奏折，档号03-9647-077，缩微号688-1385。

② Donald B. Wagner. The traditional Chinese iron industry and its modern fate. Chinese Science,12(1995):144.

③ [瑞典]丁格兰：《中国铁矿志》（下），第222、230页。

④ [瑞典]丁格兰：《中国铁矿志》（下），第220页。

征是深处腹地,交通相对不便,外洋钢铁产品较难输入,或者说洋铁进入这些地区要为此支付较高运输成本,所以这些地区的土铁生产所受的冲击也相对较轻。相反,在传统冶铁业较为发达的沿海省份,土铁几乎绝迹,如广东省1916年土铁产量仅550吨。

第三,新经济因素催生的市场需求。传统与现代并非只有对立排斥的关系,二者也可以相互依存。中国民间蕴藏着巨大的钢铁生产潜能,传统社会里中国钢铁的实际产出只是其产能的部分反映,由于市场需求原因未能被彻底激发出来。一些地区,近代工业的发展增加土铁的市场需求。如晚清四川机器局,其绝大部分钢铁原料来源于成都附近的土铁、土钢。这部分需求对维持扩大当地土铁生产发挥了重要作用。另外,一些炼钢企业所用的生铁原料就是来源于中国民间土铁。如清末江南制造总局炼钢厂就曾利用湖南紫口生铁炼钢。后来的汉阳铁厂也一度利用大冶土铁含磷低的特点,搭配铁厂的磷重生铁炼钢。① 1903年《国民日日报》载文称,福州船政局在过去5年间使用土铁1677100斤,约合1013.9吨,钢铁2734600斤,合1653.1吨。其中,前者的产地为福建省古田县、宁德县,后者自国外进口。② 除此以外,传统冶铁业通过改进技术,也能够满足一些技术含量相对较低的机器零件制造的需求,也为土铁销售找到新的出路。如广东佛山传统铸造业极为发达,"一战"后不久,佛山铸造行业开始铸造织布机、缫丝机、织袜机、榨蔗机、打绳机等各种机械和机器零件。③

土铁业虽由于市场隔绝而长期存在,但并非不受外界影响,反而对市场动向异常敏感。如在冷兵器时代,山西铁器以刀剑闻名,到民国初年,"久已消灭"。从前山西铁针风行全国,而随着洋针的输入,也渐渐废止。民国时期,山西铁制品改以铁锅为最大宗之生意,远及绥远、陕甘、新疆等地,有时甚至运至东北。④ "一战"期间,铁价暴涨。当市场提供的价格高到足以支付技术和交通工具的效率低下时,传统土铁技术便会扩大影响范围。Donald B. Wagner发现,从1917年到1929年,河南大别山区通过低

---

① 陈旭麓、顾廷龙、汪熙主编:《汉冶萍公司》(二),第337页。
② 罗家伦主编:《中华民国史料丛编·国民日日报汇编》(第三集),中国国民党中央委员会党史史料编纂委员会1968年发行,第778~782页。注:据吴承洛《中国度量衡史》,100斤=60.453千克(上海书店1984年版,第282~284页)。
③ 曾锐锋:《佛山铸造业简史》,《佛山文史资料》第11辑,第10~11页。
④ [瑞典]丁格兰:《中国铁矿志》(下),第230页。

效工艺大量生产的铁正被苦力远距离运输,以供应广泛的市场。①

任何事物的存在均有其合理性。在生产方式、区域市场、产品适用性等方面,近代中国的土铁技术通过自我调适,寻找其生存空间,以至长期存在,并产生较大影响。它与现代机制钢铁的共存,是近代中国社会二元经济并存的缩影。传统与现代技术的嫁接往往成为求新趋变的务实之举。

三、"土洋结合"或为近代中国钢铁技术转移的必然选择

"土洋结合"是中华人民共和国成立初期发展工业的一种方法,即:推动传统技术生产与现代技术生产相结合,采取两条腿走路的方针。它鼓励一些地区因地制宜,因时制宜,挖掘传统技术资源,由土到洋,逐步发展。1949年后,特别是大炼钢铁时期,中国钢铁工业"土洋结合"的发展思路受到毛泽东的高度肯定。他多次公开倡导要"破除迷信,土洋结合,大中小结合",实现钢铁产量的快速提高。在此思想指导下,中国传统冶铁技术在全国各地得到普遍的改造运用。抛开是与非的简单定性,该现象背后同样折射出近代钢铁技术在中国的适应性问题。

中国近代钢铁技术转移从一开始就走上一条"全盘西化"的道路。在相当长一段时期内,中国近代钢铁技术转移的实践轻视传统技术,存在将近代钢铁技术与传统冶铁技术对立起来的问题。如光绪年间,李鸿章认为:"矿务理大物博,铁矿尤需巨本,事事须照西法,否则必无成效。"②张之洞创建汉阳铁厂,也不讳言对西方冶金技术的推崇,忽视这些技术在当时中国的适应性问题。以燃料供应为例,张之洞创办汉阳铁厂时,从国外购置全套炼焦设备,在汉阳设炼焦厂,包括焦炭炉50座、夹煤机全副、研煤机全副、洗煤机全副以及配套的运输、装卸等设备设施。另在江夏县马鞍山煤矿,也配置全套炼焦设备,包括焦炭炉70座,洗煤机全副,夹煤、研煤机器各一副。③ 为此,汉阳铁政局花费重金。据称,仅两座洗煤机就价值银12万两。然而,这些设备在安装完毕后,几乎成为一种摆设。铁厂官办时期,燃料供应不足成为最大威胁之一。对这些来自海外的洋物件,铁厂方面很难称心如意地使用它们。1896年,据汉阳铁厂总办郑观应介绍:"洋

---

① Donald B. Wagner. The traditional Chinese iron industry and its modern fate. Chinese Science,12(1995):146.
② 顾廷龙、戴逸主编:《李鸿章全集》信函六,第55页。
③ 湖北省档案馆编:《汉冶萍公司档案史料选编》(上),第95~96页。

焦炉约日烧煤一百零五吨,必须储备两个月煤料,方可开烧,一停烧仍须烘炉,以免熄火,若熄火则炉冷必裂",烘炉之费极贵,"今春停烧两月,用柴草烘炉,约费钱二千余串矣。""焦炭炉必合煤之火力以造炉,方能合用,并非造一炉即各样煤皆可用也。""查铁厂初办时,洋人所造焦炭炉炼不成炭,所购洗煤机细不合用。嗣添购马鞍山之洗煤机,只能洗块,不能洗末"。①可以看出,汉阳铁厂初创时期的焦化技术引进是十分失败的。它不仅浪费大量资财,还几乎将铁厂推入绝境之中。

技术转移必须根植于一定的自然—社会生态环境中,离开对技术环境的考察,技术转移往往很难"存活"。在生产实践中,这种彻底"告别传统"的技术转移方式在短期内给近代中国钢铁产业发展提出诸多重大挑战,包括资金、管理、市场、人才等。当这些困难形成合力的时候,往往成为钢铁产业不可承受的重压。历史上,迫于种种困难,在付出巨大代价后,中国钢铁产业建设者往往不得不吸收部分传统技术,进行技术改造,最终走上"土洋结合"的道路。1922年,曾在德国系统接受冶金学教育并获铁冶金工程师学位的胡庶华就明确主张,中国钢铁工业应采取与传统技术相融合的方针:"盖欧美之大铁厂,往往附设机器厂、枪炮厂、船厂、火车头厂、桥梁厂、采矿器厂,并自有煤铁矿山,数日之内,地中泥沙化为精巧器具,诚以资本雄厚、技师优良,故能有此魄力。吾国今日殊难望其项背。当务之急,似在多设炼钢小厂,以制造钢铁为第一要义。炼钢之原料,以土法所制之生铁(收买此等生铁,可使土法炼铁之营业家一时不顿失其生路)及破败之铁货充之。用生铁与破铁炼钢,或用生铁与铁矿炼钢,设马丁厂镕冶之。"②

清末民初,汉阳铁厂为获取煤焦,对传统炼焦技术采取的适应性改造策略就是一个很好的例证。

盛宣怀接办汉阳铁厂后,为解决焦炭工业问题,寄希望于萍乡煤炭资源,最初采用的办法即为传统方式,不仅采用土法炼制的焦炭,连煤炭开采和焦炭的收购、检验、运输,都依靠本土的技术和传统社会网络。如采用土焦炼铁,与萍乡当地窿户、厂户、商号议立售焦合同。在实施过程中,盛宣怀等人对于如何利用萍乡煤矿的认识是在不断深化的。其中,包括采用什么样的技术。清末民初,萍乡煤矿的焦炭生产依靠土洋结合方式,为汉阳铁厂的燃料供应提供了保障。1905年初,据张赞宸报告:萍矿一二三号洋

---

① 湖北省档案馆编:《汉冶萍公司档案史料选编》(上),第150、151页。
② 胡庶华:《振兴铁业意见书》,《太平洋》第二卷第9号,1922年1月。

式炼焦炉日可炼 160 余吨,计每月 4800 吨;除此以外,矿局土炉 50 座,每月炼焦 3000 吨,萍乡当地各土井厂,每月炼焦 5000 吨。合并计算,每月共有焦炭 1.3 万吨,其中土焦约 8000 吨。① 其产品运输虽仰赖"铁路＋轮船"的近代运输手段(1905 年 12 月,萍株铁路全线通车,轮船从株洲装载煤焦,经湘江、长江运抵沿江各埠),但传统运输手段也一直发挥重要作用。1916 年,汉冶萍运管人员称,"转运煤焦,半恃轮驳,半恃民船",②非机器动力的民船在萍矿煤焦运输中发挥重要作用。其中包括利用盐船空驶回程的机会装运煤焦,运赴长江中下游各埠。

传统技术在萍乡煤矿的成功运用突出表现为长方形炉炼焦法的发明。该法的发明人为萍矿土炉炼焦处长俞燮堃。他改进萍乡传统的炼焦技术,取得显著成效。萍乡原有炼焦技术,得焦率仅三四成,且耗时七昼夜,可谓旷日持久。经改良技术,炼焦时间缩短至三四昼夜,得焦率提升至七成,灰份由此前二三十分减少至十六七分。③ 长方形炉炼焦法是随着生产实践"渐次改良"之结果。据俞燮堃记述:1900 年,萍乡矿局收买土矿十余处,改用平地炉,人人称便,但"日期虽减短,然尚需五六日之久。窃以为,炉太宽则燃火必迟,炭过厚则炼熟须久。改窄炉座,薄装煤末,其火力之燃熄必速。既而果然,后复加高烟囱,燃火益快,自升火以至成焦,不过六十点钟。炼法至此,在诸人莫不谓尽善尽美矣。而余尚不敢稍留缺点,每出焦之时,细心体察。时或见有白灰厚黏之处,研精覃思,知是所盖之灰大粗,有罅隙透风,致令火化","于是加盖细灰一层,而其弊遂绝。"这段叙述充满实验探索的智慧,所体现的正是立足于本土和实践的技术发展路径。

与引进的蜂房形炼焦炉(Beehive Oven)相比,萍矿土法炼焦技术的优点显而易见:投资少,设备简单,生产灵活,取材便易,操作技术简单,易于掌握。土焦生产技术在近代中国普遍使用,并未出现衰退迹象。1927 年,除萍乡煤矿外,开滦、中兴、六河沟等规模较大的机采煤矿都使用土法炼焦。④ 历史上,萍矿修造大量土法炼焦炉,最多时达 230 座,每座每次可炼焦 20 吨。正如学者所言,中国的现代化不是对传统的全盘否定,而在更大

---

① 湖北省档案馆编:《汉冶萍公司档案史料选编》(上),第 208 页。
② 湖北省档案馆编:《汉冶萍公司档案史料选编》(下),北京:中国社会科学出版社,1994 年版,第 631 页。
③ 湖北省档案馆编:《汉冶萍公司档案史料选编》(上),第 210 页。
④ 谢家荣著:《煤》,上海:商务印书馆,1929 年版,第 48 页。

程度上,是对传统的转化和"活用",是传统在现代的"再生"。①

然而,土法炼焦技术的缺点也十分明显,劳动生产率相对较低,劳动强度大,占地广,副产品被大量浪费,环境污染严重,在批量生产时的成本较高。据1928年董纶调查,萍矿土焦每吨成本约9角,比洋焦贵3角。② 所以,它被近代炼焦技术取代是历史的必然。但技术具有历史性、社会性。采用任何一项技术,都要充分考虑在特定历史阶段的经济社会状况。在近代中国钢铁技术体系尚处于萌芽状态的背景下,传统土法炼焦技术对于钢铁工业的燃料供应起到较好的补充作用,能有效减少资金沉淀,降低经营风险。正因如此,汉冶萍公司在后期运营过程中,即便引进了当时亚洲最先进的钢铁生产线,投巨资新建大冶钢铁厂,但依然在大冶建造与萍乡土炉略同的炼焦炉144座,每一昼夜可炼焦900吨,借此缓解炼铁用焦问题。③

在近代中国全国市场尚未形成,地区交通尚未联通的背景下,钢铁企业的生产规模不可参照国外的技术标准,而必须考虑所在地区的实际情况。一些规模较小、产品产销对路的钢铁企业反而能站稳脚跟,取得较好的效益。保晋公司炼铁厂就是很好的例子。

保晋公司成立于1906年,1908年经清政府农工商部批准,总公司设在平定县阳泉车站。公司资本金库平银300万两,主要经营煤业。成立之初,亏损严重,截至1916年7月,共亏损洋88万元。之后,略有盈余,到1921年7月,共获利56.2万元。④ 保晋公司炼铁厂与总公司隔河相望。1917年冬决议开办,资本约70万元(其中开办资本50万元,营业资本20万元),隶属于保晋公司。炼铁厂机炉设备向日本、欧美等国订购。1919年5月始陆续运达、安置,1921年秋工程完工。主要设备有化铁炉1座,热风炉3座,每日能炼生铁15至20吨,系从日本铁工场订造。另有炼铣炉1座,改炼当地土铁,铸造各种重大铁件。熟铁炉5座与打铁条炉1座等。原动力有锅炉5座,供送风、修械、发电机等动力。加工设备有镟床、刨床、铣床、钻床等多具,均从美、日等国进口。附设有火砖窑两座。

---

① 马敏:《现代化的"中国道路"——中国现代化历史进程的若干思考》,《中国社会科学》,2016年第9期,第35页。
② 董纶:《萍乡煤矿》,《矿冶》,1928年第二卷第6期,第77~96页。
③ 胡博渊:《大冶铁厂之设备及其炼铁之法与成效》,《工程》,1926年第2卷第2号,第62页。
④ 邹卫:《山西保晋公司调查录》,《工业杂志》,1923年第1卷第9期,第59~67页。

可以看出,保晋铁厂的设备虽购自海外,但产能并不高,这赋予铁厂经营以更多的灵活性,使之在许多领域能够与传统生产技术和生产方式实现融合。如平定县铁矿分布较广,但散漫不聚。掘地为窑,常产矿百数十吨即告罄。1918年,公司开矿窑116处,见矿者78处,可采取者50处,一年内采矿约350万斤。之后,公司改用向当地乡农收买铁矿之法。遇铁价上涨,则掘窑自取,多炼生铁。显然,这与其炼铁高炉相对较小不无关系。平定县虽产煤炭,但不适于炼焦。保晋铁厂利用靠近正太铁路的优势,自井陉一带购买焦炭。① 保晋铁厂主要以制炼生、熟铁为主,机器、磁器、火砖、电料等副之。生铁多销于山西、山东、河南和陕西等省,以及北宁、陇海和正太等铁路局。遇生铁价格下跌,则将化铁炉停炼,专炼熟铁、造机器、烧火砖。熟铁造成圆方扁,炼制方法虽用近代技术,但形状仍用旧式。铁厂工人约五六百人,技术管理人员多人有海外留学经历。1927年,该厂是国内唯一维持运营的民族钢铁企业。据报道,保晋铁厂从投产到1924年,铁厂盈余约5万元。1928—1930年,净盈余洋20万元。②

毫无疑问,西方近代钢铁冶金技术具有明显的先进性,我们说,"全盘西化"的钢铁技术转移路径不适合近代中国,"土洋结合"或为特定时期中国钢铁技术转移合理的路径选择。这种主张并非反对技术发展的前进方向而主张回归传统,而是强调在特定历史时期不能盲目照搬国外先进技术,忽视技术转移过程的历史性、社会性、适应性。

第四节 环境约束与产业发展

钢铁产业对资源环境的依赖性很强。近代一些率先建立钢铁工业体系的国家,如英国、比利时、德国、美国,无不拥有良好的资源条件。晚清民初钢铁产业受多重因素影响,除思想、制度、技术以及企业经营管理等原因外,也有外部原因。对于前者,通过过程化的叙述,已有专题分析。这里着重谈谈中国钢铁工业发展的外部环境约束,主要包括资源环境、社会环境、市场环境。

---

① 虞和寅:《山西平定县阳泉附近保晋公司煤矿铁厂报告》,《矿业报告》,1926年第1期,第12～125页。

② 《阳泉铁厂调查》,《大公报》,1933年8月25日。

一、自然资源

从矿石的开采到炼成生铁,再将生铁炼成钢,最后将钢轧制成各种规格型号的钢材,钢铁工业生产过程相当复杂,对自然环境的依存度相当高。自然资源禀赋是一国进行钢铁生产可依凭的一切自然条件,其中,煤炭、铁矿石以及水利交通资源与钢铁生产关系最密切。

煤炭是钢铁生产中最主要的燃料之一。中国煤炭资源储量丰富。据1988年统计数据,煤炭资源储量约62000亿吨,在当时仅次于苏联。但其不足之处也很明显。首先,分布极不均匀,主要位于在华北、西北和西南地区。其中,山西、陕北—内蒙古、新疆北部和川黔滇交界地区的煤炭资源分别占全国资源总量的9.6%、38%、31.4%和5.3%,约占全国总量的85.3%。在近代,这些地方自然环境恶劣,交通极为不便,煤炭资源很难被大规模开发利用。其次,焦煤较少,①仅占总量的4%左右,很多煤炭资源难以直接用于钢铁冶炼。另外,中国煤炭资源普遍埋藏较深,必须采用井工开井的作业方式,开采成本较高。② 20世纪20年代,中国炼铁厂平均生产成本高于欧美钢铁厂。其主要原因在于燃料费用过高。丁格兰曾评价说:"中国铁矿石及工值虽较欧美为低,而中国之焦价及制造费则远在欧美之上也。夫以中国煤矿之丰,人工之多而廉,而今乃谓铁业最大之困难,即在焦炭之贵而难得,似颇出人意外。实则中国全国煤量虽丰,而大部分为无烟煤及半无烟煤,所有可望炼焦之烟煤,又或交通阻滞,暂时无利用之可能。"③

与丰富的煤炭资源相比,中国铁矿石储量显得较少。据1990年统计结果,共探明储量531.4亿吨,保有储量501.2亿吨。我国铁矿资源分布较分散,按集中程度可划分为10大成矿区,即:鞍山—本溪成矿区(探明储量125亿吨,占全国探明总储量的23.5%)、冀东—密云成矿区(62.7%亿吨,占11.8%)、攀枝花—西昌成矿区(61.3亿吨,占11.5%)、五台—吕梁成矿区(33亿吨,占6.2%)、宁芜—庐枞成矿区(21.9亿吨,占4.12%)、包头—白云鄂博成矿区(11.6亿吨,占2.2%)、鲁中成矿区(9.25亿吨,占1.74%)、邯郸—邢台成矿区(8.3亿吨,占1.6%)、鄂东成矿区(7.12亿

---

① 在中国煤炭分类国家标准中,焦煤是对煤化度较高,结焦性好的烟煤的称谓。
② 钱大都、魏斌贤、李钰等编:《中国煤炭资源总论》,北京:地质出版社,1996年版,第1、6~7页。
③ [瑞典]丁格兰编:《中国铁矿志》,第277页。

吨,占1.34%)和海南成矿区(4.24亿吨,占0.8%)。从地域分布看,我国铁矿主要集中于北部地区。大部分铁矿成矿区与煤炭产区距离较远,煤铁聚合的运输成本较高。

我国铁矿资源的另一个特点是贫矿多、富矿少。绝大部分铁矿石需经过烧结、精炼加工环节。全国铁矿平均品位多为30%～35%,含铁超过50%的富矿探明储量只有14.8亿吨,仅占探明储量的2.8%。在近代冶金技术水平较低的情况下,许多地区铁矿资源不能被直接利用。①

自然交通条件也与钢铁生产息息相关。它很大程度影响钢铁生产成本和销售市场。交通运输条件虽然并非不可改变,人工修建铁路、公路或者开凿运河以改善交通,但显然的都需耗费巨额资金。相比之下,最廉价的运输方式当然是改造利用自然界现有的水利资源。然而,受气候条件和地形、地势、地貌影响,中国东西部地区的交通运输有大江大河可资利用,南北地区的自然交通并不便利。除了南方几条河流可供利用,在煤铁资源丰富的北方地区,几乎找不到廉价的运输方式。

传统意义上的钢铁生产实质上就是煤与铁的聚合,最理想的状态自然是煤铁聚于一处。但这种理想状态在中国并不多见。民国矿冶专家朱玉仑称:中国铁矿资源并不丰富,"且炼焦烟煤亦感缺乏,而尤为不便者,则煤铁产地并不毗连,因此厂址所在地,既须就铁煤供给之便,又必得产品供销之场,兼筹并顾,颇费周折"。② 相比较而言,东北地区煤铁资源均较丰富,但作为清朝的龙兴之地,长期以来禁止民间大规模开发。近代以来,东北地区又成为帝国主义列强争夺的焦点区域。日俄战争后,东北煤铁资源纳入日本的掌控之中。山西、四川煤铁资源差强人意,但交通不便,在铁路修通之前,难以大规模开发,并影响外部市场。而铁路交通因政府和民间思想观念的抵触,在近代中国迟迟无法延伸。长江沿岸虽有丰富铁矿藏,交通也便利,但煤炭资源贫乏。汉阳铁厂利用萍乡煤焦炼铁,不得不花费巨资,修铁路、开辟航道,不仅运输成本高,而且沿途充满风险。一遇社会动荡,煤焦运送不及时,往往导致全盘瘫痪。

与英、德、美等钢铁强国有利的资源条件相比,自然资源不尽如人意是导致晚清民初钢铁工业发展缓慢以及产业衰败的重要原因。

---

① 姚培慧主编:《中国铁矿志》,北京:冶金工业出版社,1993年版,第21～23、28～29页。
② 朱玉仑:《三十年来中国之矿冶事业》,中国工程师学会编:《三十年来之中国工程》,1946年版。

当然，自然资源状况绝非影响钢铁工业发展的决定性因素。资源环境优劣与否也是一个历史的概念，随着海运技术的发展，拥有漫长海岸线和优良海港的国家往往可以借助外部矿产资源发展钢铁工业，技术的重要性便会凸显。近代日本钢铁业的崛起就是很好的例证。经现代钢铁生产实践证明，改变矿物来源的布局，较之改变炼钢炼铁的布局更为容易。① 如随着造船技术的进步，载重量为数十万吨的大型矿石专用船被生产出来，这样，全球矿产资源可以通过较低费用实现洲际转运。这在现代社会已经成为一种常态。1970年，国际铁矿石贸易中，只有大约5％的运输路程不足5000公里，其中，有40％的运输距离超过8000公里。但这依赖于高度发达的科学技术和全球贸易，在本文探讨的时间段内，尚不具备此条件，自然资源对钢铁产业的影响力还是相当大的。

二、社会运行秩序

社会秩序稳定是一切经济活动的必要条件。钢铁工业投资大，建设周期长，涉及面广，需要长期稳定的社会环境。晚清民初中国钢铁产业的发展历程为我们提供了惨痛教训。

清末中国社会对钢铁工业的价值作用已有较为理性的认识，钢铁市场也在逐步形成和壮大中，清政府亦有相当的财力，通过聘用洋匠、设备进口等手段弥补技术落后的缺憾。清政府总体上尚可以维持社会秩序稳定，不至于出现长期的动荡的局面。在此背景下，中国钢铁工业建设起步。起始阶段，虽步履蹒跚，屡遭重挫，但经过盛宣怀等人苦心经营，亦曾迎来转机时刻。然辛亥革命后，中国社会秩序重建任务迟迟无法完成。长期的社会动荡，加上帝国主义变本加厉的侵略严重影响了钢铁工业的发展。

钢铁生产是连续作业过程，探采、焦化、炼铁、炼钢、轧钢等环节，环环相扣，牵一发而动全身，任何一个环节出现问题，将对全局产生重大影响。民国初年是中国近代史上最为混乱的一段时期。有人曾描述这时期的混乱情况："由民国元年至十年，政争兵乱，无年无之，举清末奖励实业政策之成绩尽破坏之，而无以为继。各省军人官吏不特不能提倡保护其省内之实业，且加之以剥削摧残，兵匪劫掠，官吏敲诈，几于相习成风。"② 社会秩序混乱对钢铁企业的负面影响显得尤为严重。

---

① ［英］肯尼斯·沃伦：《世界钢铁》，沈阳：辽宁人民出版社，1979年版，第9页。
② 陈真、姚洛编：《中国近代工业史资料》第1辑，北京：三联书店，1957年版，第8页。

汉冶萍公司可为典型。民国初年，汉冶萍厂矿所受战乱之打击，可谓不绝如缕。每每此刻，法不足恃，理无可喻，运输妨碍，损失惨重。武昌起义爆发，汉冶萍公司厂房、设备、运道和矿山处于革命中心，生产受到严重冲击。因事发突然，汉阳铁厂炼铁炉中的铁水未能排出，结果冷却凝固，炉体严重受损。湖北阳新银山头锰矿，一直被汉阳铁厂开采。武昌起义后，当地人"将窿口封闭，厂屋机器运物铁道一概拆毁"，且力争该矿山系民产，"控省控京，毫不让步。事逾三年，未能开采"，"停搁数载，损失五十余万元"。① 据事后统计，汉冶萍公司因辛亥革命造成的损失高达银372.48万两。② 萍矿处于战争和革命风暴中心，更是经历多次严重的兵燹之灾。护国战争期间，公司轮驳被强制租用，湘鄂两省下令湘水禁止轮驳通行；护法战争期间，南军占领长沙，禁止煤焦向湖北运输，萍株铁路因线路被毁、车辆扣阻而中断，停运155天，煤焦堆积安源矿区达19万吨之多，后至1919年底始运毕。因燃料不济，1918年正值铁价暴涨之时，汉阳铁厂的高炉先后停产，损失惨重。20世纪20年代，湘赣地区兵连祸结，较前尤烈：1920年6月至8月，由于战争，争夺铁路，致交通断绝80余天；1921年2月，赣省当局至萍拉夫，矿工缺少，致使萍矿产量大减，同年8月，湘鄂战争爆发，萍矿交通断绝2个月；1922年6月，黔军过境，大肆勒索；1923年9月，湘战复起，萍矿交通断绝20余日。③ 1926年9月，北伐军抵达萍乡，工潮迭起，局势纷乱不堪。除却兵祸，还有天灾，如1924年夏，湘水暴涨，萍矿运道受阻，迫使汉厂临时购用日本焦炭。④ 1929年版《中国矿业纪要》称：萍矿"自民国十年以后，受军事影响及工潮扰乱，亏累甚巨"，⑤所论并非无稽之谈。

除了战乱直接冲击生产，20世纪20年代，日益兴起的工人运动也对钢铁生产造成很大影响。钢铁企业是产业工人最集中的地方，如汉冶萍公司在民国初年，厂矿"直接倚为生活的工人有四万人，联同此四万人之家

---

① 季啸风、沈友益主编：《中华民国史料外编——前日本末次研究所情报资料》（中文部分）第二册，桂林：广西师范大学出版社，1997年版，第716页。
② 陈旭麓、顾廷龙、汪熙主编：《汉冶萍公司》（三），第851页。
③ 江西省政府经济委员会：《萍乡安源煤矿调查报告》，江西省政府统计室，1935年版，第16页。
④ 湖北省档案馆编：《汉冶萍公司档案史料选编》（下），第620页。
⑤ 侯德封：《中国矿业纪要》，农矿部直辖地质调查所1929年印行，第131页。

属,不下十余万人"。① 这里也是劳资矛盾最激烈、工人运动最集中的地方之一。

在一个动荡的社会环境下,要想发展钢铁工业,无异于痴人说梦。这也再次告诉我们:在中国,一个和平稳定的外部环境是实现经济发展的必要条件。

三、产品市场空间

市场需求量的大小与经济发展关系密切,它是催生经济起步、影响经济规模的至关重要因素。近代中国经济发展受市场因素影响极大。对此,许多学者进行了阐释。如严立贤认为:"从需求方面来说,原初工业化不足主要造成了市场需求量的不足和国内市场的狭窄,使对近代工业化来说必不可少的市场条件欠缺和对近代工业发展的引导力缺乏。……市场狭窄和投资能力不足像一把钳子的两刃一样钳制着中国的近代工业化进程,使中国的近代工业发展步履艰辛而迟缓。"② 张东刚对比近代中日经济发展基础,指出两国在经济转型的过程中,"总需求上升引导生产,促进社会生产资源自由流动和配置的宏观经济效应日渐显著。总需求作为一个主要的宏观经济变量和调控经济的着眼点,已成为测度中日两国近代宏观经济运行和经济发展的重要指标之一"。③ 市场需求是影响工业化成败的关键性因素。市场空间大小决定产业部门发展的规模和速度,它对晚清民初钢铁工业发展产生巨大影响,不应被忽视。

近代中国钢铁企业首先在军工企业萌芽。虽然钢铁是军工生产必不可少的材料,但晚清兵工企业耗用的钢铁材料数量并不多,难以产生足够强大的市场需求张力。1892年,对贵州青溪铁厂用新式炼铁炉炼制的铁件,天津机器局仅订购50吨,并表示"力难多购"。据李鸿章称,江南制造总局岁需铁料也只是20余吨。④ 福州船政局在1900年前后五年的时间里,消耗的钢铁总量不到2667吨,年均不过533.4吨。

受生产任务影响,军工企业在个别年份可能耗铁较少。笔者以规模相

---

① 刘少奇:《救护汉冶萍公司》,载长沙市革命纪念地办公室、安源路矿工人运动纪念馆编:《安源路矿工人运动史料》,长沙:湖南人民出版社,1980年版,第294页。
② 严立贤:《中国和日本的早期工业化与国内市场》,第223页。
③ 张东刚:《中日经济发展的总需求比较研究(1886—1936)》,北京:三联书店,2005年版,第6页。
④ 陈旭麓、顾廷龙、汪熙主编:《汉冶萍公司》(一),第42页。

对适中的四川机器局为例,考察1883—1908年该局钢铁材料消耗情况。

四川机器局于1877年由四川总督丁宝桢创建。根据1882年12月16日户部规定:"各省设立机器局,如有采购机器,事前报部立案,事后方准核销。"①通过档案资料,得以获知该局每年的钢铁使用情形(部分年代由于资料缺乏,无从考知)。

表56 清末四川机器局耗用钢铁材料表

年份	类别、重量	资料来源(中国第一历史档案馆藏)
光绪九年	苏土钢2000斤,毛铁条20000斤	《奏为川省机器局委员采买铜铅钢铁事》,朱批奏折,档号04—01—36—0120—026 缩微号04—01—36—005—1622
光绪十一年	苏土钢6000斤,毛铁条80000斤	丁宝桢:《奏为派员在省城就近地方采买钢铁铜铅造办洋枪铜帽弹壳枪子事》,录副奏折,档号03—7126—013 缩微号532—2125
光绪十二年	苏土钢6000斤,毛铁条80000斤	刘秉璋:《奏报委员在省城地方就近采买钢铁铜铅各数目事》,录副奏折,档号03—7126—016 缩微号532—2130
光绪十三年	苏土钢4000斤,毛铁条70000斤	刘秉璋:《奏为机器局委员采买钢铁铜铅请咨部立案事》,朱批奏折,档号04—01—03—0175—058 缩微号04—01—03—006—2265
光绪十五年	土钢1000斤,毛铁条8000斤	刘秉璋:《奏为川省机器局委员采买铜铅钢铁事》,朱批奏折,档号04—01—36—0117—032 缩微号04—01—36—005—1228
光绪十六年	土钢1000斤,毛铁条10000斤	刘秉璋:《奏为川省机器局委员采办铜铅钢铁事》,朱批奏折,档号04—01—03—0177—008 缩微号04—01—03—006—2458
光绪十七年	土钢1000斤,毛铁条8000斤	《奏为川省机器局委员采买铜铅钢铁事》,朱批奏折,档号04—01—36—0117—038 缩微号04—01—36—005—1247
光绪十八年	土钢1000斤,毛铁条10000斤	刘秉璋:《奏为川省机器局委员采买铜铅钢铁事》,朱批奏折,档号04—01—36—0117—055 缩微号04—01—36—005—1287
光绪十九年	苏土钢1000斤,毛铁条6000斤	刘秉璋:《奏报四川机器局委员采买铜铅钢铁数目事》,录副奏折,档号03—7126—034 缩微号532—2161

① 刘秉璋:《奏为机器局委员采买钢铁铜铅请咨部立案事》(光绪十三年),中国第一历史档案馆藏朱批奏折,档号04—01—03—0175—058 缩微号04—01—03—006—2265

续表

年份	类别、重量	资料来源（中国第一历史档案馆藏）
光绪二十年	土钢 1000 斤，毛铁条 6000 斤	刘秉璋：《奏为川省机器局委员采买铜铅钢铁事》，朱批奏折：档号 04－01－03－0180－019 缩微号 04－01－03－007－0235
光绪二十一年	赴上海采购洋钢铁、锢水、车床及一切应用物料，计库平银 2.3 万两	鹿传霖：《奏为机器局委员赴上海采买洋铜钢铁等物料事》，录副奏折，档号 03－6137－061 缩微号 457－2176
光绪二十二年	苏土钢 3000 斤，毛铁条 25000 斤	鹿传霖：《奏为川省机器局采买铜铅钢铁制造枪弹请咨立案事》，录副奏折，档号 03－7127－030 缩微号 532－2355
光绪二十五年	上海采购洋钢铁锉锢水机器及一切应用物料（运费及委员薪水、盘费共用库平银 34372 两）	奎俊：《奏报川省机器局委员采购洋钢铁等项物料所支各项经费银数事》，朱批奏折，档号 04－01－36－0119－010 缩微号 04－01－36－005－1486
光绪二十六年	土钢 8000 斤，毛铁条 180000 斤	奎俊：《奏为川省机器局制造铜帽弹壳等件采买铜铅钢铁报部立案事》，朱批奏折，档号 04－01－03－0185－013 缩微号 04－01－03－007－0805
光绪二十七年	土钢 8000 斤，毛铁条 220000 斤	奎俊：《奏为本年川省机器局委员采办铜铅钢铁提拨土货厘金项下银两事》，朱批奏折，档号 04－01－36－0119－017 缩微号 04－01－36－005－1498
光绪二十九年	苏土钢 2000 斤，毛铁条 185000 斤	锡良：《奏为川省机器局委员采买铜铅钢铁提拨成绵道库土货厘金项下银两事》，朱批奏折，档号 04－01－36－0119－026 缩微号 04－01－36－005－1512
光绪三十年	土钢 4000 斤，毛铁条 180000 斤	锡良：《奏为川省机器局造枪动项采买铜铅钢铁事》，朱批奏折，档号 04－01－36－0119－031 缩微号 04－01－36－005－1527
光绪三十一年	苏土钢 4000 斤，毛铁条 170000 斤	锡良：《奏为川省机器局委员采买铜铅钢铁事》，朱批奏折，档号 04－01－36－0119－040 缩微号 04－01－36－005－1546
光绪三十二年	苏土钢 4000 斤，毛铁条 175000 斤	锡良：《奏为川省机器局委员采买铜铅钢铁事》，朱批奏折，档号 04－01－36－0119－055 缩微号 04－01－36－005－1572

续表

年份	类别、重量	资料来源(中国第一历史档案馆藏)
光绪三十三年	苏土钢 4000 斤,毛铁条 170000 斤	赵尔丰:《奏为川省机器局委员采买铜铅钢铁提拨成绵道库土货厘金项下银两请立案事》,朱批奏折,档号 04—01—36—0120—008 缩微号 04—01—36—005—1588
光绪三十四年	土钢 4000 斤,毛铁条 160000 斤	赵尔巽:《奏为川省机器局委员采买铜铅钢铁事》,朱批奏折,档号 04—01—36—0120—017 缩微号 04—01—36—005—1608

注:据吴承洛《中国度量衡史》(上海书店 1984 年版,第 282—284 页),1 担=100 斤=60.453 千克。

可以看出,清末四川机器局每年耗用钢铁数量十分有限,最少的如 1893、1894 年,总共不过 7000 斤(约合 4.2 吨),最多的 1901 年也才 228000 斤(约合 137.8 吨)。而且四川机器局使用的钢铁材料主要是民间的土铁、土钢,虽然个别年份曾从上海采购,但费用高昂,川局无法承担。如 1895 年和 1899 年为此花费库平银二三万两,而川局常年经费不过 8 万两,1898 年增加 2 万两。① 所以,绝大多数年份,川局只在省城附近就近采买。故笔者认为,很长一段时间里,中国钢铁市场需求还没有达到推动政府进行大规模钢铁资源开发的程度。如果不是钢铁质量的限制,依靠中国土铁业,完全可以供应这一市场需求,实现自我供给。

铁路建设的意义绝不仅仅局限于交通运输事业。如果不能形成运输便捷、价格低廉的交通运输网络,那么,全国性的钢铁市场也就不可能形成。在 19 世纪,钢铁需求最大的建设事业是铁路交通。但直到中法战争之前,中国主流社会思想对铁路一直采取排斥态度。故从市场需求角度讲,中国钢铁工业需要国人接纳铁路运输方式后才能真正全面起步。

自清末以来,中国钢铁总需求量总体上呈上升趋势,钢铁进口价值从 1894 年 285 万两猛增到 1911 年的 1575 万两。② 钢铁市场需求张力渐渐显现出现。但半殖民地半封建社会的国情决定了中国市场存在空间市场和可控市场的分野。其中,可控市场是指运用政治经济手段,可被掌握控制的市场份额。对近代中华民族企业而言,空间市场与可控市场实际存在

---

① 中国第一历史档案馆藏朱批奏折:《奏为川省机器局扩充制造委员购办外洋钢铁及一切物料事》(光绪二十四年正月),档号 04—01—36—0118—050。

② 庞淞:《中国商战失败史(1876—1915)》,台北:文海出版社,1982 年版,第 26~29 页。

较大的距离。可控市场受需求总量、需求结构、供给结构影响。

1912—1920年间，国内钢铁消费量约为30万~45万吨。进入20世纪20年代，这一数字有较大幅度增加，年均60万吨左右（参见表40）。但是，这包括每年17万吨的土铁，这部分市场份额实际上很难被新式钢铁企业获掌控。

另外，国外钢铁厂商凭借特权向中国倾销钢铁产品。单纯的生铁、粗钢一般不能完全被市场吸纳，需要作进一步塑形加工。如1918、1919年，美国售华钢铁主要为铁钉、铁管、铁板、建筑用钢、铁钩等，没有铁坯的记录。① 由于中国钢铁下游产业不发达，钢铁加工企业极少，无法提供适销对路的产品。洋商则具有明显的优势。

若除去这些数字，1912年后，中国钢铁企业面对的可控市场应该远低于15万~47万吨。故1923年汉冶萍公司称：公司所产生铁，"最近十年统计，国内销数充量年销不过三万吨"。代鲁先生分析：从清末至1927年的20多年，国内钢铁市场已经扩大五成多的容量，若孤立地看，它完全可以消纳汉冶萍公司所产而有余，但是，实际上该容量是最大的可能容量，且已被国内同类厂家所产与外国入口同类产品完全占据而达到饱和程度。② 20世纪20年代，中国钢铁产能约为每年铁100万吨、钢11万吨，大大超出实际需求量。故从理论上讲，钢铁企业开工不足，设备利用率不高，不足为怪。

中国钢铁企业生产的大宗钢铁制成品，也面临市场需求不足的窘境。晚清民国初，汉冶萍公司具备中国最大炼钢产能。公司产品附加值最大的是轨道材料，而中国钢铁需求量最大的也恰是轨料市场。如盛宣怀所言："中国无船厂，无制造各工厂，钢货销场，专恃铁路。"③然而，中国铁路建设所能提供的市场空间极为有限。若按19世纪美国铁路1英里耗用钢铁材料146吨的标准推算，④则1公里铁路约需90.7吨的钢铁材料。1896—1911年是近代中国铁路建设最快的时期，年均修建里程达544公里，⑤则每年耗用钢铁材料49341吨。1912—1927年，年均修建铁路214公里，每年需钢铁材料仅19410吨。汉阳铁厂在1910年第6号炼钢炉竣工后，据

---

① 《美货在中国之畅销》，《农商公报》，1920年卷6，总第69期。
② 代鲁：《汉冶萍公司的钢铁销售与我国近代钢铁市场》，《近代史研究》，2005年第6期。
③ 王尔敏、吴伦霓合编：《盛宣怀实业函电稿》（下），第874页。
④ 丘亮辉：《中国近代冶金技术落后原因初探》，《自然辩证法通讯》，1983年第2期。
⑤ 严中平等编：《中国近代经济史统计资料选辑》，第180页。

李维格估计,每月至少可出钢 7000 吨,年均 8 万多吨。① 照此计算,仅汉冶萍的炼钢产能就是 1912 年后全国铁路轨料实际需求量的 4 倍,也远超清末铁路建设高峰时期的市场需求量。除铁路以外,汉冶萍几乎无法寻找大宗客户。

这与日本钢铁业所处市场环境相比,优劣情形判然有别。1916 年后,八幡制铁所第三次扩张本针对日本海军扩张事业,寄希望于 1922—1925 年能获得 76.5 万吨的市场份额。但"一战"后,日本政府缩小轮船制造规划,1918 年新造轮船吨位 72.1 万吨,而 1922 年仅 6.3 万吨。1922 年后,受华盛顿会议约束,日本政府放弃海军扩张计划,军事需求也大幅度缩减。尽管如此,战后日本工业机械、电线、建筑、铁路用铁仍持续增长,对维持制铁所运营发挥重要作用。②

钢铁工业是工业化的晴雨表。中国钢铁市场需求不振的根本原因在于工业化发展程度不高。一方面,工业化进程迟缓,限制了钢铁需求的增加,进而阻碍钢铁工业发展。另一方面,落后的钢铁工业制约着中国工业化发展水平。为妥善处理二者的关系,国家需从战略高度重视钢铁工业发展,在资金、技术、制度等多方面大力扶持钢铁工业。同时,国家需要建立系统改革思维,将钢铁工业建设作为一个系统工程,有意识地发展钢铁下游产业,为钢铁工业发展创造条件,开拓市场空间。

第五节 历史价值与社会影响

一、丰厚的物质财富和思想遗产

自洋务运动以迄南京国民政府成立,中国钢铁工业经历了酝酿、探索、起步、发展以及衰败的过程。这是中国钢铁工业的第一个发展建设周期,在中国近代钢铁工业史上留下浓墨重彩的一笔。数十年的实践活动依然留下丰厚的物质财富和思想遗产。

第一,各钢铁企业遗留下来的机器设备是南京国民政府开展钢铁工业

---

① 李维格:《报告汉阳铁厂出货、销货工程预算钢铁成本表》(1910 年),上海图书馆藏盛宣怀档案,档号 006315。

② Yonekura Seiichiro. The japanese iron and steel industry:Continuity and discontinuity, 1850—1970. Cambridge,Harvard University,1990:p114.

建设的重要物质基础。1927年,中国国土上约有年产生铁100万吨、钢10万吨的设备产能,其中一些设备在规模与技术方面不无值得称道之处。这些冶炼设备为后来国民政府的钢铁工业建设提供了基本的物质凭借,特别是在对外战争时期,这些设备具有特殊的战略意义。南京国民政府十年建设时期,中国钢铁工业在硬件设备方面并无太大建树,主要依靠的还是晚清民初的物质遗产。故全面抗战初期吴景超评论:"中国现在的钢铁工业比张之洞的时代相差无几,比盛宣怀的时代还要退化。我们真是虚度了五十年!"①全面抗战爆发后,国民政府下令拆迁汉阳铁厂、大冶铁矿、大冶铁厂、象鼻山铁矿以及六河沟铁厂机器设备。迁运工作持续了5个月,共计拆卸炼铁炉、炼钢炉、电炉、轧钢机、屋架及动力、运输设备等重要机器材料共计37200吨。② 这些设备对国民政府迅速在大后方建立钢铁工业基础、支援抗战建设需要发挥了重要作用。

第二,几十年钢铁工业建设实践培养、锻炼一批专业技术人才,这是中国钢铁工业建设活动最宝贵的技术资源。对晚清国人而言,西方钢铁冶炼技术完全是新生事物。西方钢铁技术的转移绝非局限于专业知识的学习,某种意义上讲,实践经验更弥足珍贵。它需要一大批钢铁人付出时间、金钱乃至生命的代价。1891年,江南制造局炼钢厂首次采用西方炼钢技术冶炼钢铁,在烘炉烈焰之中,机轴刀剪之下,时有炙肌灼肤之痛,受煤毒跌打之伤,危险时刻伴临。据记载,1891-1909年间,该厂因商殒命者,有四五十人之多。其余轧伤跌损折指断骸者,更不可以数计。③

从晚清开始,中国政府以及部分企业就十分关注本土钢铁技术人才的培养。到民国建立时,西方钢铁技术转移取得积极成效,一大批留学生学成归国,国内矿冶工程教育也开始出现,中国本土钢铁技术人员已初步具备独立管理钢铁企业生产运营的能力。这些技术人员日后成为中国钢铁工业建设的主要技术力量。抗战时期,《新华日报》有文章称,主持大后方各大小炼钢厂技术的,"多半是前汉冶萍公司炼钢部分的老职员"。④ 汉冶萍公司在经营期间,既扮演生产者的角色,也充当技术人才培养实践基地的功能。从长远讲,这是对中国近代钢铁技术发展所作的最大贡献。

---

① 吴景超:《汉冶萍公司的覆辙》,《新经济》,1939年第1卷4期,第106~107页。
② 黄立人:《抗日战争时期工厂内迁的考察》,《历史研究》,1994年第4期。
③ (清)甘厚慈辑,罗树伟校:《北洋公牍类纂正续编》(4),第1830页。
④ 龙季子:《目前炼钢业的困难》,《新华日报》,1943年10月28日。

第三，几十年钢铁工业建设活动在许多地区植入近代工业文明，推动经济社会转型发展。近代化的企业是推动传统社会转型的最有力手段，它用鲜活、直观的方式为世人呈现了一种全新的生产方式，优劣之间，一目了然。钢铁企业要动员的社会资源远过于其他行业，因此，一家钢铁企业所引发的社会变化也往往是其他行业企业所无法比拟的，它会在辐射范围内遍撒工业文明的种子。

由于历史记载的缺乏，今天的人们已经很难体会贵州的乡民在第一次看待青溪铁厂时内心的想法，但汉冶萍公司在许多地方植入工业文明后，所引发的经济社会转型实际上持续至今，其三大厂矿所在地日后无不发展成为工业城市。即便是风气开通的武汉三镇，汉阳铁厂创建过程也引起当地士民强烈的思想震动。如1891年，《益闻录》有文章称："汉阳铁政局刻下基址已一律办竣，材料亦皆运起，作经营之需，厂地至河干建筑小铁路四条，上驾轮机车一辆，于上月二十二日生火开行，颇觉稳便，虽行不甚速，盖以道短故也。日来用车载运重机，时往观者大有万人空巷之象，金谓火轮车实为我中国不可少之物也。"①这或许是湖北乃至华中地区最早行驶的火车。

发展钢铁工业会直接推动钢铁企业所在地发生一系列变化，加速城市化进程。当前，中国许多矿冶城市与近代早期的钢铁工业建设活动密切相关，如湖北武汉和黄石、江西萍乡、辽宁本溪和鞍山、安徽马鞍山等，其城市化历史均与100多年前钢铁工业文明的植入相关联。

第四，几十年钢铁工业建设活动初步确立了中国钢铁产业的格局，影响至今。经济运行普遍存在路径依赖现象。所谓路径依赖，是指人们过去的选择决定了他们现在可能的选择。事物一旦进入某种路径，就可能对这种路径产生依赖。它类似于一种历史的"惯性"。

晚清民初，中国新式钢铁企业在湖北、辽宁、河北、山西等地先后出现。较诸其他地方，这些地区在基础设施、资源禀赋、思想观念、技术人才等方面具有发展钢铁工业的综合优势，成为历届中国政府进行钢铁工业建设的重要区域。1949年后，湖北武汉、安徽马鞍山、辽宁鞍山、内蒙古包头日后都成为钢铁工业的重要基地，其资源开发历史都可追溯至1927年前，具有十分明显的路径依赖特点。

---

① 《铁政余闻》，《益闻录》1891年第1035期，第32页。

第五，几十年钢铁工业建设积累的经验教训是推动后人继续前行的宝贵财富。实践出真知。毛泽东曾说："你要知道梨子的滋味，你就得变革梨子，亲口吃一吃。"①钢铁工业是一个严密的技术经济综合体，其复杂程度远胜于其他工业部门。除非经过实践锻炼，常人难以想象其繁难程度。国人在洋务运动末期对其"繁难"就有清醒认识。1894年，陈骧在徐家宝译述《炼钢要言》一书序言中指出："纺织之事，自打花以至成纱成布，苟利其器，事即善焉。无核验之烦劳，无风力火候之差等，无配质之化合，致刚柔坚肥之不同。故其事虽无成书可稽，有为者，举而措之裕如也。至于炼冶，其法备，其用广。上自军国，下及工艺，百不可废一。如纺织之有布帛，不可以斯须去，而烦难则不可同日语也。"②

对如何经营管理一大型钢铁企业，国人最初可谓茫无头绪。汉阳铁厂筹建过程中，张之洞多次感叹，"意料所不及，思虑所难周"，事属首倡，"无成式可循，事理既及精微，情形亦与外洋多异"。汉阳铁厂建成后，经营难以为继，他又深感，经营钢铁厂，"巨细万端"，"事机屡变，而计难周全"。近代钢铁生产完全不同于传统冶铁业，其资金、技术、环境、市场以及管理等要求都是事前人们所不能预料的。即便如盛宣怀等清末一流的企业家，也感觉力不从心。1908年春，盛宣怀奏称："臣不自量力，一身肩任，初谓筹款数百万即足办理，实不知需本之巨有如今日之深入重地者。盖东亚创局，素未经见，而由煤炼焦，由焦炼铁，由铁炼钢，机炉名目繁多，工夫层累曲折，如盲觅针，茫无头绪，及至事已入手，欲罢不能。"③揆诸史实，此言恐非托辞。对于经营这样一个技术含量高，又无实践经验可供借鉴的钢铁企业，我们不能苛求于前人。从学习实践的角度讲，这是近代中国必经的一课。

西方国家在钢铁工业发展初期，也经常出现经营失败和实践挫折，新技术的使用也经历了一个或长或短的探索时期。经过晚清民初的钢铁工业建设实践和试错经验，无论是国家建设规划，抑或个人的建设思想中，已初步能够围绕资源、区位、市场、资金、技术、管理等问题形成较为科学缜密的发展方案，再没有出现煤铁资源没有着落就匆忙上马钢铁产能的现象。从这个意义上讲，晚清民初钢铁工业建设的最大价值，不在产业经济的发展，而在于思想认识的进步和经验教训的积累。

---

① 毛泽东：《毛泽东选集》第一卷，北京：人民出版社，1991年版，第287页。
② 陈骧：《炼钢要言叙》，载徐家宝：《炼钢要言》，江南制造局印。
③ 盛宣怀：《愚斋存稿》卷14，第13页。

二、根基不稳的工业化

实现民族复兴是洋务运动以来一切爱国人士孜孜以求的梦想。近代以来,历经惨重教训而认清中外发展的差距,在承认落后基础上,中国社会最初发出"师夷"的呼声。随着认识的深化,"师"的内容不断丰富,程度日益加深,力度亦愈加大。从洋务运动开始,中国工业化确立的就是一条追赶路线,主观上有一个赶超先进国家的思想冲动存在。但经济活动有其自身的规律,不是光凭一腔热血和美好愿望就能实现目标。结合发达国家工业经济发展经验,在工业化初期,包括钢铁业在内的劳动对象生产工业(原材料、能源、燃料工业等)在整个工业结构中的比重呈现出逐渐上升的趋势,并最终超过传统加工工业(食品工业、纺织工业等)而在工业结构中居于首位。随后,在工业化加速发展阶段,机械制造业增长速度和产值比重逐渐上升至第一位,劳动对象工业和传统加工工业分居第二、三位。①历史上,英、美、德、日等资本主义强国,其工业化的迅猛发展无不伴随本国钢铁工业的发展壮大。近代中国钢铁原料供应只能大量依靠外来进口。没有强大原料工业做基础的工业化注定是无法走向深入的,是根基不稳的工业化。

表57　1896—1927年中国机制钢铁产量及入口量比较表

(单位:吨)

年份	钢铁总产量	进口量	年份	钢铁总产量	进口量
1896	12291	123006	1912	10510	151276
1897	32440	66317	1913	140150	244739
1898	42997	108812	1914	185850	230551
1899	45740	87004	1915	214336	125658
1900	25890	64360	1916	244178	145847
1901	28805	77908	1917	230286	123268
1902	15800	82185	1918	215114	149117
1903	38875	119769	1919	271914	325158
1904	38771	127824	1920	327128	366622

---

① 刘伟:《工业化进程中的产业结构研究》,北京:中国人民大学出版社,1995年版,第199页。

续表

年份	钢铁总产量	进口量	年份	钢铁总产量	进口量
1905	32314	174830	1921	305533	272782
1906	50622	181120	1922	261164	364875
1907	70686	154537	1923	200807	309817
1908	89036	142665	1924	220124	493624
1909	113405	256173	1925	223156	405266
1910	169509	259064	1926	258352	433582
1911	121977	219092	1927	287945	389061

资料来源：严中平：《中国近代经济史统计资料选辑》，第141～142页。注：1.本表只计算新法钢铁产出，钢铁产量为生铁和钢的产量之和。严中平原表算入中国土铁年产量，笔者将原表中每年的土铁产量剔除，分别是1912—1914年的170000吨土铁产出，1914—1925年170680吨，1926—1927年178870吨。2.严表无1896—1899年钢铁产量数据，笔者根据汉冶萍公司钢铁产量补入。3.本表未计入江南制造局炼钢厂等一些小炼钢厂的钢铁产量。

晚清民初，由于钢铁工业的极端落后，极大地影响工业化的发展成效。

近代中国工业部门中，军事工业近代化起步最早，发展水平相对较高，与钢铁业的联系也十分紧密，因钢铁工业落后所造成的负面影响也最为明显。洋务运动时期，许多洋务派官员很早就提出仿制外洋枪炮的建议。但是由于钢铁工业的落后，极大制约了"追赶"的能力。德国著名的克虏伯钢炮在19世纪六七十年代就为清政府所青睐，但因中国铸钢技术落后，克虏伯公司不愿提供铸炮方法，使得仿造克虏伯炮在很长一段时间里只能成为国人一个遥远的梦想。① 康念德以江南制造局为例，指出生产费用中最重要的部分是购买原料和燃料的开支。导致原料价格高昂的最大因素是它们大部分来自国外。中国的采掘工业和加工工业远远落后于为适应近代化军火生产飞速增长所需要的发展程度。② 由此所导致的高额成本支出成为清政府的沉重负担。福州船政局钢甲舰制造计划迟迟不能付诸行动，钢铁原料缺乏是重要原因之一。中法战争后，对船政大臣裴荫森请拨银130余万两以造3艘钢甲船的请求，李鸿章颇不以为然，反对理由之一是钢铁原料不能自己生产："果能一切工料无庸取资外洋，洵属正办。但船政

---

① ［德］乔伟、李喜所、刘晓琴著：《德国克虏伯与中国的近代化》，天津：天津古籍出版社，2001年版，第34～41页。

② ［美］T.L.康念德著：《李鸿章与中国军事工业近代化》，第170页。

历造船只,一切钢铁料件皆由西洋订购,徒加一转运保险之费。况铁甲、钢甲,中国无此精料,亦未习此巨工。"①李鸿章此言并非毫无道理,没有基础工业的发展,舰船制造便不可能经济合算。在其反对下,船政局最终只建造平远舰一艘钢甲舰。王尔敏曾列举具体事例,说明钢铁技术落后对武器性能的影响:"因为炼钢技术落伍,所造枪管容易发热,施放时须时时候其冷却,不能连续过久。如沪局仿造之曼里夏(Manlicher)连珠枪(机关枪),每放十五响后,须略停候其冷却,再行施放,当然影响战力。"他总结晚清兵工生产的不足:"在技艺上永远步人后尘,五十年间的兵工业,可谓无一器一物出自创新,永远在仿行外洋程式。以致成为长久的落伍者。……而西方竞求进步,日新月异,变化多端,中国无重工业基础,事事追随其后,造成之物,不数年间即成旧式,机器无法改易,自身无从制造,购置新机,必动巨款,却又不胜负担,终至维持现状。"②

清末民初,国内具备冶炼能力的钢铁企业陆续兴建,但产品质量低劣仍是众多钢铁企业无法突破的瓶颈。与汉阳铁厂咫尺之遥的汉阳兵工厂长期从国外高价进口钢铁材料,这或许是当初张之洞等人所未曾料想到的。原因不外乎汉阳铁厂的钢铁质量不合兵工生产要求。其实,汉阳兵工厂也设有炼钢设备,但"所炼钢块,据云内中含有夹灰,不适制造之用,已由钢厂将钢块烧红,轧成圆条,至作何用途,不得而知"。长期供应军工企业钢料的上海炼钢厂产量有限,每年只能炼钢1600余吨,供应国内兵工厂需要,不敷甚巨,且"所炼系马丁钢,只能用为枪管及炮身、炮架,不能以造机件及器具,而所需生铁及各项原料,多系购之国外。"③1936年,时人总结过去70年间中国兵器制造的历史,慨叹道:"查所自造兵器,除水雷为暂时制造者外,其制造稍久者,进步尚有俱足言,特以较于欧美之瞬息千里者,逊色尤多,落后莫如。考今日国中之习制兵器者,非无其人;国产原料,尤未始不丰。而一切必需之重金属、木材以及硫酸、酒精诸宗,悉仰给自外来,所用机器,且多赖于外购。始终依人,本末需外。其以求及人踵武,几何可能也!矧在今者,国际之风云日亟,不幸之产生堪虞。外来供给,易遭断阻;一己需要,所赖早谋。夫工业本有纵横之联络性、相倚性,今使国内重

---

① 顾廷龙、戴逸主编:《李鸿章全集》信函五,第519页。
② 王尔敏:《清季兵工业的兴起》,台北"中央研究院"近代史研究所,1978年再版,第134、136页。
③ 本书编委会:《中国近代兵器工业档案史料》第二册,第62、468页。

工业全不发达,而欲得兵器之原料,不可能也。"①

钢铁工业的落后对造船业的影响也十分明显。造船业是中国最早启动近代化的领域之一。从设立福州船政局、江南制造局时起,中国政府花费相当大的资财学习引进外国造船技术。较之其他领域,近代中国造船技术差强人意。民国初年,中国已经具备制造远洋巨轮的能力。1917 年 7 月 14 日,《纽约时报》称:美国政府计划斥资 2500 万～13000 万美元,委托中国建造轮船,总计 12 万吨。美国战时航运管理局已先期与江南制造局签署合同,委托建造 4 艘最新式的万吨船舶,另外,可能由该局建造另外 8 艘同类船舶。据称:"江南制造局可在没有美国造船计划的干预下自行造船。"它"拥有建造总共 12 万吨船只的船坞、机器和其他设备"。但是,因钢铁原料无法自主供应,中方在向美方保证时,不得不强调,"除约 4 万吨钢材外,能够找到足够劳工和其他材料"。② 该局所造舰船质量得到美方赞许:"其造成之船较诸他国所造者,殊无逊色。结构艺术皆见嘉许,而中国机匠运用美国机械得心应手,尤勘注意。江南造船厂为太平洋船业前途中之重大要素,中国今渐在世界造船国中占一位置矣。"③1920 年 6 月,第一艘舰船造成,实际排水量 14750 吨。④ 这是近代中国建造的吨位最大的船只。

针对中国上海的造船工业,1921 年,海关税务司戈登·洛德(E. Gordon Lowder)曾描述道:"半官方性质的企业江南造船所同美国运输部签订合同,承造 4 艘载重 10000 吨的货轮和 3000 匹马力的发动机。这是中国迄今签订的最大的一份造船合同,船身比以前所造的任何船只至少要大一倍,船价每吨作价 195 美元,两年零八个月交货。该局为履行合同而进行的大规模扩建和设备改进工程已经完成,可以更为有效地承担大量的造船业务。1920 年该局下水或正在建造的船只有 40 艘,包括排水 14750 吨的'官府'号和为重庆—宜昌航线特制的'隆茂'号。后者被公认为最佳轮船,该局继而又签订了几个照式制造的合同。"江南制造局之外,还有瑞镕船厂、耶松船厂等造船企业:"1912 年,瑞镕船厂与万隆铁工厂合并,现拥有数量很多的现代设计的工作母机,工厂一般设备良好。该厂以船舶修理业

---

① 张焯焘:《七十年来中国兵器之制造》,《东方杂志》,1936 年第 33 卷第 2 期。
② 郑曦原编:《共和十年:〈纽约时报〉民初观察记(1911—1921)》社会篇,第 400 页。
③ 《美员称许江南造船厂之成绩》,《申报》,1919 年 12 月 15 日,第 10 版。
④ 《上海近年造船之比较》,《申报》,1920 年 6 月 3 日,第 11 版。

务为主,但最近几年已有8艘货轮下水,不但自制船身,还制造船用引擎。1920年造船6800吨、引擎5500匹马力。""过去几年里,耶松船厂为美国政府承造轮船27艘,供菲律宾群岛使用。1920年和1921年两年里该厂为英国航运管理局承造3艘标准'C'型巨轮。1921年又为中国招商局承造2艘优质汽轮,船长约为340英尺。此外还为意大利海军设计制造炮舰一艘,舰长169英尺,吃水2英尺10英寸,时速14海里。"上海造船业的快速发展,引起英国造船商的关注,认为"对中国这个国家的发展前途要加以密切注意。中国现已纳入世界常年造船国家的行列。"然而,戈登·洛德对此不无遗憾地指出:"中国的造船工业仍不能被看作已经处于良好的状况。它在原材料方面全部依赖国外。中国虽有大量的铁和煤,但这些资源都没有得到应有的开发利用。造船工业似乎处于一种孤立的地位,它已跑在国内总的经济发展的前头……造船工业只有作为整个国家经济体系的一个组成部分,而不是像现在这样处于整体之外,才能真正健康发展。"①中国虽可建造远东地区规模最大的船只,但因钢铁原料几乎完全依靠外国进口,中国并不是真正意义上的船舶制造大国。1946年,王世铨在《三十年来中国之造船工程》中指出:"本国航业仅能抱残守缺,于外商倾轧下勉强生存,加以钢铁工业不振,主要造船原料皆需取给海外,造船工程虽有相当长久历史,于艰难环境中挣扎图存,未能人尽其力,单独发达。"②

20世纪,汽车工业作为新兴产业在欧美发达国家蓬勃发展。1912年,上海进口汽车116辆,到1920年,增至1397辆,进口价值从118495美金增至1938944美金。③当时,上海设立汽车制造厂之说盛极一时,有人认为中国应迅速设立汽车制造厂:"如吾华能设厂自制矣,则人工物价,咸较欧美低廉,汽车本身,定可较贱,又省运费,必易推销。而交通事业,即因之而易于发展矣。故制造汽车为整理道路中最急之务,深望各汽车公司及道路建设协会诸君亟速提倡,组织制造汽车工厂,专制汽车,则不特塞漏卮,挽回利权已也。"④但近代中国制造汽车之举未能果行,基础工业之落后当为人所共知之原因。时人分析认为,中国不能生产质量优良的钢料,"倘尽

---

① 徐雪筠等译编:《上海近代社会经济发展概况(1882—1931)——〈海关十年报告〉译编》,上海:上海社会科学院出版社,1985年版,第212~214页。
② 王世铨:《三十年来中国之造船工程》,载中国工程师学会编:《三十年来之中国工程》,1946年。
③ 《中国汽车事业之将来》,《申报》,1922年1月31日,第1版(汽车增刊)。
④ 《吾国亟宜组织制造汽车厂》,《申报》,1922年7月29日,第2版(汽车增刊)。

购之于外洋,则势有所不能,此不能制造汽车之首要原因也"。①

中国电机制造自 1915 年后逐渐起步,至 1936 年春,全国制造有关电器、电料的工厂,大小共有 200 家之多。如华生电器制造厂于 1916 年创办,可生产限制表、自动开关、配电板,次年制造变压器、电熨斗、电火炉,1924 年可生产电风扇,1926 年开始制造交流发电机。电风扇作为该公司主要营业,"不但国内市场华生可执牛耳,即南洋群岛及印度一带,华生风扇亦可运往畅销"。对电机制造业未来之发展,恽震认为必须优先发展基础工业:"整个中国工业化,必须在各项工业之发展上,得到最合理之步骤协调,不可轻重倒置,缓急失宜","电机工业应从速发展,但供给电工原料之矿冶化工事业,必须更为加速之发展,庶几电工业所急需之钢料、矽钢片、合金磁钢、铜、铝、锌、铅"等原料可充分获取。② 电机业如此,其他机器制造业也毫无例外。

近代中国工业化发展水平低,产品原料供给大量依靠进口。这一局面是多种原因造成的,钢铁工业发展落后只是其中的一个重要原因。但可以肯定的是,这是决定性因素。

1910 年 10 月,美国太平洋沿岸联合商会受邀访问武汉。在欢迎宴会中,美国巨商罗伯特·大来(Robert Dollar)指出:"眼见着这种严格地称为钢铁的时代即将到来,尽管我不能活着看到这一时代,但一旦这一时代来临,这个国家的钢铁生产将驾乎全世界之上。"③当前,在中国共产党领导下,中国钢铁人用钢铁精神和不懈奋斗,独立自主地创造了自立于民族之林的伟业,抒写了一曲曲荡气回肠的壮丽史诗,"成为难以解读的天方夜谭的巨变!"④中国钢产量已占据世界的半壁江山。2021 年,中国粗钢产量达到 10.3 亿吨,占比超过全球总产量的一半。抚今追昔,大来之言诚不我欺! 展望未来,中国在 21 世纪要跻身世界工业化强国之列,中华民族伟大复兴的梦想要顺利实现,强大的钢铁工业仍是必备条件。

---

① 《二年后中国能造电动车,六年后能造汽车之我谈》,《申报》,1927 年 1 月 15 日,本埠增刊第 7 版。
② 恽震:《三十年来中国之电机制造工业》,载中国工程师学会编:《三十年来之中国工程》,1946 年。
③ 虞和平、王杰译,张富强校:《大来日记(选译)——1910 年美国太平洋沿岸联合商会代表团访华记》,载中南地区辛亥革命史研究会、武昌辛亥革命研究中心编:《辛亥革命史丛刊》第 9 辑,北京:中华书局,1997 年版,第 219 页。
④ 刘振江:《在庆祝中国钢铁工业改革开放 40 年大会上的讲话》(2019 年 1 月 14 日),中国钢铁工业协会网站 http://www.chinaisa.org.cn/gxportal/login.jsp。

参考文献

一、档案资料

中国第一历史档案馆藏档案资料：

长龄：《奏请南山铁厂官为经理事》（嘉庆十九年闰二月十四日），录副奏折，档号03－2142－033；

杨永斌：《奏为请定铁锅禁止出洋办法以杜奸弊事》（雍正九年十二月），录副奏折，档号03－0008－001；

朱珪：《奏请酌定各省每年贩卖铁斤数目事》（嘉庆十一年五月十日日），录副奏折，档号03－1715－051；

和珅：《奏为拿获私贩铁锅偷渡台湾之蓝三世等事》（嘉庆二年九月二十日），录副奏折，档号03－1685－057；

玉德：《奏为严禁铁器出洋事》（嘉庆二年十一月二十八日），录副奏折，档号03－1685－065；

佚名：《奏为机器局委员采买钢铁铜铅请咨部立案事》，朱批奏折，档号04－01－03－0175－058；

佚名：《奏为川省机器局扩充制造委员购办外洋钢铁及一切物料事》（光绪二十四年正月），朱批奏折，档号04－01－36－0118－050；

升允：《奏为甘肃官铁厂土法采炼半年卓著成效请饬部立案事》，录副奏折，档号03－9647－077；

李鸿章：《奏为天津机器局订购英国铸钢机器各项重大物料请敕部立案事》，朱批奏折，档号04－01－36－0117－044；

世铎等：《奏为遵旨会议筹办海防等情事》（光绪元年二月二十七日），录副奏折，档号03－9381－015；

奕譞：《奏为遵懿旨议海防等情事》（光绪元年二月二十七日），录副奏折，档号03－9381－013；

荣禄：《奏请饬下各省督抚设法筹款设立厂局自炼钢铁事》（光绪二十三年），录副奏折，档号03－7122－086；

潘霱:《奏为查明都匀青溪等处造铁厂运销情形事》(光绪十二年十二月二十三日),录副奏折,档号03-9427-029。

中国第二历史档案馆藏农商部档:

《张謇等关于铁矿国有条陈》,全宗号1038(2),案卷号重165;

《农商部有关对日售铁问题的文件》,全宗号1038,案卷号2515;

《农商部制定矿业条例暨施行细则》,全宗号1038(2),案卷号重33;

《农商部关于铁业计划中拟设南北两铁厂的文件》,全宗号1038,案卷号2516;

《铁业计划中拟设南北两铁厂案(附卷)》,全宗号1038(2),案卷号重164;

《矿业法规汇编》,全宗号1038,案卷号2156;

《章炳如呈文农商部请采安徽当涂县龙山等处铁矿》,全宗号1038,案卷号2282;

《安徽省矿案节略》,全宗号1038(2),案卷号重167;

《农商部有关江苏新丰铁矿股份有限公司注册》,全宗号1038,案卷号2334;

《江西永新县商人请发勘采铁矿执照及声请注销有关文件》,全宗号1038,案卷号1348;

《农商部有关安徽当涂铁矿公会申请各案及铁矿调查报告卷》,全宗号1038,案卷号2286;

《冯国璋咨请调查句容县铁矿为军需用》,全宗号1038(2),案卷号重141,等。

湖北省档案馆藏汉冶萍公司档案资料:

《汉冶萍公司销售钢铁》,档号LS56-1-214-1;

《汉冶萍公司遴派工司学生出洋联系事的函》,档号LS56-2-148;

《汉冶萍公司销售钢铁事的函》,档号LS56-1-214;

《汉冶萍公司萍煤停止外销的函》,档号LS56-1-701;

《汉冶萍公司汉厂工人罢工》,档号LS56-1-363-1;

《汉冶萍公司焦缺暂停汉、冶炼炉事》,档号LS56-1-956;

《汉冶萍公司关于勘验温州铁矿事的函》,档号LS56-1-252;

《汉冶萍公司关于各学堂派生赴汉厂参观、工作、实地练习事的函》,档号LS56-2-102;

《汉冶萍公司冶厂自炼焦炭》，档号 LS56－1－945；

《张宗昌师长向萍矿商借款银》，档号 56－1－463；

《汉冶萍公司关于组织员司练团购枪械事的函》，档号 LS56－2－202；

《汉冶萍公司关于购六河沟煤矿炼焦事的函》，档号 LS56－2－131，等。

上海图书馆藏盛宣怀档案资料：

《陈淦致盛宣怀函》(1901 年 4 月 19 日)，档号 023129；

《汉阳铁厂结欠中国通商银行银数清折》(1905 年)，档号 023388；

《湖北铁厂账册》(光绪三十一年十一月)，档号 012246；

《盛宣怀致张赞宸函》([1905 年]3 月 27 日)，档号 006943－3；

盛宣怀：《萍乡煤矿大工告成督办宴会中西员司演说词》(1907 年 10 月 17 日)，索取号 016292；

《萍乡煤矿矿务报告》(1914 年)，索取号 006397；

《高坑新矿应办各项工程估银清单》(1914 年 10 月 23 日)，索取号 054060－2；

《黄锡赓与盛宣怀来往函件》(1915 年)，索取号 012736；

《轮船招商局所持汉冶萍股票单》(1909 年)，档号 012496－7；

《建设汉阳铁厂第三号化铁炉记》(1907 年)，档号 006500；

《汉阳铁厂〈结束办法〉》(1910 年)，档号 006681；

《收发钢铁实存各项数目清折》(光绪三十一年三月)，档号 006800；

李维格：《预算汉阳铁厂设备购买银两表》(1910 年 1 月 2 日)，档号 006672；

汉冶萍公司会计所：《汉阳铁厂、萍乡煤矿历年出支利息总数》(1913 年)，档号 019970；

《汉厂出数、钢件定货、工程速率情况表》(1908 年)，档号 001573；

《吉长铁路局订购汉阳铁厂钢轨合同》(1910 年 5 月 9 日)，档号 012857；

王勋：《汉阳铁厂生铁销场夏季汇报》(1911 年 5～8 月)，档号 012880－1；

李维格：《报告汉阳铁厂出货、销货、工程预算、钢铁成本表》(1910 年)，档号 006315；

《汉冶萍公司借款总数单》(1913 年)，档号 054739－2；

《萍乡煤矿光绪三十四年以前焦炭销路》(1908年),档号038200－3,等。

上海市档案馆藏汉冶萍公司档案资料：

《汉冶萍煤铁厂矿有限公司商办第十二届帐略》,编号Q322－1－176；

《汉冶萍公司紧要合同汇编》,编号Q322－1－177。

全国地质资料馆藏地质调查资料：

《龙关铁矿报告》,档号818；

《丁格兰山西铁矿及铁业报告》,档号7672；

《安徽繁昌县荻港铁矿报告》附录,档号9245。

二、报刊资料

《中西闻见报》《知新报》《时务报》《东方杂志》《独立评论》《矿业联合会季刊》《矿冶》《矿业周报》《矿业杂志》《农商公报》《中华工程师学会会报》《努力周报》《申报》《太平洋》《临时政府公报》《政府公报》。

三、资料集

宝鋆等：《筹办夷务始末(同治朝)》,北京：故宫博物院影印本,1930年版。

曹从坡、杨桐主编：《张謇全集》,南京：江苏古籍出版社,1994年版。

陈旭麓、顾廷龙、汪熙主编：《湖北开采煤铁总局·荆门矿务总局》,上海：上海人民出版社,1981年版。

陈旭麓、顾廷龙、汪熙主编：《汉冶萍公司》(一、二、三),上海：上海人民出版社,1984、1986、2004年版。

陈元晖主编：《中国近代教育史资料汇编》,上海：上海教育出版社,1991－1997年版。

陈真、姚洛、逄先知合编：《中国近代工业史资料》,北京：三联书店,1958年版。

陈锡祺：《孙中山年谱长编》,北京：中华书局,1991年版。

崔国因：《出使美日秘日记》,合肥：黄山书社,1988年版。

《大冶钢厂志》编委会：《大冶钢厂志》(第一卷)(1913－1984),内部刊物,1985年印。

戴逸、李文海主编：《清通鉴》,太原：山西人民出版社,1999年版。

丁凤麟、王欣之编:《薛福成选集》,上海:上海人民出版社,1987年版。

杜春和编:《张国淦文集》,北京:北京燕山出版社,2000年版。

福州船政局编:《船政奏议汇编》,福州:光绪戊子年福州船政局雕本。

甘厚慈辑,罗树伟点校:《北洋公牍类纂正续编》,天津:天津古籍出版社,2013年版。

工商部编:《工商会议报告录》,北京:共和印刷有限公司,1913年版。

故宫博物院编:《钦定户部则例》,海口:海南出版社,2000年版。

顾廷龙、戴逸主编:《李鸿章全集》,合肥:安徽教育出版社,2008年版。

郭嵩焘著,杨坚点校:《郭嵩焘诗文集》,长沙:岳麓书社,1984年版。

何刚德:《春明梦录》,太原:山西古籍出版社,1997年版。

湖北省冶金志编纂委员会编:《汉冶萍公司志》,武汉:华中理工大学出版社,1990年版。

湖北省档案馆编:《汉冶萍公司档案史料选编》(上、下),北京:中国社会科学出版社,1992、1994年版。

胡博渊:《晓晴斋散记》,台北:文海出版社,1977年版。

黄伯迭、黎叔翊编:《龙烟铁矿厂志》,南京:中华矿学社,1934年版。

黄鸿寿:《清史纪事本末》,上海:上海书店出版社,1986年影印本。

黄纪莲:《中日"二十一条"交涉史料全编》,合肥:安徽大学出版社,2001年版。

黄彦:《孙文选集》,广州:广东人民出版社,2006年版。

李必樟:《上海近代贸易经济发展概况:1854—1898年英国驻上海领事贸易报告汇编》,上海:上海社会科学院出版社,1993年版。

刘锦藻:《清朝续文献通考》,上海:商务印书馆,1936年版。

刘显世、谷正伦修,任可澄、杨恩元纂:《(民国)贵州通志》,贵阳书局1948铅印本。

茅元仪:《武备志》,台北:宗青·华世出版社,1996年版。

马鞍山市地方志办公室编:《马鞍山市志资料》第一、二辑(内部资料),1984、1986年。

农商部地质调查所:《中国矿业纪要(1918—1925年)》,农商部地质调查所,1926年印行。

农矿部地质调查所:《中国矿业纪要(1925—1928年)》,农矿部直辖地质调查所1929年印行。

南炳文、白新良主编:《清史纪事本末》,上海:上海大学出版社,2006年版。

欧阳辅之:《刘忠诚公遗集》,宣统己酉刻本。

庞淞:《中国商战失败史(1876—1915)》,台北:文海出版社,1982年版。

彭泽益编:《中国近代手工业史资料》,北京:中华书局,1962年版。

沈家五:《张謇农商总长任期经济资料选编》,南京:南京大学出版社,1987年版。

中国人民大学清史研究所等编:《清代的矿业》,北京:中华书局,1983年版。

盛宣怀:《愚斋存稿》,民国思补楼版。

盛宣怀:《愚斋未刊信稿》,台北:文海出版社,1975年版。

实业部国际贸易局:《中国实业志(山西省)》,1937年。

舒新城:《中国近代教育史资料》,北京:人民教育出版社,1981年版。

宋应星:《天工开物》,长沙:岳麓书社,2002年版。

孙毓棠编:《中国近代工业史资料》,北京:科学出版社,1957年版。

台湾史料集成编辑委员会编:《明清台湾档案汇编》第5辑,台北:国立台湾历史博物馆、远流出版事业股份有限公司、国立台湾大学图书馆2009年版。

汤寿潜:《民国经世文编》,台北:文海出版社,1970年影印本。

汪敬虞:《中国近代工业史资料》,北京:科学出版社,1957年版。

王尔敏、吴伦霓霞编:《盛宣怀实业函电稿》,台北:"中央研究院"近代史研究所,1993年版。

王尔敏、吴伦霓霞编:《盛宣怀实业朋僚函稿》,台北:"中央研究院"近代史研究所,1997年版。

王树枏:《张文襄公全集》,北平楚学精庐藏版丁丑五月印行本。

王铁崖编:《中外旧约章汇编》第一、二册,北京:三联书店,1959、1962年版。

魏允恭:《江南制造局记》,光绪三十一年九月编印本。

巫宝三:《中国近代经济思想与经济政策资料选辑(1840—1864)》,北京:科学出版社,1959年版。

武钢大冶铁矿矿志办公室编:《大冶铁矿志》(内部资料),武汉:1986年。

武汉大学经济系编:《旧中国汉冶萍公司与日本关系史料选辑》,上海:上海人民出版社,1985年版。

席裕福、沈师徐:《皇朝政典类纂》,上海:上海图书集成局1903版。

夏东元:《郑观应集》,上海:上海人民出版社,1982年版。

解学诗:《满铁史资料》,北京:中华书局,1987年版。

薛福成:《出使英法义比四国日记》,长沙:岳麓书社,1985年版。

严中平:《中国近代经济史统计资料选辑》,北京:科学出版社,1955年版。

杨端六等编:《六十五年来中国国际贸易统计》,1931年版。

苑书义、孙华峰、李秉新主编:《张之洞全集》,石家庄:河北人民出版社,1998年版。

张枬、王忍之编:《辛亥革命前十年间时论选集》,北京:三联书店,1960年。

赵靖、易梦虹主编:《中国近代经济思想资料选辑》,北京:中华书局,1982年版。

郑曦原编:《共和十年:〈纽约时报〉民初观察记(1911—1921)》,北京:当代中国出版社,2011年版。

中国第二历史档案馆:《中华民国史档案资料汇编》,南京:江苏古籍出版社,1991年版。

中国第一历史档案馆:《清实录·德宗景皇帝实录》,北京:中华书局,1987年版。

中国第一历史档案馆:《光绪朝朱批奏折》,北京:中华书局,1996年版。

《中国近代兵器工业档案史料》编委会:《中国近代兵器工业档案史料》,北京:兵器工业出版社,1993年版。

中国历史博物馆编,劳祖德整理:《郑孝胥日记》,北京:中华书局,1993年版。

中国史学会:《洋务运动》,上海:上海人民出版社、上海书店出版社,2000联合出版。

中国工程师学会:《三十年来之中国工程》,南京:1946年。

中国社会科学院近代史研究所中华民国史研究室等编:《孙中山全集》,北京:中华书局,1981—1986年版。

"中央研究院"近代史研究所:《矿务档》,1985年再版。

"中央研究院"近代史研究所:《海防档》,1957年版。

"中央研究院"近代史研究所:《近代中国对西方及列强认识资料汇编》,台北,1986年版。

中央银行总管理处调查部:《最近中国对外贸易统计图解(1912~1930)》,1931年。

朱寿朋编,张静庐校点:《光绪朝东华录》,北京:中华书局,1958年版。

左宗棠:《左文襄公全集》,光绪庚寅刻本。

四、专著类

北京钢铁学院:《中国冶金简史》,北京:科学出版社,1978年版。

《本钢史》编写组:《本钢史(1905—1980)》,沈阳:辽宁人民出版社,1985年版。

曹均伟:《中国近代利用外资思想》,上海:立信会计出版社,1996年版。

陈汉欣:《苏联钢铁工业地理》,北京:冶金工业出版社,1981年版。

陈青之:《中国教育史》,上海:上海书店出版社,1989年版。

陈寅恪:《中国经济改造》,上海:上海书店1996年版。

方显廷:《中国工业资本问题》,上海:商务印书馆,1939年版。

方一兵:《汉冶萍公司与中国近代钢铁技术移植》,北京:科学出版社,2011年版。

方一兵:《中日近代钢铁技术史比较研究:1868—1933》,济南:山东教育出版社,2013年版。

傅英:《中国矿业法制史》,北京:中国大地出版社,2001年版。

高达声等编:《近现代技术史简编》,北京:中国科学技术出版社,1994年版。

龚骏:《中国新工业发展史大纲》,上海:商务印书馆,1933年印行。

工厂简史编委会:《大连机车车辆厂简史(1899—1999)》,北京:中国铁道出版社,1999年版。

谷春帆:《中国工业化通论》,上海:商务印书馆,1947年版。

关捷主编:《日本侵华政策与机构》,北京:社会科学文献出版社,2006年版。

胡寄窗:《中国经济思想史》,上海:上海财经大学出版社,1998年版。

黄启臣:《十四—十七世纪中国钢铁生产史》,郑州:中州古籍出版社,1989年版。

黄志坚编著:《钢铁冶金创新思维》,北京:冶金工业出版社,2009年版。

韩汝玢、柯俊主编:《中国科学技术史·矿冶卷》,北京:科学出版社,2007年版。

姜茂发、车传仁:《中华铁冶志》,沈阳:东北大学出版社,2005年版。

金如崧编著:《无缝钢管百年史话》,北京:冶金工业出版社,2008年版。

李京文主编:《铁道与发展》,北京:社会科学文献出版社,2000年版。

李绍强、徐建青:《中国手工业经济通史》(明清卷),福州:福建人民出版社,2004年版。

李学通:《翁文灏年谱》,济南:山东教育出版社,2005年版。

李玉:《晚清公司制度建设研究》,北京:人民出版社,2002年版。

李玉勤:《晚清汉冶萍公司体制变迁研究》,北京:中国社会科学出版社,2009年版。

李占才主编:《中国铁路史(1876—1949)》,汕头:汕头大学出版社,1994年版。

梁启超:《李鸿章传》,天津:百花文艺出版社,2000年版。

林子勋:《中国留学教育史》,台北:华冈出版有限公司,1976年版。

林庆元:《福建船政局史稿》(增订本),福州:福建人民出版社,1999年版。

刘佛丁、王玉茹:《中国近代的市场发育与经济增长》,北京:高等教育出版1996年版。

刘万东:《本溪湖煤铁史略》,沈阳:东北师范大学出版社,2013年版。

楼辉映:《钢铁经济学》,乌鲁木齐:新疆大学出版社,1999年版。

马陵合:《清末民初铁路外债观研究》,上海:复旦大学出版社,2004年版。

宓汝成:《帝国主义和中国铁路(1847—1949)》,北京:经济管理出版社,2007年版。

彭维基:《铁》,上海:商务印书馆,1930年版。

全汉昇:《汉冶萍公司史略》,香港:香港中文大学1972年版。

石霓:《观念与悲剧——晚清留美幼童命运剖析》,上海:上海人民出版社,2000年版。

舒新城:《近代中国留学史》,上海:上海书店出版社,2011年版。

宋子良、王平、吉小安:《通向工业化之路》,北京:中国经济出版社,1993年版。

汪敬虞主编:《中国近代经济史(1895—1927)》,上海:上海人民出版社,1998年版。

王尔敏:《清季兵工业的兴起》,台北:"中央研究院"近代史研究所,1978年再版。

王鸿祯、孙荣圭、崔广振等编:《中国地质事业早期史》,北京:北京大学出版社,1990年版。

王玉茹、刘佛丁、张东刚:《制度变迁与中国近代工业化——以政府的行为分析为中心》,西安:陕西人民出版社,2000年版。

吴熙敬主编:《中国近现代技术史》,北京:科学出版社,2000年版。

夏东元:《盛宣怀年谱长编》,上海:上海交通大学出版社,2004年版。

解学诗、张克良编:《鞍钢史(1909—1948)》,北京:冶金工业出版社,1984年版。

杨宽:《中国古代冶铁技术发展史》,上海:上海人民出版社,2004年版。

姚培慧主编:《中国铁矿志》,北京:冶金工业出版社,1993年版。

曾鲲化:《中国铁路史》,北京:燕京印书局1924年版。

袁为鹏:《聚集与扩散:中国近代工业布局》,上海:上海财经大学出版社,2007年版。

翟杰全:《让科技跨越时空:科技传播与科技传播学》,北京:北京理工大学出版社,2002年版。

章开沅、余子侠主编:《中国人留学史》,北京:社会科学文献出版社,2013年版。

张国辉:《洋务运动与中国近代企业》,北京:中国社会科学出版社,1979年版。

张国辉:《张国辉集》,北京:中国社会科学出版社,2002年版。

中国科学院《自然辩证法通讯》杂志社编:《科学传统与文化——中国近代科学落后的原因》,西安:陕西科学技术出版社,1983年版。

中国科学院地理研究所主编:《世界钢铁工业地理》,北京:冶金工业出版社,1989年版。

钟叔河:《走向世界:近代中国知识分子考察西方的历史》,北京:中华书局2000年版。

朱英:《晚清经济政策与改革措施》,武汉:华中师范大学出版社,1996年版。

[德]鲁道夫·吕贝尔特著;戴鸣钟等译:《工业化史》,上海:上海译文出版社,1983年版。

[德]施丢克尔著;乔松译:《十九世纪的德国与中国》,北京:三联书店,1963年版。

[法]费尔南·布罗代尔著;肖昶等译:《文明史纲》,桂林:广西师范大学出版社,2003年版。

[法]保尔·芒图著,杨人楩,等译:《十八世纪产业革命》,北京:商务印书馆,2011年版。

[荷]R.J.弗伯斯,E.J.狄克斯特霍伊斯著;刘珺珺,等译:《科学技术史》,北京:求实出版社,1985年版。

[美]保罗·S.芮恩施著、李抱宏等译:《一个美国外交官使华记——1913—1919年美国驻华公使回忆录》,北京:商务印书馆,1982年版。

[美]费维恺著;虞和平译:《中国早期工业化》,北京:中国社会科学出版社,1990年版。

[美]吉尔伯特·罗兹曼:《中国的现代化》,南京:江苏人民出版社,1995年版。

[美]塞缪尔·亨廷顿等著:《现代化:理论与历史经验的再探讨》,上海:上海译文出版社,1993年版。

[美]小艾尔弗雷德·D.钱德勒:《企业规模经济与范围经济:工业资本主义的原动力》,北京:中国社会科学出版社,1999年版。

[美]C.E.布莱克著;张逸人译:《现代化的动力——一个比较史的研究》,杭州:浙江人民出版社,1989年版。

[日]渡边公平著;吴杰译:《日本钢铁工业》,上海:上海译文出版社,1980年版。

[日]依田憙家著;卞立强译:《中日两国近代化比较研究》,北京:北京大学出版社,1991年版。

〔日〕西川俊作、阿部武司著;杨宁一、曹杰译:《日本经济史:产业化的时代》,北京:三联书店,1998年版。

〔瑞典〕丁格兰编;谢家荣译:《中国铁矿志》,北京:农商部地质调查所,1923年印行。

〔意〕卡洛·M·奇波拉主编;王铁生等译:《欧洲经济史》第四卷,北京:商务印书馆,1989年版。

〔英〕艾瑞克·霍布斯鲍姆著;王章辉等译:《革命的年代:1789～1848》,南京:江苏人民出版社,1999年版。

〔英〕艾瑞克·霍布斯鲍姆著;张晓华等译:《资本的年代:1848～1875》,南京:江苏人民出版社,1999年版。

〔英〕C.辛格主编;陈凡译:《技术史》第五卷,沈阳:东北工学院出版社,1993年版。

〔英〕C.辛格主编;王平等译:《技术史》第6卷,成都:成都科技大学出版社,1995年版。

〔英〕泰利柯特著;华觉明等编译:《世界冶金发展史》,北京:科学技术文献出版社,1985年版。

〔英〕伯特兰·罗素著;赵文锐译:《中国之问题》,上海:中华书局,1924年版。

〔英〕大卫·兰德斯著;谢怀筑译:《解除束缚的普罗米修斯:1750年迄今西欧的技术变革和工业发展》,北京:华夏出版社,2007年第2版。

〔日〕小林正彬:《八幡製鉄所》,东京:教育社,1977年。

Needham Joseph. The Development of Iron and Steel Technology in China. Newcomen Society. 1958.

Kenneth Warren. The American Steel Industry, 1850 — 1970: A Geographical Interpretation. University of Pittsburgh Press, 1988.

G. C. Allen. A Short Economic History of Modern Japan. New York, St. Martin's Press, 1981.

Yonekura Seiichiro. TheJapanese Iron and Steel Industry:Continuity and discontinuity, 1850—1970. Cambridge, Harvard University, 1990.

Robert P. Rogers. An economic history of the American steel industry. Routledge, 2009.

Roepke, Howard G. Movements of the British iron and steel industry 1720—1951. 1956.

Wu, Yuan-li, Hsia, Ronald. The steel industry in communist China. 1965.

Takeshi Hayashi. The Japanese experience in technology. From transfer to self-reliance. Tokyo：United Nation University Press，1990.

五、论文类

代鲁：《张之洞创办汉阳铁厂的是非得失平议》，《中国社会经济史研究》，1992年第2期。

代鲁：《清末汉阳铁厂的"招商承办"述析》，《清史研究》，1994年第3期。

代鲁：《汉冶萍公司的钢铁销售与我国近代钢铁销售市场》，《近代史研究》，2005年第6期。

方一兵、潜伟：《汉阳铁厂与中国早期铁路建设——兼论中国钢铁工业化早期的若干特征》，《中国科技史杂志》，2005年第4期。

方一兵、潜伟：《中国近代钢铁工业化进程中的首批本土工程师(1894—1925年)》，《中国科技史杂志》，2008年第2期。

黄长义：《张之洞的工业化思想与武汉早期工业化进程》，《江汉论坛》，2004年第3期。

霍有光：《外国势力进入中国近代地质矿产领域及其影响》，《中国科技史料》，1994年第4期。

蒋勤：《清末浙南的区域市场与"衰而未亡"的土铁业》，《清史研究》，2015年第3期。

雷丽芳、潜伟、方一兵：《近代中国矿冶工程师群体的形成》，《自然科学史研究》，2018年第1期。

李玉：《论晚清矿章关于办矿洋商的规定及其效果》，《南京大学学报(哲社版)》，2002年第4期。

刘永贵：《中国近代钢铁技术的引进与发展(续)》，《中国冶金史料》，1992年第1期。

刘学照：《论李鸿章和伊藤博文——19世纪中日近代化轨迹的投影》，《近代史研究》，1994年第3期。

隆武华：《清政府外债政策述评》，《清史研究》，1997年第4期。

马陵合：《民国时期安徽裕繁公司与日本的债务纠纷》，《安徽史学》，2010年第5期。

潘吉星:《阿格里柯拉的〈矿冶全书〉及其在明代的流传》,《自然科学史研究》,1983 年第 1 期。丘亮辉:《中国近代冶金技术落后原因初探》,《自然辩证法通讯》,1983 年第 2 期。

汪熙:《从汉冶萍公司看旧中国引进外资的经验教训》,《复旦学报》(社科版)1979 年第 6 期。

王尔敏:《重商观念与重商思想》,《中央研究院近代史研究所集刊》第 5 期。

王尔敏:《中国近代之自强与求富》,《中央研究院近代史研究所集刊》第 9 期。

王尔敏:《盛宣怀与中国实业利权之维护》,《中央研究院近代史研究所集刊》第 27 期。

熊月之:《1842 年至 1860 年西学在中国的传播》,《历史研究》,1994 年第 4 期。

徐元基:《洋务派经办湖北开采煤铁总局的几个问题》,《江汉论坛》,1981 年第 5 期。

续军:《世界采矿冶金大事记》,《金属世界》,1994 年第 2 期至 1996 年第 4 期。

严昌洪:《聘用"洋匠"与中国早期工业化》,《近代史研究》,1988 年第 4 期。

袁为鹏:《清末汉阳铁厂厂址定位问题新解》,《中国历史地理论丛》,2000 年第 4 期。

袁为鹏:《张之洞与湖北工业化的起始:汉阳铁厂"由粤移鄂"透视》,《武汉大学学报》(人文科学版),2001 年第 1 期。

袁为鹏:《中国近代工矿业区位选择的个案透视——盛宣怀试办湖北矿业失败原因再探讨》,《中国经济史研究》,2002 年第 4 期。

张国辉:《论汉冶萍公司的创建、发展和历史结局》,《中国经济史研究》,1991 年第 2 期。

张培富、卫莉:《近代留学生与中国工程技术的发展》,《科学技术与辩证法》,2003 年第 6 期。

张学继:《论袁世凯政府的工商业政策》,《中国经济史研究》,1991 年第 1 期。

张增一:《江南制造局的译书活动》,《近代史研究》,1996 年第 3 期。

郑连明:《龙烟铁矿公司创办始末——北洋官僚资本个案剖析》,《近代史研究》,1986年第1期。

朱从兵:《晚清铁路产权争议中的社会、企业与政府——以株昭铁路的筹建和建设为例》,《近代史学刊》,2016年第15辑。

朱荫贵:《论中国近代企业集团内部的资金调拨流动》,《社会科学》,2008年第6期。

朱英:《论晚清的商务局、农工商局》,《近代史研究》,1994年第4期。

左世元:《晚清国家干预与汉冶萍的初步发展》,《湖北社会科学》,2013年第6期。

Donald B. Wagner. The traditional Chinese iron industry and its modern fate. Chinese Science,1995,(12).

F. W. Taussig. The Iron Industry in the United States. The Quarterly Journal of Economics(Published by Oxford University Press), Vol. 14, No. 2 (Feb., 1900).

[日]彼島秀雄:《高炉技術の系統化》,《国立科学博物館技術の系統化調査報告》,2010年第15集。

[日]長島修:《創立期官営八幡製鐵所の経営と組織》,《立命館経営学》,2008年第4号。

[日]長島修:《官営製鐵所の拡張計画——第3期拡張工事の経営史的分析》,《立命館経営学》,2011年第49卷第5号。

[日]清水憲一:《官営八幡製鐵所の創立》,《九州国際大学経営経済論集》,2010年第17卷第1号。

附表

附表一 18、19世纪世界钢铁冶金技术大事记

时间	姓名（厂名）	国籍	技术发明	主要贡献
1709	A. 达比（Abraham Darby）第一	英国	采用焦煤炼铁，获得发明专利	提高了冶铁产量，为大型高炉炼铁铺平道路。
1740	本杰明·亨茨曼（B. Huntsman）	英国	坩埚炼钢法	人类第一次得到少量的钢水，19世纪上半叶主要炼钢法。
1742	亚罕拉伯·达比第二（Abraham Darby Ⅱ）	英国	尝试使用气压式（即Newcomen—纽克门）发动机鼓风	使炼铁获得更大的鼓风动力，从而使建造体积更大的炼铁炉成为可能。
1760	达比（Darby）父子	英国	冶铁鼓风设备的改进	提高了熔点，去除了杂质，近代大规模的冶铁业从此诞生。
1775	约翰·威尔金森 J. Wilkinson	英国	发明新型镗床	利用该设备可制作出高精度的蒸汽机气缸，有利于瓦特蒸汽机的推广。
1781	伯格曼（T. Bergman）	瑞典	首次阐明铁与钢的区别	为钢铁热处理的机理和炼钢工艺奠定了基础。
1784	亨利·科尔特（H. Cort）	英国	发明精锻法，也称为搅拌法	用焦煤炼出熟铁和钢，是转炉炼钢法发明前最重要的炼钢技术之一，被认为是现代钢铁冶金技术的序幕。[①]
1797	亨利·莫兹利（H. Maudsley）	英国	发明车床	金属加工技术的重大进步。
1807		英国	日产生铁100吨的高炉	极大提高了生铁产量。
1828	J. B. 尼尔森（J. B. Neilson）	英国	发明铁管式高炉热风炉	推动热风技术发展，降低了燃料消耗。
1836		英国	采用挤压法生产无缝钢管	

---

① ［德］M·别克尔特著，李世钦等译：《金属世界》，哈尔滨：黑龙江科学技术出版社，1985年版，第38页。

续表

时间	姓名(厂名)	国籍	技术发明	主要贡献
1845	菲舍尔(J. C. Fischer)	英国	用液体钢铸造马蹄铁	开创了铸钢技术。
1851	威廉·凯利(Willam Kelly)	美国	空气吹炼法炼钢	世界第一座转炉。
1856	亨利·贝塞麦 Henry Bessemer	英国	底吹酸性转炉炼钢法	开创了大规模炼钢的新时代,标志着早期工业革命的铁时代向钢时代的演变。
1857	E. A. 考珀	德国	交流换热式热风炉	使进入高炉的空气温度超过600℃,大大提高生铁产量。
1861	威廉·西门子(William Siemens)	德国	煤气发生器	将炼钢的固体燃料转变为气体燃料,从而使炼钢可以使用低品质煤炭。
1864	马丁(P. E. Martin)、西门子兄弟	法、德	平炉炼钢技术	炼钢技术的重大突破。
1871	福州船政局下属锤铁厂和拉铁厂	中国	开始轧制厚15mm以下的铁板,6~12mm圆钢,采用新的钢铁加工技术。	中国第一家钢铁生产加工企业。
1877	彭布罗克造船厂	法国	彩虹女神号下水	钢船时代开始的标志。
1879	S. G. 托马斯(Sidney Gilchrist Thomas)	英国	碱性转炉炼钢法	能除掉铁中的磷。该法被推广到平炉炼钢中,使大量含磷铁矿石得以被利用,对钢铁工业发展意义十分重大。
1882	R. 哈德菲尔德(R. A. Hadfield)	英国	锰钢技术	扩大钢的用途。
1885	曼尼斯曼兄弟	德国	二辊斜轧穿孔机	生产无缝管材,极大地扩大了钢的用途。
1889	G. 埃菲尔	法国	埃菲尔铁塔建成	展示了钢铁结构材料在建筑中的优异性能。
1889	埃德加·汤姆森钢铁厂	美国	混铁炉的使用	为炼钢提供了物质均匀的铁水,还提供了一次去除杂质的机会。
1895	北洋大学堂	中国	设采矿冶金等学系	近代中国最早的高等冶金教育。
1898	斯达塞诺(E. Stassano)	意大利	电弧炉专利技术	在电弧炉内直接用铁矿石炼钢。

附表二　1870－1929年世界钢铁产量简表

（单位：百万吨）

年份		美国	加拿大	英国	法国	比利时	卢森堡	瑞典	德国	奥匈帝国	捷克斯洛伐克	俄国（苏联）	其他	总计
1870	铁	1.7	—	6.1	1.2	0.6	0.2	…	1.3	0.4		0.4	1.5	13.4
	钢	0	—	0.3	0.1	—		0	0.1	0		—	—	—
1885	铁	4.1	0	7.5	1.6	0.7	0.4	0.5	3.3	0.7		0.5	1.0	20.3
	钢	1.7	—	3.9	—	0.2		0.4				0.2	…	…
1890	铁	9.3	0	8.0	2.0	0.8	0.6	0.5	4.1	1.0		0.9	0.7	27.9
	钢	4.3	—	3.6	0.7	0.2	0.1	0.5	2.2	0.5		0.4	0.1	12.6
1895	铁	9.6	0	7.8	2.0	0.7	0.5	0.5	4.8	1.1		1.5	0.7	29.5
	钢	6.2	—	3.9	0.9	0.5	…	…	…	…		0.9	…	…
1990	铁	14.0	0.1	9.1	2.7	1.0	1.0	0.5	7.5	1.5		2.9	3.8	44.1
	钢	10.3	0	6.0	1.6	0.7	0.2	0.5	6.4	1.4		2.2	0.7	30.0
1907	铁	26.2	…	10.3	3.6	1.4	1.5	0.6	11.4	1.8		2.8	4.2	63.8
	钢	23.7	…	7.6	2.8	1.5	0.4		11.6	1.9		2.6	…	…
1913	铁	31.5	1.0	10.4	5.2	2.5	2.5	0.7	16.8	2.4		4.2	5.5	82.7
	钢	31.8	1.1	9.0	4.7	2.5	1.2	0.7	15.7	2.6		4.8	…	…
1914	铁	23.7	0.7	9.1	2.7	1.5	2.1	0.6	12.6	1.8		4.1	8.2	66.2
	钢	23.9	0.8	9.0	2.8	1.4	0.9	0.6	12.8	2.2		4.7	…	…
1915	铁	30.4	0.8	8.9	0.6	0.1	1.6	0.7	10.2	1.8		3.7	6.9	65.8
	钢	32.7	0.9	9.6	1.1	0.1	0.8	0.7	11.0	2.7		4.1	2.3	66.0
1916	铁	40.1	1.1	9.1	1.3	0.1	2.0	0.7	11.3	…		3.8	9.9	79.4
	钢	43.5	1.3	10.4	1.8	0.1	1.3	0.7	15.6	3.3		4.3	1.3	83.6
1917	铁	39.2	1.1	9.5	1.4	0	1.5	0.8	11.6	…		3.0	5.9	74.0
	钢	45.8	1.6	11.0	2.0	0	1.1	0.7	15.4	2.9		3.1	0.4	84.0
1918	铁	39.7	1.1	9.3	1.3	…	1.3	0.8	9.2	…		0.5	…	…
	钢	45.2	1.7	10.9	1.8	0	0.9	0.6	11.8	1.8		0.4	…	…
1919	铁	30.6	0.8	7.5	2.4	0.3	0.6	0.5	5.7		0.7	0.1	…	…
	钢	35.2	0.9	8.9	2.2	0.3	0.4	0.6	6.9		0.7	0.2	…	…

续表

年份		美国	加拿大	英国	法国	比利时	卢森堡	瑞典	德国	奥匈帝国	捷克斯洛伐克	俄国(苏联)	其他	总计
1920	铁	36.3	1.0	8.2	4.0	1.1	0.7	0.5	6.4		0.7	0.1	3.5	62.5
	钢	42.8	1.1	10.2	3.4	1.3	0.6	0.5	8.4		1.0	0.2	2.9	72.4
1921	铁	16.3	0.6	2.7	4.3	0.9	1.0	0.3	7.9		0.6	0.1	3.0	37.7
	钢	20.1	0.7	4.2	4.1	0.8	0.8	0.2	9.9		0.9	0.3	3.3	45.3
1929	铁	43.3	1.2	7.7	12.4	4.0	2.9	0.5	13.2		1.6	4.3	7.5	98.6
	钢	57.3	1.4	9.8	11.9	4.1	2.7	0.7	16.2		2.2	4.9	9.2	120.4

资料来源:1.(苏)М.Б.沃耳夫、(苏)В.С.克鲁普特编,林青译:《世界资本主义各国经济地理统计手册》,北京:世界知识出版社,1964年第4版,第100—101页;2.陈汉欣:《苏联钢铁工业地理》,冶金工业出版社,1981年版,第169—170页。说明:俄国(苏联)的钢铁产量在М.Б.沃耳夫的著作中未收录,本表相关数据参见陈汉欣著作。各年度世界钢铁总产量为俄国(苏联)与其他各国钢铁产量之和。

附表三 中华矿业同志会会员目录

姓名	籍贯	学校	学科	毕业年	姓名	籍贯	学校	学科	毕业年
丁瑞霖	湖北	京大	采冶	1919	丁涛	辽宁	旅大	采矿	?
于秉乾	山东	九大	冶金	?	王殿九	吉林	大高	采冶	1921
王不艾	福建	大高	采冶	1925	王强	浙江	明专、九大	采矿	?
王春生	辽宁	秋专	采矿	1922	王钟	吉林	秋专	采矿	1922
王昭章	辽宁	秋专	采矿	1922	王君谟	辽宁	秋专	采矿	1922
王则懋	山西	秋专	采矿	1924	王济舟	黑龙江	秋专	采矿	1923
王震东	湖南	仙高	采冶	1912	王嘉猷	四川	明专	采冶	1924
王昂	山西	秋专	采矿	?	王毓文	山西	秋专	采矿	?
王鸿钧	山西	秋专	采矿	?	王信昌	江西	明专	冶金	?
文永言	江西	京大	采冶	1917	文中让	贵州	明专	采矿	1925
方家耀	湖北	京大	矿冶	1921	毛竞先	湖南	京大	采冶	1921
尹公任	湖南	秋专	采矿	?	高耀辉	山东	秋专	采冶	1924
甘年享	广东	大高	采冶	1917	丘琮	广东	东大	采矿	1924
且邦典	四川	秋专	采矿	1927	白铭章	辽宁	京大	采冶	1923
史维新	贵州	明专	采矿	1924	史允中	安徽	东大	采矿	1925
史书麟	吉林	秋专	采矿	?	朱熙时	江苏	仙高	冶金	1917
朱鼎臣	安徽	旅大	采矿	?	任续彬	河北	早大	采冶	1923
江铁	江苏	京大	采矿	1922	江圣达	浙江	京大	采矿	?
成金声	山西	秋专	采矿	1925	何燏时	浙江	东大	冶金	1906
何熙曾	福建	京大	采矿	1915	何光瀛	广东	大高	采冶	1920
何维华	湖南	秋专、九大	采冶	1928	何肇中	广东	九大	采矿	1915
何叔敬	贵州	秋专	冶金	?	何纯鹄	四川	秋专、北海	采矿	?
何瑞五	四川	秋专	?	1930	沈化夔	浙江	京大	采冶	1916
沈在铨	四川	九大	采矿	1931	谷寿山	湖南	秋专	采矿	1926
李有爵	广西	旅大	采矿	?	李裕	湖南	大高	采冶	1917
李铭元	山东	秋专	冶金	?	李锡祺	山东	大高	采冶	1917
李禹忱	辽宁	秋专	冶金	1923	李庆宗	辽宁	秋专	采矿	1922

续表

姓名	籍贯	学校	学科	毕业年	姓名	籍贯	学校	学科	毕业年
李子实	湖南	九大	冶金	1930	李清才	江西	明专	采矿	?
李士良	江西	明专	冶金	?	李承业	辽宁	京大	采矿	?
米言群	湖南	九大	采矿	1929	吴仲沆	云南	大高	采矿	?
吴家钜	湖南	仙高	采冶	1914	吴国义	福建	旅大	采矿	1922
余焕东	湖南	大高	采冶	1909	余主父	湖南	熊高	采矿	1911
金士坚	吉林	秋专	采矿	1925	金其重	江苏	东大	铁冶	1916
金镇	奉天	旅大	采矿	1924	周敏	湖南	东大	采冶	1920
周道隆	湖南	东大	采矿	?	周作恭	江西	熊高	采冶	1914
周作武	辽宁	秋专	采矿	1922	周硕倾	福建	秋专	采矿	1930
周斯铭	广东	京大	采冶	1921	周日省	浙江	东大	采矿	?
林铮	广东	北大	采冶	?	林德彰	?	九大	采矿	1913
侯桂林	山西	早大	采矿	1918	郝新吾	贵州	九大	采矿	?
徐世渊	贵州	秋专	采矿	1923	胡斌	湖南	仙高	采冶	1914
胡光旭	四川	京大	采冶	1919	胡嗣铨	湖北	明专	冶金	1924
胡源深	河北	京大	采冶	1923	胡善志	湖北	大高	采冶	1911
保联亭	辽宁	旅大	采矿	?	洪彦亮	浙江	东大	铁冶	1913
相廷选	山西	大高	采冶	1925	崔铁	四川	明专	冶金	1927
崔凤高	山西	熊本	采冶	?	郭忠	吉林	秋专	采矿	1924
郭仆	山西	秋专	冶金	1924	凌飞	湖南	东大	采矿	1924
口肃吾	辽宁	旅大	采矿	1923	唐吉杰	湖南	东大	冶金	1915
唐志剑	湖南	秋专	采矿	1925	梁津	四川	大高	采矿	1914
梁上椿	山西	早大	采矿	1918	梁士梓	广西	明专	采矿	1922
梁启来	湖南	秋专	采矿	1926	梁谌	陕西	明专	采矿	1914
陈昊	浙江	明专	采矿	1923	陈文祥	贵州	东大	冶金	1916
陈文荃	江西	明专	采矿	?	陈琦季	湖南	东大	采矿	1919
陈培铨	安徽	秋专	采矿	1923	陈樵孙	贵州	大高	采冶	1924
陈凤鸣	云南	仙高	冶金	1912	陈荫昌	吉林	大高	采冶	?
陈华灿	湖南	京大	采矿	?	陈德溥	贵州	东大	冶金	1928
陈功成	湖南	东大	冶金	?	陈瘦骏	广东	旅大	采矿	1921

续表

姓名	籍贯	学校	学科	毕业年	姓名	籍贯	学校	学科	毕业年
陈宽馥	湖北	旅大	冶金	?	夏庚年	贵州	仙高	冶金	1914
夏恩选	辽宁	大高	采冶	1922	夏宪虞	四川	大高	采冶	1918
孙鹤云	山东	京大	采冶	1919	孙毓芬	辽宁	大高	采冶	1920
翁仲周	广东	大高	采冶	1916	翁瑞国	广东	秋专	冶金	1925
高世元	山东	明专	采矿	1923	高冠杰	陕西	东大	采矿	1925
邹世俊	云南	秋专	采矿	1915	曹树声	江西	北大	采冶	1913
庄维屏	山东	仙高	采冶	1917	秦文瀚	山西	秋专	采矿	1925
董纶	江苏	东大	采矿	1912	董常	江苏	东大	地质	1919
徐兴化	云南	明专	采矿	1912	胥日新	江西	明专	采矿（预科）	
马希融	云南	明专	采矿	1913	曲振铎	黑龙江	明专	采矿	1913
许徵	浙江	东大	冶金	?	曾鲁光	云南	秋专	采矿	1916
张景光	江苏	京大	采冶	1910	张心沛	广西	东大	铁冶	1924
张振	江苏	大高	采冶	1913	张仲平	广东	旅大	采矿	1924
张星焕	四川	熊高	采冶	1913	张国威	河南	早大	采矿	1916
张连科	贵州	大高、京大	采冶、采冶	1923、1926	张德启	江苏	秋专	采矿	1923
张振纲	贵州	仙高	采矿	1914	张祖荫	辽宁	秋专	冶金	1922
张贤才	辽宁	旅大	采矿	1922	张资平	广东	东大	地质	1922
张树声	辽宁	秋专	采矿	1922	黄全	湖南	京大	采矿	?
黄源静	云南	北大	采矿	?	黄建勋	北平	早大	采矿	?
黄耀尧	福建	大高	采冶	1921	黄春木	福建	九大	采矿	1931
贾小侯	陕西	大高	采冶	1921	程鸿志	吉林	秋专	冶金	1922
程膺	湖北	明专、九大	采矿、采矿	1925、1929	彭维基	湖南	京大	采矿	1922
傅式说	浙江	东大	采矿	1917	傅振远	吉林	秋专	冶金	1922
叶绪耕	浙江	京大	采冶	1914	虞和寅	浙江	大高	采冶	1914
杨俦成	四川	仙高	采冶	1917	杨鹤	浙江	大高	采冶	?
杨源	湖北	仙高	采冶	1914	杨天草	山西	北大	采冶	1914
杨倬孙	贵州	秋专	冶金	1924	杨维藩	辽宁	明专	冶金	1925

续表

姓名	籍贯	学校	学科	毕业年	姓名	籍贯	学校	学科	毕业年
杨德壎	四川	九大	采矿	1927	杨伟昌	云南	明专	采矿	1914
杨振铺	云南	明专	采矿	1913	赵修晋	福建	九大	采矿	1930
赵柔远	贵州	大高	采冶	1923	赵麟轩	河北	大高	采冶	1915
赵鹏	云南	大高、九大	采冶、采矿	1930	赵汝扬	山西	明专	采矿	1926
赵德陞	黑龙江	秋专	采矿	?	赵龙臣	浙江	旅大	采矿	1922
赵保谦	辽宁	京大	采矿	?	郑万言	湖南	东大	采矿	?
齐宪舜	山西	秋专	采矿	1923	廖树勋	湖南	大高	采冶	1913
邓泰坤	云南	大高	采冶	1924	荣文敷	黑龙江	秋专	采矿	1925
袁序贤	湖北	秋专	采矿	?	袁世安	辽宁	京大	采矿	?
雷宣	江西	京大	采冶	1922	雷震寰	湖南	秋专	采矿	1928
谭义勋	广西	九大	冶金	?	刘宝璋	辽宁	旅大	采矿	1923
刘景崐	湖南	明专	采矿	1925	刘永溪	福建	大高	采冶	1921
刘文艺	山西	东大	采矿	1924	刘骏业	福建	东大	采矿	1921
刘自助	四川	大高、九大	采冶、采矿	1928	刘诚	江苏	秋专	冶金	1921
钱殿奎	浙江	仙高	采冶	1914	蔡熙	广东	秋专	采矿	1916
蔡世理	福建	秋专、九大	采矿	1924、1929	蔡雄	广东	旅大	冶金	1923
卢亚良	四川	大高	采冶	1928	骆桢	浙江	明专	采矿	1924
饶汉陵	湖北	大高	采矿	1918	顾琅	江苏	东大	采冶	1914
戴鸿儒	四川	京大	采冶	1921	谢光远	江西	东大	采矿	?
谢祜	四川	秋专	采矿	1923	谢培森	四川	大高	采冶	1924
谢坚	江苏	秋专	采矿	1917	钟伟	湖南	大高	采冶	1910
曹修龙	湖南	旅大	采矿	1923	钮兆文	广西	旅大	采矿	1925
宪真	北平	旅大	采矿	1923	薛元震	山西	秋专	采矿	1925
聂振庚	山东	秋专	采矿	1924	沈乃熙	浙江	明专、九大	冶金	?
薄绍宗	山西	秋专	探矿	1924	庞大恩	广西	明专	冶金	?
萧笃先	江西	东大	采冶	1925	严恩棫	江苏	京大	采冶	1910
罗为垣	云南	秋专	采矿	1915	龚学遂	江西	东大	采矿	1924

续表

姓名	籍贯	学校	学科	毕业年	姓名	籍贯	学校	学科	毕业年
韩冈祝	辽宁	九大	采矿	1913	关景绿	吉林	旅大	采矿	?
黄承铨	湖南	秋专	采矿	?	王裕光	辽宁	秋专	采矿	?
叶禄	广东	秋专	采矿	?	李庆柏	辽宁	秋专	采矿	?
何文恺	辽宁	秋专	采矿	?	刘德鑫	广西	秋专	采矿	?
阎锡珍	山西	秋专	采矿	?	高文和	辽宁	秋专	采矿	?
朱得和	浙江	明专	采矿	?	1930 年 9 月卒				
丁鸿翔	湖北	九大	采矿	?	1927 年卒				
于德润	山东	大高	采冶	?	1923 年卒				
胡雋	山西	早大	采矿	1914	1922 年卒				
刘崇朴	湖北	仙高	采冶	?	1920 年卒				
曾昭华	河南	大高	采冶	1914	1921 年 9 月卒				
俞继述	浙江	大高	采冶	1911					
梁荫棠	山西	秋专	采矿	?	1924 年 5 月卒				
孙海环	浙江	大高	采冶	1906	1930 年卒				
欧阳超远	湖南	京大	采冶	1924	1929 年卒				
戴修麟	湖南	大高	采冶	1916	1931 年卒				

资料来源:《中华矿业同志会会志》,1931 年第 10 期,第 194~210 页。注:1.九大:九州帝国大学;2.东大:东京帝国大学;3.大高:大阪高等工业学校;4.明专:明治工业专门学校;5.北大:东北帝国大学;6.京大:京都帝国大学;7.仙高:仙台高等工业学校;8.秋专:秋田矿山专门学校;9.早大:早稻田大学;10.北海:北海道帝国大学;11.旅大:旅顺工科大学;12.熊高:熊本高等工业学校。

附表四　中国近代早期著名矿冶工程技术人员简介表

姓名	籍贯	学习经历	主要任职单位及履历
邝荣光(1)	广东新会	1872年,作为第一批赴美留学幼童,就读于拉法耶学院(Lafayette College),学习地质矿产,1881年回国。	任职于直隶开平煤矿,出任总工程师、总办等职。1905年任直隶矿政调查局探矿师、顾问,商务部直隶矿务议员。1907年,被清政府授予工科进士,曾参与中国地学会筹建工作。1910年发表我国第一张彩色地质图和矿产图。民初,曾任山西同宝煤矿总经理,是美国矿师会会员、国际矿务会议员。
吴仰曾（述人）(1)	广东四会	第一批赴美留学幼童,就读于哥伦比亚大学(Columbia University)专攻矿业。1881年回国,于1886年派往英国伦敦皇家工程学院,专攻矿冶、矿化和探矿技术。	先后在开平煤矿、热河银矿负责技术工作。1890年,在英国毕业后,曾在墨西哥的英国公司充当化学师,归国后再赴开平煤矿,曾任总工程师、副局长等要职,为中国机械采矿的开山鼻祖。曾在中国多地探矿,成绩卓著。1910年,被清政府授予工科进士。
李维格	江苏吴县	上海英租界格致书院肄业,1887年留学英国	1889年后先后充任清政府驻美国、日本国使馆翻译人员。1896年,进入汉阳铁厂,先后任通事翻译、总稽核、会办。1904年,人汉阳铁厂总办,主持铁厂改良扩张事宜。1908年,任汉冶萍公司协理,对汉冶萍公司的早期经营与发展作出巨大贡献。1910年,被清政府授予工科进士。（李海涛：《李维格与汉冶萍公司述论》，《苏州大学学报·哲社版》，2006年第2期）
章鸿钊（爱存、演存、半粟）(3)	浙江湖州	1901年入南洋公学东文学堂,1904年留学日本,入京都第三高等学校理科,后入东京帝国大学,1911年毕业,获理学士学位。	中国近代地质事业与地质教育的创始人之一。归国后任京师大学堂地质学讲师,次年任实业部地质科科长。1913年创办地质研究所。1916年任地质调查所地质股股长,兼北京大学、高等师范学校地质学和矿物学教授。1928年去职,专事研究著述。著有《石雅》和《古矿录》等。

续表

姓名	籍贯	学习经历	主要任职单位及履历
顾琅（原名芮石臣）	江苏江宁	1898年入南京陆师学堂附设矿务铁路学堂，1902年赴日留学，先入弘文书院，后入东京帝国大学地质系，1908年归国，考取工科进士，次年授翰林院庶吉士。	曾任天津北洋高等工业学堂教务长，为中国中等工业教育之发起人。1912年在本溪湖煤铁公司任采矿部、制铁部部长。1916年任财政部采金局主任，次年，任山东省长公署顾问、山东天源煤矿公司经理等职，并在京组织矿业联合会。1921年，任安徽繁昌铁矿公司总工程师，1923年调农商部参事，1925年转任农商部技监，1927年任实业部参事。发表《中国十大矿产调查记》，曾多次条陈政府，擘画矿务。（上海鲁迅纪念馆编：《上海鲁迅研究》，2016春，上海：上海社会科学院出版社2016年版，第130—133页）
梁津（其钰）	四川仁寿	1905年公派日本留学，1910年入大阪工业大学，习采矿冶金科，辛亥革命期间一度回国参加革命，旋入大阪原校，偿在日本著名矿场实习，1914年冬毕业回国。	1915年经政府甄选，授中士，分农商部，任福建省财政厅矿场技术员，调查闽省各矿，成绩优异，辑有《福建矿务志略》一书。1917年9月任农商部技正，次年兼矿政司第三科科长，迄1927年止，在山东、河北、河南、江西、热河、安徽等省调查矿产多处。南京国民政府成立后，任农矿部、实业部技正。1942年4月病逝。（李鸣龢：《梁津先生事略》，《矿冶》，1942年12月复刊号）
丁文江（在君）(3)	江苏泰兴	1902年留学日本，1904年留学英国，1908年进入格拉斯哥大学，1911年获博士学位。	中国地质事业创始人，1913年任工商部地质科长，与章鸿钊共同创办地质研究所，培养地质人才。1921年任北票煤矿公司总经理。1928年率队赴西南省份作地质考察，1931—1934年任北京大学地质系教授。

续表

姓名	籍贯	学习经历	主要任职单位及履历
张轶欧（翼后）	江苏无锡	1897年入上海南洋公学，1901年留学日本早稻田大学，2年后回国，进入上海徐家汇震旦学院学习，1904年公费保送比利时海南工科大学预科攻读，1911年获工学硕士学位及采矿工业技师资格	辛亥革命后，回国历任北洋政府工商部、农商部矿政司司长、江苏省实业厅厅长、临城矿务局工程总办等职，参与筹建地质研究所、农商部地质调查局。1928年任国民政府工商商业司司长，1935年任实业部技监。（政协江苏省无锡市委员会文史资料委员会：《无锡文史资料》第26辑）
谌湛溪（祖恩）	贵州织金	1899年保送至京师大学堂学习，1904年，考取官费留学生，赴美国哥伦比亚大学矿冶系，获博士学位。1909年归国。	博士论文《关于磁性探矿公式的推演》在美国受到好评，曾在美国地质研究部门工作一年，被英国皇家学院评为世界探矿专家之一。归国后，受清廷之命，赴各地勘察矿源。辛亥革命后，先后任湖南益阳板溪锑矿总工程师、长沙华昌公司总工程师、唐山煤矿局长、井陉煤矿局长、萍乡矿务局长、整理汉冶萍公司委员会委员、焦作煤矿工程师、烟筒山铁矿总工程师以及东南大学、厦门大学、唐山工学院、贵州大学教授等职。（政协织金县委员会文史资料研究委员会：《织金文史资料选编》第1辑，1985年版，第58页。）
石瑛（蘅青）	湖北阳新	1903年中举人。1904年考取湖北官费留学生，先后在比利时、法国、英国学习。1905年在欧洲加入中国同盟会。辛亥革命后，回国参加政治活动。	"二次革命"失败后，赴英国伯明翰大学，学习采矿冶金，历9年。1922年年，任北京大学教授。1926年夏赴广州，任石井兵工厂工程师，次年任上海兵工厂厂长。南京国民政府建立后，曾任湖北、浙江建设厅长和南京市长、铨叙部长等职。（冯自由：《革命逸史》下，北京：新星出版社，2016年版，第937－938页）

续表

姓名	籍贯	学习经历	主要任职单位及履历
邵逸周(2)	安徽休宁	1908年毕业于安徽高等学堂,次年赴英国留学,在伦敦帝国科学工程学院皇家矿物学校毕业,获A.R.S.M及D.I.C学位	曾任英国坎诺契司煤矿测量科长。1914年归国,初任孙中山英文秘书,后任大冶铁矿工程师、缅甸矿务公司工程师。1930年12月至1942年7月,任国立武汉大学教授兼工学院院长。1942年赴甘肃玉门油矿局协理,1945年任经济部东北特派员沈阳办事处处长,次年任鞍山钢铁公司总经理。
江顺德	广东宝安	1895—1900年间就读于北洋大学,1902年进入加州大学专修矿学,1905年获理学硕士学位,后在美国哥伦比亚大学学习两年,获硕士学位。	1908年归国后,参加清政府组织的留学生考试,获工学进士称号。后被湖南、广东当局聘为采矿和冶金工程师,长期从事铅、锑、铜、锌等有色金属的冶炼工作。1905年,成为美国矿冶工程师学会成员。
温宗禹(善甫)	广东台山	1911年美国哥伦比亚大学冶金学博士毕业。	曾任北京大学教授、工科学长,中央造币厂技正。(樊荫南编纂:《当代中国名人录》,上海良友图书印刷公司,1931年版,第350页)
蔡远泽(惠臣)	浙江德清	1900年考入南洋公学,后入北洋大学,1907年赴美国麻省理工学院攻读采矿专业,获硕士学位,接着进入哥伦比亚大学学习会计专业,获双硕士学位。1918年归国。	曾任北洋大学采矿学教授、教务长,北洋工学院院长。1933年调财政部任盐务学校校长。1936年任重庆盐业研究所所长。曾创办湖南焦炭公司、中国煤矿公司。(《矿冶先驱、教育家蔡远泽》,天津大学官网,http://www.hbxgda.org/info/1106/1473.htm)
吴健(任之,慎之)(2)	上海	汉阳铁厂委培,1902—1908年在英国谢菲尔德大学(The University of Sheffield)钢铁冶金专业学习,1908年获工学硕士学位。	1897—1899年,在英国卡古厂及德国红土厂实习冶炼钢铁;1909—1912年任汉阳铁厂工程师;1912—1923年任汉阳铁厂厂长;1916—1923年兼任大冶铁厂厂长;此后还兼管汉冶萍总公司技术事务,曾任交通大学校长、南京实业部司长、汉口商品检验局局长及六河沟煤矿公司技术处处长等职。

续表

姓名	籍贯	学习经历	主要任职单位及履历
卢成章（志学）(2)	浙江宁波	汉阳铁厂委培，1907—1911年英国谢菲尔德大学钢铁冶金专业。	1912—1915年任汉阳铁厂制钢股股长兼理厂长；此后曾任湖南矿务总局工程科长2年，裕生锰矿局经理14年，五洲固本皂药厂常务董事，开成造酸公司共3年。
杨卓（云岩）(2)	上海	1910年北洋大学采矿冶金科毕业，汉冶萍公司委培，美国理海大学矿冶专业，1913年获硕士学位。	1913年8月到差，1913—1917年任汉阳铁厂炼钢厂工程师，1917—1925年任汉阳铁厂制钢股主任兼钢铁处主任。后任上海新和兴钢铁厂厂长。
严恩棫（冶之）	江苏宝山	1906年前后赴日本求学，1909年授工科进士。	1912—1914年任汉阳铁厂工程师；1915年在本溪湖煤铁公司炼铁厂实习；1915—1920年任汉阳铁厂炼铁股股长，1920—1925年任汉阳铁厂副厂长、奉派大冶钢铁厂协助1、2号高炉开炉工作。1928—1935年任中央研究院工程研究所研究员。1935—1938年任资源委员会中央钢铁厂筹备委员会委员，技术总负责人。（中国科学技术协会编：《中国科学技术专家传略：工程技术编·冶金卷》1，北京：中国科学技术出版社，1995年版，第23页）
王宠佑（佐臣）(2)	广东东莞	1899年北洋大学采矿科毕业，先在加州大学伯克利分校，后在哥伦比亚大学学习，1904年获采矿和地质硕士学位。	1904—1908年先后在英、法、德学习。1908—1914年任工商部委员等职务。1914—1916年任大冶铁矿经理，1916—1918年任汉口炼锑公司总工程师，1918—1922年任山东煤矿接收委员会主任委员，1922—1933年任汉冶萍铁厂厂长、六河沟煤矿经理，扬子江工程局工程师等职。1933—1938年任军事委员会委员、汉口商品检验局局长。
陈廷纪（次青）(2)	浙江镇海	1913年英国伯明翰大学冶金科毕业，获理学士学位。	曾任湖北汉阳钢铁厂化铁股长兼工程师，扬子机器公司化铁工程师，六河沟煤矿公司炼铁厂总工程师等职。

续表

姓名	籍贯	学习经历	主要任职单位及履历
马君武（3）	广西桂林	早年留学日本京西大学,致力于工艺化学研究。	1912年南京临时政府成立,任实业部次长,在实业部矿务司设置地质科。
王烈（霖之）（3）	浙江萧山	1906年入京师大学堂理科地质门,师从德国学者梭尔格,1911年赴德国学习地质矿物及岩石学,1913年归国。	1913年任北京高等师范博物系教授,兼任农商部地质研究所教职和地质调查所工作,1918年北京大学教授,终身从事地质事业。1925—1928年兼任北洋大学教授。
翁文灏（咏霓）（3）	浙江鄞县	1902年中秀才,1908年毕业于上海震旦大学,旋留学比利时鲁汶大学,学习物理、地质学,1912年获博士学位。	归国后任教于农商部地质研究所,1916年转入地质调查所兼任北京大学教授,1922年后任地质调查所代所长、所长。1932年创办清华大学地质系。1932—1949年间步入政界,曾任国防设计委员会秘书长、资源委员会主任委员、经济部长、行政院长等要职。对中国铁矿资源勘探事业贡献较大。
余焕东（松筠）	湖南龙阳	1904年留学日本弘文书院,加入革命组织。曾入大阪高等工业学校采矿冶金科。	回国后经学部考试,列为优等,赏工科举人,1908年任湖南优级师范学堂教务长,兼湖南高等实业学堂教员,后任奉天本溪湖煤铁公司技师长。民国成立后,曾任实业部矿物司司长、工商部技正兼矿业法编纂委员、农商部第七区矿务监督署署长、湖南矿务总局协理、水口山矿务局长等职。（许康编：《湖南历代科学家传略》,长沙：湖南大学出版社,2012年版,第311页）
李国钦（炳麟）	湖南长沙	1903年考入湖南实业学堂矿科甲班,升入湖南高等实业学堂矿业本科第一班,1910年毕业留校,后入伦敦皇家矿业学校深造,获矿冶工程师学位。	曾任华昌贸易公司董事长兼总经理,经营锑、钨等有色金属贸易,使之发展为中美间最大的进出口公司之一。（许康编：《湖南历代科学家传略》,长沙：湖南大学出版社,2012年版,第313页）

续表

姓名	籍贯	学习经历	主要任职单位及履历
钟伯谦（若溪）	湖南耒阳	1913年公费留学美国，入科罗拉多州矿务学校，1919年就读于哥伦比亚大学，次年任新泽西州炼锡厂助理工程师。1922年回国。	曾任水口山矿务局任采矿科科长、总工程师、副局长等职。1933年后，担任湖南大学矿冶系教授、教务长、矿冶系主任、工学院院长。（许康编：《湖南历代科学家传略》，长沙：湖南大学出版社，2012年版，第317页）
李鸣龢（竹书）(2)	江苏江宁	1913年美国密西根大学毕业，获工程师学位——说美国威斯康辛大学化学工程冶金工程专业	1914年回国后任汉阳铁厂炼钢股工程师，研究以白云石代替镁砖，为碱性炼钢炉耐火材料。后任龙烟铁矿公司工务主任，参加筹建北平西郊石景山钢铁厂工作。后又任农商部技正，平绥路南口机厂厂长、南京实业部矿业司科长等职。
黄金涛（清溪）(2)	福建厦门	1912年北洋大学采冶门毕业，1915年美国哥伦比亚大学冶金科毕业，获硕士学位。	1915—1919年任汉阳钢铁厂工程师，1919—1923年任大冶矿厂总工程师，1923—1930年任汉阳钢铁厂厂长，1931年7月任国民政府实业部技正，1932—1936年间任实业部矿业司司长。
胡博渊（铁先）(2)	江苏武进	1917年获美国麻省工业大学采矿学士，次年获美国匹兹堡大学矿冶工程师	曾在美国矿冶企业实习两年多时间。1919—1923年任龙烟铁矿炼厂冶金工程师，1923—1928年任大冶铁厂化科主任，兼代冶金股长及中央大学地质系教授。1928—1930年任农矿部矿政司司长，1930—1932年任实业部矿业司司长，实业部技正兼国民经济建设运动总会执行股主任。
胡庶华（春藻）	湖南攸县	1913年入柏林大学哲学院学习财政经济，同时在柏林矿业大学上课，1917年转入柏林工业大学化学冶金系钢铁冶金组。1918年11月，入克虏伯厂实习一年，1920年7月获德国冶铁工程师学位。后在德、英、法钢铁厂参观学习。1922年归国。	1923年后，先后受聘于湖南公立工业专门学校、国立武昌大学、江苏教育厅，任教授、厅长等职。1926—1927年任上海炼钢厂筹备处长、汉阳兵工厂厂长。1928年春，赴欧洲考察军工生产，归国后担任农矿部技监、国营烈山煤矿局局长等职。1929年，任同济大学校长，并担任中国工程学会会长，并一度兼任军政部上海炼钢厂厂长职。曾担任湖南大学、重庆大学、西北大学校长和国营钢铁厂筹备委员会委员等职务。

续表

姓名	籍贯	学习经历	主要任职单位及履历
王世庠（子周）(2)	河北冀县	1922年北京大学采矿冶金系毕业,获工学士学位。	1922—1923年在宣化龙烟煤矿公司实习,1923—1924年任湖北谌家矶扬子炼铁厂工程师,1925—1926年任河北井陉宝昌煤矿公司矿师,1926—1927年任天津津浦铁路局工程师,后任河北井陉正丰煤矿公司煤师。
王延宪（子敏）(2)	山西沁源	1930年山西大学采矿冶金系毕业,获工学士学位。	1930—1934年任保晋铁厂测绘科科员、熔化科科员、工程科科员、熔化科技士,后任西北实业公司炼钢厂炼铁部工务员。
王拓洲（寰五）(2)	河南正阳	1920年北京大学采矿冶金科毕业,获工学士学位。	1921—1922年任龙烟铁厂公司监工兼绘图员,后任湖北六河沟煤矿公司工程技术员。1927—1928年任湖北大冶象鼻山铁矿采矿课长、阳新炭山湾煤矿监察委员及禹七煤矿矿长等职,曾任六河沟炼铁厂工程师。
王嘉猷（靖卿）	四川雅安	四川工业专科学校采矿冶金科毕业,毕业后留校任教。1919年赴日本明治工业专门学校留学,1923年回国。	先后在北平门头沟、江西鄱乐、安徽淮南等煤矿和黑龙江金矿工作。抗战时期,在大后方多个煤矿任工程师兼矿长。(四川省雅安市志编纂委员会编纂:《雅安市志》,四川人民出版社1996年版,第804页)
沈光苾（香士）(2)	河北武清	1920年美国卡内基大学冶金科毕业,获工学士学位。	1920—1921年在美国本省钢铁厂实习铸钢铸铁,1921—1926年任湖北汉阳铁厂工程师,1936年任太原西北炼钢厂工务指导委员。
王怀琛（怀庆、颂来）(2)	江苏吴县	1911年直隶高等工业学校化学科毕业,获工程师学位。	1914—1915年派赴奥地利百禄钢厂研究炼钢,1915—1917年在瑞典卜福斯钢铁厂实习。回国后任汉阳兵工厂技师、主任,上海中国工业试验所、吴淞中国铁工厂主任。1923—1929年任东北兵工厂铸造厂技士、厂长。1933—1934年任上海和兴钢铁厂总工程师。1934—1937年任军政部兵工署技正、上海炼钢厂技正。著有《铸钢学》(1934年)、《电热炼钢学》(1935年)

续表

姓名	籍贯	学习经历	主要任职单位及履历
俞朝元（凤鸣）（2）	江苏无锡	1905 年英国阿姆斯托朗学校采矿冶金科毕业。	1906—1908 年任汉阳钢铁厂工程师。1918 年后，任山东德州兵工厂审检处处长、奉天兵工厂炼钢厂厂长、上海新和兴钢铁厂总工程师等职务。
何杰（孟绅）（3）	广东番禺	1909 年公费留美，1913 年获美国科罗拉多矿业学院采矿工程师学位，次年获美国理海大学硕士学位。	毕生从事地质、矿冶教育，历任北京大学教授、系主任(1914—1924)，北洋大学采矿系教授、系主任、教务长、代理校长(1924—1932)，中山大学教授、系主任、两广地质调查所所长(193—1937)，唐山交通大学、重庆大学、广西大学教授、系主任(1939—1950)。
赵元贞（正卿）	甘肃正宁	1913 年毕业于北京大学地质系，后留学美国，先后在科罗拉多州大学、哥伦比亚大学、匹兹堡大学深造，1921 年，以《钢铁冶炼中的非金属物的观察与测定》获冶金学博士学位。	1922 年后，历任甘肃省教育厅长兼公立法政专门学校校长、甘肃省矿务调查局总办兼矿师养成所所长、甘肃实业厅长等职。1927 年任甘肃省政府委员兼建设厅厅长，次年辞职后，在甘肃学院、甘肃农业学校任教。(张建魁编著：《甘肃历代名人研究》，甘肃科学技术出版社，2015 年版，第 320 页)
孙越崎（3）	浙江绍兴	1916 年北洋大学采矿系毕业，1919 年转入北京大学采矿系，1921 年毕业。曾在斯坦福大学矿冶系、哥伦比亚大学矿冶系攻读研究生。	主要从事石油、煤炭资源的勘探和开发。1923—1929 年任吉林穆棱煤矿勘探队长和矿务工程师，1929 年赴美留学，先后在斯坦福大学和哥伦毕业大学采矿系研究院深造，1932 年归国，任国防设计委员、矿室主任。曾任国民政府资源委员会委员长。
袁复礼（希渊）（3）	河北徐水	1915 年清华学校毕业，次年赴美留学，入哥伦大学矿物系，1918 年获学士学位，1920 年获硕士学位，1921 年归国。	回国后任北平地质调查所技师，兼任北京大学、清华大学讲师。1927—1932 年参加西北科学考察团，曾任中方代理团长。1932 年任清华大学教授、地质系主任。

续表

姓名	籍贯	学习经历	主要任职单位及履历
孙云铸（铁仙）(3)	江苏高邮	1920年毕业于北京大学地质系，1923年赴德国留学，1927年获理学博士学位	终生从事古生物学和地层学研究，长期担任北京大学教授。
张清涟	河南南阳	1913年考入北京大学采矿冶金学系。1918年赴美国科罗拉多州矿业学院冶金系、哥伦比亚大学研究院和比兹堡卡内格理工大学研究院学习，在哥伦比亚大学研究院获硕士学位，1923年回国。	先后在河南新乡宏豫铁矿、福中矿务大学、焦作工学院、西北工学院、广西大学、西大大学、东北工学院教授，为新中国钢铁冶金教育作出较大贡献。（南阳地区地方史志编纂委员会编：《南阳地区志》下，河南人民出版社，1994年版，第624~625页）
朱家骅（骝先）(3)	浙江吴兴	1914年留学德国柏林矿科大学，1918年赴瑞士研究地质学，1920年转学至德国，1924年获柏林大学博士学位	先后任北京大学、广东大学教授，中山大学校长，两广地质调查所所长，中央研究院代理院长。
柴九思（筱棣）(2)	山西河津	1927年获德国柏林工科大学冶金工程师	1916年在德国西门子钢铁厂研究铸造马达，1917年在克虏伯钢铁厂研究冶炼钢铁。1923-1931年任德国柏林山西兵器委员会驻德采买员、太原兵工厂技师、太原壬申各厂料品审核处主任等职。1937年时任西北炼钢厂轧钢部主任。
张增（益卿）(2)	山西五台	1910年英国谢菲尔德大学冶金科毕业，获工学士学位。	1911年在英国怕盖特钢厂研究钢铁制造，1912-1914年任太原工业专校校长，1914-1918年任山西大学教授，1919-1933年任山西阳泉保晋铁厂工程师，后任西北炼钢厂炼钢部主任。
陈鲦（经畬）(2)	上海		1912-1922年任汉阳钢铁厂管理员，1923-1927年任上海和兴钢铁厂技师兼主任，1937年时任军政部上海炼钢厂技术员。

续表

姓名	籍贯	学习经历	主要任职单位及履历
彭荫堂（肃候）(2)	河北曲阳	1920年北京大学采冶科毕业,获工学士学位。	曾任汉阳钢铁厂炼铁工程技士,1937年任汉冶萍煤铁公司大冶厂矿采矿工程技士(铁采处矿助理)。
程万选（亚青）(2)	浙江绍兴	1916年北洋大学采冶金科毕业	曾在汉阳钢铁厂工作。1937年时任湖北六河沟煤矿公司炼铁厂厂长。
杨干邦（梓坚）(2)	湖南长沙	1919年湖南公立工业专科学校采冶科毕业	1920—1922年任湖北扬子铁厂化验技师,1923—1924年任河南宏豫铁矿公司副工程师兼化验技师,1925—1926年任职于湖南钧利煤矿公司,1930—1931年任水口山铅锌矿局驻山总工程师,1932—1933年任醴陵石门口煤矿局总工程师,后任湖南建设厅技正。
赵昌迭（伯华）(2)	湖北武昌	汉冶萍公司委培,1921年获美国匹兹堡大学冶金工程科冶金工程师	1922—1930年任湖北汉阳铁厂化铁股炼铁工程师,后任汉冶萍公司大冶石灰窑铁山采矿处采矿主任。
靳树梁（栋华）(2)	河北徐水	1919年北洋大学采矿冶金科毕业,获工学学士学位。	1920—1922年任汉口扬子机器制造公司化验股工程师,1922—1935年任六河沟煤矿公司炼铁厂工程师,1937年任资源委员会中央钢铁厂筹备委员会专门委员。
熊说严（筑云）(2)	湖北广济	1914年北洋大学冶金科毕业,获工学学士学位。	1915—1922年任湖北汉阳钢铁厂工程师、河南宏豫铁矿公司工程师,后任湖北省建设厅矿政股长。
丁文江（在君）(3)	江苏泰兴	1902年留学日本,1904年留英,1908年入格拉斯哥大学地质系,1911年获博士学位。	中国地质事业的创始人。归国后,初在上海南洋公学任教,1913年任北京政府工商部地质科长、地质调查所长,与章鸿钊共同创办地质研究所。1921年,人北票煤矿公司总经理,1926年任淞沪商埠公署总办。1931—1934年任北京大学教授、中央研究院总干事。

续表

姓名	籍贯	学习经历	主要任职单位及履历
李四光（仲揆）(3)	湖北黄冈	1904年留学日本,入东京弘文书院普通班,1907年入大阪高等工业学校。1910年回国,1913年进入英国伯明翰大学学习地质,1919年获硕士学位,次年回国。	历任北京大学地质系副教授、教授、系主任,中央研究院地质研究所所长,1931年被伯明翰大学授予自然科学博士学位。
丁道衡（仲良）(3)	贵州织金	1919年入北京大学甲部预科,后入地质系,1926年毕业	毕业后留校任教,1927年参加西北科学考察团,发现白云鄂博铁矿。
谢家荣(1)	上海	1916年农商部地质研究所毕业,曾在斯坦福大学、威斯康星大学地质学进修,1920年获硕士学位,1924年赴德国进修和学习	曾任地质调查所技正、燃料研究室主任,以及北京大学、清华大学教授,为中国经济地质学倡导人。
谢树英(3)	陕西安康	1925年毕业于德国柏林工业大学采矿科。	1926年与翁文灏筹建中国矿业工程学会。1936—1937年赴欧洲考察燃料工业,1939—1945年任资源委员会川康铜锌铅矿务局局长、大同煤矿局局长。1947—1949年任抚顺矿务局局长。
叶良辅（左之）(3)	浙江杭州	1916年农商部地质研究所毕业,1920年在美国哥伦比亚大学攻读地质学、岩石学,1921年获理学硕士学位,1922年归国。	任地质调查所研究院、北京大学地质系教授、中山大学地质系主任、教授,并筹建两广地质调查所,1928年任中央研究院地质研究所研究员。
朱庭祜（仲翔）(3)	上海	1916年地质研究所毕业。1920年被选派出国,在美国威斯康辛大学学习,获硕士学位,后在明尼苏达大学进修矿物学。	1916—1920年为石景山钢铁厂寻找铁、煤、冶金材料。曾任两广地质调查所副所长兼中山大学教授。1932年后历任南京中央大学、浙江大学教授,中央地质研究所研究员。

续表

姓名	籍贯	学习经历	主要任职单位及履历
李捷（月三）（3）	河北成安	1916年毕业于地质研究所	毕业后长期从事地质调查工作,先后任学习员、调查员、技师、研究员,1927年参与周口店猿人遗址挖掘工作。1928年后,先后任中央研究院地质研究所研究员、湖北省矿产调查队长、河北建设厅厅长。
李学清（洁宇）（3）	江苏吴江	1916年毕业于地质研究所,入地质调查所,后赴美国密之根大学留学,1924年获硕士学位	回国后任地质调查所技师,中央大学、中山大学和南京大学教授。
王竹泉（云卿）（3）	河北交河	1916年地质研究所毕业。1929年留学美国,在威斯康星大学地质系学习,1930年获硕士学位。同年考入麻省理工学院地质系。	主要从事煤田地质研究。长期任职于地质调查所,兼任北洋大学、北京师范大学教授。
谭锡畴（3）	河北吴桥	1916年农商部地质研究所毕业,1924—1927年在美国威斯康星大学地质系和江斯浩肯斯大学地质系学习	1916—1924年任地质调查所调查员、技师,留美归国后,任技正、主任。1931—1936年兼任北平研究院研究员、中央研究院研究员,北京师范大学、北洋大学教授。1937年起历任湘南煤矿局矿长、西南联大教授、易门铁矿局局长、梁江矿冶公司总经理等职,对华北、东北、川康地区的煤田和石油勘探作出贡献。
余名钰	浙江镇海	1916年毕业于北京大学矿冶学门,次年赴美国加州大学留学,1918年获硕士学位,后在美国矿山工厂实习,1919年7月回国。	先后任黑龙江、江西、安徽等地矿山工程师,云南大学化学系主任,1933年创办大鑫钢铁公司。全面抗战时期,在重庆参与组建渝鑫钢铁公司,并兼任重庆大学矿冶系主任。（徐士敏主编：《抗战中的爱国实业家》,中国金融出版社,2015年版,第414页。）

续表

姓名	籍贯	学习经历	主要任职单位及履历
刘文曜（谷森）(2)	湖南宁乡	1919年湖南公立工业专门学校采矿冶金科毕业，获学士学位。	曾在汉冶萍公司实习。任湖南常宁水口山矿局工程员、斗岭煤矿工程主任、慈利雄黄矿工程主任、湖田清丈处测量专员。1937年任湖南衡山银坑村采磺处主任。
罗冕（冠英）(2)	四川西昌	1918年英国伦敦工业大学毕业	曾任英国伯明翰炼铜厂及联合钢铁厂工程师、农商部技正、山西兵工厂造币厂总工程师、宜昌商埠局局长等职。1937年任重庆大学探冶系主任。
顾迺义（稚云）(2)	江苏川沙	1919年湖北汉阳钢铁学校冶化科毕业，在汉阳钢铁厂研究化铁轧钢一年。	曾任湖北汉阳钢铁厂车辙厂主任兼试验处主任，钢厂保管等共16年，西北炼钢厂辗钢厂主任半年，上海新和兴钢铁厂主任工程师半年，1937年任上海新和兴钢铁厂轧钢部主任。
李锡文（石安）(2)	江苏宝山	汉阳钢铁厂钢铁专门学堂冶金科毕业。	1908－1927年任汉阳钢铁厂炼钢主任、制砖厂主任、制钢股股长、商务股股长各职，后服务于他业，任上海天原电化厂副经理。
段均（子祜）(2)	四川温江	1915年四川公立工业专门学校采冶科毕业	1915年四川彭县铜矿局实习冶铜。1915－1927年任四川阜昌锑矿采矿技师、天全县实业所所长、会昌矿业公司冶炼课课长等职；1931－1935年任四川威远钢铁厂工务科科长、嘉定钢厂工程师、四川善后督办公署四川矿产调查团工程师等职。1937年任成都四川工业试验所技师。
高其昌（进之）(2)	河北天津	1920年北洋大学采冶科毕业，获工学士学位。	1920－1926年任汉阳铁厂化铁股技师；1926年任山东天源煤矿公司矿师，1927后服务于他业。
白象锦（云轩）(2)	山西兴县	1902年入山西大学堂西斋预科，1907年官费考取南威尔士采矿大学，1912年回国。	长期在山西大学任教，曾任保晋总公司协理兼大同分公司经理，在山西矿业史上建树颇著。（山西省图书馆：《山西人物志资料》第3辑，1986年版，第109页。）

续表

姓名	籍贯	学习经历	主要任职单位及履历
程志颐（觉民）(2)	浙江绍兴	1917年北洋大学矿冶科毕业,获工学士学位。1921年美国卡内基大学钢铁科毕业,获硕士学位。1923年美国哥伦比亚大学冶金工程科毕业,获博士学位。	1917—1920年任南芝加哥美国意里诺爱钢铁公司技师三年。1924—1925年任汉阳铁厂工程师。1925—1926年任湖南国民二军工程顾问兼巩县兵工厂钢厂筹备主任。1926—1932年任英商安利洋行总行及华北机器五金部商务顾问、经理,安徽蚌埠淮南煤矿局局长。1937年任国民经济建设运动总会副主任。
孟宪民（应鳌）(3)	江苏武进	1922年毕业于清华学校,后赴美留学,1925年获科罗拉多矿业学院工程师学位,1926年入麻省理工学院,1927年获硕士学位。	从事矿床地质研究,特别是对金属矿床和锡矿床的研究,为开发云南东川铜矿和个旧锡矿奠定地质基础。1928年任中央研究院地质研究所研究员,1937年负责个旧锡矿勘探开发工作,1942—1946年主持云南东川铜矿地质填图和研究工作。1946年后任清华大学地质系教授。
黄汲清(3)	四川仁寿	1921年入北洋大学采矿系,1924年转入北京大学地质系,1928年毕业。	毕业后入地质调查所练习员、调查员。1932年留学瑞士,1935年获博士学位,次年回国,先后任中央地质调查所地质主任、代理所长、所长。1940年辞所长职,专司研究,兼任中央大学、重庆大学地质系教授。
侯德封（洛村）(3)	河北高阳	1923年毕业于北京大学地质系	主要从事矿产地质研究。1926年任职于地质调查所,1937—1945年在四川地质调查所工作,任所长,1946年任南京中央地质调查所陈列馆主任。
朱国典(2)	广东台山	1925年美国内华达省立大学采冶工程毕业,获工学士学位。	1925年任广州土地局测量技士兼主任、江西钨矿局设计主任。1928年任广西建设厅技正。1930年任广东建设厅技正。后任杨梅山煤矿筹备主任、广州筹办钢铁厂委员会委员。

续表

姓名	籍贯	学习经历	主要任职单位及履历
何致虔(2)	广东南海	1920年美国爱荷华大学矿科毕业,获工程师学位。1921年里海大学冶金科毕业,获工硕士学位。	1921—1921年任美国伯利恒钢铁厂化验师,1924—1925年任福建南平铜矿公司工程师,1926—1928年任广西富贺矿锡矿场场长,后任广东建设厅技正兼科长。
郁森(赓石)(2)	浙江海盐	1925年南开大学矿冶科毕业,获工学士学位。	曾在美国福特水利工程学校研究,并在汉口谌家矶扬子铁厂任事1年。
席德炯(鸣九)(2)	江苏吴县	1916年获美国哥伦比亚大学矿科硕士	1915—1916年任美国托麦斯钢铁公司技师。1921—1922年任南京秣陵关勘矿事务所主任兼江苏振务处干事。1923—1928年任汉冶萍煤铁厂矿公司材料课长。1931—1934年任国民政府救济水灾委员会委员兼全国经济委员会工程处长等职。后任汉口江汉工程局局长。
马骏(君图)(2)	山西晋城	英国伦敦大学冶金科毕业	自办一合股煤矿公司,一土法炼铁厂。曾任山西实业厅厅长等职。
徐守桢(崇简)(2)	浙江吴兴	美国里海大学冶金工程师(1916)	曾任美国贝市利钢铁公司助理工程师,1918年任汉阳钢铁厂工程师,后任上海兵工厂炼钢厂主任等职。
王皞(义民)(2)	福建闽侯	1910年湖南高等工业专校采矿冶金科毕业,得工科举人	曾在汉冶萍厂矿、长沙黑铅炼厂及华昌炼厂锑厂等处实习5年。1919—1926年,任北平龙烟公司铁矿管工、炼铁厂材料处长、铁矿化验主任。1926—1927年就职于山西育才炼油厂。1927—1928年任南宁广西建设厅技士。1929—1932年任上海交通部电信学校会计师。1932—1935年任湖南水口山铅锌矿化验员。

续表

姓名	籍贯	学习经历	主要任职单位及履历
彭维基（钦明）(2)	湖南汉寿	日本京都帝国大学采矿科毕业	曾任汉冶萍公司工程师、湖南工业学校校长、国民革命军政治部科长、湖南建设计划委员会总起草员、湖南第二汽车路局局长、江西建设厅主任秘书兼科长、江苏省立松江中学校校长、常州省立常州中学校长。1937年任资源委员会专员兼湖北阳新大冶铜矿探勘队队长。
马松年（少图）(2)	山西晋城	1926年英国谢菲尔德大学冶金专科毕业,卢森堡哈德钢铁厂实习化验及高炉化生铁,获学习工程师学位。	1926—1928年任山西大学及工业专门学校教授。1928—1931年任山西晋城崇实中学校长,1937年任山西阳泉保晋铁厂技师。
张松龄(2)	天津	1926年南开大学矿科毕业,1929年美国福特工业大学毕业。	美国福特公司炼铁部副工程师,辽宁迫击炮厂民生工厂汽车制造工程师。1937年任湖北谌家矶六河沟煤矿公司炼铁副厂长。
赵铮（铁卿）(2)	山西宁武	1910年山西大学采矿冶金科毕业。1914年获英国南威尔士大学理学士。	1914—1915年在英国钢铁厂实习冶铁炼钢。1915—1916年任山西工业专门学校校长。1916—1917年任农商部技正。后任山西阳泉保晋铁厂厂长
李铭元（子善）(2)	山西离石	1924年日本秋田矿山专校冶金科毕业	1924—1925年在日本八幡制铁所实习1年。1925—1930年任山西育才炼钢厂筹备委员及技师,1930—1933年任西北实业公司矿业技师。1933—1934年任炼钢委员会专任委员1934年后任太原西北炼钢厂副主任。
李宝书（玉森）(2)	河北肃宁	1919年北京大学工科采矿冶金系毕业,获工学士学位	曾任交通部天津电报局业务处服务员,财政部炼钢厂技术员,交通部电料处科长。1937年任财政部天津造币厂技师兼工务科科长。

续表

姓名	籍贯	学习经历	主要任职单位及履历
相廷选（子才）（2）	山西永济	1926年日本大阪高等工业学校采矿冶金科毕业。	1926—1928年在日本八幡制铁所、奉天抚顺炭矿实习制铁和采炭。1929—1933年任太原无线电管理局制造厂工务员、太原电话机试充技术员、电气炼钢厂工务员。1934年后任西北炼钢厂炼焦部技士。
姬九韶（子美）（2）	山西平定	1926年山西大学采冶科毕业，获学士学位。	1926—1929年在山西育才炼钢厂实习化学分析，电气冶钢。1929—1934年任山西育才炼钢厂工务员、育才炼钢机械厂审核股长等职。1934—1937年任西北炼钢厂技士。
郑永锡（恩三）（2）	山西	英国谢菲尔德大学冶金学士	曾任山西育才炼钢厂厂长，1934—1937年任西北炼钢厂厂长。
唐之肃（敬亭）（2）	山西平定	1916年山西大学采矿冶金科毕业。1919年获美国哥伦比亚大学采矿工程师。	1919—1932年任美国钢铁公司技师、管理员、哥伦比亚大学试验室助教，山西育才炼钢厂主任，民生炼铁机器厂厂长等职。1934—1937年任西北炼钢厂炼钢部主任。
董登山（峰仙）（2）	山西汾城	1916年山西大学采冶科毕业。1923年美国匹兹堡大学冶金系毕业，获工程师学位。	1923—1924年在梅石大机器公司实习钢铁冶炼，1924—1926年曾任山西军人工艺实习厂冶金技师、技正，1927—1937年任太原兵工厂核计处和审核处处长、西北炼钢厂工务指导委员会兼工程师、西北实业公司炼钢厂副厂长兼试验所所长。
熊天祉（介繁）（2）	四川西充	北京大学理科毕业，1926年获法国国立矿务大学矿冶工程师。	1925—1927年在法国各矿冶公司实习电炉、炼铁炉，及马丁炉之炼焦。曾任重庆炼钢厂工程师、筹备处工务主任。
刘以和（致中）（2）	山西五台	1928年北洋大学冶金科毕业，获工学士学位。	曾任天津造币厂化验科科长、兴华矿局、东北矿局主任及工程师、山西实业厅技士、西北炼钢厂技士。1934年任山西太原西北炼钢厂炼铁部技士。

续表

姓名	籍贯	学习经历	主要任职单位及履历
周志宏（伟民）（2）	江苏镇江	1923年北洋大学冶金学门毕业，1925年进入匹兹堡卡内基工学院（Carnegie Institute of Technology），仅一年，即获冶金学硕士学位，1928年获哈佛大学冶金科博士学位。	曾任美国铁管公司冶金工程师。南京兵工署兵工研究委员会委员，军政部上海炼钢厂厂长。1937年任南京军政部兵工署技术司物理组技正、兵工署第二十八厂厂长等职。
冯景兰（淮西）（3）	河南唐河	1916年考入北京大学预科，1918年赴美，在科罗拉多矿冶学院学习矿山地质，获矿山工程师学位。1921年转入哥伦比亚大学地质研究院学习矿床学、岩石学和地貌学，获地质学硕士学位。	1923年，任河南中州大学科学通论讲师，1927年后任两广地质调查所技正和北洋大学、清华大学、西南联大教授，以研究矿床学著称于世，对工程地质也颇有研究。
张连科（重山）	贵州水城	1918年官费留学日本，曾在大阪高等工业学校土木工程和东京帝国大学采矿冶金专业学习。	1927年回国，曾任兵工署兵工研究委员、上海炼钢厂厂长，钢迁会委员。（政协重庆市委员会文史资料委员会：《重庆文史资料》第33辑）
张松龄	天津	1923年以优异成绩进入南开大学矿科学习，毕业后赴美国福特汽车厂学习汽车制造，后转入冶金钢铁厂学习一年，1929年回国。	先后任职于东北迫击炮厂、六河沟炼铁厂、桂林机器制造厂。抗战胜利后，参与资源委员会对东北工矿事业的接收工作。1948年6月，任华中钢铁有限公司经理，大冶解放初，为保护移交华中钢铁公司的资产做出贡献。（《黄石文史资料》第9辑）

资料来源：(1)吴凤鸣：《中国早期区域地质矿产调查、人物、成果及其历史和影响》，《地质学论丛》(5)2009年，第32～50页。(2)雷丽芳：《近代中国矿冶工程师研究(1875—1949)》附录A，北京科技大学博士学位论文。(3)汪恒礼等编著：《中国地质人名录》，武汉：中国地质大学出版社，1989年版。余见各栏备注。

后记

钢铁作为一种基础物质材料,其生产技术的高低、生产规模的大小直接影响甚至决定国家强弱、民族盛衰。古往今来,莫不如此。近代以来,中国钢铁工业在荒漠中奠基,在痛苦中挣扎,发展成效不彰,是近代中国落后于世界先进国家的缩影。中华人民共和国成立后,钢铁工业体系逐步建立,钢铁技术不断发展,钢铁产量剧增。及至今日,全球粗钢产量中,超过一半产自中国,年产量超过 10 亿吨。这是民族复兴的有力例证。这是引发笔者关注该领域的重要原因。

我个人学术生涯与"钢铁"结缘,可以说是机缘巧合的结果。我的故乡是湖北省大冶市,那里是华夏青铜文化的发祥地,矿冶文明源远流长,铜录山古铜矿遗址就位于不远之处。1949 年后,这里又成为武钢重要的矿石原料供应基地,号称"武钢粮仓"。生活在这样一个环境之中,耳濡目染之下,对矿冶之事自然不感到陌生。2004 年,我在湖北大学历史系本科毕业后,进入苏州大学继续深造,攻读硕士学位,蒙恩师王国平先生不弃,忝列门下。犹忆当年中秋,先生门下弟子齐聚到恩师家中,品茗赏月,欢度佳节。闲聊中,谈及论文选题之事。恰逢当时恩师在着手研究苏州大学校史,该校历史上著名的校董李维格长期任职于汉冶萍公司,曾担任汉阳铁厂总办、汉冶萍公司协理等要职,对汉冶萍公司的经营管理产生重要影响。在恩师的鼓励和指点下,我围绕"李维格与汉冶萍公司"这一选题展开了资料搜集和历史研究工作。汉冶萍公司的文献资源卷帙浩繁,内容广泛,特别是在 2004 年,上海人民出版社出版了百余万字的《盛宣怀档案资料·汉冶萍公司》(三),为论题研究提供了必不可少的新资料。数年以还,我爬梳整理文献,不遗余力,并引以为据,偶有所得。就这样,从到苏州大学攻读硕士学位时起,我就涉足"钢铁史"研究领域并以《李维格与汉冶萍公司研究》为题,完成硕士学位论文。2007 年,我继续跟随恩师攻读博士学位,将研究视野从汉冶萍公司扩大至中国钢铁工业,2010 年,完成博士论文《中国近代钢铁工业研究(1840—1927)》。因时间、精力有限,对于这篇博士论文,我感觉尚有许多不足之处。2010 年,我进入安徽工程大学工作后,没有了毕业和求职的压力,有了更多的时间和精力去思考中国近代钢铁工业发展的问题。此后数年,我补充资料,对博士论文进行了大幅度的修改,行文结构进行了重新调整,相关问题展开了进一步论证,内容篇幅增加一倍有余。目前正式出版的就是修改后的文本。2017年,该书稿获得国家社科基金后期资助项目资助,于我而言,在经费上解了燃眉之急,也增添了学术研究的动力和自信。若算上博士论文的撰写时间,呈现在读者目前的这本书前后已历十余年,称得上"旷日持久"了。

  本书的出版,可谓我学术生涯的一个阶段性总结。欣奋之余,不免心生几分感慨。在成长道路上,许多相交甚笃或素未谋面的师友给予我太多帮助,带给我太多感动,令我终生难忘。此时此刻,我要特别感谢恩师王国平教授。先生治学严谨,宽仁和平,处世淡泊,在学习上给予我悉心的指导,在生活上给予我无微不至的关心,师恩难忘,永铭于心!感谢国家社科基金后期资助项目匿名评审专家,他们的宝贵修改意见为本书的完善提出了许多有益建议!感谢我的家人,因为他们在家庭生活中的巨大付出,使我可以心无旁骛地完成这项研究工作!感谢安徽大学出版社吴泽宇老师为本书的编辑出版付出的辛勤劳动!同时,本书的出版得到安徽工程大学马克思主义学院一流学科建设经费的资助,在此向学院领导表示感谢!

  对此书稿,我为之投入了极大心血,但矿冶之事,错综复杂,就知识储备而言,我虽尽力弥补,但不敢自诩有得。因本人学术水平有限,错漏之处,在所难免,恳请专家学者提出批评意见。

李海涛
2022年2月22日于安徽芜湖